必殺仕置人大全

高鳥都 編著

かや書房

のさばる悪をなんとする
天の裁きは待ってはおれぬ
この世の正義もあてにはならぬ
闇に裁いて仕置する
南無阿弥陀仏

『必殺仕置人』オープニングナレーション
作・早坂暁

本書は金をもらって恨みをはらすアウトロー時代劇、必殺シリーズの金字塔『必殺仕置人』『新必殺仕置人』を特集した一冊である。念仏の鉄と中村主水、山﨑努と藤田まことが共演した両作の魅力は、全26話＋全41話の随所に詰め込まれている。各話解説を主軸として、その見どころをあらためて伝えたい……そんな衝動が仕置人50周年というタイミングで実現した。気がつけばページ数は40以上増え、写真は倍増、このような分厚い本が完成。その存在を証明する記録古文書になればさいわいです。それでは参ります。

必殺仕置人大全

目次

必殺仕置人大全

コラム

装丁●冨田晃司
編集●加藤洋祐

『新必殺仕置人』などの〝新〟がつく作品について、ナカグロありの『新・必殺仕置人』と表記される例も多いが、本編タイトルにナカグロが存在しないことと朝日放送テレビの公式指定に従い原則として『新必殺仕置人』とする。

シナリオのセリフやト書きの引用は、読みやすさを優先して適宜ひらがなや漢字などを整えてあり、原文そのままではない場合もある。

必殺仕置人

『必殺仕置人』
放送形式：カラー／16mm／全26話
放送期間：1973年4月21日～10月13日
放送時間：毎週土曜22：00～22：55（TBS系列）
制作：朝日放送、松竹

新番組予告

時は江戸、文化文政の頃、賄賂が公然と横行し、富を持ち権力を持つ者が、その地位を笠に悪の限りを尽くし、その罪は富と権力ゆえにまぬがれることが多かった。だが、彼らがまぬがれた罪は一体だれが背負うのだろうか。世の不条理に泣く弱い人間を見捨てるわけにはいかねえ。もう天の裁きは待ってはおれぬ。目には目を、歯には歯を、俺たちゃあ俺たちの流儀で裁いてゆくぜ。ここに闇の処刑者と言われる仕置人が誕生した。必殺シリーズ第２弾『必殺仕置人』がいよいよ次週より登場、どうぞご期待ください。

●COLUMN

必殺仕置人事始

高鳥 都

1973年4月21日、『必殺仕置人』が始まった。朝日放送と松竹の共同制作による1時間番組であり、毎週土曜22時から全国TBS系で放映されていた必殺シリーズの第2弾だ。

作家の池波正太郎が生み出した〝仕掛人〟――金をもらって恨みをはらす裏稼業に着目し、〝必殺〟という二文字を加えた前作『必殺仕掛人』は、当時フジテレビ系で人気を誇っていた『木枯し紋次郎』に対抗すべく企画されたアウトロー時代劇である。浪人の西村左内（林与一）、鍼医者の藤枝梅安（緒形拳）、元締の音羽屋半右衛門（山村聰）と殺し屋集団を主人公に毎週のドラマが展開。原作の江戸情緒を関西風のギトギトに味つけしてエログロの要素まで加味された。光と影の映像美にマカロニウエスタン調の音楽がマッチ、当時の世相も反映されたパワフルな時代劇は高視聴率を記録し、やがて原作なしのシリーズとして継続が決定する。

『必殺仕置人』には念仏の鉄（山﨑努）、棺桶の錠（沖雅也）、鉄砲玉のおきん（野川由美子）、おひろめの半次（津坂匡章）、中村主水《もんど》（藤田まこと）が登場。元締不在のフリーダムな世界が構築された。

必殺シリーズの立役者であるプロデューサー、朝日放送の山内久司は『放送朝日』1974年2月号に「仕置人始末」という文章を寄せており、もっともリアルタイムに近い記録なので、これを中心に『仕置人』の誕生を追っていこう。

まず高視聴率の『仕掛人』は俳優のスケジュールの問題で7話しか延長できず、全33話での終了が決まる。京都のロイヤルホテルで企画会議が開かれ、朝日放送の山内久司、仲川利久、松竹の櫻井洋三というプロデューサー陣と脚本家の野上龍雄、国弘威雄、安倍徹郎、監督の深作欣二が集結。山内は「前作のムードを変えないで、それ以上の個性豊かな番組を作りたい」と述べるが、なかなか話はまとまらない。

ふと、少し前に放映された『仕掛人』の話になった。用便の最中、梅安の針によって始末される悪徳奉行のシーンがあったのだ（第26話「沙汰なしに沙汰あり」／2月24日放映）。山内の著書『必殺シリーズを創った男　カルト時代劇の仕掛人、大いに語る』では、73年の正月に最初の企画会議が行われたことが記されており、4月番組なのでこちらのほうが信頼性は高いが、それはさておき先述の「仕置人始末」を引用してみよう。

「安楽死ではないか」。誰かが言った。許せぬ悪を裁くのは、なにも殺すだけではない。さまざまな方法があるだろう。金のために、悪をなしたやつは、金を全部奪ってしまう。出世した悪人は、地位を奪い、没落させる。死よりもつらい思いをさせればよいではないか。

『仕掛人』よりも幅広い作劇が可能な「生かさず殺さず」が突破口となり、キャラクターが次々と誕生。まず念仏の鉄が決まる。梅安に続く二代目坊主キャラであり、島帰りのインテリ。次に棺桶の錠。ラディカルな青年で、薩摩藩士を殺して逃亡中。おひろめの半次はインチキな瓦版売り。鉄砲玉のおきんは世の中の価値基準が通用しない鉄火肌のスリ。アウトローで、スラム的なグループが決まった。しかし、ここで山内は『仕掛人』にあった市民性の欠如に気づく。その欠陥を補うため体制側である町奉行所《ぶぎょうしょ》の同心という新たなキャラクターが設定された。

中村主水。彼は理想に燃えて奉行所に入った。しかし、江戸町奉行の腐敗は、彼の想像を超えていた。彼は目立たない、うだつの上がらない片隅の男となっていた。家には、彼が出世しないことを無限にいいつづける悪妻がいる。彼は人並みにワイロもとるし、浮気もする。いうなれば、そのへんに、いっぱいいるサラリーマンになってしまった。それでも彼のなかに、燃えのこりの薪《たきぎ》のように、悪を憎む心がある。彼は前のグループを使ってひそかに悪をこらす。この男は、きわめて平凡な風態でならなければならない。

　イメージキャストは藤田まこと。『てなもんや三度笠』で一世を風靡《ふうび》したコメディアンだが当時はパッとせず、営業サイドの反対を押し切ってのキャスティングだったという。後年、藤田まことが主水役について「あちこちで断わられて、ギリギリで自分のところへ話がきた」と語っているが、芸能人らしいリップサービスであり、監督の貞永方久が第1話「いのち

● COLUMN

を売ってさらし首」の撮影に半年かけたという話も同様だ（もちろんパイロット版だけに通常より手間をかけたことは事実）。

鉄と錠のキャスティングは主水より先に決まっており、劇団雲に所属していた山﨑努が坊主キャラを継承。不穏な存在感の持ち主で、すでに『岡っ引どぶ　どぶ野郎』というテレビ時代劇の主演作もあった。二枚目で売り出し中の沖雅也は、前クールで朝日放送の連続ドラマ『嫁の縁談』に野川由美子とともに出演していた。

タイトルは朝日放送の編成局長・大野担の発案による『必殺仕置人』に決定。殺し技は、まず錠の手槍が決まる。万年筆の原理で、キャップを抜いて後ろにつけると手槍になる仕様だ。鉄の骨はずしは難航、梅安の針に続くアイデアは難しい。放映前の雑誌には「居合抜き」という座頭市を思わせる鉄の殺し技が載ったこともあった。山内が受けた指圧治療をヒントに野上龍雄が「骨つぎ師」という表稼業を提案、撮影の石原興がレントゲン映像という抜群のアイデアを思いつき、山﨑努は番宣写真のヒゲから一転、ヒゲどころか眉毛も剃り落として鉄に扮した。

坊主頭の主人公、そしてコメディリリーフとして野川由美子と津坂匡章が『仕掛人』から続投、オープニングのフォーマットやナレーションも踏襲し、題字も同じ糸見溪南が手がけた。脚本家や監督もほとんど同じメンバーだが、野上龍雄は深作欣二の紹介によって参加、しかし当の深作が東映の映画『仁義なき戦い』のシリーズ化でスケジュールが取れなくなり、松竹の貞永方久が参加した。

鉄や錠ら仕置人のメンバーが暮らす「観音長屋」は、京都映画（現・松竹撮影所）のオープンセットに組まれたが、これは脚本家がカンヅメになっていた「かんのんホテル」が元ネタであり、もともとは「天神長屋」であった。

音楽も平尾昌晃が続投し、『仕掛人』同様に完成した画に合わせて音楽を作るという旧来の方法ではなく、企画からのインスピレーションで自由に作曲した音楽を監督とダビング班がシーンに合わせてセレクトしていった。平尾は主題歌を女性歌手のラブソングにしようと提案し、三井由美子の「やがて愛の日が」が生まれる。

「生かさず殺さず、死以上の苦しみを与える」という新趣向の仕置方法は、シリーズ第2弾のウリとして大いに宣伝されたが、山内は1話目の試写を見て手ごたえを感じながらも「なんとなく寒々とするのである。隙間風が吹くのである」と記し、2話、3話と回を追うごとに確信する。

画面で見ると爽快感がない。猫がねずみをいたぶっているように

見えるのである。どんな極悪人でも、そのシーンになると、なぜかかわいそうになってしまう。

こうして軌道修正し、殺しが仕置の中心となった。第7話「閉じたまなこに深い渕」放映中には、世にいう「必殺仕置人殺人事件」が神奈川県川崎市で発生して世間を騒がせるが、打ち切りにはならず、代わりに高視聴率での延長予定や『必殺仕掛人』の続編も白紙に。二度目の路線変更によって、過激な描写は抑えられた。

全26話の平均視聴率は関西26・1％・関東関東22・8％と上々、事件の影響で〝必殺〟の二文字を外した第3弾『助け人走る』に引き継がれ、その後も人気番組として続いていく（シリーズ一覧は巻末のP391を参照）。本稿は山内久司の文章を基軸としたが、仲川利久には『秘録必殺シリーズの舞台裏 カルト時代劇に賭けた男たち』という著書があり、櫻井洋三や野上龍雄らは『必殺シリーズ異聞 27人の回想録』に登場、『必殺シリーズ秘史 50年目の告白録』には石原興をはじめ現場スタッフの証言が数多く残されてる。それぞれ立場が異なる各氏の『必殺仕置人』をめぐる思い出も興味深い。

では最後に、ふたたび「仕置人始末」の一文を引用して、この稿を終わらせたい。備えはできた、いざ仕置人ワールドを味わっていただこう。

『必殺仕置人』の記者会見。左から貞永方久、仲川利久、山﨑努、山内久司、沖雅也

山崎努、藤田まことと、津坂匡章、野川由美子、沖雅也たちは、回を追うごとに、役のキャラクターを定着させ、後半は、見事なアンサンブルをつくりあげた。とくに最終回の別れ別れに散っていくシーンなどは、俳優たちが、この番組が終わって別れていくのを惜しむ心情まで私にはうかがえた。そして藤田まことの中村主水がひとり所在なく奉行所へ戻っていくシーンを見て、不覚にも涙が流れた。

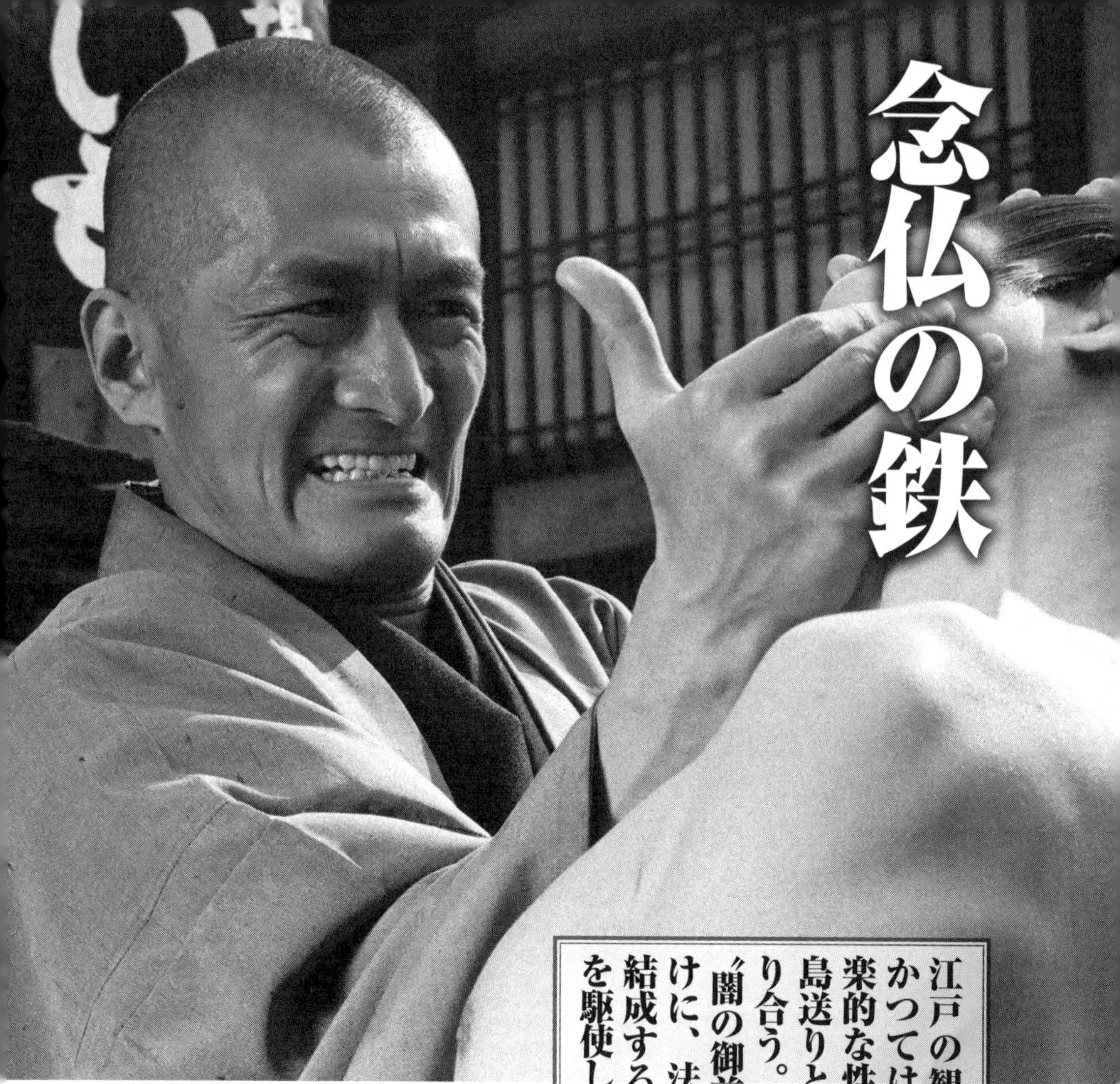

念仏の鉄

江戸の観音長屋に暮らす骨つぎ師。かつては僧侶だったが、女好きの享楽的な性格ゆえ戒律を破って佐渡に島送りとなり、同心の中村主水と知り合う。棺桶の錠が持ち込んできた〝闇の御前〟の替玉処刑事件をきっかけに、法で裁けぬ悪を裁く仕置人を結成する。殺し技は表稼業の按摩術を駆使した骨はずし。

山﨑努　やまざき・つとむ

◉ 1936 年千葉県生まれ。高校卒業後、俳優座養成所を経て文学座に入団。『大学の山賊たち』で映画デビューし、63 年に黒澤明監督の『天国と地獄』の誘拐犯役で注目を集める。同年、劇団雲の結成に参加。舞台・映画・テレビとジャンルを問わず活躍し、『必殺仕置人』『新必殺仕置人』で念仏の鉄を演じる。おもな映画に『八つ墓村』『影武者』『お葬式』『マルサの女』『刑務所の中』『おくりびと』『日本のいちばん長い日』、テレビドラマに『祭ばやしが聞こえる』『ザ・商社』『九門法律相談所』『雲霧仁左衛門』『クロサギ』などがある。

※出演当時のクレジットは「山﨑努」

棺桶の錠

観音長屋で棺桶屋を営む、琉球出身の青年。粗暴で無愛想なうえ、女を寄せつけないストイックな性格。その反面、情には厚く弱者にも優しく、世の不正を強く憎むあまり、冷静さを欠いた行動に走ることもしばしば。殺しの際は仕込み手槍を武器に、持ち前の身体のバネと空手を駆使して激しく暴れ回る。

沖雅也　おき・まさや

◉ 1952年大分県生まれ。68年に日活の専属になり、映画『ある少女の告白　純潔』でデビュー。退社後はテレビドラマ『さぼてんとマシュマロ』などアイドル的な立ち位置の俳優・歌手として活躍を広げ、『必殺仕置人』の棺桶の錠を経て、『太陽にほえろ！』のスコッチ刑事で人気を不動のものにした。必殺シリーズにはその後『必殺仕置屋稼業』『必殺からくり人　富嶽百景殺し旅』『仕事人大集合』に出演。おもな映画に『高校生無頼控』『女王蜂』『古都』、テレビドラマに『ふりむくな鶴吉』『はぐれ刑事』『俺たちは天使だ！』『江戸の朝焼け』など。1983年死去。

鉄砲玉のおきん

おきゃんで姐御肌のスリ。観音長屋の住人で、鉄や錠、半次とは近所付き合いで、なにかと行動をともにしていたが、替玉処刑事件をきっかけに仕置人の一員となる。殺しは行わないが潜入や仕置の段取りに長けており、芸達者なため変装も得意。情が深く、仲間のために自分で仕置料を出したこともある。

野川由美子　のがわ・ゆみこ

◉1944年京都府生まれ。高校在学中にミス着物コンクールで準ミスに選ばれたことを期に芸能界に入り、63年のテレビドラマ『孤独の賭け』で女優として本格デビュー。翌年には日活の映画『肉体の門』でボルネオ・マヤに扮して高く評価され、東映の『くノ一忍法』、大映の『ある殺し屋』ほか各社に招かれる。必殺シリーズでは『必殺仕掛人』でおぎん、『必殺仕置人』で鉄砲玉のおきんを演じ、『助け人走る』『暗闇仕留人』にも続投して初期のレギュラーとなる。舞台やCM、バラエティ番組、ワイドショーのコメンテーターなど幅広く活躍。

おひろめの半次

仕置人チームの情報係。表の稼業は瓦版屋で、正義感は強いが腕っぷしには自信がなく、おきんとともにもっぱら情報収集や潜入、仕置の段取り、依頼人との交渉などを担当している。いつも軽口を叩くお調子者だが、ときには激情にかられて仲間の誰よりも怒り、泣き、弱者に寄り添う熱い心を持っている。

津坂匡章　つさか・まさあき

◉ 1943年東京都生まれ。俳優座養成所15期生出身。テレビドラマ『木下恵介アワー』で注目を集め、『男はつらいよ』における寅さんの弟分・登は映画版にも続投するなど若手のバイプレイヤーとして頭角を表す。『必殺仕掛人』で岬の千蔵役を務めたのち、『必殺仕置人』『助け人走る』『暗闇仕留人』と連続して登場。初期の必殺シリーズに欠かせない顔となった。75年に『俺たちの旅』のグズ六でさらなる人気を集め、『俺たちの朝』で演じた秋野太作を芸名とし、その後も数多くの作品に出演。著書に『私が愛した渥美清』などがある。

現・秋野太作（あきの・たいさく）

中村主水

北町奉行所の定町廻り同心。佐渡奉行所の同心見習いを経て、中村家の養子となる。職場では軽んじられ、家に帰れば妻と姑にイビられる日々。だが、替玉処刑事件をきっかけに、忘れかけていた悪への怒りが噴出し、無頼の徒たちと仕置人を結成。冴え渡る頭脳と剣を武器に、一味の参謀格として悪を裁く。

藤田まこと　ふじた・まこと

◉ 1933 年東京都生まれ。父は俳優の藤間林太郎。舞台などの下積み時代を経て、62 年に始まった『てなもんや三度笠』のあんかけの時次郎で一世を風靡する。同じく朝日放送による『必殺仕置人』の中村主水役でふたたび脚光を浴び、必殺シリーズを代表する存在として不動の地位を築く。その後も『京都殺人案内』の音川音次郎、『はぐれ刑事純情派』の安浦吉之助、『剣客商売』の秋山小兵衛を演じて、いずれも人気シリーズとして定着。おもな映画に『てなもんや三度笠』『赤いダイヤ』『積木くずし』『明日への遺言』などがある。2010 年死去。

天神の小六

伝馬町牢屋敷で囚人たちを束ねる牢名主。江戸の暗黒街で絶対的な権力を持つ大親分だが、娑婆での喧騒を好まず、身の安全を守るためにも牢内で悠々自適の生活を送っている。中村主水とは一目置き合う仲。取り調べなどを名目に牢の外に出て、仕置人をサポートしたり、護衛を頼んだりと連携を行う。

高松英郎　たかまつ・ひでお

◉ 1929 年高知県生まれ。51 年に大映の第 5 期ニューフェイスとして映画界入りし、『巨人と玩具』『黒の報告書』『しとやかな獣』などで注目を集める。大映退社後の 63 年以降はテレビに転じ、『柔道一直線』では主人公の師匠・車周作役に。『必殺仕置人』で天神の小六を演じたのち、92 年には必殺スペシャル『せんりつ誘拐される』に悪役の石和岳翁として再登場。海外の合作『ラストエンペラー』に出演するなど活躍の場を広げ、コワモテの印象を覆すかのようにバラエティ番組にもコンスタントに顔を出して、お茶の間に親しまれていた。2007 年死去。

中村せん

菅井きん　すがい・きん

◉ 1926年東京都生まれ。東京芸術劇場を経て、俳優座に参加する。51年に『風にそよぐ葦』で映画デビューし、『ゴジラ』『幕末太陽傳』などに出演。若いころから老け役としてのキャリアを重ね、『必殺仕置人』で中村せんを演じて「ムコ殿！」というセリフとともに必殺シリーズに欠かせない顔となる。映画『お葬式』で第8回日本アカデミー賞最優秀助演女優賞を受賞。2018年死去。

中村主水の姑。三年前に夫を亡くしている。婿養子である主水に対し、その甲斐性のなさを事あるごとに嫌味で叱責する。武家であることを誇り、非常に気位が高いが、旅に連れていってもらえずヘソを曲げたりすることもある。

中村りつ

白木万理　しらき・まり

◉ 1937年東京都生まれ。松竹音楽舞踊学校卒業後、日活に入社。57年に白木マリとして映画『十七歳の抵抗』で本格デビュー。セクシーなダンスと肉体を武器に小林旭の「渡り鳥」シリーズなどに出演し、悪女役にも定評があった。必殺シリーズでは『必殺仕掛人』第2話でゲストの女郎役を経て、『必殺仕置人』で中村りつを演じて当たり役とする。北島三郎公演などの舞台でも活躍。

中村主水の妻。手柄を立てず出世もしない主水に歯がゆい思いをして、せんとともに愚痴をこぼす。へそくりを発見したときは主水を叩きのめしたりもするが、内面では愛情を持っており、二人きりの時間を過ごそうとすることも多い。

お島

三島ゆり子　みしま・ゆりこ

◉1940年神奈川県生まれ。59年に東映ニューフェイス7期生として入社、本名の木内三枝子で活動したのち、63年の『浪人街の顔役』から三島ゆり子に改名し、『十七人の忍者』『十三人の刺客』などに出演。中島貞夫監督のデビュー作『くノ一忍法』、続いて『くノ一化粧』でセクシーな演技を披露し、体を張った役が多くなる。必殺シリーズでは、『必殺仕置人』お島を経て『暗闇仕留人』で演じた妙心尼の「なりませぬ」が大ヒット。『必殺仕事人』では上総屋のおしまとして、鮎川いずみの加代とコンビを組んだ。関西のバラエティ番組への出演も多数。

泥棒市の蔦屋《つたや》の二階を根城にしている女郎であり、しっかりもので明るい性格。鉄の魔物のような指に魅了されている。田舎から出てきた父と妹を辻斬り大名に殺され、みずからの年季を延ばして小六に仕置を依頼する。おきんの頼みを聞いたばかりに、鬼の岩蔵の手下に捕まって拷問を受けたこともある。

田口

北町奉行所の同心。主水に対しては「昼間のお化けじゃあるめえし、いるならいるとはっきりさせろい」と、なかなか手厳しい。第3話でいったん姿を消すが、第6話から顔かたちを変えて再登場。無実の男を拷問にかけたり、火事で牢屋敷の囚人解き放ちを指示したり、五人殺しの鬼寅を斬り殺したりした。

生井健夫　なまい・たけお

◉1930年栃木県生まれ。俳優座養成所の2期生を経て劇団仲間を設立し、のちに代表となる。63年のテレビドラマ『戦友』では滝原軍曹役として主演を務め、同じく東映東京テレビプロダクションが制作を担当した刑事ドラマ『特別機動捜査隊』では佐久間刑事としてレギュラー出演を果たした。必殺シリーズには映画『必殺仕掛人　梅安蟻地獄』にも出演。97年には文化庁芸術祭の演劇部門で優秀賞を受けた。舞台の代表作に『森は生きている』『村岡伊平治伝』などがある。

森章二　もり・しょうじ

◉1938年東京都生まれ。劇団新国劇で辰巳柳太郎に師事する。その後はテレビでの活躍が多く、『水戸黄門』『銭形平次』『座頭市物語』などに出演。『必殺仕置人』には第6話から「同心」としてレギュラー出演しているが、劇中では「田口さん」と呼ばれており、シナリオにも田口とある（第14話だけエンドレクジットも田口に）。京都映画で同時期に撮影されていたテレビ広島の昼帯ドラマ『瀬戸の恋歌』にも出演しており、その縁からのキャスティングだろうか。

あの手この手で全26話を手がけたクリエイターたち、脚本家のうち6人と、10人の監督全員をピックアップ。それぞれが腕に覚えあり、『仕置人』に参加するまでのキャリアを中心に解説しよう。

脚本家

野上龍雄
のがみ・たつお

◉1928年東京都生まれ。東京大学卒業後、大映脚本家養成所を経て58年に映画『紅蝙蝠』でデビューし、東映の時代劇を数多く手がける。60年代半ばからは『日本侠客伝』をはじめとする任侠路線で活躍し、その後は『柳生一族の陰謀』『南極物語』などの大作映画に参加。『三匹の侍』や『鬼平犯科帳』とテレビ時代劇も多く、深作欣二監督の推薦によって『必殺仕置人』の第1話と第4話を執筆し、必殺シリーズを代表する脚本家として要所を任される。『必殺！　THE HISSATSU』ほか劇場版も4本を担当した。2013年死去。享年85。

国弘威雄
くにひろ・たけお

◉1931年満州生まれ。本名・國弘威雄。引揚げ帰国後、いくつかの職業を経て日本シナリオ作家協会の研究所に入り、橋本忍に師事する。59年に映画『空港の魔女』でデビューし、『幕末残酷物語』『風林火山』『樺太1945年夏　氷雪の門』などを執筆。テレビも『すりかえ』『剣』『子連れ狼』ほか多数。必殺シリーズは『必殺仕掛人』の第2話より参加し、『必殺仕置人』は第2話をはじめ合計5本を担当。武士道の理不尽や大奥潜入ものを得意として初期のシリーズを支えた時代劇の匠である。2002年死去。享年71。

安倍徹郎
あべ・てつろう

◉1928年東京生まれ。早稲田大学卒業後、出版社の編集者を経て大映脚本家養成所に入所。58年に映画『煙突娘』でデビューし、その後は現代劇・時代劇を問わずテレビを中心に活動する。池波正太郎原作の『鬼平犯科帳』は歴代シリーズに参加、池波の指名によって『必殺仕掛人』では第3話から精力的に執筆、『必殺仕置人』は第3話と第9話を担当、その後も男と女の情念を描いて初期シリーズを支えた。現代劇の代表作に『本陣殺人事件』『飢餓海峡』『さよなら李香蘭』『収容所から来た遺書』などがある。2016年死去。享年87。

山田隆之
やまだ・たかゆき

◉1923年青森県生まれ。早稲田大学在学中に学徒出陣で徴兵されたのち地元八戸で劇団を主宰し、49年に上京。ラジオドラマを経て、テレビ草創期からドラマの脚本を数多く執筆する。朝日放送の松本明監督とのコンビで近鉄金曜劇場の単発ドラマや勝新太郎主演の連続ドラマ『悪一代』を発表し、『必殺仕掛人』は8本を送り出す。続いて『必殺仕置人』は2本、第5話と第7話を担当した。そのほか『銭形平次』『木枯し紋次郎』『柳生一族の陰謀』『服部半

必殺仕置人 脚本家・監督名鑑

蔵　影の軍団』などテレビ時代劇を多く担当している。1994年死去。享年71。

猪又憲吾
いのまた・けんご

◉1940年東京都生まれ。シナリオ研究所研修科の一期生として井手雅人に師事し、『われら弁護士』『大いなる旅路』『子連れ狼』などのテレビドラマを執筆する。必殺シリーズには『必殺仕置人』の第8話から参加し、続いて第22話を担当。その後も『助け人走る』から『翔べ！必殺うらごろし』まで不定期で手がけている。70年代後半からは土曜ワイド劇場の3作目となる『新幹線殺人事件』をはじめ『終着駅殺人事件』『松本清張の事故』ほか2時間サスペンスを数多く送り出した。2005年死去。享年64。

浅間虹児
あさま・こうじ

◉日本大学芸術学部卒業後、『月曜日の男』『七人の刑事』といった現代劇で頭角を現し、『三匹の侍』などの時代劇に進出。また、『肉体の市場』『裸虫』ほか草創期のピンク映画を執筆する。朝日放送の『悪一代』には第1話から参加、続いて仲川利久プロデューサーとのコンビ作『白頭巾参上』では監督に挑戦。『必殺仕置人』の第11話、第13話、第15話を矢継ぎ早に送り出し、同時期に京都映画で撮影されていた『白獅子仮面』では脚本・監督を兼任。『破れ傘刀舟悪人狩り』を精力的に手がけたのち、70年代半ばに脚本家から引退した。

監督

貞永方久
さだなが・まさひさ

◉1931年満州生まれ。引揚げ帰国後、九州大学を卒業して松竹に入社。京都撮影所の助監督となり、60年代に入ると『日本の秘境』などのドキュメンタリー番組の演出を任される。京都撮影所の閉鎖後は大船に移り、68年に『復讐の歌が聞える』で監督デビュー（山根成之と共同）。70年代には『黒の斜面』をはじめ松竹サスペンス映画の新たな旗手となり、『必殺仕置人』の第1・2話を演出。テレビシリーズだけでなく『必殺！ THE HISSATSU』『必殺！ 主水死す』ほか映画版も任されて手腕を発揮した。2011年死去。享年79。

松本明
まつもと・あきら

◉1934年京都府生まれ。早稲田大学卒業後、大映を経て大阪テレビ放送に入社。朝日放送との合併後はテレビドラマの新鋭ディレクターとして、近鉄金曜劇場や東芝日曜劇場で注目を集める。勝新太郎の『悪一代』をスタジオで撮り、『女人平家』では京都映画にて全編フィルムの現場を初めて経験。『必殺仕掛人』を経て『必殺仕置人』は第3話をはじめ3本を

脚本家・監督名鑑

監督。その後も必殺シリーズでテレビ独自の娯楽性を披露。79年からは東阪企画に出向し、「裸の大将」シリーズなどのプロデュース・演出を担当した。２０２２年死去。享年88。

三隅研次
みすみ・けんじ

◉１９２１年京都府生まれ。立命館大学専門部商業部を卒業後、日活京都の助監督を経て満州に応召、戦後は大映京都に復職。54年に『丹下左膳　こけ猿の壺』でデビューしたのちシャープな演出で時代劇を量産し、『大菩薩峠』『釈迦』といった大作も発表。勝新太郎の『座頭市物語』は人気シリーズとなり、市川雷蔵の「眠狂四郎」シリーズや『斬る』『剣』『剣鬼』の剣三部作などを残す。大映倒産後は映像京都に所属して各社から招かれ、『必殺仕掛人』を6本撮ったのち『必殺仕置人』は第4話を担当。１９７５年死去。享年54。

大熊邦也
おおくま・くにや

１９３５年兵庫県生まれ。早稲田大学卒業後、58年に朝日放送入社。ラジオドラマを経てテレビドラマを数多く演出する。『坊の岬物語』『助左衛門四代記』『戦国艶物語』『女人平家』などを手がけ、『必殺仕掛人』を6本撮ったのち『必殺仕置人』は第5話のみ。『必殺必中仕事屋稼業』から『新必殺仕置人』までコンスタントに監督を務めた。79年には『葉蔭の露』で芸術祭賞大賞を受賞。朝日放送創立30周年記念作品『額田女王』をはじめ長時間ドラマを任され、プロデューサーとして土曜ワイド劇場やドキュメンタリー番組を送り出した。

松野宏軌
まつの・こうき

◉１９２５年岡山県生まれ。本名・松野博。浪速工業高等専門学校を卒業後、松竹京都撮影所の助監督となる。64年に『続道場破り問答無用』で監督デビュー（菊池靖と共同）。長門勇の「いも侍」シリーズで活劇に冴えを見せるが、ほどなく京撮は閉鎖となり、松竹大船などで映画を手がけながら『鞍馬天狗』をはじめ松竹＋京都映画によるテレビ時代劇に専念する。『必殺仕掛人』の7本に続いて、『必殺仕置人』も6本を演出。必殺シリーズ最多登板を誇る松竹生え抜きの職人として２２５本を送り出す。２０１０年死去。享年85。

工藤栄一
くどう・えいいち

◉１９２９年北海道生まれ。慶應義塾大学卒業後、東映に入社し企画部経由で京都撮影所の助監督となる。59年に『富嶽秘帖』で監督デビューし、『十三人の刺客』『大殺陣』『十一人の侍』とリアリズム志向の集団抗争時代劇で高い評価を受ける。70年代に入るとテレビに活路を見出す。深作欣二の紹介により『必殺仕置人』に参加し、最終回をふくむ6本を演出。その後も京都映画のスタッフとの協業で光と影の映像感覚を進化させて、シリーズを代表する監督に。映画『必殺！Ⅲ　裏か表か』にも登板。２０００年死去。享年71。

必殺仕置人

国原俊明
くにはら・としあき

◉1931年兵庫県生まれ。京都大学卒業後、大映京都撮影所の助監督となる。斜陽の京撮では、なかなか監督の機会がなく、69年から大映テレビ室の『ザ・ガードマン』をコンスタントに演出。70年に『おんな牢秘図』で初の劇場用映画を手がけるが間もなく大映は倒産し、『木枯し紋次郎』や『シークレット部隊』を経て『必殺仕置人』の第11話を担当。わずか一本で強烈な印象を残す。その後は刑事ものや『赤い疑惑』『スチュワーデス物語』など〝大映ドラマ〟のレギュラー監督として活躍した。後年におけるクレジット表記は「國原俊明」。

蔵原惟繕
くらはら・これよし

◉1927年ボルネオ島生まれ。日本大学芸術学部卒業後、松竹京都撮影所の助監督を経て日活の製作再開とともに同社に移籍する。57年に『俺は待ってるぜ』で監督デビューし、石原裕次郎の主演作を立て続けに発表。また先鋭的な即興演出を持ち味に『狂熱の季節』『執炎』などの異色作を送り出す。フリーとなって『栄光への5000キロ』や『陽は沈み陽は昇る』といった大作を任され、当時は「ドキュメンタリー派の監督」と称されていた。『必殺仕置人』は2本だが、その後は工藤栄一とともに初期シリーズを代表する監督となり、やがて映画『南極物語』が大ヒットを記録する。2002年死去。享年75。

田中徳三
たなか・とくぞう

◉1920年大阪府生まれ。関西学院大学在学中に徴兵を受け、スマトラ島で捕虜となったのち大映京都撮影所に助監督として入社。58年に『化け猫御用だ』で監督デビュー、勝新太郎の『悪名』や市川雷蔵の『眠狂四郎殺法帖』を手がけ、それぞれ看板シリーズへと発展する。70年に五社英雄の紹介で『新三匹の侍』を手がけて松竹系の京都映画に参加し、『必殺仕置人』は第20話を演出。必殺シリーズの常連監督となり、東映や国際放映、勝プロ、三船プロなど各社でテレビ時代劇を手がけた。2007年死去。享年87。

長谷和夫
はせ・かずお

◉1927年東京都生まれ。法政大学卒業後、松竹京都撮影所に助監督として入社したのち大船に配転。65年に『その口紅が憎い』で監督デビューし、『空白の起点』より 女は復讐する』『殺すまで追え 新宿25時』といったスリラー中心に活躍する。70年代に入るとテレビに転じ、『必殺仕掛人』5本に『必殺仕置人』3本と、どちらも後半に登板する。必殺シリーズは初期のみの参加だが、その後も京都映画では昼帯ドラマを演出し、フリーとなって各社で2時間サスペンスなどを手がけた。2010年死去。享年83。

●COLUMN

光と影、予算とスケジュール 京都映画のスタッフワーク

高鳥 都

太秦と下鴨、二つの撮影所

　必殺シリーズの撮影は、京都府右京区太秦《うずまさ》堀ヶ内町にある京都映画（現・松竹撮影所）を拠点に行われてきた。１９４６年、松竹の傍系会社として太秦に設立された京都映画は、52年に松竹下加茂撮影所を引き継いで貸しスタジオを主な業務とし、松竹配給の映画も自社で手がけるようになる。ややこしいが、撮影所の表記は戦前からの松竹時代は「下加茂」であり、京都映画に変わって「下鴨」と改称された。

　１９５９年、松竹テレビ室による初のテレビ時代劇『変幻三日月丸』からテレビ映画の制作を受注し、30分の子供向け時代劇や15分の帯ドラマをコンスタントに送り出す。また、企業や自治体のＰＲ映画や記録映画を請け負う部門もあり、編集やダビング（音の仕上げ作業）も所内で行っていた。いっぽう松竹の劇場用映画は、太秦撮影所で量産されていた。

　１９６５年、映画界の斜陽化によって太秦の撮影所が閉鎖。やがて「松竹第二製作所」として再開し、京都映画が受注したテレビ時代劇が撮影されるようになる。現代劇は下鴨、時代劇は太秦……しかし東映に比べて松竹のテレビ時代劇に大きなヒット作はなく、いよいよ太秦の撮影所が（また）閉鎖という噂が流れたころ、72年に『必殺仕掛人』が始まり、人気シリーズとなる。

石原興と中島利男、若手コンビの映像

　シリーズ第2弾の『必殺仕置人』も同じスタッフ陣が担当したが、まず代表されるのが撮影技師の石原興《しげる》と照明技師の中島利男だ。１９３９年生まれの石原と１９４０年生まれの中島は必殺シリーズの光と影の映像を作り出し、人物の半身を闇に落としたり、シルエット処理、望遠レンズを多用したグラフィカルな縦構図や流

麗なカメラワークを披露して、裏稼業の世界を表現。また、ちょんまげの上まで映さず、おでこの上でアングルを切る力強いアップや、顔半分だけのトリミングなど、ベテランから「邪道」と批判されながらも新たな表現を定着させた。

当時、30代前半の石原・中島コンビは下鴨のテレビ映画、もともと現代劇を撮ってきた新鋭であり、そこから太秦の時代劇に進出。石原は学生時代より京都映画で撮影助手を務め、中島も東映京都などの照明助手を経て京都映画で技師となった。カメラアングルに合わせた枠内にライティングを施すのではなく、ある程度広い範囲で光の世界を作り、その中でフレームを切り取る画づくりが多かったという。

そのほか撮影の中村富哉と小辻昭三、照明の染川広義は太秦の松竹京都、映画畑出身の中堅であり、『仕置人』には参加していないが照明の釜田幸一もその系譜だ。このように「下鴨」と「太秦」のスタッフが混在しており、『仕置人』の場合は技師や助監督が入れ替わる二班体制で毎週ごとの撮影が進められた。レールやクレーンでのカメラ移動を操作する特機（特殊機材）は太秦出身の小林進が担当、特機を請け負う久世商会は下鴨に常駐して、露天商も行っていた。

シリーズ第3弾『助け人走る』からは撮影の藤原三郎、照明の林利夫と下鴨育ちの助手が技師に昇進し、その後も新たな才能が抜擢されていった。石原興はシリーズ300回記念の『必殺商売人』第18話「殺《や》られた主水は夢ん中」で監督を手がけ、『必殺仕事人2007』以降も監督としてシリーズを支えている。

美術と技術、それぞれの職人たち

『仕置人』の美術デザイナーは倉橋利韶、『仕掛人』の川村鬼世志とともに初期シリーズを交互に担当した。いずれも太秦の松竹京都出身であり、テレビ時代劇という予算やスケジュールの制約に合わせてセットをやりくりするなど、手際よく手腕を発揮。明治生まれの川村は、若手が多い必殺シリーズのなかで最古参のスタッフであった。当時の京都映画はデザイナーの下に美術助手を置かず、現場には「セット付」と呼ばれるスタッフが常駐、カメラ移動や雨降らしという特機の仕事に加えて、セットの壁を外したり、建具を動かしたりと、美術をサポートした。

小道具を用意する装飾部は、京都映画のベテラン稲川兼二を親方に玉井憲一と交互に担当。棺桶の錠の手槍は、沖縄にあった実物をモデルに稲川が作ったものという。観音長屋の猥雑《わいざつ》で活気ある雰囲気など、美術と装飾による協業の結果だ。「装置」としてクレジットされている大道具のセット作りは新映美術工芸の班長が仕切り、塗装、建具、背景、造園ほか多くの職人が参加した。

録音の二見貞行は太秦出身、撮影・照明が優先される状況でクリアなセリフを録《と》るために苦心した。かつてはアフレコ中心であったテレビ映画も70年代に入るとシンクロの同時録音に移行し、とにかく助手にはマイクを俳優の近く

COLUMN

まで近づかせることを指示、やがて広瀬浩一や中路豊隆らが技師となった。

　シーンもカットの順番もバラバラに撮影されたフィルムを繋《つな》ぎ合わせ一本の作品に仕上げる編集技師は、下鴨出身の園井弘一。石原興らと同じく20代で一本立ちして昼メロなどの現代劇から幅を広げた若手であり、ときにストック素材を自由にインサートしながら必殺シリーズ特有のテンポを作り上げた。園井が編集したポジフィルムをもとにネガフィルムで再現する「ネガ編集」は助手の役割だ。

　調音の本田文人も下鴨出身であり、同録のセリフと音楽、効果音をバランスよくミックスして仕上げるダビング班のミキサーとして必殺シリーズの要となる。当時は本田のもとで鈴木信一が選曲、竹本洋二が効果を主に担当した。

　念仏の鉄の骨はずしの「ボキボキボキ……」は、映写機にサウンドトラックをかけるときの音をもとにフィルムを切り刻んで作った効果音であり、錠が手槍をはめて回す「キリキリキリッ……」は自動車のタイヤ交換で使用するラチェットレンチの音を加工したもの。突き刺す音や抜く音は、川の流れる音のピッチを変えたり、逆回転して作られた。

製作部と演出部、その他の各パート

　現場を統括し、予算やスケジュールを管理する製作部は、渡辺寿男が製作主任を担当。松竹京都、日本電波映画を経て京都映画に所属した渡辺は、長きにわたって必殺シリーズの現場を支えた。進行係は黒田満重と鈴木政喜、下鴨生まれの黒田は京都映画の現代劇からキャリアを始め、のちに製作主任に。鈴木は松竹京都の大部屋俳優出身、いろんな方面に顔が広く、進行一筋でロケーションを円滑に進めた。製作部長の高谷邦男や次長の小島清文も管理職としてシリーズに携わった。

　チーフ助監督は家喜俊彦、松永彦一、高坂光幸の三氏が担当。家喜は『斬り抜ける』、高坂は『必殺仕業人』で初めてテレビ時代劇の演出を手がけ、それぞれ必殺シリーズの監督として活動した。のちに京都映画を離れて演出部から製作部に転じた松永は、映像京都が現場を請け負った「新・第三の極道」シリーズなどにプロデューサーとして参加。『仕置人』後半からセカンド、サードの助監督として合流した都築一興、皆元洋之助も後年、監督として一本立ちを果たす。

『仕置人』の記録（スクリプター）として最多本数の野口多喜子は、東伸テレビ映画を経て東映京都テレビプロや京都映画で活躍。監督の横に位置してカットごとの尺や

動きの〝つながり〟などをチェックし、現場と仕上げ作業の橋渡し役となった。
殺陣《たてし》師の美山晋八、楠本栄一は大映京都出身。まず楠本が『仕掛人』から参加、『木枯し紋次郎』のリアルな立ち回りを手がけた美山は『仕置人』1話から合流し、交互に〝殺し〟を担当した。映像京都の所属であり、『助け人』から布目真爾も招集された。

必殺シリーズにおける「特技」とはスタントマンのこと、そのリーダーの宍戸大全は『忍びの者』で市川雷蔵の吹替を務めるなど大映京都でキャリアを始めて、東映京都や京都映画の仕事を一手に引き受けた。

床山・結髪は八木かつら、美粧の保瀬英二郎は松竹京都の俳優出身であり、衣裳は松竹衣裳の塚本豊が担当した。現像は東洋現像所（現・ＩＭＡＧＩＣＡ）の工場が太秦近くの花園に存在し、編集されたフィルムの画調を整える「タイミング」は須佐見成が務めた。

題字は書道家の糸見渓南、山内久司プロデューサーの同級生が揮毫《きごう》したものであり、毎週のサブタイトルとエンドクレジットはデザイナーの竹内志朗が担当した。番宣用のスチールは牧野譲が手がけている。

かくのごとく京都映画は、あらゆる場所から人材が集結した撮影所であり、下鴨と太秦の松竹系スタッフだけでなく、大映、東映、さらには日本電波映画や東伸テレビ映画、山崎プロほか京都の潰れたプロダクションの残党と、多士済々のスタッフ編成が組まれていた。１９７４年には下鴨から太秦に本社機能ごと移転、その後も必殺シリーズをはじめ数多くの作品が送り出されている。

『必殺仕置人』現場スナップ集1

COLUMN

〝自由〟と〝結束〟で織り上げた『必殺仕置人』音楽世界

梶野秀介

パワフルで自由な劇伴構成

この世にのさばる悪をあらゆる手段で処刑する仕置人。この特異で革新的な存在は、音楽でどのように表現されたのだろうか。

必殺シリーズ第1弾『必殺仕掛人』で、ロカビリーに代表される洋楽センスと歌謡曲の素地を持った作曲家・平尾昌晃は、マカロニウエスタンやフラメンコを基調に、ロックや日本情緒も取り入れた劇伴、つまりBGMを作り上げる。各楽曲は極力シャープにドライに、尺八を使うところにフルートを使うといった現代的な手法も用いつつ、ハードボイルドで少し情感の見え隠れする、精度の高い音楽世界を築いたのだった。

続いて世に出た『必殺仕置人』の楽曲全体像を俯《ふ》瞰《かん》すると、『仕掛人』がシャープなら『仕置人』はパワフル。作られた劇伴は、力強いブラス編成と時折ジャジーなブラックミュージック的楽曲、パーカッションの効いたラテン風アクション曲、かと思えば和風旋律や重厚なストリングス編成のサスペンスなど、『仕掛人』で成功した方法論を担保しつつも〝自由〟そのものの劇伴構成がなされている。

いっぽうで驚くのは、マーチ仕立ての曲が飛び抜けて多いことだ。オープニング曲のM29もこの系列であり、「仕置人が立ち上がる（M9）」「仕置の決意（M44）」「仕置人のお通りだ（M49）」「地獄に堕ちるとも（M50）」「権力と暴力と（M51）」など多数存在する。

これは前作がドライなプロの殺し屋個々の集まりだったことに対して、仕置人がチームで戦う私設処刑集団であるという立ち位置と符号しており、彼らの〝結束〟がそのままマーチ（行進曲）となって楽曲化したかのような印象を聴く者に与えた。平尾と制作側とのコンセンサスが十分に取られていたことがうかがえる。

「やがて愛の日が」と三井由美子

必殺シリーズ主題歌群のなかでもトップクラスの人気を誇る「やがて愛の日が」は、山下雄三による勇壮な前作主題歌「荒野の果てに」から一転、恋人たちの未来をセンチメンタルに描いたラブソング。

これを歌った三井由美子は、1945年福岡県生まれ。平尾昌晃の弟子であり、本曲は番組の人気だけでなく、三井自身がメディアへ精力的に顔を出し、六大都市のレコード店を回るキャンペーンを展開した努力も実ってか、12万枚を超える大ヒットとなった。その後、演歌歌手として実績を積みながら、病気療養を経て大分県別府市に移住。地元で活動を再開していたが、2015年6月からは休止している。

後年、「やがて愛の日が」は小沢深雪、葵三音子、川田ともこによってカバー曲がリリースされ、近年では『ぱちんこ新・必殺仕置人』で篠崎愛、『ぱちんこ新・必殺仕置人S』で吉川友が、ロックテイストの楽曲として発表している。

テレビスペシャル『恐怖の大仕事』『仕事人、京都へ行く』『勢ぞろい仕事人!』、映画『必殺!Ⅲ 裏か表か』の主題歌にも採用。インストゥルメンタルとしては、あかのたちおの編曲のアルバム『必殺! The Hissatsu Sound』、そしてシリーズ第25弾『必殺仕事人V 激闘編』において、京本政樹と大谷和夫の共作で、スローテンポのバージョンと殺しのテーマアレンジが製作された。

少々余談だが、スローテンポ系の初期必殺楽曲を、軒並み演歌だという向きがあるが、70年代当時の歌謡界では、演歌と歌謡曲の境界線が非常に曖昧で、

「やがて愛の日が」ジャケット。ロバート・フリーマンの写真を彷彿とさせるアーティスティックな写真とレイアウトは、『必殺仕置人』というコンテンツが現代的かつハイセンスであることを強調している。

●COLUMN

遠藤実や平尾昌晃など、ポップスとふるさと慕情的メロディの中間を作れる作曲家が多かったことに加え、小柳ルミ子や森昌子など、小節《こぶし》をきかせたいわゆる〝日本調〟の歌唱法を習得した歌手が台頭していた。これに対し、現代の感覚では演歌に捉えられがち、というだけである。本曲も、現代において演歌にカテゴライズされることがあるが、『月刊映画情報』1973年8月号の三井由美子インタビューでは「バラード風ラブソング」とされており、「得意なのは演歌だけど、今はこれをヒットさせることが先決」と述べている。70年代当時においても、演歌ではなく純然たる歌謡曲だった貴重な証言と言えるだろう。

仕置人ベストナンバー3選

さて、『必殺仕置人』楽曲群のなかでも代表的なナンバーを、3曲だけチョイスして紹介していきたい。『仕置人』のBGMサウンドトラックは、キングレコードから大きく分けて2回リリースされているが、発売当時の構成者により違う曲名が振られているので、今回は「オリジナルサウンドトラック全集2」での曲名と劇伴製作時のMナンバーで表記する。

●嘆きの詩（M14）

スタッフからもファンからもゴッドファーザーと呼ばれた、「ツィゴイネルワイゼン」を彷彿とさせる悲しみのテーマの、高音ストリングス編成バージョン。バイオリンバージョン「女の血、そして涙（M21）」のほうが使用率が高いが、このバージョンの特筆すべき点は、曲の終了部――いわゆるコーダが、安らかな長調で終わるところ。悲しみのテーマでこういった締めは、歴代必殺を通しても本曲しかなく、極めて貴重な存在と言える。第17話「恋情すてて死の願い」でお美弥が処刑されるシーンは、この曲のおかげでより美しく悲しく彩られることとなった。なお、Mナンバー不詳のハーモニカバージョンも存在、映画『必殺！Ⅲ　裏か表か』で効果的に使われたものの、いまだ音源が発掘されていない。逆にブラスバンド編成のみのM48は存在が確認されているが、劇中では陽の目を見なかった。

●仕置のテーマ（M15／殺しのテーマ1）

『仕置人』のメインとなる殺しのテーマ。エンニオ・モリコーネやジャンニ・フェッリオを想起させる躍動的ウエスタンで、エレキギターと駆け上がるストリングス、そして間奏に入るハモンドオルガンの黄金律が見事。第1話「いのちを売ってさらし首」における、草陰から現れ仕置を宣告する主水と錠、罠にかけられていたことに段々と気づく悪党たちの貌《かお》、怒りに満ちたお咲の眼《め》。完璧過ぎるカット割りとそこから展開されるダイナミックな殺陣に、どれほどの視聴者の血流が上がっただろう。『仕事人大集合』でも、錠の活躍のテーマとして使われている。

短いメロディでシンボリックだからか、エンディングナレーションに最も使われた「末世に生きて（M7）」、沈痛な「暁に命は散った（M20）」、マーチアレンジでファズギターを効かせた「地獄に堕ちるとも（M50）」など、バリエーション曲も多い。以降のシリーズへの流用例は枚挙にいとまがないが、代表例として『必殺仕事人Ｖ　激闘編』最終回のラストシーンにＭ7が使用されたことを挙げておきたい。

●悪の果つる時（M30／殺しのテーマ2）

「やがて愛の日が」のマカロニウエスタン風アレンジ。殺しのシーンや出陣のシーンで柔軟に使用された。必殺シリーズにおける、スローテンポの主題歌を戦闘向きにアレンジする手法はこの曲から始まった。第1話、鉄が牧野備中守の背骨を外すシーンでは、Ｂメロの駆け上がるトランペットのタイミングでレントゲンが挿入され、見る者に最高のインパクトを与えた。本曲はバイオリンアレンジの「仕置にかけろ人でなし（Ｍ18）」、ハーモニカアレンジの「土煙たつ往来を抜けて（Ｍ19）」などのバリエーションがあるが、なかでも第18話「備えはできたいざ仕置」で加納十兵衛と対決する主水のシーンに流れたＭ18は、飛び切りのヒロイズムを画面にもたらした。

なお、キングレコードサウンドトラック全集2『必殺仕置人』の解説には、劇伴のＭナンバーがオリジナル音源のものではなく、コピーテープの管理番号である旨が書かれている。しかし本項執筆にあたり再検証したところ、「権力と暴力と（Ｍ52）」が本来はＭ51であり、Ｍ52は「やがて愛の日が」インストゥルメンタルフルコーラスだった、という以外は、オリジナル音源のＭナンバーに忠実だったことを付記しておく。

『必殺仕置人』『新必殺仕置人』両作の舞台、文化文政時代に登場する基礎的な時代劇用語を解説。ただし、史実と劇中の描写では差異もあるため、参考程度に捉えて鑑賞の足しにしていただきたい。

町奉行

江戸において司法・行政や治安維持などを担当した警察のような役職。南町と北町が存在し、その職務を執行する奉行所も南北両方に配されており、月替りで任に当たった。中村主水は『仕置人』では北町、『新仕置人』では南町奉行所に勤めている。町奉行のほか「三奉行」として勘定奉行、寺社奉行が存在する。

与力・同心

奉行所において、奉行の配下としてその職務を補佐する役職。奉行の直属が与力、その下に位置するのが同心である。主水は町奉行所の定町廻り同心であり、現代でいえば地域課のお巡りさんと刑事課の捜査官を兼ねたような存在。三十俵二人扶持と俸禄は低いが、付け届けや袖の下などの余禄がある。主水が〝八丁堀〟と呼ばれているのは、同心の組屋敷が八丁堀にあることに由来する（現在の東京都中央区八丁堀）。

町方同心、通称〝町方〟とされているように捜査範囲はあくまで江戸の市井であり、神社仏閣といった寺社方には及ばない。武士も同様で一万石以上の大名やその家臣、旗本・御家人といった幕府の直臣は管轄外。その職分から「不浄役人の分際で」と蔑視されることもある。

火付盗賊改方

江戸時代における犯罪捜査機関の一つで、放火や押し込み強盗、賭博を取り締まった役職。町奉行所は役方（文官）、火盗改は番方（武官）であり、多くの時代劇では奉行所の手が届かないアンタッチャブルな強行機動組織である。

目明し・岡っ引き

与力や同心が私的に雇用している、犯罪捜査を行う者。基本は町人であり、市井の暮らしに通じている一方で、かつて罪人だった者も少なからずおり、裏社会とのつながりを活かして捜査にあたる。

しかし与力や同心から十手を預かっていることで、その権力を悪用しようとする不届き者もしばしば登場。岡っ引きの配下を下っ引き、奉行所から正式に雇われた十手持ちを小者《こもの》、また武家の召使いを中間《ちゅうげん》という。

刑罰

与力や同心に捕らえられた科人《とがにん》には、町奉行による詮議ののち、その罪状によってさまざまな刑罰＝仕置が課せられる。大きく分けて、いわゆる死刑を

必殺シリーズを楽しむための
時代劇用語

表す生命刑、苦痛を与える身体刑、行動の自由を制限する自由刑、財産を没収する財産刑、社会的身分を落とす身分刑、名誉刑が存在する。本項ではそのうち必殺シリーズでよく出てくる生命刑、身体刑、自由刑について解説しよう。

生命刑

下手人《げしゅにん》

史実では過失致死犯に対する斬首を指し、遺体は遺族のもとに返される温情刑だが、劇中では犯人を指す言葉として使われることがほとんど。

死罪

牢屋敷内で斬首され、死体は刀の試し斬りに使われる。必殺シリーズでいちばん登場する処刑方法である。

獄門

いわゆる〝打ち首獄門〟。小塚原刑場などで見せしめの斬首後、獄門台に首が30日間さらされる。『仕置人』第1話の松造は、劇中では死罪だが、獄門にも処されている。

磔《はりつけ》

磔柱《たっちゅう》と呼ばれる十字架に縛られ、槍で体を突かれる公開処刑。史実では市中引き廻しの末に行われており、『仕置人』第2話のおしんがこれに当たる。

火罪

放火犯が受ける刑罰で、俗にいう火あぶり。

身体刑

敲《たた》き

軽微な窃盗犯などに用いられた刑。竹を束ねた笞《むち》で、罪人の背中や尻などを叩く。

入れ墨

身体に入れ墨を入れられる。敲きや遠島など、ほかの刑の付加刑であることが多い。

自由刑

遠《えん》島《とう》

島流しや流刑《るけい》とも呼ばれ、佐渡島や八丈島などに送られる刑。入れ墨が付加刑となることが多い。『仕置人』第21話では鉄や主水が佐渡に向かう。

所払い

江戸から追放される江戸払い、居住地を追われる所払いなど多くの種類があり、行動範囲を制限される追放刑。

手鎖

最低30日から最大100日、両手を手錠に繋がれての生活を強《し》いられる。

なお、『仕置人』のオープニングに使われた各種仕置の浮世絵は、明治時代の「徳川幕府刑事図譜」をもとにしたものだが、笹間良彦の著書『図説　江戸の司法警察事典』に多くの原典が掲載されている。

貨幣

貨幣価値は江戸時代のなかでも変動するため、あくまで概算となるが、文化文政時代、小判一両の価値は現代に置き換えると約6万円。『仕置人』第1話でお咲が用立てた三十両は約180万円。五人で割ると一人頭36万円となる。

一両＝一分銀4枚で、現代なら1万5000円。

一両を16で割ると一朱金で3750円。

一朱銀は一朱金と価値は同じで3750円。

一文銭は一朱の250分の1で約15円。

すなわち、一両＝四分＝十六朱＝四千文となる。なお、江戸時代の貨幣価値を語るときに、そばの値段が引き合いに出されることが多いが、文化文政時代は二八そばが十六文で、現代に置き換えると約240円となる。ちなみに、現在でも慣用句として使われる「ビタ一文」は、びた銭という使用に堪えない私造品や劣化した一文銭を指す。三途の川の渡し賃は六文銭。

佐渡金山

金の産出量が国内最大であった佐渡金山では、小判など貨幣の原材料となる金が長きにわたって採掘され続け、坑内に溜まった水を排出する水替人足《みずかえにんそく》といった労働者が多数投入されていた。また、鉱石を掘る金穿大工《かなほりだいく》や

高度な技術を必要とし、貴重な金を扱う金穿大工と違い、単純作業ながら極めて過酷な労働を強いられる水替人足には「無《む》宿人《しゅくにん》」と呼ばれる人別帳から名前を外された者が多かった。僧侶でありながら女犯の罪で遠島になった鉄もこれに該当する。

なお遠島そのものは、あくまで社会から隔絶させる刑であり、必ずしも佐渡金山での労務に繋がるわけではない。『新仕置人』第20話のように島帰りの入れ墨者が世になじめないのは時代劇の定番ストーリーである。

大名

封建社会である江戸時代において、将軍から領地を分け与えられた領主を大名といい、その領地を藩と呼ぶ。大名屋敷は奉行所が干渉できない治外法権区域であり、大名や家臣が悪事を

働いたとしても、町方の同心に捜査権はない。

老中や若年寄といった幕府の要職につく、あるいはその座を狙う大名も多く、必殺シリーズにおいては大物の悪役で登場することが多い。また、幕府直轄の領地を天領と呼び、郡代や代官が支配した。だいたい隣藩とは折り合いが悪い。

家老

藩主に仕える家臣のなかで最上位の役職。藩内の行政・経済などを統括し、その下に各奉行や目付、代官らが存在する。諸国の藩は領地の城郭や陣屋だけでなく江戸にも藩邸を置いており、そこに勤める家老は江戸家老と呼ばれた。『仕置人』では第3話、第6話、第12話、第13話に江戸家老が登場しており、定番の役どころ。

長屋

江戸時代の集合住宅。細長い建物の均等に区分された部屋に庶民が暮らしている。借家人は店子《たなこ》と呼ばれ、大工や職人、行商人、商家の奉公人などさまざまな職業の人々が入居していた。また、女房同士の味噌や醤油の貸し借り、井戸を囲んでの水仕事に励みながらの談話——いわゆる井戸端会議など、近隣同士のコミュニケーションも盛んに行われていた。

「大家といえば親も同然、店子といえば子も同然」という言葉があるように、長屋の管理人である大家は店子の生活に深く関わっており、家賃の回収だけでなく、建物の修繕や生活指導、冠婚葬祭の取り仕切りや店子の親身な相談役としても機能していた。

遊廓

多数の女郎屋などが集まった、いわば遊興歓楽街。江戸の遊廓で幕府に認定されているのは、公娼のいる吉原遊廓のみで、区画全体が塀や堀で囲まれている。それ以外の遊廓は岡場所と呼ばれ、値段もワンランク下の私娼たちがいるが、幕府の許可を得ていないため、なにかにつけ奉行所による取締の対象になっていた。さらに最下層の夜《よ》鷹《たか》と呼ばれる街娼が、司法の目を避けながら、物陰や川の小舟などでこっそりと客を取っている。なお夜鷹は二十四文が相場。『仕置人』第1話で、鉄が仕置の手段として「病気持ちの夜鷹抱かせて鼻っ欠けにしてやろうか？」と提案しているが、これは梅毒の晩期症状で鼻の形が崩れることを指し、私娼が不衛生な生活を余儀なくされていたことがうかがえる。

牢屋敷

現代の留置所、拘置所にあたるのが伝馬町牢屋敷。罪人もしくは取り調べ中の者たちはここに収容され、拷問や斬首も行われた。囚人たちの頂点に立ち、絶対的な権力を持つのが牢名主。その一存で囚人がリンチにかけられたり、殺害されることは恒常的に行われていたという。また、時代劇ではよく火事が起きる場所であり、期限を定めての囚人解き放ちがドラマを盛り上げる。

牢屋奉行は代々世襲の石出《いしで》帯刀《たてわき》が務め、『新仕置人』第31話に登場。なお『仕置人』1話で〝闇の御前〟こと長次郎が入っていた揚屋《あがりや》は、武士だけでなく女性や僧侶、神官、病人などが収容された特別な牢のことである。

いのちを売ってさらし首

第1話

脚本：野上龍雄
監督：貞永方久

放映日◉ 1973年4月21日
視聴率◉ 22.5%（関東）
26.4%（関西）

念仏の鉄、棺桶の錠、中村主水らが仕置人を結成する記念碑的傑作。すべてはここから始まった――。

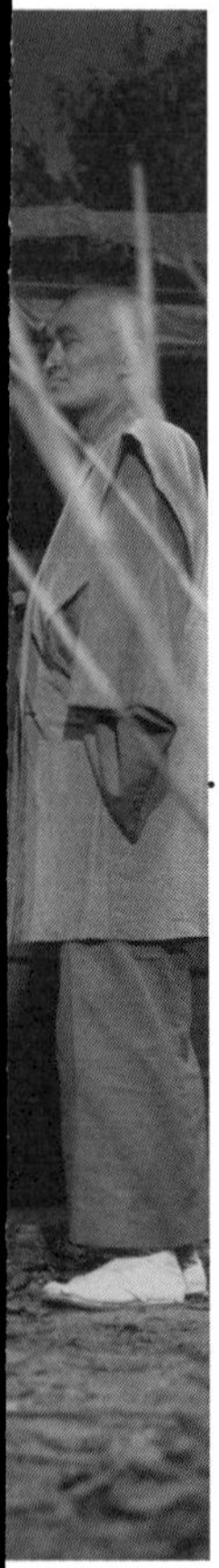

いつわりの罪によって、無実の男が殺された。その名は松造、場所は伝馬町牢屋敷の処刑場。

「おらじゃねえ――!!!」

生を求め叫ぶ声、抗《あらが》う体、どしゃ降りの雨――必殺シリーズ第2弾『必殺仕置人』は、闇の御前こと無宿入れ墨長次郎の〝仕置〟から始まる。真俯瞰から無残を見下ろす構図にポツンと傘がフレームイン、首斬り役がやってくる。

絶望、絶叫、絶命。雨あがりの刑場に生首がさらされ、それを目にした娘お咲の慟哭《どうこく》が響く――タイトルが出るまでの1分半、叩きつけるような画と音の連鎖がエネルギッシュなアウトロー時代劇を宣言する。大滝秀治の全身芝居に今出川西紀の顔面薄幸力からして、ただならぬ強度だ。

鉄、錠、半次、おきん、中村主水――五人の仲間が〝金をもらって恨みをはらす〟仕置人を結成するまでのプロローグたる第1話だが、プロの掟に縛られない素人らしき自由さがあふれている。

それゆえか必殺シリーズの代名詞である光と影の映像よりも、お天道様のもと明るい画面が大半を占めており、アナーキーな無頼《ぶらい》の姿が生き生きと描かれる。まだ表も裏もありゃしないかのように。タイトル開け、泥棒市を舞台に次々とメンバーが現れる、めくるめく活気と手際のよさに驚嘆する。

東映任俠映画という男の世界でさえ、

あらすじ

〝闇の御前〟と呼ばれる凶賊の頭が処刑された。さらされた生首を目にした百姓娘のお咲は「おっとう」だと確信し、慟哭する。村が山津波で流され、父娘で江戸に出てきたばかりでの悲劇であった。闇の御前の手下に追われるお咲を棺桶の錠が助ける。念仏の鉄、鉄砲玉のおきん、おひろめの半次と、観音長屋の仲間たちが錠の家に集まり、みなで小塚原の刑場に向かうが、松造の首は何者かによって持ち去られていた。

三十両という大金と引き換えに恨みをはらす――錠から話を持ちかけられた鉄は、佐渡の金掘人足時代に知り合った北町奉行所同心の中村主水に相談。主水は牢名主の天神の小六から闇の御前の悠然たる様子を聞き、替玉処刑事件であることを確信する。

闇の御前の正体は廻船《かいせん》問屋の浜田屋庄兵衛、主水の上司である与力の的場弥平次と組み、さらには北町奉行の牧野備中守が黒幕だった。お咲の恨みをはらすため、無頼の徒たちが立ち上がる。

弱き者たちの〝情〟を紡いできた野上龍雄の脚本を貞永方久が巧みに演出。松竹期待の若手監督として初登板でシリーズ第2弾の土台を託され、その抜擢に応えた。

　望遠レンズを多用した石原興のカメラワークも力強く、ポーンとロングの処刑場を除くと広い画が極めて少ない。第1話としては異例、あえてスケールを出さず、47分の本編を狭く凝縮された画で貫く。鉄の骨はずしのレントゲン映像――時代劇の常識を取っ払ったインパクトも石原の面目躍如だ。

　そして観音長屋のアウトサイダーたちだけでなく、北町奉行所同心という役人の立場にある主水まで裏稼業に手を染めるのが『仕置人』の要だ。

「ひょっとしてこの砂利に、なんの罪科もねぇ男の血が吸い込まれてるかもしれねぇんだ。俺はそれを考えると、じっとしちゃいられねぇんだ」

　――処刑場にしゃがみ込む主水。やがて〝必殺シリーズの顔〟となる藤田まことの馬面が、青空を背にしたローアングルに映える。

「へへへへ」と下卑《げび》た笑いを浮かべながら袖の下を受け取る小役人が、腐敗した奉行所の替玉処刑事件をきっかけに、もうひとつの顔を持つ。失われかけていた〝怒り〟を取り戻す。脚本の野上は主水を「無政府主義のテロリスト」と定義しており、しなやかにしたたかに過去の挫折を匂わせる。

　クシャおじさんまで使って怪人ぶりを披露する鉄、いわくつきの仕置料を錠が受け取ってチーム結成という流れもあるが、職場や家庭での冷遇をふくめて、いちばんキャラクターが描かれているのは、やはり主水である。

「的場さん、死んでください。それから浜田屋さん、あんたもだ」

　――抜き打ちざまに子分を斬り伏せたあとの、主水の処刑宣告をはじめ全編これ名セリフのオンパレード。「イキるな、イキるな。男三十すぎていい格好しようなんざ落ち目になった証拠よ」と笑う主水、「おめぇみてぇに世のため人のためなんてきれいごと言ってたんじゃすぐへたばっちまうんだよ」と錠に言い放つ鉄。被害者の目の前で仕置をする熱さのあと、訪れる結末は苦い。

　まだ若く熱血漢の錠はともかく、もう中年の域にある鉄と主水、佐渡の流刑地で知り合った二人の、いい歳をした青くささ。金を媒介にしながら、それだけではない裏稼業へのイキりとモチベーションがたまらない。

　あぁ、ゾクゾクしてきやがった。これが始まりにして唯一無二の大傑作だ。

セリフ選抜

「向こうがワルなら、俺たちはその上をいくワルにならなきゃいけねぇ。俺たちゃワルよ、ワルで無頼よ。なぁ、鉄」（主水）

主な登場人物

浜田屋庄兵衛

大滝秀治

全国を旅する廻船問屋の主であり、その裏の顔は〝闇の御前〟を名乗る凶賊の首領。本名は長次郎、自身と瓜二つの松造を獄門台に送り、ぬけぬけと御用商人の座を狙う。仕置人の罠にかかり、脱兎のごとく逃げ出すが、主水によって背中を斬られ、貫かれて、怒号とともに崩れ落ちる。

大滝秀治は劇団民藝の創設メンバー。日活の映画などで悪役として活躍し、1977年スタートの『特捜最前線』では〝おやじさん〟と呼ばれるベテランの船村刑事として、その過剰な演技とともに当たり役とした。映画『必殺！ THE HISSATSU』では貞永方久監督から六文銭一味の元締役、その名も庄兵衛をオファーされたが断っている。

お咲

今出川西紀

家を山津波で流され、郡山から江戸に出てきた百姓松造の娘。闇の御前の身代わりとして処刑されたおっとうのさらし首を目撃し、手下に追われるさなか錠に助けられる。金もなく、そもそも依頼をしたわけでもないが、最後は女郎に身を売って三十両という仕置料を工面した。

はんなり京の町を思わせる芸名の今出川西紀は、劇団民藝の俳優教室に通い、劇作家の内村直也がその名付け親となった。1972年にNHK連続テレビ小説『藍より青く』で主人公の妹を演じて、いきなり全国区に。本作で初の時代劇に挑戦、必殺シリーズを代表する薄幸ヒロインの地位を築く。

牧野備中守

菅貫太郎

江戸の治安を預かる北町奉行所の奉行。出世のため浜田屋と組んで私腹を肥やす。わずか2シーンしか出てこないのに黒幕としての説得力抜群、鉄に背骨をはずされ、心中に失敗した生き残りとしてさらされ、切腹して果てた。

俳優座出身の菅貫太郎は、東映集団抗争時代劇『十三人の刺客』で演じた狂気の明石藩主で注目され、エキセントリックあるいはニヒルな悪役として活躍。必殺シリーズ300回記念の『必殺商売人』第18話「殺られた主水は夢ん中」では神田隆、今井健二、江幡高志、弓恵子とともに悪役代表として出演。寺山修司の監督作『田園に死す』では寺山自身を思わせる役柄に扮した。

◆　◆　◆

中村主水の上役である与力の的場弥平次を演じたのは近藤宏。お得意の中間管理職的な悪役として闇の御前の身代わり処刑を主導し、「正しいことなんかねえ、きれいなことなんかこの世の中にありゃしねえ」と思いながらも心のどこかでそれを信じてきた主水を絶望へと誘い込む。

主水が初めて仕置した相手——闇の御前配下の嘉助役は黛康太郎。必殺シリーズの常連であり、大瀬康一の付き人として「康」の字をもらい、太い眉毛をトレードマークにテレビ時代劇で活動した。のちに黛康三、筑波健と芸名を変えて、悪のランクもステップアップ。初期必殺の次回予告ナレーションも、この人によるものが多い。

鉄の骨はずし、その威力をひと目で画に落とし込んだのは〝クシャおじさん〟こと成田幸雄だ。余人には真似のできない一発芸を駆使し、闇の御前配下の孫八としてアゴの骨を外されて、大いに話題を呼んだ。当時は群馬県の水上温泉在住の芸人、もとは桃中軒白雲を名乗る浪曲師であった。

同心の田口についている下っ引きは、エクラン所属の広田和彦。ノンクレジットでの出演だが、奉行の牧野がさらし者になっている現場に駆けつけ、田口同様に主水を見下した。

エクラン社は京都映画の撮影所内に居を構えた大部屋俳優の事務所。会長の松本常保は戦前から松竹と深い関わりのある京都映画界の大物で、戦後はエクラン社と日本電波映画を立ち上げ、プロデューサーとしても活動した。

シナリオと本編の違い／ロケ地／そのほか

　概してシナリオどおりの映像化だが、細かな部分で違いがあるので検証していこう。まず冒頭の処刑シーン、本編は大雨だがシナリオでは「強風――黄塵が濛々《もうもう》と画面を覆う。突然、凄まじい絶叫があって、走り出た一人の囚人が大地にツンのめる。背後から躍りかかる非人、なおも逃げようとする囚人の髷《まげ》を掴んでぐいと顔をねじ上げる」とあり、マカロニウエスタンを想起させる力強いト書きとなっている。

　撮影の石原興いわく「映画『続悪名』をヒント」に雨に変更され、真俯瞰のアングルが作られた。松造の絶叫とともに画面がストップモーションになるくだりはト書きからの指定。的場が読み上げる闇の御前の罪状もシナリオどおり。

　半次がやってくる泥棒市～観音長屋の界隈、シナリオでは「観音市場」。石段からの路地も指定されており、「八丁堀同心中村主水が下りてくる。どう見ても敏腕とは思えぬ風貌の持ち主」とある。主水に袖の下を渡す古着屋、名前は為吉。

　鉄の骨はずしの指のくだりはシナリオになく、現場での改訂。眼のギョロリとした願人坊主（念仏の鉄）が、楊枝《ようじ》で歯をせせりながら出てきて「へっ、やせ犬がガツガツしてまた来やがった。どうだ？今日はもうオコボレにありつけたのか？」と主水に話しかけるシチュエーションになっていた。

　鉄が蔦屋に行くシーン、お六やお仙たちからお島を選ぶ流れになっていたが、お島以外の女郎は整理された。鉄、錠を見て「ふん、琉球め！」というセリフがあったが、これもカット。錠がお咲を助けるシーン、「琉球拳法の特異な構えと足業」とあり、闇の御前の配下として嘉助、与吉だけでなく孫八もいる。

　蔦屋の二階で鉄が孫八のアゴを外すシーン、シナリオでは「うーむ、たまらねえ……このひんやりした風の肌ざわりの味は、女にはわかるめえ」と、お島に頭を剃ってもらっていた最中の出来事。シナリオでは孫八だけが入ってくるが、本編は二人組となった。

　おきん初登場の啖呵《たんか》は、ほぼシナリオどおり。半次の二つ名は「おひろめの半次」ではなく「おひろめ半次」とある。立ち上げから数話のシナリオはこの表記になっており、もとは「お相撲常」や「お役者文七」のようなイメージだろうか。

　錠やお咲たちが小塚原の刑場に行くシーン、シナリオでは高手小手《たかてこて》に縛られた獄門台の番人が転がり出てきて、大勢の人間が松造の首を盗んでいったことを説明していたが役ごとオミット。お咲に余計なことを言った半次、鉄に殴られ吹っ飛ぶ。お咲は獄門台の柱にゴツゴツと頭をぶつけ、獣のように慟哭し続ける。

　浜田屋庄兵衛、船乗りらしく「陽焼けしてガッチリした中年男」とト書きにある。主水とのやり取りは、ほぼシナリオどおりだが、お使い賃を渡された主水の「恐縮です」はカット。与力的場のもとを大商人が訪れるシーンがあったが、これも省略されて本編は主水とのやり取りと賄賂の山だけになっている。

　「なに、闇の御前が生きてる？」から始

まる主水、鉄、錠のシーン、ほとんどシナリオどおり。場所は甘酒屋奥の小座敷から大小の樽置き場に変更されており、映像上のレイアウト効果が遺憾なく発揮されている。

主水が牢屋敷の処刑場に小六を呼び出すシーン、シナリオでは闇の御前＝長次郎の最後の様子を話すくだりからシーン変わりで改め番所に変更されていたが、本編では最後まで処刑場に。同心詰所で田口が「また出かけるのか」と声をかけ、奉行所の正門から縄つきの小六と主水が出るシーンがあったがカットされた。

鉄が棺桶の小屋へ行くが不在。「俺が苦労に苦労を重ねてな、やっと敵を見つけてやったぞ。こりぁ三十両じゃ安かったな、ハハハ……」というセリフあり。いざ仕置と三人が鳥居を歩くシーン、シナリオでは主水と鉄のまわりを錠が歩いては止まる。鉄の「バカ野郎」は「アホ」となっており、「イキるな、イキるな。男三十過ぎて〜」というセリフは現場改訂で加えられたもの。

奉行所で牧野を拉致するシーン、手水の柄杓《ひしゃく》を捧げて持っている小姓を気絶させるくだりがあったが役柄ごとカット。

浜田屋と的場への仕置、シナリオでは主水が静かに抜刀し、「気が狂ったのか！」。そして嘉助が匕首《あいくち》で主水に突っ込むが、抜き打ちざまに斬られる。「的場さん、死んでください。浜田屋さん、あんたもだ」は現場で加えられたセリフ。錠の仕込手槍は「ギリッ、ギリッ、ギリッ、不気味な音が神経を逆撫で」というト書きあり。仕置の手口、シナリオでは的場は頬を一文字に刺し抜かれ、浜田屋も喉を主水の刀で貫かれて倒れるという、より残酷なものになっていた。

牧野を心中の生き残りに偽装するシーン、シナリオは出会茶屋の一室であり、「相対死《あいたいじに》だ〜！」と騒いで、泊まり客がどっと集まる。人々が牧野に石を投げつけるくだり、本編では石を手にしたお咲が錠の胸で泣くが、シナリオでは「死ね、死ね死ね死ね死ね……‼」と狂ったように泥をぶつけ続けるお咲の頬を、初めて熱い涙がとめどなく伝う。牧野、田口がやってきたあと「たわけ、召し捕るのじゃ。この者たち一人残らず縄を打て！」と指示を出すが「この野郎、俺に指図する気か」と、めちゃくちゃに蹴飛ばされる。このシーン、シナリオでは主水は登場しない。

ラストシーン、仕置人結成のやり取りはほぼシナリオどおり。最後のト書きは「お互いに見合うように立った五人の姿がストップモーションして……」というもの。錠の体の向き以外、忠実に映像化されていることがわかる。

北町奉行所のロケ地は、京都御苑の閑院宮邸跡長屋門。いわゆる「京都御所」で撮影されている。浜田屋の寮は嵐山にある宝厳院山門、かつては個人の邸宅であり、立派な茅葺《かやぶ》きの長屋門が目印。鉄、錠、主水が歩く鳥居は吉田神社内の竹中稲荷神社。泥棒市〜観音長屋、牢屋敷の処刑場は京都映画のオープンセット。

オープニングナレーション
（第1話シナリオ版）

のさばる悪をなんとする
天の裁きは待ってはおれぬ
この世の正義もあてにはならぬ
御法度　六法　非理法権天
俺が裁いて仕置する
見ておれ必殺仕置人

次回予告

雑穀問屋の元締が次々と殺され、そこにはなぜか花札が一枚。赤いかんざしに恨みを残して死んだ女の願いに、ろくでなしの仕置人が立ち上がった。次回『必殺仕置人』にご期待ください。

【キャスト】
念仏の鉄：山崎努／棺桶の錠：沖雅也／鉄砲玉のおきん：野川由美子／中村りつ：白木万理／浜田屋庄兵衛：大滝秀治／お咲：今出川西紀／お島：三島ゆり子／牧野備中守：菅貫太郎／おひろめの半次：津坂匡章／的場弥平次：近藤宏／田口：生井健夫／天神の小六：高松英郎／嘉助：黛康太郎／与吉：新屋隆弘／孫八：成田幸雄／中村せん：菅井きん／中村主水：藤田まこと

【スタッフ】
制作：山内久司、仲川利久、桜井洋三／脚本：野上龍雄／音楽：平尾昌晃／撮影：石原興／美術：倉橋利韶照明：中島利男／録音：二見貞行／調音：本田文人／編集：園井弘一／助監督：家喜俊彦／装飾：稲川兼二／記録：野口多喜子／進行：黒田満重／特技：宍戸大全／装置：新映美術工芸／床山・結髪：八木かつら／衣裳：松竹衣裳／現像：東洋現像所／製作主任：渡辺寿男／殺陣：美山晋八／題字：糸見溪南／ナレーター：芥川隆行／制作協力：京都映画株式会社／主題歌：「やがて愛の日が」（作詞：茜まさお／作曲：平尾昌晃／編曲：竜崎孝路／唄：三井由美子／ビクターレコード）／監督：貞永方久／制作：朝日放送、松竹株式会社

※原則として当時の表記に準じる。本編クレジットは「美山晋八」を「美山新八」と表記（2話、10話、11話も）

『必殺仕置人』第１話スチール集

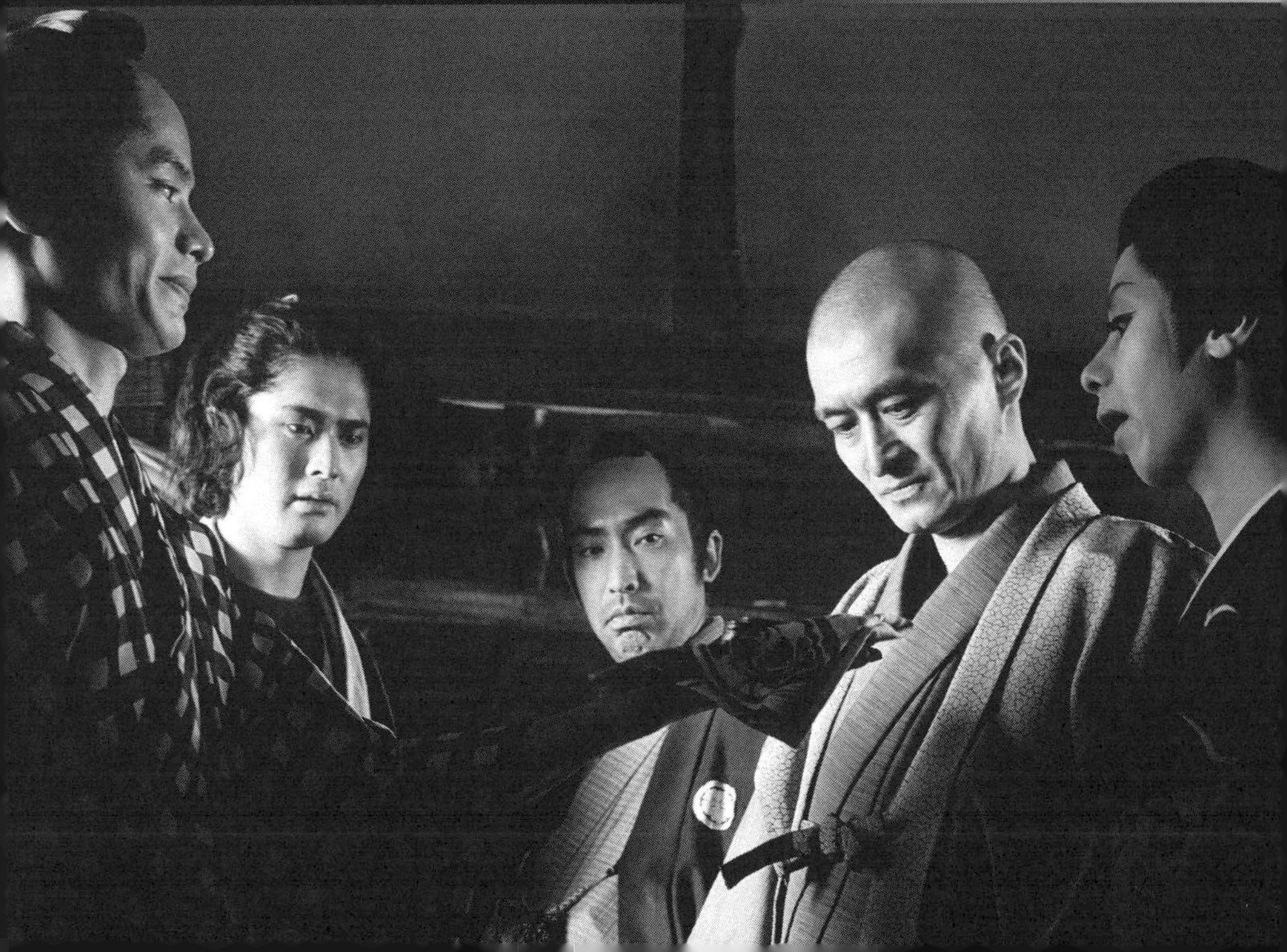

牢屋でのこす血のねがい

第2話

脚本：国弘威雄　貞永方久
監督：貞永方久

鉄が知り合った女は、柔肌を使い
父の復讐に燃える哀しき刺客。
わが身の処刑を前に恨みを叫ぶ！

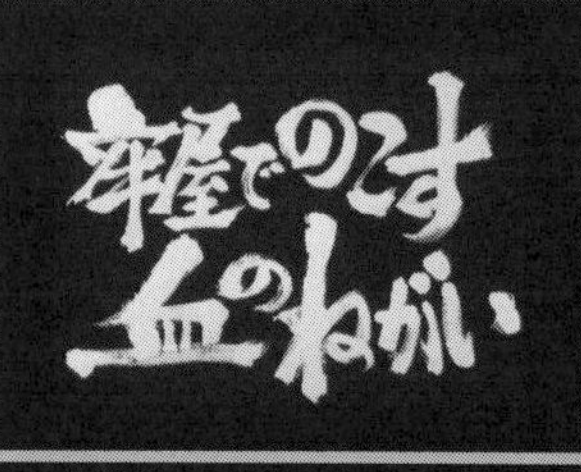

放映日◉ 1973年4月28日
視聴率◉ 21.7%（関東）
28.1%（関西）

ろくでなしの仕置人たち、次なる標的は大豆の買い占めで暴利をむさぼる山城屋藤兵衛。女好きという鉄の享楽的なキャラクターが〝悪い指〟とともに描かれ、一期一会《いちごいちえ》で肌を交えた女の恨みをはらす。

「俺たちも頼まれなきゃ見逃したかもしれねえが、頼まれちまった以上、こっちも商売なんでね」

正面切って宣言する鉄と、それを聞いてニタニタする主水。上役の命令により、主水が山城屋の警護をしている（鉄や錠の反対側にいる）という挟み撃ちをふくめて圧巻の悪漢ぶりが、あっぱれだ。夜桜が舞う光と影の殺し、鉄と錠の連携も劇画的なケレンに満ちており貞永演出、変わらず絶好調。

色仕掛けで憎っくき仇《かたき》を次々と狙うおしん、標的の口には花札が一枚――。定番ともいえる復讐譚だが、前年から東映の「女囚さそり」シリーズが大ヒットし、日活ロマンポルノが定着していた1973年らしい作りである。

おしんを演じた原良子の色仕掛け入浴から始まり、後半の露天風呂では背中を披露、鉄との情事にいたるまでの展開も異常にスピーディだ。声をかけるシーンすらなく、メロウな音楽と山﨑努の色気で押し切る。

「冗談言うな。俺は今まで女に惚れてもらったことはねえんだ。いや、この指にはみんな惚れるがな」

正体を見抜かれたおしん、かんざしの反撃も通じず、センター分けの髪型はま

あらすじ

大豆の値上がりで江戸の庶民たちが悲鳴を上げるなか、雑穀問屋の近江屋が殺された。その前には松前屋、さらに越後屋までが亡きものに。同じ仲間内の山城屋藤兵衛だけが生き残っており、筆頭与力の高坂の指示によって主水が警護役となり、鉄と錠を巻き込む。

山城屋の裏口を見張っていた鉄は「いい女だ……」というつぶやきとともにその背中を追い、枕をともにする。長い髪、赤いかんざし――その女おしんが雑穀問屋殺しだと見抜く鉄。すかさず仕置を打診するが、おしんは己の手で仇を狙う。旅先の露天風呂で山城屋に色仕掛けを図るも寸前で仕損じ、おしんは主水の目の前で用心棒たちに犯されてしまう。

奉行所に引き渡され、磔と決まったおしん。処刑直前、主水は牢内でおしんと会い、父と母と姉の仇である山城屋の悪行を聞き出す。

市中引き廻しの際、馬上のおしんは鉄と目を合わせ、恨みを託して死んでゆく。

んま70年代ガール。女囚さそりを彷彿《ほうふつ》させる情念のアップだ。

撮影の石原興が「『仕置人』のときの貞永さんはピークですわ。最高です。この前に松竹で映画を撮られていましたが、とてもよかった」と『必殺シリーズ異聞』で語ったように、単独デビュー作『黒の斜面』における加藤剛と市原悦子のまぐわいを画ごと応用して、濃密な男女の空間を作り上げる。

初回の〝設定〟を踏まえ、仕置人チームも好調。主水は目の前の凶事を止めることができず、また無力さを痛感しながらも同心という立場を利用し、おしんの〝牢屋でのこす血のねがい〟をじっくり受け止める。

射るように強烈な光が差し込む蔵の中、主題歌「やがて愛の日が」のインスト（ボーカルのない楽器演奏曲）が死にゆく女の無念をくっきり引き立て、市中引き回しから磔まで一気呵成《いっきかせい》に見せつける。音楽ありきの編集が見事だ。血気盛んな錠は「なにをウダウダしてるんだ！」とイラつき、半次は瓦版で悪事を白日のもとにさらす。

そして、おきん姐さん。京の芸者に扮して夜桜見物に紛れ込み、関西弁で花札に興じながら、その絵柄にまつわる軽口で山城屋を挑発する。

「てやんでえ！　おう、山城屋、今夜は桐が消える番。お前さん、死ぬ番だぜ。あばよ！」

なんという痛快な啖呵。逃げるおきん、追う山城屋一味、反対側から駆ける鉄と錠に棺桶を背負った半次。土手での仕置は撮影・照明のコンビネーション抜群の活劇となっており、華麗なる荒唐無稽を実現させる。刺す音、斬る音、折る音……必殺名物の効果音も殺しのテーマ曲と相まって闇夜に映える。

いちばんのワルは棺桶で拉致。第1話に続いて、生かさず殺さずの手口は『仕置人』の新機軸だが、山城屋を演じる松下達夫の弱々しいビジュアルもあって、いささか集団リンチの様相。プロデューサー陣が路線変更を判断したのもやむなしか。おしん同様、山城屋も磔となる因果応報で、結託していた奉行所の与力も介入しない。

「金がなくなりゃ高坂の野郎も動かねえ。どうやら次は、やつを仕置にかけなきゃねらねえようだな」

「そのうち野郎の首根っこも押さえるさ」

次回予告のような主水と鉄の会話を最後に仕置人五人組は荒野をゆく。ギュッと圧縮された望遠レンズの、まんまマカロニウエスタンのような画に初披露のエンディングナレーションが重なり、次なる仕置に期待が高まる。

主な登場人物

おしん

原良子

首をくくって死んだ和泉屋文造の娘であり、父の恨みをはらすべく雑穀問屋の元締たちを次々と手にかけ、その最中に念仏の鉄と知り合う。最後は捕らえられ、処刑寸前の牢屋で主水に過去からの経緯を打ち明ける。

1964年、TBSの昼帯ドラマ『女の斜塔』のヒロイン役で注目された原良子は『鞍馬天狗』にレギュラー出演し、同じく松竹の櫻井洋三プロデューサーが手がけた『仕置人』に出演。当時は悪女役も多かった。

山城屋藤兵衛

松下達夫

和泉屋を罠にかけた雑穀問屋支配総元締。おしんを市中引き回しのうえ磔に追い込み、みずからも仕置人たちのえげつない仕置によって磔の刑に処された。おしんの連続殺人に乗じて越後屋源八を用心棒の佐々木主膳に始末させるなど抜け目ない。

第1話の大滝秀治に続いて松下達夫も劇団民藝出身、『仕置人』と同じ73年に退団してフリーとなった。因業《いんごう》な役がぴったりだが、三日三晩食うや食わずの仕置は迫真の演技すぎて、仕置人の悪漢ぶりを超える。

高坂多聞

唐沢民賢

主水の上役である北町奉行所の筆頭与力。第1話で仕置された的場弥平次のポジションを引き継いだと思しき新任の若手であり、山城屋の護衛を主水に命じる。おしんが磔にされる現場に立ち会い、さらには山城屋の処刑まで役儀として見届けた。「どうやら次は」という主水の予言どおり、第3話に連続登場し、罪なき女たちを責めさいなむ変態集団の一員として仕置の的となった。

鋭い眼光がトレードマークの唐沢民賢は、東映京都の大部屋俳優出身。その後も与力として『仕置人』に登場し、『必殺商売人』では与力の唐沢として出演。ついに『必殺仕事人』で与力の伊沢として前半のレギュラーに。80年代以降は上京し、活躍の幅を広げた。善悪どちらの役をやらせてもよく似合う。

◆ ◆ ◆

山城屋の用心棒、袈裟がけの名手である佐々木主膳を演じたのは宮口二朗。天知茂の付き人を経て『仮面ライダー』のゾル大佐でおなじみの悪役俳優だが、74年以降は宮口二郎と改名した。『必殺仕掛人』第5話「女の恨みはらします」では、元締の半右衛門に仕込みの釣り竿で始末される下っ引きの権三を演じた。そのキャリアのわりに必殺シリーズへの出演は意外と少ない。

同じく用心棒の河津役は、甲高い声と細い目が特徴の出水憲司。必殺シリーズの常連であり、『仕置人』では悪役として度々登場。もとは日本電波映画出身、のちに出水憲と改名した。

三人目の用心棒の宮崎には滝譲二、松竹芸能所属で獰猛な長い顔がトレードマーク。『必殺仕事人V 旋風編』第2話「りつ、ハウスマヌカンになる」では摺師《すりし》の弥助として酔っ払い、派手な死に方を披露した。ちなみに正面から鉄にアタックを浴びるのが河津、錠の投げた手槍が首にぶっ刺さるほうが宮崎である。

山城屋番頭の七兵衛は大映出身の暁新太郎、苦虫《にがむし》を潰したような顔で主人に尽くした。最後も藤兵衛をかばうように鉄の骨はずしを食らう。

おしんの復讐を手伝う和泉屋の元大番頭、要助を演じた北原将光は戦前のエノケン劇団からキャリアを始めたベテラン。だいたい善人役が多いが、第14話「賭けた命のかわら版」では与力の小坂を演じ、厠で錠の手槍の餌食となった。田村高廣を老けさせたような上品な顔立ち。

松竹京都出身の貞永方久は『必殺仕置人』以前に『はやと』という30分時代劇を京都映画で演出。

シナリオと本編の違い／ロケ地／そのほか

撮影用の決定稿シナリオは国弘威雄の単独。監督の貞永方久が共同脚本としてクレジットされているが、大きな本筋の変更は見当たらない。まず冒頭のおしんと近江屋市次郎の入浴シーン、シナリオでは5ページに及ぶハードな描写になっており、近江屋殺しでタイトルが出るよう指定されている。

近江屋の死体発見現場、おしんと鉄が居合わせたり、髪の毛のくだりは現場改訂によるもの。ロケ地は大沢池の護摩堂。的場に続いて赴任してきた高坂、「若いがいかにも切れ者らしい新任の吟味方筆頭与力」とト書きにある。

おしんは御高祖頭巾をしており、シナリオでは旅先の宿で会った山城屋と江戸で密会する。おしんを助けられない主水、その場に高坂がおり「処置は山城屋に任せておけ」と諭されるが、本編では温泉宿での一連の出来事に改訂。「弘法霊泉」と書かれた宿の看板と外観は、『必殺仕掛人』第2話「暗闘仕掛人殺し」のファーストシーンの流用だが、そちらで未使用のカメラワーク部分もセレクトされている（ロケ地は保津峡落合橋下の旅館）。

牢屋敷で主水がおしんと面会するくだり、ト書きには「もうもうと巻き上がる砂塵」とあり、処刑場を思わせる設定になっていた。引き廻しのおしんは「悪鬼のような形相」で、鉄と目を合わせるくだりなし。

仕置シーン、夜桜見物に鉄と錠も参加。「春は桜の七分咲き」と鉄が口上を述べ、錠が「また桜が散った」と煽る。おきんは御高祖頭巾を被って、山城屋を墓地へと招く役どころ。生かさず殺さずの仕置、半次の「お百姓さんが～」のくだりはシナリオになく、津坂匡章の芝居も相まって、えげつない仕上がり。エンディングナレーションも指定なし。

御高祖頭巾の女といえば、当時連載中の人気劇画『修羅雪姫』（作：小池一夫／画：上村一夫）のトレードマークであり、同作の映画版の脚本を執筆した長田紀生は『必殺商売人』第8話「夢売ります手折れ花」に設定を流用。藤村志保演じる御高祖頭巾の女の復讐が絵草紙と重なる仕上がり。

次回予告

「おめえたちはな、なんの罪科もねえ女たちをてめえらの慰みもんにしやがった。そのために首をくくった女もある、身を持ち崩した女は二人や三人じゃあねえ……その訴えを聞いてやる奉行所の役人がグルになってちゃあ、一体この恨みだれが晴らしてやるんだよ！　おう、奉行所はな、北町と南町だけじゃねえぞ！　ここに地獄の奉行所がな」
――次回『必殺仕置人』にぜひご期待ください。

【キャスト】
念仏の鉄：山崎努／棺桶の錠：沖雅也／鉄砲玉のおきん：野川由美子／中村りつ：白木万理／おしん：原良子／山城屋：松下達夫／おひろめの半次：津坂匡章／佐々木：宮口二朗／田口：生井健夫／高坂多聞：唐沢民賢／近江屋：入江慎也／河津：出水憲司／要助：北原将光／親爺：日高久／宮崎：滝譲二／七兵衛：暁新太郎／芸者：松本荷葉／浪人：丸尾好広／中村せん：菅井きん／中村主水：藤田まこと

【スタッフ】
制作：山内久司、仲川利久、桜井洋三／脚本：国弘威雄、貞永方久／音楽：平尾昌晃／撮影：石原興／美術：倉橋利韶／照明：中島利男／録音：二見貞行／調音：本田文人／編集：園井弘一／助監督：家喜俊彦／装飾：稲川兼二／記録：野口多喜子／進行：黒田満重／特技：宍戸大全／装置：新映美術工芸／床山・結髪：八木かつら／衣裳：松竹衣裳／現像：東洋現像所／製作主任：渡辺寿男／殺陣：美山新八／題字：糸見溪南／ナレーター：芥川隆行／制作協力：京都映画株式会社／主題歌：「やがて愛の日が」（作詞：茜まさお／作曲：平尾昌晃／編曲：竜崎孝路／唄：三井由美子／ビクターレコード）／監督：貞永方久／制作：朝日放送、松竹株式会社

はみだし者に情なし

第3話

脚本：安倍徹郎
監督：松本明

目ん玉潰され光を失った乞食のため主水が地獄の奉行所宣言、色欲まみれの大物に立ち向かう！

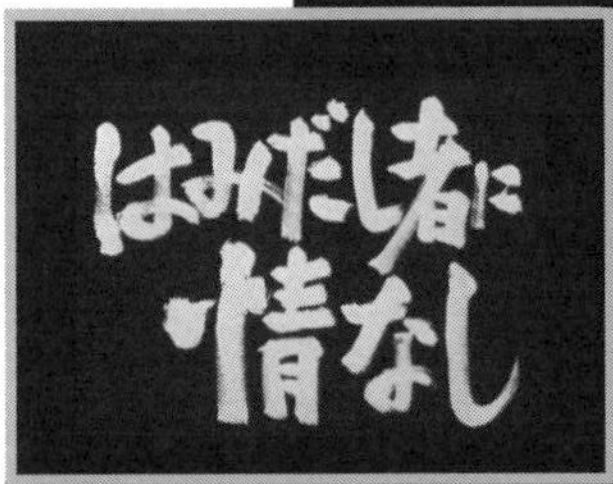

放映日◉ 1973年5月5日
視聴率◉ 21.1%（関東）
24.1%（関西）

はったりの効いた娯楽性あふれる演出で「これがテレビだ！」と映画監督たちに挑んだ朝日放送のディレクター松本明が登板、テレビの限界に挑むかのようなエログロバイオレンスで、仕置人たちの怒りをぶちまけた一編。

少々やり過ぎたか、2話↓3話と続いた「お色気路線」はその後鳴りを潜めるが、欲望むき出しの打ち上げ花火として堂々たる出来映えだ。

まずエログロとして、大物連中による女責めを活写。蝋燭《ろうそく》に囲まれた半裸の女をグルグルと煽情的なカメラワークが捉え、これまた蝋燭を持った男たちのSMチックな責めが始まる。メンバーの一人の正体を知っていた女は「訴えてやる！」と逃げ出すが、蝋燭を手にした集団は狂ったように追いかけ、池に女の顔を沈める。

「やれー、もっとやれー！」。目をキラキラさせながら興奮するリーダー格は、のちに紀州藩家老の小笠原頼母（溝田繁）であることが判明するが、その欲望だだ漏れっぷりはヤバいことこの上なし。ほかのメンツもふくめて、ここまで色欲まみれの外道《げどう》ぞろいだと仕置にも精が出るってもんよ。

「やはり女責めはあそこまでいきませんと」と、にっこり語る三国屋（谷口完）の正体は蝋燭問屋。前回から連続登場の筆頭与力高坂（唐沢民賢）も顔だけで怖いが、実行犯の同心島本を演じる入川保則がまた二枚目の顔をうっすら白く塗っ

あらすじ

ある夜、鉄が目明しの六蔵を仕置。十手を笠に女を犯す悪い野郎だ。しかし、その現場を乞食《こじき》の亀吉に見られてしまう。筆頭与力の高坂は奉行所のメンツをかけて仕置人を捕えるよう同心たちに命じ、島本による拷問で両目を潰された亀吉は、ついに鉄の名を吐く。

奉行所から捕方が大挙出陣。危機を察知した主水は観音長屋に走り、先手を打って鉄と錠を捕縛する。しかし取り調べは島本の担当になり、苛烈な拷問を受ける二人。牢内の小六は主水に思惑があることを信じ、長い小便だと外に出て、目を潰された亀から島本の仕置を依頼される。

おきんの調査によって蝋燭問屋の三国屋、高坂、島本らが集まって夜な夜な女責めの会を開き、被害者が続出していることが明るみに。主水の仕掛けた罠で鉄と錠は解き放ちとなり、襲いくる刺客たちを撃退。島本をアジトに監禁した仕置人たちの責め苦によって黒幕が紀州藩の江戸家老と知り……。

て、爬虫類のような存在感を示す。

バイオレンスも島本が担当。鉄の仕置を目撃した乞食の亀吉を拷問にかけ、ついには両目を潰してしまう。やがて鉄と錠も宙吊りとなり、島本は煙管《キセル》から熱々の葉っぱを、かの坊主頭にポンと落として責めさいなむ。絶叫の合間に「ハゲちゃう！」を差し込む山﨑努のリアクションもさすが。

煙管のくだりはシナリオになく、小道具を巧みに使うデフォルメの名手・松本明の本領発揮だ（冒頭の鉄の仕置では白いビニールを手に装着するなど、個々のアクションも工夫たんまり）。

安倍徹郎の脚本は、3話目にして鉄と錠が仕置人として奉行所に挙げられるというハードな設定を強行。主水が錠から裏切り者と見なされ、牢内の小六がフォローする関係性もアツい。

やがて形勢逆転——難破船の地下という、これまた一興の新アジトに島本を監禁し、主水怒りの鉄拳が炸裂する。もう殴る殴る殴る。ここまでストレートな主水の怒りは今後そうお目にはかかれず、初期仕置人ならではの迫力だ。やがて悪人全員をアジトの柱に引っくくりつけ、〝地獄の奉行所宣言〟が始まる。

「悪いことはできねえなぁ。天網恢々疎《てんもうかいかいそ》にして漏らさずってやつだ。だがな、俺たちは天網なんて夢みてえなことを誰も信じちゃいねぇ。生身の人間の恨みを込めて、てめえたちに仕置をしてやるんだ！」

ギラついた主水の顔と濃いヒゲを陰影が強調し、まさに生身の迫力にハンディカメラが接写で迫る。ゆらぐ画面と「地獄の奉行所」の相性のよさ。あまりの啖呵に思わず鉄が主水の袖を叩いて茶化し、お互いの笑みもたまらない。

アジトには光を失った亀吉も登場。「亀」と「噛め」を引っかけた黒い笑いを現場で加えつつ（二度も！）、目には目を……島本の両目に蝋燭を流し込む。

さかのぼれば亀吉を演じた常田富士男が涙ながらに仕置料の胴巻きを渡すシーン、その恨みの伝播も本作の要だ。悪人、依頼人、どちらも原液のような濃さゆえ「乞食が20年、汗水垂らして稼いだ金でおめえたちに仕置をしてくれと頼んでるんでぇ！」という主水の啖呵もキマりまくる。

きれいなおばさん、いや、おねえさんの「熊さん」を演じた茶川一郎もコメディリリーフとして笑わせてくれるが、決して笑いものにはしておらず、エログロ以外の多様性も尊重。おきんのコミュニケーション能力の高さと相変わらずの潜入テクニックにも感嘆する。葵《あおい》のふんどしを使った生かさず殺さずの仕置方法も仰天だが、この路線は早々に撤回されて痛快な殺しに統一されていく。

セリフ選抜

「いいか！ 奉行所はな、北町と南町だけじゃねえぞ。ここにもあるんだ……ここに地獄の奉行所がな！」（主水）

主な登場人物

島本
入川保則

主水の同僚である北町奉行所の同心。顔色すら他者とは異なる特別な存在感を示し、亀吉を手始めに鉄や錠にも容赦ない拷問を加えた。サディストとしての性癖は公私を問わず、与力の高坂とともに三国屋の集まりに参加。逃げた女を池に沈めて窒息死させ、紀州藩の家老をよろこばせた。

関西テレビドラマ界の二枚目として名を馳せた入川保則が、顔をうっすら白く塗って悪役に挑戦。朝日放送の看板番組『部長刑事』では１９８４年から六条部長刑事を演じており、長らく捜査の指揮をとった。

亀吉
常田富士男

鉄の仕置を目撃してしまったばかりに島本の苛烈な拷問に遭い、両目を潰されてしまう乞食。20年にわたり汗水垂らして貯めた金で仕置を依頼する。仕置人たちによってアジトに拉致された島本に噛みつき（亀だけに！）、やられたらやり返せ精神を発揮した。

『まんが日本昔ばなし』のナレーションと声でおなじみ常田富士男は、持ち前の土着感をもって亀吉を熱演。汚れ役を見事に演じた。劇団民藝養成所出身の常田は米倉斉加年らと劇団青年劇場を設立。『木枯し紋次郎』の浪人役や『股旅』の仁義を受ける子分役など市川崑監督作品の常連である。

熊さん
茶川一郎

三国屋が主催する夜会に招かれた自称おねえさん。その口ぶりからすると、そこまで酷い目には遭っていないようである。観音長屋の住人であり、鉄と錠をめぐる大捕物の際に島本を見て、その顔に覚えが……。おきんとは仲良しのようであり、主水を相手に愛嬌を見せた。

関西のコメディアンとして活躍した茶川一郎は、大映の映画「悪名」シリーズのおぎんが当たり役。その延長線上の役柄を必殺シリーズにおいても求められた。松本明監督の指名だろうか。

◆　◆　◆

貧乏人のための療養所を支援して「生き仏」と呼ばれる蝋燭問屋、ニヤニヤと老獪《ろうかい》な三国屋善右ヱ門を演じたのは谷口完。銀行員を経て関西の新劇俳優となり、新春座のメンバーとして活動するかたわら多くのテレビドラマに出演、必殺シリーズにおいては悪徳商人の役が多い。

女責めに興奮を隠せない紀州藩の江戸家老、小笠原頼母役の溝田繁も関西の新劇人。関西芸術座の創立メンバーであり、必殺シリーズにおいては西順之助（ひかる一平）の父・西順庵として『必殺仕事人Ⅲ』などにレギュラー出演した。たしかに医者がよく似合い、『必殺仕事人V　激闘編』随一の耽美編である第20話「主水、健康診断にひっかかる」でも怪しげな医師に扮した。

三国屋に女を斡旋する道安役の山本耕一は、俳優座養成所8期生出身で山﨑努と同期。そのキャリアに比べて、見せ場の少ない役回りだ。同じく斡旋屋の目明し六蔵は神戸瓢介。落語家を経て日活などで活躍、アニメ『ロボタン』ではロボタンの声を託された。

蝋燭責めに遭うおせき役の時美沙は、東映京都を経て松竹芸能に所属。『仮面の忍者　赤影』では、青影の姉にして盲目の陽炎に扮してやたらと捕まっては危機を迎えており、任侠映画でも活躍した。『仕置人』では第11話「流刑のかげに仕掛あり」にも出演、有明屋の女房お甲を演じた。

冒頭で目明しの六蔵に目をつけられるおりんを演じた益尾久子は、グラビアモデルとして各種雑誌でヌードを披露した。天神の小六とやり取りをする牢番役の高畑喜三は、劇団ＮＢＫの子役を経て松竹大船の専属俳優に。ノンクレジットだが第1話にも登場しており、小六から茶を差し出された。貞永方久監督の『必殺仕掛人　春雪仕掛針』では盗賊一味の山次に抜擢されており、『仕置人』への参加も貞永との縁だろう。

シナリオと本編の違い／ロケ地／そのほか

第２話に続いて登場する筆頭与力の高坂だが、シナリオでは秦野弥九郎となっており、もともと別人が設定されていた。亀吉は「いざりの亀吉」、熊さんは「おかまの寅さん」とある。主水が錠を「おい、琉球」と呼ぶセリフがあったがカット、小道具として短い銀鎖を振り回す主水はシナリオどおり。

葵のふんどしの仕置シーン、シナリオの舞台は橋の上ではなく浅草寺の裏手。その後、半次が瓦版で騒動を報じ、奉行所でも手の打ちようがないという展開が用意されていた。その後のシーンもばっさりカットされている。

まず仕置料の配分に悩んだ主水が全員の前で均等割りを提案し、「たとえどんなに小さな役目でも、その役目が俺たち全部の命にかかわってくる。仕置人てえのは、そういう稼業だ」と宣言。

そのあと「乞食の金まで巻き上げようたァ思わねえ」と錠が拒否するが、独りよがりだと鉄に批判され、仕置人の掟に従って受け取るという第１話に似たやり取りあり。

そこから錠が亀に小判をチャリンと与える本編のシーンと、主水の「やっぱり三両取るべきだったかなぁ」というオチにつながる。撮影されたのか、シーンごと欠番かはわからないが、鉄や錠が拷問されるくだりなどその前段のボリュームがシナリオより増えたことにより、大幅なカットが生じている。

最後の難破船のシーン、シナリオでは夜の月光だが「舳《へさき》にじっと動かぬ一羽の鳥」はト書きどおり。

次回予告

己の縄張りを広げるために次から次へと仲間を殺し、死体には三途の川の渡し賃を置く冷酷非情なやくざ、聖天の政五郎。ついには自衛を講ずるために集まった親分衆に殴り込みをかけ、一同を皆殺しにしたうえ、惨殺を目撃した子供までを斬り捨てた。だが、政五郎は子供を失った母親から愛を分かち合う男までも奪い取ってしまう。そのうえ、牢内の小六にまで冥土への渡し賃を送りつけてきた。この不敵な挑戦に小六が立ち上がったとき──「けっ、かわいそうになぁ。おめえ、とうとう頭きたな。だから悪い病気は早く治さなくちゃあ…………おい、おい。正気か、お前たちは。ええっ、仕置の相手はな、そんじょそこらのガキじゃねえんだぞ。天神の小六だって、散々考えたぐらいの大物なんだ。まして頼み手のねえ仕置なんか」「頼み手はいるよ」──果たして、ろくでなしの仕置人は、やつらにどのような仕置をかけようとするのか。ここに仕置人対やくざの壮絶な戦いが始まった。次回『必殺仕置人』にぜひご期待ください。

【キャスト】念仏の鉄：山崎努／棺桶の錠：沖雅也／鉄砲玉のおきん：野川由美子／中村りつ：白木万理／亀吉：常田富士男／熊さん：茶川一郎／道安：山本耕一／田口：生井健夫／三国屋：谷口完／おひろめの半次：津坂匡章／目明し六蔵：神戸瓢介／おせき：時美沙／高坂：唐沢民賢／天神の小六：高松英郎／家老：溝口繁／囚人：松田明／人形風の役者：嵐冠十郎／湯屋の親爺：乃木年雄／おりん：益尾久子／牢番：高畑喜三／目明し文蔵：笹吾朗／同心島本：入川保則／中村せん：菅井きん／中村主水：藤田まこと

【スタッフ】制作：山内久司、仲川利久、桜井洋三／脚本：安倍徹郎／音楽：平尾昌晃／撮影：石原興／美術：倉橋利韶／照明：中島利男／録音：二見貞行／調音：本田文人／編集：園井弘一／助監督：家喜俊彦／装飾：稲川兼二／記録：野口多喜子／進行：黒田満重／特技：宍戸大全／装置：新映美術工芸／床山・結髪：八木かつら／衣裳：松竹衣裳／現像：東洋現像所／製作主任：渡辺寿男／殺陣：楠本栄一／題字：糸見溪南／ナレーター：芥川隆行／制作協力：京都映画株式会社／主題歌：「やがて愛の日が」（作詞：茜まさお／作曲：平尾昌晃／編曲：竜崎孝路／唄：三井由美子／ビクターレコード）／監督：松本明／制作：朝日放送、松竹株式会社

※本編クレジットは「溝田繁」を「溝口繁」と表記

人間のクズやお払い

第4話

脚本：野上龍雄
監督：三隅研次

暴虐非道のやくざ、聖天政を仕置にかけろ。子供だろうと容赦ない外道が迎える末路とは⁉

放映日◉ 1973年5月12日
視聴率◉ 21.3%(関東)
24.5%(関西)

にわかには信じられず、「おめえ、とうとう頭きたな」とおきんを心配する主水。いや、おきんだけじゃない。錠や鉄も殺る気まんまんだ。わが子を失い、愛する男の亡骸を前に女郎のお仲が依頼人となる。

いま江戸の暗黒街で売り出し中の聖天政こと、聖天の政五郎を仕置にかけようってんだから、ただごとじゃない。相手は暴虐非道のやくざ一家、白昼堂々と床屋だろうが居酒屋だろうがお構いなしに襲いかかり、死体の口に文銭を詰め込む外道どもだ。

必殺シリーズ版『仁義なき戦い』ともいうべき抗争劇を野上龍雄が執筆し、大映京都出身の三隅研次が『必殺仕置人』唯一の監督回として登板。藤田まことは事あるごとに本作での三隅演出のインパクトを語っており、室内での殺戮《さつりく》後、戸を開けると外は変わらぬ日常というコントラストを絶賛していた。

また、三隅から「おっさん、下手やなぁ」と徹底的にダメ出しされたという藤田だが、中村主水がゲストとして再登場した『助け人走る』第12話「同心大疑惑」で再会し、その後も現場をともにする。どのタイミングだろうか、「この役、一生ものになるで」と言われたという。

これまで3話連続で執拗なほど奉行所内の腐敗を描いてきた『仕置人』だが、今度は権力の外、無法の者たちがターゲット。ワルの上をゆくワルである仕置人の立ち位置とバイタリティあふれる世界観を決定づけた。

あらすじ

聖天の政五郎の殴り込みで死者続出。今日も髪結床にいたやくざに文銭をくわえさせ、カミソリで喉を斬り裂く。さらに政五郎は牢屋敷の天神の小六にも文銭を送りつけ、挑発を始める。

女郎のお仲は隻腕《せきわん》の弥七と愛し合っていた。しかし、所帯を持つことには消極的な弥七。鉄や錠とも顔なじみだが、どうも聖天一家と因縁がありそうだ。ついに政五郎の暴虐を止めるべく、本所から深川にかけての親分衆が集まる。そこに奉行所の役人が踏み込み一網打尽となるが、その正体は聖天一家の猪太郎。待ち構えていた政五郎らの手により親分衆は皆殺しとなる。

さらにその場に出くわしたお仲の子、太吉まで犠牲に。覚悟を決める弥七、かつて政五郎の片腕「手裏剣の喜太郎」と呼ばれた男は、一対一の対決に挑むが、あえなく返り討ちに。ついに小六が聖天一家殲滅に動き出すが、お仲の依頼を受けた仕置人たちが一足先に仕置をかける。

聖天の政五郎に黒沢年男、その配下に五味龍太郎、山本一郎、内田勝正と凶悪なツラばかりが勢ぞろい。価値紊乱《びんらん》者として世代交代を図ろうと、のし上がってゆく。

古参やくざ皆殺しの舞台となったのは、鉄たちが行きつけの飲み屋である蔦屋。同業者だけでなく、その様子を目撃してしまった幼い子供まで容赦なく始末する政五郎。因果はめぐり、かつての政五郎の片腕であり、足抜けの際に片腕を斬り落とされた弥七がふたたび手裏剣《しゅりけん》を手に立ち向かう。おきんが惚れるのも納得の存在感、林隆三が必殺シリーズ二度目のゲスト出演となった。

「いいか、この世の中は力だ。強えやつが勝って、弱えやつはいつも強えやつにその場所を譲らなくちゃいけねえんだ。この世だけじゃねえ、いつの世も人間ってやつは、そういう仕組みにできてるんだよ」

政五郎は牢内にいる天神の小六まで挑発し、ついに刃を向ける。小六と主水、二人のバディものとしての展開も卓抜。日当一両の用心棒として十手を振るう主水に、念仏流秘伝味噌の寄せ鍋を振る舞う鉄と、血を血で洗う展開の合間にユーモアを欠かさず、最初は勝手に潰し合えと静観していた。

力を過信した男は、やがて力を失ったとき、その座を追われる。仕置人チームの連携プレイによっておびき出され、鉄の骨はずしを食らった政五郎の皮肉な末路も見どころ。

最後の最後は、天神の小六という男の実力を仕置人たちが実感。殺伐としたドラマは橋の下でのユーモラスなやり取りで終わりを迎える。このあたりのバランス感覚もたまらない。

2016年、東京国立近代美術館フィルムセンター（現・国立映画アーカイブ）で三隅研次特集が行われた際、必殺シリーズの監督作すべてがニュープリントでよみがえった。「人間のクズやお払い」は、2023年夏にラピュタ阿佐ヶ谷で開催された特集「必殺大上映」においても選出され、『仕置人』唯一の16ミリフィルムとして稼働。スクリーンでの鑑賞という格別の機会、必殺ファンだけでなく初見の映画ファンが駆けつけて、あらためて話題を集めた。

セリフ選抜

「どうも俺は間違えてたようだな。刃物を持ったキチガイは、こっちから出向いて早いとこ片づけなきゃいけねえな」（小六）

主な登場人物

聖天の政五郎
黒沢年男

江戸暗黒街の支配を狙う若き野心家。三途の川の渡し賃として冥土銭を用意し、徹底した実力行使によって上の世代を抹殺し、のし上がる。「だいたい、てめえはなんで牢の中なんかで暮らしてやがるんだ」と、天神の小六も挑発。やがて仕置人のターゲットとなり、因果応報で皮肉な死を遂げる。

黒沢年男（現・黒沢年雄）は、第4期東宝ニュータレントとして映画界入りし、60年代後半から『野獣都市』などのハード路線で頭角を現す。「時には娼婦のように」など歌手としても活動。山内久司プロデュースによる現代版必殺『ザ・ハングマン』では林隆三のブラックに続く、二代目リーダーのマイトを演じた。

弥七
林隆三

かつては手裏剣の喜太郎として恐れられた、政五郎の片腕。聖天一家を抜ける際に右腕を斬り落とされ、弥七という名で人生をやり直すが、ふたたび政五郎と対峙することになる。

俳優座養成所「花の15期生」出身の林隆三は、朝日放送の『お荷物小荷物』、NHKの『天下御免』といったドラマで注目され、『必殺仕掛人』第28話「地獄へ送れ狂った血」に続いて必殺シリーズにゲスト出演。持ち前の不良性と甘えん坊ぶりを生かして、ギャンブルを題材にした『必殺必中仕事屋稼業』では政吉役でレギュラー入り。緒形拳演じる半兵衛とコンビを組んだ。

お仲
伊藤栄子

弥七と恋仲の女郎。鉄に言い寄られるも、なびかない。わが子の太吉、そして弥七まで政五郎に惨殺されてしまい、依頼人となる。政五郎の死をその目で見届けた。

伊藤栄子（現・伊藤榮子）は、1963年に日本電波映画制作のテレビ映画『姿三四郎』でデビューし、可憐な娘役として各社で活躍。夫の河原崎長一郎とは「おしどり夫婦」として、たびたびメディアに取り上げられた。

◆　◆　◆

聖天の政五郎の配下——武助、条吉、猪太郎の三人組も濃いキャラクターぞろい。五味龍太郎、山本一郎、内田勝正と全員時代劇の悪役でおなじみの存在だ。

ぶっといモミアゲにコワモテの武助を演じたのは五味龍太郎。東映ニューフェイス2期生を経て大映京都に欠かせぬ悪役として個性を発揮する。市川雷蔵や勝新太郎に斬られ続け、同社倒産後は松竹芸能に所属。必殺シリーズにもコンスタントに出演し続けた。

条吉役の山本一郎（現・結城市朗）も大映京都で活躍、細長い顔を生かした小悪党がよく似合う。本作でも政五郎に対する手のひら返しで本領を発揮、「この肩ぁ、治らねえなぁ」と口火を切り、優位性たっぷりの挑発は、この人あってこそ。

猪太郎役の内田勝正は陣笠の役人に偽装した姿で登場、その説得力はさすが。略歴はP298を参照のこと。政五郎を囲む三人のシーンは、ホラー映画ばりのライティングでそれぞれの形相が映し出された。

聖天一家と対立する昔気質のやくざ、赤不動の吉五郎を演じたのは杉山昌三九。戦前からの剣戟俳優であり、戦後は大映京都のいぶし銀として活躍した。ことさら大映出身の俳優が目立つのは三隅研次監督の意向だろうか。牢番役の藤川準にまで、しっかりアップが用意されている。

「聖天政を殺らなきゃ、こっちが殺られるんだぜ」と危機感をあらわにする武闘派、回向院の二代目文蔵には玉生司朗（玉生司郎とも）。どっしりした体躯で悪役から主水の上司まで必殺シリーズの準レギュラーのような存在だ。

牢屋の一番役、小六の腹心の留造として〝ミスター小悪党〟こと江幡高志もキャスティングされているが、いつもの出番に比べると目立たない役どころ。略歴はP254を参照してほしい。

シナリオと本編の違い／ロケ地／そのほか

ほぼシナリオに忠実な映像化。弥七にぞっこんのおきん、「おめえは気が多すぎるぜ」として、二丁目の鮨屋の職人、その前は小間物屋、下駄屋……錠が弥七にその男遍歴を語るくだりがあった。また、同心田口も登場しており、「あの連中の切った張ったは（指でマルを作って）コレにならんぞ。それに相手が相手だ。さわらぬ神に祟りなし」と聖天の政五郎のことを主水に語る。

親分衆が集まる場所、シナリオでは観音市場とされている。赤不動の吉五郎の紹介として、町の人々の会話があった。吉五郎に回向院の二代目文蔵のほか、シナリオには櫓下の利助・藤次郎という兄弟の名前あり。

蔦屋での皆殺しのあと、ト書きに「戸口に駆け寄った条吉が外を窺う。閉ざされた大戸の向こうは何事もない平常の明るい観音市場だ」とあり、かの藤田まこと絶賛のシーンがシナリオを忠実に映像化した演出であることがわかる。

政五郎と弥七が勝負する場所、シナリオでは佃島の浜辺だが、下鴨神社糺の森でのロケが行われたクライマックスの仕置シーンは妙顕寺の各所を使用、高いところから政五郎のなぶり殺しを見下ろすお仲が印象的だ。撮影は売れっ子の黒沢年男を始発で東京に戻すため、夜を徹して強行された。

シナリオでは政五郎の右肩を武助、条吉、猪太郎の三人が次々と汚い草履で踏みにじる描写あり。錠と主水による挟み撃ちの仕置、本編では無言のまま武助と猪太郎に近づくが、シナリオでは「おめえはどっちをやる」「前にいるデブだ」「いいだろう」というユーモラスなやり取りが存在していた。

仕置人たちが歩く白塀の坂道のロケ地は招善寺、ラストで小六の一党が行進するのは中ノ島橋。第3話の裸おどりに続いての使用だが、橋の下に仕置人五人組が潜む画まで撮影された。鉄のくしゃみで錠と半次が橋桁に頭をぶつけて「痛え!!」というオチがシナリオにあり。

次回予告

佐渡の金山ひとつ山掘れば、俺とお前は穴兄弟。佐渡の流人仲間から「命を守ってくれ」と頼まれた鉄。だが彼には、暗く深い穴が待ち受けているのであった。次週『必殺仕置人』にご期待ください。

【キャスト】
念仏の鉄：山崎努／棺桶の錠：沖雅也／鉄砲玉のおきん：野川由美子／お島：三島ゆり子／お仲：伊藤栄子／おひろめの半次：津坂匡章／吉五郎：杉山昌三九／留造：江幡高志／武助：五味龍太郎／天神の小六：高松英郎／文蔵：玉生司朗／条吉：山本一郎／猪太郎：内田勝正／老婆：三田一枝／牢番：藤川準／やくざ：森内一夫／市助：黛康太郎／長次：西崎健／仁造：吉田聖一／弥七：林隆三／聖天の政五郎：黒沢年男／中村主水：藤田まこと

【スタッフ】
制作：山内久司、仲川利久、桜井洋三／脚本：野上龍雄／音楽：平尾昌晃／撮影：石原興／美術：倉橋利韶／照明：中島利男／録音：二見貞行／調音：本田文人／編集：園井弘一／助監督：家喜俊彦／装飾：稲川兼二／記録：野口多喜子／進行：黒田満重／特技：宍戸大全／装置：新映美術工芸／床山・結髪：八木かつら／衣裳：松竹衣裳／現像：東洋現像所／製作主任：渡辺寿男／殺陣：楠本栄一／題字：糸見溪南／ナレーター：芥川隆行／制作協力：京都映画株式会社／主題歌：「やがて愛の日が」（作詞：茜まさお／作曲：平尾昌晃／編曲：竜崎孝路／唄：三井由美子／ビクターレコード）／監督：三隅研次／制作：朝日放送、松竹株式会社

仏の首にナワかけろ

第5話

脚本：山田隆之
監督：大熊邦也

鉄の命の恩人は、己の欲望を満たすため庇を借りて母屋を奪う。荒野の首吊りあみだくじ！

ほっとけば仕置をしたがる鉄が、今回ばかりは二の足を踏む。佐渡金山での流人仲間、命を救ってくれた〝穴兄弟〟である安蔵の化けの皮がはがれつつあったのだ。一筋縄では読み解けぬ、微妙な顔で安蔵や主水と相対《あいたい》する鉄——。

前回の極悪アウトローに続いて、市井に潜むワルが相手。サブタイトルが「仏の首にナワかけろ」だし、開始早々怪しい素振りもあるし、なにより安蔵を演じているのが山田吾一だから、これはもう明かしていいだろう。

「九里《くり》四里《より》うまい十三里半　いも安」という幟《のぼり》を立てて、茶屋の横にある空き地で露天商を始め、黒達磨一家からの危機を鉄に助けられるや「兄貴、兄貴」と慕いつつ佐渡で命を助けた恩をうっすら着せる。最後に待ち受ける〝首吊りのあみだくじ〟まで、もう全編が山田吾一オンステージだ。

再会を果たし、どんちゃん騒ぎをする鉄と安蔵の多幸感——あの地獄から生きて帰った者同士、二人は女郎屋で本当の〝穴兄弟〟となる。

「なにかあったら、きっと俺を助けてくれよな」

「あたりめえじゃねえか」

そんな蜜月から急カーブ。豪雨のなか己の敷地を広げようとした安は大家の柏屋徳次郎（永田光男）に見咎められ、一気呵成にぶっ殺す。誰に対しても低姿勢でジワジワと自分の思いどおりにさせていくサイコホラー、はためく〝幟〟がこ

放映日◉1973年5月19日
視聴率◉20.1%（関東）
25.3%（関西）

あらすじ

茶屋の柏屋から空き地を借り「いも安」という幟を立てて露天商売に励む安蔵は、黒達磨の大八一家へのショバ代を断って袋叩きにされてしまう。そこに飛び込む鉄、たちまち一家を蹴散らし、安蔵を助ける。二人は佐渡の流人仲間であり、安蔵は鉄の命の恩人だった。再会を祝して飲み明かす穴兄弟、安蔵は黒達磨の手から自分を助けてくれるよう何度も鉄に懇願する。

しかし豪雨の深夜、幟の位置を動かして借地を拡張する安蔵……その行為を柏屋の徳次郎に目撃されてしまい、証文を破り、襲いかかる。女房のお米も首吊りに見せかけて殺された。次第に安蔵の正体があらわになる。

そして一人娘のお春は安蔵に言い寄られ、そのまま女房にさせられてしまう。安蔵は異常な物欲と執着心の持ち主であり、鉄の命を助けたのもそれが目的だったのではと推測する主水。穴兄弟にして命の恩人の悪行に鉄はどうケリをつけるのか。

んなに怖く見えるドラマも珍しい。

　監督は朝日放送の大熊邦也。『必殺シリーズ異聞　27人の回想録』のインタビューによると、自身が体験した土地トラブルを原案に山田隆之にシナリオを頼んだことを語っており、トリッキーな展開を得意とする山田の筆致が冴える。しれっと身の回りにいそうな、陰の隣人としての犯罪者を紡ぐ。

　錠から棺桶を買った安蔵は巧みに偽装工作を施し、半次は黒達磨の大八が行方不明の徳次郎を殺《バラ》したんだと信じ込んで吹聴する（あとで「勘でもの言っちゃいけないねえ」と錠に語る皮肉！）。

　大八親分を演じるのが遠藤辰雄、コテコテの悪役俳優というキャスティングの妙もあり、すでに見る側は誰が悪人かわかりつつ、いつ足元をすくわれるかというカタルシスを求めて、画面を凝視する。

　徳次郎の妻お米（吉川雅恵）も殺され、大きな木の下にぶらり。安蔵は、娘のお春（藤田弓子）も手に入れ、店の名は「いも安茶屋」に。黒達磨の親分まで抱き込むが、さすがに覚悟を決めた鉄は、みずからの命を賭《と》して荒野の首吊りロシアンルーレットに挑む。

　一本ずつ己の手で縄を斬る鉄と安蔵、それを見届ける仕置人たち。「俺はくじ運が強いんだ！」とドヤ顔の安蔵に対する落とし前。八つ当たりに近い黒達磨一家との乱闘もふくめて、仕置人史上もっともマカロニウエスタンな絵柄に平尾昌晃の音楽がよく似合う。

　ポツンと荒野の死だけでなく、安蔵の仕事始め、観音長屋に乗り込む黒達磨など、節目ごとにポーンと俯瞰のアングルが差し込まれて小さな話にメリハリを生む。いかにも大熊演出らしいロングショットが効果的で、いも安と柏屋の境界線や鉄の大暴れも（手間のかかった）上からの眺めだ。

　さかのぼれば、すでに安蔵が怪しいと感じつつ「あいつは俺の命の恩人だよ」と語る鉄は、主水の主観ショットというゆらぎで捉えられる。よしんば欲得づくでもいいと語っていたが、すべてを断ち切り、安を見上げる鉄の顔よ。

　なお大熊邦也と山﨑努は演技をめぐって現場で対立した。山﨑の微妙なニュアンスの表情に「もっとわかりやすく」と注文をつけたことから始まり、大熊は一本こっきりで降板。そのまま謹慎扱いとなって、しばらく必殺シリーズから離れる。しかし『新必殺仕置人』では山﨑と飲みに行く間柄となり、お互い偏屈者として楽しく仕事をしたという。一筋縄ではいかぬ舞台裏もおもしろい。

主な登場人物

安蔵

山田吾一

「いも安」という屋台を商う島帰りの男、柏屋の向かいの空き地を借りている。鉄の佐渡時代の流人仲間であり、命の恩人。穴兄弟として再会をよろこぶが、その正体はとんでもない物欲の持ち主で「これ！」と目をつけたものは絶対に手に入れる。庇《ひさし》を借りて母屋《おもや》を取ろうと、徐々に商売を拡大させてゆく。

1958年スタートのNHKドラマ『事件記者』のガンさんこと岩見記者を当たり役とした山田吾一は、善人悪人なんでもござれの個性派として幅広く活躍。気安くゲスい安蔵を巧みに演じ切った。豪雨のなか縄張りを広げる執着心、うっすら恩着せがましく鉄に迫り、黒達磨の親分の背中を揉みながら取り入り、ラストの首吊りロシアンルーレットで「鉄！」とドヤってみせる様子など、山田吾一の魅力が詰め込まれた。

お春

藤田弓子

行き倒れの安蔵を助け、空き地を貸した柏屋夫婦の娘。父の徳次郎、母のお糸を安蔵に殺され、あげく言い寄られて夫婦となり、世にも陰鬱な顔で鉄と再会する。安蔵の支配下に置かれ、金縛りにあったかのように真実を言い出せない。

藤田弓子は1968年のNHK連続テレビ小説『あしたこそ』でヒロインに選ばれ、本作直後には『小川宏ショー』の女性司会者に就任。NHK連続テレビ小説『マー姉ちゃん』の明るい母親役で、おっかさんの座を不動のものとした。山窩《さんか》を扱った映画『瀬降り物語』もインパクトあり。

黒達磨の大八

遠藤辰雄

安蔵にショバ代を要求する黒達磨一家の親分。その後の主水とのやり取りから察するに、要求そのものはそこまで無茶なものでもないらしい。極悪人と見せかけて、それほどでもなく、安蔵にそそのかされて鉄を始末しようとする。最後は鉄の怒り炸裂大暴れで、黒達磨一家は全滅し、アゴの骨を外される。

キャスティングそのものがミスリードのような遠藤辰雄（のち遠藤太津朗）は東映任侠映画の悪役で存在感を見せつけ、必殺シリーズにおいては『必殺仕掛人』第2話「暗闘仕掛人殺し」で藤枝梅安（緒形拳）と因縁のある鷹匠の小野寺源十郎として初参加。『必殺仕事人V 激闘編』第4話「顔と態度で損した親分の一生」では、サブタイトルそのままの役柄に扮した。

◆◆◆

鉄と安蔵が〝穴兄弟〟として挑む女郎役は、かしまし姉妹の正司照江（現・正司照枝）。「どっちが先や？　どっちでもええさかい早うしてえな、もう」とコミカルな笑いを誘う。

お春の父、柏屋徳次郎を演じた永田光男は東宝劇団から松竹京都に転じた時代劇のベテランであり、松竹芸能の所属として必殺シリーズに多く出演。温厚な顔立ちゆえ、その手の役柄が多いが、第15話「夜がキバむく一つ宿」では、冒頭で鉄に仕置される勘定奉行に扮した。

お春の母お米役の吉川雅恵は、宝塚少女歌劇団から朝日放送劇団へ。必殺シリーズは本作が唯一の出演となった。

黒達磨一家の佐平を演じたのは美樹博、角ばった顔と細い目が特徴的で安蔵にショバ代を要求し、黒い達磨の刺青を披露して手下たちと屋台を荒らした。大映京都の専属俳優であり、のちに中村明豊から中村光辰に改名した。

三ン下役のうち馬場勝義と安藤仁一郎も大映出身。馬場は屈強な見た目、市川雷蔵一派の安藤はスタッフに転向し、演技事務、俳優担当として映像京都で活動した（安藤仁一朗名義）。

シナリオと本編の違い／ロケ地／そのほか

これまでの回と異なり、すべてＣＭに入るタイミングが指定されているシナリオとなっている。冒頭の縁日、袢姿のおきんが売っているのは「インチキ化粧品」でロケ地は今宮神社。安蔵が徳次郎を殺すシーン、シナリオでは省略されており、現場改訂で安蔵のサイコパスぶりが強調された。

「俺は天下をとる。太閤さんみたいにな」と語りながら手作りの風呂桶につかって、皿の小鯛をチビチビ食べるという安蔵のシーンがあったが、ここは映像化されていない。すべて他人との関わりのなかで異常性が発揮される流れに。お米を殺したあとの安蔵、シナリオでは荷車を引いて死体を運び、一本松のところで荷車と細引、松の枝を使って首吊りのかたちに仕立てる偽装工作と雨が轍の痕跡を消す描写があったがカット。いきなりポーンとロングショットの首吊り死体からポンポン寄っていくショッキングな見せ方となった。

柏屋が「いも安茶屋」になり、にっこりと見上げる安、徳次郎の着物を着ているという設定がシナリオにあり。これは怖い。

首吊りロシアンルーレットの前後は大きく改訂されており、まずシナリオでは安蔵の悪事の証拠を掴むため錠とおきんが墓掘りに行く途中、黒達磨一家に道を塞がれて「てめえが殺し屋の棺桶だな」と大立ち回り、鍬を手にした錠が片っ端から手下を池に叩き込むシーンがあったが欠番となつている。

代わりに用意されたのが、安蔵が死んだあとの黒達磨一家と鉄の大立ち回りであり、もともとは鉄のアクションが用意されていなかったという展開に驚く。もちろん首を曲げられた大八と主水のやり取りもシナリオには存在しない。荒野のロケ地が抜群の効果をあげている。

シナリオのラストシーンは、茶屋で働くお春の姿を目にして「よそうや。俺たちのガン首見たら、古傷がうずくだけだ」と語る鉄、そのまま終わりとなっている。

次回予告

江戸の夜に二十五の命が散った試し斬り。父を殺された幼い子供に犯人を仕置いてくれと頼まれる主水、牢内の小六にも女郎から依頼があった。次回、十二万石の大名に挑む仕置人にご期待ください。

【キャスト】
念仏の鉄：山崎努／棺桶の錠：沖雅也／鉄砲玉のおきん：野川由美子／黒達磨の大八：遠藤辰雄／女郎：正司照江／おひろめの半次：津坂匡章／徳次郎：永田光男／お米：吉川雅恵／子分佐平：美樹博／三ン下：古川ロック、大橋壮多、馬場勝義、安藤仁一郎／宿直の侍：花岡秀樹／お春：藤田弓子／安蔵：山田吾一／中村主水：藤田まこと

【スタッフ】
制作：山内久司、仲川利久、桜井洋三／脚本：山田隆之／音楽：平尾昌晃／撮影：中村富哉／美術：倉橋利韶／照明：中島利男／録音：二見貞行／調音：本田文人／編集：園井弘一／助監督：家喜俊彦／装飾：稲川兼二／記録：野口多喜子／進行：黒田満重／特技：宍戸大全／装置：新映美術工芸／床山・結髪：八木かつら／衣裳：松竹衣裳／現像：東洋現像所／制作主任：渡辺寿男／殺陣：美山晋八／題字：糸見溪南／ナレーター：芥川隆行／制作協力：京都映画株式会社／主題歌：「やがて愛の日が」（作詞：茜まさお／作曲：平尾昌晃／編曲：竜崎孝路／唄：三井由美子／ビクターレコード）／監督：大熊邦也／制作：朝日放送、松竹株式会社

※本編クレジットは「馬場勝義」を「馬場勝美」と表記

塀に書かれた恨み文字

第6話

脚本：国弘威雄
監督：松野宏軌

お島の父と妹が辻斬りに殺された。相手は守山藩十二万石の大名、牢内にぶち込んで……。

へんてこ変化球の数々でカッ飛ばしてきた『必殺仕置人』、6話目にして辻斬り大名とその犠牲に泣く庶民というオーソドックスなエピソードを盛り込んできた。しかし、定番には定番の強みがある。

準レギュラーお島の父と妹が斬殺されてしまうショッキングな出だしから始まり、ストレートに（しかし凝った手口で）恨みをはらす。お島が女郎の年季を延ばして仕置料を捻出するさまも哀しい。ほかにも多くの人々の人生が無残にも砕かれてきた。

「治に居て乱を忘れず」の精神で罪なき者たちを刀の試し斬りにする松平右京太夫忠則、中尾彬が武士道の復興を願う狂気の守山藩主に扮し、今日も鍛錬を欠かさない。家臣三人組を引き連れて、夜な夜な町へ。悪という意識もない暴君、封建社会の理不尽を描いて随一の国弘威雄が手腕を発揮する。

観音長屋の連中の、いつものバカ騒ぎから一転、主水がお島に父と妹の死を伝えるシーンでは、それぞれのリアクションを細かく映し出す。丹念なカット割りが身上、松竹京都生え抜きの松野宏軌が己の仕事をまっとう。仕置のシーンも細かくリズミカルで、とくに錠の大ジャンプからの首筋ブスリは見事な流れだ。第5話に続いて登板の中村富哉によるカメラワークも石原興の望遠多用とは異なるスタンダードさのなかに細やかな工夫を入れ込む。

「どうする。やるか?」

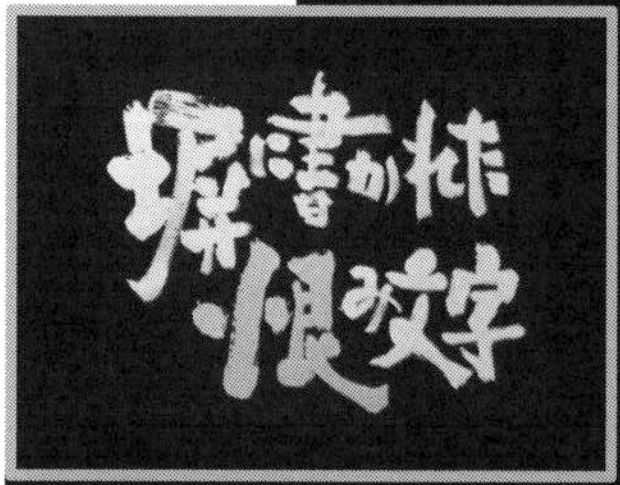

放映日◉ 1973年5月26日
視聴率◉ 20.0%(関東)
25.7%(関西)

あらすじ

お島の父と妹が田舎からやってきた。鉄の部屋を貸し、おきんが髪結いの師匠のふりをしてお島が女郎であることを隠す一同。しかし、父と妹は辻斬りによって斬り殺されてしまう。たまたま死体に出くわした主水が追跡し、守山藩の上屋敷に入っていくところを目撃。藩主の松平忠則とその一味による仕業であった。

奉行所には相次ぐ辻斬り事件の下手人を捕まえるよう町人たちが殺到していた。幼い姉弟に頼まれた主水だがなすすべなく、守山藩のことを上役に伝えるが取り合ってもらえない。お島は女郎の年季を十年延ばして仕置料を捻出、天神の小六に頼んでほしいと鉄に託す。

半次の瓦版によって辻斬り犯が守山藩にいることが広まり、忠則は家臣の斎藤市蔵を身代わりに牢屋敷に送り込む。斎藤は小六から牢の仕組みを聞かされ絶望し、忠則が辻斬りであることを告白。鉄と錠は忠則を拉致し、牢屋敷にぶち込む――。

「やるか」

お島からの仕置料を主水に渡す鉄。ローアングルからの力強いツーショットの構図で小判を強調しながら、同じ言葉の応酬が両者の決意を決定づける。そしてニコッと笑う鉄のアップ、続いて主水のリアクション、また鉄、主水……一連のアップもすべてカメラアングルが異なり、主水にいたっては1カットだけ口元を陰で覆って、その目を強調。中島利男のライティングは、いわゆる〝つながり〟よりもショットごとの画のインパクトを重視する。

相手が大名ゆえ手を出せない主水の挫折は、牢屋敷での小六とのやり取りも相まって第1話を彷彿させる。奉行所の裏口では幼い男の子から石を投げられ、その姉は「お役人さま、あたいたちのお父ちゃんは辻斬りに殺されたんです」と、必死で貯めた金を渡そうとするが、その願いむなしく同僚の介入で断たれてしまう。上役もあてにならず、だからこそ仕置人の出番だ。

「だが、今度の相手は難しいぞ。そいつをどう仕置にかけるかだな」

まず半次の瓦版が守山藩のことを騒ぎ立て、松野演出のテンポのよさがここぞと繰り出される。小六も牢名主としての話術で身代わり出頭者に因果をふくめ、仕置人チームの連携が内に外にポンポンポンと紡がれる。

やがて松平忠則は名もなき囚人として牢屋にぶち込まれ、キメ板で尻を叩かれながら洗礼を食らう。主水と小六のコンビネーション、痛快な音楽とともに仕置が描かれる。ざんばら髪のまま町をさまよい、屋敷に戻れば門を閉ざされ、もはや主君は急死という届け出。絶望する忠則からのズームバックで正面の立派な門構えが徐々に映し出されていく……。

忠則配下の新田内膳、戸浦多三郎、斎藤市蔵にも切腹の沙汰が下るが、「まだスッとしねえよ」——鉄は同じくイライラが止まらない錠とともに守山藩に乗り込む（この積極性！）。いっぽう気弱な斎藤と見張りの侍を始末した内膳と多三郎も「このまま切腹させられてたまるか！」と白袴の片肌を脱いで宣言。相手にとって不足なし、正面切って二対二の対決が始まる。その見事な活劇性は前述のとおり。

かくて闇に消える仕置人二人組の姿まで、いわゆる必殺シリーズ通常ローテ回の地肩の強さを実感させる仕上がりとなっている。

セリフ選抜「あんなやつらに侍らしく切腹なんかされてたまるか」（鉄）

主な登場人物

松平右京太夫忠則
中尾彬

「いまは武士といえども戦いの夢を見ず、刀や槍はただの飾りものになっている。だからこそ、いつもわれらは鍛えておかねばならんのだ」と語り、刀の試し斬りで罪なき者たちを葬る守山藩十二万石の主君。因果応報で牢屋にぶち込まれ、あげく大名の身分を剥奪されてしまう。屈強な浪人相手に苦戦したところを見ると、どうやら腕前は大したことないらしい。口ぐせは「内膳！　多三郎！」。

　日活ニューフェイス出身の中尾彬は、『月曜日のユカ』のイカした男っぷりから次第にワルの道へ。必殺シリーズには5本に出演し、どれもクセのある悪役を務めた。『必殺仕置屋稼業』第3話「一筆啓上紐が見えた」では、市松（沖雅也）に迫る加吉を演じている。

斎藤市蔵
佐々木功

辻斬りに同行する守山藩士三人組、そのいちばん下っ端。忠則の身代わりとして牢屋敷に入るが、主水と小六の計略によって真相を告白し、最後は密室下で仲間に刺し殺された。

　佐々木功（現・ささきいさお）は和製プレスリーとしてデビューしたロカビリー歌手であり、『宇宙戦艦ヤマト』『銀河鉄道999』などの主題歌でおなじみ。俳優としても松竹ヌーヴェルヴァーグで活躍し、早すぎた怪奇テレビ時代劇『妖術武芸帳』では、主人公の鬼堂誠之介を演じた。本作の斎藤市蔵は気弱な表情が、忠義と正義の板挟みで主君を裏切る役柄にぴったりだ。

北上帯刀
鈴木瑞穂

　殿の凶行に悩む守山藩の江戸家老。その諫言《かんげん》は届かず、最後は「御主君忠則様は本朝にわかに急死なされた」として、藩邸の門を閉ざし、三人の取り巻きにも切腹を申し渡す。「死ね！　せめて武士らしく切腹させてやるのが家中一同の思いやり。己の恥を噛みしめて腹を斬れ！」と積年の苦悩を解き放つかのように言い放った。

　劇団民藝出身の鈴木瑞穂は、記者や弁護士といった硬い役柄がぴったりのベテラン。1973年当時の出演作では『仁義なき戦い頂上作戦』においても新聞社の編集長として、広島やくざをペンで追いつめた。

◆◆◆

　忠則の取り巻き、新田内膳役の大村文武は東映ニューフェイス出身。映画の「月光仮面」シリーズで主人公の祝十郎に扮したが、その後は悪役をもっぱらとした。詫びる斎藤を突発的に刺し殺すように気性は荒い。

　「よし、こうなったら家老の北上を血祭りに上げ、斬って斬ってこの場から」と、内膳とのコンビで死中に活を求める戸浦多三郎役は千葉敏郎。これまた大映のスター候補生から悪役に転じ、コワモテの武士や浪人として必殺シリーズの常連となった。『助け人走る』第2話「仇討大殺陣」や『必殺必中仕事屋稼業』第11話「表を裏で勝負」など総髪の役どころがよく似合う。

　牢内のしきたりを忠則に教え込む囚人役の瀧義郎は、「よ～く聞け、この〝詰《つめ》〟の神様はな、縦に八寸、横四寸、前に打ったが金隠し！」と説明し、こってり濃い口上で新入りをしばき上げる。詰とは牢内にある便所のことであり、こうしたセリフのリズム感とピンポイントにしか出てこない脇役の厚みもシリーズを支えていることを実感させてくれる。

　お島の父親、茂助役は大映京都出身の寺島雄作。「百姓にゃ田んぼが命だでなぁ」と、安定のおじいちゃんぶりでお島の無念を引き立てた。

　妹のしず役、なかつかかずよは、のちに中塚和代と漢字表記に戻したあと、『新必殺仕置人』では鉄や正八のお相手に。

　主水に石を投げつける弟を止める少女いと役は酒井靖乃、健気《けなげ》な存在感で世の理不尽を訴える。その後は和泉ちぬと改名して、数々のテレビドラマに出演した。

シナリオと本編の違い／ロケ地／そのほか

概してシナリオどおりの映像化。奉行所に抗議が殺到するシーンで辻斬りの犠牲者は24人、そのあと浪人が斬られているので計25人に。裏門で石を投げられたあと、主水が姉弟と夕暮れの河岸で話すシーンが存在していた。

シナリオには、なんと第2・3話に登場した筆頭与力の高坂が登場、守山藩のことを伝える主水に「お前は夢でも見たんじゃないか」と取り合わない。本編の与力役はノンクレジット、浜田雄史に似ているが、ロングショットなので確証が持てない。また忠則に斬られる浪人役もノンクレジット。同心田口も復活し、生井健夫に代わって森章二が演じているが、クレジットでは同心のみ。

お島に松平忠則の仕置を伝えたあと、シナリオでは錠が「あんなやつらが侍らしく、切腹なんかされてたまるか！　どうする⁉　ここまま放っておくつもりかよ！」と怒り、「わかってるじゃねえか。わからねえのかい？　おめえには」と鉄が答える。本編では「あんなやつらに侍らしく切腹なんかされてたまるか」と鉄が口にし、錠はその場にいない。棺桶をガンガン作って、どうにもこうにも我慢できず立ち上がる。

シナリオでは守山藩の上屋敷への潜入が3シーンにわたり、細かく記されていた。ラストは主水がニヤニヤしながら市場を歩き、袖の下をもらうというもの。

鉄が中村家の前で唱えているのは、妙法蓮華経の「如来寿量品第十六」というお経。お島の父親と妹が斬られる場所は下鴨神社の森、手前を暗く落とし背景の緑を強調したライティングで悲惨さを増している。死んだふりをしていた妹のしずが逃げ出し、ふたたび忠則にめった斬りにされる描写も悲惨。

奉行所のロケ地は、京都御苑の閑院宮邸跡長屋門から大覚寺明智門に変更。80年代に入って京都映画のオープンセットに門が作られるまでは、大覚寺が奉行所の定番であった。守山藩の権威を示すように何度も登場する門は随心院薬医門。小六の牢は撮影所のセット、回によって牢屋敷や奉行所と設定が異なる。

次回予告

白く濁った検校のその目は、果たして見えるのか。探す仇と瓜二つ、しかし確証を掴めぬままに娘お糸は死んでいく。次回、検校の目の秘密に挑む『必殺仕置人』にご期待ください。

【キャスト】

念仏の鉄：山崎努／棺桶の錠：沖雅也／鉄砲玉のおきん：野川由美子／中村りつ：白木万理／お島：三島ゆり子／斎藤市蔵：佐々木功／北上帯刀：鈴木瑞穂／おひろめの半次：津坂匡章／新田内膳：大村文武／戸浦多三郎：千葉敏郎／同心：森章二／天神の小六：高松英郎／囚人：瀧義郎、徳田実／山野：島田茂／茂助：寺島雄作／しず：なかつかかずよ／源次郎：比嘉辰也／いと：酒井靖乃／中村せん：菅井きん／松平忠則：中尾彬／中村主水：藤田まこと

【スタッフ】

制作：山内久司、仲川利久、桜井洋三／脚本：国弘威雄／音楽：平尾昌晃／撮影：中村富哉／美術：倉橋利韶／照明：中島利男／録音：二見貞行／調音：本田文人／編集：園井弘一／助監督：家喜俊彦／装飾：稲川兼二／記録：野口多喜子／進行：黒田満重／特技：宍戸大全／装置：新映美術工芸／床山・結髪：八木かつら／衣裳：松竹衣裳／現像：東洋現像所／制作主任：渡辺寿男／殺陣：美山晋八／題字：糸見溪南／ナレーター：芥川隆行／制作協力：京都映画株式会社／主題歌：「やがて愛の日が」（作詞：茜まさお／作曲：平尾昌晃／編曲：竜崎孝路／唄：三井由美子／ビクターレコード）／監督：松野宏軌／制作：朝日放送、松竹株式会社

閉じたまなこに深い渕

第7話

脚本：山田隆之
監督：工藤栄一

兄と母の仇と襲った清原検校は果たして弁蔵か、それとも別人か？濁った目には仕掛けがあった。

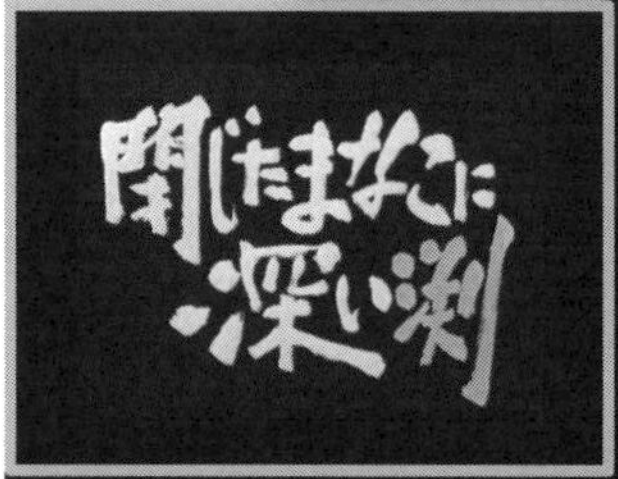

放映日◎ 1973年6月2日
視聴率◎ 21.0%（関東）
28.2%（関西）

とにかく奥行きと陰影へのこだわりが強い回。黒バックのセットに灯籠だけを並べた画に三味線をつまびく新内流しが歩いてくるファーストショットから、その女お糸が過去を語るシルエットの横顔、清原検校《けんぎょう》が配下たちを叱責するシーンでも格子を利用してコントラストを強調する。

工藤栄一――やがて必殺シリーズのエースとなる監督の初登板回であり、前作『仕掛人』に比べて光と影の表現は控えめな『仕置人』だったが、ここにきて工藤と石原興・中島利男の撮影・照明コンビ、初のコラボレーションによる実験が各所で用いられた。とはいえ、いきなり本領発揮とまではいかず、ここから京都映画との長い付き合いが始まる。

お糸役の柴田美保子もか弱き復讐者の挫折を見せるが、やはりエピソードのメインを引っぱるのは清原検校を演じた神田隆だ。どっぷりした貫禄に女好きの俗物ぶり、鯉の鱗《うろこ》を使って盲目を装う、その目、その顔のインパクトは大きく、殺しにやってきた鉄に対しても最後は正面から怯まず立ち向かい、目を潰されて（レントゲン！）本当に失明したうえで、お糸が残した三味線のバチでとどめを刺される。錠と鉄、二度とも仕置のテーマ曲がカットアウトされるのも、新たな試みとなった。

またも同心としての無力さを痛感し、検校屋敷の表札を十手で叩き割る主水も熱く、仕置に参加していないにもかかわらず、おきんから小判を投げられ、戸惑

あらすじ

お糸という新内流しの三味線弾きが突如、清原検校に襲いかかる。出くわした主水はお糸を捕え、錠のもとに預ける。新任の北町奉行は検校から大金を借りている身であり、お糸の引き渡しを主水に命令。お糸は三年前、検校の資格を得るため京に旅立った盲目の兄・東一郎と母のお波が使用人の弁蔵に殺され、千両が奪われたという経緯を話す。しかし顔は似ているが、目が違う。検校は盲目であり、人違いであったのかもと確信が持てない。

とうとう清原検校にお糸を引き渡す主水。鉄が屋敷に潜入して探りを入れるが、やはり盲目のようだ。お糸も別人だと観念していたが、女好きの検校は鯉の鱗を目に入れて偽装しており、情事のときだけは鱗を外していた。

鉄や錠が泥棒として忍び込み、お糸を奪還。しかし検校配下の政五郎によって、お糸は殺されてしまう。借金のカタにおきんが屋敷に潜入し、清原検校の偽りを暴き立てる。

うクライマックスも仕置人ならではの連帯だ。「なにを言ってやがんでえ」と、シリーズ十八番となる主水のセリフも飛び出した。

「仕事は半人前、ご飯は一人前、うちのムコ殿はおもしろいお方じゃ」と、せんりつの中村家コントも少しずつユーモアが生まれてきた。半次の瓦版、錠の棺桶、鉄の按摩と、それぞれの表稼業が有機的にストーリーにからめられ、借金のカタで清原検校の屋敷に連れ込まれ、あわやピンチのおきんは相変わらずチャキチャキ、赤い襦袢《じゅばん》のまま逃げ回る。

そして「閉じたまなこに深い渕」をめぐって避けては通れないのが、リアルタイム放映時の1973年6月2日に神奈川県川崎市で起きた悲劇――世にいう「必殺仕置人殺人事件」である。

事件そのものの詳細は、山内久司プロデューサーの著書『必殺シリーズを創った男』や雑誌『昭和39年の俺たち』の再検証ルポに詳しいが、テレビに刺激されたことが動機として報じられ、キー局のTBSから朝日放送に「ドラマの内容変更、あるいは放送期間の短縮」という申し入れが入る。

打ち切りにこそならなかったものの、生かさず殺さずという仕置方法の撤回に続いて『仕置人』は二度目の軌道修正を余儀なくされ、折り返しの第13話「悪いやつほどよく見える」あたりから全体に表現がマイルドになる。

そして高視聴率を記録していたにもかかわらず、『仕置人』の放映延長も白紙となり、続いてのシリーズは『助け人走る』『暗闇仕留人』と立て続けにタイトルから〝必殺〟の二文字が外された。

この事件をめぐっては、どこまでテレビ番組が刺激を与えるのか、責任があるのかという点ばかりが取り上げられ、被害者そっちのけで、今日にいたるまで第二の被害者になった『必殺仕置人』の是非ばかりが論じられていた印象だ。

もちろん打ち切られることなく必殺シリーズが存続し、さらなる人気番組になったことはよろこばしいが、それだけではない苦さ、居心地の悪さを感じるのも確かである。

21歳で理不尽にも命を奪われた被害者の女性は毎週『仕置人』を楽しみにしていたのかもしれない。あるいは酔った男がチャンネルを変えたのかもしれない。それはわからない。

わかることは、ひとつだけ。彼女が一人暮らしを始めて20日あまりでの出来事ということ。「不用心だから自室にインターホンでもつけようか」と近所の住人に話していた矢先の悲劇であったことを最後に書き記しておきたい。

セリフ選抜「し・お・き・り・ょ・う」（おきん）

主な登場人物

清原検校
神田隆

検校＝盲人の最高位にある金貸しだが、じつは目が見える偽者であるのが清原検校のミソ。無類の好色家であり、金で縛った女たちを意のままにする。本名は弁蔵、お糸の兄・東一郎が検校になるための千両を旅の途中で殺して奪うという過去を持つ。

神田隆は東大出身のインテリ俳優。１９４３年に松竹大船に入り、独立プロを経て東映の専属となる。刑事ドラマの礎《いしずえ》となった映画「警視庁物語」シリーズの捜査主任を経て、時代劇・現代劇を問わず貫禄の大物を演じ続けた。『必殺商売人』第18話「殺られた主水は夢ん中」では菅貫太郎、今井健二、江幡高志、弓恵子とともに悪役代表として起用され、香具師の元締に。

政五郎
亀石征一郎

清原検校に仕える忠実な番頭。観音長屋に運ばれたお糸を刺し殺す。「女がおめえの泣きどころなんだからな。悪党には未練ってやつは禁物だ」と、裏では検校にタメ口をきくことから、それなりに古い付き合いを感じさせる。

東映ニューフェイス出身の亀石征一郎は、二枚目の精悍な顔つきからワルの道へ。『必殺仕掛人』第4話「殺しの掟」では松永彦七郎として剣の道に生き、１９７４年からは東映の刑事ドラマ『特別機動捜査隊』で主人公の矢崎主任を務めたが、その後は悪代官がトレードマークになった。

お糸
柴田末保子

新内流しとして、清原検校に襲いかかる。母と兄の仇、弁蔵だと勘違いしての凶行だったが、やはり検校の正体は弁蔵であった。

柴田末保子は子役からキャリアを始めたのち、NHKのドラマ『チコちゃん日記』で夜間学校に通う主人公として注目を集める。脚本家の市川森一と結婚し、その後は柴田美保子として活動した。必殺シリーズには『助け人走る』『必殺仕業人』『必殺からくり人』にもゲスト出演。

◆　◆　◆

お菊役の志乃原良子は関西の女子大生タレント出身、町娘から大奥の老女まで必殺シリーズに長らく出演した。本作での出番は少ないが、『必殺仕掛人』第16話「命かけて訴えます」や『必殺仕置屋稼業』第15話「一筆啓上欺瞞が見えた」で活躍しており、『新必殺仕置人』には四度もゲスト出演。スタジオジブリのアニメ『火垂るの墓』では、清太と節子の母親役の声優を務めている。

手代多助役の水上保広は、往年の時代劇スター・阪東妻三郎の息子であり、母親違いの田村高廣、田村正和、田村亮の三兄弟がそろった朝日放送の『魔像・十七の首』にも出演した。気弱な殿様役がよく似合う。

お糸の兄、東一郎を演じた大竹修造は東宝ニューフェイスを経てテレビ時代劇で善悪を問わず出演。本作ではワンシーンだけの出演だが『必殺仕業人』や『新必殺仕置人』で活躍を見せている。

ノンクレジットだが、やたらと目立つ検校屋敷の座頭役、「かわいい顔のおじいちゃん」こと山内八郎は、必殺シリーズでおなじみの大部屋俳優。かつて東映で市川右太衛門の番頭だったベテランであり、東映京都時代は助監督の工藤栄一とも顔なじみであっただろう。当時は裏方のメイク係をやっていたが、ふたたび俳優に復帰し、92歳まで現役を務める。「火の用心～」と夜回りをやらせたら絶品で、のちにテレビ東京のドキュメンタリー番組の主役となった。

鉄の長屋、その周辺の様子が明らかに。向かいには大きなのれんをかけた店があり、泥棒市と地続き。

シナリオと本編の違い／ロケ地／そのほか

『必殺仕掛人』からコンスタントに脚本を手がけてきた山田隆之の最終作。清原検校はシナリオによると30歳であり、神田隆というキャスティングに比べてずいぶんと若い。鯉の鱗を目に入れたり、たらいで鯉を飼っている設定も指定されている。本編では検校屋敷に「官金貸付所」という時代考証無視の看板がかかっているが､シナリオのト書きには｢幹部クラス｣「定例事業報告」「決算報告」といったキーワードがあり、サラ金業者を思わせるノリである。

お糸に次いで出てくる被害者のお菊、本編では清原検校に体を自由にされるだけという役だが、シナリオではお菊が殺され、父親の伝兵衛が「検校様は人殺し」と訴える展開になっていた。エンドクレジットに伝兵衛役で山村弘三の名があることから、撮影したあと編集でカットされたものと推測される。

清原検校とおきんのシーンでは「ストリップまがいで脱いでいくおきん」というト書きがあり、かなり際どく検校に着物をはぎ取られそうになる。野川由美子が肌の露出を極端に嫌う女優であることを山内久司が『放送朝日』１９７４年4月号で明かしており、それゆえ赤い襦袢で走り回るシーンとなったが、結果的に川崎市で起きた殺人事件で取り沙汰されることに。それまでのエログロ描写ではなく、おきんの赤襦袢ゆえに関係者も安心したり、困惑したり。

仕置シーン、シナリオでは多助に竹次と検校配下の手代たちも仕置されている。たしかに本編を見ると用心棒だけでなく手代も錠に正面から立ち向かっており、政五郎を殺したあとは、どうなったのだろうか。

清原検校の仕置、お糸の亡骸に兄の形見のバチを握らせて眉間《みけん》を打つ。背後の壁にたたきつけ、磔のようなかたちで死ぬ検校と、かなり陰惨な描写になっていた。おきんが主水に仕置料の追加を渡すくだりはシナリオどおり。

東一郎とお波が殺されるシーンは、落合トンネルを望遠レンズで撮影してシルエット処理に。石原興お得意のテクニックが工藤組でも披露された。検校屋敷のロケ地は相国寺大光明寺、おきんが主水に小判を投げる橋は中ノ島橋。

次回予告

危機にみまわれる仕置人、相手は狂気の女と大男。女には権力、男には馬鹿力、ともに勝手に向かって勝てる相手ではない。次回、ピンチに立たされる『必殺仕置人』にご期待ください。

【キャスト】
念仏の鉄：山崎努／棺桶の錠：沖雅也／鉄砲玉のおきん：野川由美子／中村りつ：白木万理／清原検校：神田隆／政五郎：亀石征一郎／お糸：柴田未保子／お菊：志乃原良子／おひろめの半次：津坂匡章／手代多助：水上保広／伝兵衛：山村弘三／北町奉行：酒井哲／東一郎：大竹修造／お波：糸村昌子／母親：八代郷子／手代竹次：池沢道春／男の子：坂本高章／門番：渡辺憲吾／中村せん：菅井きん／中村主水：藤田まこと
【スタッフ】
制作：山内久司、仲川利久、桜井洋三／脚本：山田隆之／音楽：平尾昌晃／撮影：石原興／美術：倉橋利韶／照明：中島利男／録音：二見貞行／調音：本田文人／編集：園井弘一／助監督：松永彦一／装飾：稲川兼二／記録：野口多喜子／進行：黒田満重／特技：宍戸大全／装置：新映美術工芸／床山・結髪：八木かつら／衣裳：松竹衣裳／現像：東洋現像所／製作主任：渡辺寿男／殺陣：楠本栄一／題字：糸見溪南／ナレーター：芥川隆行／制作協力：京都映画株式会社／主題歌：「やがて愛の日が」（作詞：茜まさお／作曲：平尾昌晃／編曲：竜崎孝路／唄：三井由美子／ビクターレコード）／監督：工藤栄一／制作：朝日放送、松竹株式会社

※本編クレジットは「島村昌子」を「糸村昌子」、「渡辺憲悟」を「渡辺憲吾」と表記

力をかわす露の草

第8話

脚本：猪又憲吾
監督：松野宏軌

犬を愛するあまり腰元たちを蹂躙する若年寄の妻。寄り添う巨漢に鉄も錠も歯が立たぬ！

放映日◉ 1973年6月9日
視聴率◉ 26.1%（関東）
24.7%（関西）

ちっぽけな存在だが、その扱いは人間よりも大きい。子が産めない体ゆえに犬のみすずを愛するようになった若年寄の妻ぬいは、巨漢の雲衛門を番犬のように引き連れ、些細な粗相をした腰元を責めさいなんできた。

「その方、嫁入り先がもう決まっているので、みすずのことなど上《うわ》の空なのであろう。それでこのような……そんなに嫁に行くのがうれしいか」

まず、おみつが雲衛門の手で人形のように庭の池に投げ込まれ、大怪我を負う。実際に人形を使ったロングショットもあるが、かなりショッキングな画から始まって、安田道代と大前均が劇画チックな悪として君臨する。

それまでのエピソードに比べるとシンプルな設定であり、とにかく冷血な女と怪力大男の強さが全編を貫く。錠も鉄も、もちろんおきんも半次もかなわない身の丈八尺のバケモン雲衛門だけでなく、短筒をぶっ放すぬいも物理的に〝強い〟。供侍に止められながら白昼の長屋で引き金を引いてしまう倫理の崩壊に、夫の内藤直忠（柳生博）も手を焼くばかり。

60年代後半から大映の時代劇を新スターとして支えた安田道代は、『笹笛お紋』『女左膳　濡れ燕片手斬り』といった劇画テイストの活劇を経て、全員悪人という『おんな極悪帖』で集団劇の頂点に君臨する大名の側室を演じており、本作もそのコンパクト版といった悪女だ。不妊症というバックボーンすら作用させない、ほぼ内面ゼロの気高さで「下郎」

あらすじ

若年寄・内藤直忠の妻ぬいは、将軍の寵愛を受ける姉の威光で気ままな暮らし。愛犬みすずをかわいがるが、その世話をしていた腰元たちはわずかな不始末によって身も心も罰を受けていた。今日もまた雲衛門の手でおみつが池に放り込まれ、右目に大きなあざを負う。婚礼が決まった身の上で……。

みすずを逃してしまった腰元の志乃は、首を吊ろうとするが鉄によって助けられる。志乃の父である佐助が住む観音長屋にぬいと雲衛門がやってくる。たちまち長屋の連中を巻き込んだ騒動となるが、錠の飛び蹴りも雲衛門には通用せず、ぬいの短筒によって肩を負傷する。おきんと半次も雲衛門に放り投げられ、志乃と佐助を逃して一安心の鉄だったが、佐助は殺され、鉄の骨はずしも雲衛門には通用せず、内藤家に監禁されてしまう。

なんとか抜け出した鉄は、おみつの父親の駿河屋藤兵衛から百両で依頼を受ける。大男と短筒を相手に仕置人は勝てるのか——。

を連呼する。

　１９７３年の大前均といえば、『仁義なき戦い』で土居組の組員として川谷拓三と凸凹コンビを結成、『宮本武蔵』では宝蔵院阿厳に扮して槍を繰り出し、ふたたび『仁義なき戦い　代理戦争』ではビール瓶で頭をカチ割られるプロレスラーの若松三郎としてリングの内外で暴れた。

　そんなスクリーンでの獰猛《どうもう》さに比べると、ぬいに忠義を尽くす雲衛門はコミカルな味つけさえ感じさせるコミック調で、その軽さは「松野宏軌というのは最高にテレビ的な監督でっせ」とプロデューサーの山内久司から絶賛された由縁だろう。観音長屋での大立ち回りも、よくよく見れば悲惨な状況に比べて（選曲もふくめて）コミカルでリズミカルだ。そのぶん危機を危機として感じさせない痛手があるにせよ、えげつない『仕置人』の軌道修正が図られた。

　最後は二対一、錠と鉄が二人がかりで雲衛門に襲いかかり、思いつきの不意打ちから急所を砕いて勝利する。短筒のぬいも手槍の餌食となるが、これが初めての女性への仕置。とくにためらいなく、あっさり始末される。

　ひたすら悪に奉仕する展開だけに被害者の描写はうっすらで、駿河屋藤兵衛など出てきたと思ったら「女の一生を台なしにされた娘のため」と鉄の誘導で仕置を依頼するアクロバティックな構成だ。
　冒頭で池に投げ込まれたおみつは、片目のあざとともに家に閉じこもっているという簡素な後日譚が差し込まれる。おみつ役の丘夏子は安田道代の後輩にあたる大映京都のスター候補生であり、世が世ならスクリーンで活躍していたであろう両女優が再共演。駿河屋役の堀内一市は、これほどの役ながらエンドクレジットから外れてしまうという哀しいオチがつく。
　中盤、ドケチのおきんが貯めた金での依頼を断る鉄、「情に流されちまったら俺たちは潰れる」という仕置の哲学を語る。みずからの関節を外して内藤の屋敷から脱出したりと器用なところも発揮。錠の飛び蹴りが（雲衛門相手に通用しないが）たっぷり披露されるなど、全員に等しく見せ場が用意されており、鉄、錠、半次、おきん……四人そろっての出陣シーンは珍しく、仕置後の主水のバックアップも楽しい。

セリフ選抜　「大の男がチンコロ一匹でウロウロできるかい」（主水）

主な登場人物

内藤ぬい
安田道代

若年寄・内藤直忠の妻。犬のみすずをわが子のようにかわいがり、生類憐れみの令ふたたびとばかりに腰元たちをしばき上げる。姉は将軍ご寵愛の側室。

安田道代は『痴人の愛』のナオミ役をきっかけに60年代後半に大映末期のエログロ路線に主演。1970年の『おんな極悪帖』では高貴な悪女を演じた。必殺シリーズには『必殺仕業人』第1話「あんたこの世をどう思う」にもゲスト出演し、お末央の方として悪の華を咲かせた。

1976年に大楠裕二と結婚し、大楠道代に改名。鈴木清順監督の『ツィゴイネルワイゼン』をきっかけに個性派女優の道を歩み、阪本順治監督作品などの常連となる。土曜ワイド劇場の『滋賀銀行九億円横領事件　女の決算』もすばらしい。

内藤安房守直忠
柳生博

妻の横暴に悩む若年寄。ついには夜の生活も拒まれてしまう。『100万円クイズハンター』の司会者や『平成教育委員会』の回答者など、テレビ番組で活躍した柳生博は俳優座出身。「家政婦は見た!」シリーズのきっかけとなった土曜ワイド劇場『松本清張の熱い空気　家政婦は見た!　夫婦の秘密「焦げた」』で演じた、インテリの大学教授役も絶品であった。

飛騨雲衛門
大前均

ぬいに仕える容貌魁偉《ようぼうかいい》な家臣。みすずの世話に失敗した腰元たちの人生を台なしにし、鉄と錠を相手に死闘を繰り広げる。

スキンヘッドの巨漢といえばこの人、大前均。東映からキャリアを始めて各社でガタイのいい悪役を務め、唯一無二の存在に。必殺シリーズでは『新必殺仕事人』第9話「主水留守番する」で演じた念仏講の知識のカリスマ性も忘れがたい。1960年のデビュー作『若き日の次郎長　東海の顔役』では、お相撲常という役名からして大男に扮しており、『はやぶさ奉行』では雲右衛門を演じた。なお、本作の「雲衛門」はシナリオの時点で「右」が付かない役名、いずれも釈迦ヶ嶽雲右衛門という江戸時代に実在した力士が元ネタだろうか。身長2メートル27センチ、体重は170キロ以上と伝えられている。

◆◆◆

夜道で首吊りを決行し、鉄に助けられる志乃役の和田恵利子は劇団雲の附属演劇学校に入ったばかりの新人。当時、山﨑努が雲に所属していたことからのキャスティングだろう。その後は演劇集団円の設立に参加し、舞台を中心に活動した。

おみつ役の丘夏子は安田道代と同じく大映末期に活躍、ニューフェイス出身で大映倒産後は映像京都に所属。必殺シリーズにおいては被害者役が多いが、『斬り抜ける』第10話「女が炎になるとき」では賀川雪絵、桜井浩子とともに含み針を武器とした渡り巫女に。針の餌食となり、佐藤慶演じる森嘉兵衛に斬られた瞬間、はかなき美しさを見せた。

「なにわタレント」としてテレビや舞台で活躍した香月京子は、鉄と親しい間柄にある舟宿「川仙」の女将お仙に。誤解でヤキモチを焼きまくる。『必殺仕事人V　激闘編』第29話「主水、真っ青に染められる」では珍しい悪役として大奥中年寄の水島に扮した。

志乃の父、佐助を演じたベテランの池田忠夫は、第23話「無理を通して殺された」では天神の小六に取って代わろうとする代貸の乙松に。ノンクレジットとなってしまったが、依頼人の駿河屋藤兵衛役の堀内一市は関西の新劇俳優であり、別役実や井上ひさし作の舞台で演出も手がける。『必殺仕事人Ⅳ』第37話「せん遂に再婚を決意する」ではゲートボールサークルの一員に。

意外にも序盤の第８話にして『仕置人』における撮影・石原興と照明・中島利男、最後のコンビ作となった。

シナリオと本編の違い／ロケ地／そのほか

ぬいと雲衛門、シナリオでは肉体関係にあり「そちは、ほんにたくましいのう」と、快楽をむさぼるシーンが指定されていたが、本編ではマッサージを施すだけの主従関係になっている。

初登場ながら鉄とは長い付き合いを感じさせる舟宿「川仙」の女将お仙だが、第１話のシナリオに蔦屋の女郎として登場しており、いい旦那を見つけての同一人物かもしれない。与力の高坂がまたも登場していたが、カットされている。

おきんの依頼を断る鉄、そのあとの主水との会話は「観音長屋の崖の上」とシナリオに指定があり、たしかに階段の上で撮影されている。いつもは背景として映るだけなので、意外とここから長屋を見下ろすアングルは珍しい。

「人間、銭のかかってねえ仕事は、どこか本気になれねえ」という鉄のセリフがあったが、カット。主水の一人称は「わし」となっており、まだキャラクターが固定されていない。土屋の役名は土屋相模守。

駿河屋が鉄に仕置を頼むシーン、「おみつの死んでいた目に光が入る」というト書きあり。セリフはカットされたが、やはり婚礼も破談となって家に閉じこもっているという設定。

仕置シーン、シナリオでは主水が瓦を投げつけて、ぬいの短筒が手から落ちるというくだりがあったが、主水の存在ごとカット。最後は仕置料を山分け、格差に不満が出るが、主水は加勢に知らんぷりというオチがあった。

屋敷内の異変を察知した侍たちの走りと、逃げる鉄・錠は第６話のフィルムを流用。前者はもともと別作品のフッテージ（撮影されたフィルム）かもしれない。

半次とおきんが、ぬいの行列を尾行して雲衛門に投げ飛ばされる一連は相国寺の各所でロケ。内藤家は大覚寺の表門、奉行所はまた京都御苑の閑院宮邸跡長屋門に戻り、その長い塀の曲がり角までがラストシーンで映し出された。

次回予告

命がけで惚れた男が、女を食い物にしていると知ったとき、泥沼の底に女の夢は消えた。お願いです、あの人を殺してください。次週『必殺仕置人』にご期待ください。

【キャスト】
念仏の鉄：山崎努／棺桶の錠：沖雅也／鉄砲玉のおきん：野川由美子／内藤直忠：柳生博／雲衛門：大前均／おひろめの半次：津坂匡章／志乃：和田恵利子／おみつ：丘夏子／お仙：香月京子／佐助：池田忠夫／土屋：北原将光／同心：森章二／侍：暁新太郎／老女：新海なつ／芸者：内田真江／ぬい：安田道代／中村主水：藤田まこと

【スタッフ】
制作：山内久司、仲川利久、桜井洋三／脚本：猪又憲吾／音楽：平尾昌晃／撮影：石原興／美術：倉橋利韶／照明：中島利男／録音：二見貞行／調音：本田文人／編集：園井弘一／助監督：松永彦一／装飾：稲川兼二／記録：野口多喜子／進行：黒田満重／特技：宍戸大全／装置：新映美術工芸／床山・結髪：八木かつら／衣裳：松竹衣裳／現像：東洋現像所／製作主任：渡辺寿男／殺陣：楠本栄一／題字：糸見溪南／ナレーター：芥川隆行／制作協力：京都映画株式会社／主題歌：「やがて愛の日が」（作詞：茜まさお／作曲：平尾昌晃／編曲：竜崎孝路／唄：三井由美子／ビクターレコード）／監督：松野宏軌／制作：朝日放送、松竹株式会社

利用する奴される奴

第9話

脚本：安倍徹郎
監督：松本明

女を食いものにする悪いやつ。尽くした男の正体を知った女郎は鉄に仕置を依頼するが……。

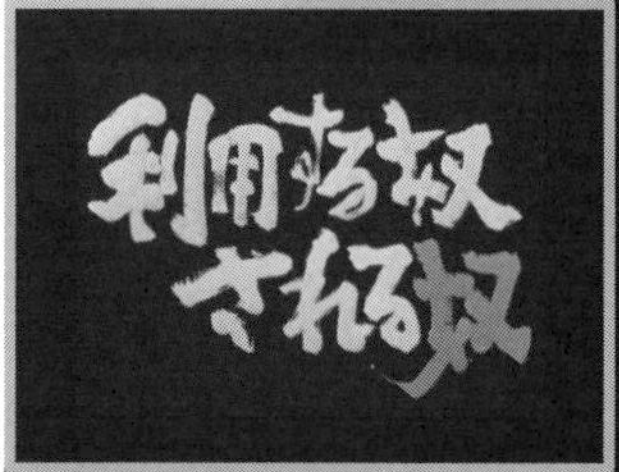

放映日◉ 1973年6月16日
視聴率◉ 24.0%(関東)
26.6%(関西)

りりしい眉毛のいい男、いなせな色事師の清造に津川雅彦が扮し、次々と女を食いものにする。『必殺仕掛人』第15話「人殺し人助け」に続いて必殺シリーズに悪役として登場した津川は、朝日放送の松本明と組んだコンビ作を連発していく。

松竹の若手スターとして活躍したのちフリーとなり、デヴィ・スカルノとの不倫騒動で人気低迷していた津川に盟友の松本が「世の中のみんなはお前が嫌いなんだから殺される悪役をやれ！」とアドバイスしての新境地、必殺シリーズ二度目の悪役として自身のプレイボーイぶりを彷彿させる色悪に挑んだ。

もう背中《せな》で出てきて、振り向くなり即いかがわしい二枚目ぶりを発揮、目と眉をいじって冗談みたいに色気を放つ。劇中では、お順、お新、おようの三人を手玉に取り、そのうちの二人を容赦なく殺害。前作『仕掛人』のギター曲を多用し、いつもの『仕置人』とは異なる湿っぽい世界を作り上げた。

「あんぎゃ〜！」と絶叫する津川雅彦の死に様も見どころだが、愛しい清さんに尽くして尽くして、最後は空井戸に突き落とされるお順役、磯野洋子が絶え間なく情念を発露する。

「やつの正体がバレたからって、一度泥沼に落ちた女がしあわせになれるわけじゃねえ。悪いくじを引いちまったのよ、あのお順って女もな」

あらすじ

吉原遊廓で狼藉を働く浪人を仕置した鉄、そこに居合わせた花魁《おいらん》のお順に小判を渡して立ち去る。その後、別の岡場所でお順と再会した鉄は、おきんや主水から金を借りてまで通いつめるが、お順には清造という男がいた。

町で清造を見かける鉄、子分を引き連れて、なかなかの羽振りのようだ。半次の調べで、その正体が15人ほどの女を女郎屋で働かせながら稼ぐ色事師だと判明する。

これは金になると踏んだおきんは、お順に清造の正体を知らせるが信じてもらえず、清造の家に女房気取りの女がいることを伝える。その女、年増のおようとの暮らしを見てしまうお順。そのまま後を追うと、清造一味はおようを始末し、首吊りに見せかけるところを目撃する。

鉄に清造殺しを依頼するお順。しばらく観音長屋に身を隠すが、仕置をめぐる会話を耳にしたお順は心変わりし、清造のもとに走って、命を狙われていることを告げてしまう。

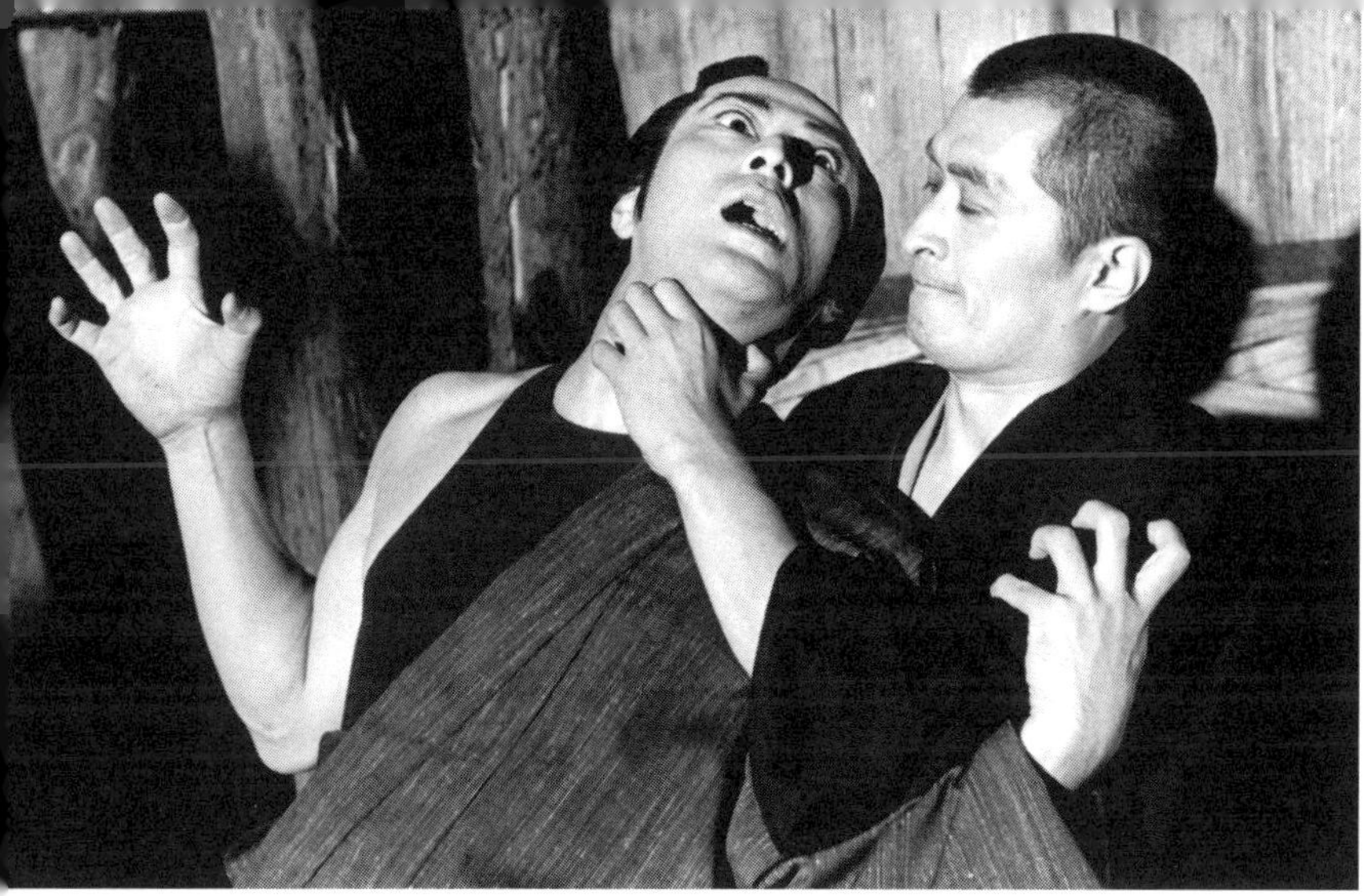

一度は入れあげた相手に対して、さっと他人事の鉄。半次や錠の怒りにも乗らず、おきんの「こいつぁ金になるね」からお順の地獄めぐりが始まる。

信じた男の裏切りどころか、年増女を殺す様子まで見てしまい、「あんな男、死んだ方がいいんだ。あんな獣みたいな男、生かしといちゃいけない。殺してくださいよ。あんな男、殺してください。お願いします」と鉄に頼み込む。

男と女の愛欲を得意とした安倍徹郎の脚本は、サディスティックなまでにお順の矛盾と愛ゆえの愚かしさを綴り、一夜明けるや「昔はあんな人じゃなかった……」。回想シーンは四隅をボヤけさせ、木下惠介監督の『野菊の如き君なりき』のようなフィルターワークを駆使、ほとんどギャグの甘ったるさで在りし日のお姫様だっこが映される。清さんのもとに裸足で駆けつけるさまも、ハイスピード撮影で時空がゆがむ。

「逃げておくれよ、殺されるんだよ！」

「おめえが殺し屋に頼んだんだな！」

お順と清造のやり取りから、そのまま死へのカウントダウンが発動。甘い回想をまた差し込んで、お姫様だっこで井戸の底へ——。

痛快な仕置のあとで念押しのように描かれる無常、おしんの棺桶を埋める一同、霧雨のなか長いロングショットで埋葬を見せて物語は閉じるが、全体としては、冗談のような松本演出が隙あらば情念に割り込んでいく。

冒頭の浪人殺しは、お順に見られることを前提にしたようなシチュエーションであり、仕置人のあけすけな裏稼業ぶりをあらためて示す。「やってるね」と、金をせびりに主水の家にまで押しかけた鉄が、りつと顔を合わせるハプニングも出色。なんて自由なんだ。

佐渡金山での崩落事故多発から見よう見まねで骨つぎを覚えたと鉄の口より語られ、「托鉢《たくはつ》でもして稼いだらどうだい、乞食坊主」というおきんの言葉から町で念仏を唱えたり、鉄の過去が垣間見える回でもある。錠の琉球編が実現しなかった代わりに、やはり鉄と主水の描写が初期回は手厚い。

エンディングナレーションに合わせた仕置人五人それぞれのショットは新たに撮影されたもの。これまで各話のストップモーションが使われていたが、屋根の上で瓦版を売る半次から上司に平伏してギロッと目を向ける主水まで、それぞれの日常がユーモラスに描かれた。

セリフ選抜　**「女郎がひとり死んだんだ、それだけのことだ」**（鉄）

主な登場人物

清造
津川雅彦

女を食い物にする悪いやつ。如才ない色悪ぶりで、常時15人ほどを手玉に取って女郎屋で働かせている。居酒屋の少女にまで（死んだ妹の形見として）かんざしを渡したり、とにかくマメだ。

マキノ省三を祖父とする芸能一家に育ち、兄の長門裕之とともに映画界で活躍した津川雅彦は、本作の出演後に朝丘雪路と結婚。朝丘もまた松本明監督回の第22話「楽あれば苦あり親はなし」にゲスト出演を果たした。津川と松本の必殺コンビ作は計7本、シリーズ史上初の殺しのない回である『必殺必中仕事屋稼業』第20話「負けて勝負」ではポーカーの名手である人形師の伊三郎に。その後、『必殺橋掛人』では主人公の柳次を演じた。

お順
磯野洋子

清造に利用されている女。鉄の仕置を目撃し、やがて再会する。清造の正体を知るや鉄に仕置を頼みながら心変わり、あげくお姫様だっこのまま空井戸に突き落とされる。最後まで愛する男の幻を見ながら死んでいった。

和服が似合う女優として時代劇で活躍した磯野洋子は、本作が初の必殺シリーズ出演作。京都映画が現場を担当した歌舞伎座テレビの『お耳役秘帳』ではレギュラーのお千に扮し、伊吹吾郎ガールズの一人となった。

およう
日高澄子

清造に利用されている女。ようやく年季が明けて清造と一緒に暮らしていたが、「おめえ銚子で働く気はねえか」と持ちかけられて、長年だまされていたことに気づく。その直後、首吊りに見せかけて殺されてしまう。

日高澄子は戦前より宝塚歌劇団で活動し、戦後は大映京都で映画女優として再スタート。岡田茉莉子と長門裕之の情念映画『秋津温泉』では、女中のお民として得もしれぬ存在感を示した。

◆　◆　◆

清造の手下、金次役の遠山二郎は関西芸術座で活動しており、悪役は珍しい。同じく三吉役は必殺シリーズ常連の大橋壮多、第5話の黒達磨一家に続いての出番となった。略歴はP282を参照。

清造に利用される三人目の女、おしんを演じたのは山口朱美。長らく関西で活躍した女優であり、必殺シリーズへの出演も多数。『じゃりン子チエ』ではヨシ江はん（チエちゃんのおかあはん）の声を担当した。

居酒屋で働く少女役の松本智子は当時、東映や松竹のテレビ時代劇に登場。小さな役だが妙に目立つ扱いで、アップも多い。

冒頭で鉄に仕置される佐々木半十郎役の須永克彦は、神戸の劇団道化座の代表として演出も手がけ、渡辺鶴名義の劇作家として活動した才人。必殺シリーズには松本明監督回を中心に何度も出演し、『必殺仕事人V　激闘編』では闇の会の元締となった。

MEMO

『必殺仕置人』の前半、ノンクレジットのスタッフとしては監督助手の松永彦一、浅沼順、撮影助手の藤井哲矢、喜多野彰、照明助手の林利夫、中山利夫、録音助手の中路豊隆、山口勉、装飾の玉井憲一、衣裳の塚本豊、美粧の保瀬英二郎、特機の小林進、スチールの牧野譲らが参加している（各パートの助手には、名字しかわからない人たちも存在）。中盤以降のスタッフ一覧は見当たらないが、京都映画のコラムで言及したように『仕置人』は二班体制で各話の撮影が行われており、ほかにも複数のスタッフが合流している。

シナリオと本編の違い／ロケ地／そのほか

お波がいまわの際に赤ん坊の父親が鉄であると語るシーン、シナリオには「鉄、お波の真意を理解して」とあり、やはり藤造の実子であることが暗示されている。板前の新吉が殺されるロケ地は鳥居本八幡宮、墓場は黒谷の金戒光明寺。

さて、初期の必殺シリーズを飾るゴールデンタッグとして筆頭にあがるのが、松本明と津川雅彦の組み合わせである。インチキくさいハンサム加減、顔芸、奇声、ヘンテコな特技と、『必殺仕掛人』から『必殺仕業人』まで手を変え品を変え、見る者を驚かせたり、笑わせたり、ゾッとさせたりと楽しませてくれる。

松本明は朝日放送の社員監督であり、津川とは必殺シリーズより以前、1967年の『つくしんぼう』からの付き合い。ヨットや女遊び、競馬など、公私を越えた遊び友達であった。当時の津川は松竹で今ひとつ振るわず、五社協定の影響もあって活動範囲に限界もあり、中途半端な状態だったところ、デヴィ夫人との不倫問題でさらにイメージダウン。

そんな津川に対し、一度視聴者に植え付けられた「悪いやつ」という印象は決定的なもの、ならばそれを逆手にとって「役者としても徹底してワルを演ったほうがいいんじゃないか」と松本がアドバイスしたことが、再起のきっかけになったという。いわゆる逆境を逆手に取って跳ねた、といったところだ。

松本は津川の演技設計に対して、役の作り方、考え方、演技論——というよりは、演技に対する考え方が変わっていったと述懐している。津川は「どうすれば作品全体がおもしろくなるか」というトータルのことを考えていたのだ。

一見すると松本明＆津川雅彦回は、津川ワンマンショーもしくはオンステージのように感じられるが、じつは津川が作品全体のショーアップを考えながら演じて、松本がそんな津川をライトアップさせながら全体を演出して、結果的に相互作用で作品全体のクオリティが跳ね上がる。なるほど津川回は、津川もすごいが作品もすごい。

ゴールデンタッグここにあり、である。

次回予告

将軍家側室という権力が、一介の染物職人の娘から無謀にも父と許嫁を奪った。その上、天涯孤独の身となった娘に口封じのためか、大奥へあがって奉公せよとの話があった。昔、娘の父親に恩のあるおきんがその行く末を案じ、付き女中として一緒に大奥へあがることになった。果たして大奥で二人を待っているものはなにか。権力の横暴と男子禁制の大奥に向かって仕置人は立ち上がった。次回『必殺仕置人』にご期待ください。

【キャスト】
念仏の鉄：山崎努／棺桶の錠：沖雅也／鉄砲玉のおきん：野川由美子／中村りつ：白木万理／海老屋喜左衛門：海老江寛／金次：遠山二郎／三吉：大橋壮多／おひろめの半次：津坂匡章／お新：山口朱美／佐々木半十郎：須永克彦／客：田中圭介／芳兵衛：真木祥次郎／女郎：内田真江／小女：松本智子／およう：日高澄子／お順：磯野洋子／清造：津川雅彦／中村主水：藤田まこと

【スタッフ】
制作：山内久司、仲川利久、桜井洋三／脚本：安倍徹郎／音楽：平尾昌晃／撮影：中村富哉／美術：倉橋利韶／照明：中島利男／録音：二見貞行／調音：本田文人／編集：園井弘一／助監督：高坂光幸／装飾：稲川兼二／記録：満尾敦子／進行：黒田満重／特技：宍戸大全／装置：新映美術工芸／床山・結髪：八木かつら／衣裳：松竹衣裳／現像：東洋現像所／制作主任：渡辺寿男／殺陣：美山晋八／題字：糸見溪南／ナレーター：芥川隆行／制作協力：京都映画株式会社／主題歌：「やがて愛の日が」（作詞：茜まさお／作曲：平尾昌晃／編曲：竜崎孝路／唄：三井由美子／ビクターレコード）／監督：松本明／制作：朝日放送、松竹株式会社

ぬの地ぬす人ぬれば色

第10話

女には女の仕置がある——。男子禁制の大奥を舞台におきんが目にした悪意の渦！

脚本：国弘威雄
監督：松野宏軌

放映日◎1973年6月23日
視聴率◎13.2%(関東)
26.1%(関西)

ぬかったと気づいたときには、もう遅い。男子禁制の大奥を舞台にした、おきんメイン回。父と許婚《いいなずけ》を一度に失い、女ひとりで生きていくことに不安を感じたゆきに寄り添い、大奥へと上がるおきんだったが、苛烈な仕打ちに耐えきれず、ゆきは首を吊ってしまう。

脚本は〝大奥もの〟といえばこの人、国弘威雄。東映で『大奥㊙物語』『続大奥㊙物語』を手がけたキャリアの持ち主であり、すでに『必殺仕掛人』第11話「大奥女中殺し」を執筆、潜入サスペンスに続いて今回は気まぐれな権力の横暴に庶民が翻弄《ほんろう》されるさまを描く。

「待ちや」——友禅に目をつける将軍家御側室お美代の方に北林早苗、気高き陰湿さを初手から発揮。配下の権柄《けんぺい》づくをたしなめながら「わらわは将軍家の側室ぞ！」とすぐに正体を現す。

友禅職人の娘ゆきを演じるのは、鮎川いづみ。のちに鮎川いずみとして仕事人シリーズの何でも屋の加代としてガッツを見せる女優の初ゲスト回で、か弱き町娘に扮した。大奥行きを引き止めるおきんに「あたしに一体なにができるっていうんです」と抗うが、初日からその決意を後悔することに。

「ここからが大奥じゃ。何千人と女だけが生きているところじゃぞ」

女の園が舞台ゆえ、男たちの出番は少なく、鉄や半次は大奥への妄想が止まら

あらすじ

土手をゆく駕籠の行列、将軍家御側室お美代の方が川で洗われている友禅に目をつけ所望する。しかし、職人の弥助は娘ゆきの嫁入り用の着物だとして売り渡すことを拒否、大奥の体面を憂慮した伊賀者の板倉新八が強引に友禅を奪い、抵抗した弥助とゆきの許婚の友吉は斬り殺される。

ゆきは奉行所に訴えるが、まともに取り合ってはもらえない。女ひとりで生きていくことに不安を感じたゆきは、お美代の方の要請を受け、大奥に女中として上がることを決意する。そして弥助に恩義のあるおきんもお付きとして江戸城へ。

お美代の方は奪った友禅を雑巾《ぞうきん》にしており、会うなり悪意を叩きつける。ついに耐えきれず逃げ出したゆきは、将軍と鉢合わせし、その目に留まる。お美代の方とその父・森清武は共謀し、ゆきを伊賀者の板倉の妻に指名。絶望したゆきは首を吊り、おきんは「女には女の仕置がある」と、お美代の方の寝室に忍び込む——。

ない。いちばん下男ヅラしたやつを潜入させようと主水が提案するや、錠まで手を上げてストイックなキャラを崩す。

　もちろん選ばれたのは半次で、トトトトっと奴凧《やっこだこ》のようなコミカルさで大奥の中間《ちゅうげん》に。ゆきの死を嘆くおきん、その死体を回収しにやってきた一群に半次の姿を認めて目を見開き、口をパクパクさせる様子など、もう野川由美子の真骨頂だ。

　土手をゆく将軍家御側室の行列を真横から捉えたロングショットに始まり、石原興のグラフィカルな画づくりが際立つ回である。照明は中島利男からベテランの染川広義に交代、いつもの光と影ではなく、フラットな照明で女優をきれいに映すことに専念し、特機の小林進による熟練のカメラ移動と連鎖する。

　いつも以上に長回しの映像を駆使。例を挙げると、おきんとお仙（正司歌江）のシーンでは、格子を手前に配した望遠ショットで二人の会話を追いかけて48秒、次は正面からの望遠で1分10秒、続いてゆきの家では人物の出し入れにズームを組み合わせて2分30秒と、多彩なカメラワークが冴える。

　その前段、アジトでの仕置人たちのやりとりもいわゆる「接近戦」の長回しで、回を重ねたレギュラー俳優陣の勢いを、ありのままフィルムに定着。大奥の全員集合シーンでは流麗なカメラワークで次々とアップを映し出し、松野宏軌の細やかなカット割りだけでなく長回しがアクセントとなる。

　また松野回らしく多用される音楽が、どれもぴったり画面に合わさる。本書の音楽コラムに入り切らなかった情報を差し込むと、「冒頭などに使われている純和風旋律の楽曲群は、残念ながら音源が発見されていない。初期シリーズならではの郷愁をくすぐるチャーミングな曲なので、一日も早い発見と音盤化が待たれる」とのこと。

　おきんは女にしかできない手段でお美代の方に仕置をかける。殺しのテーマ曲とともに廊下をゆく、おきんの勇姿——カミソリを口にくわえた恨みの顔、その目に吸い込まれるように寄っていく映像も絶妙だ。

　あとは男たちに任せたと、森家菩提寺での仕置は手持ちカメラの躍動や鋭利な横移動ショットが映える。鉄の障子ぶち抜き、錠の三角跳びもキマっており、第10話にして円熟味を感じる仕上がりとなった。伊賀者六人を相手する主水もグラフィカルな画づくりの連続で、白昼の活劇を引き立てる。

セリフ選抜
「今朝会ったおきんの話じゃ、この仕置はどうしても自分ひとりでやりたいってなこと言ってました」（半次）

主な登場人物

板倉新八
上野山功一

御広敷番《おひろしきばん》を務める伊賀者。江戸城大奥を警備して回り、お美代の方の側近として暗躍。「嫌われ者の伊賀者、どうせ嫌われるならその嫌われ方の強いほうが……」と、ゆきとの縁談をありがたく頂戴し、最後は腕に特製の防具をつけた錠と死闘を繰り広げる。

テレビ時代劇において、極太のモミアゲといえば上野山功一。見るからに凶悪な顔つきを武器に、日活の現代劇、大映の時代劇でそれぞれ悪役としてのキャリアを積み、林田光司という変名でピンク映画にも出演。殺陣の名手であり、目と口をかっぴらいて「うぎゃ！」と叫ぶ断末魔もこの人ならではの味だ。

ゆき
鮎川いづみ

お美代の方が友禅をほしがったばかりに父と許嫁を殺され、その後、大奥に入るがいじめ抜かれて首を吊る町娘。将軍直々にその美貌を認められたのが、運の尽きであった。

やがて何でも屋の加代として仕事人シリーズにレギュラー出演することになる鮎川いづみは、1967年に『また逢う日まで恋人の泉』でデビューし、タイトルの「泉」を「いづみ」として芸名に。松竹大船の青春歌謡映画であった。その後はテレビ時代劇の薄幸ヒロインとして活躍し、『必殺商売人』の秀英尼、『翔べ！必殺うらごろし』のおねむ、そして『必殺仕事人』の加代としてレギュラー出演。80年以降は鮎川いずみと改名し、何でも屋の加代としてどんどんパワーアップしていき、シリーズの顔となる。女優引退後は実業家として化粧品ビジネスに携わった。

お美代の方
北林早苗

将軍の側室であり、高慢ちきを象徴するような存在。最後は「これが大奥の女か～」と鉄に抱きつかれ、骨はずしを食らう。命までは奪われていない。

子役出身の北林早苗は、1962年の昼メロ『君の名は』に津川雅彦とともに主演。原作者である菊田一夫の命名によって本名の村田貞枝から北林早苗に改名する。続いて松竹の映画『さまざまの夜』に主演し、その後は東映や日活の任侠映画にヒロインとして登場。例によってテレビ時代劇にも数多くのゲスト出演を果たしている。

◆ ◆ ◆

大奥の表使おそのを演じた加賀ちかこは、歌舞伎座の専務・加賀二郎の娘にして加賀まりことは従兄弟同士。1956年、加賀ちか子として松竹の『忘れえぬ慕情』で本格デビューし、大映に移籍して岸正子の名で時代劇に多数出演、フリーとなって加賀ちかこに。キリッとした顔立ちでキツい役を得意とし、『必殺必中仕事屋稼業』第2話「一発勝負」が印象深い。

お仙役の正司歌江は、かしまし姉妹の長女。妹の照江に続いて『仕置人』にゲスト出演し、野川由美子とノンストップの会話をテンポよく披露した。

ゆきに大奥行きを勧める村瀬東吾役の小林勝彦は大映ニューフェイスから悪役に転向。本作においてもワルかと思いきや、そうではなかった。大奥の権柄づくを体現する添島役の近江輝子は大映出身の古株、浦尾役の高木峯子も日活京都～大映京都の所属であった。

ゆきの父、弥助を演じた春日俊二は新劇出身、怪しい殺し屋や外国人役はお手のもの。『誇り高き挑戦』では張、『暗黒街の弾丸』では趙に扮し、後者では二百万ドル強奪の四人組として暗躍した。お美代の方の父、森清武役の湊俊一はインテリ役を得意とし、本作においても短い出番で老獪ぶりを納得させる。

大奥の中間を差配する音吉役の藤沢薫は、のちに『新必殺仕置人』で闇の俳諧師（ヒゲに長髪の儒者）としてレギュラー入り。将軍役の和田正信は当時、朝日放送の『部長刑事』で若手の平瀬刑事としてレギュラー出演しており、京都のくるみ座出身だ。

シナリオと本編の違い／ロケ地／そのほか

概してシナリオに忠実な映像化。大奥の登場人物は、シナリオに細かく役職が書き込まれている。森清武は御広敷用人、村瀬東吾は御広敷役人、浦尾は御年寄、添島は御客会釈、おそのは表使とある。御年寄は将軍への謁見が許される御目見得以上の要職であり、御客会釈は接待部門を統括、表使は買い物一切を管理した。大奥男役人と大奥七つ口は、稲垣史生の著書『時代考証事典』を参照するよう、シナリオにページ数まで指定されている。

北町奉行所の同心、いつもの田口だけでなく山野が再登場。第6話の島田茂に続いて黛康太郎が演じており、ゆきの訴えを迷惑がった。御広敷番の板倉新八は第8話の雲衛門同様、悪役ながら忠義者というキャラクター。

ラストの仕置シーン、シナリオでは鉄が伊賀者を次々と骨折させる。錠も加勢して叩き伏せる。本編では主水が十手で叩きのめしているが、殺しているのか、気絶させているのか、気になるところ。最後の一人は（あの効果音もあって）突き殺しているように見えるが、さてさて。とまれ仕置人は裏稼業がバレることに対して、あまり気にしていない世界観だ。

行列が入ってゆく江戸城は、滋賀の彦根城が使われている。クライマックスの仕置シーンは妙顕寺で撮影。渡り廊下でのアクションをレールの横移動で撮影したり、錠が柱を利用した三角跳びを披露したりと、建物の構造が活用された（横移動のショットは手前の遮蔽物も効果的）。主水の殺陣もフレーム内フレームの構図を巧みに作り上げる。

サブタイトルの「ぬの地ぬす人ぬれば色」の「ぬれば色」とは「濡羽色」のこと。カラスの羽のように黒く艶やかな女性の髪の毛を意味しており、おきんの仕置と符号させている。

次回予告

無実の罪を着せられて、死んでいった者たちの恨みが泣く。だが、相手は奉行ですら一目置くという鬼の目明し。殺るほうが先か、殺られるほうが先か。次回『必殺仕置人』にご期待ください。

【キャスト】
念仏の鉄：山崎努／棺桶の錠：沖雅也／鉄砲玉のおきん：野川由美子／板倉新八：上野山功一／ゆき：鮎川いづみ／お美代：北林早苗／おその：加賀ちかこ／おひろめの半次：津坂匡章／お仙：正司歌江／村瀬東吾：小林勝彦／弥助：春日俊二／森清武：湊俊一／添島：近江輝子／音吉：藤沢薫／友吉：中林章／同心：森章二／将軍：和田正信／山野：黛康太郎／浦尾：高木峯子／中村主水：藤田まこと

【スタッフ】
制作：山内久司、仲川利久、桜井洋三／脚本：国弘威雄／音楽：平尾昌晃／撮影：石原興／美術：倉橋利韶／照明：染川広義／録音：武山大蔵／調音：本田文人／編集：園井弘一／助監督：家喜俊彦／装飾：稲川兼二／記録：野口多喜子／進行：鈴木政喜／特技：宍戸大全／装置：新映美術工芸／床山・結髪：八木かつら／衣裳：松竹衣裳／現像：東洋現像所／製作主任：渡辺寿男／殺陣：美山晋八／題字：糸見溪南／ナレーター：芥川隆行／制作協力：京都映画株式会社／主題歌：「やがて愛の日が」（作詞：茜まさお／作曲：平尾昌晃／編曲：竜崎孝路／唄：三井由美子／ビクターレコード）／監督：松野宏軌／制作：朝日放送、松竹株式会社

流刑のかげに仕掛あり

第11話

脚本：浅間虹児
監督：国原俊明

鬼の岩蔵が仕置人狩りに乗り出しお島が捕縛される。八丁堀の女湯で主水が仕組んだ計略とは——。

放映日◉1973年6月30日
視聴率◉24.6%（関東）
26.6%（関西）

る

けいのかげにしかけあり——声に出して読みたい日本語のリズム感を湛《たた》えたサブタイトルだが、風が吹けば桶屋が儲かるようにトリッキーな展開と、執拗な仕置人狩りによる危機到来を描いた浅間虹児のシナリオが光る。

〝鬼岩〟こと鬼の岩蔵は『必殺仕置人』を代表する悪人のひとりであり、今井健二がそのダンディな存在感とアクの強さを遺憾なく発揮した。まず冒頭、お白洲で裁きを受ける高田屋吉衛門の不敵な笑みを見て「気に入らねえな」、鬼岩視点の疑念から始まるストーリーからして異色だ。とある仕置人サイドの狙いを最後まで伏せておく、ミステリー的な趣向も効いている。

奉行すら一目も二目も置く目明しの大親分であり、多くの手先を使いながら下手人をお縄にするときは一人という信念を持つ鬼岩。八丁堀の女湯で会った主水の尻を叩き、罠の上に仕掛けられた罠によって女湯で身を滅ぼす。そのあたりの凝った展開はクドクド解説するよりも、本編をご覧あれ。

「俺はよぉ、最後まで逆らう悪党が大好《でえす》きだ！　お縄にしたときによぉ、ヒリヒリ伝わってくる相手方の悔しさが、俺にはたまらねえぐらい楽しいのよ！　いいも悪いもありゃしねえ、所詮この世の中は強えものが勝つんだい。最後の最後までたっぷり逆らいやがれ！」

あらすじ

栄屋殺しで死罪の裁きを受けた高田屋吉衛門。しかし、その顔には不敵な笑みが浮かんでおり、目明し鬼の岩蔵は「気に入らねえな」と疑念を抱く。高田屋は冤罪《えんざい》であり、もとより有明屋孝兵衛が真犯人だと知っていた鬼岩は、有明屋から大金をせしめながら仕置人探索に協力させる。

仕置人の情報を求めて派手に小判をバラまく有明屋の番頭・清吉。おきんに頼まれたお島は清吉を追跡するが、鬼岩の手先によって捕縛され、なにも知らないまま拷問を受ける。おきんは独断で鬼岩のもとに駆け込み、わざと捕まった半次が仕置人チームの策略を傷だらけのおきんに伝える。

鉄と錠は有明屋を脅して、八丁堀の梅の湯に来るよう指定する。有明屋の身代わりとして仕置人捕縛のため女湯にやってきた鬼岩だが、それは本来の〝的〟をおびき出すために主水が仕組んだ罠であった。奉行所の役人が外を囲むなか、鉄と錠は鬼岩相手の仕置を開始する。

鉄と錠、二人がかりを相手にしながら己の哲学を語る鬼岩。「お互い自信満々だ。気持ちがいいや！」（鉄）、「しゃべりすぎだ、てめえ！」（錠）と双方から指摘を受けるレベルの能弁さと鎖分銅付きの大型十手で仕置人を追いつめる。鎖を振り回す凶暴な顔つきは殿堂入りだ。

やがて八丁堀の女湯を選んだ主水の策士ぶり、敵に回すと怖い執念深さが鬼岩の眼前に浮かぶ。そのまま湯に沈む様子は、水中撮影という凝りようだ。ちなみに鬼岩役の今井健二は、水が大の苦手（なのに趣味は釣り）という舞台裏のエピソードが残されている。シャワーすらも嫌いとのこと。

監督は大映京都出身の国原俊明。必殺シリーズは一本きりの参加となったが、撮影の石原興が「この人は変わってました。なんでもワンシーンワンカット」と『必殺シリーズ秘史』で回想するほどの個性を発揮し、燃える提灯を手前に配した栄屋殺しの回想シーンなど要所を長回しで魅せる。

もちろん「なんでもワンシーンワンカット」という仕上がりではなく、ふらっと風呂にでも行くかのように鉄と錠が出陣し、主水が「頼むぞ」と託す一連のリズムも見事だ。

主水の居合一閃《いあいいっせん》二人斬りでは「死んでもらうぜ」という横顔のアップや刀を抜くアップを差し込んで、シャープなカッティングを構築。鬼岩と手下ともども、他人への敬意を欠いての因果応報が待ち受ける。高田屋処刑におけるズームインの連鎖、首の断面のような赤いしたたりのアップもインパクトが大きく、このような工夫が随所に加えられている。

第6話で父と妹を殺されたばかりのお島は、おきんのせいでハードな拷問にあってしまう。お島と梯子の両面に縛り付けられてグルグルグル、「さすがにおきん姐さん今回参ったぜ……」という野川由美子の表情にも凄惨がまとう。この場面、当時のSM雑誌『奇譚クラブ』の1973年10月号で絶賛されており、意外なところからの評価があるもんだ。

おきんとお島、最後は「ずっこいんだよ、あんたは！」と、しぶといかけ合いで日常を取り戻す。観音長屋の雑踏をゆくラストの仕置人グループは、高所からゆっくり下降する――まさにワンシーンワンカットの――長回しを敢行。『仕置人』初となるクレーン撮影であり、最後は名もなき群衆が路地を埋め尽くす。

それまでにないパターン破りのエンディングに拍手！

セリフ選抜

「弱えもんにとっちゃあよぉ、住みづれぇ世の中でも、俺にとっちゃあ楽しい世の中なんだっ！」（鬼岩）

主な登場人物

鬼の岩蔵
今井健二

町奉行ですら一目置く、凄腕の目明し。人呼んで〝鬼岩〟。多くの手下を率いるが、最後は自分だけで下手人を捕縛にすることに無常のよろこびを覚える。同心の主水をあからさまに侮蔑し、それゆえ八丁堀の女湯で仕置された。

今井健二は東映ニューフェイス第2期生出身、同期に高倉健がいる。1958年の『三代目魚河岸の石松』をはじめ今井俊二名義で明朗現代劇に主演したあと、反社会的な役柄が多くなり、その恐ろしい顔立ちから時代劇にも進出。本作を皮切りに必殺シリーズの常連となる。濃いアイメイクが特徴だが、『必殺仕業人』第20話「あんたこの志をどう思う」では気さくな同心神山として素顔に近いかたちで出演、主水相手に釣りの魅力を語った（しかし悪役）。

有明屋孝兵衛
穂積隆信

栄屋殺しの真犯人。その罪を見逃す代わりに鬼岩に利用され、五百両以上を巻き上げられる。やがて鉄の裏工作によって精神の均《きん》衡《こう》を崩し、みずからの罪を認めて八丈島に流刑となった。

ベストセラー『積木くずし 親と子の200日戦争』の著者として社会現象を巻き起こした穂積隆信は、俳優座養成所の出身。ネチネチした悪役も多いが『飛び出せ！青春』『われら青春！』など学園ドラマの教頭が当たり役に。両作では柳生博のゴマスリ教師とコンビを組んだ。

政
木村元

鬼岩の忠実な手先。辰とともに主水を挑発し、一瞬にして斬り殺される。

大映京都の仇役《かたきやく》として活躍した木村元は、『必殺仕掛人』第2話「暗闘仕掛人殺し」の仁三郎を皮切りに必殺シリーズにコンスタントに出演。「どぶねずみ、死ね！」と主水が啖呵を切る『必殺商売人』第23話「他人の不幸で荒稼ぎ」では占い師の心源坊一角に扮した。のちに木村玄と改名、藤田まことの「剣客商売」シリーズでは板前の長次としてレギュラーを務めている。

◆◆◆

みずからの処刑を前に不敵な笑みを浮かべ、鬼岩に不審の念を抱かせる高田屋吉衛門には永野達雄。関西の演劇人であり、1967年からは『部長刑事』の力部長刑事として三代目の主役を張り、のちに永野辰弥に改名した。

北町奉行の坂部和泉守役の柳川清は関西芸術座の所属。いかに必殺シリーズの脇役に新劇関係者が多いかがよくわかる。早くも三代目の奉行であり、夜分に駆けつけた主水の要請によって「鬼岩殺しはその罪を問わず、孝兵衛は密かに八丈に島流し」という書状をしたためた。

有明屋番頭の清吉を演じた古川ロックは、朝日放送の『無敵！わんぱく』や『白頭巾参上』にレギュラー出演。仲川利久プロデューサーと親しく、『暗闇仕留人』では主水の同僚の田口としてレギュラー出演した。喜劇王と呼ばれた古川ロッパの息子であり、ふっくらした見た目どおりの大食漢。

辰役の滝譲二は、第2話に続いて登場。政とともに駕籠屋に変装し「なにか御用ですかい？ 仕置人の旦那」と主水を挑発した直後に命を失う。

シナリオと本編の違い／ロケ地／そのほか

水中の岩蔵の視界まで、かなりシナリオに忠実な映像化。高田屋吉右衛門ではなく高田屋吉衛門と「右」がつかない役名は、シナリオのまま。お白洲での表情は「嘲笑」とある。北町奉行のフルネームは坂部和泉守。鬼岩の武器は捕縄から鎖分銅に変更されており、よりアグレッシブな印象を強めている。

「俺はよぉ、最後まで逆らう悪党が大好きだ」をはじめ岩蔵が己の哲学を語るくだりは、ほぼシナリオどおりだが、「お互い自信満々だ、気持ちがいいや」といった鉄のリアクションはシナリオになく、現場で加えられたもの。

ロケ多用の前回とは対象的に、すべて京都映画のオープンセットとスタジオで撮影されたエピソードであり、八丁堀の女湯のセットが組まれた。お白洲のセットは狭い空間で強い照明を生かした京都映画らしい作り。難破船のアジトは手前の大きな柱が撤去されて、リニューアルされている。

鬼岩が使う鎖分銅は鎖鎌とともに時代劇の飛び道具としておなじみであり、『必殺仕掛人』第26話「沙汰なしに沙汰あり」では鎖分銅付きの仕込み杖を武器にする又七という用心棒が登場。『新必殺仕置人』第40話「愛情無用」では鎖分銅の奇襲によって主水の刀が奪われている。鬼岩の十手は八角形の大型だが、主水の十手も『暗闇仕留人』から『必殺仕置屋稼業』では大ぶりなものに変更された。

鬼岩の子分たちの捕物に使われた大八車の挟み撃ち特攻は、その後『助け人走る』第36話「解散大始末」や『おしどり右京捕物車』第24話「轟」にも登場。さかのぼれば大映京都の映画『大殺陣雄呂血』で効果的に使われたアクションであり、殺陣師の美山普八はその現場に斬られ役として参加している。第5話「仏の首にナワかけろ」でも大八車がアクセントとして使われており、その後も必殺シリーズの殺陣を盛り上げる道具として度々用いられた。

次回予告

一族を虐殺され、ひとり異国に取り残された娘。語るべき言葉も知らず、ただ恨みのこもった眼差しで、じっと見つめていた。次週『必殺仕置人』にご期待ください。

【キャスト】
念仏の鉄：山崎努／棺桶の錠：沖雅也／鉄砲玉のおきん：野川由美子／中村りつ：白木万理／お島：三島ゆり子／孝兵衛：穂積隆信／手先政：木村元／おひろめの半次：津坂匡章／吉衛門：永野達雄／和泉守：柳川清／お甲：時美沙／清吉：古川ロック／辰：滝譲二／同心：森章二／おちか：八代郷子／同心：堀北幸夫、美樹博／栄屋：藤川準／中村せん：菅井きん／鬼の岩蔵：今井健二／中村主水：藤田まこと

【スタッフ】
制作：山内久司、仲川利久、桜井洋三／脚本：浅間虹児／音楽：平尾昌晃／撮影：石原興／美術：倉橋利韶／照明：染川広義／録音：武山大蔵／調音：本田文人／編集：園井弘一／助監督：家喜俊彦／装飾：玉井憲一／記録：野口多喜子／進行：鈴木政喜／特技：宍戸大全／装置：新映美術工芸／床山・結髪：八木かつら／衣裳：松竹衣裳／現像：東洋現像所／製作主任：渡辺寿男／殺陣：美山晋八／題字：糸見溪南／ナレーター：芥川隆行／制作協力：京都映画株式会社／主題歌：「やがて愛の日が」（作詞：茜まさお／作曲：平尾昌晃／編曲：竜崎孝路／唄：三井由美子／ビクターレコード）／監督：国原俊明／制作：朝日放送、松竹株式会社

※本編クレジットは「浅間虹児」を「淺間虹児」と表記（13話、15話も）

女ひとりの地獄旅

第12話

脚本：松田司
監督：工藤栄一

一族虐殺の生き残り、李麗花は夜鷹となって半次と知り合う。いざ大名行列に仕置をかけろ！

をで文章を始めたかったが、なかなかハードルが高いので言い訳から入ろう。『必殺仕置人』のサブタイトルは第1話「いのちを売ってさらし首」から〝いろはにほてとちりぬるを〟を一文字ずつ各話の頭に使用するという「いろは歌」に沿っており、本稿で取り上げる第12話「女ひとりの地獄旅」の〝お（を）〟をもって終わりではなく、第13話「悪いやつほどよく見える」から最終回の第26話「お江戸華町未練なし」も〝わかよたれそつねならむうゐのお〟に、ほぼ忠実に則っている（〝ゐ〟だけ省略）。

さすがに第13話以降の書き出しは「いろは歌」のパターンから外れようと思うが、この遊び心たっぷりのサブタイトルは番組プロデューサー陣の功績だ。朝日放送の山内久司、仲川利久という両プロデューサーに著書があるのはP12のコラムに執筆したとおりだが、第三の男である松竹の櫻井洋三が、ようやく重い口を開いた『映画秘宝』２０２２年2月号のインタビューで話題を集めたのが「松田司＝山内久司」という証言である。

松田司とは何者か？　必殺シリーズの脚本家として『必殺仕掛人』から『必殺仕事人』まで15本のシナリオを手がけながら長らく正体不明だった存在であり、どんでん返しの密室劇などトリッキーな趣向を凝らした展開を得意としてきた。そのほか朝日放送のドラマだけピンポイントで執筆してきたキャリアの持ち主だ。

必殺シリーズの生みの親である山内久司のペンネームという確証が掴《つか》めたのは大きく、もちろんプロデューサーがシナリオも兼任というクリエイティブな側面だけでなく、この〝幽霊脚本家〟をめぐ

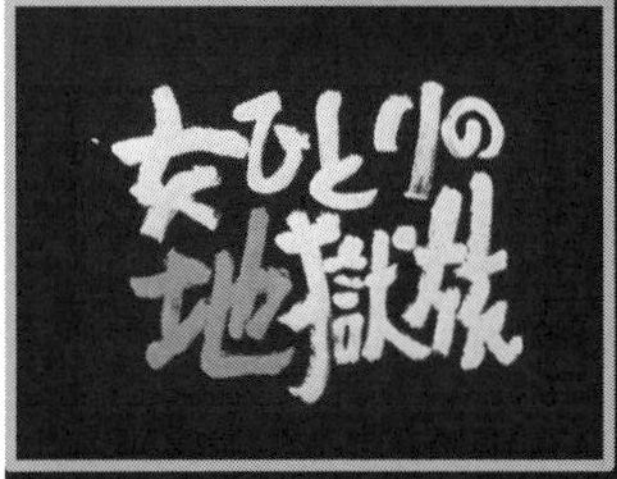

放映日◉ 1973年7月7日
視聴率◉ 23.6%（関東）
23.3%（関西）

あらすじ

畠山藩内で龍山寺焼きを製造していた李一族が皆殺しとなる。幕府に秘密裏の行動が露見しそうになり、藩主の畠山弾正少弼が先手を売ったのだ。唯一の生き残りである李麗花は江戸に出て、言葉もしゃべれぬまま啞《おし》のふりをして夜鷹となり、半次から所帯を持とうと言い寄られる。

仕置人をやめると言い放ち、手元の龍山寺焼きを売ろうとした半次だが、なんと偽物。産地である畠山藩の上屋敷に向かうと、そこには麗花の姿が。藩士たちに気づかれて逃げる麗花は怪我を負い、観音長屋に逃げ込む。

隠し持っていた香炉をきっかけに麗華は、清国の生まれであること、李一族が船の難破で畠山藩に漂着し、助けられた恩返しに焼き物を作ったあげく弾正に皆殺しにされたことを文章に記し、鉄が読み上げる。

麗花の香炉を売った半次は、二百両の仕置料を捻出。主水は畠山藩と松平藩の間にある一触即発の関係を煽り、参勤交代で国元に向かう弾正の行列を仕置人たちが狙う。

る話題はあるのだが、それはさておき松田司のシナリオ回に確固たる独自性があることは間違いない。

　とくに「女ひとりの地獄旅」は東映集団抗争時代劇を彷彿させる大名行列襲撃回であり、『十三人の刺客』『大殺陣』『十一人の侍』の三部作をものした工藤栄一監督にこそふさわしい。冒頭の虐殺シーンから実録タッチの荒々しさで、仕置の的となる畠山弾正の暴虐ぶりを問答無用で指し示す。

　清国からやってきた李一族の生き残りである李麗花が、夜鷹として言葉も交わさず（交わせず）半次と心を通じ合わせ、新婚旅行さながら畠山弾正を狙う仕置旅に出る――これまでにないスケールのエピソードであり、半次の初メイン回として津坂匡章がユーモラスに跳ね、やがて哀しく恋を散らす。

　江戸に残った主水は松平藩と畠山藩の抗争を煽り立てるが、ここはもう藤田まことのコメディアンとしてのセンス炸裂。中村家のシーンも主水とりつの夫婦愛を感じさせるもので、まるで手本を見せるかのような山内久司のこだわりが、必殺シリーズを支える名物シーンへと発展していく。

「そういえば、おめえ泡盛の、いやいや琉球の生まれだったな」


　麗花の境遇に同情する錠への、鉄の問いかけは忘れられた設定を取り戻す。山内プロデュース作の『お荷物小荷物』『お荷物小荷物　カムイ編』などを手がけた佐々木守も当初『仕置人』への参加が予定されていたが、もし実現していたら錠の過去編を執筆していたのではないかという想像がふくらんでしまう。

　沖縄の施政権がアメリカから日本に返還された翌年の番組であり、時代劇に託してどれだけアクチュアルなドラマが盛り込めただろうか。「女ひとりの～」というエピソードそのものにも佐々木の幻影を感じてしまう。

　李麗花を演じるのは佐野厚子、ほぼセリフなしの清国人という難役を演じてプロデューサー陣の認めるところとなり、次作『助け人走る』で中山文十郎（田村高廣）の妹しのとしてレギュラー入りを果たした。「武士の魂を持った武家商法を復活させる！」という野望を抱き、李一族の龍山寺焼きによる蓄財で老中の座を狙う畠山弾正少弼は前田吟。第6話の辻斬り大名と比較されて、あんな腑抜けより今回は大物とハードルを上げてくれる。ゴリゴリ保守派の若手政治家といったイメージだろうか。


　集団抗争劇をテレビで託された工藤栄一は、まさにノッた演出で仕置旅を活写する。松平藩による大名行列襲撃シーンは雨と望遠レンズという道具立てで予算的制限を回避し、限られた予算のなかで活劇を設《しつら》える。ここから最終回まで工藤とコンビを組む小辻昭三のカメラワークは、続く第14話「賭けた命のかわら版」でさらなる広がりを見せていく。

　さかのぼれば、口の聞けぬ名も知れぬ夜鷹に惚れて所帯を持つため、あっさり仕置人をやめようとする半次を誰も止めることはなく、やはり掟に縛られない自由さこそ『仕置人』の魅力だ。「ほかならぬ半公と女房の頼みじゃねえか」と宣言する鉄を『新必殺仕置人』と比べてみるのも一興。復讐は果たしたものの（ほぼ自分たちが原因で）麗花との別れが訪れ、その死体は荼毘《だび》に付される。

「おめえ仕置人やめるのか？」

「やめないよな？」

　鉄とおきんの問いかけに対し、半次はひと言「やる！」。感動的でありながら、その直前むりやり麗花に刃を握らせた仕置人一味のアナーキーさ、立ち直りの早さも尋常じゃない。その胆力なしには、続けられぬ稼業か。

セリフ選抜
「これいっこ売れりゃあな、十年は楽して暮らせようってもんだ。えっ、仕置人？　瓦版売り？　ヒヒヒ、バカバカしくてやってられるかってんだよ」（半次）

主な登場人物

畠山弾正少弼
前田吟

老中の座を狙う畠山藩の藩主。清国から流れ着いた李一族に陶器を作らせ、莫大な富を得るが、幕府に露見しようになるや皆殺しに。「このだらけきった世を戦国の昔に戻してみせる。そのためには百姓が苦しみ、異国の者が命を落としてもやむをえん」という思想の持ち主であり、柳生流の免許皆伝という言行一致のツワモノ。武闘派の藩主として隣の松平藩とも諍《いさか》いを起こす。

1969年から始まった映画「男はつらいよ」シリーズの博（さくらの夫にして寅さんの義弟）でおなじみ前田吟は、俳優座養成所「花の15期生」出身であり、津坂匡章や林隆三と同期の間柄。実直で温厚なイメージだが、畠山弾正のような武闘派も似合う。『仁義なき戦い　広島死闘篇』では菅原文太に犬の肉を食わせた。

李麗花
佐野厚子

虐殺された李一族の生き残り。日本の言葉が使えないまま江戸にたどりつき、身を売って生きていたところで半次と知り合う。しかし、そのしあわせも一瞬の出来事であった。最後は刃を握らされ、半ばむりやり仇討ちを果たすが、畠山藩の家臣の投げた刀によって命を落とす。

子役出身の佐野厚子は、1971年にTBSの昼帯ドラマ『ひまわりの道』の主人公として弁護士役をオーディションで勝ち取り、京都映画で撮影された『瀬戸の恋歌』にも主演。『助け人走る』で田村高廣演じる中山文十郎の妹しの、『暗闇仕留人』ではおみつとして立て続けにレギュラー出演を果たす。その後は悪女役も演じており、本名から佐野アツ子へと名を変えた。

佐々木大膳
長谷川弘

畠山藩の江戸家老として弾正を支え、松平藩との抗争に応対する。「家老はつらいよ」といった役どころだが、主君の野望に向かって忠義を尽くす。

岡本喜八監督作品の常連である長谷川弘、時代劇ではやくざの親分役が多いが『仕置人』の出演作は2本とも武士の役であった。中村主水が再登場した『助け人走る』第12話「同心大疑惑」では夜走りの参蔵という盗賊の頭に。主水に押し込みを阻まれ、得意のべらんめえ口調で応戦した。

◆◆◆

弾正を警護する畠山藩士の東山勘三には『仕置人』二度目の出演となる五味龍太郎。鎖帷子《くさりかたびら》で全身を包み、奇策で松平藩からの襲撃を防ぐも山道をゆく途次、錠の手槍の餌食となった。配下に四人の親衛隊士を従える。

隊士のうち唯一シナリオに役名のある怖い顔、由利源八に扮したのは井上茂。当時は東映京都テレビプロに所属しており、上京したのちピラニア軍団に参加する。後年は「ミナミの帝王」シリーズの常連であり（だいたい債務者役）、兄は元チャンバラトリオのゆうき哲也。

畠山藩と対立する松平藩の江戸家老役は西山辰夫、大阪放送劇団の代表を務めてテレビ草創期から活動。まんまるの顔が特徴で、『必殺仕置屋稼業』第8話「一筆啓上正体が見えた」では与力の真部として奉行所内で主水に刺殺され、死の前の驚きとともに見開いた目の大きさが遺憾なく披露された。

松平藩大目付の秋田を演じたのは芦田鉄雄、弾正襲撃の指揮をとりながらおきんの色仕掛けで情報を漏らす。『仁義なき戦い　頂上作戦』では打本組のガサ入れで火縄銃を押収し、「こがぁなもんで喧嘩しとるわけじゃあるまぁが、お前たち！」と声を荒らげた。京都演劇研究所を経て劇団人間座を設立した芦田は演出家としても活動、当時は西山辰夫と同じアクタープロに所属して映像方面の仕事を得ており、同社は松竹芸能、映像京都、関西芸術座とともに必殺シリーズ御用達の俳優事務所であった。

関西弁のコットウ屋として龍山寺焼きの真贋を鑑定した笹吾朗も大阪の新劇人。ユーモラスな役が多いが、『暗闇仕留人』第23話「晴らして候」では石屋での密談を聞き込み中、障子越しに主水に刺されるワルの岡っ引きに扮した。

宿屋のシーン、畠山藩と松平藩の領地が記された地図に「山内」という地名がある。スタッフの遊び心か。

シナリオと本編の違い／ロケ地／そのほか

工藤栄一監督回らしく、欠番や現場改訂がいろいろと行われている。剣の腕も一流の畠山弾正が道場で増原という若侍をしごき、「どうした、立たぬか」「息絶えております」「軟弱者め」というシーンがあったが、シーンごと欠番に。また、畠山藩の行列に3歳のヨチヨチ歩きの子供が飛び出し、母親が慌てて抱き止めようとするが「無礼者！」と東山勘三が斬り捨て、その様子を鉄と錠が目撃するシーンがあったが、これもカットされている。

半次が「国境には松平藩の鉄砲が並んでいる」と畠山藩の中間を煽るシーン、エンディングに中間役として松尾勝人の名前があることから、ここは撮影されながら編集でカットされたものと思われる。台本には畠山藩と松平藩と天領の位置関係を説明する地図が掲載されている。

松平藩による行列襲撃、シナリオでは駕籠に矢が飛んでくる始まりになっていた。本編では正面からワーッと向かっており、あまり計画性を感じさせない。鉄や錠の奇襲から逃げ出した弾正、かつて虐殺の現場となった窯場で李麗花に仕置される設定になっていた。

麗花は東山の投げた刀ではなく、畠山藩士の矢に刺されて死亡し、シナリオの最後のセリフは「半次さん、鉄さん、錠さん、おきんさん、ありがとう、さようなら。アンニヨイヒ・カシツシオ（さようなら）」。ラストシーンで麗花を火葬するのは現場改訂、シナリオでは半次が仕置人を続けるという会話は街道沿いでなされており、おきんが「そうこなくっちゃ！」とよろこぶ。オチは大名行列がやってきて、四人とも土下座という皮肉なもの。李一族が流れ着く海は、琵琶湖での撮影。一族が皆殺しにされる村、弾正の行列が襲われる山林、弾正が仕置される広場は、すべて奥嵯峨の通称「酵素」がロケ地となった。畠山藩の江戸屋敷は、おなじみの大覚寺明智門。

次回予告

家老の娘を拐《かどわ》かし、なぜか町中の噂になるのを待ち望む、ひとりの侍。命をかけた無謀な行為の、その背後にあるものはなにか。次週『必殺仕置人』にご期待ください。

【キャスト】
念仏の鉄：山崎努／棺桶の錠：沖雅也／鉄砲玉のおきん：野川由美子／中村りつ：白木万理／李麗花：佐野厚子／佐々木大膳：長谷川弘／東山勘三：五味龍太郎／おひろめの半次：津坂匡章／松平家老：西山辰夫／藩士：芦田鉄雄／親衛隊士：井上茂、宮川龍児、三木昭八郎、三村伸也／コットウ屋：笹吾朗／古道具屋：野崎善彦／仲間：松尾勝人／金持ちの男：岩田正／中村せん：菅井きん／畠山弾正：前田吟／中村主水：藤田まこと

【スタッフ】
制作：山内久司、仲川利久、桜井洋三／脚本：松田司／音楽：平尾昌晃／撮影：小辻昭三／美術：倉橋利韶／照明：中島利男／録音：二見貞行／調音：本田文人／編集：園井弘一／助監督：高坂光幸／装飾：稲川兼二／記録：満尾敦子／進行：黒田満重／特技：宍戸大全／装置：新映美術工芸／床山・結髪：八木かつら／衣裳：松竹衣裳／現像：東洋現像所／制作主任：渡辺寿男／殺陣：美山晋八／題字：糸見溪南／ナレーター：芥川隆行／制作協力：京都映画株式会社／主題歌：「やがて愛の日が」（作詞：茜まさお／作曲：平尾昌晃／編曲：竜崎孝路／唄：三井由美子／ビクターレコード）／監督：工藤栄一／制作：朝日放送、松竹株式会社

※本編クレジットは「笹吾朗」を「笹吾郎」と表記

●COLUMN

1973年の『必殺仕置人』、その思い出

山田誠二

夢中になった『紋次郎』と『仕掛人』

1963年生まれのわたしは、物心ついたころから、映画好きの父親に連れられて、邦画洋画の区別なく、ジャンルも分け隔てなく、子供なりの理解力で作品を楽しんでいた。当然テレビドラマも大好きで、これもジャンルの区別なく楽しんでいた。そのころの時代劇のイメージ、とくにテレビ時代劇のイメージは、勧善懲悪の東映作品だった。

時代劇イコール東映作品の当時、『木枯し紋次郎』の登場は、これぞ「斬新」であった。市川崑監督のスタリッシュでありながらリアルな映

必殺シリーズファンクラブ『とらの会』第19号の仕置人特集（1985年10月発行）。当時はテレビの再放送を待つしか視聴する機会がないのが基本な時代で、家庭用の録画用ビデオ機器も出始めたばかりのころである。機器もテープも高額なため、一冊作る以前に「見る」＋「録画する」ことに、とにかく労力と費用が大変だった。【山田】

像、生々しい人物像と物語、孤独のなかに希望を抱いた主題歌など、小学生ながらに「すばらしい時代劇」で、今後この作品を超える時代劇の登場なんて考えられない、というほどに夢中になった。

そこに『必殺仕掛人』なる対抗番組が放送されると知り、ずいぶん「ふざけたタイトル」だな、と感じた。

「仕掛人」とは原作者・池波正太郎の造語であり、日本語として認知されてはおらず、そこに「必殺」である。「必殺」といえば当時連想するのは、ヒーローやプロレスの「必殺技」である。正直、なんの期待もなく見てみると――。

『紋次郎』の「斬新」さと「興奮」の最中にあって、『仕掛人』は「衝撃」であった。どちらが勝るとか劣るとかいう比較ではない。斬新な作品が、間を開けずに連続したゆえの、既存の価値観をゆるがす「破壊力」の増幅である。

二番煎じへの落胆と共鳴

その『仕掛人』も最終回間近となり、次なるシリーズとして『必殺仕置人』が放送されると知り、正直「落胆」した。『紋次郎』から『仕掛人』と続いた衝撃は、個別の番組が対立した、テーマの違いがあったからで、『仕掛人』を受け継いだ『仕置人』は、世界観を引き継ぐ作品であることは前提として予想されるうえに、そもそも二番煎じの作品に、期待はなかなか抱けない。

さらに「藤田まこと」の出演が、不安を増大させた。そのころの藤田まことは、最高視聴率64・3%を記録した公開コメディ番組『てなもんや三度笠』で主演した、関西の「お笑い芸人」と認識されており、わたしの母親は「てなもんやの藤田まことに、殺し屋なんかできるんかいな」と、懐疑的というより否定的であった。

わたしは、なんの期待もなく見始めた『仕掛人』と違い、『仕置人』は不安を感じたままその放送を待った。

結果、見終わっての母親の感想は「藤田まこと、こんなんもできるんやな」と感心していた。いっぽうのわたしは、評価云々を超越し、大袈裟ではなく「魂が共鳴」した。

●COLUMN

せせら笑う中村主水

必殺シリーズの作風は、マカロニウエスタンと通じており、『仕掛人』に続く『仕置人』に感じた興奮は『荒野の用心棒』に続く『続荒野の用心棒』に感じた興奮に近い、と個人的に思う。「袖の下」をもらう役人は絶対的に「悪役」というのが時代劇では「常識」であり、断罪される存在であった。藤田まこと演じる「中村主水」は登場して早々に袖の下を要求して回る。不機嫌な顔をして登場した「悪徳同心」中村主水はラスト、「俺たちゃワルよ。ワルで無頼よ」と言い放ち、俺たちみたいなワルでなければできない仕事だと「せせら笑う」のだ。この快感たるや！

単なる時代劇の記号的存在であった悪徳同心が、「仕置人中村主水」という、すばらしい人物像へと昇華した「歴史的瞬間」を自分は「体験」したのだ。

もちろん当時はそんな「理屈」ではなく、それこそ「理屈抜き」で魅了され、今日へと続く。テレビで必殺シリーズを楽しんでいた一視聴者たる小学生の自分が、必殺の現場や出演者の方々と交流するようになろうとは、夢にも思わぬことであった。シリーズも長じて第14弾『翔べ！必殺うらごろし』の低視聴率により、打ち切りという話が聞こえるようになった。わたしは中学生になっており、そのころに朝日放送の山内久司、仲川利久両プロデューサーの知遇を得て、撮影所通いが始まる。

この経緯は『必殺シリーズ秘史』で語ったので割愛するが、間近に接して感じた俳優・藤田まことの、真の偉大さは必殺シリーズという、山内プロデューサーの卓越したアイデアからなる、毎回設定も共演者も変化をする中にありながら、「中村主水」で「在り続けた」ことにある。

視聴者には同じ役を仕置人からずっと演じて

いるように感じさせながら、藤田まことは「そう感じさせる」よう、じつはシリーズごとに「苦悩」していた。「これぞ必殺」と一作に絞れないのと同様に「これぞ中村主水」と一作に絞れない。それでありながら、中村主水の印象は一貫している。一つに絞れない多様な作品の数々に応じ、それぞれの魅力を放ちつつ、一貫して中村主水の印象は変化を感じさせず「安定」を保つ。それは「平凡な平同心が裏では殺し屋」と同じ「凄み」である。

藤田先生からのリクエスト

私的なことでは、藤田先生は気遣いと洒落の行き届いた素敵な方で、仕事料を仕事人たちがアジトで手にする場面の撮影を終えてスタジオを出る際、わたしに「いつもご苦労さんやな。これ、仕事料や」と、先ほど手にした小判をくださったり、思い出話は尽きない。

藤田先生との交流でいちばん感慨深いのは、舞台『剣客商売』のことである。藤田先生の『剣客商売』明治座公演のプログラム用に、「テレビの剣客商売」ということで、ドラマの撮影現場を取材した。その翌年、明治座の広報の方から電話があった。

「昨年撮影現場を取材した写真をお借りできないか」とのこと。昨年のプログラムに、わたしが取材し撮影した写真のなかの一枚を藤田先生がとても気に入られ「今年の公演のポスターはこの写真で」とご希望とのことで、もちろんわたしに断る理由もなく、ただただ畏《おそ》れ多いばかり。

ポスターの写真ということは、チラシ、プログラム、各種広告のキービジュアルとなる。そのため、明治座の広報の方は通常の使用料を想定し、「おいくらほどでよろしいでしょうか？」と金額の話となった。

わたしは「無料で結構です。むしろ藤田先生に、大変感激していたとお伝えください」と、使用料は辞退した。広報の方は「しかし、まったくの無料では申し訳なくて」と、些少でもと仰ってくださったが、お気遣いご無用。タダで仕事をしないのは裏稼業の掟。わたしは既に、中村主水から一両、頂戴していたのだから。

●COLUMN

『必殺仕置人』序盤にシリーズ構成は存在したか？

會川昇

1968年、そして悪シリーズ

必殺シリーズという「殺し屋が主人公のアンチモラルな時代劇」が誕生した経緯とその成功については、さまざまな伝説がある。裏番組だった『木枯し紋次郎』によって、人気ドラマの第2シリーズ『お荷物小荷物　カムイ編』とその同じスタッフによる『君たちは魚だ』が視聴率的に苦戦したので急きょ対抗企画を立ち上げた、というのもそのひとつだ。

――この本の編著者である高鳥都氏の活動はそうした伝説を伝説のままにしておかず検証していくという側面を持っており、わたしへの寄稿依頼もその意味を持つと勝手に解釈して本稿を始めよう。

当然のように『木枯し紋次郎』と『必殺仕掛人』は多くの共通点を持った。小説誌に読切連載中の原作を持ち、その原作者は現役の売り出し中であり、映画会社系のプロダクションに制作を発注、映画界の名匠にパイロット監督を任せる。なによりどちらもその時代の若者像を反映した、非体制型（だが声高に反体制を語るのではない）の主人公だった。

結果として『仕掛人』はじわじわと『紋次郎』を追い上げ、ついに逆転する。「脱ドラマ」というブームを作った『お荷物小荷物』のプロデューサーと、若手スタッフ中心の京都映画による、これまでの時代劇とは違う現代的なセンスの勝利……。

と、これはこれで美しい伝説ではあるのだが、別の視点からこの成功について検証してみることも可能だ。

じつは『仕掛人』放送時点で朝日放送は、在阪局の中でもずば抜けて〝時代劇〟のノウハウを蓄えていた。

『仕掛人』がスタートする4年前の昭和43年――すなわち1968年、金曜と土曜のゴールデンタイムに相次いで山田五十鈴らの『助左衛門四代記』、高田浩吉・美和親娘の『伝七捕物帳』。さらに篠田正浩が結婚したばかりの岩下志麻主演で『ほたる放生』を、続いて溝口健二の名作に挑む『元禄一代女』を制作した。これらはいずれも局内のスタジオ制作だった。

翌年には勝新太郎の『悪一代』、津川雅彦・本郷功次郎の『天保つむじ風』、田村三兄弟共演の『魔像・

十七の首』。当初これらは〝悪シリーズ〟と銘打たれ、土曜夜10時台に新設された枠で立て続けに放送された。そう、この枠はその後ドラマの常識を変えた『お荷物小荷物』や国際放映制作による『天皇の世紀』（石堂淑朗、早坂暁、蔵原惟繕、三隅研次らが参加）などを経て3年後には『必殺』の定枠となる。つまり『仕掛人』はアンチモラルな異色作ではなく、ひさしぶりの悪シリーズと一部の視聴者に認知された可能性もある。

　そしてこれらの作品の多くは山内久司プロデュースで、松本明、大熊邦也、西村大介といった朝日放送の社員ディレクターが参加していた。朝日放送では独創的な時代劇を局内で作り上げるノウハウを着々と蓄積していたのだ。

　もちろん、スタジオでのビデオ撮影作品ばかりではない。外部発注の「テレビ映画」も60年代から脈々と続いており、大瀬康一の『黒い編笠』『白頭巾参上』、吉永小百合の『女人平家』などで松竹と組んでフィルム撮影作品を制作。前者では松田定次の薫陶を受けて松竹生え抜きの松野宏軌が活躍する。櫻井洋三プロデューサーもふくめて京都映画撮影所とは、すでに関係性を築いていた。スタジオドラマのロケ部分を京都映画が担当してきたという縁もある。

　なるほど関係者が語り継ぐ『木枯し紋次郎』とのライバル関係も大きい。しかし『必殺仕掛人』は窮して突然生まれたのではなく、数年にわたって他局とは風合いの違った時代劇を自社制作していた朝日放送と、やはり東映や大映系のスタジオとは違う環境で努力していた松竹・京都映画の積み重ねがあったからこそ誕生した——と考えることも可能なのではないだろうか。

仕置人前夜の藤田まこと

　1973年、『必殺仕掛人』の後番組として『必殺仕置人』が制作される。もちろんここでもさまざまな伝説がある。中村主水というキャラクター誕生の経緯でも、まずその設定が作られてから「藤田まことではどうだろう？」ということになったとされているが、果たしてそうか。ここで改めて朝日放送が制作してきた時代劇の源流について考えたい。

　先に1968年に朝日放送が新規の時代劇を次々に送り出したと書いたが、なぜこの年だったのか、その理由は朝日放送の重鎮プロデューサーであった澤田隆治の証言などで明らかである。同年3月、平均視聴率30％を超えた怪物番組であり、「あたり前田のクラッカー」など流行語まで生み出した時代劇『てなもんや三度笠』が最終回を迎えたのだ。

　藤田まことの資質を見出し、主演に抜擢、人気スターとした澤田だったが、人気絶頂の『三度笠』終了に伴い、後番組の『てなもんや一本槍』には関われなくなる。そこで入れ替わりのように澤田がスタートさせたのが、かつて映画シリーズで定番人気があった高田浩吉の『伝七捕物帳』を、『てなもんや』と同じくABCホールでの収録も交えてテレビドラマ化するという企画であり、そこに他局で大人気だったコメディアン大村崑をレギュラーに迎えるというオマケまでついていた。

　結果的に高田浩吉のスケジュール問題があり、『伝七』は18話で終了するが、風俗考証の林美一の著作によれば、そのスタッフの多くはそのまま『元禄一代女』に流れ込んでいる。『てなもんや三度笠』の終了に合わせて、その経験を活かして次々に時代劇の新作を送り出す。それが1968年の朝日放送の状況だったのだ。

いっぽう、藤田まこと主演のシリーズは『てなもんや一本槍』『てなもんや二刀流』『スコッチョ大旅行』と日曜18時の枠を独占し続けるも、『三度笠』の人気にはついに及ばなかった。『スコッチョ大旅行』の最終回が1971年9月。その後、藤田はキャバレー巡業をこなしていたと語っており、お茶の間の大人気スターから一転、『仕掛人』の成功に沸く朝日放送とは対照的な状況にあった。

そんな状況下で山内久司は第2作『必殺仕置人』のトメに藤田まことを起用する（主役は山﨑努）。局内には反対の声もあったというが、わずか1年半前まで朝日放送の〝顔〟であり抜群の知名度を誇る藤田の起用は、決して苦し紛れにたどりついたキャスティングなどではなく、むしろ『仕置人』という作品の核だったのではないか。

というのも、すでに書いたように多数の時代劇の経験を積んできた朝日放送のプロデューサーやディレクターたちだが、その大半が「原作付き」だった。しかし『仕掛人』終了後、急きょ立ち上げることとなった『仕置人』は当然、原作のないオリジナルである。監督や脚本家が集まっての会議が行われたなかで、朝日放送のオリジナル時代劇の元祖『てなもんや三度笠』のことが誰かの頭によぎりは……しなかっただろうか。

じつは山内久司は『元禄一代女』の第1話で藤田まことをゲストに迎えている。ここでも笑いの要素は抑え、仇討ちを目論む武士の役で、また大河ドラマ『新平家物語』の出演などもあり、藤田がシリアスで複雑な演技ができることに山内は自信を持っていたと思われる。

第7話までの野心的な仕掛け

さて、長い前置きとなったが、原作のないオリジナル企画として立ち上げることになった『必殺仕置人』、その初期の——とくに7話目ぐらいまでには、当時のテレビ時代劇にはなかなか見られなかった濃密で野心的な仕掛けが施されていたのではないか、という話がこの小文の本題となる。

単純に『仕掛人』の構造を引き受けて二作目を作るなら、元締を置いて仕事を依頼されて……というスタイルを踏襲すればよい。現に後年登場する他社のフォロワー企画『影同心』『狼無頼控』などは例外なく、その構造だ。

だが『仕置人』に元締はおらず、そもそも初期は必ずしも命を奪うことすら目的とはしていない。ひどい目にあった頼み人が納得するような〝仕置〟をすることが彼らの目的なのだ。

そして仕置人たちの関係性も一様ではなく、対立と和解を繰り返しながら成長していく。そう、これは『仕掛人』のような金をもらって人を殺すプロの暗殺者たちを描く物語とはまったく別物で、なにかそれとは違う新しいものを目指していた……のではないか？

先日『仕置人』全話を見返していたとき、第7話「閉じたまなこに深い渕」のあるセリフがふと気になった。この回の悪役である検校（神田隆）は、主水の上司である北町奉行に金を貸して、思うままに操ろうとしている。その奉行が「奉行に着任してまだ間がない」ので云々と、検校に言い訳するくだりがある。

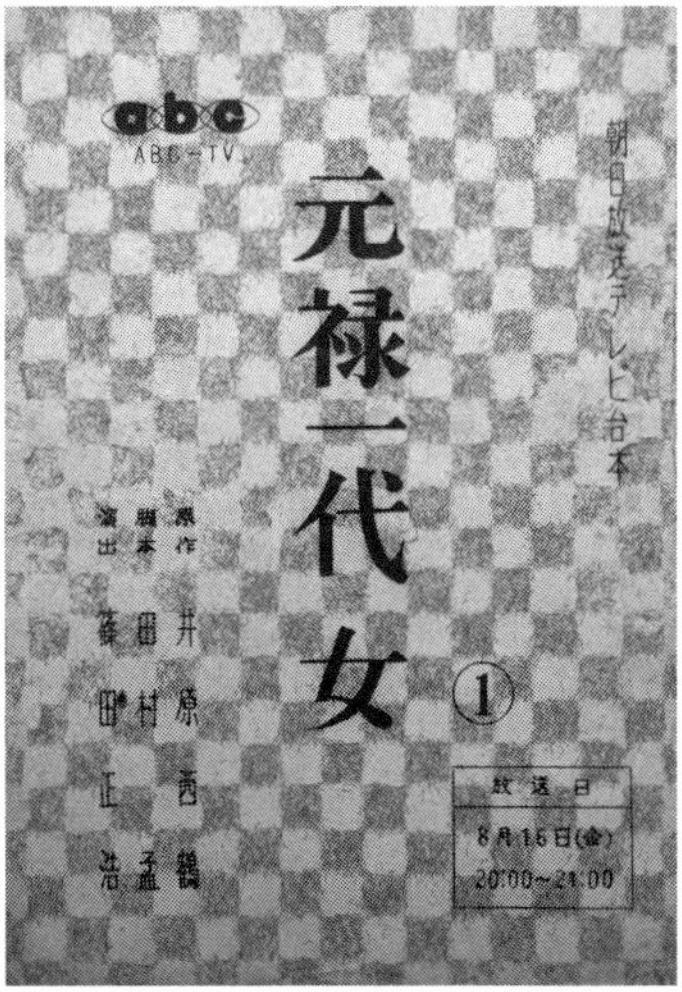

　普通なら気にならないセリフだが、はて、となったのは確かに『仕置人』では第1話「いのちを売ってさらし首」で北町奉行の牧野備中守（菅貫太郎）が仕置人たちによって心中の生き残りに仕立てられ晒されている。7話の奉行はそのあと赴任してきたから「まだ間がない」ということになり、平仄《ひょうそく》が合っている。

　近年、この程度の設定合わせは当たり前かもしれないが、1973年当時の時代劇は一話完結が当たり前であり、以前の回の設定をあとで別のライターが拾うというような流れは、ほとんど存在しなかった。

　いまはアニメなどで「シリーズ構成」という役職が置かれ、連続もののドラマの流れがちゃんとチェックされるようになっているが、時代劇でそれがきちんとされるようになったのはかなりあと。実際、ほかの必殺シリーズでも、このように細かく時系列に沿って設定を拾う試みは『からくり人』などを除けば、あまり見当たらない。

　これだけでは偶然とも思えるが、よく考えると『仕置人』の7話目まではこうした有機的にエピソードが絡み合うような構造が意図的に用意されているように思えてきた。

　初回で奉行と闇の御前（大滝秀治）が癒着している現状が提示され、主水は鉄に自分がそのような腐敗を信じたくない、心の底では〝本当の正義〟があると信じていたいという心情を語っている。そして主水は（言葉にはしないが）どこにもない〝本当の正義〟を探すために「これからも仕置をしていくと決める」のだ。

　第2話「牢屋でのこす血のねがい」もまた買い占めの雑穀問屋と、主水の上司の与力・高坂多聞（唐沢民賢）が癒着している話であり、物語のラストで逃げのびた高坂に「いつかはあいつも」と主水たちが狙いをつける。第3話「はみだし者に情なし」はその高坂が「近ごろ仕置人という」輩がいると気付き、先手をうって主水が鉄と錠を牢に送り込む。紀州藩の家老と結託していた高坂たちをこれも最後は殺さずに、両目を潰して市中で裸踊りをさせる。

　これで一度奉行所との戦いは一段落するが、第4話「人間のクズやお払い」で、仕置人たちは奉行所すらも相手にできない暗黒街の大物（黒沢年男）と対峙する。主水をはじめ一同は、そうしたアウトローたちは勝手に共食いさせていればいいと最初は腰が引けるが、最終的に自分たちの手で仕置する（だがここでも大物相手に直接殺すことはしない）。

　第5話「仏の首にナワかけろ」は一転して市井に潜む悪との対決

COLUMN

だが、これまでもっとも仕置に積極的だった鉄が、自分のかつての友（山田吾一）を手にかけることにためらいを見せ、そして1話のセリフでも示されていたように、主水と鉄がかつては佐渡にいたということが示される。

　第6話「塀に書かれた恨み文字」では守山藩十二万石の藩主（中尾彬）が辻斬りをしていたことがわかり、当初主水は奉行所にとって大名家は管轄外であり、実際に調書をあげても握りつぶされるという現実を示す。しかし、それでもあきらめない鉄が「どうする、やるか？」と問いかけて主水は即座に微笑し「やるか？」と応じる。

　こうして6話かけて、巨悪と警察権力が常に癒着し、主水の表の顔である同心職では解決できないことを示して、ついに主水は「やるか？」と、仕置人としてためらうことをやめる。7話では前述のように、新任奉行という設定から、これが1話からの時間軸の先にある物語であることを示し、さらにこの回では直接仕置に加わっていない主水にも仕置料が分配されることから、これをもって仕置人のチームが完成したことが示されている。

　細かいことを言えば、3話で廃船を改造してアジトとする過程が描かれたり、当初主水に反撥していた錠が次第に認めるようになったり、この7話までの一連は各話読切スタイルでありながら、ひとつの物語が大きなうねりとなって描かれている。各話で脚本も監督も違うのだから、プロデューサーによってこうした連携、いまでいうシリーズ構成的な監修が行われていた……と考えるよりないが、やはり同時代のどんな時代劇や刑事ドラマなどと比較しても、これはかなり異例である。

　だが、第8話「力をかわす露の草」以降、このようなキャラクターの感情の流れや設定が引き継がれることは少なくなる。もともと錠に岡惚れしているはずのおきんが別の男にすぐなびく……といった設定の逸脱はあったが、各キャラの感情の対立や、関係性の変化などもほとんどなくなる。

　それはもちろん、7話において、ほぼチームとして完成してしまったからとも言えるだろうが、じつはそれよりも切実だったのは各キャラクターがあまりにも「立ちすぎた」からではないかと、わたしは邪推する。

　優れたホームドラマがそうであるように、本当に魅力的なキャラクターができあがると、そのキャラクターたちが日常の中でわちゃわちゃしているだけで視聴者は満足してしまう、ということがまれにある。

　ここでは大きな事件や、話数を追って変化する人間関係などはむしろ邪魔になる。主水、鉄、錠ののアドリブを交えたやり取りはそれだけで魅力的であり、また主水の家庭描写もまだマンネリではなかった。8話以降『仕置人』はこうしたキャラクターたちのやり取りのおもしろさを描くシーンを増やし、対する悪も必ずしも権力と癒着したものとは限らなくなっていく。後年の仕事人シリーズで優先されたキャラクター劇としてのおもしろさの萌芽は、すでにここにあったのだ（もちろんこれ以降の『仕置人』にも浅間虹児三部作はじめ、ずば抜けておもしろいエピソードはあるが、やはり初期のような縦の流れを感じさせる濃密さは見られない）。

敗残者、そして挑戦者としての仕置人

結果的に完遂されることはなかったため、初期7話あたりの『仕置人』が目指していた大きな物語はわかりにくくなっている。いや、そもそも作り手自体そんなものは意識下にしかなかったのかもしれない。だが原作なしのオリジナルの物語を、これまでの時代劇制作の蓄積と、藤田まことの再起用で作り上げようとしたその意図はどこかに透けて見えている。

おそらく本来『仕置人』が目指していたのは、『仕掛人』のような市井の悪をひとつひとつ倒していくというものではなく、「奉行所」が象徴する権力悪とそれと癒着した存在に、果敢に挑戦し続ける物語だったのではないか？（当初、参加予定の脚本家として佐々木守の名があったこともふくめて）

だからこそ初期は天神の小六という、小伝馬町の牢名主が重要なレギュラーとして存在し、牢屋敷という権力悪がむき出しになる場所が重要な舞台のひとつとなることが想定されていたのでは。

1話で吐露される主水の心情、そして各キャラクターの過去を見れば明白なのは、彼らはかつてなんらかの理想や夢を見ながら敗残者となって最下層に転落した者たちだ。その彼らが住まう長屋が、必殺シリーズの脚本家たちがカンヅメにされたホテルと同じ「かんのん」という名前であるのは果たして偶然か（笑）。

１９７３年、前年のあさま山荘事件ほかでとどめを刺された学生運動、活動家たちは夢を失い社会の裏側に潜伏していった。そんな世相の反映だけではない。時代劇や任侠ものという「黒と白がはっきりした」映画が作られることはなくなり、テレビという狭い画面の中に自分たちの怨念を叩きつけなければならなくなった脚本家や監督たち、他社に比べて狭く予算的にも恵まれない撮影所で日々なにか新しいものを生み出そうとする現場スタッフ。

そんな彼らが政治権力と癒着した悪に挑む仕置人たちを描くとき、同じように「このまま自分たちは現実を変えられないのか」という諦念と嘆きの中でとにかく毎日の生活の糧を稼がなければならない視聴者の心に届く――『仕置人』が目指したのは当初、そういう物語ではなかったのだろうか。

第4話のクライマックス、明朝には天神の小六によって始末されるのがわかっている聖天政をなぜ無理に仕置にかけるのか。もちろん頼み料が払われたからだが、それだけではない。政に挑んで死んでいった弥七（林隆三）もまた、かつてなにかを夢見て果たせなかった敗残者である。自分たちと同じ存在である弥七の惨死を前にしたとき、たとえどんなに困難でも彼らは聖天政に立ち向かわなければならない。

最初から敗残者である仕置人たちが、最後に捨てられなかったもの。それは作中では決して言葉にされることはなかったが、視聴者の心に、そして必殺シリーズという作品そのものに棘となって刺さり、いまもどこかに痛みを残しているように、わたしは感じている。

悪いやつほどよく見える

第13話

脚本：浅間虹児
監督：松野宏軌

油問屋に立て籠もった岩木藩士！民百姓のため家老の娘を人質に取り侍嫌いだった錠の心が熱くなる。

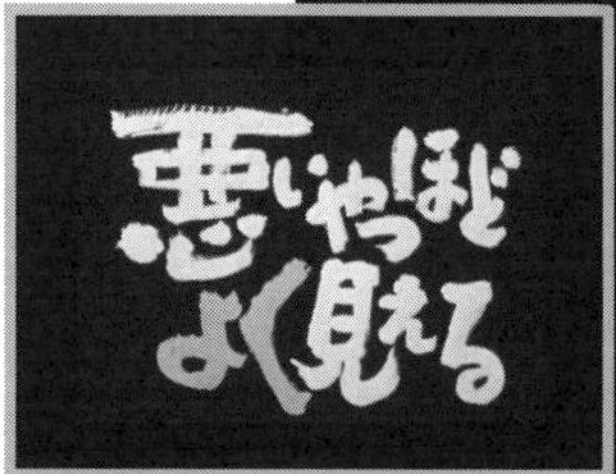

放映日◉ 1973年7月14日
視聴率◉ 23.8%（関東）
26.7%（関西）

籠城事件の裏に隠された真の狙い……というのは時代劇・現代劇を問わず確立されたパターンだが、本作も人質救出のサスペンス編ではなく、軽輩の若侍が藩の悪政を世に広めるための義挙に出たことが早々に明かされる。

その男、多田兵助の行動に対する鉄、錠、主水それぞれのリアクションの差にキャラクターが浮かぶ。出てくるなり長屋で寝転がり、なんだかモヤモヤとやる気が出ない錠は「命を賭けて惚れた女をかっさらったんだろ。ほっといてやりゃいいじゃねえか」とアクロバティックな理解を示す。

折り返しの13話目にして初めての錠メイン回であり、侍嫌いの錠が多田の行動に共感し、本懐を果たせばあいつは死ぬだろうという鉄と主水の、大人の会話に疑問を呈する。

「やつが死ぬ？　なんでそんなことがわかるんだよ！」

「俺にもそう思うときがあったからよ。俺にはそれができなかったがな」

侍としての、かつての主水の挫折を感じさせるセリフがサラッと差し込まれ、鉄は「死んで花実《はなみ》が咲くじゃなし」と毎度のマイペースさで仕置を決意する。おきんとともに岩木藩邸に忍び込んだ際は百姓たちの無残な死体を目にし、密かな怒りをたたえながら。

多田兵助に林ゆたか、人質となる江戸家老の娘・榊原冴に高樹蓉子が扮するが、「今朝まで人を見下ろし続けてきたお前だ」と言われる冴は事件に巻き込まれる覚えもなく、心情の変化などはほぼ描か

あらすじ

岩木藩士の多田兵助が江戸家老の娘である冴を人質に油問屋の相生屋に立て籠もった。町中大騒ぎとなるが、騒げば騒ぐほどいいと兵助は目論む。岩木藩から相談を受けた北町奉行所の与力・原田は、用意された礼金のうち五十両を主水に渡して事件解決の任に当たらせる。十中八九、冴は生きて帰れないと踏んで、その責任を取らせようとしたのだ。

主水はその金で鉄と錠に多田の仕置を頼むが、一足先に瓦版屋として相生屋に潜入していた半次からその思惑を聞く。藩主を老中にするため、江戸家老の榊原主膳は重税を課し、直訴に走る百姓を次々と始末していたのだ。その悪行を知らしめ岩木の民を救うため、兵助は事件を起こしたのだった。

誇り高き人質の冴は、兵助を説得するが聞き入れられず、かつて一目惚れした冴に「下郎」と蔑まれた屈辱を聞かされる。榊原を仕置すれば、多田の本懐は遂げられ、冴も助かる——仕置人たちは岩木藩の藩邸へと向かった。

れない。

「そなたに何をしたのです」

「惚れたのさ」

身分違いの非対称性が残酷なまでに語られ、かつて多田を「けがらわしい下郎」と人づてに罵った（それを覚えてもいなかった）冴に安易な共感や相互理解などは用意されない。虫けらのように百姓を殺す榊原主膳（渥美国泰）も冴にとっては誇るべきよき父であり、視点の違いが冷ややかに映し出される。

浅間虹児のシナリオは第11話「流刑のかげに仕掛あり」に続いて快調、鉄と錠に「頼むぜ」と声をかける主水の、前作と同じセリフもうれしい。

商家の内外を中心にした地味な籠城劇だが、岩木藩邸に向かう出陣シーンでは錠が右手から、鉄と主水が左手からやってくるさまを大胆なロングショットのワンカット――180度近いカメラのパンニングで右から左へと映し出す。これだけ広範囲だとライティングも大がかりで、ロケ地である大覚寺の表門と明智門を見渡すように活写。この一点豪華主義のワンカットは必殺シリーズ出陣史のなかでも出色であり、松野宏軌のこだわりを感じさせる。


こだわりといえば、撮影の中村富哉（あるいは小辻昭三）は京都映画の若手が築いた必殺シリーズの映像トーンを守りながら、ラストのズームインでは、ちょんまげの上まで映すスタンダードなアップで主水の表情を切り取り、そのほかのシーンでも同様のカメラアングルが目立つ。

おでこの上でフレームを切る大胆なアップが必殺シリーズの基本だが、あえてオーソドックスなアングルで逆説的な変化を与えてくれる。ソリッドさに欠けると言ってしまえばそれまでだが、照明の染川広義とともに、やはり石原興・中島利男のコンビとは異なる個性を発揮した。

（あるいは）と曖昧なことを書いたのは、エンドクレジットは中村富哉、決定稿のシナリオでは小辻昭三の名が印刷されており、いずれにしても松竹京都出身の技師が担当した（アングルからの推測だと、小辻の可能性が高い）。『仕置人』の中盤以降は石原・中島のコンビ作がなく、ローテーションの問題だろうか、まだシリーズが確立されていないことを実感させてくれる。

仕置人たちの日常シーンでは、鉄の長屋の外はオープンセット、中はスタジオ内に組まれたセットで撮影されており、おきんの行き来を媒介として二度も巧みなマッチングが繰り返される。セリフがつながっていることもあって一見なんの違和感もないが、よくよく見るとセットのほうは入り口の向かいにすぐ別の長屋があり、オープンのほうは建物同士に距離があって広く見える。長屋と市場を兼ねた特殊な居住環境ゆえの齟齬がおもしろい。

「俺は根っから侍は嫌《きれ》えだ。だが、おめえは殺したくねえな」

錠ならではのストレートな発言、沖雅也という俳優の一途な魅力が、ようやく全面に発揮される。仕置では鉄と錠の殺しをカットバックで交互に映し出し、そして、初回のお咲を彷彿させるかのように錠は多田のもとへと駆ける。ひたすら駆ける――。

「死んだのか？」

「死んだ」

「なんで死なせたんだ！」

願いむなしく無情な結末を迎え、すべての問いかけを主水に否定されてしまう錠。ラストでは若い女に興味を示す人間くささを垣間見せる。ただ熱く、ただストイックなだけではない、棺桶屋の姿がそこにあった。

主な登場人物

多田兵助
林ゆたか

岩木藩の藩士。江戸家老・榊原主膳の娘である冴を人質に相生屋に立て籠もる。仕置のターゲットとなり、その目的と動機が徐々に明かされてゆく。「この俺を蔑むように見下ろして、汚《けが》らわしいと罵ったご身分お高きお嬢様のお言葉とは思えませんがね」と語るように、かつて冴に一目惚れし、まざまざと身分の差を思い知らされた経験の持ち主。

林ゆたかは60年代後半からヴィレッジ・シンガーズのドラマーとして活躍したミュージシャンであり、解散後は俳優に転身。本作では下級武士の悲哀を体現したが、細身のビジュアルから神経質な役柄も得意であり、長谷部安春監督の日活ロマンポルノ『暴行切り裂きジャック』で演じた快楽殺人犯などぴったりであった。『必殺仕掛人』第16話「命かけて訴えます」の直訴百姓三人組の甚八をはじめ必殺シリーズには4作にゲスト出演している。

榊原冴
高樹蓉子

理由もわからぬまま監禁される江戸家老の娘。毅然とした態度を崩さず、多田と心を通じ合わせることもなく、最後はその死体を冷たく見下ろした。

日活の新人女優であった高樹蓉子は、ロマンポルノ転向前に退社してテレビに活路を見出す。本作のような令嬢役のゲスト出演も多いが、1972年に始まった特撮ドラマ『愛の戦士レインボーマン』では悪の組織「死ね死ね団」の幹部であるキャシーを演じ、爆死ののちサイボーグキャシーとして黒い涙を流した。結婚後、1977年ごろ女優を引退。

榊原主膳
渥美国泰

籠城事件のきっかけとなった岩木藩の江戸家老。主君を老中にすべく百姓に重税を課し、虫けらのようにその命を奪う。

俳優座養成所の3期生としてキャリアを始めた渥美国泰は当時、劇団雲に所属しており、山﨑努の先輩であった。本作では眉を潰して、冷酷な家老役に。おっとり温厚な顔立ちから善人役もよく似合い、『助け人走る』第2話「仇討大殺陣」では志村喬とのツーショットで武士同士の友情を表出させた。

◆◆◆

榊原家女中の加世を演じた笠原玲子は大映ニューフェイスとして1965年に映画界入りし、同社末期には『おんな牢秘図』や『でんきくらげ　可愛い悪魔』で大役を掴んだが、70年代半ばに女優業から退いた。おきんの口車に乗って、小便から戻ってきた鉄を異様に恐れる姿がおかしい。

百姓を容赦なく斬り殺す用人の永井甚内役は守田学哉。これまた大映出身で、くぼんだ小さな目が特徴。いわゆる「若山一家」の一員であり、東映では若山富三郎の作品に数多く出演した。第24話「疑う愛に迫る魔手」に武士の役として再登場。

主水に籠城事件を押しつける与力の原田には田畑猛雄。関西芸術座出身であり、初期シリーズにおいては主水の同僚や上役を演じることが多かった。その後はキャリアアップして悪役が多めに。

目明しとして神戸瓢介がふたたび登場。今回はコメディリリーフの役どころで、半次とのかけ合いに妙味を見せる。『銭形平次』では為吉としてレギュラー出演し、園佳也子と夫婦に扮した。相生屋清衛門役は関西の新劇俳優である川口喬、岩木藩御用達の油問屋という理由から籠城先に選ばれた。

決定稿のスタッフ表では録音に高屋正義の名前がある。通称「チャーリー」と呼ばれていた技師。

シナリオと本編の違い／ロケ地／そのほか

概してシナリオに忠実な映像化。籠城事件の舞台となる相生屋は、もともと武州屋となっていた。多田の死体を見つめる冴、「その顔は、さげすみに満ちた以前の面持ちに戻っている」というト書きが指定されている。

気絶した加代を映し出すファーストシーンのロケ地は、粟生光明寺の石段。本文にも書いたが、岩木藩邸は大覚寺の表門で明智門と同時に映される。

必殺シリーズの籠城回といえば、まず『必殺仕掛人』第19話「理想に仕掛けろ」があり、あさま山荘事件をモチーフにした革命集団の信念と崩壊が描かれた。『仕置人』では本作に続き、観音長屋が舞台の第20話「狙う女を暗が裂く」でおきんが人質となった。

『助け人走る』第35話「危機大依頼」は助け人たちの監禁劇であり、同じく松田司脚本の『必殺仕業人』第27話「あんたこの逆恨をどう思う」では中村家が盗賊に占拠されて、せんりつに危機が及ぶ。次作『必殺からくり人』のシナリオ遅延によって急きょ制作されたエピソードであり、ロケや準備の手間がかからない中村家のセットが舞台に選ばれた。

『必殺必中仕事屋稼業』第6話「ぶっつけ勝負」では宿場の女郎屋、『新必殺仕置人』第31話「牢獄無用」では伝馬町牢屋敷、『必殺商売人』第15話「証人に迫る脅しの証言無用」では高灯台、『翔べ！必殺うらごろし』第9話「家具が暴れる恐怖の一夜」では山の一軒家において人質事件が勃発した。

主水が商家籠城事件の交渉役となる『必殺仕事人』第77話「盗み技背面逆転倒し」は、盗賊の頭に「恨みはらしてやる」と裏の顔を明かす異色作。『必殺仕事人V』第6話「りつ、減量する」では雪深い温泉宿を外道仕事人が占拠、同じく中原朗が脚本を手がけた『必殺仕事人V　激闘編』第13話「主水の上司人質になる」では筆頭同心の田中が半裸で二階の屋根にさらされ、籠城犯が宿場役人に爆弾を投げつけるという派手な展開を見せた。

次回予告

ひたすらに真実を求めながら、あえなく死んでいった瓦版屋の恨み文字。はらせぬ恨み残せども死にゆく者の筆の一太刀。次週『必殺仕置人』にご期待ください。

【キャスト】

念仏の鉄：山崎努／棺桶の錠：沖雅也／鉄砲玉のおきん：野川由美子／多田兵助：林ゆたか／冴：高樹蓉子／おひろめの半次：津坂匡章／榊原主膳：渥美国泰／加世：笠原玲子／永井甚内：守田学哉／与力原田：田畑猛雄／目明し：神戸瓢介／相生屋清衛門：川口喬／同心：森章二／患者：松田明／同心：吉田聖一、五十嵐義弘／藩士：松尾勝人／中村せん：菅井きん／中村主水：藤田まこと

【スタッフ】

制作：山内久司、仲川利久、桜井洋三／脚本：浅間虹児／音楽：平尾昌晃／撮影：中村富哉／美術：倉橋利韶／照明：染川広義／録音：武山大蔵／調音：本田文人／編集：園井弘一／助監督：家喜俊彦／装飾：玉井憲一／記録：牛田二三子／進行：鈴木政喜／特技：宍戸大全／装置：新映美術工芸／床山・結髪：八木かつら／衣裳：松竹衣裳／現像：東洋現像所／制作主任：渡辺寿男／殺陣：美山晋八／題字：糸見溪南／ナレーター：芥川隆行／制作協力：京都映画株式会社／主題歌：「やがて愛の日が」（作詞：茜まさお／作曲：平尾昌晃／編曲：竜崎孝路／唄：三井由美子／ビクターレコード）／監督：松野宏軌／制作：朝日放送、松竹株式会社

賭けた命のかわら版

第14話

脚本：三芳加也
監督：工藤栄一

すっぱ抜きの留が暴く鳴海屋の悪行。もみ消し屋の妨害にも屈せず瓦版屋の意地が大江戸を駆ける！

放映日◉ 1973年7月21日
視聴率◉ 20.0%（関東）
24.2%（関西）

ジャーナリストの執念を力強い映像美とともに描いた一編。瓦版屋といえば、『暗闇仕留人』第18話「世のためにて候」の聖古堂、『必殺仕置屋稼業』第4話「一筆啓上仕掛が見えた」の高田京楽、『新必殺仕置人』第9話「悪縁無用」の長次のようにメディアの力を悪用したワルが相場だが、石山律演じる〝すっぱ抜きの留〟こと留造は鳴海屋の巨悪追及に人生を賭ける。

「てやんでえ、べらぼうめ！」と、冒頭いきなり弟分の半次と留造の争いが手持ちカメラで騒々しく描かれ、留造の瓦版に客が集まる。が、さらなるぶん回しの勢いとともに、もみ消し屋の一味がやってきて留造をボコボコに。右手をぶっ刺され、店も荒らされて女房おそで（神鳥ひろ子）が涙を流す。

おそでに止められても意に介さず、留造のすっぱ抜き魂が『仁義なき戦い』ばりのゆれる画面とともに突っ走る。半次も兄貴分に加担するが、おそでは犯され命を奪われ、それでも鳴海屋を追う留造の憑かれた狂気は止まらない。

手持ちカメラぶん回しの勢いだけでなく、光と影のライティングも、冤罪の拷問シーンなどで威力を発揮。もはやフェティッシュの域にある映像の連鎖が、これまた憑かれたように続き、『仕置人』3本目にして工藤栄一の手法が京都映画で確立したかのよう。とにかく脚本を直したり、セットを壊して光を取り入れたり、その感性がテレビ映画という枠内で自在に発揮された。（神鳥ひろ子）

あらすじ

半次の兄貴分、すっぱ抜きの留と呼ばれる瓦版屋が憎っくき鳴海屋の悪行を暴くことに執念を燃やしていた。この三年、もみ消し屋の茂平一味に襲われては女房のおそでと一緒に居場所を転々とする日々。鳴海屋は霊岸島の埋め立て工事を落札するため、安孫子屋に抜け荷の罪を被せる。

奉行所には鳴海屋への訴えが相次いでいたが、与力の小坂が不問にしていた。留は半次が手配した隠れ家で安孫子屋の冤罪事件を知るが、もみ消し屋にかぎつけられて夫婦ともども逃げ出す。半次はおそでの身を隠すため錠や鉄に頼むが断られ、捕まったおそでは豪雨のなか死体となって留と再会する。

鳴海屋は霊岸島工事の担当者である船津源左衛門を美人局《つつもたせ》で罠に陥れ、不義密通として己の妻を斬り捨て、その様子を留と半次が目撃する。しかし留も殺され、未完に終わった記事の原版を見つけた半次と鉄は、それをネタに鳴海屋を脅迫。吉原で豪遊中の一味に仕置をかける。

ほっかむりをした留造がおそでを探して江戸の町をさまようシーン、奔放に動きを追うカメラワークに続いては、大通りド真ん中の地面スレスレにカメラを据え、5・9ミリのワイドレンズによって奥行きが強調されたロングショットのなかを砂塵《さじん》が吹き荒れ、留造がゆく。初登板から毎回繰り返されてきた、工藤らしいローアングルでの足元誇張ショットがここに極まった感じすらある。

苛烈な雨が屋根に叩きつけられるダイナミックなクレーンショットは『必殺仕掛人』第1話「仕掛けて仕損じなし」ラストシーンの逆バージョンとなっており、見比べてみてほしい。鳴海屋の被害にあう庶民たちの点描も編集の切れ味や音楽と相まって、異様な迫力。そのぶんストーリーは、やや置き去りとなっており、逃げてばかりの留造よりも、鳴海屋による悪の華へと主軸がスライドし、瓦版屋としての半次の報復も描かれない。

脚本は三芳加也。必殺シリーズ唯一の参加となったが、『刑事くん』や『タイガーマスク』を手がけてきた俊英であり、なんと平尾昌晃の紹介で参加したという変わり種。『必殺シリーズ異聞』の松原佳成インタビューによると同じ松浦健郎門下生であり、日活アクションでの修行を経て一本立ち。本作はノンクレジットで松原が手直しをしたそうで、さらに工藤栄一が現場改訂で大胆なアレンジを施した（ゆえの歪さは否めない）。

鳴海屋利三郎に川合伸旺、もみ消し屋の茂平に外山高士と、時代劇の悪役でおなじみの俳優がタッグを組んで、安定の仕上がり。その後、石山律も石山律雄、石山輝夫と改名しながらワルの道へとシフトしていった。

鉄の仕置はぬらぬらと濡らし、光らせた手を執拗に映しながら障子越しの骨はずしを敢行。これまたフェティッシュな映像だが、山﨑努みずからのアイデアで腕を縛って血管を浮き立たせることもあったという。また、紐を使って吊り上げるという絞殺テクニックが必殺シリーズにおいて初めて披露された回である。

『仕置人』で出会った工藤と山﨑は、必殺シリーズ以外のみならず『祭ばやしが聞こえる』『雲霧仁左衛門』『泣きぼくろ』などでコンビを組むことになり、自由を求めた俳優と監督のコラボレーションが長きにわたって続いた。

主な登場人物

留造

石山律

すっぱ抜きの留と呼ばれる瓦版屋で、半次の兄貴分。鳴海屋の悪事を暴くため長年にわたり戦い、ついに危ない橋を渡って戻れなくなってしまう。

石山律＝石山律雄＝石山輝夫、何度も芸名を変えて、徐々に悪役へとスライドしていった俳優だが、必殺シリーズ初期では意外なほど被害者役が多い。１９７０年の初主演映画『怪談累が渕』の深見新五郎からゲスい役はお手の物であり、お白州で証言を覆す『暗闇仕留人』第23話「晴らして候」や『必殺商売人』第14話「忠義を売って徳を取れ！」など、やはり善人に見せかけた裏切り者のギャップがよく似合う。

鳴海屋利三郎

川合伸旺

乗っ取り、買い占め、立ち退きとなんでもござれの廻船問屋。霊岸島の埋め立て工事を引き受けるべく、邪魔者を蹴散らしていく。もみ消し屋の茂平の値上げ交渉には応じず、しぶとい商人だが、その代わりに別口の悪事を依頼。奉行所の与力小坂とも結託しており、訴状の山を目に呵々大笑して注意された。

〝ミスター悪代官〟こと川合伸旺は劇団青俳から始まって新劇人としてのキャリアを積み、やがてテレビ時代劇の悪役で名を成していく。大物を演じながらワンカットで地面に倒れるような体を張った殺陣も多く、本作の踊りながらの死に様は『新必殺仕置人』第32話「阿呆無用」でさらにエスカレートする。洋画の吹替でもおなじみで、ポール・ニューマンを多く担当した。

茂平

外山高士

もみ消し屋という裏稼業の元締。鳴海屋に雇われ、瓦版屋の留造を狙う。卯平、ドス政、とら鮫ら多くの手下を抱えており、なかなか組織の維持に金がかかるようだ。

いかつい顔の悪役でおなじみ外山高士は劇団文化座出身。１９５７年の『鞍馬天狗』をはじめ『快傑黒頭巾』『牛若天狗いざ見参！』などのテレビ時代劇で主演を務めたのち悪役に転向し、川合伸旺と同じく洋画の吹替もお手のもの。必殺シリーズには『必殺仕掛人』第21話「地獄花」から参加し、まずは好色漢の永井監物として浪人夫婦が味わう悲劇の誘導者となった。

船津源左衛門

汐路章

奥右筆組頭として霊岸島工事の入れ札を担当。鳴海屋から献上された小判をぶちまけるほどの堅物だが、奉行所からの呼び出しという美人局の罠にかかり、不義密通の断罪を目の前で行われて力なくへたり込んだ。

汐路章は『蒲田行進曲』のヤスのモデルとして階段落ちをやった俳優であり、東映京都の悪役としてのし上がる。工藤栄一の推薦で必殺シリーズに進出し、本作以降も『助け人走る』『必殺仕置屋稼業』『必殺仕業人』『新必殺仕置人』『必殺からくり人』と、工藤組ではどれも悪役ではないキャスティングというのが興味深い。『日本個性派俳優列伝Ｉ　怖れられた男　猛優・汐路章』が没後に刊行されており、いまや映画の代表作は長崎奉行の高坂弾正を演じた『徳川女刑罰絵巻　牛裂きの刑』になるだろうか。

◆　◆　◆

無実の罪で足の指に針を刺されて苛烈な拷問を食らう安孫子屋忠兵衛役は松本朝夫、新東宝の第一期スターレット出身であり、誠実な人物から悪役まで幅広く演じた。のちに松本朝生と改名した。

留造の妻おそでを演じた神鳥ひろ子は、その直後に上岡紘子と改名して多くのテレビラマで脇を支えた。本作では出てくるなり、店を破壊されて疲れた顔を披露、暴走する亭主のため、もみ消し屋の集団に襲われて亡き者となった。

もみ消し屋の実働部隊、卯平役の重久剛（現・重久剛一）は京都の劇団くるみ座出身であり、舞台のプロデュースも担当。仲川利久プロデューサーに認められて必殺シリーズに多数出演。善悪を問わず、ちょっと間の抜けたような役柄が印象に残るが、本作ではヒゲのコワモテに。ドス政の馬場勝義が大映育ちであることに対し、とら鮫の五十嵐義弘は東映ニューフェイス出身、後者は『助け人走る』第24話「悲痛大解散」などで精悍な悪役ぶりを見せた。

与力の小坂を演じた北原将光はＰ52で記したように珍しい悪役だが、無言で鳴海屋の盃を受けるアップなど不穏な雰囲気を漂わせる。劇中の描写だけでは仕置される立場か微妙だが、板戸越しに刺されての死に顔も大写しとなった。

シナリオと本編の違い／ロケ地／そのほか

工藤栄一の本領発揮というくらいシナリオが改訂されている。まず細かいところでは与力の高坂が登場、さすがに整合性が合わないと判断されたか小坂に変更。また、もみ消し屋一味に犬井弥九郎太という用心棒がいたが、役柄ごとオミットされた。

クライマックスは参道の辻で10人を相手の大立ち回り、吉原遊廓での仕置は現場改訂によるもの。半次が卯吉にとどめを刺し、おきんは小判拾いに精を出す（本編では野川由美子の出演なし）。本編に主水の仕置はないが、シナリオでは犬井弥九郎太を斬り捨てる展開となっていた。もみ消し屋の茂平は居合の名手という設定であり、竹を斬らせて、その断面で茂平を刺した錠が勝利する。

ラストは主水に半次が分け前を渡す。三人三様、去っていき、迷った半次もどこかにすっ飛んでいく。

安孫子屋が船津源左衛門の行列に直訴する石畳は永観堂、正式には禅林寺という名称で浄土宗西山禅林寺派の総本山である。

次回予告　豪雨のなか足止めを食らって廃屋に閉じ込められた11人の男女。昨日ひとり殺され、今日もまたひとり。一体だれが、なんの目的で。次回『必殺仕置人』にご期待ください。

【キャスト】
念仏の鉄：山崎努／棺桶の錠：沖雅也／中村りつ：白木万理／留造：石山律／鳴海屋：川合伸旺／安孫子屋：松本朝夫／茂平：外山高士／おひろめの半次：津坂匡章／船津源左衛門：汐路章／おそで：神鳥ひろ子／お滝：芦沢孝子／卯平：重久剛／ドス政：馬場勝義／とら鮫：五十嵐義弘／田口：森章二／小坂：北原将光／回船問屋：堀北幸夫／口入れ屋：森内一夫／頭領：加茂雅幹／御新造：太田優子／中村主水：藤田まこと

【スタッフ】
制作：山内久司、仲川利久、桜井洋三／脚本：三芳加也／音楽：平尾昌晃／撮影：小辻昭三／美術：倉橋利韶／照明：中島利男／録音：二見貞行／調音：本田文人／編集：園井弘一／助監督：高坂光幸／装飾：稲川兼二／記録：満尾敦子／進行：黒田満重／特技：宍戸大全／装置：新映美術工芸／床山・結髪：八木かつら／衣裳：松竹衣裳／現像：東洋現像所／制作主任：渡辺寿男／殺陣：美山晋八／題字：糸見溪南／ナレーター：芥川隆行／制作協力：京都映画株式会社／主題歌：「やがて愛の日が」(作詞：茜まさお／作曲：平尾昌晃／編曲：竜崎孝路／唄：三井由美子／ビクターレコード）／監督：工藤栄一／制作：朝日放送、松竹株式会社

※本編クレジットは「船津源左衛門」を「船津左衛門」、「卯平」を「卯吉」と表記

夜がキバむく一つ宿

第15話

脚本：浅間虹児
監督：蔵原惟繕

豪雨の廃屋に居合わせた十一人、ひとり、またひとり、次々と命が奪われ、鉄と錠は反撃に出る。

豪雨で足止めを食らった人々による密室劇。出張仕置からの帰りに鉄と錠が連続殺人事件に巻き込まれる異色作であり、江戸にいる主水と半次の出番は少ない（おきんは前回に続いて出番なし）。

まずは殿山泰司、伊佐山ひろ子の犯人コンビをはじめ、堺左千夫、大森義夫、左時枝、青山良彦、梅津栄、牧冬吉、島米八と九人の個性的なゲストがグランドホテル形式の疑心暗鬼を盛り上げる。

浅間虹児のシナリオは事件が起きる前から黒幕と実行犯を明かし、廃屋に潜んだ公儀隠密が誰かという〝謎〟を見る側に仕掛ける。ゲスト全員しっかりクセモノの雰囲気で、疑惑あり、対立あり、人情あり……「また急に増えたもんだな」という鉄のセリフが序盤から期待させてくれる。

いわゆるクローズドサークル、外界から隔てられた閉鎖空間での人間模様を「朽ちた廃屋」という舞台が引き立てる。飢饉《ききん》と逃散《ちょうさん》によって滅びた村の名主屋敷という設定で、松竹京都出身の美術デザイナー倉橋利韶による空間造形が光る。当時の京都映画は（予算的な制限もあり）きらびやかなセットよりも、こうしたオンボロの造作に異様なクオリティを見せていた。

「バケモノ屋敷」と呼ばれるにふさわしい外観は、京都映画の奥にあった南オープンの建物であり、ほとんど本物の廃墟《はいきょ》だ。撮影所の縮小によって取り壊され、やがて住宅地となった南オープンだが、

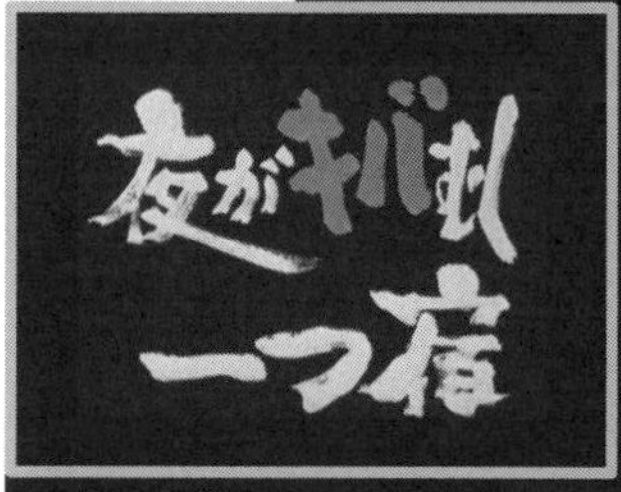

放映日◎ 1973年7月28日
視聴率◎ 21.2%（関東）
24.6%（関西）

あらすじ

とある藩の勘定奉行と江戸勤番を仕置した鉄と錠は、裏街道から国境を越えて、江戸に戻ろうとする。しかし豪雨によって土砂崩れが起き、すれ違った鳥追い女の紹介でバケモノ屋敷と呼ばれる廃屋へと入る。そこにいたのは飛脚、雲水、百姓、職人の四人。みな足止めを食らっていた。何者かに狙われているという商人が逃げ込み、さらに薬売りが病身の侍兄妹を抱えて入ってくる。

急に人数が増えたなか、雲水は外で待つ鳥追いと密談し、廃屋に潜んでいる隠密をあぶり出すため一人ずつ消していく計画を練る。藩の秘密を記した覚書を奪った隠密が江戸に向かおうとしていたのだ。

まず外で井戸の水を汲もうとした百姓が殺され、続いて飛脚、商人が始末される。何食わぬ顔で鳥追いは廃屋に駆け込む。それぞれ手分けして行方不明の商人を探すことになり、雲水が職人を刺殺。雲水と鳥追いの策謀であることを見抜いた鉄と錠は罠を仕掛ける。

そこにあった三つの建物は末期になればなるほど味わいを増していった。

例を挙げると『必殺必中仕事屋稼業』第11話「表を裏で勝負」や『必殺仕業人』第5話「あんたこの身代りどう思う」でも効果的に登場しており、『必殺仕掛人』『必殺仕置人』の番宣スチールも南オープンの一角である。また初期の必殺シリーズは、閑《かん》古《こ》鳥《どり》が鳴いて閉鎖も噂されていたという京都映画らしく、オープンセットの町家もボロボロで、そのすさんだ雰囲気がアウトロー時代劇の魅力に加担していた……というのは、うがちすぎだろうか。

ミステリーゆえストーリーを詳述しても興を削ぐが、ある種の探偵役として鉄が作用するのがドラマの要。みずからも藩を脱出しようとする最中であり、その不安とともに推理をめぐらせる。錠は侍兄妹の妹に情を寄せ、最後の仕置で怒りを爆発させる。そして「いやな世の中だなぁ」と鉄がボヤく。

監督は日活出身の蔵原惟繕。絶えず実験的な手法の現代劇を送り出してきた異才であり、『必殺仕掛人』のラインナップに名前が載ったこともあったが、本作が初登板。またたく間にシリーズを支える存在となって、次作『助け人走る』では初回と最終回などを任された。

撮影の石原興とのコンビネーションも抜群で、『秘録必殺シリーズの舞台裏』において蔵原は「お互いのスタイルを確認しあったという、そういう出会いだったと思うんです」と本作を振り返った。

まずは自身の映画で採った手法を、なんでも知ってもらおうと多用し、密室下の群像劇に凝ったアングルと即興的なカメラワークを投入。序盤の会話シーンでは殿山泰司を軸に、あざやかな回り込みの移動撮影が披露された。背中越しに人物を追う反復も生々しいスリルを増し、ラストの殺し合いでは荒れた障子をカメラが突き破る。冒頭の仕置と端的な語り口から、すこぶる快調だ。

浅間虹児にとっては必殺シリーズ最後の作品となったが、さかのぼれば1969年スタートの30分時代劇『白頭巾参上』において「刺客狩り」という回を執筆している。鳥追い女や百姓、職人、行商人らが豪雨の廃屋に集うエピソードであり、明らかに「夜がキバむく一つ宿」の原型だ。

なお小國英雄脚本の『昨日消えた男』など、グランドホテル形式の時代劇は戦前から存在し、『カムイ外伝』の「暗鬼」や『子連れ狼』の「鳥に翼　獣に牙」といった劇画にも、その手のエピソードが存在する。

セリフ選抜　**「とんでもないところに来ちまったようだね」**（お銀）

主な登場人物

雲水
殿山泰司

いかにも怪しい雲水で、早々に黒幕だと明かされる。本名は大垣新兵衛、藩の存亡を賭けた隠密狩りで多数の犠牲者を出す。正体を見破られて「なぜわかった」と、オドオドするまでが殿山節だ。

殿山泰司は戦前から舞台・映画で活動し、新藤兼人率いる近代映画協会の常連に。「三文役者」を自称したフットワークの軽さでメジャーから独立プロまで分け隔てなく出演した。

弥助
堺左千夫

関西弁の薬売り。商人の六兵衛といがみ合い、怒鳴りつける。鍋ものを作らせたら上手い。東宝ニューフェイス出身の堺左千夫は、岡本喜八監督作品の常連として軽妙な魅力を発した。必殺シリーズの悪役も多いが、『必殺仕事人』第45話「裏技欺しの十手業」では仕事人を追いつめる同心の中山利平に扮した。

茂七
大森義夫

江戸にいる娘と初孫に会いにいく職人。孫の名前をつけるのを楽しみにしていたが……。大森義夫は戦前から新劇人として活動し、劇団民藝に参加する。テレビ、映画ともに「事件記者」シリーズにおける八田老人が当たり役で、その口ぐせは「～じゃよ」。

志乃
左時枝

わけありの侍兄妹、体の弱い兄を介抱していたが……。左幸子の妹として姉と同じ女優の道を歩んだ左時枝、当時はＮＨＫの朝ドラ『藍より青く』で再注目されたばかりであった。

お銀
伊佐山ひろ子

これまた、いかにも怪しい鳥追い女。廃屋の外に潜んで連続殺人を行う。最後は鉄と交わり合い、隙を狙うが骨はずしを食らう。日活ロマンポルノ『白い指の戯れ』で脚光を浴びた伊佐山ひろ子は、蔵原惟繕監督の指名で初の時代劇に挑戦。しかし「着物はもうコリゴリ」とコメントを残した。

六兵衛
梅津栄

被害妄想気味の商人。「命よりも大事なものがある！」と大金を所持していることを匂わせる。下駄屋の金蔵として『必殺仕掛人』第1話「仕掛けて仕損じなし」から必殺シリーズに出演した梅津栄は、『必殺仕事人Ⅳ』より広目屋の玉助としてレギュラー出演。ひかる一平演じる西順之助を追い回した。

高木精四郎
青山良彦

わけありの侍兄妹、ずっと妹の横で臥《ふ》せっていたが……。大映ニューフェイス出身の青山良彦は、必殺シリーズにおいて二度も病弱な役を演じた。最初は『必殺仕掛人』第25話「仇討ちます討たせます」。

多吉
牧冬吉

最初の犠牲者となる百姓。山芋を取りにきていた。60年代に『隠密剣士』の霧の遁兵衛や『仮面の忍者 赤影』の白影など、少年たちのヒーローとして活動した牧冬吉は、やがて必殺シリーズにおいて悪徳商人が定位置となった。

常吉
島米八

二人目の犠牲者となる飛脚。みなの制止を振り切って飛び出す。必殺シリーズ常連の島米八は、小悪党がよく似合う。『翔べ！必殺うらごろし』第1話「仏像の眼から血の涙が出た」では若（和田アキ子）にぶん殴られ、首がぐるりと半回転した。アカデミー児童劇団に所属して関西の子役としてキャリアを開始、島崎ただし名義で舞台の演出も手がけている。

MEMO

鉄と錠が潜入した藩、劇中にその名前は出てこないが、半次の瓦版に「〇島藩」という記述があり（〇の部分は画面に映らず）、「諏訪平の開墾」という覚書の文面も読み上げられるので、史実にもとづけば信州の高島藩だと推察される。ただし、廃屋の看板には「甲斐石和代官所」と書かれており、笹子峠や甲州街道というセリフが現場改訂によって登場する。勘定奉行の浅間新之丞（当て字）は現場で加えられた役名だが、脚本の浅間虹児が由来だろう。

シナリオと本編の違い／ロケ地／そのほか

シナリオの冒頭で仕置されるのは江戸勤番の岡村仙左衛門のみ。平伏したままもう死んでおり、城代家老がそれを見つけるという展開になっていた。現場改訂で勘定奉行の浅間に変更され、岡村もろとも仕置されることに。ストップモーションでの「この恨みを」という甲州屋の回想シーンも追加されたもの。このシーンのみ大沢池で、あとはすべて京都映画内で撮影が行われた。

鉄の「行きはよいよい、帰りは怖い」、シナリオでは天井裏での会話。仕置後、江戸のシーンを挟んで、もう廃屋の中に鉄と錠がいる展開になっていた。雲水とお銀の密談では、藩内に忍んでいた隠密が主君の側近の戸倉左近であり、覚書は別の隠密の手に渡ったことを細かく説明していた。

多吉が刺されるシーンは、シナリオでは省略されており、「お銀の目が光る」のみ。常吉の死も茂七の「さっき薬屋さんがだいぶ熱心に止めていたようだが」というセリフで処理されており、現場改訂で殺しが追加された。茂七の恨みをはらすかどうかのやり取り、鉄は「どうしてもやる」で錠のほうが冷静。

クライマックスの展開は本編と大いに異なり、まず鍋に毒を入れるのは弥助。錠と弥助が戦い、いまわの際に「百両で、あるものを届けてほしい」。鉄がお銀の動きを封じたあと、雲水が鉄に襲いかかり、その匕首がお銀に刺さる。

抜刀した精四郎、覚書を奪おうとするが、その動機が本編と異なる。覚書を隠密の頼みどおり江戸に持参すると、藩は取り潰しとなり、多くの藩士とその家族が路頭に迷う。それを防ぎたい精四郎と志乃の説得によって覚書は、いろりの火にくべられる。

志乃は精四郎の許嫁だったが、父が精四郎に無理難題を押しつけて刃傷沙汰となり、仇の精四郎を旅先で見つけ出したが討てずに愛し合うという関係。雨上がりの夜空に星が出る、ある種のハッピーエンドで終わっていた。

シナリオは一夜の話だが、本編は夜→朝→夜→昼と二日間にわたっている。

次回予告

祭りの夜に殺しが起きた。捕まった男は無実を知っている、仕組まれた完全犯罪の裏に仕置人の目が光る。次週『必殺仕置人』にご期待ください。

【キャスト】
念仏の鉄：山崎努／棺桶の錠：沖雅也／薬売り弥助：堺左千夫／職人茂七：大森義夫／志乃：左時枝／鳥追いお銀：伊佐山ひろ子／おひろめの半次：津坂匡章／商人六兵衛：梅津栄／高木精四郎：青山良彦／百姓多吉：牧冬吉／飛脚常吉：島米八／奉行：永田光男／岡村仙左衛門：伊東義高／雲水：殿山泰司／中村主水：藤田まこと

【スタッフ】
制作：山内久司、仲川利久、桜井洋三／脚本：浅間虹児／音楽：平尾昌晃／撮影：石原興／美術：倉橋利韶／照明：染川広義／録音：武山大蔵／調音：本田文人／編集：園井弘一／助監督：家喜俊彦／装飾：玉井憲一／記録：牛田二三子／進行：鈴木政喜／特技：宍戸大全／装置：新映美術工芸／床山・結髪：八木かつら／衣裳：松竹衣裳／現像：東洋現像所／制作主任：渡辺寿男／殺陣：美山晋八／題字：糸見溪南／ナレーター：芥川隆行／制作協力：京都映画株式会社／主題歌：「やがて愛の日が」（作詞：茜まさお／作曲：平尾昌晃／編曲：竜崎孝路／唄：三井由美子／ビクターレコード）／監督：蔵原惟繕／制作：朝日放送、松竹株式会社

※本編クレジットは「岡村仙左衛門」を「岡村仙衛門」、「蔵原惟繕」を「蔵原惟善」と表記

大悪党のニセ涙

第16話

脚本：国弘威雄
監督：工藤栄一

己が無実を必死に訴える仙八、牢名主の小六は主水に教わった手で囚人解き放ちを成功させるが——。

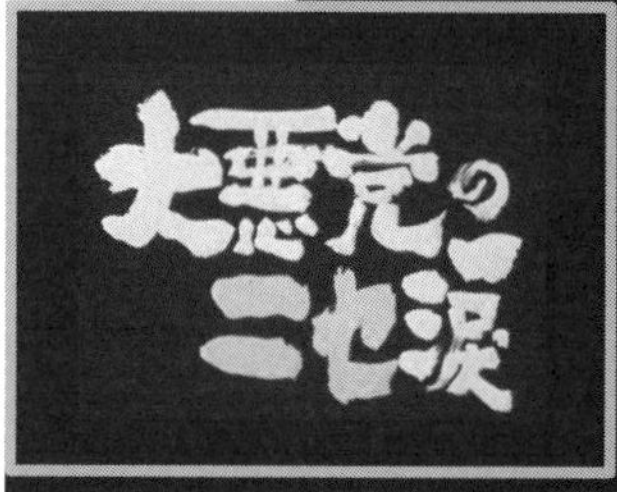

放映日◉ 1973年8月4日
視聴率◉ 20.2%(関東)
25.0%(関西)

火事と喧嘩は江戸の華——無実を訴える囚人のために牢名主が男気を見せる、天神の小六メイン回。「大悪党のニセ涙」というサブタイトルで先の展開は予想できてしまうが、小六の情深さとリーダーシップ、そして裏切り者は許さない非情を高松英郎がみっちり演じ分ける。じつに第6話「塀に書かれた恨み文字」以来の登場であり、同じく脚本は国弘威雄、ひさびさ小六親分の帰還にふさわしいエピソードが時代劇の匠によって活写された。

「あっしは人様に迷惑ばっかりかけてきた、ろくでなしだ。でも博打は打っても人殺しはしねえ。それにあっしには病気のおふくろが家にいるんです。そのおふくろは明日をもしれねえ命なんです」

涙ながらに訴える板前の仙八役は森次浩司。かつて『ウルトラセブン』のモロボシ・ダンを演じた子供たちのヒーローだが、すでに当時は悪役仕事が多く、ワルの香りを初手から漂わせる。それだけに後半で本性を現すシーンのどんでん返しが弱まっていることは否めないが、工藤栄一が囚人たちをひっくるめた集団時代劇としてのバイタリティたっぷりに突っ走る。

鉄の長屋での会話シーンは赤い襦袢を引き立てた「賭けた命のかわら版」に続き、屋根の上からの俯瞰で縁側を映して新鮮さをもたらす。鉄、錠、主水、三人のキャラ立ち完成度に加えて、中村家では、りつの「昼行灯《ひるあんどん》」発言が主水に直撃。「昼間のお化け」に代わる新たなニック

あらすじ

三国屋殺しの罪で板前の仙八が捕まった。手ひどい拷問を受け、傷だらけで牢にぶち込まれた仙八は、牢名主の小六に無実であることを訴える。ろくでなしだが人は殺さない、病気のおふくろにひと目だけでも会いたいと……。

ちょうどいい風が吹いてきた。仙八の願いを聞いた小六は、主水の助言に従って桶を割り、布をくくり付けて赤猫を招く。江戸市中の火事を受け、火の粉を牢に広げんとして、まんまと成功。三日後と期限を定めた全囚人の解き放ちが行われる。

仙八は寺の土を掘り返し、壺を見つけるが、その中身は空っぽ。奪った百五十両はどこに……そう、やはり仙八が三国屋殺しの下手人であり、それを目撃した幼馴染の万造は、すでに仙八の母みつを連れて行方をくらませていた。新たな住処を見つけた仙八は本性を現し、母の眼前で小判を手に狂喜、万造の女房おしずに襲いかかる。解き放ちの刻限を前に、小六は鉄に仕置を頼む。

ネームが登場した。

小六いわく「細工は流々、仕掛けを御《ご》覧《ろう》じろ」、赤猫を招く＝火事を起こすために囚人たちは、せっせと手作りの道具をこさえ、風向きに一喜一憂する。このあたり『新必殺仕置人』第31話「牢獄無用」における、逆方向の一致団結ぶりと見比べてみよう。いずれにしても牢番との癒着で、いろいろなものが牢内に隠されているのは変わらず、備えあれば憂いなし。

火事の描写は過去作のフィルムを使い回したものだが、囚人解き放ちの勢いは工藤栄一らしく〝三日だけの極楽〟を荒々しく追い立てる。驚くのは中村家のシーン、主水が火事を知って飛び出し、門を空けると、そこは大通り——逃げ惑う人々や遠くに火の手まで見える。

こんなサプライズが待っているのだから、必殺シリーズはやめられない。よくよく考えると八丁堀の組屋敷の前が大通りなわけはなく、それまでに狭い通路が映されてもしてきたが、工藤流の飛躍がワンカットに勝負を賭ける。仙八が小六をあざむいたように、まんまとあざやかな手口だ。


津坂匡章の弟、津坂浩史もゲスト出演。金を横取りして逃亡し、仙八の母の面倒を見る万造役だが、長屋で半次と会釈する共演シーンあり。そこまで顔は似ておらず、パッと見で兄弟だとは気づかない。

長屋のシーンでは、板戸の向こうに強烈な自然光を感じさせる大型ライトを設置し、セット撮影ながら通りいっぺんの画でなく、仙八の欲望をギラギラと映し出す。万造の女房おしず（京春上）を襲うシーンには主題歌「やがて愛の日が」を流し、エンディングでおなじみ太陽のアップをインサート。

続いて長屋の上にも朝日を掲げて、明け六つ（午前6時）の刻限前という、鉄と錠の出陣に工藤栄一らしい画と歌の融合が果たされた。

工藤は『暗闇仕留人』第1話「集まりて候」においても西崎みどりの「旅愁」をアタマから流し、あげくは東映の『影同心』第4話「欲にからんで殺し節」では朝月愛が歌う「風の女」を何度も繰り返して〝亜流必殺〟の精度を高めた。

国弘威雄のシナリオは解き放ちとなった仙八が、借金の踏み倒し先である上州屋の手下に追われるという〝枷〟を仕込んで、一筋縄ではいかせない。回向院の境内に戻ろうとするも手下に襲われて間一髪、「おうおうおう！」と囚人たちが仙八を護るさまが集団劇として熱い。

「せっかく罪一等が減じられるというのに、また罪を重ねる気か！」

同心の田口が囚人と上州屋一味の小競り合いを制止。田口役の森章二にとって、もっとも見せ場の多い回であり、まずは仙八を拷問にかけて役人としての苛烈さを示し（ピンク色の逆光を使ったハイスピードの水責めが出色！）、火事の際は囚人解き放ちの指令を叫び、回向院の門前では「中村、全部帰ってくるだろうな……」と不安を口にして人間味を垣間見せる。

最後は田口の点呼が響きわたるなか、囚人集合の本堂で仙八を仕置。「野郎、俺の顔に泥を塗りやがった！」——依頼人は小六だが、その直後、仙八が向けた笑顔にカッとしたところで即、主水が止めに入るくだりが絶妙。裏稼業を始める前から深い関係にあった小役人と大親分の友情だ。

セリフ選抜　「申し上げます。仙八はただいま急死いたしました」（小六）

主な登場人物

仙八
森次浩司

「牢から出しておくんなせえ！」と無実を訴える板前。水責めの拷問にあっても負けることなく、天神の小六を味方につけて大火によって解き放たれるが、すべては真っ赤な嘘。正真正銘、三国屋殺しの下手人であった。

1967年、『ウルトラセブン』のモロボシ・ダンで子供たちのヒーローとなった森次浩司は、松竹の専属を経てフリーに。ボウリングを題材にしたスポ根ドラマ『美しきチャレンジャー』ではコーチの高峰を演じ、70年代に入ると悪役を演じることが多くなった。

自宅が近所同士であり、73年に萬屋錦之介・淡路恵子夫妻の勧めで森次晃嗣に改名。『必殺仕事人V』第6話「りつ、減量する」では温泉宿に立て籠もり、『必殺仕事人V 激闘編』第1話「殺しの番号壱弐参」では北町奉行の神尾将監に扮した。

万造
津坂浩史

仙八が奪った百五十両を隠しているところを目撃した幼馴染。金を掘り出し、女房のおしずと仙八の母みつを連れて引っ越す。

津坂浩史は、半次を演じた津坂匡章の弟。1972年に『おでんお多福繁昌記』でデビューし、TBSの昼帯ドラマ『薩摩おごじょ』では小林亜紀子と駆け落ちする婚約者の弟役でダブル主演する。脚本は横光晃、なにやら『斬り抜ける』を彷彿させる設定だ。その後、間もなく芸能界から引退。

政吉
西田良

小六の腹心であり、牢内で仙八を介抱する。見るからに荒くれ者の江戸っ子で、大火で解き放ちとなるや女郎屋に特攻。仙八が回向院に戻る際も、上州屋の追手を威嚇して粗暴な人情味を見せつけた。「親分、いい極楽させてもらいましたよ！」と手土産を持って、上機嫌で小六と再会。

東映京都の大部屋俳優出身の西田良は、『燃えよ剣』の原田左之助が当たり役。必殺シリーズにおいては殺陣の名手として何度も見事な死に様を残した。『宇宙からのメッセージ　銀河大戦』で猿人バルーを演じたが、本人も認めるゴリラ顔であり、『必殺からくり人　富嶽百景殺し旅』第14話「凱風快晴」では松野宏軌監督の指名で女形の中村歌八に。80年代以降は上京し、北島三郎公演の舞台でも活躍した。

◆　◆　◆

囚人のうち、地獄の一丁目から帰ってきたことを誇示する武州無宿の源太役は伝法三千雄。関西の新劇人であり、丸い顔がトレードマーク。『新必殺仕置人』第31話「牢獄無用」では牢ジャックに加担する囚人を演じた。

上州無宿の貞次郎に扮した千代田進一は日本電波映画出身、細長い顔でユーモラスな役を得意とした。小六の言いつけで「あいよ」と桶を運んだり、火が消えたことを報告。『仕置人』と同時期に京都映画で撮影されていた『白獅子仮面』では目明しの一平としてレギュラー出演、古川ロック演じる同心田所と凸凹コンビを組んだ。趣味は落語と麻雀で、104時間ぶっとおしで打ち続けたこともあるという。

万造の女房おしず役は京春上。芸名の名付け親である作家の川端康成との縁から京都南座で行われた川端原作の演劇公演『雪国』でデビューし、70年代から80年代にかけて多くのドラマに出演した。

仙八の母みつを演じた三田一枝は、第4話「人間のクズやお払い」で腰を抜かしたおばあちゃん。病床から実の息子の外道ぶりを突きつけられる。

祭の夜に殺される三国屋役は岩田正、大映京都出身のベテランで『必殺仕掛人』第9話「地獄極楽紙ひとえ」では坊主頭を披露した。

シナリオと本編の違い／ロケ地／そのほか

ストーリーはシナリオどおりだが、牢内の描写など省略や変更が加えられている。貞次郎や源太のキャラクターはシナリオのほうが細かい。

仙八が隠した金を掘り起こすシーンのロケ地は、招善寺の墓地参道を使用。囚人たちが集合する本所の回向院は、粟生光明寺の石段、薬師門、そして最後の仕置シーンは本堂での撮影が行われた。石段で「罪一等が減じられるというのに」と田口が囚人と上州屋の争いを止めるシーン、シナリオでは主水の役割となっており、小六が鉄に仕置を依頼するシーンはシナリオにない。冒頭のお祭りで殺されてしまう三国屋のフルネームは三国屋治兵衛。

「なにしろ灯篭《とうろう》一本でお祭りを撮るんですから。提灯一つと灯篭があれば、神社の境内のお祭りになるわけ。人だけを望遠レンズで詰めて撮る。お金はない。セットはないというところで撮るんで、ああいう映像のスタイルができたんです」

大映京都出身の美術デザイナー内藤昭は『映画美術の情念』において必殺シリーズの現場をこのように語っており、工藤栄一の功績を示した。さすがに提灯一つと灯篭というわけではなく鳥居まで組んでいるが、「大悪党のニセ涙」のお祭りシーンが、まさにこの手法で撮影されており、内藤は予算やスケジュールの厳しい状況を批判的にも捉えている。

八畳の部屋と六畳の部屋を作れば、「これが百姓家にもなれば、宿屋にもなれば、江戸城の将軍の部屋にまでなる」と内藤は語っており、『必殺シリーズ秘史』では倉橋利韶と原田哲男が当事者の立場からの証言を残している。実際いかに同じセットを使い回すかという段取りはテレビ時代劇に不可欠であり、劇場用映画とは異なる技術が求められた。雨が降ってロケが中止になれば、大きな樽だけセットに並べて黒バックでシンボリックに撮影するのも必殺シリーズの得意技。

次回予告

父を陥れた証拠がほしい。それさえあれば付け火の汚名を着せられた父の恨みがはらせるのだ。だが、やつらの卑劣な手段の前には、あまりにも女の力は弱かった。人並みのしあわせすら味わうことなく、はかなくも散った女の哀れさに仕置人の怒りが燃えた。次回『必殺仕置人』にご期待ください。

【キャスト】
念仏の鉄：山崎努／棺桶の錠：沖雅也／中村りつ：白木万理／仙八：森次浩司／万造：津坂浩史／政吉：西田良／源太：伝法三千雄／貞次郎：千代田進一／おひろめの半次：津坂匡章／おしず：京春上／おりん：香月京子／みつ：三田一枝／同心：森章二／音松：芦田鉄雄／伝七：徳田実／三国屋：岩田正／仲居：三ツ星東美／遣り手婆：高木峯子／天神の小六：高松英郎／中村主水：藤田まこと

【スタッフ】
制作：山内久司、仲川利久、桜井洋三／脚本：国弘威雄／音楽：平尾昌晃／撮影：小辻昭三／美術：倉橋利韶／照明：中島利男／録音：二見貞行／調音：本田文人／編集：園井弘一／助監督：高坂光幸／装飾：稲川兼二／記録：野口多喜子／進行：黒田満重／特技：宍戸大全／装置：新映美術工芸／床山・結髪：八木かつら／衣裳：松竹衣裳／現像：東洋現像所／制作主任：渡辺寿男／殺陣：美山晋八／題字：糸見溪南／ナレーター：芥川隆行／制作協力：京都映画株式会社／主題歌：「やがて愛の日が」（作詞：茜まさお／作曲：平尾昌晃／編曲：竜崎孝路／唄：三井由美子／ビクターレコード）／監督：工藤栄一／制作：朝日放送、松竹株式会社

※本編クレジットは「高坂光幸」を「高坂幸光」と表記（18話、20話、23話、25話、26話も）

恋情すてて死の願い

第17話

脚本：桜井康裕
監督：長谷和夫

ごく当たり前の女になりたい！
父の汚名をそそぐため盗賊となった
姉妹だが、やがて心がすれ違う——。

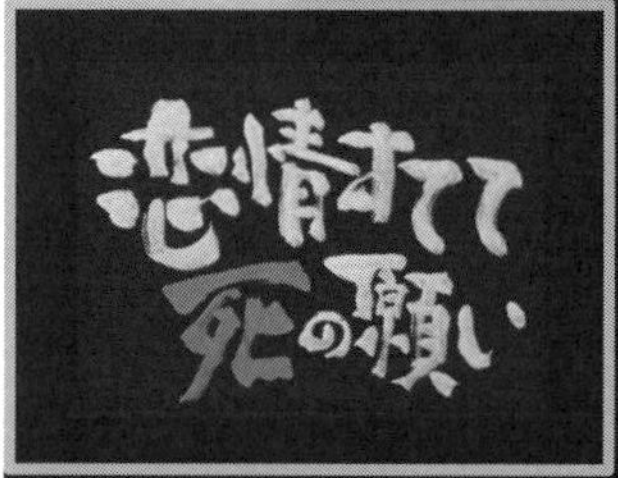

放映日◎ 1973年8月11日
視聴率◎ 20.2%（関東）
22.7%（関西）

火あぶりの刑に処されながら無実を叫んだ油問屋。残された娘のお美弥、お鈴は父の汚名をそそぎ、但馬屋の名誉を取り戻すため、ねずみ小僧のごとく書付《かきつけ》泥棒を繰り返す。

第2話「牢屋でのこす血のねがい」を思わせる女の復讐劇だが、結論から書いてしまうと彼女たちの努力は報われず、姉妹はそろって犬死にする。あたら乙女の貴重な青春を棒に振り、復讐に身をやつした末、最後までだまされ、搾り取られて無残に果てるのであった。そこに立ち会ってしまったのが、われらが仕置人。黙って見てはいられない。

復讐とは呪縛である……そんな真っ当な真理を見る者につきつけるエピソードだ。脚本の桜井康裕は『水戸黄門』『大岡越前』などテレビ時代劇でおなじみのベテランだが、必殺シリーズへの参加は珍しい。オープニングタイトル明けに「五年後」とすっ飛ばす大胆さも、飛び入り参加ならではの技か。但馬屋の処刑に立ち会い、竹矢来《たけやらい》越しに姉妹を押し止めていた主水は、三年前に中村家の婿養子になった設定が語られていたが、細かいところは気にすまい。

監督は『怪談残酷物語』などを手がけ、70年代からは活動の場をテレビに移した松竹生え抜きの職人、長谷和夫。闇と光のシルエット、夏の緑を印象的にあしらったイメージ演出に、ひとクセあり。シナリオにない、お美弥の斬首シーンを付け加え、ゆれる枝葉のピンボケを手前に配したスローモーションの画づく

あらすじ

油問屋の但馬屋彦兵衛は、同業者の企みにより放火の濡れ衣を着せられ、市中引き廻しのうえで火あぶりの刑に処せられる。それから五年、油問屋の書付ばかりを狙う怪盗が江戸の町に登場。ある夜、仕置を終えた鉄と錠は主水と出くわし、二人組の賊を追いかける。足を負傷した片割れを錠が捕らえてみると、なんと女。主水は但馬屋処刑に立ち会った際にいた娘だと気づく。

女の名は、お美弥。妹のお鈴と小料理屋を営み、父の濡れ衣をはらすために証拠の書付を狙う盗賊となったのだ。但馬屋で手代を務め、いまは上総屋という油問屋の主である清七は姉妹に協力し、お美弥と心を通わせていた。

お鈴は作次郎という若者と付き合っており、お美弥にそのことを話せずにいた。しあわせを掴もうとするお鈴は、意を決して説得するが拒まれる。お美弥は単身、堺屋五兵ヱの屋敷に忍び込もうとするが、その足の怪我を案じたお鈴が戻ってきてしまう——。

りで、夏の悲劇を引き立てる。

『空白の起点」より 女は復讐する』など松竹でサスペンス映画を手がけてきた長谷だが、もとは京都撮影所で時代劇の現場に従事。錠の怒りが炸裂する仕置では障子越しに血が吹き出す。これまでになく泥くさい仕置で、その後の演出回でも手槍にしたたる血にこだわりを見せており、なるほど『怪談残酷物語』でもドス黒い血が吹き出していた。

頑なに復讐心にとらわれ、本当の悪人がすぐそばにいることにも気づかない姉お美弥。仇討一辺倒の人生に疑問を持ち、新たな人生を前向きに歩んだほうがいいのでは……と気づきはじめる妹お鈴。姉妹のキャラクターを対照的に描き分けるシナリオが教科書的によくできている。悲惨な末路を予感させる「幸福になれたかもしれない分岐点」の配置もうまい。図らずも姉妹の悲運を間近に見届け、率先して立ち上がるのが激情型の錠というのも的確な人選だ。

お美弥役の長谷川澄子は思いつめた眼差しがよく似合い、その鮮烈な最期も記憶に残る。橋田壽賀子ファミリーの一員となり、テレビドラマに欠かせないベテラン女優となったお鈴役の中田喜子は、恋の甘さに目覚めた娘の葛藤を瑞々しく演じ、その後の活躍の片鱗を見せる。

但馬屋を陥れた黒幕の主犯、油問屋の堺屋五兵ヱを演じるのは、かつて剣戟スターとして名を馳せた明石潮。口舌滑らかに奸計をささやく老獪な江戸商人を妙演し、年季の違いを見せつける。

姉妹亡きあと、復讐を肩代わりする鉄と主水のやたら嬉々とした表情には、「呪縛なき殺し」を生業《なりわい》とする者たちの痛快な毒気がにじむ。標的に正体を問われた鉄が「いま巷で評判の仕置人だ！」と答えるセルフパロディ的なセリフからも、放映当時の人気の高さがうかがい知れよう。いわゆる「必殺仕置人殺人事件」による世間からのバッシングを弾き返すかのような勢いだ。

セリフ選抜

「女のしあわせをあれほど強く望みながら、それを知らずに死んでいった妹のことが、ただそれだけが心残りでございます」（お美弥）

主な登場人物

お美弥
長谷川澄子

長い髪を肩に流した結い上げがトレードマーク。火あぶりとなった但馬屋彦兵衛の娘であり、妹のお鈴とともに小料理屋を営みながら油問屋の書付を狙う。すべては罠にかかって死んだ父の無実をはらすためであった。愛する男の言葉を信じ、最後は奉行所に自首するが、打ち首となってしまう。

新派の市川翠扇の付き人からキャリアをスタートした長谷川澄子は、花柳章太郎に目をかけられ、1966年に舞台版『氷点』のヒロインを演じて注目を集める。フリーになったあとも『深川年増』『湯島の白梅』など新派の舞台を中心に活動した。

お鈴
中田喜子

姉のお美弥と怪盗稼業に精を出すが、女のしあわせを掴むために家を出る。しかし「たったふたりの姉妹じゃないの」と戻り、姉よりも先にあの世へ。

歌手から女優に転身した中田喜子は『仮面ライダー』で立花レーシングクラブのメンバーになったのち、1974年にTBSのポーラテレビ小説『やっちゃば育ち』に主演。90年スタートの『渡る世間は鬼ばかり』では三女の文子を演じてプライドの高さを叩きつけ、三度の離婚を繰り返す。最終的には社長となり、初代夫の亨(三田村邦彦)と仕事上のパートナーに。橋田壽賀子の自伝的小説をもとにしたNHK連続テレビ小説『春よ、来い』では途中降板した安田成美に代わって主人公を引き継ぎ、世間を驚かせた。

上総屋清七
岩下浩

お美弥、お鈴に協力する但馬屋の元手代。姉妹の信用を利用して、油問屋たちの上前をはねようとする。妹の死を悔やむお美弥の体を手に入れたのち、与力の永尾忠之と図って処刑場へと送り込む。奉行所の正門で見張っていた錠の裏をかく、一枚上手の悪党だった。

岩下浩は劇団民藝に所属し、『セールスマンの死』『炎の人』『どん底』などの舞台で大役を歴任。1988年の『3年B組金八先生』第3シリーズでは理科の石田先生を演じた。第1話の大滝秀治をはじめ『仕置人』における劇団民藝のキャスティングは、プロデューサーの櫻井洋三が芦田伸介と仕事をした際に「民藝、頼むよ」と念押しされたのがきっかけという。

◆◆◆

与力の永尾忠之役は、テレビ時代劇の悪役でおなじみ高野真二。松竹の専属を経てフリーとなり、ジャンルを問わず悪役を務めた。必殺シリーズには『必殺仕掛人』第21話「ゆすりたかり殺される」の一色主水が初登場となった。

堺屋五兵ヱ役の明石潮は、戦前の剣戟スターとして東亜キネマの『栄光の剣』や松竹下加茂の『平手造酒』などに主演し、舞台時代の仲間たちと明石潮一座を組んで巡業に出る。戦後は東映や松竹の映画に多数出演し、当時は映画界の最長老として活動。『涙』では若尾文子の父親、『幕末残酷物語』では裏切り者としてあぶり出される意外な役どころを演じた。

お鈴の恋人の作次郎役は高峰圭二。その後の必殺シリーズにおいては利己的な若者を得意としたが、当時は『ウルトラマンA』の北斗星司を演じたばかりであり、さわやかな魅力を発揮した。

火あぶりの刑となる但馬屋彦兵衛は、ノンクレジットだが真木祥次郎。関西をベースに舞台やテレビでコンスタントに活動し、1959年には松本清張原作のスリラー劇場『白い闇』で大役を務めている。

堺屋とともに但馬屋を罠にかけた備前屋、南部屋、伊勢屋、相州屋は、おじいちゃん役でよく出てくるが名前はクレジットされない大部屋俳優がキャスティングされている。

シナリオと本編の違い／ロケ地／そのほか

お美弥が斬首されるシーンは、現場で追加されたもの。シナリオでは主水が錠に話す「駆け込むと同時に永尾にバッサリ」というセリフだけで処理されていた。

処刑の様子に重なる錠への手紙の読み上げが哀れをさそうが、「女のしあわせをあれほど強く望みながら、それを知らずに死んでいった妹のことが、ただそれだけが心残りでございます」というくだりは、もともとお美弥と清七が結ばれるシーンで「ただ心残りは……女のしあわせを知らさずに、お鈴を死なせてしまったことです」というセリフが用意されていた。

鉄が仕置で使う紐は、シナリオには存在しない。錠が清七をめった刺しにする仕置シーン、障子に血しぶきが飛ぶ過激な演出となったが、ここも別のシチュエーション。錠が床下に忍び込み、寝ている清七を刺すという方法となっていた。かんざしを手にした清七が「とうとうなにも知らずに死んでいきやがった」と口にする部分をふくめて、カタルシスを優先した改訂が施されている。

シナリオのラストシーンは、姉妹が狙っていた念書を手に入れた主水が「付け火の証しになる書付だ……これで残りの油問屋をお白洲でな」と宣言し、鉄、錠、主水がそれぞれ別方向に去っていくというもの。本編は、かんざしを拾う錠の手元のストップモーションでスパッと締めくくられた。

北町奉行所は、おなじみの京都御苑の閑院宮邸跡長屋門だが、錠が溝の内側で主水を待ち受けるという珍しい使われ方をしている。与力永尾の仕置は、中ノ島橋の河川敷ロケ。橋の上からのアングルを多用して地面を映す。

サブタイトルの「恋情すてて死の願い」はエンディングでは「恋情すてて死の願」となっている。同じような例に『必殺仕掛人』第18話があり、メインは「夢を買います恨も買います」でエンディングでは「夢を買います恨みも買います」。

次回予告

闇に舞う般若の面、鋭く飛び交う小柄、それは呪われた過去であった。ささやかなしあわせを踏みにじられ、記憶すら失った娘の片言を手がかりに仕置人は動く。次週『必殺仕置人』にご期待ください。

【キャスト】
念仏の鉄：山崎努／棺桶の錠：沖雅也／鉄砲玉のおきん：野川由美子／お美弥：長谷川澄子／お鈴：中田喜子／清七：岩下浩／永尾忠之：高野真二／堺屋：明石潮／作次郎：高峰圭二／中村主水：藤田まこと

【スタッフ】
制作：山内久司、仲川利久、桜井洋三／脚本：桜井康裕／音楽：平尾昌晃／撮影：石原興／美術：倉橋利韶／照明：染川広義／録音：武山大蔵／調音：本田文人／編集：園井弘一／助監督：家喜俊彦／装飾：玉井憲一／記録：牛田二三子／進行：鈴木政喜／特技：宍戸大全／装置：新映美術工芸／床山・結髪：八木かつら／衣裳：松竹衣裳／現像：東洋現像所／制作主任：渡辺寿男／殺陣：美山晋八／題字：糸見溪南／ナレーター：芥川隆行／制作協力：京都映画株式会社／主題歌：「やがて愛の日が」（作詞：茜まさお／作曲：平尾昌晃／編曲：竜崎孝路／唄：三井由美子／ビクターレコード）／監督：長谷和夫／制作：朝日放送、松竹株式会社

備えはできたいざ仕置

第18話

鬼が、鬼が！ 般若、般若！ 能面姿の武士が繰り返す凶行、鉄の指先が新たな術を披露する。

脚本：勝目貴久
監督：松野宏軌

放映日◎ 1973年8月18日
視聴率◎ 21.6%（関東）
21.4%（関西）

狂気を扱った異色のエピソード。般若の面をかぶった良家の武士が、能を歌い踊りながら抜き身の刀を振り回し、恐怖に震えるうら若き女性を襲う。インパクト絶大なアバンタイトルで描かれるのは、完全なる異常変態性欲者の所業。しかし、狂気に導かれるのは、あわれな犠牲者の娘のほう……戦法は「目には目を、狂気には狂気を」。なんともやるせない展開だが、仕置人のタガの外れた狂騒がにぎやかに物語を彩るパワフルな回である。

真夏の放映らしく、のっけからハンモックにゆられて暑さをしのぐ鉄。続いて修験者の格好でインチキ祈祷を行うコミカルな場面も、ファンにはたまらないご褒美だろう。念仏の鉄＝山﨑努による遊び心たっぷりの芝居を存分に堪能できるエピソードとなっている。

ちょっとやそっとの脱線では揺るがない人気キャラの余裕すら感じさせるが、そんな鉄が不憫な町娘を救うために奔走するシリアスな表情も絶妙なり。普段はワルな自由人を気取る男がどうしても許せないもの、献身せずにいられないもの……その秘めたる熱情を垣間見るような感動的なシーンが狂騒に差し込まれる。

アルチザンとしてシリーズを支えた松野宏軌が、山﨑努との名コラボレーションを見せた貴重なエピソードだ。

凌辱されたショックで正気を失ってしまうヒロインのおさとを演じるのは、舞

あらすじ

能面姿で舞いながら女を襲う謎の武士。大工の佐吉の許嫁であるおさとがその毒牙にかかり、記憶を失ったまま戻ってくる。佐吉の介抱も、鉄の指技も通用せず、たちまち恐怖がよみがえって泣き叫ぶおさと。「鬼」「般若」「十兵衛」という手がかりから彼女をそんな状態にしたのは、勘定組頭の加納十兵衛であることが判明する。

みずから下手人を探す佐吉は、手がかりである丸岡の隠居を尾行するが、口の軽い隠居は橘屋文左衛門の寮で始末され、その様子を目撃した佐吉も殺し屋に囲まれて深手を追う。瀕死の状態で観音長屋に戻ると、心の均衡を失ったままのおさとが、佐吉から「たちばなや」という言葉を聞いて記憶を取り戻し、許嫁の死と向かい合う。

剣豪の十兵衛を仕置するため、鉄は夜な夜な加納家に忍び込み、忌まわしき暗示をかける。昼になれば、おきんが狂女を装って襲来。その繰り返しで精神が崩壊した十兵衛はさらなる凶事を引き起こしてしまう。

台中心に活動した新人女優の安倍玉絵。狂気を宿した目の演技、一瞬正気に戻るシーンでの表情の変化がすばらしい。当時の新聞記事には「山崎努も推薦する期待の新人」と紹介されており、テレビドラマ初体験の彼女をリードするかのように相手役を務める山﨑の〝受け〟の芝居も味わい深い。

また、おさとの正気を取り戻そうとする許嫁の大工、佐吉役の中井啓輔の好演も光る。その後は悪役を主としたコワモテ俳優の、真摯な姿。「たちなばや」というキーワードで、おさとが記憶を取り戻してしまう雨のシーンが胸を打つ。それまでの積み重ねあったればこそ、おさとに会うため観音長屋の階段を降りていくシーンでは従来の回では見られない角度からのロングショットでポツンと佐吉を映し、バックに並べられた傘の連なりも叙情を引き立てる。

権威を隠れ蓑にして夜な夜な猟色を繰り返す変態侍の正体は、勘定組頭の加納十兵衛。家柄もよく、剣腕も立つ。そんな強敵を演じるのは『新三匹の侍』で安藤昇、長門勇とともに主演を務めた高森玄。砂塵吹き荒れる宿場で、血と汗にまみれた〝やせ犬〟として悪党どもをぶった斬ってきた高森が3年後、仕置される側として京都映画に戻ってきた。

『新三匹の侍』はフジテレビの五社英雄アワーで放映された全13話のマカロニ時代劇であり、松野宏軌も「血しぶき賽《さい》の河原」という大アクションの一編を演出。「申《さる》の刻には獣が死ぬ」「巡礼女の唄が聞える」など、見ごたえあるエピソードも多く、ギャングスター安藤昇唯一のテレビ主演作としてソフト化を望みたい。おっと、ちと脱線が過ぎた。本筋に戻ろう――。

まともに立ち向かっては勝てる相手ではないと主水も恐れをなす加納十兵衛に、いかにして立ち向かうか？　敵も狂気に染めちまえばいい！　おきんが狂女に扮し、敵の懐に潜り込み「じゅ〜べえ〜！」と連呼しながら大活躍（どういうわけか半次も乱心）。野川由美子と津坂匡章の熱演が不謹慎なほどにハマってる。鉄のねちっこいマインドコントロール術も斬新だ。

「狂った剣豪ほど手ごわいものはないのでは？」という疑問も生じるが、手裏剣の名手を相手に問答無用の一太刀を加える主水がとにかくかっこいいので、すべて帳消し。最後に「女の敵」を殺し終えた鉄の表情は、もはや美しくさえある。

全体として、これまでの設定無用の暴走が目立つ回だが、脚本の勝目貴久は、近代映画協会で新藤兼人や吉村公三郎の助手を務めたのち脚本家に転身、『ともだち』『新どぶ川学級』『四年三組のはた』などの児童映画や『七人の刑事』『三匹の侍』などのドラマで活躍した。

あえて当時の表現をそのまま使うと「精神薄弱児施設」を取材した記録映画『われら人間家族』の監督も手がけた勝目は、そうしたテーマに強い意識を持つ社会派のドキュメンタリー作家という顔もあった。しかし、必殺シリーズへの参加は、これ一本でおしまい。そもそも『仕置人』後半は単独参加の脚本家が多く、14話の三芳加也から最終話の梅林貴久生まで6人……みな『助け人走る』に回ったのか、それ以外の理由もあったのか、ほとんどレギュラー選手が抜けた状態での試合が続くことになる。

主な登場人物

佐吉
中井啓輔

行方不明になった許嫁のおさとを捜す一途な大工。ようやく再会するも記憶が失われており、献身的な介抱をするが、最後は橋屋文左衛門の寮に潜入して殺し屋の集団に始末されてしまう。

中井啓輔は劇団民藝、俳優小劇場を経てテレビで活躍。悪役のイメージが強いが、意外にも必殺シリーズ初登板は善良な大工であった。ギャラクシー賞の選奨を受賞した『必殺からくり人』第2話「津軽じょんがらに涙をどうぞ」では大蔵屋番頭の長右ェ門として、花火とともに打ち上げられて爆死。『新必殺仕事人』第14話「主水悪い夢を見る」では枕絵に情熱を注いだあげく命を奪われる上方絵師の住吉茂信に扮して、不気味な印象を残した。

加納十兵衛
高森玄

般若の面で能を舞いながら女を襲う勘定組頭。三河以来の名家にして剣と手裏剣の使い手である。鉄のマインドコントロール術によって精神を破壊された。

高森玄は高城裕二を経て高橋俊行の名で再デビュー、1968年のテレビ時代劇『待っていた用心棒』に抜擢されて〝狂犬〟を演じ、さらに高森玄と改名して『新三匹の侍』では二刀流の楓源三郎として安藤昇、長門勇とトリオを組んだ。ニセ三匹が登場する第12話「訣れの鐘が鳴っている」では旧シリーズを手がけた勝目貴久が脚本を執筆し、京都映画の深田昭が監督を務めている。その後は悪役が多くなり、高橋俊行に名を戻したあと70年代後半に俳優業から引退した。

橋屋文左衛門
田口計

江戸有数の材木商であり、加納十兵衛と結託して甘い汁を吸う。殺し屋を四人も雇っており、番頭の五助はみずから人殺しに手を染めるなどアグレッシブ。

悪徳商人が十八番の田口計は、東大在学中の1955年に山本薩夫監督の映画『愛すればこそ』に出演し、俳優活動を始める。声優としても注目を集め、自身が立ち上げた劇団新劇場では演出も手がける。カンロのど飴のCMでは川合伸旺と共演し、「おぬしもワルよのう」というセリフを編み出したという。「悪役俳優が善人を演じるとグッとくる」との法則どおり、『必殺仕事人』第33話「炎技半鐘撲り」では町火消しの頭である吉蔵に扮し、涙を誘った。

◆　◆　◆

狂気にさいなまれる佐吉の許嫁、おさとを演じたのは安倍玉絵。1972年に勅使河原宏監督の映画『サマー・ソルジャー』でデビューし、注目を集めた新人だ。『仕置人』以降のテレビ出演は少なく、舞台を中心に活動。木冬社の第一回公演『夜よ　おれを叫びと逆毛で充す　青春の夜よ』では山﨑努と共演し、『楽屋　流れ去るものはやがてなつかしき』においては女優Aを演じて高い評価を受けた。

丸岡の隠居役はベテランの藤尾純、戦前から喜劇の舞台を中心に活躍し、東宝の映画にも数多く登場。女優の中原早苗の父親であり、ということは深作欣二の義父にあたる。橋屋の番頭の五助役は出水憲司。丸岡の隠居を絞め殺し、最後は振り向きざまに錠の手槍をくらって死亡する。

主水に佐吉殺しの探索中止を申し渡す筆頭与力は唐沢民賢であり、ということは第2・3話の高坂に顔が似ている。職人姿の殺し屋四人組のうち、最後に錠に刺し殺される若手は城義光。ノンクレジットのメンバーは扇田喜久一、丸尾好広、広田和彦の大部屋俳優トリオ。異変を感じてドタドタやってきて、いちばん先頭で錠に刺される痩身が扇田である。

十兵衛の狂気の被害者となってしまう妻を演じた松本荷葉は、第2話「牢屋でのこす血のねがい」では夜桜見物に参加し、「あら、旦那が京都から呼んだんじゃなんですか?」と質問に質問で返す芸者役。おきんの潜入能力の高さにあらためて感心する一編だ。

シナリオと本編の違い／ロケ地／そのほか

かなりシナリオの改訂が行われた回である。ファーストシーンはお酌をするおさとから始まっていたが、早々に般若の面の十兵衛が登場する展開に。生きて戻ってきたものの精神のバランスを崩してしまったおさとが「佐吉、食え！」と言い放ち、鉄と半次と佐吉を全員佐吉扱いして、ちくわを口に入れる宴会のシーンがあったが、カットされている（ちくわは佐吉の好物）。

「俺のこの指がしゃべらせてるのだよ」という鉄のマインドコントロール術が、おさと相手に成功するシーンがあったが、本編では失敗する。橘屋の雇った殺し屋は「黒い四人」とト書きに指定されており、侍ではなく服装は町人風で仕込み杖の居合い抜きを使う集団とある。筆頭与力の役名はなし。

シナリオにおいて加納十兵衛の前で狂女のふりをするのは、おさと本人。本当に面識がある状態で「このおさとを死ぬほど好きだと仰ったではないですか！」と迫る。「おさとちゃん、なかなか堂に入ってるじゃねえか」「おもしろそうだね、わたしもやっちゃお」という会話から、おきんと半次も仲間入り。さらには近所の子供たちまで真似をして「十兵衛どの！」と騒ぐ。

「気ちがいの真似って、やってみると楽じゃないね」「ホントのときはもっと疲れたわ」という、おきんとおさとの会話があったがカット。十兵衛の妻、シナリオでは斬られない展開で、十兵衛の現状をめぐって家族会議が開かれる。

十兵衛と主水の斬り合い、錠が「あれが鬼の正体だ！」とおさとに教え、佐吉の大工道具であるノミを手に復讐を遂げるストーリーになっていた。

橘屋番頭の五助は殺し屋同様に仕込み杖を使う設定。橘屋から十兵衛の暗殺を命じられ、殺し屋四人組は立ち去る流れになっていたが、本編では五助とともに錠に仕置される。

おさとが療養する場所は西寿寺、加納十兵衛の屋敷は相国寺大光明寺、十兵衛を主水が斬り捨てる林は鳥居本八幡宮がロケ地に選ばれている。

次回予告

飢饉、打ちこわし、世情の不安をよそに権力と金が結びついて己を肥やそうとするとき、その陰で泣く者たちの恨みは一体だれが背負うのか。次週『必殺仕置人』にご期待ください。

【キャスト】
念仏の鉄：山崎努／棺桶の錠：沖雅也／鉄砲玉のおきん：野川由美子／佐吉：中井啓輔／加納十兵衛：高森玄／橘屋文左衛門：田口計／おさと：安倍玉絵／おひろめの半次：津坂匡章／丸岡の隠居：藤尾純／番頭五助：出水憲司／与力：唐沢民賢／大家：日高久／同心：森章二／若い女：中村朋子／瀬田：美鷹健児／若い役人：松尾勝人／殺し屋：城義光／十兵衛の妻：松本荷葉／中村主水：藤田まこと

【スタッフ】
制作：山内久司、仲川利久、桜井洋三／脚本：勝目貴久／音楽：平尾昌晃／撮影：中村富哉／美術：倉橋利韶／照明：中島利男／録音：二見貞行／調音：本田文人／編集：園井弘一／助監督：高坂光幸／装飾：稲川兼二／記録：野口多喜子／進行：黒田満重／特技：宍戸大全／装置：新映美術工芸／床山・結髪：八木かつら／衣裳：松竹衣裳／現像：東洋現像所／制作主任：渡辺寿男／殺陣：美山晋八／題字：糸見溪南／ナレーター：芥川隆行／制作協力：京都映画株式会社／主題歌：「やがて愛の日が」（作詞：茜まさお／作曲：平尾昌晃／編曲：竜崎孝路／唄：三井由美子／ビクターレコード）／監督：松野宏軌／制作：朝日放送、松竹株式会社

罪も憎んで人憎む

第19話

脚本：国弘威雄
監督：蔵原惟繕

餓死者続出、大飢饉の余波で鉄と錠は無宿人狩りで牢に送られ改革を目指す若者とめぐり合う。

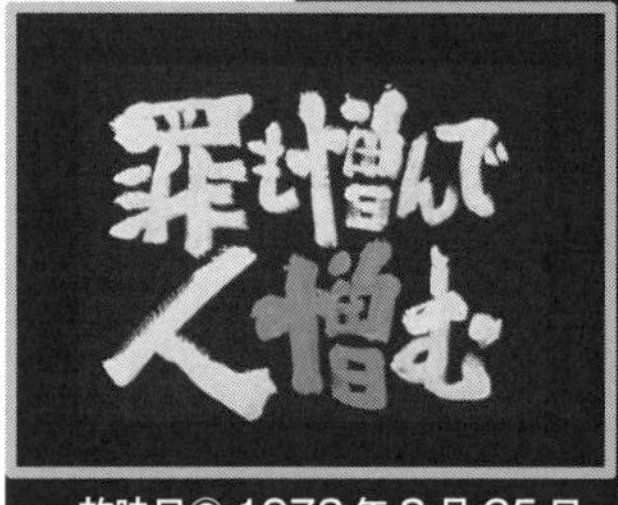

放映日◉ 1973年8月25日
視聴率◉ 21.8%（関東）
25.0%（関西）

飢饉が江戸を襲い、町じゅうに餓死者があふれるなか、幕府は小判を改鋳してボロ儲け、怒った庶民の打ちこわしは日常茶飯事に……まさに世情は混乱の極み。そんなとき突然の無宿人狩りで牢屋に放り込まれてしまった鉄と錠。それは佐渡金山の人足を急きょ増員しようと目論む、老中の秋山但馬守と金座の後藤庄三郎による強引な企みだった。

このままでは島送りにされちまう！　絶対に佐渡へは戻りたくないと抵抗する鉄、激しい拷問にも決して素性を明かさない錠。そんな二人を救おうと主水は策を練るのだが……。

秋山但馬守役に伊丹十三、後藤庄三郎役に加藤武という充実の敵役キャストを迎えた、スケール豊かな一編。世情不安に覆われた江戸を舞台に、幕府の命令で貨幣鋳造を担う組織＝金座を取り仕切る老中と商人の陰謀、改革派の暗躍、歪んだ父子のドラマ、そしてチーム解散の危機にさらされた仕置人たちの必死の抵抗が、複雑に錯綜しつつもダイナミックに展開する。

前半から中盤にかけては、主水が獄中の仲間を救い出すために奔走し、その昼行灯らしからぬ姿に胸が熱くなる。

「これで俺も奉行所とはおさらばかもしれん。だが、やつらを見殺しにするわけにはいかねえや」

おきんに言い放つ主水の覚悟が、なん

あらすじ

未曾有の大飢饉のなか、打ちこわしで得た米を食らっていた観音長屋の面々。そこに奉行所の役人たちが無宿人狩りとして踏み込み、代表して名乗り出た鉄と錠は牢に送られる。それは老中の秋山但馬守と金座の後藤庄三郎が仕組んだ陰謀、佐渡金山の人足を増員し、江戸の治安も図ろうという一挙両得の計画であった。さらに後藤と秋山は小判鋳造の混ぜ物を増やし、私腹を肥やしていた。

苛烈な拷問を受ける鉄と錠は、牢内で無口な若者と出会う。いっぽう主水は後藤の息子である精一郎が牢にいることを突き止める。父に反発する精一郎は、改革派の星野淡路守の一派に加入しており、牢の若者こそ無宿人狩りに巻き込まれた精一郎だった。

主水は強引に後藤と秋山に会い、精一郎のことを切り出すが、まったく効果なし。鉄、錠、精一郎の佐渡送りが決まり、唐丸駕籠を襲う覚悟を決める主水だったが、改革派の門田らが目の前で行列に斬り込みをかける。

ともアウトロー感バリバリで頼もしい。最終回での〝ある行動〟にも直結する決断だ。

捕えられた無宿人のなかには後藤庄三郎の息子、精一郎（川口恒）も混じっていた。精一郎は悪事を続ける父親と縁を切り、秋山但馬守の政敵で、改革派の星野淡路守の一派に与《くみ》する。

そして仲間の助けで脱獄に成功するものの、予期せぬ改革派の変節に苦い幻滅を味わうことになる。反体制・反権力を志す若者の理想が打ち砕かれるドラマは、本作前年の1972年、あさま山荘事件で終止符を打たれた新左翼学生運動の末路を見るかのよう。さらに精一郎自身の青くささ、裕福な出自が反論の隙を与え、見る側にまで居心地の悪さを与えてくれる。

「われわれが無頼漢なら貴様はなんだ？悪徳御用商人後藤の小倅《こせがれ》ではないか！」

脚本の国弘威雄は『必殺仕掛人』においても第18話「夢を買います恨も買います」で同様のテーマを扱っており、主水もまた（なにかしらの挫折を経て）奉行所の役人として唯々諾々と暮らしながら裏稼業に活路を見出しており、ある種のシンパシーとともに経験者ゆえの厳しさで精一郎に接する。

後半はアクションシーンも大きな見どころ。罪人たちを唐丸《とうまる》駕籠《かご》に押し込んで佐渡へと護送する隊列に、改革派の一団が襲いかかる闇夜の集団戦は、さながら犯罪映画の脱獄スペクタクルの趣き。

どさくさ紛れに自由を得た鉄と錠は、小判の製造法に細工してカネを生む庄三郎たちのあくどいからくりを知り、彼らのアジトに乗り込んでいく。鉄と錠のダブルアタックをカットバックで見せる肉弾戦がこれまた見ごたえあり。

躍動感あふれる手持ちカメラ、登場人物のエモーションにまで食い込むようなクローズアップ、観音長屋を俯瞰で捉えた見事なクレーンショットなど、多彩なカメラワークが白熱のドラマと迫真のアクションを盛り上げる。蔵原惟繕のパワフルな演出に圧倒される一編だ。

セリフ選抜

「どんどん食って、どんどん仕置して、ぴんぴん生きていきましょう！」
（おきん）

主な登場人物

後藤精一郎
川口恒

無宿人狩りによって捕縛された若者。金座の後藤庄三郎の息子であり、星野淡路守の一派に与して幕府の革新を望んでいる。天下国家を論じながら遊興に明け暮れる同志を「盗人以下の無頼漢だ!」と非難するが、すぐに反論されてしまう。

川口恒は１９６７年にテレビドラマ『あいつと私』でデビューし、日活の映画やドラマを中心に青春もので活躍。父は作家の川口松太郎、母は女優の三益愛子、兄は川口浩という芸能一家の次男坊。『犬神家の一族』では犬神佐智を演じるが、78年に芸能界を引退した。

秋山但馬守
伊丹十三

老中として権勢を振るい、金座の後藤庄三郎と組んで富を得るいっぽうで、飢饉を呼び起こして庶民を餓死に追い込み、無宿人を佐渡に送り込む。「その方ごとき木っ端役人が口を出すのもおこがましいが、ま、このような席でのことだ。なかったことにしておいてやろう」と、主水相手に余裕と傲慢を示す。

映画監督の伊丹万作を父とする伊丹十三は、商業デザイナーや大映の専属俳優を経てマルチなタレントとして活躍し、著書も多数。１９８４年に山﨑努主演の『お葬式』で映画監督デビューし、10本の長編を残した。蔵原惟繕監督の『執炎』では浅丘ルリ子とともに主演、『助け人走る』第25話「逃亡大商売」では逃がし屋の弥平次に扮して表稼業の古着屋で壁ぶち抜きの派手な死に様を披露した。

後藤庄三郎
加藤武

小判を鋳造する金座を取り仕切り、その調合をごまかして秋山とともに私利私欲に走る。もはや精一郎との間に父子の情などなく、秋山との関係性への切り札としてのみ生かしていた。

文学座を中心に活動した加藤武は、「仁義なき戦い」シリーズの打本組長や『犬神家の一族』から始まる金田一耕助シリーズの警察幹部役でコワモテながらユーモラスな味わいを見せた。後者では「ようし、わかった!」が決めセリフとなり、役柄が代わっても継承された。晩年は文学座の代表を務めている。

◆◆◆

改革派の門田を演じた金井進二は劇団民藝出身、精一郎の批判に対して「おぬしはその無頼漢と軍資金で吉原に遊び、酒を飲んだことはなかったのか?」と反論の余地を与えない。『必殺仕置屋稼業』第1話「一筆啓上地獄が見えた」では、主水にボコボコにされる元瓦職人を演じた。

おその役の今村京子は新劇女優として必殺シリーズ唯一の出演作に。おそのの父である小判師の為造を演じた海老江寛は関西新劇人のベテラン、俳優になる前は映画演劇労働組合の専従であった。

与力としてまたも唐沢民賢が登場。シナリオ段階の役名は「高坂」となっており、国弘威雄イズムを感じる。精一郎に話しかける無宿人の仙太を演じたのは劇団新国劇の井手良男。冒頭で飢え死にする弥助役の芝田総二は、大映京都出身のベテランだ。

鉄が僧侶を務めていたのは上州の相慶寺、檀家の人妻と関係を持ったことから女犯の罪で佐渡送りに。

シナリオと本編の違い／ロケ地／そのほか

打ちこわしのあとの、「どんどん食べて、ぴんぴん生きていきましょう！」というおきんのセリフや鉄とのコミカルなやり取りは現場で追加されたもの。ということは、ラストのセリフも同様である。鉄の取り調べ、シナリオでは拷問蔵ではなく白洲で行われており、牢内では仙太が無宿人の境遇を語るセリフがかなり長く用意されていた。

改革派の門田や小吹、吉野による唐丸駕籠襲撃、シナリオでは牢屋敷の処刑場となっており、主水の覚悟や「これで俺も奉行所とはおさらばかもしれん。だが、やつらを見殺しにするわけにはいかねえや」も現場改訂によるもの。全体にセリフ主体で動きの少ないシナリオを演出で派手にしている。精一郎に斬りつける公儀隠密、シナリオでは虚無僧姿ではなく黒装束を身にまとっており、「体が宙に飛んで逃げ去る」とト書きにある。

クライマックスの仕置シーン、シナリオでは秋山但馬守によって為造が斬られる。本編では後藤庄三郎によって顔を焼かれ、生死は不明。ラストの舞台は観音長屋ではなく、大川端で小舟に乗っている仕置人たち。向かいの屋形船から「星だ星だよ　淡路の星は　救い星だよ　人助け　あゝ世直し　世直し」という歌が聞こえてくる。星野淡路守が老中に就任し、いったんは治安がよくなったことに対して「でも今度は、新しいやつらをやらなきゃならねえかもしれねえなぁ」という主水の皮肉なセリフがあったが、カットされた。

北町奉行所は表門、金座は明智門、それぞれ大覚寺がロケ地に使われている。おきんが主水に金座の内部事情を話すシーンは大沢池の木戸であり、灯籠を並べて新味を出している。スイカのアップからカメラがぐんぐん上昇して観音長屋の路地を映し出すラストのクレーンショット、立体的なカメラワークであり、建物の位置関係などがよくわかる。

次回予告

追いつめられ、深手にあえぎながら男はつぶやく。俺はまだ殺らなきゃならねえやつがいる。そいつを殺るまでは——恨みとも呻きともつかぬ叫び声をあげて、男は死んでいった。次週『必殺仕置人』にご期待ください。

【キャスト】
念仏の鉄：山崎努／棺桶の錠：沖雅也／鉄砲玉のおきん：野川由美子／後藤精一郎：川口恒／門田：金井進二／おその：今村京子／秋山但馬守：伊丹十三／与力：唐沢民賢／為造：海老江寛／仙太：井手良男／喜作：藤沢薫／音造：日高久／小吹：田中弘史／吉野：志賀勝／同心：森章二／常吉：市川男女之助／弥助：芝田総二／虚無僧：黛康太郎／後藤庄三郎：加藤武／中村主水：藤田まこと

【スタッフ】
制作：山内久司、仲川利久、桜井洋三／脚本：国弘威雄／音楽：平尾昌晃／撮影：石原興／美術：倉橋利韶／照明：染川広義／録音：武山大蔵／調音：本田文人／編集：園井弘一／助監督：家喜俊彦／装飾：玉井憲一／記録：牛田二三子／進行：鈴木政喜／特技：宍戸大全／装置：新映美術工芸／床山・結髪：八木かつら／衣裳：松竹衣裳／現像：東洋現像所／制作主任：渡辺寿男／殺陣：美山晋八／題字：糸見溪南／ナレーター：芥川隆行／制作協力：京都映画株式会社／主題歌：「やがて愛の日が」（作詞：茜まさお／作曲：平尾昌晃／編曲：竜崎孝路／唄：三井由美子／ビクターレコード）／監督：蔵原惟繕／制作：朝日放送、松竹株式会社

狙う女を暗が裂く

第20話

脚本：鈴木安
監督：田中徳三

あいつは鬼だ、鬼寅だ！一晩で五人を殺した板前が逃亡、おきんを人質に立て籠もる。

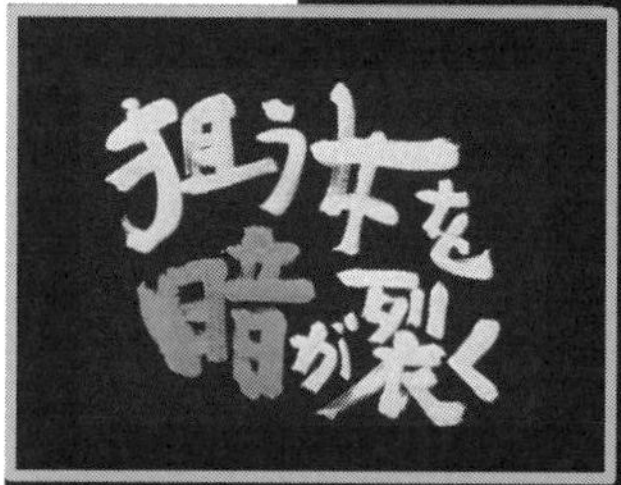

放映日◎1973年9月1日
視聴率◎28.0%（関東）
33.2%（関西）

鬼寅と呼ばれた五人殺しの凶悪犯が、おきんを人質に立て籠もる。関東関西ともに『必殺仕置人』全26話の最高視聴率を叩き出したエピソードであり、野川由美子と夏八木勲の二人芝居がメインの密室劇となった。

まず芸者の蝶丸が殺される。小粋に笑う真屋順子が出てきたと思ったら刺され、すだれの影がかかった不穏な表情が3カット立て続けに……あえて顔の向きも光の加減も異なる積み重ねで手間をかけた違和感を示す。

「お前は誰なんだい!?」

慌てふためく商人たち。その場にいた和泉屋（沢村宗之助）、伊勢屋（郡司良）も包丁の餌食となり、たちまち三人が死亡する。さらにサブタイトルを挟んで岡っ引きの死体が見つかり、逃亡中に二人……かくて板前の寅吉、いや五人殺しの鬼寅が、江戸の町に放たれる。

「まったく思い当たる節がないんだ。なぜ、わしを殺そうとしたのか、わからない……」

お座敷で唯一生き残った坂倉屋（清水彰）が恐怖と疑問を感じ、観音長屋でおきんを監禁した鬼寅の口から動機が語られるミステリ仕立ての構成となっている。脚本の鈴木安は、シナリオ研究所で国弘威雄に師事した若手であり、前作『必殺仕掛人』では第25話「仇討ちます討た

あらすじ

芸者の蝶丸、和泉屋、伊勢屋、そして二人の岡っ引き……一晩で五人を殺めた板前の寅吉は〝鬼寅〟と呼ばれて怖れられる。難を逃れた坂倉屋には、まったく思い当たる節がなく、なぜ凶行に及んだのかがわからないが、行方不明の鬼寅に賞金をかける。

町方の捜索が続くなか、おきんが長屋に戻ると、そこには包丁を手にした鬼寅がいた。鉄がやってくるが、ごまかして追い返す。おきんは焼酎を手に鬼寅の傷の手当をし、「あんたがここに飛び込んできてそんなに長くないのに、なんだか昔から知ってた気がするよ」と語る。お互い飛騨の高山出身だと判明、異変に気づいた鉄と錠が入ってきて一触即発となるが、おきんの説得により、鬼寅は蝶丸との出会い、殺しに至るまでの経緯を話す。

ついに町方に包囲され、おきんを人質に飛び出す鬼寅。大捕物でその命が奪われ、「あたしが見つけたんだ！」とおきんが叫ぶ。鉄と錠は坂倉屋へと向かった——。

せます」、第31話「嘘の仕掛けに仕掛けの誠」を国弘とともに共同執筆。本作が必殺シリーズ初の単独シナリオにして最後の参加となった。

　五人殺しという行為だけでなく、視点の違いによる残酷さ。なぜ狙われるのか、わからないままに懸賞金を出す坂倉屋。要は「蝶丸の魅力、朴念仁《ぼくねんじん》の板前を狂わす」という座興によって、みなの人生ごと狂った。お遊びが過ぎた。

「ひょっとしたら板さんを待っていたのかもしれない」

「悪い冗談はよしておくんなさい」

――本当に悪い冗談だった。初心《うぶ》な寅吉は、あっという間に蝶丸にのめり込み、引っかかって外れなくなる。夏八木勲の濃い顔から吹き出す〝男の屈辱〟に乗れるかどうかが評価の分かれ目だが、無関係の岡っ引き二人の殺しは見せず、おきん視点で同情を煽る。主水不在のエピソードゆえ奉行所の動きは最小限、ほとんどが長屋と回想で進行される。

　次第に密室下の距離は近くなり、うっすらとエロスをまとう。気がつけば、おきんは寅吉を「あんた」と呼び、寅吉もまた「今度生まれてくるときは、あんたのような女の人に」と、惚れっぽい性格まで似通っている。もっと早く出会えていたら……そんな願いもむなしく、寅吉は大捕物で斬られ、おきんは怒りと哀しみのなか懸賞金＝仕置料への執着を発揮する。

「お前は誰だ?」

「鬼寅だ」

　今度こそ見ず知らずの鉄に仕置される坂倉屋。お大尽《だいじん》のお座興の代償はあまりに大きかった。手下は留造（御影伸介）を除いて役名もなく、出演者としてクレジットされることもなく仕置され、殺しのシーンは妙に猛々しい。

　監督は田中徳三。必殺シリーズ初登板で男の純情と執着をじっくり抽出し、その後は松野宏軌に次ぐ本数を送り出す。すでに京都映画で『新三匹の侍』『紫頭巾』を手がけており、とくに『必殺仕事人』以降、多作を誇った。幽鬼のような鬼寅の登場もズームの往復でコンパクトに要点を絞る。

　鬼寅のモデルは、大正時代に起きた「鬼熊事件」だろう。荷馬車引きの岩淵熊次郎が痴情のもつれから四人を殺して山に逃亡、同情すべき犯人として協力者が相次ぐ騒動になった。火曜サスペンス劇場『下弦の月　鬼熊事件』では火野正平が鬼熊に扮しており、初心な男の同情を誘った。

　また、男が女の部屋で事件を起こすという共通項から、いわゆる「必殺仕置人殺人事件」の暗喩だと感じた関係者もおり、そう考えると「狙う女を暗が裂く」というサブタイトルまで思わせぶりだ。いささか不謹慎が過ぎる気もするが、これも必殺シリーズらしい反骨精神というべきか。

セリフ選抜

「あたしが見つけたんだ。だから五両は、あの金は。鬼寅は……あたしが見つけたんだ。あたしが見つけたんだ!」（おきん）

主な登場人物

寅吉
夏八木勲

芸者を殺し、商人を殺し、岡っ引きを殺し、鬼寅と恐れられた連続殺人犯。おきんを人質として長屋に潜むが、事件の裏には哀しき過去があった。「あんたがここに飛び込んできてそんなに長く経ってないのに、なんだか昔から知ってたような気がするよ。ひょっとしたら、どこかで会ってたかもしれないね」とシンパシーを寄せられる。お互い飛騨高山の生まれであった。

俳優座養成所「花の15期生」出身の夏八木勲は、東映と契約して1966年に映画『牙狼之介』で主演デビュー。男くさい魅力をギラギラさせて、東映退社後は三島由紀夫の浪曼劇場に参加、70年代後半からは『人間の証明』『野性の証明』『白昼の死角』『戦国自衛隊』など角川映画で活躍した。1978年から1984年の間は、夏木勲名義。

蝶丸
真屋順子

「水商売ってよく言ったもんね。浮いて、流れて、また流されて」。酸いも甘いも噛み分けた芸者にも純な心があったかに見えたが、流されたのは寅吉のほうだった。その執着心までは読み解けず、包丁で刺し殺される。

俳優座養成所13期生出身の真屋順子は当時、劇団雲に所属。その後は演劇集団円に参加し、テレビでは悲劇のヒロインから悪女まで演じ分け、萩本欽一のバラエティ番組『欽ちゃんのどこまでやるの!』のお母さん役で家庭的なイメージを定着させた。「あの一幕には、まだお前さんの知らない大詰めがついてたんですよ」と語る蝶丸の、ライティングが怖い。

和泉屋
沢村宗之助

坂倉屋、伊勢屋とともに蝶丸の座興に参加して大笑い、すっかり忘れたころ、寅吉がやってきて命を奪われる。

沢村宗之助（澤村宗之助とも）は歌舞伎俳優の初代澤村宗之助の家に生まれ、二代目を襲名。戦後の1954年には東宝と契約して映画俳優となり、やがてテレビにも進出する。弟に俳優の伊藤雄之助がおり、兄弟ともに必殺シリーズにゲスト出演。『必殺仕業人』第6話「あんたこの裏切りどう思う」では中村家に間借りした妾のもとに通う商人を演じた。

◆◆◆

伊勢屋役の郡司良、坂倉屋役の清水彰は、ともに新国劇所属。それぞれ明治生まれ、大正生まれのベテラン俳優だ。最後まで謎と不安を抱えて仕置された坂倉屋は、自覚ある悪党ぞろいの『仕置人』では珍しいタイプである。

手下の留造を演じた御影伸介もまた新国劇の若手。同劇団解散後は劇団若獅子で、その気質を受け継いだ。『必殺仕掛人』で藤枝梅安を演じた緒形拳からして新国劇の出身であり、第5話と第6話のエンディングでは、制作協力として「劇団新國劇」というクレジットが記載された。

野次馬役の松尾勝人は、鬼寅の五人殺しを流暢に語る。エクラン社に所属した必殺シリーズおなじみの大部屋俳優であり、「ご存じ、松っちゃんの瓦版だ!」と瓦版屋を得意とした。いかにも人のよさそうな顔つきで、商人から職人、主水の同僚まで必殺ワールドの住人として何でもござれ。『必殺仕事人』第22話「登城する大名駕籠はなぜ走るのか?」では主水配下の目明しに扮し、一緒に大名行列の衝突を目撃した。珍しい例として『仕置人』第16話「大悪党のニセ涙」では地毛のまま囚人役となった。

「まったく鬼だ。あいつは寅吉じゃねえ、鬼寅だ」と、その名付親となった野次馬には山内八郎。セリフのある役は珍しいが、『暗闇仕留人』第2話「試して候」では木に縛られて大砲試し打ちの的になる罪人を演じ、「こらー! 俺たちだって人間だぞ!」と熱い叫びを残して爆死した。『新必殺仕置人』第26話「抜穴無用」の長セリフはP318をどうぞ。

シナリオと本編の違い／ロケ地／そのほか

おきんと寅吉の密室劇において、かなりの現場改訂が加えられている。まず、おきんの長屋に捕方が踏み込んでくるタイミングだが、シナリオでは寅吉がやってきてからであり、「肌をあらわに背を見せて蒲団に起き上がっているおきん。布団をかぶっておきんの胸に顔を埋めている寅吉を抱きしめている」というスリルが設定されていた。

鉄も入口の戸越しではなく、部屋の中に入ってきており、七輪でかゆを作りながらおきんが対応し、寅吉は屏風の陰に隠れる。鉄は寅吉の存在に気づき、五十両の賞金をあてにする。おきん、「女は信用できねえ」という寅吉を説得して鉄のもとに焼酎を借りに行き、傷の手当を頼むくだりで「これでも男では苦労してきてるんだ。男をみる目は確かだよ」というセリフあり。

シナリオには田口が寅吉の行方を同僚と議論するシーンがあったがカット、全体にサスペンスより男女の密室劇に集中させる改訂となっており、寅吉がおきんを信用する流れも本編のほうが早い。

寅吉の回想で描かれる蝶丸の手練手管も本編とは異なる。酔い潰れた蝶丸を送っていくように言われ、下戸の寅吉が「酔い潰れてみたい」と語り、「本当は飲みたくないんだ」という蝶丸の誘いで芸者通いが始まり、一カ月後には金がなくなって、店の主人らに借り、博打に手を出し、にっちもさっちも行かなくなる。体の関係を持つのも最初の夜ではなく、途中段階。

追い込まれた寅吉は、蝶丸に心中を申し込み、留造たちに袋叩きにされる。再会からの真相告白も寺の境内であり、「わたしのような女を一度抱いただけでも、しあわせだと思いな」という蝶丸のセリフあり。全体に現場改訂のほうが展開が早く、芸者稼業の水商売ぶりを強調。賞金の五両はシナリオのほうが強調されており、坂倉屋の首の骨が折れてエンドもト書きの指定どおり。

次回予告

貧しくもささやかなしあわせを夢見る男女。だが、無残にもこのふたりから限りない明日を奪ったやつがいる。仕置人たちは相手を求め、佐渡の地へ潜った。次回『必殺仕置人』にご期待ください。

【キャスト】
念仏の鉄：山崎努／棺桶の錠：沖雅也／鉄砲玉のおきん：野川由美子／蝶丸：真屋順子／和泉屋：沢村宗之助／伊勢屋：郡司良／坂倉屋：清水彰／留造：御影伸介／同心：森章二／野次馬：松尾勝人、山内八郎／寅吉：夏八木勲

【スタッフ】
制作：山内久司、仲川利久、桜井洋三／脚本：鈴木安／音楽：平尾昌晃／撮影：中村富哉／美術：倉橋利韶／照明：中島利男／録音：二見貞行／調音：本田文人／編集：園井弘一／助監督：高坂光幸／装飾：稲川兼二／記録：野口多喜子／進行：黒田満重／特技：宍戸大全／装置：新映美術工芸／床山・結髪：八木かつら／衣裳：松竹衣裳／現像：東洋現像所／製作主任：渡辺寿男／殺陣：楠本栄一／題字：糸見溪南／ナレーター：芥川隆行／制作協力：京都映画株式会社／主題歌：「やがて愛の日が」（作詞：茜まさお／作曲：平尾昌晃／編曲：竜崎孝路／唄：三井由美子／ビクターレコード）／監督：田中徳三／制作：朝日放送、松竹株式会社

本編クレジットは「坂倉屋」を「板倉屋」と表記

生木をさかれ生地獄

第21話

脚本：鴨井達比古
監督：長谷和夫

佐渡金山に向かう出張仕置、鉄と主水が出会った因縁の地、この世の地獄で悪人狩りが始まる。

金山奉行として佐渡にわたり、ひと儲けとキャリアアップを狙う平田石見守。勘定奉行になる前に、あえて僻地に赴任して出世を図るという、急がば回れの役どころを痩身のインテリ悪役でおなじみ西沢利明が演じている。

ビジネスパートナーの備中屋久兵衛には浜田寅彦、用意周到で慇懃無礼な商人ぶりは名人芸の域。洞察力も鋭い。「役人なんぞというものは、下は上を見習うものよ」と用心棒の森田源八（五味龍太郎）が口にするや、平田が不興を示す様子と凝ったカメラワークが連動するなど、凡庸な一枚岩ではないチーム編成も巧みで、すかさず気配りの鬼である備中屋のフォロー力が発揮される。「すまじきものは宮仕え」と配下の浪人（丸尾好弘）まで主水を蔑むなど、鴨井達比古の脚本は上から下まで役人に対する不信感を発揮する。いわんや、善人をや。

「この三年というもの、食べるものも食べず、それこそ血の出るような思いをしてがんばってきたんです。あの地所が自分のものになったら、たとえ掘っ立て小屋でもいい。魚屋の店を出して、ふたりで所帯を持って、そのことだけを楽しみに……それを横取りしたうえ、なんの罪のないあの人を佐渡に送るなんて。中村様、お奉行所の方は、みんなめくらなのでございますか？　お上にはお情けというものはないんでございますか？」

——お咲が主水に訴える。奉行所で取り上げてもらえず、休日の釣りの最

放映日◉ 1973年9月8日
視聴率◉ 25.4%（関東）
26.3%（関西）

あらすじ

魚屋の仙吉は、お咲と小さな店を開こうとしていた。しかし、自分の持ち物にしようとコツコツ三年かけて支払ってきた土地が幕府のものであるとして、備中屋に取り上げられる。土地の持ち主だった老人に抗議するが、どうすることもできず、しかも金は自分の暮らしに使ってしまって返すこともできないという。

抗議に行った仙吉は追い返されるが、備中屋と平田石見守の佐渡金山奉行への就任が決まったという密談を聞く。用心棒の森田源八に斬られそうになるが助けられ、人足が足りないということで密かに佐渡送りとなる。お咲は奉行所や主水に訴えるが埒が明かず、備中屋に襲いかかるが失敗し、平田に犯されたあげく死体となって錠が棺桶で引き取る。

着物には手紙と金が縫いつけられていた。平田と備中屋は佐渡に向かった。鉄、錠、主水も彼らを追う。

中の出来事だ。縷々《るる》とした（途中からの視聴者にもストーリーを把握させる）悲劇のおさらいに対し、主水はなにも言わない。「そのとおりだ」と、代わりに現実を伝えるのは鉄の役目だ。「気持ちはわかるが、まぁあきらめなさい」「いいえ、あたしはそうは思いません。お役人のなかにも一人ぐらい、一人ぐらい立派な方がおいでになるはずです。ねぇ、中村様、そうでございましょう！」

お咲を演じる西山恵子の必死な眼差し。あきらめない胆力。しかし、数々の挫折を描いてきた『仕置人』において、その願いが届けられることはなく、ようやく口を開いた主水の言葉は「おい、ここは釣れねえ。場所変えようぜ」。絶望を塗りたくった愁嘆場《しゅうたんば》を経て、主水が腰かけた棺桶のなかにお咲の亡骸という結末が大物相手の出張仕置を決行させる。「冗談じゃねえや、佐渡へ⁉ たとえ千両積まれたって二度と佐渡になんか行くもんかい！」

鉄と主水が知り合った因縁の地たる佐渡金山——主水は囚人警護の責任者として、りつを連れての夫婦旅。鉄と錠は船頭に扮し、珍道中に時間が割かれる。旅立ちのファーストショットはダイナミックなクレーンダウンで行列全体から主水のアップを捉え、まるで境界線のように木戸を手前に配した立体感が長いロードムービーの宣言となる。

かくて、お互いのキャリアを生かした仕置が狭い坑道で炸裂。ひとり、またひとり、悪が冥土に消えてゆく。「お前たち、やっぱり大目付の手先か？」「違う……仕置人だ」

先読みを裏切る主水の答え、因果律も読み解けぬまま斬り伏せられる平田。最後は備中屋への〝生地獄〟を用意し、その代わり魚屋の仙吉（柴田侊彦）は生きて江戸に戻る。ささやかな希望、しかし、江戸に戻ってもお咲はいない。

その苦さを見せることなく、茶を吹き出す主水という、ふたたび珍道中で落とし前をつける。甘さに堕さないオチがハードボイルドだ。

セリフ選抜

「おめえは佐渡を知らねえから、そういうことを言うんだ。佐渡は……地獄だ」（鉄）

主な登場人物

備中屋久兵衛

浜田寅彦

地上げを強行する海産物問屋。尋常の男ではないかもしれないと主水を警戒し、その予感どおり佐渡金山で生きながら地獄の報いを受ける。「一生かけてじっくりと考えろ。人間ってものはな、自分ひとり座る場所があれば十分なんだってことをな」という主水の講義を体ごと受け止めながら。

温和な顔の悪徳商人がぴったりの浜田寅彦は俳優座一筋の重鎮。『必殺仕掛人』の記念すべき第1話「仕掛けて仕損じなし」に依頼人の伊勢屋として登場。音羽屋の蔵を舞台にその声から始まり、最終回「仕掛人掟に挑戦!」では裏切り者の治三郎として、卑劣な笑い声をあげた。つまり『仕掛人』とは浜田寅彦で始まり、浜田寅彦で終わった番組ともいえる。

平田石見守

西沢利明

勘定吟味方から佐渡金山奉行に就任。勘定奉行になる前に私服を肥やさんと画策する野望の役人。「憎しみに凝り固まった女を次第になびかせる。男の本望だ」と語り、奪った土地でお咲を囲い者にしようとする鬼畜ぶりを経て、暗い坑道で主水の一閃を受ける。

西沢利明といえば、細身の知的なビジュアルから、その手の悪役を独占。品よく悪事を行うスマートさが身上だ。俳優座養成所、文学座を経て当時は劇団雲に所属。その後は劇団昴で新劇人生を続けた。1982年に放映された『宇宙刑事ギャバン』のコム長官も当たり役であり、30年後の『宇宙刑事ギャバン THE MOVIE』でも同じ役として復活を果たしている。

仙吉

柴田侊彦

地上げで土地を取り上げられてしまった魚屋。平田と備中屋の陰謀を知り、佐渡金山に人足として送り込まれる。

柴田侊彦は俳優座養成所「花の15期生」の出身であり、父が潮万太郎、姉が弓恵子という芸能一家に生まれる。そのビジュアルから時代劇や刑事ドラマの被害者役を演じることも多いが、『特捜最前線』の「バスジャック・光なき娘へのハレルヤ」では失明した恋人をあっさり捨て去った。声優としては『大草原の小さな家』のマイケル・ランドン演じる父チャールズに尽きる。

◆◆◆

主水に窮状を訴えるも取り上げられず、無残な死を遂げてしまう仙吉の恋人お咲は西山恵子。『必殺仕掛人』の第1・2話では下駄屋の金蔵の娘お初として、津坂匡章演じる千蔵相手にツンデレぶりを発揮した。佐渡島から八丈島の流刑地つながりで記すと、『帰ってきたウルトラマン』の「津波怪獣の恐怖 東京大ピンチ!」「二大怪獣の恐怖 東京大龍巻」二部作では、船長の娘としてシーモンスとシーゴラスの歌を披露した。

用心棒の森田源八は『仕置人』三度目の出演となる五味龍太郎。主水の凄腕を見抜くが、佐渡で錠と主水に仕留められた。

備中屋番頭の嘉平を演じた武周暢は新春座出身の新劇俳優、射るような目つきが特徴的だ。坑道で上から鉄に首の骨を往復でへし折られる。

船内で主水を蔑み、坑道で背後から首を刺される浪人は、京都映画専属の丸尾好弘、通称「まるちゃん」。クレジットは丸尾好宏、丸尾好広と時期によって異なるが、一貫して必殺シリーズに出演した。殺陣の名手であり、『必殺仕掛人』第1話「仕掛けて仕損じなし」では地上げ屋の子分として木槌で瓶を叩き割った。ときどき魅せる際どいセリフ回しも見どころ。珍しいところだと『吸血鬼ゴケミドロ』の終盤、とあるキーとなる場面で大写しのアップで登場した。

シナリオと本編の違い／ロケ地／そのほか

概してシナリオに忠実な映像化。お咲の死、本編では主水が腰かけた棺桶からの登場となるが、もともとは錠が備中屋に棺桶を持っていき、お咲の死体の片づけまで頼まれる展開となっていた。盗み食いを注意して首を吊った女中という説明で、「俺は葬儀屋じゃねえ。棺桶屋だ」というセリフあり。町奉行所の同心という主水の設定も事件のウラを知る立場として強いが、第1話から登場するなり「また死人の匂いがしてきやがった」と言われる錠の棺桶屋という職業も、たびたび恨みをはらすストーリーのなかで効果的に作用している。

船内で用心棒の森田が主水の腕前を見抜くシーン、シナリオでは「茶が一杯一分」というやり取りから始まり、船がゆれて錠がわざとりつと主水に水をかける→主水の握り飯が転がる→森田が投げ返す→主水が手桶で防御というシチュエーションになっていた。本編のほうが簡素で端的な表現だ。

ちなみに本編の「主水が楊枝を投げて虫を仕留める」カット、もともと刺さった状態からカメラのズームインに合わせて「トン」と刺さる効果音を足しており、その直後に楊枝から森田にピントが送られる流れとふくめて、シンプルかつ巧みな映像のトリックが用いられている。

佐渡で平田が主水の部屋を訪れ、りつが応対するシーンがあったがカット。佐渡から江戸に戻る仙吉が「わたしをこの船に乗せてくれたのは一体どなたです」と聞くシーンもあったが、本編では江戸に戻れるよろこびが優先された。ラストの茶を吹く主水、シナリオでは「カッと目をむいた主水の顔」とあり、ストップモーションも指定されている。

お咲による悲痛な訴え、ロケ地は大沢池。波しぶきなどの実景は別の作品から流用されたフィルムであり、坑道の入り口などをふくめて佐渡島での撮影は行われていない。坑道の内部は撮影所に組まれたセット。

次回予告

この子の父親はあなたです——と、次から次へ男を訪ねる女。果たして本当の父親は誰なのか。だが、その陰には、母親としての一途な願いが込められていた。次回『必殺仕置人』にご期待ください。

【キャスト】

念仏の鉄：山崎努／棺桶の錠：沖雅也／中村りつ：白木万理／中村せん：菅井きん／備中屋久兵衛：浜田寅彦／平田石見守：西沢利明／仙吉：柴田侊彦／お咲：西山恵子／森田源八：五味龍太郎／嘉平：武周暢／弥平：森秀人／同心：森章二／役人：三木昭八郎、吉田聖一／浪人：丸尾好弘、横堀秀勝／門番：平井靖／中村主水：藤田まこと

【スタッフ】

制作：山内久司、仲川利久、桜井洋三／脚本：鴨井達比古／音楽：平尾昌晃／撮影：石原興／美術：倉橋利韶／照明：染川広義／録音：武山大蔵／調音：本田文人／編集：園井弘一／助監督：家喜俊彦／装飾：玉井憲一／記録：牛田二三子／進行：鈴木政喜／特技：宍戸大全／装置：新映美術工芸／床山・結髪：八木かつら／衣裳：松竹衣裳／現像：東洋現像所／製作主任：渡辺寿男／殺陣：楠本栄一／題字：糸見溪南／ナレーター：芥川隆行／制作協力：京都映画株式会社／主題歌：「やがて愛の日が」（作詞：茜まさお／作曲：平尾昌晃／編曲：竜崎孝路／唄：三井由美子／ビクターレコード）／監督：長谷和夫／制作：朝日放送、松竹株式会社

楽あれば苦あり親はなし

第22話

種なしカボチャに隠し子発覚!? お波と赤ん坊がゆく、怒涛の父親探し。やがて背後から狂気が迫る!

脚本：猪又憲吾
監督：松本明

子宝に恵まれない主水に、なんと隠し子発覚!? 一年前、軽い気持ちで寝た茶屋女のお波が、ある日、赤ん坊を抱えて「旦那さんの子ですよ! よかったねぇ、父ちゃんに会えて!」と迫ってきたのだ。

まるで身に覚えがないとは言いきれず、さりとて嫁姑の恐ろしさを考えれば簡単に認知するわけにもいかない。みっともなく逃げ回る主水だったが、お波はやはりかつての客だった呉服屋の番頭、清兵衛のもとにも押しかけ、同じ文句で彼を追いつめるのだった。

そのころ西国から戻ってきた盗賊の元締、野分の藤造の一味が江戸に現れ、お波と赤ん坊を探し回っていた。そして、お波が関係を持った男たちを片っ端から殺しはじめる……。

朝丘雪路が子連れのヒロインをキュートに演じ、怪優・伊藤雄之助が盗賊の親分役で貫禄よりも狂人ぶりを振りまく異色編。前半はコミカルなムードで始まったかと思いきや、後半のショッキングな展開にド肝を抜かれること必定のエピソードである。

じつは鉄とも関係を持っていたお波だったが、茶屋勤めをする前には藤造の情婦だった（江戸の水茶屋では看板娘が

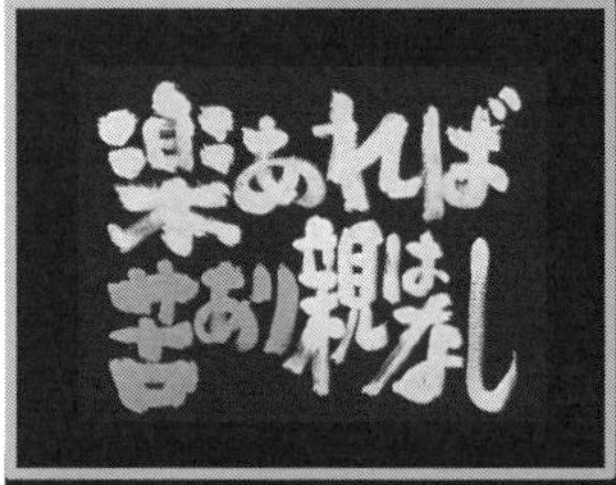

放映日◉ 1973年9月15日
視聴率◉ 23.8%(関東)
26.0%(関西)

あらすじ

お波の行方を吐かせるため、父親の弥助を拷問にかける野分の藤造。盗賊の頭であり、とびきり執着心の強い男だ。主水は奉行所の前で「旦那さんの子ですよ!」と赤子を抱いた女に声をかけられる。その女こそお波、たしかに一年前、一度だけ関係があった水茶屋の女だ。しかし、しがない養子の身、認めるわけにはいかない。お波は今度は呉服屋番頭の清兵衛のもとを訪れ、この子はあなたの子です、と言う。

「おもしれえ女だなぁ」と、その様子を見ていた鉄だが、みずからもお波と関係があった。やがて清兵衛ら、お波ゆかりの男が次々と始末される。赤ん坊の父親は藤造だったのだ。

奉行所からの圧力もあり、主水は藤造のもとに戻るようお波を説得。ほかの女との間にできた赤ん坊を殺してしまった藤造の過去を語り、断固拒否するお波だったが、さらなる犠牲者を出さないため、みずから藤造のもとに戻る。ようやく会えたわが子をかわいがる藤造だったが……。

アイドル的な人気を誇ったといわれ、客相手に春をひさぐ者もあったとか）。はたして子供の父親は誰か？という謎をめぐるストーリーは男なら冷や汗ものの悲喜劇だが、お波＝朝丘雪路の明るく無邪気なキャラクターのおかげで楽しく見てしまう。

陽気な観音長屋のテーマ曲が流れるなか、お波が主水を追いかけ回すシーンでは室内から外に出るやカメラがぐんぐん上昇、遊び心あふれるワンカット長回しに（これまた）ド肝を抜かれる。クレーンを駆使したダイナミックなカメラワークだけでなく、部屋の内部を外と同じ明るさに調整し露出を合わせるため、相当な照明が用意されたことだろう。石原興が〝遊び〟と例える撮影に、本気のスタッフワークが感じられる。

いっぽう本作には「ＤＶ家庭の被害者の訴えを聞いておきながら、結局はどう見てもヤバい加害者のもとに返してしまう無責任な役人仕事」という、現代にも通じる社会派ホラー要素も入っている。お波とその子が迎える悲惨な結末は、言ってしまえば手っ取り早く面倒事を片づけようとした主水の所為《せい》でもあり、主人公にとんでもない悔恨を背負わせる異色のシナリオだ。ラストシーンで鉄が口にする「俺たちが行くのは地獄だからよ」というセリフも、その展開を踏まえると凄みを増して聞こえてくる。

なんと劇中二度も子殺しの場面を演じる伊藤雄之助のサイコでパラノイアな演技はまさに圧巻。ちょっとユーモラスな、甘えん坊のような芝居が余計に怖い。伊藤VS藤田まことの「二大馬面俳優対決」もこの回の大きな見せ場だ。どうして子分たちがこんな頭のおかしい親分についていくのか不思議だが、こと悪事に関しては極めて理性的に行える人物だと考えると、さらに不気味さが増してくる。

悲運の役どころながら、ゲストスターとして華やかな魅力を振りまく朝丘雪路。じつは彼女、この年に再婚したばかり（それでよくこんな役を………）。夫の津川雅彦と親しい松本明監督だからか、奔放な演出で彼女の美しさと愛くるしさを引き出す。１秒の１／12、２コマという短さで左から右からお波の表情を繰り返す最短カットの編集テクニックも攻めている。

鉄の、いや山﨑努による「ボイン」発言も見どころ。もちろん朝丘のキャスティングは松本によるもので、伊藤雄之助もまた『必殺仕掛人』第32話「正義にからまれた仕掛人」で、主水を思わせる老同心を演じており、それに続く松本組の出演。番組内で自身の演出回をプロデュースという、テレビ局の社員監督としても異色の采配をフルに発揮した特濃娯楽作だ。

セリフ選抜　「どうもあれは俺の息子じゃねえ」（野分の藤造）

主な登場人物

野分の藤造
伊藤雄之助

〝闇公方〟と呼ばれる盗賊の元締。お波との間にできた赤ん坊を探し、関係のあった男たちを次々と殺し、あげくの果てには「俺のガキだったら、あんなにピーピー泣くわけねえんだよ」との疑念に駆られていく。

なが～い顔でスクリーンをにぎわせた伊藤雄之助は、初代澤村宗之助の次男として生まれ、東宝劇団に所属。戦後は映画界で活躍し、脇役として強烈な味付けを加えるとともに『気違い部落』『ああ爆弾』などに主演する。1969年に脳溢血で倒れたあとも復帰して俳優を続けた。黒澤明監督の『椿三十郎』では城代家老を演じたが、そのリメイク版では藤田まことが同じ役にあたっている。

お波
朝丘雪路

水茶屋「白滝」で働いていた女。主水、清兵衛、新吉、鉄、藤造……人知れず故郷で生んだ赤ん坊の父親は誰なのか? 「この子にとって必要なのは、おとっつぁんなんですよ」と語る。

朝丘雪路は宝塚歌劇団出身の女優にしてタレント。『11PM』では大橋巨泉とのコンビで人気を博し、持ち前のプロポーションから「ボインちゃん」と呼ばれた。『仕置人』のゲスト出演は津川雅彦と再婚した直後であり、夫婦ともども松本明監督回に参加した。

清兵衛
白羽大介

お波の父親候補。呉服屋の丸幸で番頭を務めている。お波にオロオロしながら主水相手に一歩も引かぬ隠し子騒動のあと、藤造の手下に殺されてしまう。あと三年もすれば、のれん分けで店を持たせてもらう予定であった。

吉本新喜劇の旗揚げに参加し、座長を務めたこともある白羽大介は、その後ルーキー爆笑劇団でルーキー新一と組んだのち、松竹新喜劇の舞台に立ち続けた。『極悪坊主 飲む打つ買う』『懲役太郎 まむしの兄弟』など東映京都の映画にコンスタントに出演していた時期もある。

◆　◆　◆

新島小弥太役の田中直行は関西の舞台やテレビドラマで活躍。主水を藤造に引き合わせる筆頭与力として、その後難を怖れた。藤造の配下、伊之助役の榊原大介は東宝ニューフェイス出身、大阪の劇団プロメテで活動し、ダンスの振付も担当。千葉敏郎演じる源次とともに床下から主水の一突きで絶命した。

わが子ともども藤造に殺されるおまき役、三浦徳子も関西の舞台で活動し、必殺シリーズにおいては西順之助（ひかる一平）の母、巴として『必殺仕事人Ⅲ』『必殺仕事人Ⅳ』にレギュラー出演。

老婆すぎ役の木下サヨ子は松竹芸能に所属。長屋のおかみさんや遣り手婆などを得意とし、90年代まで現役を続けた。お波の父である弥助を演じた長岡三郎は、大映京都出身のおじいちゃん俳優。

シナリオと本編の違い／ロケ地／そのほか

冒頭の弥助殺し、シナリオでは「鬼瓦の源次」と源次に二つ名がついている。清兵衛が勤めている呉服問屋は、もともと「四方田屋」という珍しい名前だったが、本編では「丸幸」という看板が掲げられている。『必殺仕置屋稼業』『新必殺仕置人』などにも同名の呉服問屋が登場するが、『必殺仕掛人』第31話「嘘の仕掛けに仕掛けの誠」の丸幸が最初だろうか。

おきんが鳥追い姿で藤造を尾行するシーンがあったが、本編ではカット。主水の床下突きはシナリオに指定されており、『必殺仕事人』第77話「盗み技背面逆転倒し」や『必殺仕事人V　激闘編』第3話「大難関！大奥女ボス殺し」などの殺し技が初披露された。刺すときの効果音も「ブシュッ」という太いものではなく、乾いた音なのが新鮮だ。床下突きそのものは『必殺仕掛人』第13話「汚れた二人の顔役」で西村左内（林与一）が実行しているが、主水を象徴する暗殺テクニックとなった。

『仕置人』において主水が殺しを行う回は全26話のうち半分以下であり、第1話「いのちを売ってさらし首」、第2話「牢屋でのこす血のねがい」、第4話「人間のクズやお払い」、第11話「流刑のかげに仕掛あり」、第17話「恋情すてて死の願い」、第18話「備えはできたいざ仕置」、第21話「生木をさかれ生地獄」、第22話「楽あれば苦あり親はなし」、第23話「無理を通して殺された」、第26話「お江戸華町未練なし」の10本。第10話「ぬの地ぬす人ぬれば色」の伊賀者集団への十手術を撲殺・刺殺にカウントすると11本となる。

「ぬの地〜」について、シナリオでは鉄が伊賀者を次々と骨折させ、錠が叩き伏せて気絶させる設定だったので、悩ましいところ。しかし、あそこで始末しなければ、あとで主水の身に危機が迫るとも思いつつ、あの伊賀者たちは悪人ではないし……これは「必殺シリーズ七不思議」のひとつにしておこう。

次回予告

それは巧みに仕組まれた罠であった。己の出世のためには、利用できるものはすべて利用する——そう公言して憚《はばか》らぬ男の野望の前に、女の夢はむなしく消えていった。次週『必殺仕置人』にご期待ください。

【キャスト】
念仏の鉄：山崎努／鉄砲玉のおきん：野川由美子／清兵衛：白羽大介／新島小弥太：田中直行／伊之助：榊原大介／源次：千葉敏郎／お波：朝丘雪路／おまき：三浦徳子／老婆すぎ：木下サヨ子／おみよ：奈村佳代子／平吉：重久剛／新吉：新城邦彦／弥助：長岡三郎／一太郎／小庄義明／乾分：香西正人、山下勝玄／野分の藤造：伊藤雄之助／中村主水：藤田まこと

【スタッフ】
制作：山内久司、仲川利久、桜井洋三／脚本：猪又憲吾／音楽：平尾昌晃／撮影：石原興／美術：倉橋利韶／照明：染川広義／録音：武山大蔵／調音：本田文人／編集：園井弘一／助監督：家喜俊彦／装飾：玉井憲一／記録：牛田二三子／進行：鈴木政喜／特技：宍戸大全／装置：新映美術工芸／床山・結髪：八木かつら／衣裳：松竹衣裳／現像：東洋現像所／製作主任：渡辺寿男／殺陣：楠本栄一／題字：糸見溪南／ナレーター：芥川隆行／制作協力：京都映画株式会社／主題歌：「やがて愛の日が」（作詞：茜まさお／作曲：平尾昌晃／編曲：竜崎孝路／唄：三井由美子／ビクターレコード）／監督：松本明／制作：朝日放送、松竹株式会社

無理を通して殺された

第23話

脚本：松田司
監督：松野宏軌

天神の小六に最大の危機、いったい裏切り者は誰なのか？牢の内外で男たちの野心が燃える。

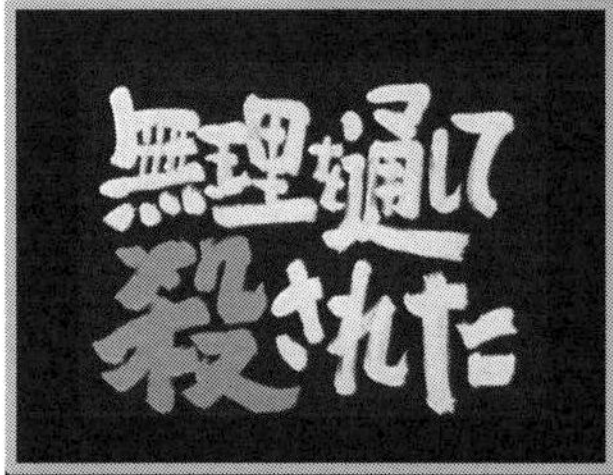

放映日◉ 1973年9月22日
視聴率◉ 25.8%（関東）
27.4%（関西）

天神の小六に取って代わろうとする代貸の乙松、中村主水に取って代わろうとする新人同心の村野俊介、ふたりが手を組んで小六を亡き者にしようと図り、そこにおきんの幼馴染である芸人、揚羽のお蝶と彦助の父娘が巻き込まれる。

出刃投げの名手であるお蝶の父は、かつて〝稲妻の亥助〟と異名をとった殺し屋だったのだ。小六を亡き者にするためのプログラムが作動。まず小六が主水を処刑場に呼び出すという「いのちを売ってさらし首」の逆シチュエーション、首が落とされる穴からのローアングルが不穏なムードを醸し出す。

「だいたい、てめえはなんで牢の中なんかで暮らしてやがるんだ」と、かつて聖天の政五郎から挑発を受けた小六だが、ひさしぶりに出てくるとずいぶんタガがゆるんでいた。最終回が近づくなか最後の出番で代貸からクーデターを起こされてしまい、寅、酉造、丑、辰吉という牢内の腹心も四人が四人とも、みな乙松につくという体たらくだ。

松田司＝プロデューサーの山内久司は、メインゲストそれぞれに仕置人メンバーとの接点を作って要素を盛り込み、どこからでもドラマが進展できるよう仕掛を施す。錠が琉球の唄を口ずさみ、彦助との会話で初期設定がよみがえる。

あらすじ

揚羽のお蝶という出刃投げの芸人が、三年ぶりに江戸に戻ってきた。幼馴染のおきんは再会をよろこぶ。お蝶の恋人であり、彼女が金銭面で支えてきた浪人の村野俊介もめでたく北町奉行所の同心となり、大きな手柄を立てていた。

そのころ主水に小六から呼び出しがかかる。牢内で命を狙うものが出てきたという。錠の長屋にはお蝶の父である彦助が訪れ、二人の間には友情が芽生えていた。主水は錠を捕縛し、小六の護衛役として牢に送り込む。小六への食事は寅、酉造、丑、辰吉という四人の子分が管理し、体制は万全のはずだったが、なにかがおかしい。

村野は小六の代貸である乙松と結託し、主水と小六の代わりに自分たちが取って代わろうとしていた。祝言を餌にお蝶を罠に陥れ、かつて稲妻の亥助という殺し屋だった父の彦助に小六殺しを強要。じつは四人の子分もすでに小六を裏切っており、牢に入ってきた彦助の殺しを手伝う手はずがついていた……。

もっと広がりが期待された部分であり、設定倒れと言ってしまえばそうだが、それでも目配せがうれしい。

　年下の男を支えてきた女――野口ふみえ演じる出刃投げ芸人のお蝶は村野の活躍をよろこぶが、すでに男の心は出世欲に憑かれていた。ようやく売れた芸人やバンドマンが糟糠《そうこう》の妻を捨てるかのように、村井国夫がその誠実そうな顔つきを冷血に置き換える。

　回想シーンでは勉学に励む村野と甲斐甲斐しく尽くすお蝶の姿が何パターンも綴られ、いつから変節したのかもわからぬ、男の裏切りが残忍に染み出す。女の戸惑いから出刃を投げる手元も狂って、男に斬り捨てられる。

「かわいそうに、あいつもヤキが回ったぜ」

　小六のことを案じながらも依頼を受ける鉄。全員がゲストとかかわりを持つだけに、おきんとお蝶の幼馴染設定もいささか散漫に終わった気もするが、かつて殺し屋という彦助を演じた有馬昌彦の苦渋と同時に乙松役の池田忠夫による、貫《かん》目《め》の足りなさがありありとした、それでも用意周到なクーデター計画が牢の内外で着々と進む。

　設定ばかりが目立つ、即席の成りあがりコンビに比べて、やはり主水と小六の強固な関係性が際立つ。理想に燃えて入った奉行所での挫折、なにがあったかは主水同様に描かれないが、速攻で出世欲に憑かれた村野。それにしてもこの男、よくしゃべるなぁ……。

　おあつらえ向きに牢屋敷で火事が起き、囚人たちは解き放ち。荒れ寺を舞台にした小六救出作戦が始まる。出陣する鉄は足を引きずっているのが、ここ数回のお約束だが、第19話「罪も憎んで人憎む」で苛烈な拷問を受けた影響によるもの。『必殺シリーズ秘史』の山﨑努本人、そして助監督として現場に入ったばかりの皆元洋之助の証言を合わせると、役に飽きてきた山﨑が自主的にやったことであり、キャラクターに新味が加わった。

　小六救出作戦は、光と影のコントラストのなか遂行。あばら家ならではの小道具を壊しながら殺陣を盛り上げる。光る手槍から徐々に顔が見えてくる錠、ほこりまみれの地面を生かした足元のアップや立ち回りと松野宏軌の演出は相変わらず細かい部分まで手抜かりなし。そして、ひとり残される村野。

「中村、わからんのか。奉行所は腐っている。上役ほど甘い汁を吸ってる。だったら俺だって、生き方を変えても悪くはないではないか」

「バカ野郎。おめえはしゃべりすぎだ」

　正面きっての勝負で、さっさとカタをつける主水。表と裏の顔のギャップで、第1話から奉行所内の権力悪を度々始末してきた男が変異型の野心あふれる新たな芽を潰す。斬り捨てたあと、「ペッ」とツバを吐くさまが最高で、藤田まことの真骨頂。こうしたシーンがあるだけでグンと全体の評価も高くなる。きっちり中村家コントで終わるのも早い段階から山内イズムの発露だ。

セリフ選抜

「中村さんはな、風采こそ上がらねえが、けじめははっきりつける人だ。惚れた女をだましたり、その上その父親に殺しをさせるような、そんなひでえこたぁしねえや」（小六）

主な登場人物

村野俊介

村井国夫

北町奉行所の新人同心。かつては勉学に励んだが、腐った奉行所など早々に見切りをつけ、代貸の乙松と組んで私利私欲への野望に燃える。

　村井国夫は俳優座養成所「花の15期生」の出身であり、高校の演劇部の先輩だった辻萬長の影響で俳優を目指す。串田和美らと自由劇場の旗揚げに参加したのち、テレビドラマをメインフィールドに。冷徹な役どころはお手のもの。TBSの『内田康夫サスペンス浅見光彦シリーズ』では15年、28作にわたって兄の浅見陽一郎刑事局長を演じた。2012年に村井國夫と改名。

揚羽のお蝶

野口ふみえ

出刃投げで人気の旅芸人。おきんの昔なじみであり、再会をよろこぶ。貧乏浪人だった村野を同心にし、ようやく祝言をあげることになっていたが……。

　1957年に東宝の専属女優としてキャリアを始めた野口ふみえは『若い娘たち』の準主役などを務め、同社のプロデューサーである宇野博之との結婚後、テレビ部に移籍して活躍を広げる。2010年以降も『事件屋稼業』など出演作多数。

彦助

有馬昌彦

お蝶の父親であり、錠の棺桶作りに興味を示す。かつては稲妻の亥助と呼ばれた殺し屋であった。

　有馬昌彦もまた新劇人。文学座を経て劇団雲の創立に参加し、当時はフリーでテレビドラマに数多く出演。実直な顔つきで、善悪どちらもいけるクチ。必殺シリーズには『必殺仕掛人』第25話「仇討ちます討たせます」の仇役に続いての出演となった。その後は演劇集団円に参加する。

天神の小六に取って代わろうとする代貸乙松には池田忠夫。戦前からのベテラン新劇人であり、『仕置人』には第8話「力をかわす露の草」で雲衛門に虐殺されるおとっつぁんに続いての出番。『暗闇仕留人』第2話「試して候」では、ろくでなしの父の身代わりとなった息子の死を悔いた。「お糸さんは帰っちゃこねえ……」という宣言どおりのラストが苦い。

　全員裏切り者という小六四天王のうち、辰吉役の北野拓也は大映京都出身、北野英明の劇画に出てきそうな顔で三ン下キャラをよく演じていた。丑の広岡善四郎は関西の舞台で活躍。NHKのちんどん屋ドラマ『青空にちんどん』では秀さんに扮した。酉造の米座貞弥も関西の演劇人だ。

「揚羽のお蝶、出刃打ちでござ～い！」と、三年ぶりの江戸興行を引き立てる口上役の佐々木松之丞は東映京都のベテラン。あざやかな口跡を披露した。

シナリオと本編の違い／ロケ地／そのほか

主水が小六に呼び出される処刑場のシーン、シナリオでは小六は猫を抱いており、その猫が握り飯を食って死ぬ＝毒が仕込まれていた。与力が主水と村野を呼び出すシーン、村野に縁談を持ちかける。

錠と彦助のやり取り、「琉球だい」「琉球か」から「親父は琉球とやらにいるんかい」「薩摩の侍に殺されちまったよ」「ふーん」という初期設定を反映したセリフがあった。そのあと、鉄が彦助に「お前、この錠の親父にそっくりなんだってよ」と明かすが、「本当の父子みたいだ」に変更された。

おきんが中村家を訪ねるシーン、「半公はネタ探しだって旅に出ちまいやがったし」と津坂匡章の不在をネタにしたセリフがあったがカット。

彦助が小六殺しを失敗したあと、本編では火事に乗じて始末されるが、シナリオでは「錠さん、稲妻の亥助は、しくじったときが死ぬときよ。お前の棺桶に入りたかったがダメだったぜ」というやり取りから炎の中に、みずから飛び込む展開になっていた。

主水と村野が対峙するシーン、「そうです。お前さんのような人を殺してるんだ」と裏稼業を明かすセリフがあったがカット。「バカ野郎。おめえはしゃべりすぎだ」は、シナリオでは「もうしゃべるのはやめてください。わたしと立ち合いましょう」と丁寧かつ挑発的なもの。そして主水に斬られて倒れる村野を見て逃げる乙松、殺しの順番が本編とは逆になっていた。中村家で終わるラストはシナリオどおり。

シーンは多岐にわたるが、全編が撮影所のオープンセットとセットで撮影されたエピソードであり、最終回を前にした予算調整を感じさせる。そんな制約回を局のプロデューサーが執筆しているわけで、その後も山内久司はワンシチュエーションの密室劇など、なるべく予算のかからない回を「松田司」として手がけることになる。

続く第24話「疑う愛に迫る魔手」も観音長屋を舞台にした限定空間の話となった。

次回予告

観音長屋に立ち退き騒動が持ち上がった。その上、大家の秘密を握る黒い手が娘にまで及んだとき、住人である仕置人の怒りが燃えた。次回『必殺仕置人』にご期待ください。

【キャスト】
念仏の鉄：山崎努／棺桶の錠：沖雅也／鉄砲玉のおきん：野川由美子／中村りつ：白木万理／村野俊介：村井国夫／揚羽のお蝶：野口ふみえ／彦助：有馬昌彦／代貸乙松：池田忠夫／天神の小六：高松英郎／与力：唐沢民賢／同心：出水憲司／辰吉：北野拓也／寅：城義光／丑：広岡善四郎／酉造：米座貞弥／牢番：波川進／囚人：宮川龍児／的の娘：黒木和代／口上役：佐々木松之丞／中村主水：藤田まこと

【スタッフ】
制作：山内久司、仲川利久、桜井洋三／脚本：松田司／音楽：平尾昌晃／撮影：中村富哉／美術：倉橋利韶／照明：中島利男／録音：二見貞行／調音：本田文人／編集：園井弘一／助監督：高坂光幸／装飾：稲川兼二／記録：野口多喜子／進行：黒田満重／特技：宍戸大全／装置：新映美術工芸／床山・結髪：八木かつら／衣裳：松竹衣裳／現像：東洋現像所／製作主任：渡辺寿男／殺陣：楠本栄一／題字：糸見溪南／ナレーター：芥川隆行／制作協力：京都映画株式会社／主題歌：「やがて愛の日が」（作詞：茜まさお／作曲：平尾昌晃／編曲：竜崎孝路／唄：三井由美子／ビクターレコード）／監督：松野宏軌／制作：朝日放送、松竹株式会社

疑う愛に迫る魔手

第24話

母を失った娘と旧知の老人、その絆を引き裂く地上げの策謀。観音長屋が〝砦〟と化す——。

脚本：松川誠
監督：長谷和夫

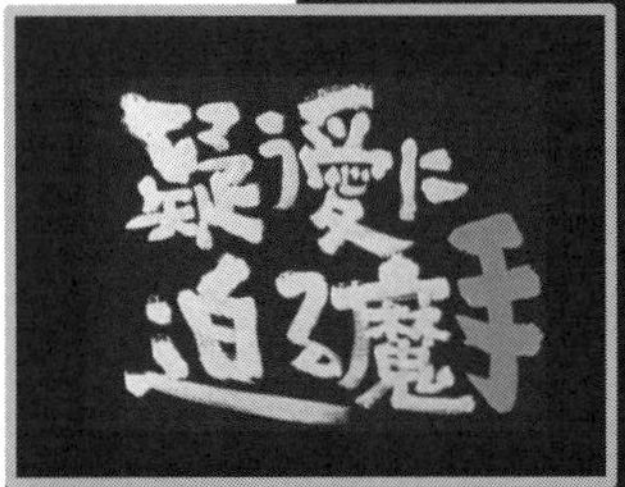

放映日◎ 1973年9月29日
視聴率◎ 22.5%(関東)
29.6%(関西)

あらすじ

母を亡くした娘おとよは、昔なじみである観音長屋の大家・喜助に迎えられ、江戸に住まうことになった。しかし、喜助は角屋金蔵の使いの者に、観音長屋の土地を売るよう迫られていた。店子を思う喜助はこれを拒絶する。角屋は普請方組頭の高島主馬に賄賂を渡して、観音長屋を取り壊し、遊廓を作らんと画策していたのだ。

長屋を壊そうとする者たちの噂は瞬く間に店子に広がり、さっそくデモを起こし始めるおきんと半次。喜助の態度にしびれを切らせた角屋は、喜助がかつて〝暗闇の菩薩〟と呼ばれた盗賊であるという過去の暴露で揺さぶりをかけ、喜助は脅しに屈してしまう。

長屋の明け渡しが決まった。真相を確かめるべく駆けつけたおとよが見たものは、血まみれになった父、喜助の姿だった。抗戦も虚しく店子は凶刃に散り、すべてが角屋と高島の思い通りになりかけたとき、錠たちは仕置人として行動を開始する。

松川誠という脚本家による観音長屋を舞台にした籠城劇が最終回近くのエピソード。まず、この松川誠が謎の存在である。調べた範囲では正体がわからず、ほかの執筆作も見当たらず、『必殺仕置人』第24話「疑う愛に迫る魔手」だけが残されており、新人シナリオライターの作品なのか、あるいは松田司＝山内久司のように思わぬ関係者の変名なのか。

松田司については、いくつかの状況証拠から「山内久司プロデューサーなのではないか？」と疑いをもっており、その推理が当たったが、どうしても松川誠に迫ることはできなかった。

『助け人走る』第35話「危機大依頼」しかり、『必殺仕業人』第27話「あんたこの逆恨をどう思う」しかり、必殺シリーズの最終回直前エピソードといえば、舞台を限定した密室劇が残されている。前者では助け人の一味が大雨のなか罠にかかって人質となり大ピンチ、後者では盗賊の逆恨みによって八丁堀の中村家が占拠され、せんりつコンビが監禁されてしまい、外の主水がどう動くというスリルがワンポイントの1時間ドラマを引っぱっていた。

いずれも脚本は松田司、場所を限定することで予算やスケジュールも助かるという側面がある。そして「疑う愛に迫る魔手」もまた理不尽な立ち退きを迫られた（しかし大家に家賃を払ってない）観音長屋の店子たちが一致団結する。地上げの悪党どもだけでなく、義務も果たさないまま権利を主張し、無責任に騒ぎ立てる庶民たちへの「毒」も交えたシナリオが巧妙だ。立て籠もりシーンそのものは後半だが、前述の2本と共通したものを感じてしまう。

もしや松田司＝松川誠なのだろうか？　そう思えば、松田司がシナリオを担当した前作の第23話「無理を通して殺された」には〝寅〟、「疑う愛に迫る魔手」にも〝虎〟というキャラクターが存在する。さらに山内久司は阪神タイガースの大ファンである。松田で松川で、司で誠で、なにやら似ている気もしてくる。さすがに松田司が2週続けてという状況は番組としてもよろしくない……。

そうやって点と点をつなげていたのだが、いざ、双方のシナリオを読むと、明らかに文体が異なる。おそらく別の人間が書いたものである。「松田司は一人ではない」という証言もあり、そう考えてしまうとさらなる沼に迷い込みそうだが、とりえず第23話と第24話は別人と考えていいだろう。新人ライターのデビュー作かもしれない。

そんな出口のない予想はさておき、大家の喜助がやってきて、長屋の連中が（家賃を払ってないので）そそくさといなくなる出だしから快調。喜助役の美川陽一郎は『七人の刑事』の小西刑事を代表作とするベテラン俳優であり、矍鑠《かくしゃく》としながらも人情味たっぷりで、浪人の大羽大膳とのやり取りも楽しい。古川ロックが珍しくヒゲの侍役でコミカルさを発揮。それゆえ籠城事件に際し、武士として矢面に立たされる悲劇も待ち受ける。

家賃無用の大家、その正体は、かつて〝暗闇の菩薩〟と呼ばれた盗賊であり、じつの娘であることを隠していたおとよ（瞳順子）との関係も崩れ、長屋の連中からは（家賃も払ってないのに）裏切り者だと騒がれる。かつてのご同業、隠し女郎屋の角屋金蔵（加藤和夫）は観音長屋を遊興歓楽街にしようと図り、三方向から喜助は追いつめられる。おきんや半次もギャーギャー騒ぐ。

「無責任もいいけねえが、俺みてえな無関心もあんまり関心したもんじゃあねえなぁ」

鉄がつぶやく。やがて喜助の本心があらわになるが、もう遅い。大家は殺され、娘も拉致されてしまう。ワイワイ騒いでいた長屋の連中など忘れたかのように、物語はどっぷり悲惨な監禁ものへと突入してしまう。

必殺シリーズ最後の作品となった長谷和夫の演出も快調。きっちりカット割りを決めて計算どおりに撮っていくスタイルは必殺シリーズとは相容れない部分もあったが、その効果が集団劇に発揮される。先の古川ロックに大橋壮多、松田明といった長屋の連中も野川由美子や津坂匡章に引けを取らない。大家への抗議が盛り上がるなか、

「だって俺たちゃあなぁ、まともに家賃払ったことねえんだからな」

大部屋のおじいちゃん俳優、山内八郎が世界の真理を口にするや、「八っちゃん、それとこれとは問題が違うよ！」と、半次のアドリブが炸裂する。

とても主人公サイドとは思えない半次が大家への煽動をさらに広げ、引っこみがつかなくなるのも、脚本の妙味。

いったい松川誠とは何者なのか？　必殺シリーズ七不思議のひとつとして残しておきたい。

セリフ選抜 **「冗談じゃないよ、このありがたい観音長屋に女郎屋なんか建てられてたまるかってんだ！」**（おきん）

主な登場人物

喜助
美川陽一郎

観音長屋の大家。家賃を取りっぱぐれてもニコニコと生きていた。かつては〝暗闇の菩薩〟と呼ばれた名うての盗賊、その正体を隠しながら生きてきた。地上げを許否してきたが、長屋の住人から吊るし上げられてしまう。

「あんたたちの方こそ勝手すぎますよ。すぐ権利を持ち出すなら、家賃をきっちり払ってからにしてください」と、お説ごもっとも。実の娘であるおとよのために長屋の売却を決めてしまい、ひっそり旅に出ようとしたところを角屋金蔵の配下である岡っ引きの黒駒に刺し殺されてしまう。

新国劇出身の美川陽一郎は、若いころから老け役を得意とし、1961年スタートのドラマ『七人の刑事』ではベテランの小西刑事として人気を博す。しゃがれた声と細い顔がトレードマーク。必殺シリーズでは『必殺仕掛人』第2話「暗闘仕掛人殺し」で黒幕の老僧を演じ、いかにも温和なファーストシーンとのギャップを見せた。『必殺仕業人』では伝馬町牢屋敷に左遷された主水の同僚、島忠助を演じ「日々是平安」とつぶやいたが、美川本人の肺炎による急死によって第16話「あんたこの無法をどう思う」までの出演となった。享年58。

おとよ
瞳順子

あの人がお父さんならいいのにと思っていた「喜助おじさん」が本当の父だと知って家を出てしまう。地上げの一味に捕まり、女郎に売られる百姓娘たちと一緒に監禁され、逃げようとするが見せしめで殺されてしまう。

つぶらな瞳が印象的な瞳順子は、1972年にスタートした『新諸国物語　笛吹童子』の桔梗役を皮切りにテレビ時代劇の出演が相次ぐ。『賞金稼ぎ　一瞬八人斬り』『極道VSまむし』など若山富三郎との共演も多く、若山企画が製作協力で参加した連続ドラマ版『賞金稼ぎ』では日の出塾の千枝先生としてレギュラー出演、若山演じる錣市兵衛をやり込めるのが見せ場となった。

角屋金蔵
加藤和夫

表稼業は口入れ屋だが、その正体は隠し女郎屋の主。普請方組頭の高島主馬と組んで観音長屋を取り潰し、一大遊廓にしようと目論む。「いくらきれいなことをぬかしたって通用しねえぜ。おめえのこの体ん中にゃあ、きたねえ、くせえ血が流れてるんだ！」と、おとよに喜助の正体を明かして絶望の底にぶち込む。

文学座出身の加藤和夫は劇団雲の結成に参加し、その後も演劇活動を続ける。映画『吸血鬼ゴケミドロ』の利己的な生物学者など爬虫類系の冷徹な悪役を得意とした。緑魔子や浜田寅彦が死にゆく田舎侍の真摯な遺書を読んで爆笑するトラウマ作『助け人走る』第13話「生活大破壊」では、家老の飯島を演じた。

◆　◆　◆

黒幕の高島主馬役は『仕置人』二度目の出番となる守田学哉。長屋の立ち退き騒動で（気がつけば住人たちに押されて矢面に立たされた）浪人の大羽大膳を斬り捨てる。大羽役の古川ロックはコミカルさと悲壮さが抜群で、『仕置人』の常連ゲストとして番組終盤で最大の見せ場を得た。

長屋の住人、虎の大橋壮多と松の松田明も毎週のレギュラーかのような馴染みっぷりでコミカルな味だけでなく煽動されやすい庶民性を発揮。長屋のバリケードを作りながら「貧乏人の心意気を見せてやるってんだ！」と啖呵を切る松の勢いよ。

金蔵配下の岡っ引き黒駒を演じた玉生司朗は京都の劇団くるみ座出身、でっぷり肥えた貫禄を武器に第4話「人間のクズやお払い」の武闘派やくざの文蔵を演じて聖天一家に殲滅させられるなど、必殺シリーズの常連となった。為吉役の寺下貞信は関西芸術座所属、普段は気弱な町人役が多いが本作では角屋の番頭として、濃い眉毛と慇懃無礼な交渉術にインパクトを残した。

「堕ちるだけ堕ちたっていいじゃないか。貧乏人は簡単に殺されやしないよ。どん底からでも這いあがって生きてやるんだ！」と百姓娘相手に語るお峰姐さんを演じたのは小柳圭子。長屋のおかみさん役も多いが、底辺を生きる女の迫力を端的に発揮した。

シナリオと本編の違い／ロケ地／そのほか

観音長屋をめぐる攻防戦、いろいろとシナリオの改訂が行われている。まず、大家と角屋の交渉だが、本編では番頭の為吉が最初に担当しているが、シナリオでは金蔵がすぐに喜助と会っている。喜助と同じ元盗賊という設定は現場改訂によるものであり、そういう因縁は存在しなかった。

おとよと喜助の関係性、「もうすぐ親子になるんだもん」というセリフがあるように、とても順調な始まり。喜助がおとよに嘘をついて悲しませる流れはシナリオどおりだが、喜助が暗闇の菩薩であることを明かすのは、岡っ引きの黒駒。

黒駒が喜助を殺す場所、シナリオでは街道沿い。懐の金が見当たらず、長屋に戻って小判を手にしたところをおとよに目撃されてしまう。人だかりができており、そこで喜助の死体を見たおとよ、黒駒に対して「人殺し！」と叫ぶなど、本編とは展開が大きく異なる。そこから彼女が監禁される流れへと合流する。

長屋の住人の立て籠もりも「大家から預かった金を返せ！」というもので、本編とはニュアンスが異なる。大羽が斬られるくだりはシナリオどおり。小普請方組頭の高島主馬、シナリオでは高谷主馬という名前になっており、現場改訂で名字が変更されている。

おとよや若い娘たちとともに監禁されている年増のお峰、亭主と別れており、女郎として相当年季を積んでいることから「素人の娘たちに色々と教えこまさにゃならぬ」という金蔵の思惑があった。

仕置のシーン、「観音長屋から家賃を払いにきた」というセリフや金造が短筒を持っているシチュエーションはシナリオに沿ったもの。

ラストシーン、おきんと半次のやり取りでバイタリティたっぷりに締めくくるが、シナリオでは「いつもと変わらぬ賑わいを見せている長屋。だが、鉄、錠、おきん、半次らはどことなく気が晴れない」と、苦い終わり方を見せている。

観音長屋が舞台なので、ほとんど撮影所のオープンセットやセットを使ったエピソードだが、母を亡くしたおとよが、あとの供養を頼んだ八王子の寺は、西寿寺の石段で撮影が行われた。

次回予告

弟が学問で身を立ててくれることだけを願い、ささやかに暮らしてきた姉弟。だが、無謀な権力の前に姉弟の命は、はかなく散っていった。次週『必殺仕置人』にご期待ください。

【キャスト】
念仏の鉄：山崎努／棺桶の錠：沖雅也／鉄砲玉のおきん：野川由美子／喜助：美川陽一郎／おとよ：瞳順子／高島主馬：守田学哉／黒駒：玉生司朗／金蔵：加藤和夫／為吉：寺下貞信／大羽大膳：古川ロック／長屋の虎：大橋壮多／長屋の松：松田明／お峰：小柳圭子／おひろめの半次：津坂匡章

【スタッフ】
制作：山内久司、仲川利久、桜井洋三／脚本：松川誠／音楽：平尾昌晃／撮影：中村富哉／美術：倉橋利韶／照明：染川広義／録音：武山大蔵／調音：本田文人／編集：園井弘一／助監督：家喜俊彦／装飾：玉井憲一／記録：牛田二三子／進行：鈴木政喜／特技：宍戸大全／装置：新映美術工芸／床山・結髪：八木かつら／衣裳：松竹衣裳／現像：東洋現像所／製作主任：渡辺寿男／殺陣：楠本栄一／題字：糸見溪南／ナレーター：芥川隆行／制作協力：京都映画株式会社／主題歌：「やがて愛の日が」（作詞：茜まさお／作曲：平尾昌晃／編曲：竜崎孝路／唄：三井由美子／ビクターレコード）／監督：長谷和夫／制作：朝日放送、松竹株式会社

※本編クレジットは「高島主馬」を「高島主膳」と表記

能なしカラス爪をトグ

第25話

脚本：鴨井達比古
監督：工藤栄一

貧富や身分は学問の道には無縁、そう信じていた姉弟が踏みにじられ半次の怒りが旗本屋敷に！

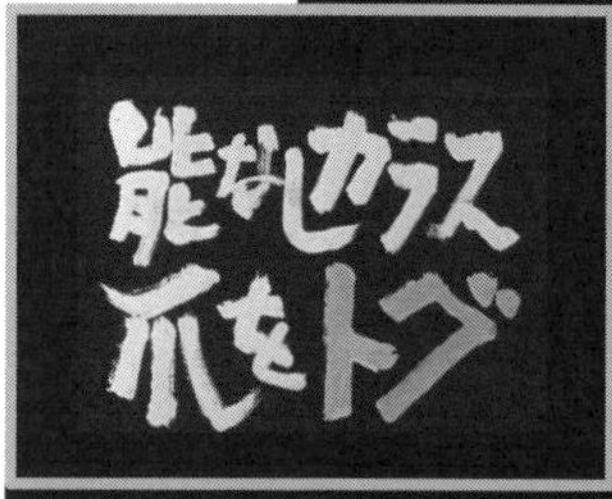

放映日◉ 1973年10月6日
視聴率◉ 21.7%（関東）
27.6%（関西）

昭和40年代からマスコミを通して巷に定着した「受験戦争」という言葉。現代日本に生まれた新たな社会現象を、江戸の武家社会に重ね合わせたシニカルな一編。最終回を目前に半次が怒りを爆発させる。

小十人組の貧しい旗本の遺児である内藤和馬（三木豊）は、姉の秋絵（島かおり）の献身的な支えもあり、幕府学問所の入所試験に見事合格。ふとしたことから姉弟と知り合った半次にとって、貧しくとも誠実な生き方を貫く彼らの存在は、いつしか心の支えになっていた。

しかし、同じ塾に通っていた松坂隆之助（坂本友章）は勉強嫌いの問題児で、あえなく不合格に。長崎奉行を夫に持つ母親の吉乃（浅茅しのぶ）は気も狂わんばかりに激昂し、息子の入学を認めさせようと行動開始。書院番頭をつとめる兄、小沼土佐守の手を借りて、ついに禁断の一線を越える……。

スキャンダラスな裏口入学の暴露記事を、そのまま時代劇のフォーマットに落とし込んだような鴨井達比古の脚本は、その後の仕事人シリーズを思わせるストレートさ。日活の若手ライターとして60年代末期にデビューし、「ハレンチ学園」シリーズや『谷岡ヤスジのメッタメタガキ道講座』を手がけただけあって、ハレンチなガキのド外道っぷりを描かせたら一流だ。母も手を焼く色キチに、しかし教育ママゆえの愛が注がれる、醜い絆も見どころ。

工藤栄一も普段のケレン味は控えめ

あらすじ

定員わずか三十名。学を志す若者にとって狭き門である幕府学問所。清貧に暮らしながらも努力が身を結んで、見事合格した貧乏旗本の息子・内藤和馬は、姉の秋絵、そして姉弟を強く慕う半次から、心よりの祝福を受けたのだった。

いっぽうで、和馬と同じ塾生だった長崎奉行松坂の息子・松坂隆之助は不合格。その母である吉乃は、書院番頭小沼土佐守と学問所の林大学頭に欠員が出るよう働きかける。これを引き受け、和馬に対して合格を辞退するよう説得を試みる小沼だが、秋絵の態度は揺らがない。しかしその強い意志は、和馬が殺害されるという最悪の結果を生んでしまうのだった。仇を討つべく秋絵は松坂親子のもとに向かうが、無念にも返り討ちに遭ってしまう。

秋絵が遺した置き文ですべてを知った半次は、もう帰ってこない心優しき姉弟の恨みをはらすべく、錠たちを連れて血涙の仕置を開始するのだった。

に、風刺色の濃いストーリーをつとめてオーソドックスに撮り上げる。それまでの演出回に比べると物足りないという向きもあるだろうが、毎回こってりではなく、たまにはさっぱり味も連続ドラマには必要だ。しかし半次メイン回でおきん姐さん不在は惜しい。

工藤印のドラマチックな映像演出がスパークするのは、やはり半次の慟哭と怒りが炸裂する後半の展開からだろう。姉弟と知り合ったきっかけを「にわか雨で雨宿りしてたとき、傘貸してくれたんだ。ただそれだけだよ」と、いつになくシリアスな口調で語る半次。続くどしゃ降りの回想シーンに漂う詩情には、胸を打たれずにいられない。

「頼む、一生のお願いだ！　あの姉弟の仇を取ってやってくれ！」

涙ながらに鉄と錠に訴える半次＝津坂匡章の真に迫る熱演、そして〝殺しは専門外〟である彼が最後に選んだ行動も、深い余韻を残す。

半次が惚れるのも無理はない、凛として篤実なヒロイン秋絵を演じた島かおりも好演。「貧富や身分は、学問の道には無縁と存じます」と入学辞退の申し出を毅然とはねつけ、松坂家へ弟の仇討ちに乗り込む気丈さが麗《うるわ》しい。

そしてピンポイントながら切れ味鋭い殺陣――和馬が墓場で無残に斬られるシーンは、工藤栄一の映画『野獣刑事』で、ヒロインのいしだあゆみが殺される場面を彷彿させるショックとやるせなさ。

クライマックスでは、半次と錠が松坂母子に引導を渡しに行く一方、鉄は小沼とその配下を闇夜の寺におびき出す。いつものチームワークではお目にかかれない〝殺しの連続ソロプレイby鉄〟がうれしい。獰猛な顔つきの浜伸二演じる用心棒とも、真っ向からの真剣勝負！

松坂家での仕置では、丸い笠をかぶった半次が恨み言を叩きつける。この丸笠も工藤印のキーワードであり、「女ひとりの地獄旅」では鉄と畠山弾正、さらには駕籠を襲撃する松平藩士たちが装着し、「賭けた命のかわら版」では留造が女房を探すシーンで被り、さらに来たる最終回「お江戸華町未練なし」でも旅姿の鉄が……。その後のシリーズでは奉行所の捕方に丸い笠を被らせ、その頂点が映画『必殺！Ⅲ　裏か表か』のタイトルバックだ。パワフルな映像美だけはない工藤栄一のフェティッシュな感性が発露された。

受験戦争にあやかり、学習塾が舞台のテレビ時代劇といえば『賞金稼ぎ』がある。若山富三郎主演の同名映画シリーズをもとにした1975年の異色作であり、砂塵吹き荒れる岩山に朽ち果てた宿場町、ウエスタン調の音楽が流れるなか爆破、銃撃戦、そして刀による死闘が繰り広げられる。「皆殺しのバラード」「血と砂のブルース」「獄門台のガンマン」「ゴールドハンターを撃て」――サブタイトルを並べてみれば、その世界観が伝わるだろうか。

主人公は武芸百般の達人である錣市兵衛、表の顔はコミカルな塾長であり、日の出塾運営のため賞金首の悪党どもに立ち向かう。「疑う愛に迫る魔手」にゲスト出演した瞳順子がレギュラーの千枝先生を演じ、市兵衛をやり込める。若山が惚れ込んでいた若手女優であり、そのかけ合いも見ものだ。子連れ狼、紋次郎、そして必殺……70年代のムーブメントであったマカロニ時代劇の最果てにして挽歌ゆえ、ここに挙げておきたい。

セリフ選抜

「おめえが憎い！　おめえたちが憎い！　はらわた引きちぎり、目ん玉くり抜いて、狂い死にさせても飽きたらねえぐれえだよ！　だがな、そんなことしたところで、あの姉弟はもう帰ってこねえんだよ！」（半次）

主な登場人物

内藤秋絵
島かおり

弟の和馬が学問所に合格し、よろこびから急転直下で厄災が押し寄せる。半次がほのかな思いを寄せるが、理不尽な要求を跳ねのけたがゆえに、弟に続いて命を奪われてしまう。

松竹の専属女優としてデビューした島かおりは、60年代半ばよりフリーとなってテレビに活路を見出す。『七人の孫』で注目され、『若きいのちの日記』『名もなく貧しく美しく』『白衣の姉妹』などでヒロインを演じて〝昼メロの女王〟と呼ばれた。『愛と死と』で初めて母親役を演じ、本作では実年齢よりずいぶん上の役に挑戦。

松坂吉乃
浅茅しのぶ

息子の隆之助が学問所に合格しなかったため、内藤姉弟に苦難を与える。夫は長崎奉行として単身赴任中、実兄である書院番頭の小沼土佐守まで駆り出してモーレツ教育ママぶりを発揮する。

浅茅しのぶは戦前より宝塚歌劇団で活動し、退団後は映画やテレビに多数出演。1956年の日仏合作の映画『忘れえぬ慕情』ではドイツの国民的俳優ゲルト・フレーベと夫婦役で共演した。

内藤和馬
三木豊

学問所に合格したため、同じ塾に通う松坂隆之助やその母に目をつけられ、志半ばにして斬り殺されてしまう。まだ14歳という若さであった。

関西の子役として活動した三木豊は、1971年の連続ドラマ『商魂』で主人公の少年時代を演じて代表作とする。20歳のころより上京し、津山栄一という芸名で『電子戦隊デンジマン』のデンジイエローこと黄山純としてレギュラー出演。30歳での結婚を機に俳優業から退いた。『新必殺仕置人』第23話「訴訟無用」では死刑囚の身代わりとして磔獄門の刑に処せられている。

松坂隆之助
坂本友章

学問所に合格しなかったため、母の吉乃が暴走し、その仇討ちとして秋絵に斬りつけられ、逆に犯そうとする。サブタイトルの「能なしカラス」とは、隆之助のことか。「笑わしちゃいけねえ。無礼者だと……おめえの言ってることは全部、おめえたち侍同士でしか通用しねえ言葉なんだ」と鉄に殴られ、錠に脅され、半次に掴みかかられ、また鉄に殴られた。

坂本友章は『水戸黄門』などに出演。早くに子役をやめたのか、名前を変えたのか、その後の活躍は不明。本作では幕末の志士のような壮士風の髪型でバカ息子を演じた。

◆ ◆ ◆

小沼土佐守役の入江正徳は俳協所属、白髪の紳士として多くのドラマで重役を演じた。和馬の学問所合格を辞退させるよう秋絵に迫るが、身分にあぐらをかいた交渉能力の低さが露呈してしまう。

海山塾を主宰する島崎海山役の相原巨典も同じく俳協からの参加。「すなわち学問とは、あくまで人のため世のために活用すべきもの」と生徒たちを律した。学問所の林大学頭宗春を演じた入江慎也は京都の劇団くるみ座に所属、いつも苦々しい顔が特徴的だ。

黒川兵庫役のコワモテ、浜伸二は夫婦漫才の暁伸・ミスハワイのコンビに弟子入りし、東映のテレビ時代劇に多く出演。のちに時代吉二郎という名で舞台を中心に活動した。

酔って帰宅した隆之助に襲われる新入り女中役は内田真江。あまり目立つことのない芸者や女郎の役も多いが、その被虐美が密室下で遺憾なく発揮された。クライマックスで半次がどれだけわめこうと松坂母子を助けることもなく、そもそも後半は出番なしであった。

シナリオと本編の違い／ロケ地／そのほか

これまでのシナリオと異なり、写植の活字ではなく手書き文字の台本が使用された。まるで1950年代の日本映画の台本のように古めかしく、1行あたりの文字数も違うので分厚い。なにかしらの事情で印刷屋に通常の発注をする時間がないほどのスケジュールだったのだろうか。

シナリオによると和馬14歳、隆之助19歳という設定。和馬が学問所に合格し、秋絵が半次にお礼を伝える食事シーン、その直後に傘の回想シーンが入っていたがカット。主水の一人称は「わし」になっている。

秋絵が島崎海山に和馬の死を相談するシーン、「和馬も隆之助もわが教え子じゃ。秋絵殿、わしはもう若者に学の道を説く自信を失うてしもうた」と島崎が嘆くセリフがカットされている。

松坂家での仇討ちに失敗したあと、シナリオでは隆之助が秋絵を抱きすくめ、唇を噛まれて逆上。殴る蹴るを繰り返したあと血を見て興奮し、秋絵の着物を脇差で切り裂き、犯そうとした瞬間に吉乃が入ってきて止める流れになっており、見比べると本編はマイルドになっている。

半次、鉄と錠に雨宿りの話をしたあと、回想シーンで「釣りをする」「将棋をする」という、ありし日の三人が映し出される（本編では、ここに傘の回想が入る）。「よし八丁堀がいねえのが寂しいが」という鉄のセリフはシナリオどおり。

松坂母子への仕置、本編は屋敷内での半次による説教だが、シナリオではお堂の中で縛られた隆之助が吊るされるというハードなもの。

吉乃も骨はずしを食らい、それから鉄が小沼を仕置する。最終的に吉乃と隆之助はかろうじて立っている状態であり、殺されてはいない。千両箱の中の小判が消え失せているというシナリオのラストは、千両箱に石が詰められているオチに変更された。

海山塾の門前のロケ地は、京都御苑九条邸跡の拾翠亭。和馬と秋絵が渡る橋は九条池の橋。千両箱受け取りシーンは今宮神社で撮影された。

【キャスト】
念仏の鉄：山崎努／棺桶の錠：沖雅也／中村りつ：白木万理／吉乃：浅茅しのぶ／内藤和馬：三木豊／松坂隆之助：坂本友章／おひろめの半次：津坂匡章／小沼土佐守：入江正徳／島崎海山：相原巨典／林宗春：入江慎也／黒川兵庫：浜伸二／魚屋：松尾勝人／女中：内田真江／秋絵：島かおり／中村主水：藤田まこと

【スタッフ】
制作：山内久司、仲川利久、桜井洋三／脚本：鴨井達比古／音楽：平尾昌晃／撮影：小辻昭三／美術：倉橋利韶／照明：中島利男／録音：二見貞行／調音：本田文人／編集：園井弘一／助監督：高坂光幸／装飾：稲川兼二／記録：野口多喜子／進行：黒田満重／特技：宍戸大全／装置：新映美術工芸／床山・結髪：八木かつら／衣裳：松竹衣裳／現像：東洋現像所／製作主任：渡辺寿男／殺陣：楠本栄一／題字：糸見溪南／ナレーター：芥川隆行／制作協力：京都映画株式会社／主題歌：「やがて愛の日が」（作詞：茜まさお／作曲：平尾昌晃／編曲：竜崎孝路／唄：三井由美子／ビクターレコード）／監督：工藤栄一／制作：朝日放送、松竹株式会社

お江戸華町未練なし

第26話

脚本：梅林貴久生
監督：工藤栄一

処刑寸前の仲間を救うため
すべてをかなぐり捨てて
仕置人、最後の戦いに挑む！

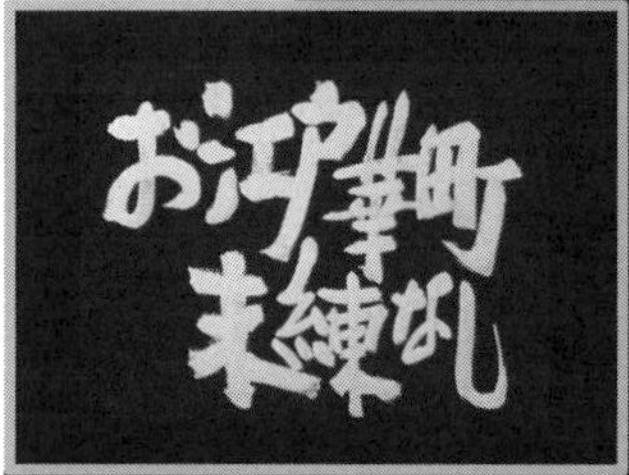

放映日◉ 1973年10月13日
視聴率◉ 26.1%（関東）
28.6%（関西）

26のエピソードを半年にわたって放映してきた『必殺仕置人』も、とうとう最終回。水不足をいいことに私腹を肥やす悪党どもが最後の相手だ。ぎらつく太陽をセットでも再現し、工藤栄一がろくでなしの仕置人たちの解散を活写した。

もうストーリーは一旦すっ飛ばすが、やはり最終回の見どころといえば、みなが散り散りに解散しようというところにやってくる中村主水だ。

「八丁堀！　おめえは来ちゃいけねんだよ。帰《けえ》れ！」

「なにを言うんでえ。俺もおめえたちと一緒に行くぜ」

同心としての地位、家族、三十俵二人扶持の手当……そのほかすべてを捨てて、仲間たちと一緒に江戸を離れようとする主水。すでに旅姿で笠までかぶっている。仕置人として生きてきた覚悟、そして未練、裏稼業を続けるのかどうか、そもそもシリーズが続くのかどうかもわからない状況で、断ち切りがたい関係性がすでにできあがっていた。

足を洗うかもしれない、洗わないかもしれない、だが「いつまでも続けるほどありがてえ商売でもねえだろ」と鉄が言い放ち、かつて北町奉行を仕置したあとの裏稼業宣言を撤回するかのように、ある提案をする——。

北町奉行所筆頭与力、南町奉行所筆頭与力、寺社奉行組頭支配、主水が勤め

あらすじ

江戸は強い日照りにより、壊滅的な打撃を受けていた。とくに水不足は深刻で、価格高騰を狙った北町奉行所筆頭与力・塩見と寺社奉行組頭・沢井、そして岡っ引きの寅松らが結託し、水脈のある井戸を封鎖、江戸庶民の水汲みを禁止するいっぽうで料亭に横流しして暴利を貪っていた。父のために水を汲みにきた娘み乃は、寅松の手下辰三に凌辱されてしまい、父をも失ってしまう。鉄たちは入牢させられたみ乃を救出するが、その別れ際、鉄、錠、半次、おきんが丸ごと役人に姿を見られてしまう。

塩見と仕置人たちの頭脳戦の末、半次が捕らわれてしまい、激しい拷問を受ける。主水らは覚悟を決めて、後先も銭勘定も考えない、年貢の納め仕事の決意を固めるのだった。

叩きつけるような豪雨の中、まさに半次のいのちが消えようとしていた。仕置人、最後の大激闘が始まる——。

る北町の腐敗を裁くところから始まった『仕置人』は最終回において、全部乗せのようなかたちで三奉行所の幹部をまとめて仕置する。しつこいほどに積み重ねられた公権力への不信と叛逆が爆発し、主水は奉行所内で切腹に見せかけての刺殺、おきんまでが毒を手に白昼堂々の仕置を果たす。

　水不足で泣く庶民を体現するように、か弱き老人と娘が犠牲となる。佐平とみ乃、森秀人と原田あけみが扮する親子への後悔と情……ストーリー自体は「人情もの」の色合いが強く、ベタベタした人情話をセリフで否定しながらも情に傾き、み乃を救った代償として奉行所から目をつけられて半次が捕縛されてしまう。

「銭勘定をしねえで危ねえ綱渡りをするのはバカバカしいようだが、なんとなくマシな人間になったようが気がするじゃねえか。力合わしてやろうぜ」

　初めから殺し屋の掟などに縛られない無頼漢たちの落とし前を、京都映画という自由な現場にぴったりフィットさせ、シリーズ初参加にして最終回まで託された工藤栄一がパワフルな力で一気呵成に駆け抜ける。

　闇の御前の替玉事件——雨の処刑場から始まった『仕置人』は、ふたたび豪雨のなか半次が斬首されようとする処刑場に鉄と錠が殴り込む。もう正体をさらしての大暴れで、役人たちの間に割って入り、第1話が望遠レンズ主体の観察するような目なら、こっちは仕置人と一体化して、カメラごと暴れ回る。何度も試されてきた手持ちのぶん回し撮影の総決算だ。工藤栄一のエネルギーがみなぎり、鉄も錠も、いや、山﨑努も沖雅也も——ありったけの力を注ぐ。

　脚本は梅林貴久生。シリーズ初参加にして最終回にして唯一の執筆作という世にも珍しい参加となった。宝塚映画でキャリアを開始し、関西の根性ものドラマに才を発揮したライターだが、やはり人情を描かせると絶妙だ。『仕置人』前半には同じ京都映画で『瀬戸の恋歌』という昼メロを手がけており、牢屋敷の殴り込みは工藤栄一の改訂だが、しかし、しっかり人情の土台を作り、「世の中、裏目ばっかりよ」と締めくくる。そして、みなは散り、主水は奉行所の門をくぐって、いつもと変わらぬ日常へ——。

　その後の必殺シリーズのハードな最終回に比べると、まろやかな味わいすらあるが、しかし、これぞ『必殺仕置人』にふさわしい。

主な登場人物

仁王門の寅松
山本麟一

疫病が出たと触れ回り、井戸の使用を禁止する岡っ引き。多くの手下を従え、十手をブラブラさせながら権威を示す。荒っぽい性格で、語尾には「〜やんす」を使うことも。牢屋破りに加担した仕置人たちの足取りを追い、半次を捕縛した。最後は傘越しの顔面に錠の手槍を食らう。

大柄な体躯の悪役として活躍した山本麟一は、東映ニューフェイスの1期生として1954年に映画界デビュー。東映任侠映画の悪役として名を上げ、「網走番外地」シリーズや「日本侠客伝」シリーズなどで活躍する。70年以降はフリーとなって役柄の幅を広げた。『暗闇仕留人』第5話「追われて候」の白河検校、『必殺商売人』第26話「毒牙に噛まれた商売人」の蛭子屋卯兵ヱなど短髪やスキンヘッドでの出番も多い。

み乃
原田あけみ

病気の父親佐平のために井戸の水を汲み、仁王門配下の辰三に犯されてしまう。父の死後、またも辰三に言い寄られてかんざしで重傷を負わせる。その罪によって牢に入れられるが、仕置人たちによって救出された。

原田あけみは当時、山本麟一と同じ新倉事務所の所属であり、テレビの刑事ものや時代劇に多数ゲスト出演して薄幸な役どころを得意とした。映画は『喜劇女生きてます』や『金環蝕』などに出演した。70年代なかばに女優を引退。

佐平
森秀人

み乃の父親。みずからの病と水不足によって娘が手篭めにされてしまい、金の代わりに水で仕置を依頼するが、断られて失意の末に亡くなる。

か弱き病人がぴったりの森秀人は、松竹が後援した劇団新春座の出身。『必殺仕置屋稼業』第1話「一筆啓上地獄が見えた」では、色ボケ商人の餌食になる姉妹の父親を演じ、一瞬の病床から哀れを体現したのち、首吊り自殺を遂げた。

◆　◆　◆

黒幕の三悪人——北町奉行所筆頭与力・塩見内膳役の長谷川弘、南町奉行所筆頭与力・神島源之丞役の外山高士、寺社奉行組頭支配・沢井刑部役の西山辰夫は全員『仕置人』二度目の出演であり、安定のトリオを構築。とくに塩見は切れ者として君臨し、「水不足をいいことに私腹を肥やすとは薄汚え野郎だ！」と、鉄の背骨はずしを浴びる。

仁王門配下の辰三を演じた山本一郎も相変わらずの卑劣な小悪党ぶりを見せる。政役の北野拓也との大映コンビがうれしい。同心小林役の出水憲司は鉄と錠の処刑場殴り込みに「狼藉者！」と怒号とともに刀を抜き、同心木谷役の黛康太郎は初回と最終回の両方で仕置の対象になるなど、常連俳優が脇を支えた。

水もらいの女房を演じた八代郷子は、関西の新劇人でありテレビ時代劇にも数多く出演。政に犯されるシーンがあったがカットされており、『新必殺仕置人』第19話「元締無用」でも役ごとカットされる憂き目にあった。

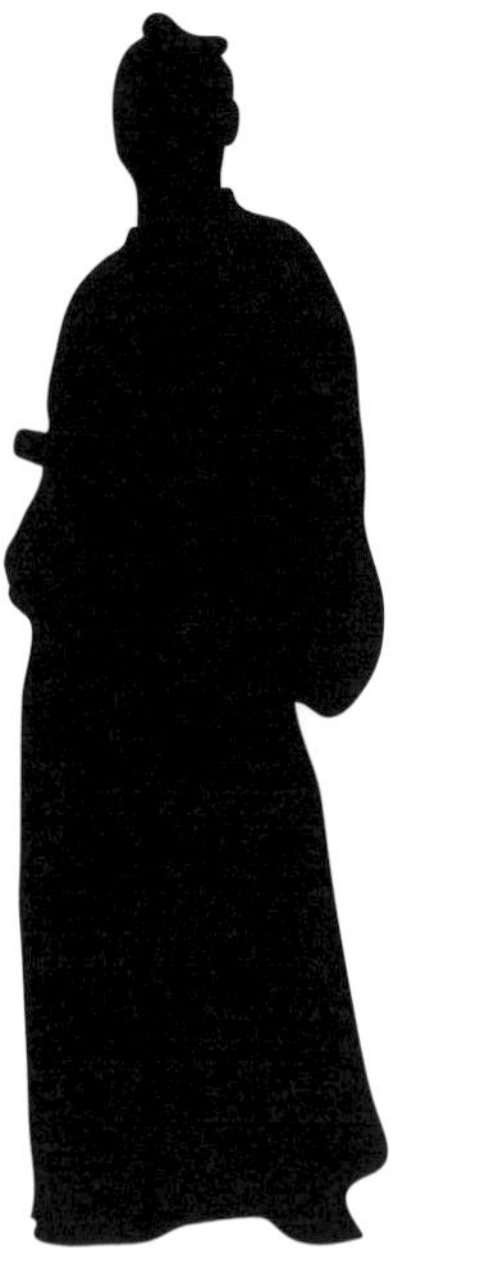

シナリオと本編の違い／ロケ地／そのほか

最終回でも工藤栄一の現場改訂は健在。まず、み乃を牢屋敷から救い出すシーン、シナリオでは主水が紙を投げて、ウインクする。そこには「かならず、すくいあり　志」と書かれており、「志」は「し」と読めるので「仕置人」を意味する——というきっかけから最終的に仕置人捕縛の手がかりとなる。

み乃を棺桶で運ぶくだりの役人たちとの乱闘シーン、シナリオには存在しない。仁王門配下の政が水もらいの女房を犯そうとして、鉄に仕置されるシーンがあったがカット。「なんとなくマシな人間になったようが気がするじゃねえか」という鉄のセリフはシナリオのとおり。

主水の奉行所での殺し、刀の素振りを試み、いきなり神島をぶった斬る。おきんの沢井への仕置はシナリオのまま。クラマックスの処刑場での大立ち回りはシナリオに存在せず、工藤栄一による大改訂。もともと同心の小林と木谷は仕置の対象ではない役であった。シナリオの流れを解説すると、まず仁王門の寅松は大きなタライで行水しているところに錠が飛び降りて、背後から一突き。

半次救出は、鉄が浅草現光寺の良雲という高僧に扮して奉行所へ。塩見と面会して仕置し、そのあと同心の木谷に半次の釈放を命令し、「だまらっしゃい。将軍家御姉君ゆかりの者じゃ。塩見殿にもお許しをもらった。早く……早くせぬと、そなたこそ打ち首になるぞ！」と脅して、半次を救出する。

仕置人たちの解散は、シナリオでは郊外の野原。半次はびっこを引いており、「八丁堀、もうここでいいぜ。帰ってくんな」という鉄のセリフから、主水が同行の意思を示す。「いつまでも続けるほどありがたい商売じゃねえからな」というセリフはシナリオに指定されており、一文銭のくだりも同様。

「どうせ極楽へはいけねえ俺たちだ……会えるのは地獄だろうぜ、はは……盛者必衰、会者定離、あばよ！」という鉄のセリフによって、みなが散り散りとなる。主水による別れの言葉は「鉄！……錠！　……半次！　おきん！　達者でいろよぉ！　みんな達者でなぁー！」。そして、ひとりポツンと残る。

本編では流れ橋に腰かけていた半次とおきんだが台本では別々の旅立ち、鉄の「世の中、裏目ばっかりよ」は現場で加えられたセリフであり、シナリオの最後の1行は「夕焼空と草原の彼方に、鉄の姿、吸い込まれていく——」。

【キャスト】
念仏の鉄：山崎努／棺桶の錠：沖雅也／鉄砲玉のおきん：野川由美子／塩見内膳：長谷川弘／み乃：原田あけみ／神島源之丞：外山高士／沢井刑部：西山辰夫／おひろめの半次：津坂匡章／乾分辰三：山本一郎／乾分政：北野拓也／父親佐平：森秀人／同心小林：出水憲司／同心木谷：黛康太郎／水もらいの女房：八代郷子／仁王門の寅松：山本麟一／中村主水：藤田まこと

【スタッフ】
制作：山内久司、仲川利久、桜井洋三／脚本：梅林貴久生／音楽：平尾昌晃／撮影：小辻昭三／美術：倉橋利韶／照明：中島利男／録音：二見貞行／調音：本田文人／編集：園井弘一／助監督：高坂光幸／装飾：稲川兼二／記録：野口多喜子／進行：黒田満重／特技：宍戸大全／装置：新映美術工芸／床山・結髪：八木かつら／衣裳：松竹衣裳／現像：東洋現像所／製作主任：渡辺寿男／殺陣：楠本栄一／題字：糸見溪南／ナレーター：芥川隆行／制作協力：京都映画株式会社／主題歌：「やがて愛の日が」（作詞：茜まさお／作曲：平尾昌晃／編曲：竜崎孝路／唄：三井由美子／ビクターレコード）／監督：工藤栄一／制作：朝日放送、松竹株式会社

『必殺仕置人』最終回の集合写真

『必殺仕置人』美術資料集

『必殺仕置人』の美術デザイナーを務めたのは、松竹京都出身の倉橋利韶。その後も必殺シリーズの美術の多くを手がけてきた。残念ながら倉橋氏は2022年に逝去されたが、自宅に保管されていた貴重な美術資料を御遺族の協力のもと、ここに掲載させていただく。

資料提供：山田三千代（倉橋利韶長女）

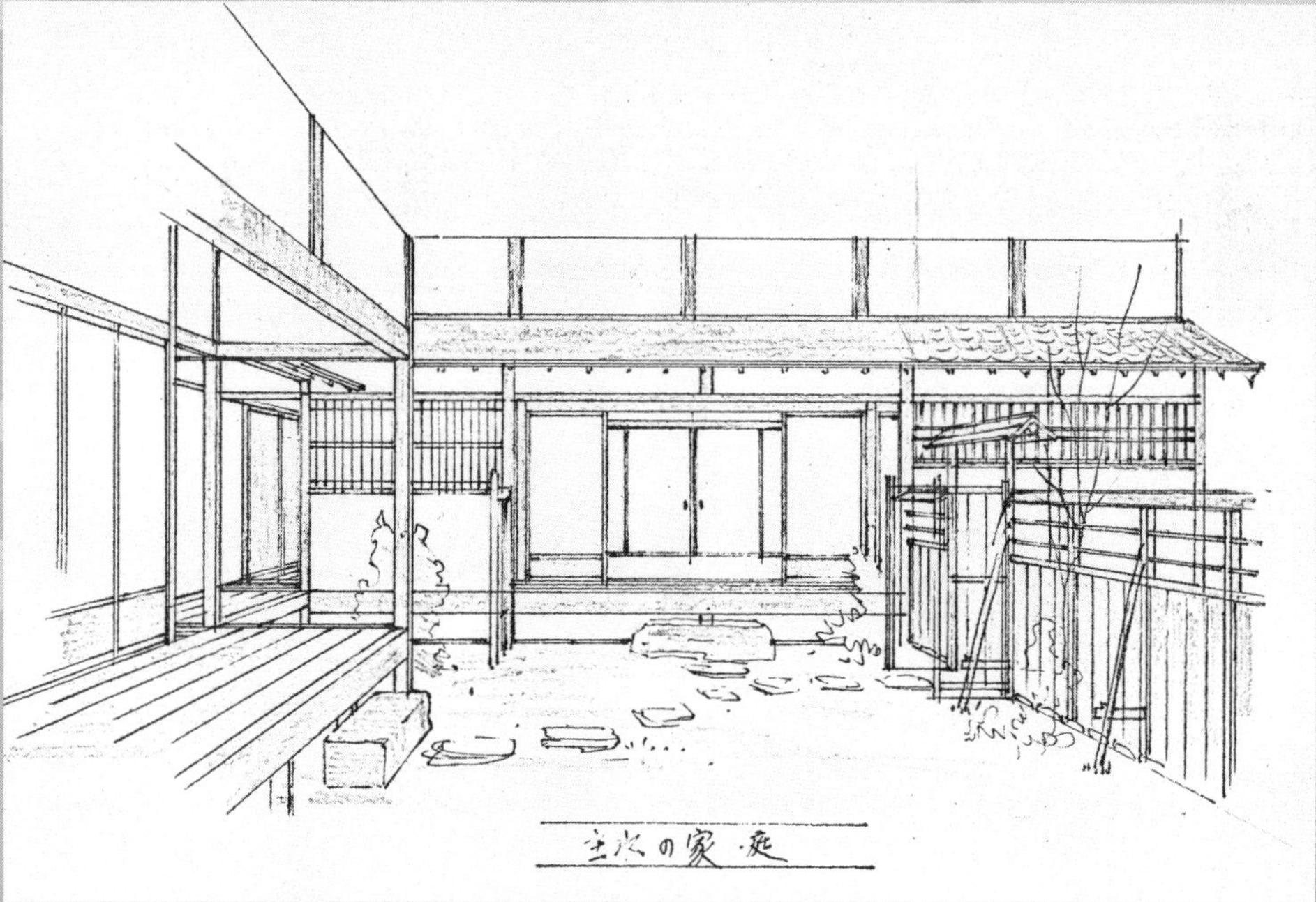

中村家のセットイメージ画。その後のシリーズに比べて庭が広い

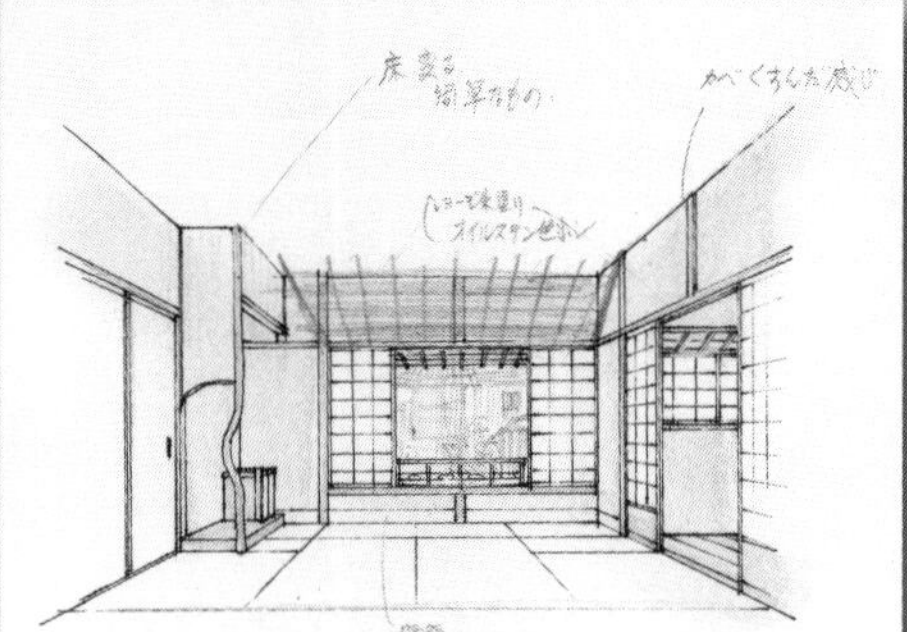

蔦屋の二階、お島の部屋。鉄が初めて骨はずしを披露した場所だ

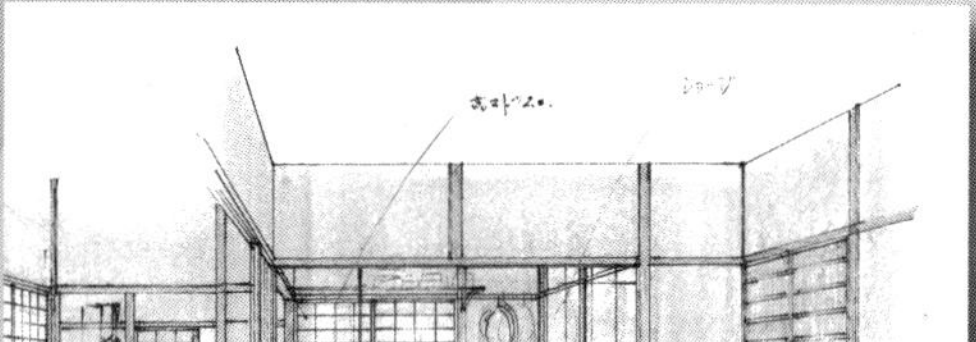

棺桶の錠が暮らす長屋の室内

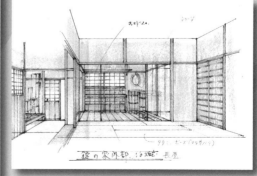

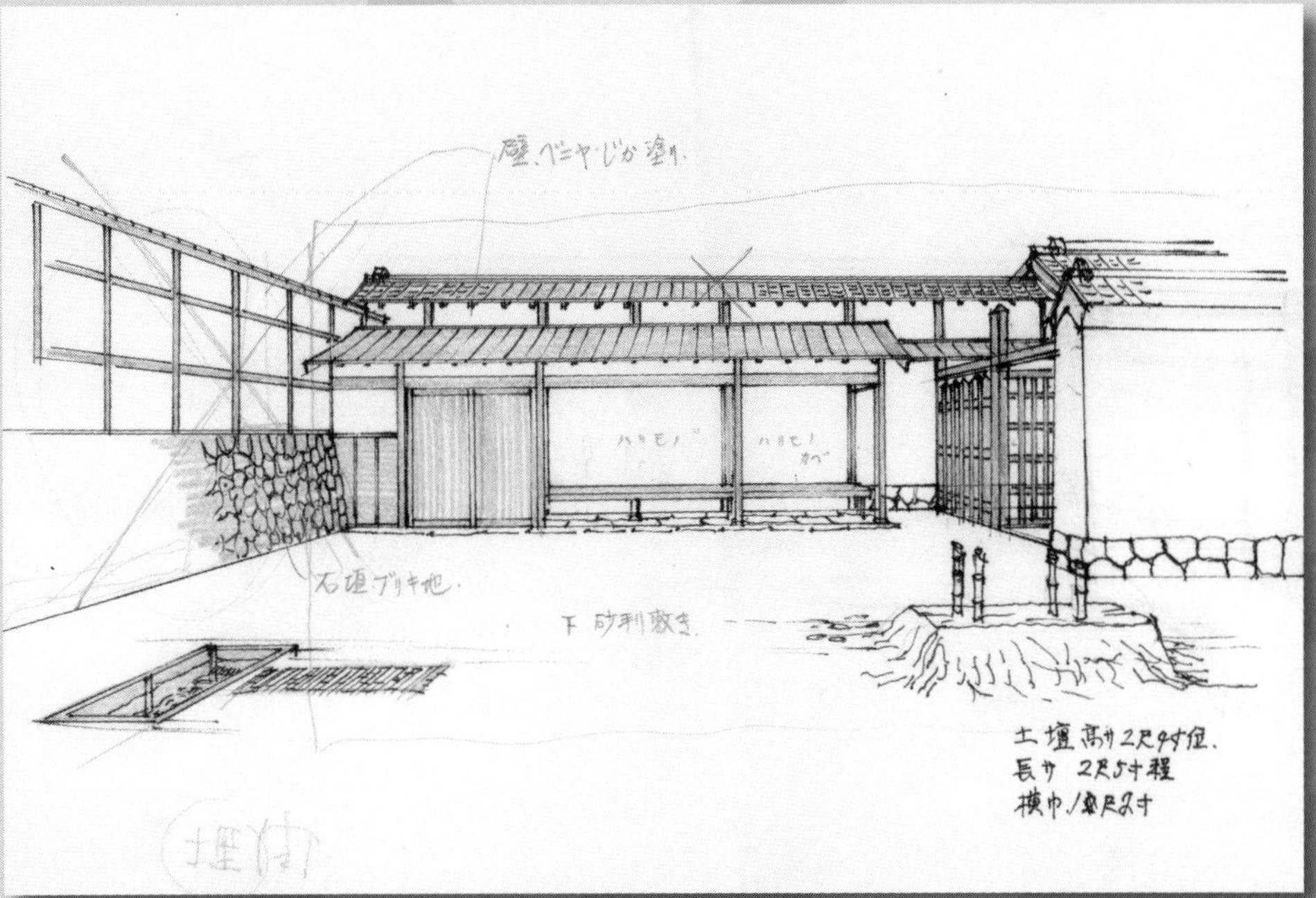

伝馬町牢屋敷の処刑場。第１話「いのちを売ってさらし首」で闇の御前の身代わりとして百姓の松造が処刑され、主水が天神の小六を呼び出した場所である

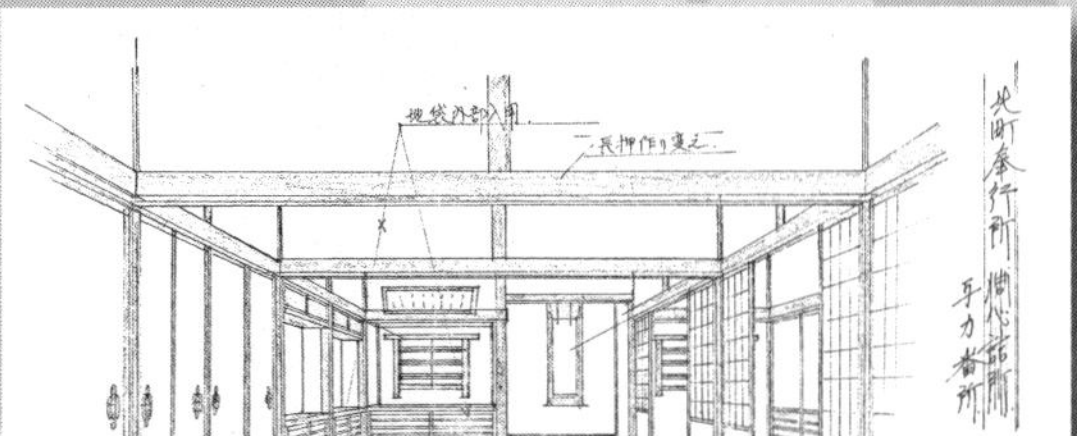

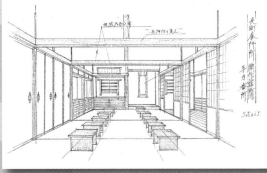

北町奉行所の与力番所。第１話では同じセットを作り変えて与力番所と同心詰所の２ヶ所となり、連続するシーンとして登場。美術スタッフによる巧みなやりくりが行われた

奉行所の厠。錠と半次が牧野備中守を拉致する場所

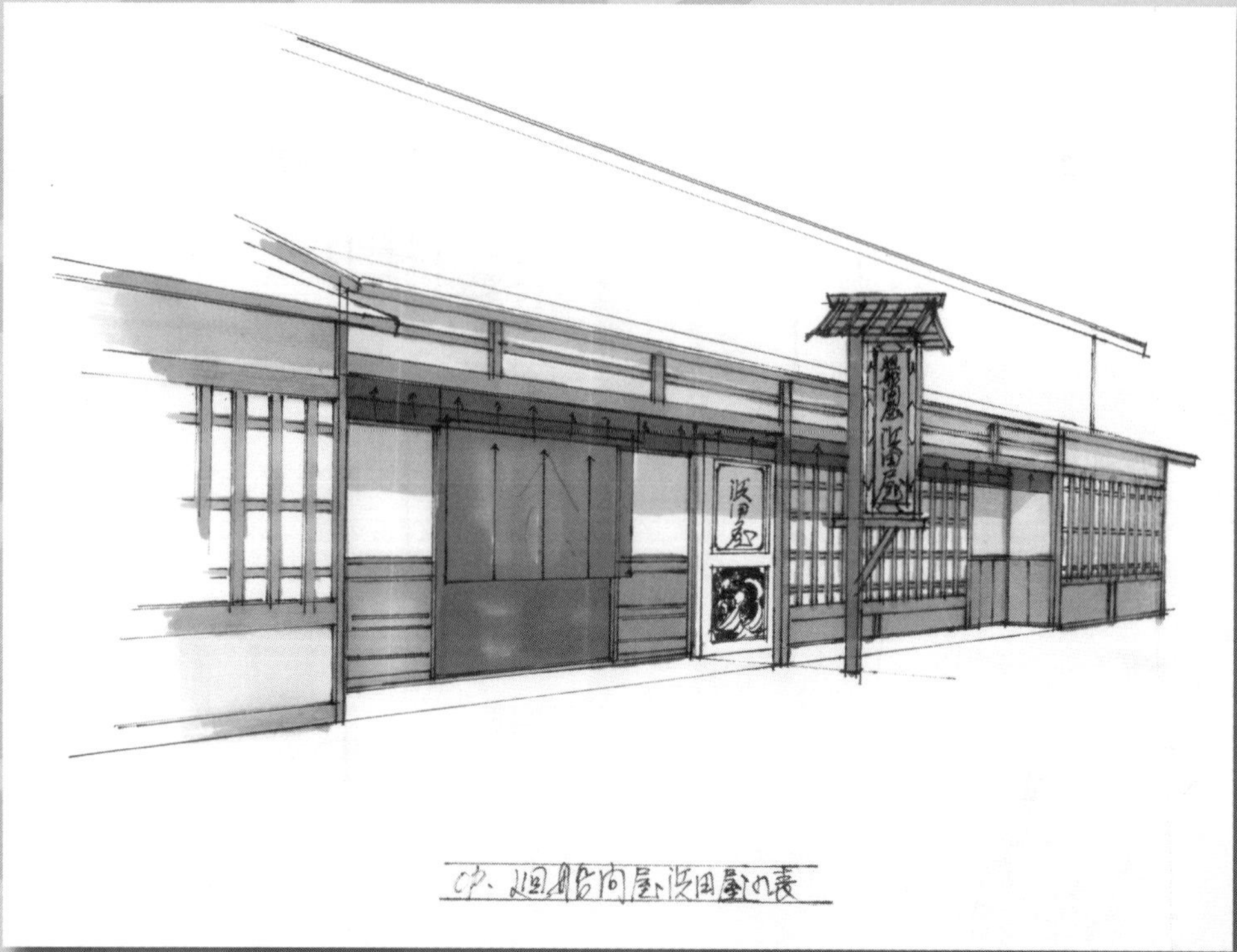

第 1 話「いのちを売ってさらし首」に登場する浜田屋の外観イメージ画

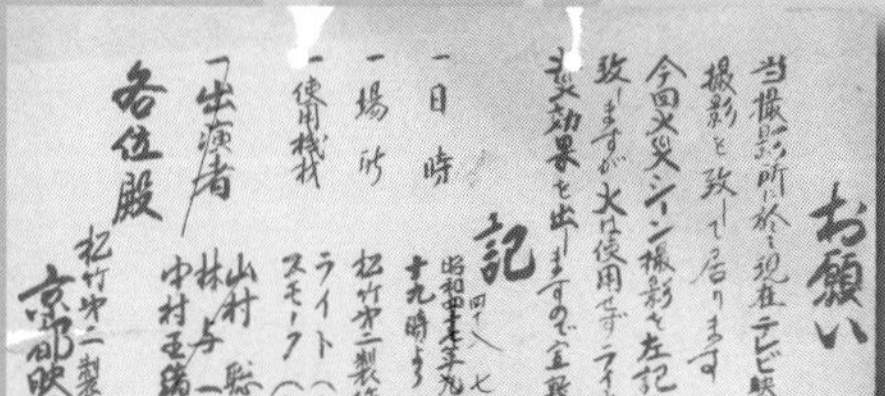
お願い
当撮影所に於て現在テレビ映画必殺仕掛人の撮影を致して居ります
今回火災シーン撮影を左記要領に依り実施致しますが火は使用せずライト及びスモークにて炎効果を出しますので宜敷くお願い致します
記
一 日時 昭和四十七年九月十三日 十九時より二十一時ごろまで
一 場所 松竹第二製作所オープン
一 使用機材 ライト（赤色フィルター使用） スモーク（白及び赤）
一 出演者 山村聡 緒形拳 林与一 三国連太郎 中村玉緒 津坂匡章 以上
各位殿
松竹第二製作所内
京都映画株式会社

第14話「大悪党のニセ涙」における火災シーン撮影のお知らせ文。『必殺仕掛人』のものを流用

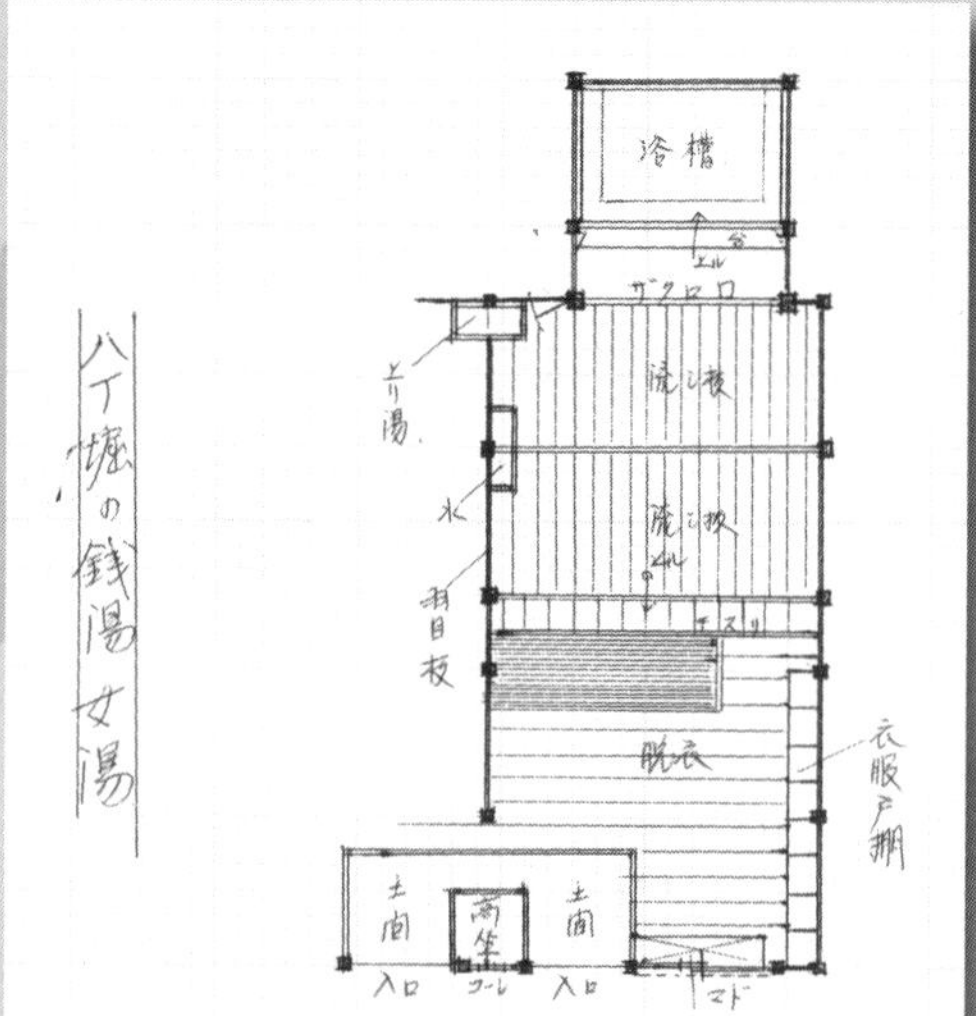

第 11 話「流刑のかげに仕掛あり」に
登場する八丁堀の銭湯・女湯のセット図面

京都映画の会社案内パンフレット。当時は下鴨に本社があり、太秦の撮影所は松竹の管理下にあった。必殺シリーズが軌道に乗った1974年に本社機能ごと移転し、2023年現在の社名は松竹撮影所

《太秦撮影所》

松竹株式会社京都撮影所内

全　景

《ステージ》

・NO1	150坪	単独650kw	併用の時 各々 350
・NO2	150坪	〃 650kw	
・NO3	230坪	〃 1000kw	併用の時 各々 500
・NO4	140坪	〃 750kw	
・NO5	135坪	〃 700kw	

オープンセット

・京都映画常備オープンセット（時代劇用、町、宿場、長屋等）一部内部使用も可能であります。

『必殺仕置人』現場スナップ集2

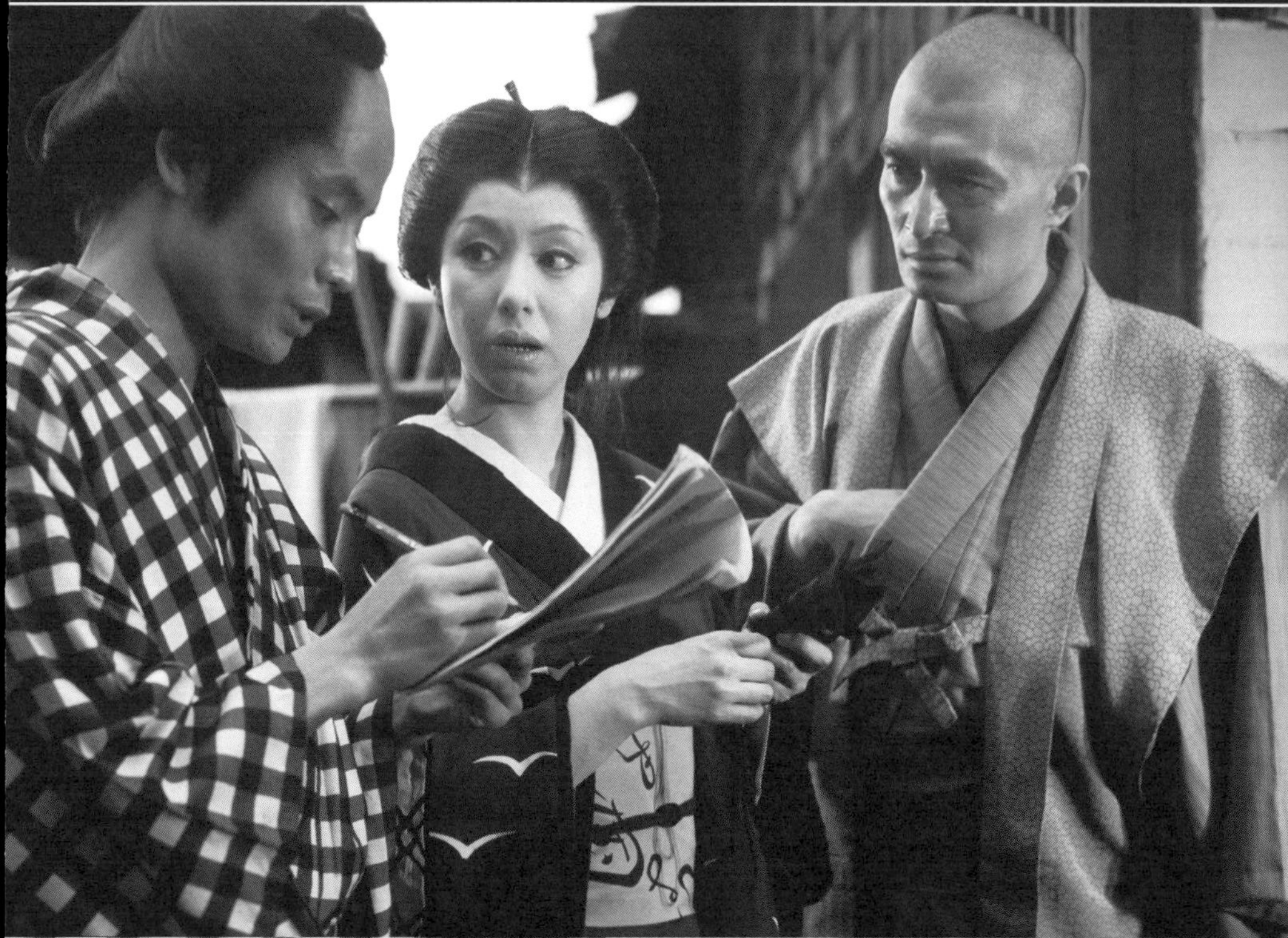

仕置——
法によって処刑することを
江戸時代こう呼んだ
しかし　ここに言う仕置人とは
法の網をくぐってはびこる悪を裁く
闇の処刑人のことである
ただし　この存在を証明する
記録古文書の類は
一切残っていない

『必殺仕置人』エンディングナレーション
作・野上龍雄

●COLUMN

劇画、舞台、パロディ、コラボ広がり続ける！仕置人アナザーワールド

近藤ゆたか

劇画版仕置人の全貌

先行ライバル番組『木枯し紋次郎』が原作にこだわり、翻案に使える笹沢左保の股旅小説までもが尽きたために終了したのに対し、池波正太郎の原作から生まれた『必殺仕掛人』は、もともと使える原作が少なかったがゆえに、オリジナル脚本がメインとなった。その後継番組『必殺仕置人』が完全オリジナル作品となったのは当然の成り行きだろう。

しかし原作小説の連載誌という宣伝メディアを失い、それを補うためか新創刊された『劇画ポスト』（週刊ポスト増刊／小学館）にて〈テレビと同時進行〉を売り文句に『仕置人』の劇画化がスタート。当時は『紋次郎』も劇画化されており、子供向けも大人向けもテレビドラマとのタイアップでコミカライズやノベライズが展開されるのは当たり前の戦略だった。

劇画版第1回（1973年5月8日号）は40ページ。『仕置人』の第2話「牢屋でのこす血のねがい」が平野仁の作画で脚色された。のちに『少年の町ZF』（原作：小池一夫）という傑作を生み、現代劇・時代劇を問わずハードボイルドな作風で、孤高で虚無的な男性キャラと妖艶な女性キャラは絶品。その特性を活かして、復讐のために殺人を繰り返す女おしんをテレビ以上にエロチックに描き、おしんと念仏の鉄との関わりに焦点を絞ってアレンジしているので〈牢屋〉は出てこない。仕置シーンを描かずイキナリ結末だけを見せる手法は衝撃的だ。

同じく平野仁による第2回（6月11日号）では、第3話「はみだし者に情なし」を40ページで脚色。第1回の掲載誌は5月1日発売で、放映は4月28日

とまさに同時進行だったが、第2話は放映後一ヵ月経ってからの発売。その余裕のためか明らかにテレビ画面を参考にした構図が多く、コマ割りが細かくなってダイナミックさが失われてしまっている。

　第3回（7月17日号）は、第7話「閉じたまなこに深い渕」を36ページで、作画は中城健に交代。『キックの鬼』『ボディガード牙』など、格闘技漫画のヒット作を多く持つだけあって、棺桶の錠の感情の爆発をもっとも激しく描いている。

　第4回（8月15日号）は、第12話「女ひとりの地獄旅」を浜慎二が作画。恐怖漫画を得意とするが少年向けの『燃えろ仁王』など時代劇漫画にも定評があり、複雑なこの話をわかりやすく32ページに収める力量

はさすが。ただ、錠が手槍ではなくノミを使っている。
　『劇画ポスト』は月刊で7号まで刊行されたが、劇画版仕置人はたった4回で終了。残念ではあるが、平野仁は『三匹の侍』や『眠狂四郎円月殺法　剣の舞』、中城健は『ウルトラQ』や『怪奇大作戦』、浜慎二は『東海道お化け道中』なども手がけており、実写作品のコミカライズに定評のある漫画家たちがそろい踏みした意欲的な企画だった。

舞台版仕置人の謎

　ステージに目を向けると、池波正太郎が1975年9月にみずからの脚本・演出で『必殺仕掛人』を舞台化し、80年代に入ると藤田まこと座長公演で『必殺仕事人』の上演が繰り返されているが、じつは『必殺仕置人』も舞台化されている。

　だが、これがけっこう複雑で……まずは仕掛人の舞台化より前の74年12月に『助け人走る』が明治座で舞台化されていたのだが、なんと『必殺仕置人』第10話「ぬの地ぬす人ぬれば色」の脚色なのだ。

　タイトルがズバリ仕置人なのは『必殺からくり人』放送中の76年10月に九州11都市で巡業上演された『必殺仕置人　三途の川の風車』。ネットオークションに出品されたプログラムの画像によれば脚本は田上雄、作・演出は竹内伸光と工藤栄一。西日本新聞や各地

方紙に記載の情報をまとめると出演は藤田まこと、菅井きん、白木万理、芦屋小雁、宍戸錠、弓恵子など。主水以外の仕置人として石屋の大吉の名が挙がっているが配役は不明。大吉って『暗闇仕留人』だし、誰が演じたの？　あらすじは？　というあたりはプログラムを落札された方からの詳報を切に願う。

『必殺商売人』放映中の1978年には、大阪・中座の7月公演で『必殺仕置人　私…中村主水です。』が上演。テレビの人気作の舞台化というよりも「前年に渡辺プロから独立した藤田まことが立ち上げたひとり劇団・新演技座。その旗上げ公演に林美智子、芦屋小雁、芦屋雁之助が客演」との報道が目立ち、林美智子と芦屋雁之助は併演の『ちりれんげ』（原作：藤本義一）にしか出演していない。せんりつコンビ以外のメイン出演者は雪代敬子（髪結いのおこう）と芦屋小雁（亀吉）で、この役名だと『必殺仕置屋稼業』なのだが……亀吉はテレビでの役柄とは違い仕置人の仲間らしい。

また、あらすじも明らかに『仕置屋』の第10話「一筆啓上姦計が見えた」なのだがプログラムには脚本として田上雄の記載はなく、脚本・演出は竹内伸光となっている。『必殺シリーズ異聞　27人の回想録』によれば「姦計が～」は藤田まことから提供されたアイデアをもとに田上が執筆した作品とのこと。だとすると藤田が愛着を持ち、前作『三途の川の風車』にも同じ脚本を使用した可能性が高まる。

その後の仕事人ブームで毎夏、京都・南座の『納涼必殺まつり』がシリーズ化し、『必殺剣劇人』放映中の1987年8月には『必殺仕掛人』第21話「地獄花」を脚色した『新必殺仕事人　地獄花』が南座で上演された。翌88年8月に越谷市、9月に唐津市での上演が確認（全国巡業との情報あり）された『必殺仕事人スペシャル　地獄花』では同じ内容ながら登場キャラが早縄の清次から念仏の鉄に変更されており、これも舞台版仕置人と認定すべきだろう。

この巡業での鉄は、テレビスペシャル『大老殺し』『主水にマドンナ』でゲスト仕事人を演じたJAC出身の西田真吾。そして同作を『必殺仕事人　中村主水参上！』と改題した同年10月の梅田コマ、翌89年12月の新宿コマや90年1月の名鉄ホールでの『必殺仕事人　地獄花』では誠直也が鉄を演じている。

パロディ版仕置人の隆盛

お茶の間だけでなく業界内でも『必殺仕置人』の

インパクトはすさまじかったようで、パロディ版も放送された。

まずは本家放映中の1973年6月14日、朝日放送の連続ドラマ『嫁チャンポン』第11話で、現代劇ながら河原崎長一郎が人を殺そうとする妄想シーンにおいて鉄の指鳴らしが再現され、芥川隆行のオープニングナレーションもそのまま使用されたと当時の新聞記事にある。

翌74年、フジテレビの『新春スターかくし芸大会』では他局にもかかわらず西軍の英語劇『必殺仕置人』が放送された。鉄が焼き魚に骨はずしをかけたりお笑い要素は多いが、配役は主水に沢田研二、鉄に前川清、錠はにしきのあきら、半次に森進一、おきんに小柳ルミ子、せんりつは青江三奈と麻丘めぐみで、チョイ役も西城秀樹やあべ静江などと超豪華！ナレーションは英語で芥川隆行が務めている。

1983年10月29日、タモリがホスト役の『今夜は最高！』（日本テレビ）では火野正平と草笛光子がゲストのコント『必殺御三人』を披露。火野は梅安を名乗るがレントゲン骨はずしを披露し、タモリの声で前口上のナレーションが流れた。

2001年4月6日の『志村けんのバカ殿様 桜満開スペシャル』（フジテレビ）のワンコーナーでは柄本明が主水に、矢崎滋が鉄に扮したコント『必殺仕置人』が登場。だが、ほかのメンバーは仕事人で、志村は勇次、梅宮辰夫が秀、倍賞千恵子がおりくに扮している。志村は別の番組でも仕事人コントを数多く作っており、他に田代まさしが鉄を演じたものも確認されている。

さらなるコラボ展開

仕置人は愛着も誘うのか、1999年に時代劇ヒーローの可動式フィギュアを手がけていたアルフレックスから中村主水が発売されると、続いて念仏の鉄も登場。仕置人50周年の2023年11月にはアワートレジャーから新仕置人バージョンの鉄の可動式フィギュアが発売される。

2007年にリリースされた京楽のパチンコ『CRぱちんこ必殺仕事人Ⅲ』にも鉄は登場。2019年の『ぱちんこ新・必殺仕置人』では仲良し五人組が勢ぞろいし、4年後の『ぱちんこ新・必殺仕置人S』に際しては期間限定のオリジナルTシャツが発売された（レントゲン骨はずしバージョンもあり）。

さらに必殺シリーズ関連書籍で気を吐く立東舎は、糸見溪南による題字をあしらった仕置人50周年記念Tシャツを送り出している。さて、次はどのジャンルでどんなコラボレーションが待っているのだろうか。期待したい。

●COLUMN

中村主水、4年間の軌跡『必殺仕置人』から『新必殺仕置人』へ

秋田英夫

主水、ゲストとして復活する

必殺シリーズ第2弾『必殺仕置人』と第10弾『新必殺仕置人』にはおよそ4年の開きがあり、その間に『助け人走る』『暗闇仕留人』『必殺必中仕事屋稼業』『必殺仕置屋稼業』『必殺仕業人』『必殺からくり人』『必殺からくり人　血風編』と7本ものシリーズが作られている。本稿ではシリーズ屈指の人気キャラクターである中村主水が、念仏の鉄と再会を果たす『新仕置人』までにどのような裏稼業の軌跡を歩んできたのかを、簡単に振り返ってみたい。

表向きは目立たない市井の人間、しかし裏では凄腕の殺し屋として許せぬ悪に挑む――。これは必殺シリーズ全作品に共通するキャラクターの基本要素だが、中村主水はその中でも特に表と裏のギャップが大きく、〝能ある鷹は爪を隠す〟人物として強い印象を残した。

朝日放送のプロデューサー・山内久司も「中村主水を『仕置人』だけで終わらすには惜しい」と考え、機会があれば主水の再登場を構想していたという。そしてその「機会」は、次作『助け人走る』で早くも実現を見る。

第12話「同心大疑惑」では『仕置人』最終回で仲間たちと別れ、ひとり江戸に残った中村主水がゲスト出演。北町奉行所の同心として、中山文十郎（田村高廣）、辻平内（中谷一郎）、元締の清兵衛（山村聰）といった助け人をつけ狙う役どころであった。

文十郎や平内としては、自分たちの裏の顔をかぎつけた役人をなんとかして始末しなければ、と焦る一方だが、視聴者は主水も「裏世界に通じている人間」だと知っているため、いつ両者が対立をやめ、手を組むのかに興味を持たせる展開となっている。主水が盗賊

一味を一網打尽にするシーンでは、『仕置人』の殺しのテーマ曲が用いられるというファンサービスも試みられており、1974年の正月一発目らしく、祝祭感に満ちた世界が構築された。

幕末の世情不安と役割の変化

そしてシリーズ第4弾『暗闇仕留人』では視聴者からのアンコールに応えるかたちで、中村主水がレギュラーで再登板することになった。オイルショックによる物価高騰といった放映当時の世情不安を受け、時代設定が文化文政から黒船来航の嘉永年間となったのが大きなトピックスで、幕末の混乱に乗じてはびこる悪に挑む仕留人チームの人間模様が描かれた。

半次、おきんと再会した主水は、ふたたび裏稼業を始めることを決意。それには鉄や錠のように腕の立つ仲間が必須だとして、怪力の石工である村雨の大吉(近藤洋介)と元蘭学者の糸井貢(石坂浩二)をスカウトする。それぞれの連れ合いが姉妹ということで主水、大吉、貢が「義兄弟」の関係となり、立場は違うが気の合う悪友同士といった『仕置人』とは異なる、独特な仲間意識が仕留人チームには存在している。

前作の知恵者、策士としての役回りに加え、仕留人のリーダー、長兄として仲間をまとめるポジションへと、主水の役割が徐々に変化しているところにも注目である。

腸捻転解消が生んだ主水中心の作劇

1975年春、『必殺必中仕事屋稼業』第14話より関西・関東のネット局変更、いわゆる「腸捻転解消」が行われ、朝日放送はTBS系からNET(現・テレビ朝日)系へと移行する。それにより土曜夜10時↓金曜夜10時に時間帯も変更、関西で34・2%という当時の歴代最高視聴率を叩き出していた『仕事屋』だが、その影響で数字が半分以下となってしまう。

さらにTBSが放映していた必殺枠では、毎日放送・東映による『影同心』がスタート。この『影同心』、まるで中村主水を思わせる三人の同心たちの暗殺行動を描き、本家必殺とは方向性が違うものの、意欲的な作風で善戦を見せて、キャストと設定を一新したパート2まで作られた。

『影同心』のみならず、『同心部屋御用帳　江戸の旋風』と〝同心もの〟が相次いだこともあってか、必殺スタッフはその本家というべき中村主水を再々登板させ、テコ入れとともに決定版を作ろうと図る。それが『必殺仕置屋稼業』である。

『仕置人』『仕留人』では殺しを担当する仲間とほぼ同格に描かれていた主水だったが、本作では完全な「主役」へ昇格。中村主水が「必殺シリーズの名物男」から、名実ともに「必殺の顔」となったのが『仕置屋』だ。『仕留人』のダークな世界観から一転、華やかな天保年間が舞台となった。

裏の仕事を持ちかける女髪結のおこう（中村玉緒）、クールな市松（沖雅也）、怪力の印玄（新克利）、忠実な密偵の捨三（渡辺篤史）といった「裏稼業のつながり」に加えて、調子のいい目明し亀吉（小松政夫）や、主水の「心の恋人」となる定食屋の看板娘おはつ（石原初音）、そしておなじみせんりつコンビと、あらゆるレギュラーが主水と関わり、主水を中心としたストーリー展開に重きを置いている。クレジットの順番こそトメ（最後）だが、第1話から第11話まで連続して主水がラストを締めくくることからも明白だ。

また、主水が同心になる以前、剣の道を目指していたころの因縁の相手との対決を迫られるという、シリーズ全体から見てもトップクラスの異色作、第19話「一筆啓上業苦が見えた」が作られたことも特筆しておきたい。

困窮が極まった底辺のバイタリティ

『仕置屋』に次いで主水が連続登板した1976年の『必殺仕業人』では、前作とのコントラストをつけるべく設定にさまざまな工夫が施された。主水は奉行所に捕縛された市松をわざと逃がしたため、牢屋見廻り同心へと格下げされ、これまで以上に生活が苦しくなる。

そして前作から引き続き登場の捨三と、キザな灸師のやいとや又右衛門（大出俊）、お尋ね者の大道芸人である赤井剣之介（中村敦夫）を仲間に入れ、金だけでつながったドライな仕業人チームが誕生する。困窮が極まった主水はボロをまとい、これまで甘党でまったく飲めなかった酒を口にして、酔っ払うようになった。家では嫁と姑が傘張りの内職や、増築した離れの間貸しなど、武家のプライドを捨てて涙ぐましい努力を行っている。

当初はこのようにシビアな状況のなかで、暗く重苦しいストーリーが展開したが、やがて底辺なら底辺なりの「慣れ」のようなものが生まれ、不況下をたくましく乗り切る庶民のバイタリティに着目した娯楽志向のエピソードもいくつか作られている。

いかなる状況下にあってもしたたかに生き抜いてきた主水だったが、最終話「あんたこの結果をどう思う」で四度目のチーム崩壊劇を迎えたときは、さすがにひどいダメージを受けたようだった。しかし、その経験と地続きのままシリーズは続く――。『必殺仕置人』以来、主水が何度も味わってきた裏稼業の苦しさ、やるせなさを確認した上で『新必殺仕置人』第1話「問答無用」を見れば、きっとドラマにさらなる奥行き、深みが生まれてくることに違いない。

新 必殺仕置人

『新必殺仕置人』
放送形式：カラー／16mm ／全 41 話
放送期間：1977 年 1 月 21 日～11 月 4 日
放送時間：毎週金曜22：00 ～ 22：54（NET系列）
制作：朝日放送、松竹

※放映中の 77 年 4 月 1 日 NETテレビは テレビ朝日に略称を変更

新番組予告

のさばる悪をなんとする。天の裁きは待ってはおれぬ。この世の正義もあてにはならぬ。闇に裁いて仕置する。南無阿弥陀仏。仕置――法によって処刑することを江戸時代こう呼んだ。しかし、ここに言う仕置人とは、法の網をくぐってはびこる悪を裁く、闇の処刑人のことである。ただし、この存在を証明する記録古文書のたぐいは、一切残っていない。次週、必殺シリーズ第 10 弾『新必殺仕置人』ご期待ください。

COLUMN

新必殺仕置人出陣

高鳥 都

必殺シリーズ第10弾『新必殺仕置人』は1977年1月21日にスタート、毎週金曜22時から全国NET(テレビ朝日)系で放映された。これまでのシリーズで最多本数の全41話であり、藤田まことの中村主水と山﨑努の念仏の鉄がふたたびコンビを組んだことで、不動の人気作として語り継がれる番組となった。

山内久司の著書『必殺シリーズを創った男 カルト時代劇の仕掛人、大いに語る』などによると、『必殺からくり人』全13話に続いて1年間の予定で4クール全52話の『新必殺仕置人』が予定されていたが、せんを演じた菅井きんの家庭の事情で延期となり、穴埋めのために山﨑努主演の『必殺からくり人 血風編』全11話が急きょ制作された。ただし『からくり人』と『血風編』の撮影期間が重なっていたという関係者の証言もあり、たしかに撮影や製作主任といったスタッフ編成が別々なので、このあたりは今後さらなる掘り起こしが必要かもしれない。

とまれ主水と鉄の再会から始まる原点回帰の企画であり、巳代松(中村嘉葎雄)、正八(火野正平)、おてい(中尾ミエ)が新たな仲間に加わった。江戸の裏稼業を束ねる「寅の会」の元締虎として初代ミスタータイガースの藤村富美男がレギュラー入りし、凄腕の側近として死神(河原崎建三)が寄り添う。巳代松の竹鉄砲、虎の物干し竿のような棍棒、死神の銛と殺しの道具も工夫があって娯楽性たっぷり。鉄のレントゲンはモノクロからブルーにリニューアル。赤い裏地の黒い着物を身にまとい、ピアスやブレスレットを装着して念仏の鉄ここにあり。

劇中で「仲良し五人組」と呼ばれるほどの自由なノリ、アドリブ満載のかけ合いがヒートアップしていくが、寅の会という組織が登場するだけに同業の仕置人との抗争エピソードも多く、恨みをはらす本筋のドラ

マに活劇としてのおもしろさが練り込まれた。その到達点が最終回の第41話「解散無用」、寅の会の崩壊とともに巳代松が廃人と化し、念仏の鉄が右手を焼かれて死にゆく伝説の一本だ。

また、レギュラー全員が撮影所に集合しての乾杯イベントが行われたり、野球チームを結成して大阪スタヂアムで試合をしたり、徳島ロケで藤田まことが阿波おどりに参加したりと、テレビ番組としての華やかなトピックスも欠かせない。ただし裏番組の『金曜10時!うわさのチャンネル!!』(日本テレビ)などに押されて視聴率は苦戦し、全41話の平均は関東10・9%、関西17・1%という結果に。旅ものという新たな要素を加えた次作『新必殺からくり人』のほうが関東14・8%、関西20・0%と大きく持ち直した。ファンの盛り上がりとは、また異なる現実だ。

現場は全41話をほぼ一班体制で通しており、それまでのシリーズに比べてスタッフの入れ替わりは少ない。『仕置人』が「A班」「B班」の二班体制で交互にやりくりしていたことに比べると映像のトーンに一貫性があり、それゆえの安定と変化のなさも特徴として挙げられる。藤田まことがクレジットのトップになりながら、じつは主水メインのエピソードが少ないのも『新必殺仕置人』の特色である。

中村主水

南町奉行所の同心。牢屋見廻りに左遷されていたが、囚人の脱走を防いだ功績で定町廻りに復帰する。自分が殺しの競りにかけられたことで念仏の鉄と再会、仕置人としてふたたび立ち上がる。相手が剣豪でも多勢でも怯まず斬り込む剣の腕と、機転を利かせて仕置を遂行する才覚を持った、鉄チームの切り札。

藤田まこと ふじた・まこと

◉1933年東京都生まれ。プロフィールはP18を参照。『新必殺仕置人』の開始から間もなくの1977年3月、長年所属していた渡辺プロダクションを退社して独立。座長にして座員一人という新演技座を設立し、テレビと並行して念願の演劇活動を始まる。おもな舞台に『東海林太郎物語』『その男ゾルバ』などがあり、81年には京都・南座の『納涼必殺まつり』がスタート。歌手としても活躍。『必殺　男の切れ味　熟年の魅力をどうつくるか』『こんなもんやで人生は　ムコ殿の人間修行』『最期』ほか著書多数。

巳代松

観音長屋の住人で、往来に座り込み鍋釜の修繕をする鋳掛屋《いかけや》が生業。裏では鉄チームの仕置人で、鉄とはかつて殺し合った仲。一間（約3・6m）しか飛ばない一発勝負の竹鉄砲を武器とし、事あれば発展改良に努めている。激怒すると極端な行動に出ることもあるが、人情肌で付き合いもいい好人物。

中村嘉葎雄 なかむら・かつお

◉1938年東京都生まれ。歌舞伎役者の三代目中村時蔵の五男として生まれる。兄は萬屋錦之介。５歳で初舞台を踏み、高校在学中の55年、松竹に入社して映画『振袖剣法』でデビュー（中村賀津雄名義）。東映への移籍後は「殿さま弥次喜多」シリーズや「次郎長社長と石松社員」シリーズで人気を高め、フリーとなって活動の場を広げたのち『新必殺仕置人』で巳代松を演じる。以降も『仕掛人梅安』で錦之介と共演し、『ふたりっ子』で真剣師、『20世紀少年』で神様に扮するなど、時代劇・現代劇を問わない存在感で精力的に活動している。

※本編クレジットは「巳代松」を「己代松」と表記

正八

鉄チームのメンバーで、仕置人の密偵係。情報収集、潜入、変装、仕置のサポートを器用にこなす。表稼業は絵草紙屋であり、店の押入れから繋がる地下蔵が仕置人のアジトになっている。非常にノリの軽い若者で、その場の勢いのイタズラに鉄すら手を焼くこともあるが、強い友愛の情を持つ熱血漢である。

火野正平 ひの・しょうへい

◉ 1949年東京都生まれ。12歳のころから劇団こまどりに所属し、本名の二瓶康一として活動、67年の『わんぱく砦』と翌年の『無敵！わんぱく』で人気を博す。73年のNHK大河ドラマ『国盗り物語』をきっかけに火野正平に改名し、『斬り抜ける』でよろずやの弥吉、『新必殺仕置人』で正八を演じ、『長崎犯科帳』『長七郎江戸日記』『服部半蔵　影の軍団』などのテレビ時代劇をはじめ、ドラマや映画で活躍。2011年からは『にっぽん縦断こころ旅』の旅人として全国をめぐっており、2023年には14年ぶりの新曲「あかんたれ」をリリースした。

おてい

泥棒市界隈を根城にするスリで、鉄チームのメンバー。正八と情報収集を行い、敵陣に潜入して仕置を手伝うこともある。明るいムードメーカーであり、合議の場で調子を合わせたり、慇懃《いんぎん》な口調で軽口を叩きあったりしているが、仲間をかばって啖呵を切る心根の優しさも持つ。時折、気まぐれに旅に出る。

中尾ミエ　なかお・みえ

◉ 1946 年福岡県生まれ。62 年に「可愛いベイビー」で歌手デビューし、16 歳にして一躍スターとなる。渡辺プロの伊東ゆかり、園まりとスパーク 3 人娘を結成し、『シャボン玉ホリデー』などのテレビ番組で活動、77 年には「片想い」が 30 万枚の大ヒットを記録する。映画やドラマの出演作も多く、必殺シリーズには『必殺必中仕事屋稼業』『必殺仕業人』を経て、『新必殺仕置人』でおていを演じた。軽快な話術も人気で『ミエと良子のおしゃべり泥棒』などのトーク番組でも活躍、2023 年現在も『5 時に夢中！』の金曜コメンテーターとして人気を博している。

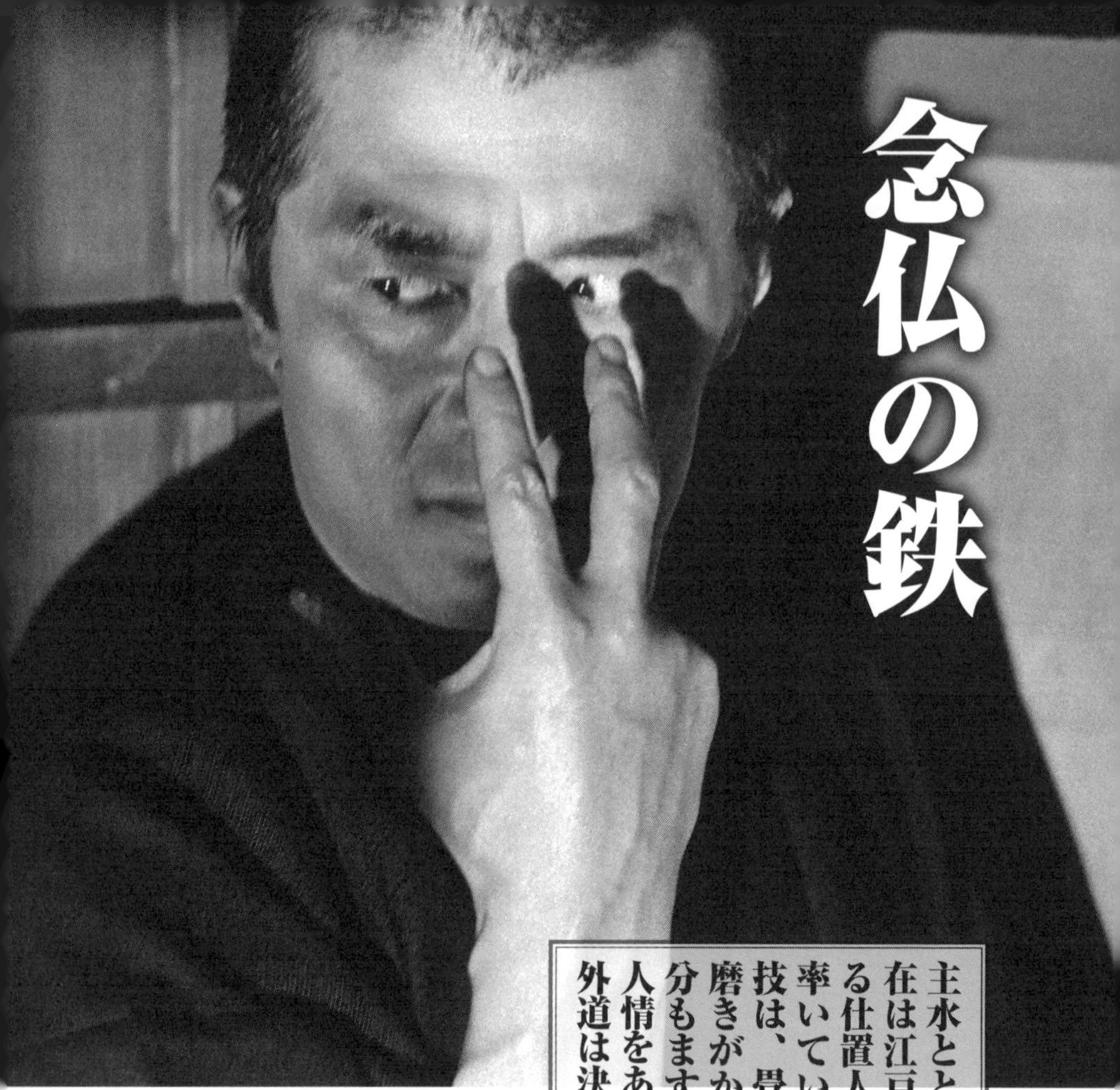

念仏の鉄

主水とともに悪を裁いてきた男。現在は江戸の闇組織「寅の会」に属する仕置人として、みずからチームを率いている。背骨や頸骨を折る殺し技は、畳破りや二人貫通など一層の磨きがかかっており、享楽主義な部分もますますエスカレート。義理や人情をあざ笑う一方で熱い心もあり、外道は決して許さない。

山﨑努　やまざき・つとむ

◉ 1936 年千葉県生まれ。プロフィールは P14 を参照。1975 年に劇団雲を退団してフリーとなり、『必殺からくり人　血風編』の主人公・土左ヱ門を経て『新必殺仕置人』でふたたび念仏の鉄を演じる。おもな舞台は『建築家とアッシリア皇帝』『冬のライオン』『マクベス』など。最後の出演作と決めた『リア王』での役作りの様子を『俳優のノート』という一冊にまとめた。そのほか文筆家としての著書に『柔らかな犀の角』『「俳優」の肩ごしに』があり、2022 年には自身の SNS や『必殺シリーズ秘史』の取材で念仏の鉄のことを振り返った。

※出演当時のクレジットは「山崎努」

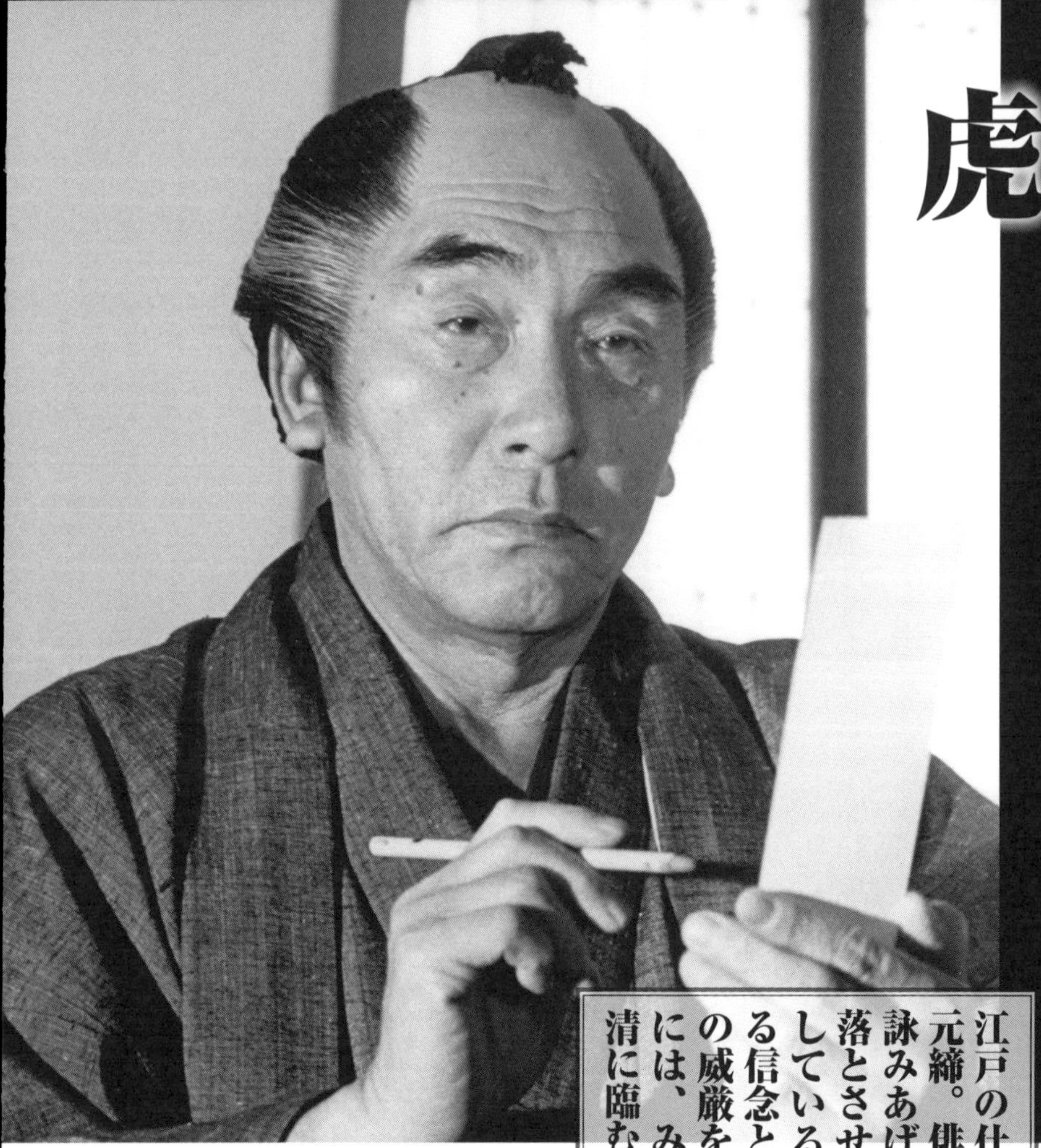

虎

江戸の仕置人を束ねる「寅の会」の元締。俳句に織り込んだ殺しの的を詠みあげて、集まった者たちに競り落とさせる仕組みで裏の世界を統治している。口数は少ないが、確固たる信念と場の空気が張り詰めるほどの威厳を持ち、掟を破った裏切り者には、みずからバット状の棍棒で粛清に臨むこともある。

藤村富美男 ふじむら・ふみお

◉ 1916年広島県生まれ。大阪タイガースの選手として〝物干し竿〟と呼ばれた特製バットを手に、昭和のプロ野球界を支えた強打者であり、タイガースの監督や国鉄スワローズ、東映フライヤーズのコーチを務めた。50年には『栄光への道』に本人役で出演し、『新必殺仕置人』において寅の会元締の虎を圧倒的存在感で務め上げた。そのほか『らしゃめん』『日本の首領　野望篇』『その後の仁義なき戦い』に出演。野球解説者、評論家、サラリーマンなどさまざまな経歴を持つ。1992年死去。初代ミスタータイガースとして、その功績が語り継がれている。

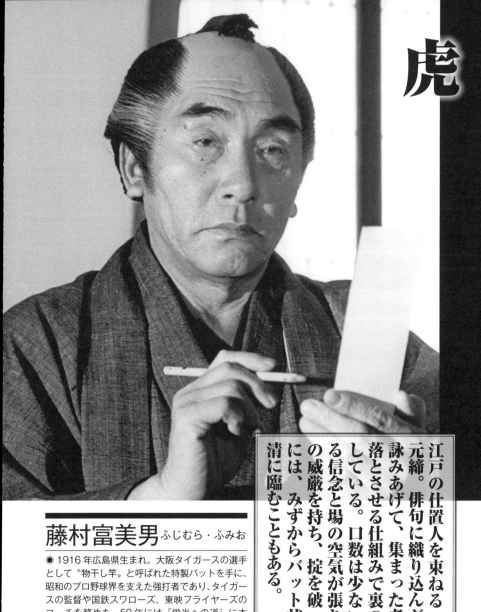

死神

元締の虎に寄り添う存在。黒ずくめの装束、エスキモーの遮光器を装着した特徴的な風貌で、虎の護衛、句会の監視、仕置の見届け、掟を破った仕置人への警告や粛清などを一手に担う。日本語はあまり上手に話せないが、袖に隠した手投げ銛《もり》の腕は凄絶であり、遠くへ逃げ去る裏切り者を一撃で刺し貫く。

河原崎建三 かわらさき・けんぞう

◉ 1943 年東京都生まれ。四代目河原崎長十郎の三男として生まれ、幼少期から子役を務める。俳優座養成所の 16 期生を経て 68 年に映画『愛奴』に主演し、『儀式』では家長制度の呪縛を体現。朝日放送の『君たちは魚だ』で水泳選手四人組のメンバーとなり、『新必殺仕置人』において死神役を演じたのちも、必殺シリーズにゲスト出演。朴訥とした善人から卑劣な悪役まで、多くの作品でバイプレイヤーとして活躍している。そのほかの映画に『喜劇女は度胸』『戦国自衛隊』『宣戦布告』などがあり、女優の大川栄子とのおしどり夫婦ぶりも評判を集めた。

喜平

灰地順　はいち・じゅん

◉ 1926 年広島県生まれ。49 年に八田元夫演劇研究所に入所し、演出家を目指すが村山知義らのすすめで俳優となる。劇団青俳、劇団仲間を経て61 年に劇団演劇座の創設に参加し、『新版四谷怪談』などに主演し、60 年代小演劇運動の旗手となる。映画は『雲ながるる果て』『松川事件』などに出演し、67 年には『河、あの裏切りが重く』に主演。71 年にフリーとなり、時代劇や刑事ドラマに数多く出演。必殺シリーズには『新必殺仕置人』のみの出演となった。

寅の会の札詠み。「八丁の堀に中村主水かな」と第1話で詠んで鉄を驚かせ、第2話からは立て膝スタイルに。第3話で請け負った殺しの依頼に虚偽があり、裏づけを怠ったために寅の会の掟に従って処分された。シナリオのト書きには「匕首で喉を貫き自害した喜平がつっ伏すように倒れていた」とある。

◇◇

吉蔵

北村光生　きたむら・みつお

◉ 1934 年東京都生まれ。大阪大学中退後、新春座、松竹家庭劇、朝日放送劇団などを経て松竹芸能に所属。テレビの出演作も多く、必殺シリーズでは『必殺仕掛人』第 14 話「掟を破った仕掛人」で旗本二千石井島玄斎の用人を演じ、『暗闇仕留人』第 12 話「大物にて候」では主水を診察する医師の玄庵として、一両を掴まされて重病人という診断を下すシーンにコミカルな味わいを見せた。

寅の会の札詠み。喜平に変わって第4話から登場し、いい声を響かせる。第23話からは濃い色の羽織を着るように。「ほかにございませんか?」、あるいは「ほかにございませんね?」と殺しの競りを仕切る。第40話では行方をくらませた死神の行方を求めて鉄の長屋を訪ね、最終回の第41話では虎を裏切る。

闇の俳諧師

◉虎が率いる仕置人組織「寅の会」、殺しの競りに参加した闇の俳諧師のレギュラー陣を紹介していこう。

まず最初に名前が判明した吉五郎は第1・2話に登場、妹一家の恨みをはらすために道玄殺しを競り落とすが三人がかりで仕損じて死亡する。井関一は劇団四季の創設メンバー。第1〜14話に登場した伊三郎は、第3話で入れ札にもつれこんだ沖田政勝殺しを落札するが、標的が死んでしまう。表稼業は大工。瀬下和久は劇団四季に所属。

第1話と第3〜16話に登場した猪三郎は第16話で相模屋島蔵殺しを落札するが、仕置人おりんの裏切りによって無残な死を遂げる。堀北幸夫は大映出身で映像京都に所属。第34話で復活し、最終回の第41話まで競りに参加した。役名はないが、シナリオには「旦那」とある。

全話出演のメンバーは二人。まず「宗匠風」は鉄の隣でリアクションをすることが多いベテランであり、いちばん俳諧師の雰囲気を持つ。原聖四郎は大映出身で映像京都に所属、当時72歳といちばんの年長者。

ヒゲに長髪の「儒者」は、殺しの相場を語っては鉄に安値で競り落とされて苦虫を潰す。第10話では配下が相模屋惣五郎の仕置に殺しに失敗して詫びを入れ、第19話では「僧林」とともに猫の勘兵ヱに肩入れ、第23話以降はヒゲを剃る。藤沢薫は劇団京芸の代表を務めた新劇人であり、必殺シリーズの出演も多数。

初期メンバーの「芸者」は第1〜5話に出演。第4話では常識外れの安値で落札した鉄に「あんた一体どういうつもりなの」と文句をつける。阿井美千子は宝塚歌劇団、東映を経て大映で活動したのちフリーに。

第7話から第41話まで競りに参加した七人目は、ふっくらした商家の旦那風。沖時男は大映出身で映像京都に所属、麻雀が上手かった。

八人目の俳諧師は第15〜35話と第38〜41話に登場したコワモテ、第19話では「元締に対して言葉が過ぎるんじゃねえか」と猫の勘兵ヱに苦言を呈した。秋山勝俊は東映京都で若山富三郎一家として活動、テキ屋出身という異色のキャリアを持つ。

第17〜26話に登場した「僧林」は、第26話で月見屋敷の月峰の仕置に失敗し、命を落とす。伴勇太郎は大映京都ニューフレッシュ出身で映像京都に所属。ヒゲに坊主頭でおなじみの常連、『仕事人大集合』でも寅の会の一員となった。

十人目の俳諧師は第29〜36話に登場した細身の男。奉行所に目をつけられて死神に処刑されるが、その直前に軽快な身のこなしを見せた。遠山欽は映像京都で活動し、第1話では矢切の庄兵衛を演じた。

十一人目の俳諧師は第40・41話の2回だけ参加。長次に辰蔵と単発のゲスト仕置人が登場したための数合わせで招集。伊波一夫はエクラン社に所属した大部屋俳優であり、ノンクレジットでの出演となった。

高井

南町奉行所の与力。主水の上司として、よく怒鳴る。第2・3・5・7話と、わずか4本で姿を消した。

辻萬長　つじ・かずなが

◉1944年佐賀県生まれ。俳優座養成所の14期生を経て劇団仲間に所属。70年に退団したのちは、舞台だけでなく映画やテレビで活躍する。『犬神家の一族』の井上刑事、『悪魔の手毬唄』の野津刑事など市川崑監督の金田一耕助シリーズでは捜査陣の一員に。『ガメラ２　レギオン襲来』の師団長など、軍人役もよく似合う。

真木

南町奉行所の同心。主水の同僚として、よく呆れる。第16・17・19・20話と、わずか4本で姿を消した。

三好正夫　みよし・まさお

◉大阪梅田にあったトップホットシアターのコマ新喜劇で活躍。1975年に始まったＮＨＫのドラマ『続けったいな人々』ではレギュラーの聡を演じて、藤田まことと共演している。真木として最後の出番となった第20話では「めったに人助けなんてするもんじゃありませんね」と島帰りの清吉の善意を嘆いた。

屋根の男

赤いふんどし一丁で観音長屋の高所から釣り糸を垂らしている男。第21話から第41話に登場し、正八や鉄たちと毎回シュールなやり取りをする。

マキ

◉火野正平のマネージャーであり、本名は真木勝宏。信用金庫勤務ののち曾《そ》我《が》廼《の》家《や》明鳥《めいちょう》芸術学院に入り、星野事務所の社長となる星野和子と知り合う。『新必殺仕置人』の現場では山﨑努、中村嘉葎雄、大熊邦也、高坂光幸と定期的に食事会を開いており、酒の席のノリから高坂監督回の第21話よりレギュラー出演。

中村せん

菅井きん　すがい・きん

◉ 1926 年東京都生まれ。プロフィールは P22 を参照。せん役以降は烈女のイメージが固定化し、『影同心』のおとら、『刑事ヨロシク』のキンなど、キツい役を演じる機会が増えたが、世界最高齢映画初主演女優としてギネス認定された 2008 年の『ぼくのおばあちゃん』では、心優しい祖母の役であった。

主水の姑。子宝に恵まれないムコ殿に「種なしカボチャ」と言い放ち、同心としての手柄を聞きつければ上機嫌、失態を知れば強い叱責と、年中激しい上げ下げで主水を翻弄する。主水が子犬のコロを飼うことには一貫して反対した。

中村りつ

白木万理　しらき・まり

◉ 1937 年東京都生まれ。プロフィールは P22 を参照。どうやら中村家の日常は理想的な夫婦像にも映ったらしく、『必殺仕事人Ⅴ　激闘編』放映時には、仲睦まじい主水とりつの格好でＪＲトクトクきっぷのポスターになった。ある時期までは菅井、白木、藤田と中村家全員が仲睦まじく喫煙者。

主水の妻。主水の手柄と出世を願って強い口調で叱咤するが、主水が腰を痛めたときは心配して医者に連れ添ったり、阿片窟に監禁されたときには主水のことを想ったりと、つねに夫のことを考える愛情深い一面もある。

全41話という長丁場を支えた脚本家4人と監督3人をピックアップ。〝新〟とタイトルにつくように新たな作り手たちが加わった。脚本家の野上龍雄と安倍徹郎、監督の工藤栄一、松野宏軌、大熊邦也のプロフィールは『仕置人』の項で紹介済みなので、P 24 ~ 26 を参照してほしい。

脚本家

村尾昭

むらお・あきら

◉1933年兵庫県生まれ。早稲田大学卒業後、大映脚本家養成所を経て、62年に映画『あした逢う人』でデビュー。東映と専属契約を結んで「日本侠客伝」シリーズ、「昭和残侠伝」シリーズ、「現代やくざ」シリーズなどの任侠路線で活躍する。脚本家の国弘威雄の紹介で『助け人走る』に参加し、『新必殺仕置人』は第2話から最終回の第41話まで計7本を執筆。崩壊劇の名手として最終回を託された。その後は火曜サスペンス劇場でも活躍し、そのほかの映画に『山口組三代目』『修羅の群れ』『激動の1750日』など。2008年死去。享年75。

保利吉紀

ほり・よしき

◉1934年旧樺太生まれ。慶應義塾大学中退後、62年にオリジナルシナリオ『空白』が文部省芸術祭公募脚本芸術祭賞を受賞し、その映像化によってデビュー。朝日放送の松本明監督とのコンビで多くのドラマを手がけたのちブランクを経て『必殺必中仕事屋稼業』で復帰し、『必殺仕事人　激突!』まで一貫してシリーズを支える。『新必殺仕置人』は6本を執筆、「正八三部作」のうち第17話と第30話を生み出す。必殺シリーズ最多本数を誇る脚本家であり、各社の時代劇や『京都殺人案内』『京都妖怪地図』ほか現代劇のシリーズも多数。

中村勝行

なかむら・かつゆき

◉1942年東京都生まれ。C.A.Lでドラマ制作に携わり、兄の中村敦夫を通じて朝日放送の山内久司プロデューサーと知り合い、75年に『必殺必中仕事屋稼業』で脚本家デビュー。必殺シリーズと並行して『太陽にほえろ!』にも進出する。『新必殺仕置人』には合計8本と最多登板しており、大物ゲスト回を手がけるなど筆の早い若手ライターとして重宝された。その後は『銭形平次』や『ザ・ハングマン』などで活躍し、90年代半ばからは時代小説家に転身、黒崎裕一郎名義で「必殺闇同心」シリーズなどを送り出す。2022年死去。享年79。

松原佳成

まつばら・よしなり

◉1932年兵庫県生まれ。神戸大学卒業後、57年に東映入社。テレビ部門に移って『新七色仮面』や『アラーの使者』などを執筆する。60年代半ばからは『無敵!わんぱく』『神州天馬侠』ほか朝日放送の作品を多く手がけ、仲川利久プロデューサーからの依頼で必殺シリーズに合流。ノンクレジットでの直し要員を経て『助け人走る』から正式参加を果たし、『新必殺仕置人』では第12話をはじめ合計6本を執筆し、持ち前の奇想を発揮する。その後は東映京都芸能（現在・東映京都スタジオ）に所属し、構成作家、シナリオ講師として活動した。

新 必殺仕置人 脚本家・監督名鑑

監督

高坂光幸
こうさか・みつゆき

◉1946年秋田県生まれ。立命館大学卒業後、男プロダクションの助監督を経て京都映画の演出部に所属。73年に『夕映えの女』で監督デビュー。『必殺仕掛人』から一貫して必殺シリーズの助監督を務め、76年の『必殺仕業人』で監督に抜擢される。本格始動となった『新必殺仕置人』では第8話から才気を発揮し、「正八三部作」など合計12本を演出。松野宏軌の13本に次ぐ本数を残した。その後は『必殺商売人』『必殺仕事人』などを手がけたのち製作部に転じ、製作主任として長きにわたり京都映画～松竹撮影所の作品を支えている。

渡邊祐介
わたなべ・ゆうすけ

◉1927年東京都生まれ。東京大学卒業後、新東宝に入社して助監督となる。60年に『少女妻 恐るべき十六才』で監督デビューし、翌年には東映東京撮影所に移籍する。60年代半ばに『二匹の牝犬』などの風俗映画で注目され、松竹大船では喜劇を中心に手がける。73年に劇場版の『必殺仕掛人』を2本監督し、その縁からテレビシリーズに招かれて『暗闇仕留人』から合流。『新必殺仕置人』では第13・14話にのみ登板し、ピンポイントの参加に。その後も各社で活躍し、映画『刑事物語』がシリーズ化を果たす。1985年死去。享年58。

原田雄一
はらだ・ゆういち

◉1940年東京都生まれ。日本大学芸術学部中退後、フリーの助監督としてピンク映画などを経て東映東京制作所を拠点とし、69年に『プレイガール』の一編でデビュー。やがて東映だけでなく、松竹や三船プロほか活動を広げる。歌舞伎座テレビの『お耳役秘帳』で初めて京都映画のスタッフと組んだのち、監督不足の『新必殺仕置人』に参入し、終盤の3本を演出。村尾昭の推薦によって最終回「解散無用」を託されたという。その後は必殺シリーズのレギュラー監督となり、2時間ドラマも数多く手がけた。2009年死去。享年69。

COLUMN

〝変化〟と〝掟〟の『新必殺仕置人』音楽世界

梶野秀介

主水と鉄に課せられたもの

かつてともに悪を滅ぼした仕置人・主水と鉄は、とある殺しの依頼がきっかけで再会を果たした。しかし彼らは、昔のままの二人ではなかった。お互い離れているうちに、それぞれの人生を歩み、別々の〝変化〟を遂げてきたからだ。さらに仕置人たちは、新たに寅の会という〝掟〟が課せられながらも、のさばる悪を裁くために突き進んでいくことになる――。

『必殺仕置人』から4年を経て生み出された『新必殺仕置人』の楽曲群は、自由奔放である意味で試行錯誤の結晶であった『仕置人』の楽曲から、シリーズ7作分（うち1作は流用曲で構成）で培われたノウハウの蓄積により、『仕置人』時代から大きく発展することとなり、視聴者と懐かしくも新鮮な再会を果たした。

これまで主題歌の編曲を担当していた竜崎孝路が、シリーズ第4作『暗闇仕留人』で劇伴にも深く加わるようになったころから、主題歌と劇伴の楽器編成に共通点を持たせたことも手伝って、劇中世界と音楽の融和性が高まり、必殺シリーズの楽曲は各作品で固有の特色を見せるよう〝変化〟を遂げたのだ。

『新仕置人』劇伴における特色は、重厚なブラスや低音エレキギターを主体とした、ダイナミックで侠《おとこ》くさいサウンドと、70年代ディスコ調のポップス。時折に入る、シンセを使ったプログレッシブサスペ

「あかね雲」のジャケット。『必殺仕置人』同様、番宣ポスターの写真が流用されている。川田ともこの姿はないため、レコードプレイヤーにかけたら12歳の女の子が小節をきかせて歌っていて、あまつさえB面がふるさと慕情唄であるとは想像もつかない、都会的でハードボイルドなグラフィックとなっている。

ンス曲。そして「つむぎ唄」インストゥルメンタルに代表される、ほのかに日本情緒を感じさせる編成などが挙げられる。これらが絶妙に融合して、あのハッピーでシビアな世界が構築できたのだ。

また、彼らに寅の会という掟が加わったのと符号するかのように、本作劇伴にも大前提となる〝掟〟が存在する。それは、『必殺仕置人』の続編というブランドを強調すること。鉄と主水という24金クラスのゴールデンコンビを再結成させ、『仕置人』というタイトルまで復活させて番組を大ヒットに導くための必要条件であった。これに関しては旧作のオープニングナレーションおよびそのBGM（仕置人M29）と、メインタイトル曲（仕置人M28）を再起用することで実現させている。M29にいたっては、新録までする気合の入れようだ。さらにビジュアル的にも、エンディングの沈む夕陽、もとい、昇る朝日の映像を復活させることで、仕置人ブランディングは強固なものとなっている。

二人の『新仕置人』歌手

主題歌「あかね雲」を歌った川田ともこは1964年千葉県生まれで当時三船プロダクション所属。12歳の若さで寂寞《せきばく》感たっぷりに大人の切ない愛を歌い上げ、「12才！　幻の天才少女現わる！」（東芝EMI広告より）といったインパクトのある売り出しで話題性を集めた。その後、三浦朋子と芸名を変え、「長崎慕情」をリリース。さらに川田とも子へと改名後、86年にはあかのたちおの編曲アルバム『必殺！The Hissatsu Sound』で、同曲と「つむぎ唄」をセルフカバーしている。なお、川田は演歌的歌唱が得意だが、「あかね雲」は演歌ではない。

「あかね雲」のその後のカバーとしては、上木彩矢が『ぱちんこ必殺仕事人Ⅴ』で、吉川友が『ぱちんこ新・必殺仕置人S』の収録曲としてそれぞれリリース。

いずれもハイテンポのロックアレンジで、先入観のないファンなら、そのまま殺しのテーマぐらいの感覚で鑑賞可能な〝戦える曲〟だ。なお、テレビスペシャル『仕事人vsオール江戸警察』の主題歌にも使われ、13年の時を飛び越えて平成の世で「あかね雲」がお茶の間に流れた。

『新必殺仕置人』といえば、もうひとり忘れてはならないのが、シンガーソングライターとしての火野正平だ。火野が歌う「想い出は風の中」「海」は第17話「代役無用」、第30話「夢想無用」、第40話「愛情無用」といった正八主役編で極めて効果的に使用され、視聴者に対して正八の感情の追体験、言い換えれば強いボロ泣きを余儀なくさせた名曲である。両曲とも『ぱちんこ新・必殺仕置人』で、篠崎愛が心優しげな和風ポップスとしてカバーしている。

新仕置人ベストナンバー5選

『新必殺仕置人』の楽曲群から、代表的かつ本作の固有の特色が感じられる劇伴を、紙面の許す限り解説する。なおサウンドトラックはキングレコードから大きく分けて2回リリースされているが、発売当時の構成者により違う曲名が振られているので、今回はオリジナルサウンドトラック全集10での曲名と、劇伴録音時のMナンバーで表記する。

●寅の会（M22／藤田まことテーマ1）

シリーズ第6弾『必殺仕置屋稼業』で主水の殺しに使われる「主水（藤田まことのテーマ／編成大）」からの流れで、本来は中村主水単独のテーマとして作られたもの。「南町の昼行灯（M2／藤田まことテーマ）」や「中村家（M20／藤田まことテーマ5）」といったコミカルアレンジが多いのもそのため。虎のテーマになるのは第3話から。重厚な弦編成とチリつくハイハットで虎の貫禄を感じさせる本曲は、以降、寅の会のテーマとして定着していく。

●観音長屋（M33／ディスコ風）

70年代に隆盛を誇った、ヴァン・マッコイばりのディスコサウンドで綴られた日常テーマ。序盤の主旋律が聴き取りづらいほどに自己主張するエレキのオブリガードがご機嫌なナンバー。同じ観音長屋でも、『仕置人』の「観音長屋の住人たち（仕置人M24）」と聴き比べると、時代の変化を感じさせる。

●仕置人・行動開始（M35／藤田まことテーマ）

第1話「問答無用」Aパート冒頭で、正八と巳代松が南町奉行所から出てきた主水をマークするシーンで初使用。フランシス・レイを想起させるかのような、本作劇伴のなかでもひときわエレガントな楽曲で、フレンチな潤いのあるコード進行が特徴的。なお、主水のカットイン時に曲が静止するのは編集なのか原曲通りなのか、サウンドトラックが発売される以前はファンの議論の対象であった。

●仕置人・出陣（M38／出陣）

殺しのテーマと双璧をなす、『新仕置人』屈指の名曲。力強いウエスタン風マーチに乗せたエレキのAメロに、被害者たちの怒りと悲しみを思い起こすかのようにコロコロと泣くBメロの木琴とストリングス、サビは叩きつけるようなブラスで怒りを盛り上げる――という神編成。第3話のように、巳代松の横で鉄がウォーミングアップしながら楽しく夜道を歩いてようが、この曲が流れればヒーローなのだ。

●仕置のテーマ（M39／主題歌テーマ）

力強いマーチのリズムに乗って、闘志むき出しにアレンジされた「あかね雲」の旋律が流れ、物語はクライマックスを迎える。戦闘的なブラスサウンドを主旋律に、時折低音のピアノとレズリーギターを挟み、ストリングスが背景を彩るといった重厚な編成。賑やかで豪快、そして汗くさく熱い。『新必殺仕置人』という作品を集約したかのような傑作曲だ。

なお、仕置人が悪党にとどめを刺した瞬間に曲がピタリと止まる演出は、独特のテンポのよさを醸しているが、近年の必殺シリーズではほぼ見られず、曲のコーダを挿入して終わらせる手法に変化している。これは、音声事故だと誤解されないための局側の要請だと言われている。

〝変化〟を遂げた再会を主水と鉄になぞらえるなら、〝掟〟は仕置人の定義が私設制裁集団から殺し屋に変容しても、それでも仕置人であろうとする寅の会のよう――と捉えるのは夢想が過ぎるかもしれないが、ともかく世に送り出された『新必殺仕置人』の楽曲群が名曲の宝庫となり、のちのシリーズにも頻繁に使用されるようになったことは説明無用、である。

●COLUMN

『新必殺仕置人』魅力の源泉 闇の仕置人組織「寅の会」

松田孝宏

寅の会の掟が生み出すドラマの数々

革新的な趣向で『新必殺仕置人』の魅力を増大させた、「寅の会」という一大設定。『新仕置人』を傑作たらしめた要因のひとつが、寅の会のシステムとそこから生み出されるドラマのおもしろさであったことは論をまたない。

毎月の寅の日（十二支の寅にちなんだ、12日ごとにめぐってくる吉日）に、句会（第1話では「月例俳諧興行　寅拾番會」）を装い、仕置人チームの代表者たちが集う。そこで元締の虎が殺しの標的となる相手の名を詠《よ》み込んだ句を作り、配下の喜平（第4話からは吉蔵）が詠み上げ、競り値も発表する。

これを聞いた仕置人たちが競り値をコールし、最安値で落札した者が標的を殺して仕置料を獲得する権利を得る。以後は監視役の死神が目を光らせるなか、殺しを遂行するのだ。なお世間の目をあざむくためか、競りのない、ごく普通の句会が催されることもまれにある。

この基本システムに加え、寅の会には〝掟〟と言うべきさまざまな規則が設けられている。もっとも重要なのが殺しの期日（原則として次の寅の日までに殺しを遂行する）だが、ほかにも「仕置人同士で談合してはならない」「寅の会に遅刻または欠席してはならない」「寅の会を通さずに殺しをしてはならない」「奉行所に目をつけられてはならない」「元締の素性を探ってはならない」「金だけが目当ての殺しをしてはならない」などなど細かな規則が定められ、これを破った者は死神の銛により処刑される。

寅の会はこうした設定そのものが魅力的で、殺しの催促にやってくる死神を恐れる念仏の鉄に、『仕置人』以来の視聴者は驚きを隠せない。悪所の支払い以外に動じない自由人・鉄を縛る存在を創出しただけで寅の会の設定は、まさに「世紀の発明」だ。

それだけでなく、掟が生み出す数々のドラマが実に楽しい。初回の「問答無用」で殺しの標的・中村主水と談合した次郎次が死神に処刑されるのは当然として、「現金無用」では寅の会を通さずに殺しを行った玄達が虎のバットで仕置される。「女房無用」では、殺しの期日を守れなかった仕置人が仕置料を返金するとともに、詫び料を出して処刑を逃れている。「休診無用」では、標的の玄庵を行きがかりで助ける結果となった鉄は金を返しにゆくが、虎は「取っておけ」との粋な計らいで珍しく笑顔を見せる。「自害無用」でも寅の会を通さない仕置を行うが、虎は今度も鉄を許した。

鉄一党に対する直接の依頼は何度もあったが、「生命無用」は急ぎの依頼を死神が「次ノ寅ノ日マデ待テナイノデ、オマエニ頼ム」という一言に「やはり鉄は特別扱いだな」と再認識できる。

異色のキャスト、異色の人物造形

キャストもまた、寅の会の魅力だ。まず元締の虎を演じるのは、役者では〝ない〟。「藤村富美男（元阪神タイガース）」のテロップが示すように、かつてプロ野球チームに在籍した藤村を山内久司プロデューサーがキャスティングしたもの。大の阪神ファンである山内がたまたま阪神電車で藤村を見かけ、その鋭い目つきから元締役に決めたというエピソードが残されている。

「寅拾番會」の「拾」はかつての藤村の背番号「10」からだろうし、バット状の武器も「物干し竿」と呼ばれた藤村の長いバットにちなんでいることが明白だ。ただし『週刊サンケイ』１９７７年1月27日号によれば、元締役は田辺茂一（紀伊國屋書店創業者）、稲垣足穂（『一千一秒物語』や『少年愛の美学』で知られる作家）、岡本太郎（「太陽の塔」をデザイン、近年は特撮ドラマ『ＴＡＲＯＭＡＮ』のモチーフとなる）らも候補とされていたという。

出演時、60歳だった藤村は医療器具会社に参事として勤めるサラリーマンであり、西宮の自宅から京都映画の撮影所まで通っていた。当時の週刊誌を見ると、「素人だけど、やれるところまでやる」などのコメントを寄せており、衣代夫人相手にセリフの稽古をしたり、鏡の前で素振りをしていた選手時代を思い出して動きの研究もしたりと意欲的だ。セリフを増やしてほしいというリクエストまであり、本人もなかなか乗り気だったようだ。

「現金無用」の仕置では藤村の現役時代のフィルムがインサートされるが、このセンスこそ必殺の真骨頂だ。また、藤村は野球ファンの藤田まことや山﨑努、中村嘉葎雄、そして撮影所のスタッフを甲子園の阪神戦に招待。さらに本作では草野球チーム「必殺キラーズ」が結成されており、もちろん監督には藤村が就任した。

もうひとり、寅の会の屋台骨を支えるのが虎の用心棒および仕置人の監視役を務める死神だ。口数少なく、たまに話してもおかしな抑揚、江戸の住人にそぐわないエスキモーグラスと、従来の仕事師が地に足のついた人物像だったのに対し、いささか劇画的と呼ぶべき人物造形となった。

演じる河原崎建三の特徴的な鷲鼻や、しなやかな立ち姿なども印象深く、要約すると「筆舌に尽くしがたいかっこよさ」を備えているのが死神だ。加えて、鉄ですら恐れる強さは必殺最強と評されるし、「濡衣無用」で難敵が競りにかけられた際の「三本杉ハ、オレガ殺ル」という宣言に心躍ったファンも多いだろう。第1話をはじめとした神出鬼没の登場シーンなど、少ない出番ながら毎回、強烈な印象を残すのも死神の魅力だ。

ちなみに『朝日ジャーナル』77年1月28日号では、河原崎とその役について言及されており、エスキモーグラスは木製で、実際に装着して1話の次郎次処刑シーンを撮影した河原崎の「『相手の武器を見失いがちでね、ちょっと危ないよ』と〝夜が怖い〟の弁。いや、夫人の大川栄子さん、誤解のないように」という、記者の低レベルな蛇足《だそく》を含むコメントも掲載されている。

このように寅の会を支える両者は人物像や外貌も魅力的だが、並んだ姿がまた神がかったかっこよさで、例えば「裏切無用」で闇の重六を仕置した虎とそれを見届ける死神の姿は闇の世界の正義を象徴しているし、「親切無用」で連れだって鉄一党のもとを訪れた威圧感もすさまじい。

　虎が座る横に死神が控えるいつもの図も、寅の会のアイコンとしたいほど決まっている。競りが行われているあの空間に身をひたしたいと思ったファンもいることだろう。

愛情と解散と

　寅の会にも、終焉の日が訪れる。第40話「愛情無用」で死神が自死すると、第41話「解散無用」では辰蔵や吉蔵の謀反と諸岡の介入により虎は殺害され、寅の会における最後の頼み人となる。これを受けた鉄は辰蔵と相打ちとなって死亡、主水がしたたかな笑みを浮かべるラストに至る道のりは必殺随一の壮絶なもので、当時の視聴者が本作でシリーズも幕引きと思ったのも無理はない。

　この一連の崩壊劇の引き金となるのが、死神だ。筆者は「すべての創作物のキャラクターにおいて死神がもっとも好き」と公言しているので最後は多少の私心も交えて記すが、とにかく「愛情無用」において弱さをむき出しにする死神が愛おしくてたまらない。お徳を知るまで女性に縁がなかったことも衝撃的だが、「嘘ジャナイコトヒトツダケアル。人ヲ愛スル気持チ」という、ある意味純真すぎるセリフもこれまでの冷酷な殺しのマシーンからは想像できないもの。それに、恋人お徳亡きあとの言動も行動も寅の会をまったく考慮しておらず、別人のようだ。

　なお『週刊明星』77年10月30日号では「愛情無用」を「数奇な運命の下に生まれた死神の暗い過去が隠されていた」と紹介している。

　自裁そのものは描かれていないが、死に顔からは穏やかな旅立ちだったと想像できる。周囲から「死神」と呼ばれ、本名も明かされなかった（シナリオでも「云っても判らない、むずかしい名前だから」とされている）ギリヤーク青年の最期は、愛する人と大切な友を得た満足感で満たされていた。そう信じたい。

　死神不在で迎えた第41話の崩壊劇は、見た者が経験したとおり。寅の会に始まったドラマが寅の会の崩壊で終わる——唯一無二の帰結であった。

寅の会のシステムとそこから生み出されるドラマはまさに「世紀の発明」だ

問答無用

第1話

脚本：野上龍雄
監督：工藤栄一

中村主水と念仏の鉄が再会、ふたたび主水は裏稼業に手を染める。新たな仲間と組んでの地獄道——。

「八丁の堀に中村主水かな」

主水が寅の会の競《せ》りにかけられたことで念仏の鉄と再会し、ふたたび殺しに手を染める。野上龍雄と工藤栄一、必殺シリーズを代表する脚本家・監督のコンビによって仕置人ワールドがふたたびよみがえった。

「おめえ、まだ生きてたのか。裏の稼業は続けてるか？」と問いかけ「おめえには会わなかったことにしておくぜ」——あっさり去ろうとする主水の手を取って地下蔵にいざなう鉄、まるで抱きつくかのような姿勢でささやく。お互い淡々としながらも、気がつけば、ふたり並んで語り合う。

寅の会の仕組み、牢屋見廻りから定町廻りに栄転となった主水の近況などが手際よく明かされ、主水は赤井剣之介——『必殺仕業人』の最終回で惨死した仲間だけでなく、ほかの連中のことも忘れていたと振り返る。

「来るなら来てみやがれ。叩っ殺してやる」

宣戦布告のような覚悟を経て、もう裏稼業には戻らないと語っていたはずの主水が、あっさり去り際に復帰の意志を伝える。

鉄、巳代松、正八、おていという既存のグループに加わる主水。これまでにない構図の『新必殺仕置人』は、藤田まことが初めてクレジットのトップに立ったシリーズでありながら、みずからチームを結成するのではなく客人のような扱いで合流する。一人と四人、やがて〝仲良し五人組〟となる喜怒哀楽のチームワー

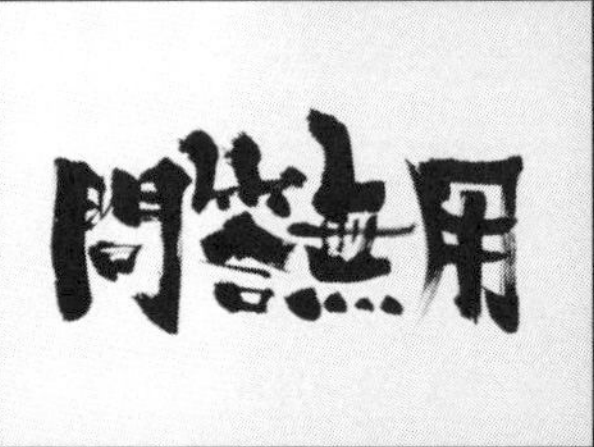

放映日◎1977年1月21日
視聴率◎10.6%（関東）
22.4%（関西）

あらすじ

江戸の仕置人たちを束ねる「寅の会」で、中村主水が殺しの競りにかけられた。その名前を耳にして驚いた念仏の鉄は、巳代松、正八、おていと仲間の手を借りて、主水を絵草紙屋の地下蔵に誘い込む。かつての友のため、鉄は元締の虎を頂点とした闇組織の掟に背き、主水に助言する。心当たりのない主水は「俺が生き延びられていたら、そんときは仲間に入れてもらうぞ」と言って去る。

中村家に毒入りの刺身が差し入れられるが、難を逃れる主水。殺しを競り落とした仕置人一味の次郎次が主水に直取引を持ちかけてくる。だが、虎の用心棒である死神が一部始終を監視しており、裏切り者の次郎次を始末する。

主水の殺しを依頼したのは、筆頭与力の筑波だった。主水は牢破りを図った矢切の庄兵衛を斬り、筑波の引き立てにより定町廻り同心に格上げされていた。筑波の妾となった庄兵衛の女房お兼に命を狙われる主水だが、それをきっかけに上司の非道を知ることとなる。

クに寅の会という組織を介した依頼や制約が絶妙な枷《かせ》となる。
「もうウキウキしていたんです」と『必殺シリーズ秘史』で山﨑努が語ったようにかつて自由を謳歌した念仏の鉄は、アドリブ満載の怪人、快楽殺人者の要素すら加味して戻ってきた。いっぽうで非情なる組織の掟に従い、ときに怯え、仲間との板挟みに遭う。

「元締虎　藤村富美男（元阪神タイガース）」から始まってレギュラー陣の字幕スーパーが入るのも新機軸。工藤栄一らしい光と影の映像や凝ったカメラワークは控えめで画面は明るく、これまでのシリーズの第1話に比べると〝設定〟に労を費やしたぶん、いささか落ち着いた印象すらある。

　その代わり、虎の用心棒として仕置人から恐れられる死神は、木の葉が舞う地面から登場し、銛を放つ。鉄の骨はずしのレントゲン映像は青くリニューアルされ、二間（約3・6メートル）しか届かない巳代松の竹鉄砲と、殺しのスリルやケレン味は充実し、仕置を盛り上げる。

　鉄、正八、おていの長屋でのやり取りは、アドリブをまぶしたノリのよさを初回から発揮。延々とワンカットの長回し、回を重ねるごとに加速していく五人組のコメディ要素も『新仕置人』の大いなる魅力だ。

　主水も鉄も人知れず裏稼業を続け、もうかつてのギラギラした気迫はない。しかし、抑えた怒りを静かに噴出させる。尊敬する上司、与力筑波の裏切りを知った主水は「筑波さま」から「筑波さん」へと呼び名を変えて、絶望にケリをつける。かつて『必殺仕置人』第1話で同じく与力の「的場さま」に対して「的場さん、死んでください」と処刑宣告をしたように。

　クライマックスの主水の問わず語りは、昼行灯への復帰宣言であり、筑波を演じる岸田森がその冷静さを奪われ、挑発に乗せられる様子も見ごたえあり。たまらず刀を抜く筑波だが、殺しの数は主水のほうがはるかに上だ。

「来い。斬れぇ！」

　──あっさり返り討ちにしたあとの主水の怒号は、「来るなら来てみやがれ。叩っ殺してやる」という地下蔵での宣言と見事に呼応。これは現場で足されたセリフであり、仕置人・中村主水の復活を問答無用で印象づける。ラストカットも葬式で手を合わせる主水を正面から映し出す。

　中村主水を新たな当たり役に渡辺プロから独立し、フリーとなったばかりの藤田まこと。こちらも劇団雲を抜け、同じ役は演じないポリシーを破って4年ぶりに鉄として戻ってきた山﨑努。両者の馴れ合わない緊張感もまた効果をもたらし、全41話という必殺シリーズの新たな挑戦が幕を開けた。

セリフ選抜

「わたしはですね、世の中の仕組みというものが、人間というものが、なにもかも信じられなくなりました。わたしは、これから徹頭徹尾手抜きでいきます」（主水）

主な登場人物

筑波重四郎
岸田森

南町奉行所の筆頭与力。伝馬町の牢屋敷から脱獄を図った囚人、矢切の庄兵衛を斬った中村主水を定町廻り同心として奉行所に呼び戻す。主水の手柄を高く買っていたが、そこにはしたたかな奸計があった。

「夭折《ようせつ》の天才俳優」として今なお語り継がれる岸田森は文学座出身。1968年に『怪奇大作戦』で牧史郎に扮し、70年代に入ると東宝の映画『呪いの館　血を吸う眼』で和製ドラキュラとしての地位を確立する。『必殺仕置屋稼業』第12話「一筆啓上魔性が見えた」を皮切りに必殺シリーズには5作にゲスト出演し、それぞれ鋭利な悪役を演じた。工藤栄一監督作品での怪演も多く、『影同心』第4話「欲にからんで殺し節」では屏風越しに刺されたあと盃を口にふくんで血を吹くという冗談みたいな死に際を見せた。

お兼
二宮さよ子

船宿「舟清」の女将。筑波の妾にして、もとは矢切の庄兵衛の女房であった。包丁を手に主水を襲うが、鉄のガードで自分の体を刺してしまい、筑波にだまされていたことを知る。目を見開いたままの死に顔に無念がにじむ。

二宮さよ子は文学座に長く在籍し、和風の顔立ちからテレビ時代劇にも多く出演する。日本舞踊や三味線を得意とし、映画では『吉原炎上』『将軍家光の乱心　激突』など80年代の東映大作で活躍。シリーズ第29弾『必殺剣劇人』では、お歌役でレギュラー出演を果たし、また『必殺スペシャル・新春せんりつ誘拐される、主水どうする?』では仕事人のお涼を演じた。

市郎太
大林丈史

寅の会に所属する仕置人であり、弟の次郎次、末三とトリオを組んでいる。主水の殺しを八十両で競り落とすが、「松、ツラ見られた!　そっちも生かして帰すな!」という、とても主人公とは思えない鉄の手で返り討ちとなった。武器は中国伝来の狼牙棒《ろうげぼう》だが、見た目は捕物道具に近い。

俳優座出身の大林丈史は、1973年に蔵原惟繕監督の大作『陽は沈み陽は昇る』で主演の一人に抜擢される。俳優座の先輩である中村敦夫の『木枯し紋次郎』では第1話で「あいつが木枯し紋次郎……」と呟いて主題歌への橋渡しを果たし、その後は中村の怪我によるアクションシーンの吹替も担当。協同組合日本俳優連合の幹部として長年、活動を続けた。

◆　◆　◆

死神に処刑される次郎次を演じたのは阿藤海（のち阿藤快）、おなじみのぶっきらぼうな存在感で「死神がなんだよぉ!」と兄ちゃん相手にブチ切れる。原田芳雄や中村敦夫とともに俳優座を脱退した阿藤は、当時もっぱら長身の悪役として活動の場を広げていた。『必殺仕業人』第11話「あんたこの根性をどう思う」では百叩きの残りと見せかけた主水にぶった斬られ、絶妙なリアクションとともに岡場所のドブに落ちていった。

末っ子の末三は、必殺シリーズ常連の島米八。鎖をふり回しながら巳代松の射程距離に入ってしまい、竹鉄砲の餌食となる。本編では寝てるばかりだが、脚本には主水の毒殺失敗を見届けて舌打ちする場面あり。「チッ」というリアクションがよく似合う俳優だ。

矢切の庄兵衛役の遠山欽は、のちに闇の俳諧師の一員としてレギュラーを務める。『新必殺からくり人』や映像京都のテレビ時代劇で演技事務を務めた遠山一次は同一人物である。

奉行所の書役を演じた浜田雄史は大映京都出身、鶴のような痩身としゃがれた声の持ち主で悪役も多いが、『新仕置人』においては第6話の同心森川ほか何度も主水の同僚として登場している。

寅の会の揚句

八丁の堀に中村主水かな

前作の真面目さを反省し（?）「もっとユーモラスな味を出していきたい」とは新聞広告に載った山﨑努の弁。

シナリオと本編の違い／ロケ地／そのほか

シナリオの冒頭には「漁網の中はソ連原潜」というプロローグがあり、カムチャッカ半島西岸の沖合で日本の底引き漁船の網にソ連の原子力潜水艦が引っかかったニュースを取り上げ、「世の中というものは、いつも恐ろしいもの。遠い江戸の昔にも、これに似たような話がありました」などとレポーターが語っていたが、すべてカットされている。

寅の会のシーンは、寺の境内から句会を眺める職人の会話からはじまっていた。シナリオの虎は「総髪異形の男」、落札時にパチリと白扇を鳴らすしぐさが指定されている。絵草紙屋の地下蔵での再会、主水は鉄を「念仏」と呼んでおり、赤井剣之介のことを語るくだりで「侍くずれで、女房に惚れぬいていやがったっけ」というセリフが用意されていた。

鯛の刺身をめぐる中村家コントや長屋での鉄や正八の会話は、現場でやり取りを追加。これらのコメディパートは、多くの回で同様の改訂が行われている。

主水を狙う仕置人三兄弟、市郎太・次郎次・末三の武器は「狼牙棒」「流星」「七節鞭」と指定されており、『図説中国武術史』を参照とある。本編の次郎次は鎖分銅、末三は流星を振り回す。もともと死神の武器は飛び出しナイフであり、銛や目を覆う遮光器は工藤栄一のアイデア。市郎太と末三のもとに次郎次の死体を投げ込むシーンがあった。

瀕死のお兼を背負って走る主水と鉄、シナリオでは主水が潜む小屋でそのまま息絶えるまでのやり取りが描かれていた。筑波が寅の会の依頼人であることを巳代松や正八が裏取りするシーンがあったがカットされている。

主水と筑波のやり取りやラストシーンは、ほぼシナリオどおり。主水が同僚から香典を受け取り、小判をちょろまかす2シーンは現場で追加されたもの。初期レギュラーとなる子犬のコロも決定稿には登場しない。

南町奉行所のロケ地は、大覚寺の明智門。お兼を背負って走る場所は金戒光明寺の三門や墓地の石段であり、現在は石段に手すりがついている。

次回予告

巳代松の兄が競りにかけられた。兄の身代わりに島送りにまでなった巳代松、ふたたび会うその兄が、まさか仕置の相手だったとは。せめて最後は俺の手で、兄弟の情を断ち切って仕置する。次週『新必殺仕置人』ご期待ください。

【キャスト】中村主水：藤田まこと／巳代松：中村嘉葎雄／正八：火野正平／おてい：中尾ミエ／死神：河原崎建三／お兼：二宮さよ子／喜平：灰地順／市郎太：大林丈史／次郎次：阿藤海／末三：島米八／元締虎：藤村富美男（元阪神タイガース）／闇の俳諧師：井関一、瀬下和久、阿井美千子、藤沢薫、原聖四郎、堀北幸夫／矢切の庄兵衛：遠山欽／書き役：浜田雄史／おかみ：小林加奈枝／職人：松尾勝人、美鷹健児／筑波重四郎：岸田森／せん：菅井きん／りつ：白木万理／念仏の鉄：山崎努

【スタッフ】制作：山内久司、仲川利久、桜井洋三／脚本：野上龍雄／音楽：平尾昌晃／編曲：竜崎孝路／撮影：石原興／製作主任：渡辺寿男／美術：川村鬼世志／照明：中島利男／録音：木村清治郎／調音：本田文人／編集：園井弘一／助監督：高坂光幸／装飾：玉井憲一／記録：杉山栄理子／進行：黒田満重／特技：宍戸大全／装置：新映美術工芸／床山・結髪：八木かつら／衣裳：松竹衣裳／小道具：高津商会／現像：東洋現像所／製作補：佐生哲雄／殺陣：美山晋八、布目真爾／題字：糸見溪南／ナレーター：芥川隆行／主題歌：「あかね雲」（作詞：片桐和子／作曲：平尾昌晃／編曲：竜崎孝路／唄：川田ともこ／東芝レコード）／製作協力：京都映画株式会社／監督：工藤栄一／制作：朝日放送、松竹株式会社

※原則として当時の表記に準じる。本編クレジットは「末三」を「末三」、「矢切の庄兵衛」を「矢切りの庄兵衛」と表記

情愛《なさけ》無用

第2話

脚本：村尾昭
監督：工藤栄一

あんちゃん、あんちゃんじゃねえか！再会した兄の徳造は外道となり果て、巳代松はその手で仕置を決意する。

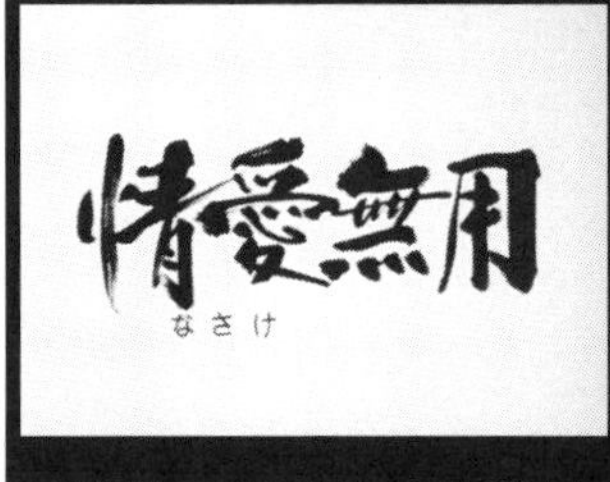

放映日◎ 1977年1月28日
視聴率◎ 10.7%（関東）
21.7%（関西）

巳代松の過去を描いたエピソード。「俺みてえに生まれたときから運のねえやつは、ほどほどが一番だ」と初回の終盤で語っていたように、さっそく第2話目で目が見えなくなった兄の身代わりで流刑となった身の上が明かされる。

島帰りの元罪人という巳代松の過去は「善意無用」「約束無用」などでも活用されるが、なにより『新必殺仕置人』という番組の〝人情〟を一手に引き受ける男のメイン回として「あんちゃん！」を連呼する姿が哀しい。

歌舞伎役者の家に生まれ、東映時代劇で培われた中村嘉葎雄のキャリアが巳代松という市井の職人役に生かされ、鉄に主水——旧『仕置人』からのメンバーと五分で渡り合う。せっかちなしゃべり方に鋳掛屋としての居ずまい、これぞ江戸っ子だ（生まれ育ちは飛騨高山であり、民謡を口ずさむが）。

お互い酒好きの山﨑努とは撮影が終わると飲みに行っていた中村嘉葎雄、意気投合の関係性は鉄と松の加速する日常シーンにも反映されている。『必殺シリーズ秘史』では、照明の林利夫や記録の野口多喜子がその熱い飲みっぷりを振り返った。ただ役を演じるだけではなく現場でも意見を出し、脚本家の保利吉紀によると山﨑、中村ともにシナリオのチェックは厳しかったという。

「情愛無用」の脚本は村尾昭。やがて伝説の最終回「解散無用」を手がける崩壊劇の名手が愚直な弟の兄への情愛を紡

あらすじ

道玄検校の悪どい金貸しによって、また犠牲者が出た。巳代松はおつゆという娘と出会い、亡き父の残した恨み文と三両の金を託される。寅の会に複数の依頼人から道玄殺しが舞い込むが、鉄ではなく吉五郎が競り落とす。吉五郎の妹夫婦もまた、道玄の手で死に追い込まれていたのだ。

道玄が巳代松の兄、徳造であることを知る鉄や主水たち。巳代松は駕籠でゆく道玄に「あんちゃん！」と連呼して近づくが、手下に追い払われてしまう。それでもついて行き、屋敷内で吉五郎ら仕置人に奇襲された道玄を、すんでのところで助ける巳代松。身代わりで罪を被って島流しになったお人好しの弟は、またも兄を救ったのだ。

鉄と巳代松は、かつて殺し合った仲。お互いの体に傷を残していたが、鉄は〝なさけ〟として殺しの依頼主が徳造であったことだけは伏せていた。やがて道玄の悪行を目の当たりにした巳代松は、兄の仕置を決意する。

ぎ、「あんちゃん、死んでもらうぜ！」というクライマックスの仕置に発展させていく。

村尾も多くを手がけた東映任俠映画の悪役でおなじみ山本麟一が兄の徳造＝道玄に扮し、サラ金業者を思わせる狡猾さを発揮。『必殺仕置人』第7話「閉じたまなこに深い渕」の清原検校に続いて、道玄検校の盲目も偽装であり、それどころか町娘の目を潰して高く売りつけようとする外道だ。

仕置人の吉五郎（井関一）による襲撃から巳代松は道玄を護る。再会をよろこぶ弟、ぬけぬけと取り繕う兄――その温度差があらわとなり、高所からのワイドレンズの歪みが巳代松の孤独をポツンと引き立てる。

工藤栄一と石原興のコンビといえば、望遠の画作りが特徴だが、2話立て続けの寅の会のシーンに象徴されるように本作では奥行きを強調した広角の構図を披露。主水の用心棒四人斬り、そして巳代松の仕置においてもワイドレンズのパースが駆使された。

道玄の餌食になるおつゆ（関根世津子）との序盤の交流は、全41話で何度も繰り返されることとなる〝巳代松人情話〟の先駆け。女好きの鉄からすると「？」だらけの純朴ぶり、それこそが松っつぁんだ。

サブタイトルの「情愛」は〝なさけ〟と読み、弟の兄への思いだけでなく、もうひとつ巳代松に対する〝なさけ〟を鉄が明かす。かつて殺し合いを繰り広げた両者だが、じつは巳代松殺しを鉄に依頼したのは徳造だった。このことは最後まで巳代松に知らされないというシナリオの巧みさが光る。

巳代松手作りの竹鉄砲、実際はパラフィン製によるもの。放映当時の『宝石』『小説宝石』に掲載された宣伝広告「必殺しかけ話」によると、パラフィンを竹筒の鋳型《いがた》に流しこみ、固まったあと取り出して両端を糸ノコギリで切りそろえると完成。それを焼き杉製の銃の〝握り〟に結合し、仕込んだ電池で火薬に点火すると、爆発とともにパラフィンの花吹雪が舞う仕掛けだ。

一発勝負の撮影ゆえ、火薬やタイミングの問題で何度もNGが出て、小道具係はパラフィンを溶かす毎日。装飾の玉井憲一は、のちに『秘録必殺シリーズの舞台裏』で竹鉄砲だけでなく歴代殺し道具の裏側を明かしている。

巳代松が道玄を撃つ瞬間の「あんちゃん、死んでもらうぜ！　二間！」というセリフは、ありなし2バージョンが存在しており、キングレコードからリリースされたDVDには両方が収録された。

セリフ選抜 **「頼みがある。道玄は俺の手でやらせてくれ」**（巳代松）

主な登場人物

道玄
山本麟一

下谷に居を構える検校。言葉巧みに金を貸し、そのカタに娘たちを売りさばく。巳代松の兄であり、本名は徳造。賭場でのイカサマがバレて死者が出るレベルの刃傷沙汰を起こし、盲目のふりをして弟の同情をさそい、まんまと身代わりの島送りに。河内屋に乗り込んだ際など、うれしそうに鈴を鳴らしたが、その鈴を手にしたまま巳代松の鉛玉を食らって果てた。

山本麟一のプロフィールはP158を参照。山本麟一、高倉健、今井健二のトリオは東映の「明大三羽烏」と呼ばれていた。東映東京制作所の助監督出身のやまさき十三が原作を手がけた劇画『夢工場』（画：弘兼憲史）には本人として登場し、その豪快な生き様がフィクションの中で追悼された。

おつゆ
関根世津子

みずからの体を売って五両の仕置料を捻出しようとするが、巳代松に止められる。その直後に父の弥助が自殺し、道玄の手先によって連行される途中、父が残した三両を巳代松に手渡す。道玄の屋敷に監禁され、目を潰されるが、巳代松によって助け出された。

関根世津子は70年代前半から80年代にかけてテレビドラマを中心に活躍。沢田研二主演の『悪魔のようなあいつ』では、廃漁船に暮らす少女ノノを谷口世津の降板によって引き継いだ。

吉村
柳川清

南町奉行所の老同心。徳造を捕縛した際の、巳代松による身代わり申し出の様子を主水に話す。兄を思う巳代松の気持ちに涙しそうになったという。それじゃとフレームアウトしたあと、主水の「あとでメシでもいかがですか?」に「あぁ、いいねえ!」と答えるが、なんとなく両者ともアドリブっぽい雰囲気だ。

関西芸術座で活動した柳川清は、実直な職人や商人の役が多く、同心の役とは珍しい。医者の役も多いが、そのインテリジェンスを生かしてニセ医者の法眼を演じた『必殺商売人』第14話「忠義を売って得を取れ!」は意外性の効いたキャスティング。

◆◆◆

河内屋庄兵衛を演じた永田光男は、『必殺仕置人』第5話「仏の首にナワかけろ」と同じような、好意によって身の破滅を招く役どころ。道玄から借りた百両で、店ごと乗っ取られそうになる。

道玄の腹心の源次は大映京都出身の暁新太郎、検校の番頭格というポジションから短髪の地毛のままの出演となった。源次とともに鉄に仕留められる権八には新郷隆、とくに目立つ役として「生命無用」では不良三人組のひとりを演じているが、マンガのような長い眉毛が特徴的だ。

吉五郎、平蔵、兼吉による道玄襲撃シーン、シナリオでは兼吉が屋敷の門番をやっている設定だった。兼吉役の扇田喜久一はエクラン所属の大部屋俳優であり、柔和な顔立ちで門番や牢番をよく演じている。雄叫びをあげながら標的に突撃するような役は珍しい。

黒い着物の用心棒四人組のうち、「いや、別に」と主水の聞き込みに応対するのは丸尾好広。いかつく赤い顔がトレードマークであり、日本電波映画出身の京都映画専属俳優、藤田まことの吹替として主水の後ろ姿も数多く担当してきたベテランである。

ノンクレジットだが、用心棒役で東悦次も出演。凶悪なキツネ顔でおなじみ必殺シリーズを代表する大部屋俳優のひとりだ。冒頭の泥棒市で「旦那、ごくろうさまでございます」と挨拶して主水にどつかれる怪しげな町人も東であり、そのコミカルさと道玄の屋敷で座敷牢の前に佇む浪人姿との見比べも一興だ。

寅の会の揚句

下谷検校の道玄にして

射撃歴20年の中村嘉葎雄、爆発音には慣れていたが竹鉄砲を撃った瞬間に目をつぶらないよう意識していた。

シナリオと本編の違い／ロケ地／そのほか

冒頭に「江戸・泥棒市」という場所説明の字幕スーパーが入るが、シナリオには指定されていない。こうした筆文字はデザイナーの竹内志朗によるもので、毎週のサブタイトルとエンドクレジットも竹内による作である。

シナリオでは口八丁の正八が店主の代わりに盗品の櫛を売りさばくシーンがあるが、シナリオでは「八丁堀が来たぞ」と触れ回る流れに。最後に巳代松がやってきて変人ぶりを噂されるシーンも映像化されていない。

おつゆの手を取って走り出す巳代松は、現場での改訂。シナリオでは出会いから父・弥助の死が直結している。巳代松とおつゆが佇むロケ地は広沢池の西岸、その様子を見る鉄の心の声も当然シナリオには存在しない。

鉄と吉五郎を監視していた死神の「虎ハ取引ヲ許サナイ」というセリフも現場で追加されたものであり、シナリオでは両者の間を無言で通り抜ける。

巳代松が徳造の身代わりを申し出る雪のシーンは、セットでシンボリックな表現に。シナリオには目が見えない兄を背負うくだりがあった。鉄と巳代松の殺し合いも光と影を駆使したセット撮影、シナリオでは1年前の設定。

本編のラストは主水と子犬のコロが雪の中をたわむれて終わりだが、このシーンはもともと主水と与力高井のやり取りの直後にあり、奉行所の門前にコロがやってくる→走りながら道でじゃれあう、という展開だった。

唐突ともいえるラストだが、野良犬のような暮らしを送ってきた兄弟のエピソードが、ほっこり子犬で締めくくられる……工藤栄一の感性のなせる技か。決定稿は仕置後の巳代松と主水が仲間として心を通い合わせるシーンで終わっており、その代わりにおつゆを助け出すシーンが加えられた。

次回予告

裏切りの殺し、それは念仏の鉄の手口だった。闇の組織の掟を破った者は死をまぬがれない。覚えがないとはいえ、三日のうちに身の証しを立てなければ地獄に落ちる。地獄の道連れ、誰なのか。次週『新必殺仕置人』ご期待ください。

【キャスト】中村主水：藤田まこと／巳代松：中村嘉葎雄／正八：火野正平／おてい：中尾ミエ／死神：河原崎建三／おつゆ：関根世津子／喜平：灰地順／与力高井：辻萬長／吉五郎：井関一／同心吉村：柳川清／河内屋：永田光男／元締虎：藤村富美男（元阪神タイガース）／源次：暁新太郎／権八：新郷隆／平蔵：吉田聖一／兼吉：扇田喜久一／近所の小母さん：小笠原町子、町田米子、松田春子／母親：小林泉／闇の俳諧師：阿井美千子、瀬下和久、藤沢薫、原聖四郎、堀北幸夫／子供：細井伸悟／河内屋の妻：上田恵子／河内屋の娘／高橋美智子／用心棒：丸尾好広、鈴木義章／道玄：山本麟一／せん：萱井きん／りつ：白木万理／念仏の鉄：山崎努

【スタッフ】制作：山内久司、仲川利久、桜井洋三／脚本：村尾昭／音楽：平尾昌晃／編曲：竜崎孝路／撮影：石原興／製作主任：渡辺寿男／美術：川村鬼世志／照明：中島利男／録音：木村清治郎／調音：本田文人／編集：園井弘一／助監督：高坂光幸／装飾：玉井憲一／記録：杉山栄理子／進行：黒田満重／特技：宍戸大全／装置：新映美術工芸／床山・結髪：八木かつら／衣裳：松竹衣裳／小道具：高津商会／現像：東洋現像所／製作補：佐生哲雄／殺陣：美山晋八、布目真爾／題字：糸見溪南／ナレーター：芥川隆行／主題歌：「あかね雲」（作詞：片桐和子／作曲：平尾昌晃／編曲：竜崎孝路／唄：川田ともこ／東芝レコード）／製作協力：京都映画株式会社／監督：工藤栄一／制作：朝日放送、松竹株式会社

※本編クレジットは「辻萬長」を「辻万長」と表記

現《げん》金《なま》無用

第3話

脚本：村尾昭
監督：松野宏軌

情け無用の仕置人組織「寅の会」、虎の元締みずから裏切り者を始末。物干し竿のような棍棒が唸る！

寅の会の恐ろしさ、虎の殺し技が明かされる第3話。これまで鉄と巳代松が立て続けに掟を破ってきたが、ついに裏切り者が仕置されてしまう。

競りの矢面に立つ鉄ばかりが恐れている寅の会に対し、主水や巳代松は大した脅威を感じておらず〝しち面倒くせえ組織〟扱いだが、先に視聴者がショックを植え付けられる。

虎を演じる藤村富美男は、かつて〝初代ミスタータイガース〟と呼ばれた大阪タイガースの強打者であり、物干し竿のような長いバットがトレードマーク。そのバットを模した棍棒が仕置の道具であり、寅の会の参加者全員の前で裏切り者を公開処刑する。

シナリオには「頭蓋骨を打ち砕かれ、血ヘドを吐いてくたばる玄達」とあるが、実際の映像は地面をすべるように吹っ飛んだ玄達が、頭から障子をぶち破って死亡という漫画チックなもの。すごい打力だ。

寅の会のテーマ曲に合わせて、虎がバットを――いや棍棒を手に玄達の前で止まり、持ち上げて構えるや現役時代の藤村がバッターボックスに立ち、バットを振る試合の映像がインサートされ（カキーンという効果音つき！）、玄達にジャストミートする棍棒の動きが同ポジの早回しで何度も繰り返される。

必殺シリーズ最多登板監督の松野宏軌らしい細かなカットの積み重ねで鮮烈かつコミカルな仕置シーンが構築された。

放映日◎ 1977年2月4日
視聴率◎ 11.1%（関東）
18.9%（関西）

あらすじ

暴虐な旗本の沖田政勝が寅の会による仕置の的に。三百両から始まり、鉄、玄達、伊三郎が競り合って、伊三郎が落札。しかし沖田は急死し、死神の調べによって背骨が折られていることが判明……鉄の仕業だと疑われる。

寅の会の制裁を恐れて、三日間の猶予をもらう鉄。仕置人メンバーの調べによって、沖田殺しは後妻の梶と用人の堀内新兵衛が仕組んだことが判明する。玄達が直接請け負ったことにより、みな我欲を満たす結果となったのだ。主水、おてい、巳代松のコンビプレーにより、玄達の裏切りが確定。虎の知るところとなり、掟を破った玄達は元締みずからの手で棍棒によって仕置される。

梶は新兵衛との間に身籠った実子を跡取りとするため、前妻の子である政高の毒殺を図り、それを防いだ女中のおふみが斬り殺されてしまう。正八に託されていた二両をもとに、ふたたび寅の会が開かれる。

松野は『新必殺仕置人』全41話のうち13本を演出しており、まさに番組を支えた職人である。

玄達の背骨折りによる殺しで濡れ衣を着せられた鉄の無実を証明するストーリー、残る四人のチームワークが発揮される（なんだかんだと鉄に文句をつけながら）。正八は絵草子屋として沖田家に出入りし、主水は玄達を仕置人として捕縛、昼行灯のヘマに見せかけて沖田家とのつながりを立証する。

おていはスリの技術で大枚をせしめたあと玄達に近づいて仕置を依頼し、その標的となった巳代松は玄達の骨はずしを食らい、身をもって鉄の無実を証明。「おめえに昔、右やられて今度は左か。釣り合いが取れていいや」と前回を踏まえたオツなセリフがうれしい。立て続けに村尾昭が脚本を手がけており、情にもろく喧嘩っ早い巳代松のキャラクターを確立させた。

かくのごとく初のチームプレイ回として裏切りの〝裏取り〟にじっくり尺を割いており、かたや寅の会の札詠み喜平は沖田政勝殺しの依頼における裏取りの甘さから、自害して果てる。玄達の仕置に続いて喜平の死体を見せられるのだから、そりゃ鉄もビビるだろう。

丹念なカット割りが身上の松野宏軌だが、寅の会のシーンでは玄達、鉄、伊三郎の三者を競り値のセリフに合わせて素早い左右のパン＋ズームの応酬による長回しで捉える。『助け人走る』第2話「仇討大殺陣」などで披露してきたカメラワークの応用であり、石原興の超絶技巧が冴える。

セリフ選抜 **「コノ裁キ八虎ノ元締ミズカラノ手デ仕置サレマス」**（死神）

玄達役の今井健二は、鬼の岩蔵に堀内以蔵などこれまでの必殺シリーズのエネルギッシュなワルに比べるとアクを薄めた役どころだが、まったり同じようなテンションで長丁場の『新仕置人』に三度登場することになる。

仕置のシーンでは、玄達と同じ背骨折りで沖田家後妻の梶（本阿弥周子）を厠の戸板越しに仕置する鉄。お小水のあと、しかも相手は妊婦なのだから容赦ない。あまり強調されていないが、えぐい設定だ。

死神の目を警戒し、今回の仕置に主水は不参加——だったはずが、あばらを折られたばかりの巳代松が新兵衛の狙撃に失敗し、あわやというところで振り下ろされた刀を主水の鞘が受け止める。そのまま抜刀して新兵衛を斬り捨て、パチンと鞘に収めるまでの殺陣は、流れるようなかっこよさ。顔を半分隠した主水の暗殺者ぶりに震える。

堂々と道の真ん中をゆく鉄と巳代松の出陣シーンもワクワクした動きが絶妙。こういう細部のおもしろさも『新仕置人』を支える魅力である。冒頭の三百両から二両と仕置料が大幅に減り、仕置人たちが文銭を分ける描写も泣かせてくれるじゃないか。

主な登場人物

玄達
今井健二

寅の会所属の仕置人。表稼業は柔術の看板を掲げており、鉄の殺し技を模した背骨折りで沖田政勝を病死に見せかける。寅の会を通さずに殺しの依頼を引き受けた裏切り者として、虎に物干し竿のような棍棒で仕置された。

今井健二のプロフィールはP88を参照。『魚が勝手に食いつく本 釣りまくって40年、ポイントの極意』という著書があるほどの釣りマニアであり、同書には悪役のエピソードもたっぷり。

沖田梶
本阿弥周子

旗本の沖田政勝の後妻。用人の堀内新兵衛と密通しており、寅の会に依頼したのち玄達と組んで夫を亡きものにする。シナリオには「沖田殿といえば旗本五千石の御大身、ましてやあの奥方様は御奉行鳥飼山城守様の御親戚筋！」という与力高井の説明セリフが用意されていた。

『吉井川』『片隅の二人』といった70年代の昼帯ドラマに主演した本阿弥周子は、テレビ時代劇の悪女としてもおなじみの存在。『必殺仕業人』第2話「あんたこの仕業どう思う」では、やいとや又右衛門の手で入浴中に仕留められている（ヌードシーンは吹替）。

おふみ
川田ともこ

沖田家で働く小間使いの少女。跡継ぎ政高のお世話をしている。登場するや名前のクレジットが出て、単なる顔見せゲストかと思いきや、政高暗殺計画を防いで斬り殺され、その恨みを正八が受け止めるハードコアな役どころ。冒頭の三百両から二両と仕置料が大幅に減るが、それでも仕置人たちは少女の恨みをはらす。

川田ともこは、本作の主題歌「あかね雲」でシングルデビューした歌手。当時12歳、必殺シリーズ史に残る歌声を披露し、LPの「必殺シリーズ主題歌総集編 あかね雲」では歴代EPをカバーした。その後、三浦朋子として「長崎慕情」で再デビューし、「シベリアの星」を発表するなど芸能活動を続けた。

堀内新兵衛
大竹修造

沖田家の用人。梶と秘密の関係を結び、わが子を孕ませる。そのことによって、野心家の梶による夫と連れ子の殺人プロジェクトが作動してしまう。

必殺シリーズ常連の大竹修造は当時、火野正平と同じ星野事務所に所属しており、『新仕置人』だけで三度の出演を果たした。悪役も被害者役も同じテンションで演じる珍しい存在。スラッと細身のシルエットであり、『必殺仕事人V』では京本政樹の怪我によって、組紐屋の竜の吹替を務めた。

◆◆◆

沖田政勝を演じた柳原久仁夫は、関西の新劇人。横暴な旗本から一転、長い顔立ちの誠実さをもって「妖刀無用」では主君の試し斬りで無念の死を遂げる家臣を演じた。

政高役の宮ヶ原淳一は、おかっぱ頭のかわいい顔で必殺シリーズの名子役として『必殺仕業人』第10話「あんたこの宿命をどう思う」、『必殺商売人』第6話「手折られ花は怨み花」とともに宮ヶ原三部作を築いた。「現金無用」では寸前で命を助けられるが、「手折られ花〜」では哀しい結末に。

沖田家の門前で切腹し、恨みを連ねながら政勝に斬られる太吉は水上保広。『血槍富士』や『下郎の首』を思わせる中間《ちゅうげん》の死を見せつけた。太吉のあとを追う妻お菊を演じた嶋多佳子は劇団しし座に所属し、関西俳優協議会の最優秀新人女優賞を得たばかりでの出演となった。

寅の会の揚句

神田の橋に沖田政勝かな

「今回やっと独身の役なので地でやっていけるんじゃないか」とは新聞広告に掲載された中尾ミエのコメント。

シナリオと本編の違い／ロケ地／そのほか

概してシナリオに忠実な映像化。のっけから中間夫婦の惨事が起きる沖田家は相国寺大光明寺の門や石庭、南塀を使用。この先も「裏切無用」「抜穴無用」などに使われて『新必殺仕置人』を代表するロケ地となる。

鉄、玄達、伊三郎の入れ札は、シーンごと欠番で省略。代わりに「アッタマきちゃうなぁ」と落札できなかった鉄を正八がなじるシーンが追加された。巳代松は尾張町の角屋までうなぎを食いに行くほど上機嫌だったが、競り負けたと知って鍋をガンガン叩くリアクションとともにカットされた。

沖田政勝の死により、虎が仕置料を依頼人の梶に返すシーン。現場改訂で死神も加わり、長いセリフの半分ほどが振り分けられた。玄達への仕置も「言い訳無用!!」というセリフがあったが、終始無言の迫力に。

虎の殺し道具、〝通称「物干し竿」と呼ばれる棍棒〟とシナリオに指定あり。「頭蓋骨が砕け、血ヘドを吐いて死ぬ鉄」という恐怖の妄想シーンは映像化に至らず。現役時代の藤村富美男のフィルム挿入はシナリオになし。

梶、新兵衛、玄達の密談では、鎌倉河岸の出会い茶屋で偶然知り合ったという説明や「それにしても奥方様、よくあの喜平に話を通すことが」「男の方は、たいてい女の涙に弱いものです」というやり取りをカット。ドラマ全般に説明セリフが省略されている。

子犬のコロとおふみ、沖田政高が遊ぶシーンがあり、ここで正八がおふみに絵草紙を渡す。このシーンがカットされたことで、後半のおふみが正八に絵草紙と仕置料を託すシーンがやや唐突になっている。正八が政高に読み聞かせる絵草紙、かぐや姫が吉原に身売りする話は当然シナリオに指定なし。

おていが財布をスる相手、日本橋の呉服問屋「丸幸」の市兵衛はシナリオでは河内屋。第3話に河内屋が登場したばかりだから変更されたのだろう。

次回予告

ただひとつ、命を繋ぐ山道を断たれ、死にあえぐ村人たち。無謀な力の前に生き長らえるより、むしろ死に絶えることを望む。見晴るかす山道、江戸はるかに離れ旅に出た仕置人。次週『新必殺仕置人』ご期待ください。

【キャスト】 中村主水：藤田まこと／巳代松：中村嘉律雄／正八：火野正平／おてい：中尾ミエ／死神：河原崎建三／お梶：本阿弥周子／おふみ：川田ともこ／新兵衛：大竹修造／与力高井：辻萬長／喜平：灰地順／元締虎：藤村富美男（元阪神タイガース）／沖田政勝：柳原久仁夫／沖田政高：宮ヶ原淳一／太吉：水上保広／お菊：嶋多佳子／伊三郎：瀬下和久／宇之吉：出水憲司／竜五郎：秋山勝俊／旦那：松田明／闇の俳諧師：藤沢薫、阿井美千子、原聖四郎、堀北幸夫／葬儀屋：松尾勝人／医者：沖時男／中年の男：伊波一夫／人足：鈴木義章／玄達：今井健二／せん：菅井きん／りつ：白木万理／念仏の鉄：山崎努

【スタッフ】 制作：山内久司、仲川利久、桜井洋三／脚本：村尾昭／音楽：平尾昌晃／編曲：竜崎孝路／撮影：石原興／製作主任：渡辺寿男／美術：川村鬼世志／照明：中島利男／録音：木村清治郎／調音：本田文人／編集：園井弘一／助監督：高坂光幸／装飾：玉井憲一／記録：杉山栄理子／進行：黒田満重／特技：宍戸大全／装置：新映美術工芸／床山・結髪：八木かつら／衣裳：松竹衣裳／小道具：高津商会／現像：東洋現像所／製作補：佐生哲雄／殺陣：美山晋八、布目真爾／題字：糸見溪南／ナレーター：芥川隆行／主題歌：「あかね雲」（作詞：片桐和子／作曲：平尾昌晃／編曲：竜崎孝路／唄：川田ともこ／東芝レコード）／製作協力：京都映画株式会社／監督：松野宏軌／制作：朝日放送、松竹株式会社

※本編クレジットは「喜平」を「嘉平」と表記

暴徒無用

第4話

脚本：安倍徹郎
監督：松野宏軌

多摩の山奥へと旅立つ仕置人、四方を閉ざされ窮する影沢村には平家ゆかりの秘密が隠されていた。

放映日◉ 1977年2月11日
視聴率◉ 12.7%(関東)
19.7%(関西)

平家の落人《おちうど》の末裔《まつえい》が六百年もの間、ひっそり営みを続けてきた武州多摩郡の影沢村と、その村を滅ぼそうとする暴徒の欲望をミステリ的な要素を交えて描いた旅情もの。『新必殺仕置人』初の出張仕置編であり、京都近郊の村落や大自然のロケーションが大いに活用された。

寅の会の札詠みは「現金無用」で自害した喜平に代わり、吉蔵が何事もなかったかのように新キャラクターとして登場、「多摩の山～」から始まる揚句を朗々と詠みあげる。質実なビジュアルの灰地順を引き継いで、北村光生が最終回まで殺しの句会に参加した。

たった六両で引き受けた鉄に、ほかの仕置人から文句噴出。「俺は一ヵ月殺ししねえと、世の中霞がかかったみてえになっちまう」という鉄の発言は、職業としての〝殺し〟だけでなく、行為そのものに魅入られているアナーキーなキャラクターを表出していて秀逸だ。

仕置の相手は、霞村を拠点に山々を支配する筧伊右衛門。防寒用のロシア帽にヒゲの遠藤太津朗がいかにも横暴な山賊風権力者に扮しているが、意外や出番は少ない。

石垣から火縄銃で影沢村の村人を撃ち殺し、あとは屋敷内、さらった娘への愛を粘っこく語ったあと鉄の骨はずしを食らう。それだけ。出番にして5分以下だが、その実存性が姿なき支配を与えてくれる。

「この村には米粒が一つもない……」

あらすじ

霞村の筧伊右衛門という奥多摩の山間部を支配する大物が寅の会の競りにかけられ、破格の安値で鉄が落札する。依頼人である影沢村の村人たちは江戸から戻る途中、伊右衛門の配下に捕らえられ、射殺されてしまう。正八の調べによると、影沢村は伊右衛門の手で道を塞がれ、陸の孤島になっていた。

鉄はあんまに、巳代松は渡りの職人に扮し、奉行所同心という主水の立場を利用して、影沢村に入る。長老の宗兵ヱの話によると、平家の落人の血を引く影沢村の女は先祖代々美しく、香絵という娘に目をつけた伊右衛門の「妾に差し出せ」という要請を断ったため、村は餓死寸前に追いつめられていた。

ついに香絵がさらわれてしまい、鉄と巳代松は霞村へと向かう。裸にされた香絵に伊右衛門の欲望が近づくなか仕置が始まる。かくして影沢村にふたたび平和が訪れるが、主水は宗兵ヱに〝ある疑問〟をぶつけるのだった。

いちばんの大役は、影沢村長老の宗兵ヱに扮した岩田直二だ。美しき娘、香絵を伊右衛門に引き渡すことを拒否し、餓死者まで出ている村の窮状を説得力たっぷりの痩身と震える声、されど失われぬ気品で体現してくれる。

——なぜ影沢への道は閉ざされてしまったのか？

——なぜ飢えたる村で香絵だけが白い米を食べているのか？

安倍徹郎のシナリオは、次々と〝謎〟を突きつけて見るものを因習の村に引きずり込む。名探偵の金田一耕助が活躍する前年の大ヒット映画『犬神家の一族』を思わせるが、本作のあと安倍は毎日放送の横溝正史シリーズの一編『本陣殺人事件』を執筆し、山﨑努は『八つ墓村』で32人殺しの多治見要蔵を演じるのだから、縁とは異なものだ。

伊右衛門が香絵を裸にひんむくシーンでは、煌々と背中を照らしていたライトが引きはがされる衣とカメラのズームアウトとの連動で臀部にのみ光を移し、フルヌードのエロスを際立てる。香絵役の浅田奈々は、ほとんど人形のような扱いで、最後まで喜怒哀楽の感情を発することはない。

平家の血を引く誇り高き美女の産地、影沢村という集落が本エピソードの主役であり、依頼人も個ではなく村そのもの。江戸に出向いた代表者が殺されようと、寅の会の掟に沿った取り下げは通用しない。それどころか、江戸の常識も通じぬカルチャーギャップが明るみとなる。かくて「村ホラー」に突入。

〝影〟という名にふさわしく影沢村は、昔から美しき娘を高貴な方々に差し出しては飢饉をしのいできた。その因習は、こたびも同様であり、仕置人の暗躍により救われた香絵は、さっそく都への売却が決まって村に米俵が届く。

村ぐるみの伝統、ひとりの女を生贄《いけにえ》に生き延びる暗部を知っても主水は、なにも言えない。餓死寸前の哀れな被害者だと思っていた長老は、訪問者たちの正体を見抜き、したたかな取引を申し出たのち、宴にいざなう。

——なぜ伊右衛門に娘を売らなかったのか？　そうすれば、騒ぎにはならなかったはず。

主水の疑問に対して、宗兵ヱは、いや影沢村は〝掟〟とともに六百年にわたる歪んだ誇りを示す。鉄と巳代松の仕置すら、この言葉の前座のよう。主水の殺しがない代わりに、痛烈なラストとともに高らかに娘は舞い踊る——。

セリフ選抜

「たった一人の男のために、この影沢の村が死に絶えようとしている。恐ろしいことだ」（宗兵ヱ）

主な登場人物

筧伊右衛門
遠藤太津朗

霞村を中心に奥多摩を取り仕切る山のお大尽。通称は「霞の伊右衛門」。その権力には役人も手出しができず、私怨から道を塞いで影沢村の人々を餓死させようと企む。銃の名手であり、手入れにもうるさい。シナリオでは「伊右ヱ門」だが、本編クレジットは「伊右衛門」。遠藤太津朗のプロフィールはP64を参照。ワイズ出版から『日本個性派列伝3　遠藤太津朗』というインタビュー本が刊行されており、俳優人生から家族のことまで、こと細かに語られている。

香絵
浅田奈々

影沢村の命、平家の血筋を引く誇りとして大切に扱われる美しき女。村の掟により都へと売られる運命にあるが、いつからか人間らしい感情を示さない。しかし、伊右衛門の屋敷から救出してくれた鉄に「おぶれ」と指示し、そのまま寝入ってしまう度胸の持ち主。

浅田奈々はピンク映画でデビューし、『国際線スチュワーデス　官能飛行』『夕顔夫人』などの日活ロマンポルノに出演。『女高生トリオ　性感試験』では小川恵、森川麻美とともに主演を務めた。「暴徒無用」では、後ろ姿の全裸ヌードを披露した。

宗兵ヱ
岩田直二

誇り高き影沢村の長老。伊右衛門の兵糧攻めにも耐え抜き、六百年続く村の伝統を守る。「それは掟じゃ」と言い放つラストシーンの信念が恐ろしい。

岩田直二は関西芸術座の創設メンバーであり、代表を務めた関西新劇人の中心メンバー。演出家としてのキャリアも長く、『岩田直二の「演劇通信」』という戦前戦後の演劇事情を記した著書もある。『新仕置人』では「暴徒無用」だけでなく「誘拐無用」の田原兵輔、「軍配無用」の日下清風と、それぞれ痩身のビジュアルと淡々としたセリフ回しをもって役をまっとうした。

◆　◆　◆

都からやってくる人買いの善右ヱ門役、石浜祐次郎は松竹新喜劇で活動したベテラン。似たような名前の石原裕次郎よりキャリアは長く、短い出番でもクレジットは岩田直二の次とベテランの貫禄を示している。

伊右衛門配下の高木を演じた千葉敏郎は安心安定の用心棒ぶりだが、珍しく槍を武器とした。入浴中の主水を襲ったのも、高木の仕業だ。浜伸二の獰猛な顔つきも山賊じみた玄次によく似合う。三造役の黛康太郎とともに鉄、巳代松に反撃される峠のシーンが見もの。三造は絵草紙に釣られて、正八をあっさり伊右衛門の屋敷に招き入れるが、やはり娯楽が少ないのだろうか。

寅の会への依頼人、影沢村の重右ヱ門を演じた寺下貞信は関西芸術座のメンバー。江戸に同行した和助（大迫ひでき）を目の前で射殺され、死を覚悟しながら憎っくき相手に立ち向かう意地を見せた。ただ逃げて撃たれるだけでないシナリオの妙だ。

夜中に米を炊き、香絵の世話をする影沢村の女房たよ役の島村昌子は松竹芸能所属、のちに島村晶子と改名して多くのテレビドラマに出演した。必殺シリーズでは『必殺必中仕事屋稼業』第5話「忍んで勝負」の女郎が印象に残る。牢屋敷の悪人コンビに抵抗を試みるも一喝され、言いくるめられて下がり眉……その哀しみの表情と数歩の前進に合わせてカメラが回り込み、フレームアウトしながら奥へとズームインしていき、緒形拳の半兵衛を映し出す。音楽の切り替わりも最高の三位一体ショットとしてすばらしい。

寅の会の揚句

多摩の山山霞なる
筧伊右衛門

『新必殺仕置人』の録音をメインで担当した木村清治郎は下鴨にあった京都映画出身の技師。

シナリオと本編の違い／ロケ地／そのほか

これまでのエピソードでいちばんシナリオどおりの完成品。冒頭のスリから「人三化七」ならぬ「人三猿七」、中村家のコント、影沢村の掟を語るラストまで忠実に映像化されている。３話に続いて松野宏軌の監督回だが、決定稿には渡邊祐介の名が印刷されており、急きょ変更されたことがうかがえる（現場スナップの片隅に監督の姿が写っており、松野回であることは確実）。

殺しの落札価格は、十三両から六両に変更。仕置人たちが廊下で文句をつけるくだりは現場改訂で加えられたシーンであり、「俺は一ヵ月殺ししねえと～」という鉄のセリフも同様。旅立ち前の地下蔵のシーン、シナリオでは主水がコロを連れてきており、「犬は置いていきな、あたしが預かってやるから」と、おていが語っていた。

香絵が口ずさむのは平安時代の歌謡集『梁塵秒抄』の一節、シナリオに指定あり。伊右衛門の用心棒である高木の武器は火縄銃が予定されており、巳代松の竹鉄砲とのスナイパー勝負が描かれていたが、槍に変更された。

影沢村への道、谷山林道に茶屋のセットを設置。伊右衛門邸の門や石垣は高山寺、茅葺き屋根が立派な宗兵ヱ宅は時代劇でおなじみの古民家だ。

伊右衛門の配下が通行を妨げる山道は、落合トンネルを石原興得意の望遠レンズで切り取り、背景の緑とシルエットの人物の融合が何度も繰り返された。影沢村の入り口のお堂は、奥丹波の大日堂。『翔べ！必殺うらごろし』のおねむがあくびする場所である。

鉄たちが泊まる温泉宿兼農家「杉屋」、看板のアップと外観へのズームインは『必殺仕掛人』第２話「暗闘仕掛人殺し」の冒頭に使われたフィルムを流用。影沢村は架空の存在だが、平家の落人が隠れ住んだという集落は全国に点在し、栃木県日光市の湯西川温泉には平家落人民族資料館が存在する。

次回予告

勝負の世界に生きる者の意地、貫いたため命失う。手に握りしめた一枚の将棋の駒。横槍入れた道楽旗本四人組。追いつめて、詰むか詰まぬか、煙詰。次週『新必殺仕置人』ご期待ください。

【キャスト】 中村主水：藤田まこと／巳代松：中村嘉律雄／正八：火野正平／おてい：中尾ミエ／死神：河原崎建三／香絵：浅田奈々／宗兵ヱ：岩田直二／善右ヱ門：石浜祐次郎／浪人高木：千葉敏郎／手下玄次：浜伸二／元締虎：藤村富美男（元阪神タイガース）／吉蔵：北村光生／重右ヱ門：寺下貞信／たよ：島村昌子／三造：黛康太郎／和助：大迫ひでき／茶屋親爺：千葉保／宿の主人：日高久／俳諧師：瀬下和久、阿井美千子、藤沢薫、原聖四郎、堀北幸夫／伊右衛門：遠藤太津朗／せん：菅井きん／りつ：白木万理／念仏の鉄：山崎努

【スタッフ】 制作：山内久司、仲川利久、桜井洋三／脚本：安倍徹郎／音楽：平尾昌晃／編曲：竜崎孝路／撮影：石原興／製作主任：渡辺寿男／美術：川村鬼世志／照明：中島利男／録音：木村清治郎／調音：本田文人／編集：園井弘一／助監督：高坂光幸／装飾：玉井憲一／記録：杉山栄理子／進行：黒田満重／特技：宍戸大全／装置：新映美術工芸／床山・結髪：八木かつら／衣裳：松竹衣裳／小道具：高津商会／現像：東洋現像所／製作補：佐生哲雄／踊り振付：藤間勘眞次／殺陣：美山晋八、布目真爾／題字：糸見溪南／ナレーター：芥川隆行／主題歌：「あかね雲」（作詞：片桐和子／作曲：平尾昌晃／編曲：竜崎孝路／唄：川田ともこ／東芝レコード）／製作協力：京都映画株式会社／監督：松野宏軌／制作：朝日放送、松竹株式会社

王手無用

第5話

脚本：安倍徹郎
監督：工藤栄一

趣味が高じて刃傷沙汰。将棋狂いの旗本四人の仕置は、主水に内緒で行うことになり、裏か表か競い合い。

将棋狂いの旗本四人組を次々と仕置にかける、ゲーム性の高いエピソード。『必殺仕業人』第14話「あんたこの勝負をどう思う」など将棋ネタの脚本を手がけてきた安倍徹郎が、「煙詰《けむりづめ》」という詰将棋の秘技をモチーフにしたドラマを考案し、ゲストに棋士の伊藤果四段（当時）が招かれた。

安倍は当時、『近代将棋』の詰将棋コーナーに自身の考案した手を投稿し、評者の伊藤から称賛を受けるほどのマニアであった。必殺シリーズの脚本家が集った「かんのんホテル」でもヒマさえあれば将棋を指していたという。

仕置の最終ターゲットであり、ヘボ将棋の腕前から刃傷沙汰を起こす疋田兵庫に菅貫太郎。お得意のエキセントリックな役柄をユーモア成分多めに演じた。まず冒頭、正八の絵草子屋で将棋本を立ち読みし、金もないのにツケで持って帰る姑息さと目つきからプンプン放たれる〝やべえ人〟感。

戻った屋敷はオンボロのガタガタ、将棋に熱中するあまりの貧乏暮らしという斬新な設定で、老いぼれ中間（石原須磨男）とのツケ問答も、明らかに笑わせにかかってくれる。

その直後、女流棋士の初津（横山リエ）を対局の果てに斬り殺してしまうわけだが、マニアの情熱、身勝手さ、自己中心的な気持ち悪さ——どのジャンルにも一定数いる厄介者のリアルを菅貫太郎が妙演。将棋マニアの経験が生かされたストーリーを、絵空事でなく着地させた。

放映日◎ 1977年2月18日
視聴率◎ 11.2%（関東）
19.2%（関西）

あらすじ

小普請組の貧乏旗本、疋田兵庫が女流棋士の初津を斬り殺した。将棋の対局に負けた腹いせとして、同輩の小出、横地、神尾も一緒だった。初津の師である将軍家将棋所の伊藤宗看は、寅の会に四人の殺しを依頼する。虎と伊藤は、将棋を通して交流があったのだ。

鉄が競り落とすが、表の稼業で主水が事件を追っていることを知り、今度の仕置から外すことを巳代松と正八に宣言。主水に内緒で決行し、まずは神尾を風呂屋の湯船で、続いて小出と横地を飲み屋の路地で始末する。狙われていることを知った疋田は、慌てて屋敷に引き返す。

竹鉄砲の状況証拠から自分が外されていることに気づいた主水は、鉄たちに怒りをぶつける。しかし下手人が旗本ゆえ町方には手出しができず、その疋田家の警護を任されていたことを明かす主水。仕置のタイムリミットが迫るなか、穴から出てこない標的を詰将棋の秘技「煙詰」で誘い出す——。

小出に唐沢民賢、横地に武周暢、神尾に重久剛一と必殺シリーズ常連の俳優陣も疋田の朋輩として、各自ユーモラスな死に花を咲かせるが、やはり酔いに任せて「先祖伝来の借金を抱えて、たったの五百石だ！」と叫び、鉄や巳代松にまでからもうとする疋田が頂点。こんな悪人、見たことない。

表の仕事で初津殺しの下手人を捕まえようと発奮する主水。目明し金次役の小島三児は、これが単発ゲストなのはもったいないレベルのかけ合いを見せ、レギュラーの与力高井やその後の同心真木よりキャラが立っている。

金次に仕える下っ引き、松尾勝人や広田和彦まで藤田まことと丁々発止で、レギュラー陣だけでなく脇も光らせる工藤栄一演出が〝新仕置人ワールド〟のノリを加速させていく。その萌芽が、本エピソードだろう。主水が「下元さん！」と話しかける同心の役は下元年世であり、こりゃもう確信犯。

標的が「疋田」だから「引き」というわけでもないだろうが、地下蔵のアジトでは画面の上半分を真っ黒に覆った大胆なロングショットが鉄たちの密談、今回の仕置から主水を外す算段を映し出す。旗本三人を始末し、主水が地下蔵に乗り込んできてのやり取りも「行ってこいよ〜！」の応酬ほか、これまでになく生々しいオフビートさが加わった。

正八プレゼンツの「煙詰」がどうしても解けない疋田（夜も日も明けず鉢巻き姿！）、マニアならではの負けん気から命を狙われているのも忘れて、ついぞ罠にかかる。棋士の伊藤宗看に扮した伊藤果の指し手で盤上の駒が一手進むごとに、みるみる煙のように消え失せ、その感動もつかの間、鉄と主水のコンビプレーで即死。菅貫太郎にも「名人」の称号を与えたくなる。

「今度の仕置は煙詰だ」——仕置料の分け前をめぐる鉄と主水のラストシーンも絶品だが、最後に裏話をひとつ。被害者の初津役には当初、棋士の蛸島彰子が配されていたが、兄弟子の芹沢博文八段が「女流とはいえ名人、それがコモかぶりでは将棋のためにならない」と抗議し、撮影途中で降板させたエピソードが山田史生の著書『将棋名勝負の全秘話全実話』で披露されている。

代役として死体となり、寒空のもとコモをかぶったのは横山リエ。これまでになく小さな役どころとなっている。問題のシーンだが、どうも不自然なほど延々と、主水の手元と将棋の駒が映し出されるのは吹替のトリックか、あるいは工藤流の攻めた演出だろうか。

セリフ選抜 **「これはねえだろうって、お前、障子の間から、お前、刀突き出しただけじゃねえか。あんなものはバカでもできる！」**（鉄）

主な登場人物

疋田兵庫
菅貫太郎

将棋狂いの小普請組旗本。好きが高じて熱狂するあまり、負けた腹いせに相手の女流棋士・初津を斬殺してしまう。マニアの暗部を煮しめたような迷惑おじさんぶりで、しかも金がないというタチの悪さ。伊勢屋のツケは3年も払っておらず、ほかでも散々踏み倒していることだろう。

菅貫太郎のプロフィールはP44を参照。べらんめえ口調の酒好きで、撮影が終わったあと京都から東京まで歩いて帰ったという逸話の持ち主。『キネマ旬報』の連載を単行本化した『シネマ個性派ランド』に貴重なインタビューが掲載されている。

伊藤宗看
伊藤果

「鬼宗看」と呼ばれる将軍家将棋所の棋士。虎の将棋の師匠であり、愛弟子の恨みをはらすため寅の会に仕置を依頼する。最後は仕置の現場に立ち会い、疋田兵庫に「この玉《ぎょく》は、あなたの命だ」と引導を渡した。

伊藤果は当時四段の将棋棋士。斯界を代表する詰将棋ファンであり、詰将棋作家としてさまざまな手を考案する。劇中では「煙詰」を披露し、あざやかな手つきを見せた。兄弟子の芹沢博文が司会を務める朝日放送のワイドショー『日曜天国』にレギュラー出演するなど、多方面で活躍。2011年、60歳で棋士を引退した。

初津
横山リエ

疋田兵庫と対局し、勝利を収めるも斬り殺されてしまう非業の棋士。「もう一番」という疋田の願いを、その実力がわかるがゆえに断って逆上させてしまう。伊藤宗看の内弟子であり、深い仲であったことがラストで明かされる。

横山リエは劇団青俳研究生を経て、大島渚監督の映画『新宿泥棒日記』の主演に抜擢される。『天使の恍惚』や『女囚701号 さそり』にも出演し、シラケたムードを充満させた。必殺シリーズにおいては『必殺仕置屋稼業』第18話「一筆啓上不実が見えた」と『必殺仕業人』第16話「あんたこの無法をどう思う」が鮮烈で、それぞれ心中に失敗した女の業を見せつけた。

◆ ◆ ◆

目明し金次役の小島三児は、コメディアン出身らしい巨体の軽妙さを発揮。やがて「阿呆無用」で鬼畜のおとっちゃんを演じるのだから恐ろしい。

疋田の将棋仲間は小出に唐沢民賢、横地に武周暢、神尾に重久剛一が扮し、それぞれ居酒屋や風呂屋で見せ場が用意された。とくに背中からの骨はずしで白目をむく武周暢の表情が楽しい。

ヒゲにスキンヘッドの悪役でおなじみ伴勇太郎は、将棋所で宗看の弟子を務める文造役として登場。シナリオに坊主頭との指定はないが、たしかに将棋所にいそうな雰囲気を醸し出している。のちに闇の俳諧師としてレギュラー入りし、僧林という名が明かされる「抜穴無用」で死亡。

湯船で歌っていたら神尾にどやされる客役の淀神勝利は、京都映画のベテラン進行係・鈴木政喜の芸名。その由来は「淀川と阪神の競輪に勝利する」であり、切った張ったを生き抜いてスタッフ間では〝会長〟と呼ばれた。

藤田まことの著書にも登場する撮影所の名物男であり、朝日放送の『どこまでドキュメント 映画を食った男』に堂々の主演。予算をちょろまかし、酒と博打につぎ込み、ヒロポンの告白をしたのち、孫にファミコン買うためスタントマンとして屋根から落ちる〝京都映画版蒲田行進曲〟だ。2023年現在、横浜の放送ライブラリーで視聴可能なので、ぜひご覧あれ。

寅の会の揚句

三番の直参風の兵庫かな

文造役の伴勇太郎は工藤栄一からの指名で「またお呼びやで」とよくゲスト出演をしていた。

シナリオと本編の違い／ロケ地／そのほか

詰将棋のように緻密なシナリオゆえ、大きな変更点はないが、俳優陣の活気によって全体にテンションの高い仕上がりとなっている。男娼や寅の会が行われる茶室もシナリオどおりだが、全41話でもっとも狭い室内となった。
「煙詰」の図式については、山本亨介の著書『将棋文化史』のP101を参照と指定されている。伊藤果が演じた伊藤宗看は実在の江戸時代の棋士であり、三代目の異名「鬼宗看」が劇中でもそのまま使用されている。

史上初の「煙詰」作者としてナレーションで紹介される弟の伊藤看寿も同様。シナリオでは風呂屋で宗看と初津のことを語り合う主水と鉄のやり取りに続いて、盤上の画（精緻な駒の配置）に合わせた「煙詰」のナレーションがラストに置かれており、ふぐ鍋をつつきながらのオチは現場改訂によるもの。工藤栄一は第39話「流行無用」でも鍋のシチュエーションを用意している。

宗看の殺し文句「この玉は、あなたの命だ」、シナリオでは宗看が玉将を取り、疋田が驚く描写がある。通常の詰将棋は詰みあがった時点で終了であり、玉を取り去ることないという説明がト書きにあるが、本編では玉を置いたまま宗看が立ち去り、疋田が盤上とにらめっこ。

主水が虎の顔を知っているというシーンは、第1話からの流れに矛盾しているが、細かいことは気にしないのがいいだろう。虎と宗看が将棋を指すくだりもシナリオにあったがカット、P221のスチールはその名残りである。第4話、第5話と正八が死神の顔を目撃していながら第40話「愛情無用」で初対面という設定もあるが、そのあたりの文芸面の一貫性はアバウトだ。

辻萬長演じる与力高井がシナリオでは高林、これは写植のミスだろうか。旗本殺しを主水に知らせるのも高井だったが、下元年世演じる下元に変更。エンドクレジットは役名なしの与力になっているが、劇中の格好は同心である。

次回予告

観音長屋の名物女、おちか婆さん、口ぐせのように言いふらす。佐吉を殺してくれ、あいつは盗人だ——誰にも相手にされず、おちか婆さん盗んだ金で仕置料。次週『新必殺仕置人』ご期待ください。

【キャスト】中村主水：藤田まこと／巳代松：中村嘉律雄／正八：火野正平／おてい：中尾ミエ／死神：河原崎建三／疋田兵庫：菅貫太郎／伊藤宗看：伊藤果／初津：横山リエ／目明し金次：小島三児／与力高井：辻萬長／元締虎：藤村富美男（元阪神タイガース）／旗本小出：唐沢民賢／旗本横地：武周暢／旗本神尾：重久剛一／浅田：永野達雄／文造：伴勇太郎／吉蔵：北村光生／弥造：石原須磨男／内儀：小柳圭子／男娼時次郎：戸城泰人／同心森川：浜田雄史／与力：下元年世／駒屋番頭：北原将光／風呂の客：淀神勝利／金次の手下：松尾勝人、広田和彦／俳諧師：瀬下和久、阿井美千子、藤沢薫、原聖四郎、堀北幸夫／せん：菅井きん／りつ：白木万理／念仏の鉄：山崎努

【スタッフ】制作：山内久司、仲川利久、桜井洋三／脚本：安倍徹郎／音楽：平尾昌晃／編曲：竜崎孝路／撮影：石原興／製作主任：渡辺寿男／美術：川村鬼世志／照明：中島利男／録音：木村清治郎／調音：本田文人／編集：園井弘一／助監督：高坂光幸／装飾：玉井憲一／記録：杉山栄理子／進行：黒田満重／特技：宍戸大全／装置：新映美術工芸／床山・結髪：八木かつら／衣裳：松竹衣裳／小道具：高津商会／現像：東洋現像所／製作補：佐生哲雄／殺陣：美山晋八、布目真爾／題字：糸見溪南／ナレーター：芥川隆行／主題歌：「あかね雲」（作詞：片桐和子／作曲：平尾昌晃／編曲：竜崎孝路／唄：川田ともこ／東芝レコード）／製作協力：京都映画株式会社／監督：工藤栄一／制作：朝日放送、松竹株式会社

偽善無用

第6話

脚本：中村勝行
監督：大熊邦也

娘と恋仲の男を盗人だと訴え、騒ぐおちか婆さん。相手は忠義者、誰ひとり相手にしなかったが……。

母と娘の通い合わぬ心を描いた、オーソドックスな人情話。ベテラン女優の清川虹子が観音長屋に暮らすおちか婆さんをバイタリティたっぷりに演じ、井戸端のおかみさんたちから鉄にまで次々と文句をつける。「クソばばあ！」「ヘボあんま！」。鉄とおちかのやり取りも見もの。おちかはかわいい一人娘のおたよが憎っくき佐吉と深い仲なのが悩みのタネ……あいつは盗人だと吹聴するが、佐吉は町でも評判の真面目な奉公人。おちかが頼み人となった仕置を鉄が落札し、正八が調べるが「不審なる点は一切見当たりません」という結果に終わる。おっかさんに手紙をしたためるほどの親孝行ぶりだ。

もちろん「偽善無用」というタイトルであり、いかにも裏ありげな森下哲夫が佐吉役なので、そういうオチなのは明白。それにしても筋道を立てて説明することなく、ただわめき散らすおちか婆さんの誰からも相手にされないコミュニケーション能力の欠如は痛ましく、とくに佐吉が盗人であるという証拠も発されない。それだけ、したたかな相手ということか。

このエピソード、本編のなかで被害者が殺されない。仕置人レギュラー陣の見せ場も少ない。ひたすら清川虹子に奉仕し、おちか婆さんまかり通るという構成だ。いわゆる〝母もの〟として、娘のおたよを演じる吉本真由美とのエモーショナルな断絶が繰り返され、川田ともこの主題歌レコードB面「つむぎ唄」をアレ

放映日◉ 1977年2月25日
視聴率◉ 12.9%（関東）
22.0%（関西）

あらすじ

廻船問屋の鳴海屋に奉公する手代の佐吉が忠義者として奉行所の表彰を受けた。観音長屋のおちか婆さんは、佐吉が盗人の片割れだとして、亡き夫の店であった山城屋に入り込み、押し込みの手引きをしていたと主張するが、誰ひとり信じるものはいなかった。寅の会に一両で佐吉の仕置を依頼するおちか、しかしその安値で手を出すものはいない。

おちかの娘おたよは佐吉と恋仲であり、なんとか別れされようとするおちかだが聞く耳を持たず、おたよは家を出てしまう。おちかは質屋から三十両の金を盗み、ふたたび寅の会に依頼したのち主水に捕縛される。

正八の調べで、つばくろの伝次一味と佐吉の関わりが明らかに。おたよも佐吉の正体を知ってしまい、自分を売り飛ばす密談を聞いてしまう。鳴海屋に忍び込んだ伝次らと佐吉を始末する仕置人。寒空のなか島送りとなるおちかは、主水から佐吉の死を知らされるのであった。

ンジした哀しみのテーマというレアな劇伴が流れる。

孤立するおちかは、ついに三十両の金を盗んで、ふたたび寅の会に仕置を頼む。

「十両盗めば首が飛ぶ」というのが時代劇の相場で、江戸時代の『公事方御定書』にも記載されているが、みずから死を覚悟していたおちかの処罰は島流しと決まる。すべてを知ったおたよが罪を被ろうとするが、もう遅い。

「他人様のお金盗んでまで恨みはらそうってんだもん。本物だね、この話は」

おていがアバウトに納得し、佐吉の手紙は盗賊仲間への符牒《ふちょう》と判明。つばくろの伝次と弥助、藤吉が江戸に向かうが、全41話中でも断トツ印象の薄い悪役陣に田畑猛雄、柳原久仁夫、滝譲二と常連メンバーが勢ぞろい。

仕置シーンも佐吉は初手であっさり鉄に仕置され、とてもメインの悪党とは思えぬ扱い。弥助と藤吉も主水に瞬殺されるが、狭い路地を舞台に奥行きを生かした殺陣と陰影が光る。二人目の胴を払ったあと背中に斬りつける藤田まことの、ちょっとバランスを崩しそうになる〝例の太刀さばき〟の生々しさよ。

巳代松の竹鉄砲は、伝次の鎖分胴付き六角棒との長距離対決。ちと分かりづらいが、正八とのやり取りで補強用の釘を仕込んでいた伏線も「ダメだい、こりゃ」と命ぎりぎり回収される。

ラストシーンも清川虹子オンステージ。雪が舞う御船手番所で島送りの直前に吉報を知らされる。嵐寛寿郎、上原謙に先立つ『新仕置人』のベテラン大物ゲスト回だが実際のところシナリオには、おちか役として三益愛子の名前が。

なんらかの事情でキャスティングが変わったのだろうが、大映の母もの映画で観客を泣かせた三益愛子から清川虹子とは、なんと豪華な交代だろうか。どう見ても清川ありきの脚本にしか思えず、ベテラン女優の底力を感じさせる。

本作で、もうひとつ特筆すべきはエンディングのクレジット。第1話以降ずっと太陽と人名の色が同化して見えづらかったのが、フィルム現像の〝焼き〟の調整でバックをオレンジ色にして白い字が見やすく修正された。しかし、その後また徐々に太陽が明るくなり、第14話「男狩無用」にいたっては太陽と人名が重なって、明々白々、認識不可能な領域に。さすがに問題となったのか、ふたたび第15話「密告無用」からオレンジ色に戻り、一件落着した。

セリフ選抜 **「たいていのことじゃ、あたしゃくたばりませんよ」**（おちか）

主な登場人物

おちか
清川虹子

観音長屋の名物ばあさん。もともと山城屋という商家の御内儀であり、手代として働いていた佐吉の引き込みで店を潰される。その佐吉と娘のおたよが付き合っていることを悔やみ、仕置料として三十両の金を盗んで捕縛される。

清川虹子は戦前からの喜劇女優であり、東宝の「サザエさん」シリーズでは磯野フネ役でレギュラー出演。60年代後半には、藤純子の「緋牡丹博徒」シリーズ、若山富三郎の「極道」シリーズなど、持ち前のバイタリティで東映の任侠映画を支え、『女親分　喧嘩渡世』では主演を務めた。

森﨑東の監督デビュー作『喜劇女は度胸』の母親役も見事。亭主役は「元締無用」にゲスト出演する花沢徳衛、無口な息子は河原崎建三が演じている。粗暴な兄役には『男はつらいよ』の寅さんこと渥美清が配されている。

佐吉
森下哲夫

勤勉実直な鳴海屋の手代。奉行所から表彰を受け、主人から鍵まで預けられるが、その正体は盗賊つばくろの伝次一味の引き込み役であった。

森下哲夫は『新仕置人』に三度ゲスト出演。「偽善無用」「男狩無用」「流行無用」と、いずれも神経質そうな顔立ちを生かした一見まともな悪人であった。鉄、主水、巳代松にそれぞれ仕置されている。

「男狩無用」の渡邊祐介が監督した『喜劇爬虫類』では渥美清、西村晃、大坂志郎とともに金髪ストリップ一座のメンバーに抜擢されており、出世作となった。

おたよ
吉本真由美

おちかの娘。だまされているとも知らずに、佐吉を愛して長屋を飛び出す。

劇団ホリホックアカデミーに所属していた吉本真由美は、必殺シリーズの常連として、『新仕置人』に三度の出演を果たす。「誘拐無用」「約束無用」では、正八と仲良しのおしんという同じ役を演じた。女優として活動するかたわら、1981年から8年間にわたって日本テレビ系の『2時のワイドショー』のレギュラーも務めた。

◆　◆　◆

鳴海屋役の伊東亮英は大阪協同劇団などで活動、戦後は東映京都の映画に多数出演し、テレビ時代劇では商家の主や医者を得意とした。つばくろの伝次を演じた田畑猛雄は、悪役から主水の同僚まで『新仕置人』に四度も登場。

佐吉への表彰状を読みあげる与力役の酒井哲は、「仁義なき戦い」シリーズなど東映実録路線のナレーターとしておなじみの存在。関西芸術座に立ち上げから参加した新劇人であり、ふたたび与力を演じた「裏切無用」では主水を厳しく叱責すると同時にナレーターを兼任している。

同心役のうち「あなたの尻拭いはイヤですからね。責任持ってくれますね。じゃ、お願いしますよ」と主水に言い放つ宮川珠季は松竹京都の俳優を経て、松竹芸能でサムライトリオを結成。脱退後は、浜田誠、花乃ルンバを経て宮川左近に師事して宮川珠季を名乗り、必殺シリーズにも多数出演、現在も杉良太郎のそっくりさんとしてステージで活躍している。

ノンクレジットだが、鉄とイチャイチャしながら煮売りを食べる男娼役は大迫ひでき（現・大迫英喜）、シナリオにない役どころでノンクレジットだが、やたらと存在感を発揮。まさに現場のノリで生まれたキャラクターだろう。大迫は『必殺からくり人』『必殺仕業人』などでもセクシーな役柄に扮している。

関西弁まじりの鳴海屋の船頭役は淀神勝利、「王手無用」に続いてピンポイントで出演。

寅の会の揚句

日本橋鳴海の店に佐吉かな

監督の大熊邦也のインタビューは『必殺シリーズ異聞　27人の回想録』に収録されている。

シナリオと本編の違い／ロケ地／そのほか

骨つぎの看板にぶつかったおちか婆さん、シナリオではその場で文句をつけていたが、部屋まで入ってくる流れに変更。鉄の長屋の外観は、これまでステージ内のセット撮影が多かったが、オープンセットの建物がそのまま使用されている。おちかと長屋のおかみさんたちの会話は、現場でかなり足されている。

一両の仕置を鉄が競り落とさない理由、シナリオでは「アホくせえ。たった一両で競りが立つかよ」というものだったが、仲間たちから文句を言われるのを回避して……という流れに変更されて、「俺なんか一両どころか一分だっていいんだよ、仕事さえできりゃあな」という鉄の本音が追加された。この地下蔵のやり取りは流れこそシナリオどおりだが、現場改訂やアドリブふくめた丁々発止がどんどん進んでおり、倍以上ほどにふくらんでいる。こういった部分がエスカレートしていくのも『新仕置人』の魅力だ。

後半の寅の会のシーンでは、宗匠の原聖四郎や儒者の藤沢薫に正面からのアップが登場。人数は芸者の阿井美千子が抜けて５人に。第１話の９人から徐々に減っていき、翌週の第６話から沖時男が加わって６人が基本となる。

前回の「王手無用」からの影響か、鉄は将棋を指しながらもみ療治を行っており、番屋でも下っ引きが対局に夢中。これらはシナリオになく、主水の「金次いねえか？」という問いかけも「王手無用」からの延長だ。

伝次の武器は、シナリオでは竹杖の先端に細紐と刃が隠されたものであり、それを鎖鎌のように振り回す。現場で鎖分銅付きの六角棒に変更された。

おちか婆さんが島送りとなる御船手番所は罧原堤、雪に覆われたロングショットが哀れをさそう。「丸尾さん」と主水に呼ばれる立ち合いの同心は、京都映画所属の丸尾好広。番屋で将棋を指しながら「いま、ちょっと大事なところなんで」と、主水の頼みを断る下っ引きも丸尾が演じていた。

次回予告

またひとり、湯女が殺された。下手人に仕立てあげられた弟の無実を叫ぶ姉。すがる者もないまま密かに葬られる。裏で手を組む定町廻りと博打打ち、そのまた裏に仕置人。次週、『必殺仕置人』ご期待ください。

【キャスト】中村主水：藤田まこと／巳代松：中村嘉律雄／正八：火野正平／おてい：中尾ミエ／死神：河原崎建三／佐吉：森下哲夫／おたよ：吉本真由美／鳴海屋：伊東亮英／伝次：田畑猛雄／弥助：柳原久仁夫／元締虎：藤村富美男（元阪神タイガース）／吉蔵：北村光生／藤吉：滝譲二／与力：酒井哲／同心：山口幸生、浜田雄史、河野実、宮川珠季／船頭：淀神勝利／長屋の女：佐名手ひさ子、町田米子、小笠原町子／客：藤川準／俳諧師：瀬下和久、藤沢薫、原聖四郎、堀北幸夫／おちか：清川虹子／せん：菅井きん／りつ：白木万理／念仏の鉄：山崎努

【スタッフ】制作：山内久司、仲川利久、桜井洋三／脚本：中村勝行／音楽：平尾昌晃／編曲：竜崎孝路／撮影：石原興／製作主任：渡辺寿男／美術：川村鬼世志／照明：中島利男／録音：木村清治郎／調音：本田文人／編集：園井弘一／助監督：高坂光幸／装飾：玉井憲一／記録：杉山栄理子／進行：黒田満重／特技：宍戸大全／装置：新映美術工芸／床山・結髪：八木かつら／衣裳：松竹衣裳／小道具：高津商会／現像：東洋現像所／製作補：佐生哲雄／殺陣：美山晋八、布目真爾／題字：糸見溪南／ナレーター：芥川隆行／主題歌：「あかね雲」（作詞：片桐和子／作曲：平尾昌晃／編曲：竜崎孝路／唄：川田ともこ／東芝レコード）／製作協力：京都映画株式会社／監督：大熊邦也／制作：朝日放送、松竹株式会社

貸借無用

第7話

若い女を狙った猟奇殺人が多発！わが子かわいさのあまり、博徒の大親分と同心がでっち上げを目論む。

脚本：大和屋竺
監督：松野宏軌

放映日◉ 1977年3月4日
視聴率◉ 13.2%(関東)
22.4%(関西)

冤罪事件と姉弟の悲劇。筋立てそのものはシンプルだが、寅の会という殺しの依頼システムを利用した思わぬオチが仕組まれたエピソードとなっている。

でっち上げ悪徳同心の村上を演じた草薙幸二郎が「下手人を作り出すより仕方あるめえ」と、べらんめえ口調で本筋を引っぱる。牢屋見廻りから定町廻りに戻ったばかり、しかも風邪気味の主水をなめてかかって、犬のコロまで邪険にし、最後に仕置されるという逆転劇が定番ながら痛快だ。

大きな数珠《じゅず》をぶらさげた大親分、羅漢寺の政五郎役の須賀不二男も安定の大物ぶりだが、ほかのゲストはあっさり目の描写。猟奇殺人を繰り返す息子の重吉(平野康)、冤罪で喉を潰され「むらかみ、うらみはらして……」と主水の手のひらに訴える仙太(松本龍幸)ともにキャラクターは希薄で、殺人や拷問も行為そのものに対して演出は大人しい。

正八に仕置を依頼しようとした仙太の姉、お袖(片桐夕子)も薄幸ぶりを披露するや、あっという間に始末されて退場してしまう。

本作は、それらのゲスト描写よりも難攻不落の羅漢寺一家でどうやって仕置を遂行するかに主眼が置かれており、レギュラー陣が個性を発揮。「とりあえず、いただくものいただきます」と抜け目ない正八、「かわいそうだとか気の毒だとか、そういう言葉を聞くと俺は虫唾《むしず》が走るんだ」と語りながら正八をしばく鉄な

あらすじ

女を犯し、剃刀でズタズタにする猟奇殺人が相次いでいた。下手人の重吉は女湯のぞきの常習犯にして博徒の大親分たる羅漢寺の政五郎の息子。政五郎は同心の村上にもみ消しを頼んでいたが、これ以上は……ということで村上が一計を案じ、無実のでっち上げを仕組む。

風呂屋に薪を売っていた仙太が村上によって捕縛され、苛烈な拷問を受ける。仙太の姉である切見世《きりみせ》女郎のお袖は、正八に羅漢寺と村上の仕置を頼むが、二両という安い依頼料に正八も二の足を踏んでしまう。

下手人が重吉だと知っていた仙太は、村上によって喉を潰され、しゃべれない体に。お袖も羅漢寺一家の手で始末されてしまう。そのころ寅の会に羅漢寺親子と村上の仕置が五十両で舞い込む。「千両積まれたってごめんだ」と、ほかの仕置人がたじろぐなか、鉄が落札し、主水の計略によって羅漢寺一家への仕置が始まる。いったい依頼人は誰なのか——。

二両の依頼料を用意しながら果たせず
ど、めぐるめく——。

殺されたお袖の代わりに、どこからか五十両の仕置が寅の会に舞い込む。しかし、それでも安い。「正直いって今度の仕事は俺のわがままだ」という鉄に対して、仕置人チームの絆は万全。主水の風邪もあわせて、ぶざまに笑わせてくれる。

かくして仕置までのプロセスにたっぷり尺が使われる。羅漢寺一家への手入れを（風邪気味ゆえ）村上と交代する主水、捕方に扮して羅漢寺を仕置する鉄、重吉が湯女を殺した稲荷でおていとのコンビプレーを見せる巳代松、そして路地裏で村上を瞬殺する主水。

因果応報のやり取りに、細い路地の板壁を過剰に照らす逆光のライティングが殺しを引き立てる。最後の仕置に村上をもってくるところからも、やはりこの悪党こそが「貸借無用」でもっとも輝く。

脚本の大和屋竺は日活の助監督出身、1966年に若松プロのピンク映画『裏切りの季節』で監督デビューし、翌年の『荒野のダッチワイフ』がカルト映画として評判に。その後は脚本家としての活動が中心となり、ロマンポルノからテレビアニメまで幅広く執筆。71年に始まった『ルパン三世』を代表するエピソードのひとつ「魔術師と呼ばれた男」も大和屋の作である。

必殺シリーズには日活時代の先輩である蔵原惟繕監督の指名で『必殺からくり人 血風編』に参加、続いて本作が最後のシナリオとなった。

ラスト、仕置を依頼したのが羅漢寺の妾おまん（池田幸路）であることが明かされる。これまた出番が少なく、アップで映ることもないキャラクターだったので、いささか唐突などんでん返しだが、男に抱かれながらの「仕置人か……五十両とは安いもんだね」というセリフとともに後味の悪い締めくくり。

お袖を殺した羅漢寺一家の久六や七が仕置されない展開も、依頼人がおまんだからこそか。いささかモヤモヤするが、そう考えると納得できる。

鉄の馴染みの湯女おかね（山口じゅん）、おかねが殺されたあと鉄に葬式代をせがみながら骨抜きにされるお糸（中塚和代）、お袖の首吊りに抗議する女郎お熊（三笠敬子）と、出番こそ少ないが体を張ってバイタリティたっぷりに生きる女たちも印象に残る。鉄と正八、それぞれのモテっぷりも隠し味だ。

セリフ選抜

「こりゃあ、どうも失礼を。あの、近ごろの風邪は悪性でございまして、うっかりすると喉をやられて、声が出なくなりますんで」（主水）

主な登場人物

羅漢寺の政五郎
須賀不二男

浅草から下谷一帯を取り仕切る羅漢寺一家の大親分。その身内は百人以上、息子の重吉の女殺しをもみ消そうと同心の村上に何度も相談を持ちかける。

須賀不二男は新興キネマを皮切りに戦後は松竹の二枚目俳優として売り出し、小津安二郎映画の常連に。やがてフリーとなり、大映では勝新太郎の『不知火検校』など悪役として活躍する。『新必殺仕事人』では筆頭同心の内山としてレギュラー出演し、主水の上司としてべらんめえ口調で叱責、ときには意気投合した。

村上兵之進
草薙幸二郎

南町奉行所の同心であり、主水の同僚。伝法《でんぽう》な言葉づかいで肩を怒らせて歩く。「いくらなんでも、こう次々と女を殺されたんじゃ、俺の立場がねえ」ということで仙太を冤罪で捕縛し、真実を語らせないために、喉を潰した。

劇団民藝で活動した草薙幸二郎は、1956年に八海事件の冤罪を告発する社会派映画『真昼の暗黒』の主人公に抜擢されて注目を集める。本作とは対照的に無実を訴える役どころであった。やがて日活のアクション映画に多数出演し、悪役としての地盤を固める。必殺シリーズにも『必殺仕掛人』第5話「女の恨みはらします」を手始めに多数出演。

お袖
片桐夕子

弟の仙太の無実を訴える切見世の女郎。正八に政五郎と村上の仕置を頼むが果たされず、政五郎配下の久六や七に首吊りに見せかけて殺された。

日活ロマンポルノの女優として名を馳せた片桐夕子は、日活に入社して五月由美の芸名で活動。1971年、同社が成人映画に路線変更した直後、『女高生レポート　夕子の白い肌』の主人公に起用されて、役名の片桐夕子を新たな芸名として再出発する。70年代半ばからは活動の場を広げ、必殺シリーズには3作に出演。『必殺商売人』第16話「殺して怯えた三人の女」では、サブタイトルどおりの役柄を巧みに演じた。

◆◆◆

政五郎の息子・重吉役は平野康、森田健作主演の学園ドラマ『俺は男だ！』で剣道部の浅沼太郎を演じ、刑事ドラマでも無軌道な若者役に。「生命無用」で大店のバカ息子として再登場する。重吉の身代わりとなる仙太を演じた松本龍幸は関西芸術座の若手であり、喉を潰された恨みを手のひらに託して主水に伝える。

政五郎の妾おまん役の池田幸路は、生粋の浪花っ子として映画やテレビに出演。東映の任侠映画でも活躍し、『関東テキヤ一家　浅草の代紋』では松方弘樹の妹、『ゾロ目の三兄弟』では田中邦衛の妻に扮した。

代貸久六役の鈴木淳は、平べったい顔がトレードマーク。楽屋ネタの『必殺スペシャル・新春　久しぶり！主水、夢の初仕事　悪人チェック!!』では、藤田まことのこだわりで撮影が延びることに頭を悩ませる製作主任を演じた。

必殺シリーズの悪役として活躍することになる妙法の七役の田中弘史は関西の新劇人であり、舞台の演出も手がけた。のちに関西俳優協議会の会長を務めた。

女郎といえばこの人、お熊役の三笠敬子も関西の新劇で活躍し、各社のテレビ時代劇に出演。「なにが覚悟だい。笑わしちゃいけないよ。お袖ちゃんはね、弟の恨みをはらすまでは死んでも死にきれない体なんだ」と、お袖の首吊りが自殺ではないことを必死で訴える姿に胸を打たれる。一寸の虫にも五分の魂、どっこい女ここでも生きてます。

寅の会の揚句

浅草や博徒政五郎羅漢かな

大和屋竺は『工藤栄一　光と影のダイナミズム　壮烈の美学』に必殺シリーズのことを寄稿。

シナリオと本編の違い／ロケ地／そのほか

大覚寺ロケの南町奉行所門前を除くと、すべて撮影所のオープンセットとスタジオで撮影された予算調整回。シナリオと本編の違いは、まず羅漢寺の政五郎の名前が台本では重蔵となっている。息子の重吉との重複を避けて、変更されたのだろうか。

本編では最初から風邪気味の主水だが、台本では村上とコロとともに羅漢寺一家に行ったあと、外で待っていたコロが村上に蹴られて逃げ出し、主水がどしゃ降りの川端で見つけだすシーンがあった。

その後、風邪をひく流れだったが、川端のシーンごと欠番に。寝込んだ主水に対する中村家コントの、せんまで風邪気味になる展開はシナリオには存在しない。

地下蔵のシーン、仕置を五十両の安値で引き受けたことに対する主水の「いや、銭金じゃねえ。この仕事はおめえたちだけじゃ無理だ」という返事は、台本では「上等だ」というシンプルなもの。主水が大きく咳き込んで、「とにかくお前は帰れ！」と鉄にツッコまれるオチも台本にはない。「どいつもこいつも、しようのねえバカばっかり揃ったもんだぜ」という主水のセリフで締めくくられる予定が、よりかっこ悪くユーモラスになった。

羅漢寺一家に潜入するため、捕方に変装する鉄は現場のアイデア。巳代松の仕置は台本では重吉だけでなく、代貸久六も登場。「危ねえ、二代目！」と鞭を振るいながら重吉を助ける設定になっていた。ラストで妾のおまんと組み合っている黒幕を久六にしたのだろうか。

「仕置人か……五十両とは安いもんだね」というラストのセリフ、台本では後半が「重宝な稼業がいるもんだねえ、江戸には」となっており、最後まで五十両という仕置料が強調された。

次回予告

裏と表の板挟み、どこかでつながる悪いやつ。それすら忘れて命のやり取り、どうせ互いに地獄道、恨み背負って仕置する。次週『新必殺仕置人』ご期待ください。

【キャスト】 中村主水：藤田まこと／巳代松：中村嘉律雄／正八：火野正平／おてい：中尾ミエ／死神：河原崎建三／村上兵之進：草薙幸二郎／お袖：片桐夕子／重吉：平野康／仙太：松本龍幸／おまん：池田幸路／元締虎：藤村富美男（元阪神タイガース）／与力高井：辻萬長／代貸久六：鈴木淳／妙法の七：田中弘史／吉蔵：北村光生／お熊：三笠敬子／おかね：山口じゅん／お糸：中塚和代／牢番：乃木年雄／三ん下：平井靖、東悦次／小者：松尾勝人／子分：美鷹健児、横堀秀勝、丸尾好広／岡っ引：鈴木義章／俳諧師：瀬下和久、藤沢薫、原聖四郎、堀北幸夫、沖時男／政五郎：須賀不二男／せん：菅井きん／りつ：白木万理／念仏の鉄：山崎努

【スタッフ】 制作：山内久司、仲川利久、桜井洋三／脚本：大和屋竺／音楽：平尾昌晃／編曲：竜崎孝路／撮影：石原興／製作主任：渡辺寿男／美術：川村鬼世志／照明：中島利男／録音：二見貞行／調音：本田文人／編集：園井弘一／助監督：高坂光幸／装飾：玉井憲一／記録：杉山栄理子／進行：黒田満重／特技：宍戸大全／装置：新映美術工芸／床山・結髪：八木かつら／衣裳：松竹衣裳／小道具：高津商会／現像：東洋現像所／製作補佐：佐生哲雄／殺陣：美山晋八、布目真爾／題字：糸見溪南／ナレーター：芥川隆行／主題歌：「あかね雲」（作詞：片桐和子／作曲：平尾昌晃／編曲：竜崎孝路／唄：川田ともこ／東芝レコード）／製作協力：京都映画株式会社／監督：松野宏軌／制作：朝日放送、松竹株式会社

※本編クレジットは「吉蔵」を「喜蔵」と表記

裏切無用

第8話

脚本：野上龍雄
監督：高坂光幸

鉄が主水を制裁！　仲間だろうが裏切り者は許さねえ。仕置人の掟と絆を描いた非情なる一編。

裏切りとすれ違い。中村主水と念仏の鉄、ふたりの間が齟齬《そご》をきたし、やがて鉄が主水の骨を外し、苛烈な制裁を加えるまでの決裂を描いた問題作。

怒り心頭の巳代松を静止し、「こいつとは古い馴染みだ。殺るなら俺しかねえ」――主水にとどめを刺そうとする鉄。間一髪でおていが止めに入り、不幸な誤解が解ける。

ズタボロの満身創痍で出陣する主水、その脇に鉄が近づく。歩きながら外した肩の骨を戻して、いわく――。

「大体てめえが役所勤めなんかしてるからいけねえんだ。これを機会に辞めろ」

「そうはいかねえや。俺はてめえたちと違っていちばん安全なところで仕事をしてるんだ」

あらためて両者の立ち位置を表すセリフであり、それゆえの悲劇に向かって複雑な筋立てが用意された。

野上龍雄のシナリオは〝警動《けいどう》〟という風習をきっかけに、まず仕置人たちの日常をユーモラスに描き、金見庄兵ヱ・かねみ屋庄次郎と闇の重六、複数の悪を合流させる。順に伊達三郎、五味龍太郎、名和宏と濃い顔ぶれが一同に。

庄次郎を狙う鉄は、兄の庄兵ヱが手代を斬り殺したことを主水に知らせる。

「鉄、おめえなんで俺に下手人教えてくれた？」

「いや、俺、友達に親切なんだ」

この絶妙なセリフ、そして表情がのちの仲間割れを引き立てる。重六を捕縛せ

放映日◉ 1977年3月11日
視聴率◉ 12.1%（関東）
20.6%（関西）

あらすじ

奉行所が私娼窟の岡場所に踏み込む警動の夜、あらかじめ予告されての手入れであり、その日は店から女郎たちを逃して事なきを得ていた。それを利用して鉄は馴染みの女郎と酒盛りに興じ、浪人が手代を殺すさまを目撃。主水は女郎屋の主から受け取った賄賂を同僚の石部にどやされてしまう。

寅の会では「美人丹」で荒稼ぎしていた薬商・かねみ屋庄次郎と行方不明の盗賊・闇の重六、二つの殺しが競りにかけられる。しかし、競りの顔ぶれに仕置人となった重六が紛れており、虎に鉄球を投げつけて逃亡。

かねみ屋を狙う鉄たち、主水は表稼業のほうで兄の浪人・金見庄兵ヱを捕縛しようとする。かねみ兄弟と重六は結託しており、重六の鉄球によって石部が死亡。重六もまた虎の棍棒で仕置される。責任問題から保身を図る主水は仲間たちに内緒でかねみ兄弟を捕縛し、鉄や巳代松を裏切ってしまう。

んとした同輩の石部が鉄球によって顔面をカチ割られて死亡したことで、主水は奉行所内で窮地に追い込まれてしまう。ゆえに鉄たちを欺《あざむ》き、かねみ兄弟を小梅宿で捕縛。いったん表の保身を図ったのち、裏で仕置にかけようとしていたが、兄弟は備後福山藩の後ろ盾によって解き放たれてしまう。

　それを知った鉄、それを知らぬ主水のすれ違いが冒頭の〝裏切り〟への制裁に発展する。相変わらずセコい主水に無表情の鉄が迫る。これまでにない恐怖すら感じさせるシーンだ。

　監督は京都映画の助監督たたき上げの高坂光幸。『必殺仕業人』第27話「あんたこの逆恨をどう思う」で必殺シリーズを初演出し、『新仕置人』でフル活躍。その嚆矢として「監督になったら、ぼくが書いてあげる」と言っていた野上龍雄から昇進祝いのシナリオをプレゼントされた。

　本来なら新人監督が託される回ではない。かくして脚本家だけでなく現場のスタッフ・キャストが高坂を応援しているノリが伝わるような快作に仕上がった。現場での改訂も、ことごとく成果を上げている。

　石部の惨死、そして重六の投げた鉄球が虎の棍棒によって跳ね返されるシーンでは鏡を使って顔面破壊を表現。重六に対抗すべく長距離用の竹製大筒を用意する巳代松など、各所に創意工夫が込められた。

　工藤栄一演出を引き継ぐ長回しを「ここぞ」と駆使し、その頂点が主水と鉄の出陣シーンだ。ひたすら正面から両者を見据える無骨さ。藤田まことと山﨑努が一歩ずつ近づくだけで鳥肌ものだ。しぶとく生きる主水、華と散る鉄――その後を象徴するかのようにも見えてしまう。

セリフ選抜

「覚えてやがれ。てめえ必ず獄門台にかけてやる」（主水）

「痛かったろう。ごめんよぉ」（鉄）

金見庄兵ヱ・かねみ屋庄次郎のネーミングと怪しい薬「美人丹」の元ネタは、1968年に発覚したカネミ油症事件。カネミ倉庫の食用油にダイオキシン類が混入し、摂取した人々に後遺症が残るという悲惨な事件である。

　高密度で情報量の多い展開ゆえ、冒頭の〝警動〟の解説には異例ともいえる長いナレーションを駆使。美人丹の副作用、かねみ兄弟を主水が捕らえる展開もすべてセリフで処理されており、具体的な画は出てこない。にもかかわらず、淀みなく複雑な流れを整理する脚本・演出の相乗効果に見とれてしまう。

　満身創痍の主水の殺しは、シルエットのロングショット。一瞬差し込まれる刃のアップを境目に黒い影の交差で庄兵ヱを葬る。女装した鉄は「美人丹のおかげで体はガタガタ……手足はしびれるし、髪の毛は抜けるし」と呟きながら正体を現して、庄次郎を始末。

　ふたたびの警動を経て「裏切無用」というタイトルのもうひとつの意味が明かされるラスト、鉄と女郎とのやり取りも絶品だ。

主な登場人物

闇の重六

名和宏

上方からやってきた盗賊。どういう経緯か仕置人として寅の会に潜り込み、みずからが殺しの競りにかけられる。武器は鉄球。最後は虎のバッティングにより顔面をバラバラに砕かれて死亡した。

東映の任侠映画や実録路線で貫禄を見せた名和宏は、1954年に日活ニューフェイス第一期として映画界入りし、『地底の歌』などの主演を務める。やがて松竹に移籍したのち、フリーとして各社で悪役として活躍。東映の『仁義なき戦い』では土居、『仁義なき戦い　広島死闘篇』では村岡という親分に扮し、『徳川セックス禁止令　色情大名』などポルノ映画にも多数出演して積極的にベッドシーンを務めた。必殺シリーズへの出演は「裏切無用」だけだが、『水戸黄門』など東映のテレビ時代劇の悪代官としてもフル稼働。

石部金之進

亀石征一郎

南町奉行所の同心。主水を怒鳴りつけるほど仕事熱心だったが、重六の投げた鉄球によって顔面をカチ割られる。シナリオの設定では、主水の先輩。

亀石征一郎のプロフィールはP72を参照。『必殺仕事人』第57話「逆さ技大どんでん崩し」では、石部をそのまま悪役にしたような火付盗賊改方同心の杉山黒之介に。「情けねえ野郎だ！」と主水を叱責しながら刺し殺された。千葉真一と親しく、『影の軍団Ⅳ』『影の軍団　幕末編』では敵役の楯岡道雪に扮した。作詞家、作家などマルチに活動。

金見庄兵ヱ

伊達三郎

凄腕の浪人。据物斬りの名手として、弟のかねみ屋庄次郎を支える。

面長の強靭な顔つきで大映京都のバイプレイヤーとして活動した伊達三郎は、『雪之丞変化』の川口屋などの悪役から市井に生きる職人まで幅広く演じ分ける。同社倒産を前にフリーとなり、テレビを中心に活動した。『必殺仕掛人』第8話「過去に追われる仕掛人」では冒頭、雨の中で左内に斬られ、『暗闇仕留人』第10話「地獄にて候」では刺青師のとっつぁん、己之吉として風呂上がりに背中の彫り物を見せつけた。

かねみ屋庄次郎

五味龍太郎

江戸で評判の薬として「美人丹」を地方で売りさばき、その害によって女たちの髪が抜け、肌が崩れた。備後福山藩に後ろ盾があり、かの地に逃げようとしたが、兄とともに仕置される。

五味龍太郎のプロフィールはP60を参照。本作では浪人と商人の兄弟役に、あえて逆のイメージのキャスティングが施された。「夢想無用」では無頼の道場主、「生命無用」では岡っ引きを演じており、どちらも高坂光幸の監督回である。

◆　◆　◆

鉄の馴染みである女郎おしま役の森みつるは俳優座養成所出身、大島渚監督の『悦楽』に抜擢されて清水宏子として活動したのち、森みつるに改名する。「解散無用」では鉄の最後の相手の女郎を演じ、『必殺商売人』では芸者の蝶々としてレギュラー入り。

ノンクレジットのナレーションが与力役の酒井哲というのは「偽善無用」の項目で言及したが、酒井の必殺シリーズ出演作としては『必殺からくり人』第4話「息子には花婿をどうぞ」での娘のお見合い相手に戸惑う武士の役が実直な顔にぴったり。主水に賄賂を渡す女郎屋の宇平は日高久。コミカルな役はお手のものだが、なんといっても「奸計無用」で演じた質屋の主人がすばらしい。あとは、そちらの項目でどうぞ。

寅の会の揚句

金見とて薬売るなり庄次郎

旅がらす江戸に入りけり　闇の重六

高坂光幸が監督を担当したことにより、チーフ助監督が松永彦一に交代。通称「彦ちゃん」。

シナリオと本編の違い／ロケ地／そのほか

まずシナリオと本編の大きな違いは、鉄と巳代松による主水への制裁シーンがないことである。おていが割って入り、「あたしを殺してからにおし！」と泣き叫び、男たちの殺意が立ち消えになる。ということは、かの出陣シーンの主水と鉄のやり取りも台本には存在せず、現場改訂によって生まれたものだ。

冒頭の退屈そうな花札シーン、鉄の「みんな悩んで大きくなった」はアドリブかと思いきや、シナリオで指定されたセリフ。作家の野坂昭如が出演したサントリーオールドのＣＭのパロディだ。その前段、巳代松の「スカッとするようなことねえか？」もシナリオに原型あり、鉄の「スカッとさわやか？　んなもん世の中にあるわけねえだろ」は見当たらない。

上方出身の闇の重六、台本では「おんどれ、虎がなんじゃい」と関西弁をしゃべる。寅の会の不始末により仕置人世話役の座を降りようとする虎をなだめる鉄の三三七拍子は、シナリオには「満座の拍手」とある。

主水の裏切りを知り、奉行所の使いに扮して中村家に出向く巳代松。台本では、りつが「ご苦労さま」と差し出したおひねりを叩き落とす描写あり。

歩きながら巳代松に言い訳する主水のシークエンスは、台本では鉄と合流したあとのこと。その場に愛犬コロも連れており、鉄がコロを蹴飛ばしたことで主水と鉄が、あわや一騎打ちの展開に（おていが泣いて止める）。

巳代松が大筒の実験をする、枯れた水路は堀川。すぐ側が道路というロケーションだが、おなじみ望遠レンズによる背景圧縮の撮影技法が使われた。仕置シーンのシルエットが映える長い白塀は、相国寺大光明寺の南塀。鉄の女装もシナリオにはなく、現場のノリによって生まれたものである。

主水が盛り場を歩くショットは第１話からフィルムが流用されている。

次回予告

深川美人芸者の暗い過去。だまされて殺し損ない五年の恨み、染みついて消し去れぬ女の傷あと。追われ逃れ得ず、いま誰に頼む。次週『新必殺仕置人』ご期待ください。

【キャスト】中村主水：藤田まこと／巳代松：中村嘉律雄／正八：火野正平／おてい：中尾ミエ／死神：河原崎建三／闇の重六：名和宏／金見庄兵ヱ：伊達三郎／かねみ屋庄次郎：五味龍太郎／おしま：森みつる／元締虎：藤村富美男（元阪神タイガース）／吉蔵：北村光生／与力：酒井哲／宇平：日高久／侍：黛康太郎、吉田聖一、東悦次／岡場所の女：岡田恵子／闇の俳諧師：瀬下和久、藤沢薫、原聖四郎、堀北幸夫、沖時男／同心石部：亀石征一郎／せん：菅井きん／りつ：白木万理／念仏の鉄：山崎努

【スタッフ】制作：山内久司、仲川利久、桜井洋三／脚本：野上龍雄／音楽：平尾昌晃／編曲：竜崎孝路／撮影：石原興／製作主任：渡辺寿男／美術：川村鬼世志／照明：中島利男／録音：木村清治郎／調音：本田文人／編集：園井弘一／助監督：松永彦一／装飾：玉井憲一／記録：杉山栄理子／進行：黒田満重／特技：宍戸大全／装置：新映美術工芸／床山・結髪：八木かつら／衣裳：松竹衣裳／小道具：高津商会／現像：東洋現像所／製作補：佐生哲雄／殺陣：美山晋八、布目真爾／題字：糸見溪南／ナレーター：芥川隆行／主題歌：「あかね雲」（作詞：片桐和子／作曲：平尾昌晃／編曲：竜崎孝路／唄：川田ともこ／東芝レコード）／製作協力：京都映画株式会社／監督：高坂光幸／制作：朝日放送、松竹株式会社

※本編クレジットは「かねみ屋庄次郎」を「かねみ庄次郎」と表記

悪縁無用

第9話

脚本：保利吉紀
監督：松野宏軌

錦絵となった深川芸者の秘め事。昔の男がやってきて、隠し子をネタにあぶな絵のモデルにさせられる。

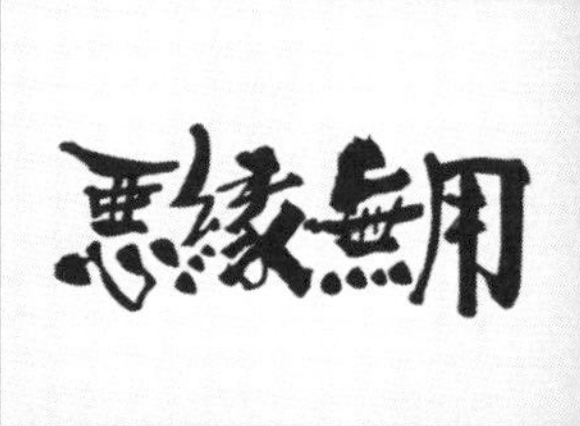

放映日◉1977年3月18日
視聴率◉12.0%(関東)
19.2%(関西)

純で無骨な巳代松メイン回。なんと言っても東映時代劇で育った中村嘉葎雄のシャイな江戸っ子ぶりが堪能できる。

芸者をアイドルに見立てて、入れ札の人気投票や隠し子騒動、マスコミによる報道被害を描いており、瓦版屋は「特ダネ」という言葉まで使って騒ぎ立てる。アイドルブーム再燃の近年でもそのまま通用する筋立てだ。写真集ならぬ錦絵が売れまくるオープニングからの松野演出は、得意の短いカット割りが流れるように好調。まさかの屋外での中村家コントに流れ込む。

巳代松が惚れて推す、おりく役は大関優子。当時21歳の若さで「姐さん」と呼ばれる深川芸者を演じ、芸こそ披露しないが匿《かくま》ってくれた巳代松と再会し、礼のお酌をするシーンに色気が香る。

錦絵で評判となったおりくのもとにやってきた無宿人の音吉（早川保）は、おりくの隠し子・文太の父親であり、ふたたびおりくを罠に陥れる。寅の会で音吉が競りにかけられ、五両から始めて一両一分の安値で鉄が落札。地下蔵でみんなが不満をあらわにするなか、巳代松だけは俄然やる気で五連発の竹鉄砲まで作り出す始末だ。

おりくの子持ちが判明しても、松っつぁんの気持ちは変わらず。男の純情ここにあり。長屋の小娘に「鉄くず」呼ばわりされる鉄、主水とりつの欲求不満な

あらすじ

いまをときめく深川一の芸者、おりく姐さんの錦絵が飛ぶように売れ、正八の絵草紙屋に巳代松や主水までやってくる。そのおりくと因縁のある無宿人の音吉が評判を知って江戸へ。おりくの前に立ちはだかる。

逃げたおりくは、たまたま巳代松の長屋へと逃げ込む。翌朝、おりくは手紙を残して長屋を去り、老婆おうめのもとに。おりくには、文太という五歳の隠し子がおり、おうめが面倒を見ていたのだ。

寅の会では音吉が殺しのセリにかけられる。依頼人は、おうめだった。瓦版屋の長次、絵師の雅泉堂を仲間に引き入れた音吉は、おせんのあぶな絵を売って儲けようと画策し、実の子である文太を拐《かどわ》かす。

あぶな絵のモデルとなり、憎っくき男と交わりあったおりく。「噂によると江戸には、はらせぬ恨みをはらしてくれる仕置人がいると聞いています」と巳代松に語って三人の仕置を頼み、音吉との過去を明かすのであった。

夫婦生活とは対照的。全編を中村嘉葎雄がぐいぐい引っぱる。

音吉の悪事が進行すると同時に、瓦版屋の長次（園田裕久）、絵師の雅泉堂（北村英三）が合流し、現在進行形でどんどん仕置対象が増えていくのが保利吉紀シナリオの妙味。

たったひとりの無宿人から三倍に。粘着質な色悪ぶりの早川保、軽妙さが魅力の園田裕久、奉行所から解き放たれた直後にあぶない橋を渡る反省の色ゼロの絵バカをねっとり演じる北村英三のトリオが結成されてしまう。

長次の瓦版でおりくはスキャンダルを暴き立てられ、芸者の入れ札に欠席したおりくを置屋の女将はクビにする。『新仕置人』全話のなかでももっともミニマムな悪事として、わが子の文太を拐かされたおせんは「あぶな絵」のモデルとなり、それを見た巳代松は当然のごとくブチ切れ。直情型の江戸っ子は五連発の新兵器を完成させ、出陣シーンも巳代松が怒りに任せて走るのみ。

主水、鉄ともにあっさり相手を仕置し、巳代松は音吉と堀割の細い板橋ですれ違い、「一間、一間半……音吉！」と遠ざかりながらの射程距離で五発の鉛玉をぶち込む。必殺名物きらめく池にドボンと落ちて、地獄行き。

もうひとつの名物である縦構図のフォーカス送りも巳代松から音吉へと、殺す側から殺される側へと、ズームインとの併用でバシッと決まる。カキーンという鉛玉直撃の効果音のような快感がカメラワークにも満ちている。

最後は、おりく親子が触れ合う様子を遠目から見て満足の巳代松であった。アイドルファンの鑑《かがみ》のような距離感だ。

このエピソード、じつは劇中で被害者の死が描かれない。かつて長次の瓦版によって芸者が首を吊ったことが、その祖母の訴えによって伝わるだけである。しかし音吉、長次、雅泉堂への恨みを語るおりく姐さんと平尾昌晃の音楽がしっかり哀しみを盛り立てる。「十八歳の、梅の盛りのころでした」と、両親の死後に出会った音吉に美人局をさせられ、暴力で支配させられた過去を語り終えた大関優子のアップ、その回想明けの説得力よ。あぶな絵のシーンをふくめて全体にあっさりした出来だが、そのぶん巳代松の直情と五連発の竹鉄砲が見せ場となった。

セリフ選抜　**「ざまあみやがれ、ちくしょう！」**（巳代松）

主な登場人物

音吉
早川保

女を食い物にして生きる無宿者。瓦版屋の長次、絵師の雅泉堂と組んで、あぶな絵でのひと儲けを企む。泉州の堺でおりくと情を通じ、甘い言葉と暴力で支配していたが逃げられ、ふたたび江戸で再会する。喉首の傷は、おりくにつけられたもの。

早川保は学生時代から劇団現代座に参加し、俳優小劇場の創設メンバーに。映画では松竹のメロドラマやホームドラマで活躍し、吉田喜重監督の『嵐を呼ぶ十八人』では造船所の社外工として主演に抜擢された。70年代以降は悪役としての活動が多くなる。ニタニタと笑う姿がトレードマーク。

おりく
大関優子

深川の売れっ子芸者。錦絵のせいで身バレし、音吉との間に生まれた文太を人質にされて、きわどい姿を絵に残される。文太を出産した年齢は、17歳から18歳に変更されている。

大関優子は日本テレビ主催のミス『水滸伝』コンテストの入賞を機に芸能界入りし、1974年に映画『襤褸の旗』でデビュー。『異邦人の河』では在日韓国人のヒロインを演じた。テレビ時代劇のゲストも多く、高林陽一監督の映画『ザ・ウーマン』で芸名を佳那晃子と改め、大胆なヌードを披露した。その後は『魔界転生』『鬼龍院花子の生涯』などの大作に出演。

雅泉堂
北村英三

あぶな絵に情熱を注ぐ浮世絵師。奉行所から釈放されて「真面目な絵師に生まれ変わります」と主水に宣言した直後、長次と音吉に声をかけられて即復帰し、水を得た魚のように絵の具を溶かす。本日モ反省ノ色ナシ。

粘り気のある芝居が持ち味の北村英三は、劇団くるみ座の創設メンバー。『吸血鬼ゴケミドロ』の利己的な政治家役や『仁義なき戦い 広島死闘編』の仁義なき警察署長など映画やテレビで活動。のちに喜多村英三と芸名を変え、『御家人斬九郎』では居酒屋の東八としてレギュラー出演した。

長次
園田裕久

ばったり居酒屋で知り合った音吉と手を組む、調子のいい瓦版屋。その筆によって、かつて芸者を首吊り自殺に追い込んだことがある。本編の看板によると、屋号は「東西屋」。

園田裕久は劇団東芸を経て俳優小劇場で活動し、退団後はテレビを中心に活躍。1978年スタートの『吉宗評判記 暴れん坊将軍』では、め組の小頭・源三として4年間レギュラー出演し、その後もシリーズに何度もゲスト出演した。「釣りバカ日誌」シリーズでは草森秘書室長に。

◆　◆　◆

おりくに代わって文太を育てる、おうめ役の松井加容子は関西芸術座のベテラン。音吉殺しを寅の会に依頼するという恨みの深さを表情だけで伝える。しっかり演技ができる老婆役としてテレビ時代劇で重宝された。

芸者置屋「橘屋」の女将おせん役の近江輝子は大映京都出身、置屋の女将や大奥の中臈《ちゅうろう》など意地悪な役が十八番であり、大事な入れ札をすっぽかしたおりくを責めるさまにも年季が入っている。「夢想無用」では無実の息子が処刑され、恨みをはらさんとする母親を演じた。

鉄を挑発する小娘役は尾崎弥枝。関西の子役出身の女優であり、『新仕置人』の常連ゲストとして四度も出演している。役柄は都度、本書の中で説明していく。『必殺仕舞人』『新必殺仕舞人』では、坂東京山一座の踊り子きくとしてレギュラーを務め、全国津々浦々をまわった。

寅の会の揚句

梅みごろ八百八町に
無宿の音吉

鉄と小娘のシーン、シナリオでは室内ではなく長屋の路地。「鉄くず」というセリフは指定されたもの。

シナリオと本編の違い／ロケ地／そのほか

かなり細かくシーンの入れ替えやシナリオの改訂が行われた回である。まず冒頭の絵草紙屋、主水がせんりつと会うシーンはシナリオに存在しない。その後の錦絵を使った中村家コントもなく、台本上は愛犬コロがせんの着物に脱糞する。怒りのせん、主水が手柄をあげないと「コロをひねり殺します」。

音吉に追われるおりく、巳代松の長屋に逃げ込む前段として主水が音吉を制止するシーンは欠番に。珍しく屋外で行われた寅の会、緋毛氈を敷いた舞台や差し値を指でやり取りするくだりはシナリオどおり。「梅みごろウグイス鳴いてホーホケキョ」という鉄の句は現場で生まれたもの。もとは安値で落とす鉄に儒者風の男が「節操がないにも程がある」と苦言を呈していた。本編では、その直後に地下蔵の全員集合だが、シナリオ上は４つのシーンが挟まれる。

正八とおていが芸者入れ札を見張るシーン、おりくが巳代松の長屋を再訪し、酒を酌み交わすシーンはシナリオに存在しない。おりくと音吉の再会、シナリオでは正八だけでなく巳代松もその様子をのぞいており、カッとして正八に止められる。巳代松の特製竹筒の鉛玉は、五発ではなく十発。

依頼人のおうめが「まったく、仕置人はどうしたのかネ、ほんとにいるんだろうか」とやきもきするセリフ、本編では「音吉のやつ……」と呟くのみに。音吉と長次が居酒屋で出会うシーンもそうだが、全体的に説明的なセリフがカットされている。

絵師の雅泉堂、シナリオでは雅仙堂となっており、その名は茂十郎。シナリオでは絵師と版元を兼ねており、あぶな絵での悪事をみずから提案する積極的なキャラクターとなっていた。

おりくが巳代松に仕置を頼むくだり、シナリオではおうめに託し、ふたたび寅の会が開催されている。殺しのシーンは最後のターゲットを雅泉堂から音吉に変更。全体として巳代松の感情に沿って再構築された。シナリオの段階で、仕置の場所は細い板橋がかかっている堀割。

次回予告

寅の会の殺し屋が捕まった。口を割るか割らぬか、渡世の仁義。狙うは口入れ屋惣五郎、裏では阿片と女を操り、非道の限りを尽くす。あげくの果ては運び屋を捕まえた主水に、ゆすりをかけてりつを拐かした。次週『新必殺仕置人』ご期待ください。

【キャスト】中村主水：藤田まこと／巳代松：中村嘉律雄／正八：火野正平／おてい：中尾ミエ／死神：河原崎建三／おりく：大関優子／長次：園田裕久／雅泉堂：北村英三／おうめ：松井加容子／おせん：近江輝子／元締虎：藤村富美男（元阪神タイガース）／吉蔵：北村光生／小娘：尾崎弥枝／文太：吉田隆之／秋田屋：入江慎也／居酒屋女将：八代郷子／おみつ：大崎紀子／婆さん：小林加奈枝／世話役：藤川準／闇の俳諧師：瀬下和久、藤沢薫、原聖四郎、堀北幸夫、沖時男／音吉：早川保／せん：菅井きん／りつ：白木万理／念仏の鉄：山崎努

【スタッフ】制作：山内久司、仲川利久、桜井洋三／脚本：保利吉紀／音楽：平尾昌晃／編曲：竜崎孝路／撮影：石原興／製作主任：渡辺寿男／美術：川村鬼世志／照明：中島利男／録音：二見貞行／調音：本田文人／編集：園井弘一／助監督：松永彦一／装飾：玉井憲一／記録：杉山栄理子／進行：黒田満重／特技：宍戸大全／装置：新映美術工芸／床山・結髪：八木かつら／衣裳：松竹衣裳／小道具：高津商会／現像：東洋現像所／製作補：佐生哲雄／殺陣：美山晋八、布目真爾／題字：糸見溪南／ナレーター：芥川隆行／主題歌：「あかね雲」（作詞：片桐和子／作曲：平尾昌晃／編曲：竜崎孝路／唄：川田ともこ／東芝レコード）／製作協力：京都映画株式会社／監督：松野宏軌／制作：朝日放送、松竹株式会社

女房無用

第10話

脚本：中村勝行
監督：松野宏軌

今度の相手は香具師の総元締、一筋縄ではいかぬ大物を狙う最中主水の妻りつが阿片窟に監禁される。

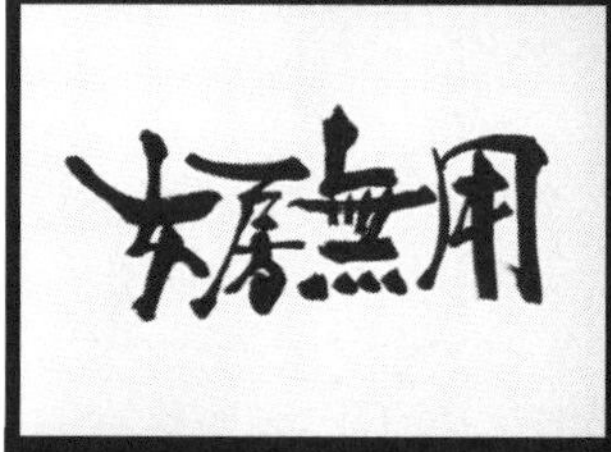

放映日◉ 1977年3月25日
視聴率◉ 13.2%(関東)
26.1%(関西)

難攻不落の屋敷を構えた大物が相手、さらに主水の女房りつが拐かされての救出作戦まで決行される。脚本の中村勝行は、この手の攻略ものを得意としており、『必殺仕置屋稼業』第20話「一筆啓上手練が見えた」や『必殺仕業人』第8話「あんたこの五百両どう思う」などの娯楽作を提供してきた。

口入れ屋を表看板に両国一帯を仕切る香具師の総元締、相模屋惣五郎を演じるのは神田隆。どっしり構えた貫禄で、悪事のシーンが大してないままに説得力を与えてくれる。

「よっしゃ、よっしゃ」と田中角栄元総理を思わせるセリフがシナリオの時点で存在しているが、神田隆といえば佐藤栄作にそっくりという理由から現代劇の政治家役を託されてきた〝ザ・大物〟だ。

まず冒頭、惣五郎を乗せた駕籠が相模屋に向かう。そこに白装束の巡礼＝六部がやってきて、すれちがいざま仕込み杖を抜いて襲いかかる。奇襲成功かと思いきや、近くの屋台の亭主や客、そして火の用心の夜回りまでもが惣五郎の手下として駆けつける。

ワイドレンズを使った屋根からの俯瞰ショットの長回しで、冷ややかに形勢逆転が描かれ、その堅牢さを屋根の上から死神が目撃する。アップにロング、もしや一連の俯瞰は死神の視点であったか。

重い空気に包まれる寅の会。配下の一人を相模屋に生け捕りにされた儒者風の

あらすじ

両国界隈を取り仕切る香具師の元締、相模屋惣五郎を寅の会の殺し屋たちが襲うが、屈強な用心棒に阻まれて失敗する。生け捕りとなった男が囚われて寅の会存亡の危機、新たな競りによって鉄が殺しを引き受ける。しかし大物相手の仕置に正八はたじろぎ、主水は一抜けしてしまう。

主水は政吉という船頭を微罪で捕まえ、伝馬町の牢屋敷送りに。その政吉は相模屋のもと知らぬ間に阿片の運び屋をやっていた。そして女房を殺された恨みから惣五郎殺しを依頼したのち、身の安全を図って牢に逃げ込んだのだ。

相模屋一味は政吉の解き放ちを求めて、主水の妻りつを誘拐。呉服屋から駕籠で連れ出し、阿片窟となった女郎屋に押し込める。慌てる主水だが、なかなか仲間に言い出せない。

政吉も主水への協力を阻むが、やがて結託。政吉を囮にしての救出作戦が決行される。仕置人たちは大物相手にどう立ち向かうのか——。

本作翌週の４月１日は『オールスター春の東西歌合戦』が放送されている。

俳諧師が詫び句を入れ、死神いわく「この仕事には、寅の会の命運がかかっている」という惣五郎殺しを三十両で鉄が引き受ける。寅の会への忠誠心の強い鉄に対して、一抜けの主水をはじめ仲間の反応は鈍い。

天狗のお面を盗んだ罪で、主水が捕らえた船頭の政吉は常田富士男。その茫洋《ぼうよう》としたキャラクター、同じく常田が演じた『必殺仕置人』第3話「はみだし者に情なし」の乞食と比べてみるのも一興だ。ずいぶん小ざっぱりとしたが、アクのある芝居は変わらない。

やがて、りつが拐かされ「政吉を解き放て。さもなくば女房の命はない」と脅迫文を受け取る主水。婿養子としての利己的な焦りから策を練る。

女房を失った政吉、女房を失いそうな主水、ふたりの心がやがて通い合う。

果報は寝て待て。正八は子供たちを使って相模屋の偵察に勤しむ。「子分衆がたくさんですなぁ」と様子を見にきた、おていのリアクションが絶妙。やがて、りつ誘拐も鉄たちの知るところとなり、ついに仕置人のチークワークが発動する。

政吉を囮にして、相模屋の手下をおびき寄せ、逃げる途中で鉄と交代。巳代松は竹鉄砲ごと投げて、相模屋一味を吹っ飛ばす。全員死亡ではなく、屈強な藤七（佐藤京一）だけピンポイントであの世行き。「ひょほー、ひょー。松ー！」という鉄の合図にも山﨑努の遊びっぷりが感じられる。

女郎屋の阿片窟に閉じ込められたりつを主水が無事救出。鉄は手薄になった相模屋で火鉢を使って畳をぶっ刺す大技で畳越しに惣五郎を始末する。キャラクターは記号的に配して「どう攻略するか」のゲーム性を高めた展開、珍しく主水が強気に出た中村家コントで「女房無用」おしまい。夫婦再会の感動も情愛もなにもなしに終わる、ある種のハードボイルドだ。

本作には三度〝駕籠屋〟が登場する。どれもニセモノで、最初は惣五郎の配下として殺し屋の襲撃に対応。二度目も惣五郎の手下であり、りつを誘拐。最後は主水に当て身を食らったりつを、おていと正八が駕籠で運ぶ。先棒のおていがよろけ、後ろの正八の足を「急げ」とばかり、主水が蹴っ飛ばそうとする。そうした細かな動きも『新仕置人』のおもしろさ。

セリフ選抜

「りつにもしものことがあったら、俺と中村家は無関係。三十俵二人扶持の同心株はババアのもんになる。俺の立場はどうなる」（主水）

主な登場人物

政吉
常田富士男

相模屋惣五郎のもとで阿片の運び屋をやらされていた船頭。女房のお久を阿片中毒で失う。微罪で牢に入り、惣五郎の手から逃れようとするが、主水の説得によって相模屋殲滅に協力する。

常田富士男の略歴は、P56を参照。『必殺シリーズ10周年記念スペシャル　仕事人大集合』では元締の虎に仕える伊八を演じた。

相模屋惣五郎
神田隆

阿片を女郎に吸わせて荒稼ぎしている香具師の元締。政吉を牢から解き放せようと主水の妻りつを誘拐する。弟の又七の存在が「逆怨無用」において明らかになる。

神田隆の略歴は、P72を参照。『必殺仕事人V　激闘編』第33話「主水、裏ワザで勝負する」では黒幕の松平伊予守を演じたが、主水との裏取引で生き残る。しかし、その撮影後、狭心症の発作により京都駅のエスカレーターから転落して亡くなった。享年68。

藤七
佐藤京一

相模屋の小頭。怪力をもって手下たちを従わせる。仕置人の襲撃を受けた際も力まかせに板塀をぶち破った。巳代松の手投げ竹鉄砲の爆発により、死亡。

大柄な体躯を駆使したコワモテの悪役で鳴らした佐藤京一は、東映の任侠映画で売り出し、若山富三郎率いる「若山一家」のメンバーとしても活躍。居合抜きの名手であり、五社英雄監督の映画『雲霧仁左衛門』では仲代達矢との一騎打ちでその腕前を披露した。

六部
美鷹健児

白装束の巡礼姿に変装した仕置人三人組のひとり。武器は仕込み杖。駕籠に乗った惣五郎を狙うが、あえなく捕まり拷問の末にみずから舌を噛み切って命を絶つ。のちの巳代松を思わせる仕置人の宿業を先取りした。

美鷹健児は日本電波映画を経てエクラン社に所属。必殺シリーズには初期からあらゆる役を演じ、『白獅子仮面』では主人公のスーツアクターを務めた。『新必殺仕舞人』第4話「八木節は悲しい村の恨み節」ではゲスト三番手の百姓・亥の吉役に。井上梅次監督の指名によってエクラン最大の抜擢を受けた。

◆◆◆

遣り手婆さん役の木下サヨ子は京都の新劇人。若いころから舞台で老け役を得意とした。当時は松竹芸能に所属しており、必殺シリーズにも多数出演。

惣五郎の配下には、歴代最多の9人（加茂雅幹、新郷隆、馬場勝義、渡辺憲悟、東悦次、広田和彦、美樹博、松尾勝人、丸尾好広）がクレジットされている。トップの加茂雅幹は大映京都出身、上原寛二から同社倒産後に改名。『木枯紋次郎』にはレギュラーのごとく多数出演した。渡辺憲悟は初期必殺シリーズの常連として同心や門番、商人などあらゆる場所に登場。

MEMO

主水の安息の地——かどうかは議論が分かれるが、一応の安全地帯である中村家。「女房無用」では、りつが拐かされることで、この平穏が破壊される。

このように中村家に災厄が起きたり、家族に危機が及ぶ例は多く、『暗闇仕留人』第12話「大物にて候」では主水が隔離された状態で中村家に犬の死体や屎尿が投げ込まれる。『必殺仕業人』第27話「あんたこの逆恨をどう思う」では間借り人ごと中村家が占拠されてしまう。『必殺スペシャル・新春　せんりつ誘拐される、主水どうする?』では文字どおりの災厄が降りかかるなど、さまざまなケースがあり波乱に富んでいる。

寅の会の揚句

両国や慶庵相模に惣五郎

シナリオと本編の違い／ロケ地／そのほか

冒頭の相模屋襲撃シーン、シナリオでは屋台の客（職人風の男）が鳶口、屋台の親爺が鎌を持って殺し屋に反撃する設定。もう一人の助太刀、酔っ払いは夜回りに変更された。もともと屈強な小頭の藤七は登場しておらず、板塀をぶち破るくだりも佐藤京一のキャラクターを強調した改訂に。

鉄の借金のカタとして女郎屋に居残りとなる正八、前話に続いての「鉄くず！」は火野正平のアドリブ。地下蔵のアジトで鉄にボコボコにされる正八、鉄への仕返しはシナリオにない。鉄は口元から血を流し、正八は右目にタンコブを作るが、続いて惣五郎を尾行するシーンで無傷なのはご愛嬌。

その縁日のロケ地は今宮神社の参道。正八が寝そべって子供たちに指示する木の根っ子も今宮神社東門の石橋の近く。

りつがさらわれる直前、シナリオには呉服屋で支払いを頼まれた主水に「女房なんか、いなくなっちゃえばいいんだ」というブラックなセリフあり。岡場所の阿片窟は、シナリオでは「鳥屋」と呼ばれている場所とある。

りつをさらわれた主水が、牢屋敷の政吉を訪ねるシーン。シナリオでは最初から相模屋との因縁や女房の死を打ち明けるが、本編の政吉は当初あくまでシラを切る。「あっしは命なんか惜しくねえ。でも、このまま殺されたんじゃ死んでも死にきれねえんです！」という政吉の情念もカットされた。

アジトにやってくる主水、土産のまんじゅうは現場で追加されたもの。りつが行方不明の中村家、シナリオでは「足をくじいたので箱根に湯治に行かせた」と主水が嘘をつく。ラストの中村家コントも別物で、自分を助けた黒装束の侍を褒め称えるりつに「知らぬは女房ばかりなり」と、くすぐったそうに笑って終わり。

次回予告

まさかあの人が、天狗の鞍三だったとは。やむにやまれず手を染めて、ふたたび歩む地獄道。嵐寛寿郎、白川和子をゲストに迎えお送りする、次回『新必殺仕置人』ご期待ください。

【キャスト】 中村主水：藤田まこと／巳代松：中村嘉律雄／正八：火野正平／おてい：中尾ミエ／死神：河原崎建三／政吉：常田富士男／相模屋惣五郎：神田隆／藤七：佐藤京一／闇の俳諧師：瀬下和久、藤沢薫、原聖四郎、堀北幸夫、沖時男／元締虎：藤村富美男（元阪神タイガース）／吉蔵：北村光生／親爺：北原将光／六部：美鷹健児、鈴木義章、横堀秀勝／遣り手婆さん：木下サヨ子／女郎：町田米子、内田真江、倉谷礼子、末永直美／子分：加茂雅幹、新郷隆、馬場勝義、渡辺憲悟、東悦次、広田和彦、美樹博、松尾勝人、丸尾好広／お久：和田かつら／商人：伊波一夫／せん：菅井きん／りつ：白木万理／念仏の鉄：山崎努

【スタッフ】 制作：山内久司、仲川利久、桜井洋三／脚本：中村勝行／音楽：平尾昌晃／編曲：竜崎孝路／撮影：石原興／製作主任：渡辺寿男／美術：川村鬼世志／照明：中島利男／録音：木村清治郎／調音：本田文人／編集：園井弘一／助監督：高坂光幸／装飾：玉井憲一／記録：杉山栄理子／進行：黒田満重／特技：宍戸大全／装置：新映美術工芸／床山・結髪：八木かつら／衣裳：松竹衣裳／小道具：高津商会／現像：東洋現像所／製作補：佐生哲雄／殺陣：美山晋八、布目真爾／題字：糸見溪南／ナレーター：芥川隆行／主題歌：「あかね雲」（作詞：片桐和子／作曲：平尾昌晃／編曲：竜崎孝路／唄：川田ともこ／東芝レコード）／製作協力：京都映画株式会社／監督：松野宏軌／制作：朝日放送、松竹株式会社

※本編クレジットは「馬場勝義」を「馬場義勝」と表記

助人無用

第11話

天狗の鞍三、二十年ぶりの仕置。恋女房の薬代を稼ぐため、虎に頼んで裏稼業に舞い戻るが。

脚本：中村勝行
監督：大熊邦也

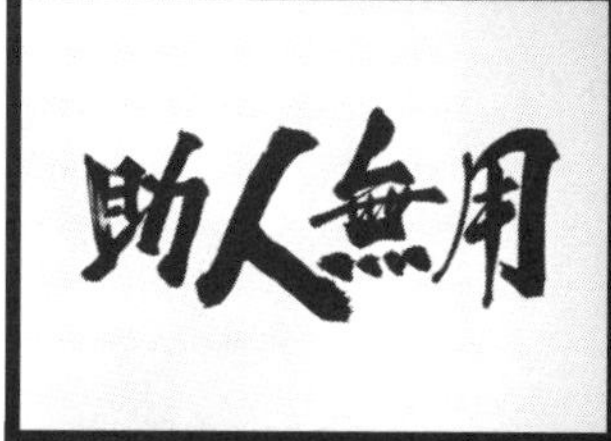

放映日◉ 1977年4月8日
視聴率◉ 12.4%（関東）
16.0%（関西）

鞍馬天狗を当たり役とした往年の時代劇スター、嵐寛寿郎をゲストに迎えての一編。演じるは「天狗の鞍三」、念仏の鉄を「鉄っちゃん」と呼びながら御年74の老優が山﨑努を相手に悠然と闊達な演技でまかり通る。

アラカンと呼ばれた時代劇スターは本作の前年、１９７６年に『鞍馬天狗のおじさんは　聞き書きアラカン一代』という書籍でふたたび話題を集め、本作のあとも山内久司プロデュースの単発ドラマ『鞍馬天狗の「家」』にてアラカン本人を演じた。

「悪いけどな、あんた見る目がない。まだまだ極道が足らへん」と、鉄を相手に説教かます下足番の鞍三。わての最後の女――おこのだけでなく、たちばな屋の女将おせいが昔の女房という唐突な展開もあるが、店ごと相手に渡したエピソードをふくめてアラカンの私生活をネタにした脚本だ。

鞍三と主水のシーンは、お互いの長い顔を突き合わせてのツーショット。これがまた笑わせてくれる。おていのスリの技も通用しないなど、もう天狗の鞍三＝アラカンへのリスペクトが止まらない。もちろん被害者も出る話だが、『新仕置人』屈指の朗《ほが》らかでユーモラスな仕上がりとなっている。

「若い女房っちゅうのは、ええもんだっせ」と鞍三が語る、おこの役は白川和子。往年の時代劇スターと日活ロマンポルノ

あらすじ

たちばな屋の茶屋女おこのに入れあげる鉄。しかし彼女は、店の下足番を務める鞍三という老人の女房であった。病弱なおこのを介抱しながら、年の差夫婦は平穏に暮らしていた。

そのころ七福神の富五郎という顔役が深川一帯に次々と店を立ち上げ、七つ目の標的として、たちばな屋に立ち退きを迫っていた。富五郎配下の源七は女将を首吊りに見せかけて殺し、その娘が鉄に仕置を依頼する。

おこのの病が悪化し、その薬代を捻出するため二十両の金が必要になった鞍三は、昔なじみの虎と会い、七福神の富五郎の仕置を請け負う。彼はもとは、「天狗の鞍三」と呼ばれた仕置人であった。虎は鉄に鞍三の助っ人を依頼する。本人に気づかれぬまま、陰ながら助けてやってほしいと。

かくして鞍三は七福神一家に向かい、仕置人チームもスタンバイ。吹き矢を使った仕置は失敗し、鞍三を追って木場にやってきた富五郎一味を鉄や主水が待ち受ける。

の女王が年の差夫婦という映画史のドッキングもキャスティングの妙味。恋女房の病気を治すため、二十両の朝鮮人参を手に入れようと、鞍三は裏稼業の〝天狗〟に戻る決意をする。もはや大通りを歩く姿に音楽が乗っかるだけでアラカン劇場だ。

「虎やん、ひさしぶりやなぁ」「鞍三さんも、達者なようで」——嵐寛寿郎と藤村富美男の共演シーンは本作の白眉。わざわざ〝虎と天狗〟の絵を仕立て、神社の絵馬舎に掲げてのツーショットが撮影された。

この回ほどセリフを引用したくなるエピソードもないが、二十両の仕置を受けての「虎、恩に着るぜぇ」というスローな大見得。そして「一人じゃ無理だなぁ」と貫禄の棒読みジャッジで、虎は鉄に陰ながらの助っ人を依頼する。

富五郎を仕損じて逃げる鞍三。かくして仕置人出動。待機中のアジトで、全員うどんをすすっている様子がなんとも愛らしい。

逃げる鞍三、追う富五郎一味。まずは木場の路地で、主水が手下の四人を瞬殺する。走る二人を出会い頭に串刺し、さらにもう一人の喉を脇差しで裂き、逃げようとした四人目の背中を一突き。細い地形を生かした円熟の仕置を俯瞰ショットが引き立てる。

鉄の背骨はずしと巳代松の鉄瓶を使った音なし短筒も見事に鞍三をサポート。なんとも気持ちよさそうに仕置をする姿がうれしいじゃないか。

本作の撮影は石原興がクレジットされているが、じつは初期シリーズから撮影助手のチーフを勤めてきた藤井哲矢が技師昇格前のテストとして大半の撮影を託された。ワルを殺して、見得を切る芝居のとき、アラカン先生は『鞍馬天狗』の時代を思い出すんか、もう悦に入ってもうて「これや、これがええのや！」と、自分の心が言葉に出ていたという。

鞍三最後の言葉は、左の名セリフコーナーに残しておこう。それに対する鉄のリアクションは、山﨑努の嵐寛寿郎への「実感」だったと本人が２０２２年にＳＮＳで明かしている。

セリフ選抜 **「わしも歳やなぁ。死んだ人間相手にしとるようではあかんわ」**（鞍三）

主な登場人物

天狗の鞍三
嵐寛寿郎

深川の料亭「たちばな屋」の下足番。実は彼の若妻であるおこのに熱心な鉄に「なぁ、鉄っちゃん。あんた、あの女なんぼ口説いてもあきませんで」と説き、「若い女房っちゅうのは、ええもんだっせ」と主水に語る。妻の薬代を捻出するため、ふたたび裏稼業に手を染める。武器は吹き矢と匕首。かつては、たちばな屋の女将おせいが女房で、お千代は実子であった。

嵐寛寿郎、通称〝アラカン〟は戦前から戦後にかけて一斉を風靡した時代劇スター。嵐長三郎時代の1927年に『鞍馬天狗余聞　角兵衛獅子』で鞍馬天狗を演じて当たり役とする。翌年には嵐寛寿郎プロダクションを設立して芸名も変え、日活、大映、松竹、東映、新東宝の各社で鞍馬天狗となった。『明治天皇と日露大戦争』では明治天皇に扮し、新東宝倒産後はフリーとなり、東映の「網走番外地」シリーズでは〝八人殺しの鬼寅〟が評判となった。天狗だけでなく寅まで演じていたというわけだ。

おこの
白川和子

鉄が惚れて通いつめる、たちばな屋の茶屋女。鞍三の女房であり、一緒に観音長屋で暮らす。体が弱く、年の離れた鞍三の献身に感謝している。

白川和子はピンク映画のスターを経て、1971年に日活ロマンポルノの第1弾『団地妻　昼下りの情事』に主演した女優。「ロマンポルノの女王」と呼ばれ、みずからの名をタイトルにした引退記念作品『実録白川和子　裸の履歴書』まで20本に出演する。日活社員との結婚後、一度は芸能界から離れるも復帰して活動を続けた。

七福神の富五郎
田口計

深川一帯で勢力を伸ばしている顔役。七福神にちなんだ店を次々と開き、たちばな屋に立ち退きを迫る。まるでキャバレーのようなド派手な内装と照明で客を刺激し、女中が着物のまま逆立ちショーをする見世物は連日大入り。商売人としての才覚はかなりあるようだ。

田口計の略歴はP126を参照。洋画の吹替ではケリー・グラントやマーロン・ブランドを当たり役とした。「刑事コロンボ」シリーズでは三度、犯人役を務めている。

源六
志賀勝

富五郎の手下。いかにも凶悪な顔と仕草で実力行使に出る。匕首を畳に突きつけての交渉術など、すこぶる気が短い。

東映の大部屋俳優としてのし上がり、ピラニア軍団のメンバーとして脚光を浴びた志賀勝は『助け人走る』第3話「裏表大泥棒」の伊太八など凶悪な存在感で個性を見せた。『必殺仕置屋稼業』第5話「一筆啓上幽鬼が見えた」では、水桶で相手を溺死させる殺し屋の竹次郎に。

◆　◆　◆

たちばな屋の女将おせい役の松村康世は京都の劇団くるみ座に所属、テレビ時代劇のゲストも多い。娘のお千代を演じた玉山由利子は、子役として『木枯し紋次郎』などに出演。いたいけな存在感を放ち、仕置人に亡き母の恨みをはらしてもらうよう（おこの目当てで店に忍び込んだ）鉄に依頼する。

源六の弟という設定でもないが、源七役には黛康太郎。源七とともに主水に串刺しにされる手下役は横堀秀勝。エクラン社所属で、『必殺仕掛人』第1話「仕掛けて仕損じなし」では地上げ一味として人足相手に鞭をふるった。『必殺仕置人』のレギュラー集合写真で錠にやられているのも、この人。

二人同時の串刺しに続いて、主水に喉を斬られる手下は東悦次、最後に振り返りざま背中を刺されるのは丸尾好広だ。藤田まことのスピーディな殺陣に、それぞれの受けのリアクションの上手さも殺しを引き立てる。

寅の会の揚句

※寅の会開催されず

嵐寛寿郎は撮影所に向かう際、両脇を若い女性に抱えてもらって楽しそうにしていたという。

シナリオと本編の違い／ロケ地／そのほか

シナリオには冒頭の鞍三と鉄のやり取りは存在せず、現場改訂によって追加されたもの。もともとは鞍三とおせい、おこのの会話になっていた。ラストシーンには「(アッと)おっさん、知ってたかー！」という鉄のセリフがあったが、表情のみに変更されている。

鞍三と虎が再会するロケ地は今宮神社。ワイドレンズを使って、屋根や柱のパースを強調した引き画が導入となった。天狗と虎の絵馬はシナリオに指定されたもの。美術の川村鬼世志は、日活京都で嵐寛寿郎の「鞍馬天狗」シリーズを担当していた戦前からのベテランだ。

七福神の富五郎、シナリオでは仁左衛門という名前。配下のうち源七は、シナリオに登場しない。富五郎が深川一帯に開いた料亭は「毘沙門」「弁天屋」「福禄寿」「寿老人」「布袋屋」「恵比須屋」と七福神にちなんだもので、七つ目の締めくくりとして「大黒屋」を開店すべく、たちばな屋を狙う。

七福神の店で芸を披露する女性たちは「十三料亭三笠連」とクレジットに名前を連ねており、大阪の十三にあった実在の店の従業員が出演。金のシャチホコを模して仲居が着物のまま逆立ちするテレビCMを放映していた。シナリオにも「濃厚サービス逆立ちショー」と指定あり。

嵐寛寿郎は本作のあと『男はつらいよ 寅次郎と殿様』『オレンジロード急行』と松竹の映画に立て続けに出演。主役を務めた後者は大森一樹の監督デビュー作、関西ロケのロードムービーであり松竹側は当初、石原興をキャメラマンに推薦していた（大森の意向によって、阪本善尚に）。

製作部のスタッフとしてロケ地などを手配する「進行係」は京都映画から出向しており、本作と同じ黒田満重が担当。やがて黒田は、渡辺寿男に次ぐ製作主任として現場を仕切り、必殺シリーズを支える存在となった。

次回予告

中村主水が競りにかけられた。地獄送りは仲間の手、その仕置をあえて引き受ける仕置人たち。いだく恨みのその裏で、誰が仕組んだこの殺し。次回『新必殺仕置人』ご期待ください。

【キャスト】
中村主水：藤田まこと／巳代松：中村嘉葎雄／正八：火野正平／おてい：中尾ミエ／死神：河原崎建三／おこの：白川和子／富五郎：田口計／源六：志賀勝／元締虎：藤村富美男（元阪神タイガース）／おせい：松村康世／源七：黛康太郎／お千代：玉山由利子／医者：柳川清／老人：石原須磨男／富五郎の配下：丸尾好広、東悦次、横堀秀勝／芸者衆：十三料亭三笠連／天狗の鞍三：嵐寛寿郎／せん：菅井きん／りつ：白木万理／念仏の鉄：山崎努

【スタッフ】
制作：山内久司、仲川利久、桜井洋三／脚本：中村勝行／音楽：平尾昌晃／編曲：竜崎孝路／撮影：石原興／製作主任：渡辺寿男／美術：川村鬼世志／照明：中島利男／録音：二見貞行／調音：本田文人／編集：園井弘一／助監督：高坂光幸／装飾：玉井憲一／記録：杉山栄理子／進行：黒田満重／特技：宍戸大全／装置：新映美術工芸／床山・結髪：八木かつら／衣裳：松竹衣裳／小道具：高津商会／現像：東洋現像所／製作補：佐生哲雄／殺陣：美山晋八、布目真爾／題字：糸見溪南／ナレーター：芥川隆行／主題歌：「あかね雲」（作詞：片桐和子／作曲：平尾昌晃／編曲：竜崎孝路／唄：川田ともこ／東芝レコード）／製作協力：京都映画株式会社／監督：大熊邦也／制作：朝日放送、松竹株式会社

親切無用

第12話

脚本:松原佳成
監督:高坂光幸

仕置の相手は中村主水——。親切が仇となり、極楽屋の卑劣な罠にかかった怒りの白刃が闇に光る!

放映日◉ 1977年4月15日
視聴率◉ 9.7%(関東)
13.4%(関西)

ふたたび中村主水が仕置の的となり、寅の会の競りにかけられる。

鳴海屋への親切心が仇となって、店を潰して安く手に入れようとする一味の計略に嵌《は》められてしまう。「間違われて殺されてたまるかい」と、今度ばかりは主水も怒り、殺しを請け負った鉄の首に刃を突きつける。

知能犯の暗躍を得意とする松原佳成の脚本は、口入れ屋の極楽屋与三郎、勘定組頭の戸田剛造、勘定奉行の稲葉典膳による「競売」の手口を丹念に紡ぐ。大木実、外山高士、横森久とベテラン俳優トリオの貫禄が説得力を寄与。

大木実は第28話「妖刀無用」の首斬り左母次郎のインパクトが強すぎて、それに比べるとお決まりの悪徳商人役だが、それでも「極楽屋」というインパクトあるネーミングに主水との駆け引き、腕の入れ墨を見せて島帰りの男を信頼させる手口など、シナリオのディテールを〝男の顔は履歴書〟で体現する。

悪事に気づいて始末される勘定吟味役、上月数馬は河原崎次郎。死神役の河原崎建三の兄がゲストに招かれた。出番こそ少ないが、斬られた瞬間手をプルプルさせる動きが善悪の役柄を問わず得意技だ。

「お前さんが親切な中村主水さんかい」と産婆お米(村田知榮子)は寅の会に殺しを依頼し、「あんたを信じたばっかりに女房や三吉までが……」と捕縛された

あらすじ

塩味噌問屋の鳴海屋に手配書のお尋ね者が働いている——そんな紙切れが主水の足元に落ちてくる。主水は鳴門屋にそのことを知らせ、親切心から穏便に取り計らい賄賂を受け取る。

人夫のなかに手配書の銀次を見つけた鳴海屋は、金を渡して追い出すが、その直後、銀次は口入れ屋の極楽屋与三郎に殺されてしまう。すべては極楽屋の仕組んだ罠だった。たちまち鳴海屋は銀次殺しの下手人として捕まり、女房と養子の三吉も遠島の刑に処せられてしまう。

死罪と決まった鳴門屋は主水を逆恨みし、三吉の育ての親である産婆のお米も主水の殺しを寅の会に依頼、まんまと鉄が落札する。身に覚えのない主水は怒りを覚え、巳代松が探りを入れると、勘定奉行の稲葉典膳と勘定組頭の戸田剛造が極楽屋と組んでの悪事と発覚。お米が育てた孤児の一人、平七は勘定吟味役の上月数馬に仕えていたが、その上月も稲葉の不正を見抜いて始末されてしまう。

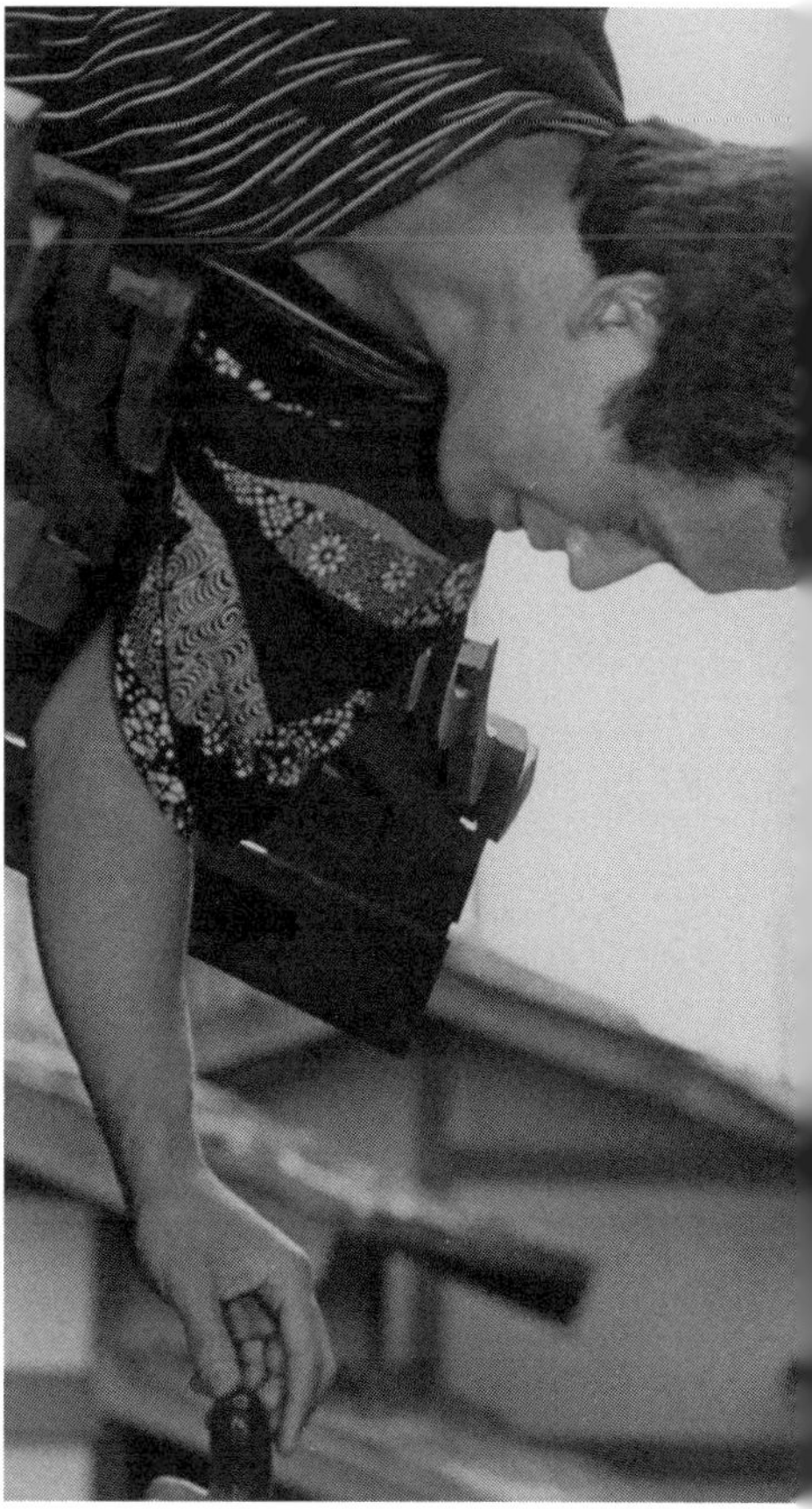

鳴海屋利吉（大竹修造）も主水を恨む。

　牢屋敷のシーンでは、しゃがんだままぴったり静止した囚人の群れが素手で主水に襲いかかる（そして二人ほど斬られて深手を追う！）ショッキングな描写あり。鳴海屋の恨みが伝わる逆襲だが、シナリオでは鳴海屋は、「もういいんだ、すべては終わった」と諦念しており、新鋭の高坂光幸による改訂が光る。

　ファーストショットは奉行所の門からパンダウン——カメラを振り下ろして橋の下にいる主水と愛犬コロまでをワンカットで映し出し、上から極楽屋がタレコミの手配書を落とす。

　そのほか映像的に〝上下〟が強調された回であり、主水から賄賂の分け前をせびる正八は屋根からぶら下がって登場。長屋では鉄、巳代松、正八が頭を畳にくっつけた逆立ちの横並びで相談を行う。

　地下蔵のアジトは毎度おなじみだが、絵草紙屋に虎と死神がやってくることで上下のスリルが生まれる（その直前、鉄のセリフが「重いんだよ、このドア！」と聞こえるが、「この戸は！」である）。

　主水の極楽屋殺しは両者のシルエットを屋根からの俯瞰で映し出し、手配書をからめた殺し文句からの一刀両断にズームを組み合わせた長回しを敢行。第8話「裏切無用」に続いて大胆なシルエット処理だが、「人が人を殺すときの表情って、はっきり見せないほうがいい」という高坂の思いが込められた。

　鉄は風呂の排水口に手を突っ込んで、入浴中の稲葉を始末。ブレスレットをひとつ外すなど芸の細かさも楽しいが、ここでも仕置を終えた鉄から死に絶えた稲葉の顔へと〝上下〟のカメラワークで示される。

「今度の相手は、大物中の大物だ」——見張りの厳重な別宅でどう殺しを遂行するかというミッションも見どころ。正八と巳代松による自作自演の風呂栓騒動（アドリブ満載！）に巻き込まれる女中のおきみ役は小坂知子（仁和令子）。やがて第32話「阿呆無用」にトラウマ級ゲストとして再登場することになる。とても同じキャストとは思えない。巳代松が大きめの排水口に手を通した瞬間、出陣のテーマ曲が流れるセンスも卓抜だ。

「おめえらぶっ殺してでも俺だけ生き延びるぞ」と宣言する主水のたくましさが横溢《おういつ》する一編だが、ラストでは、また新たな孤児を引き取って育てるお米ばあさんと交差。こちらもたくましい。

セリフ選抜 **「極楽屋与三郎か。ふざけた名前つけやがって、地獄に叩き込んでやる!」**（主水）

主な登場人物

極楽屋与三郎
大木実

親切な口入れ屋のようだが、その正体は自作自演で悪事を繰り広げて商家を乗っ取る知能犯。みずからの仲介でお尋ね者を店で働かせ、手配書を密告しては、その店を潰してきた。

大木実は照明助手を経て松竹京都の専属俳優に。1952年に『びっくり三銃士』で初主演を果たし、無骨な二枚目スターとして活躍したのち松竹大船に移籍。小林正樹監督の『あなた買います』や野村芳太郎監督の『張込み』は作品とともに高い評価を受ける。62年以降はフリーとなって脇に回り、東映の任侠映画では善悪どちらも演じて返り咲く。

お米
村田知榮子

島流しとなった鳴海屋利吉と養子の三吉の恨みをはらそうと主水の殺しを寅の会に依頼するが、それは極楽屋の罠であり、のちに仕置を取り下げた。孤児を引き取っては育てている産婆。

村田知榮子は戦前から日活の映画女優として活躍。1934年に『夢に見る母』などに主演して幸先のいいスタートを切り、内田吐夢監督の『人生劇場　青春篇』ではお袖を好演した。戦後は大映、松竹、また大映と移籍し、ベテランとして数多くの映画やテレビに出演し、日本を代表する老女優のひとりに。

稲葉典膳
横森久

勘定奉行。極楽屋と組んで長崎奉行、若年寄、そして老中への出世を狙う野心家。勘定組頭の戸田剛造を配下に置き、競売の差額で一万両の不正に挑む。

俳優座に所属した横森久は、舞台活動のかたわらテレビでは現代劇・時代劇を問わず知的な悪役として多くの作品に出演。洋画の吹替ではジェームズ・メイソンやピーター・カッシングなどの声を務めた。

上月数馬
河原崎次郎

勘定吟味役として稲葉典膳と戸田剛造の不正に気づくが、乱心者として斬り捨てられてしまう。かわいがっていた中間の平七は、お米の育てた孤児。

河原崎次郎は俳優座「花の15期生」出身。前進座の河原崎長十郎の家に生まれ、兄の河原崎長一郎、弟の河原崎建三とともに三兄弟とも俳優の道に進む。『新必殺仕事人』第2話「主水気分滅入る」では、逃がし屋と共謀する岡っ引きの弥吉を演じ、勇次の三味線の糸によって廃屋の梁まで高く吊り上げられ、秀のかんざしでとどめを刺された。

◆◆◆

戸田剛造役は外山高士。なるほど「剛造」という名前がぴったりの顔つきで、巳代松と一瞬の死闘を繰り広げる。略歴はP110を参照のこと。

主水を逆恨みする鳴門屋利吉役の大竹修造は「現金無用」に続く出演で被害者に。その恨みの眼差しは、善悪こそ異なるが『必殺仕業人』第27話「あんたこの逆恨みをどう思う」で演じた盗賊、赤兎馬組の三蔵を思わせる。主水に捕縛されて死罪となり、母と祖父が中村家を乗っ取るという異色回。

稲葉別宅の女中おきみ役の小坂知子、極楽屋に恩義を感じながら始末される銀次役の下元年世は、それぞれ『新仕置人』で個性的な役を果たすが、その助走としての小さな役柄だ。

寅の会の揚句

南町中村主水の行く末や

脚本の松原佳成のインタビューは『必殺シリーズ異聞　27人の回想録』に収録されている。

シナリオと本編の違い／ロケ地／そのほか

鉄の首に主水が刀を突きつけるシーンは、シナリオには存在しない。もともとは、おていがコロを使って主水を誘導し、祠へと招く。また、シナリオでは死神の監視をかいくぐるために一同が工作する描写もあった。祠のロケ地は大覚寺の護摩堂。

本文にも書いたように、牢屋敷での主水襲撃は現場で追加されたもの。シナリオでは処刑される寸前の鳴門屋とのやり取りとなっていた。誤解を解こうとする主水だが、聞く耳を持たず、すべてをあきらめて死にゆく鳴門屋。

巳代松が競売査定中の鳴門屋を見張るシーンと、主水がお米の家を訪ねて誤解を解こうとするシーン、シナリオでは順番が逆であり、祠でのやり取りから見張りへと、すぐさま探索が始まる。

お米の家のシーンの次も、勘定奉行役宅の上月と平七のもとをお米が訪ねるシーンとなっており、その流れが一連となった。

鉄、巳代松、正八の長屋の逆立ちは、シナリオでは「奇妙な型のヨガをやっている鉄。それを真似している正八」。最後はヨガがもつれて正八の体が元に戻らないオチがつく。絵草紙屋を訪ねる虎と死神、「行きがかり上、この仕事をお前さんにやってもらいたい」という虎のセリフはカットされ、顔面の迫力だけとなった。

殺しのシーンは巳代松、主水、鉄ともにシチュエーションはシナリオどおり。戸田が巳代松に気づくスリルは現場で追加されたものであり、その後の抜刀を盛り上げる。

主水と極楽屋のやり取りは「まだ、わたしに何か御用でも？」「もらいにきた……おまえの命を！」というシンプルなものだったが、手配書を主水が用意し、そこに極楽屋の似顔絵があるという皮肉な描写が加わり、それに伴って殺しにいたるまでのやり取りも追加された。

ラストシーンは「主水、素知らぬ顔でお米の横を通りぬけて行く」から、お米が主水に頭を下げてすれ違うかたちにアレンジされている。

次回予告

知らずにいたほうが、しあわせなのかもしれない。そう思いながら黙り続け、あえて買う逆恨み。上原謙をゲストに迎えお送りする、次回『新必殺仕置人』ご期待ください。

【キャスト】 中村主水：藤田まこと／巳代松：中村嘉葎雄／正八：火野正平／おてい：中尾ミエ／死神：河原崎建三／お米：村田知榮子／稲葉典膳：横森久／戸田剛造：外山高士／上月数馬：河原崎次郎／鳴門屋利吉：大竹修造／元締虎：藤村富美男（元阪神タイガース）／吉蔵：北村光生／平七：赤崎英樹／おきみ：小坂知子／銀次：下元年世／同心：出水憲司／三吉：岡本崇／たえ：上田ひとみ／闇の俳諧師：瀬下和久、藤沢薫、原聖四郎、堀北幸夫、沖時男／極楽屋与三郎：大木実／せん：菅井きん／りつ：白木万理／念仏の鉄：山崎努

【スタッフ】 制作：山内久司、仲川利久、桜井洋三／脚本：松原佳成／音楽：平尾昌晃／編曲：竜崎孝路／撮影：石原興／製作主任：渡辺寿男／美術：川村鬼世志／照明：中島利男／録音：木村清治郎／調音：本田文人／編集：園井弘一／助監督：松永彦一／装飾：玉井憲一／記録：杉山栄理子／進行：黒田満重／特技：宍戸大全／装置：新映美術工芸／床山・結髪：八木かつら／衣裳：松竹衣裳／小道具：高津商会／現像：東洋現像所／製作補：佐生哲雄／殺陣：美山晋八、布目真爾／題字：糸見溪南／ナレーター：芥川隆行／主題歌：「あかね雲」（作詞：片桐和子／作曲：平尾昌晃／編曲：竜崎孝路／唄：川田ともこ／東芝レコード）／製作協力：京都映画株式会社／監督：高坂光幸／制作：朝日放送、松竹株式会社

休診無用

第13話

深手を負った盗賊が医師宅を強襲。人体実験で亭主を殺されたと信じる女まで運び込まれ——。

脚本：中村勝行
監督：渡邊祐介

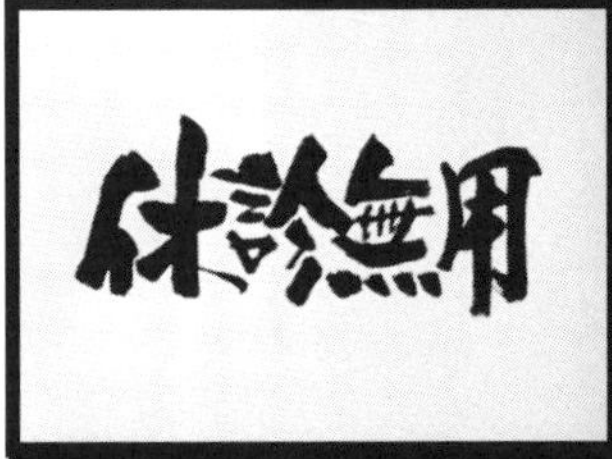

放映日◉ 1977年4月22日
視聴率◉ 8.4%（関東）
16.1%（関西）

往年の二枚目スター、上原謙がゲスト出演。第11話「助人無用」の嵐寛寿郎に続いて、本人当て書きのシナリオが中村勝行によって執筆された。前年の1976年、上原は45歳年下の銀座のホステス大林雅美との再婚で話題を集めており、そのあたりを反映させて若い妻と幼い子のいる医者役となった。

貧乏人からの治療費は後回しにする蘭方医の寺岡玄庵、そこに主水に斬られた凶賊・舟渡の銀蔵（江幡高志）とその手下、喜三郎（浜田晃）、弥平（堀勝之祐）が押し入る。密室下のサスペンス回であり、さらに玄庵に恨みをもつおしんが、巳代松の手で皮肉にも担ぎ込まれる。

銀蔵一味は身を隠すが、巳代松は異変に気づく。しかし「松さん、早く帰ったほうがいい」と玄庵に促されてしまうのが運の尽き。玄庵殺しを寅の会に依頼したおしんが殺されてしまったことで、仕置人たちは手負いの狼を相手にすることになる。

もはや出てくるだけで恨み骨髄の伝道師・左時枝が、走る、叫ぶ、泣く。おしんの感情を矢継ぎ早に変化させていく。市井に生きる女としての誤解が哀しく、解けた瞬間に殺されてしまう。

必殺シリーズの小悪党でおなじみ江幡高志が盗賊の頭《かしら》だが、深手を負っていることもあり、いつもより見せ場は少ない。「人殺しが三度の飯より好き」という弥

あらすじ

中村家の大掃除中、主水がギックリ腰となる。そのまま夜回りに出た主水は、舟渡の銀蔵一味による商家押し込みに遭遇。銀蔵に深手を負わせるが、ギックリ再発で取り逃がしてしまう。

鉄の荒療治によって主水の腰は完治する。しかし、せんの勧めで主水は寺岡玄庵のもとへ。評判のいい蘭方医の玄庵だが、町中でおしんという女に襲われ、巳代松が止めに入る。身重のおしんは、大工だった亭主が玄庵の手術によって腹を切り裂かれ、西洋医術の実験に使われて死んだと涙ながらに語り、寅の会に玄庵殺しを依頼する。

銀蔵一味は玄庵の家に押し入り、配下の喜三郎と弥平は妻子を人質に銀蔵の治療を強要。流産したおしんを救うため、巳代松は「休診」という札を掲げた玄庵の門を叩く。玄庵の手でおしんの命は助かり、亭主の死も誤解だと判明するが、その直後、喜三郎の顔を見てしまったおしんは、弥平によって殺される。依頼人の死によって、仕置人たちはどう動く——。

平役の堀勝之祐が、長ドスを手に凶暴さを一手に引き受ける。

仕置シーンでは獰猛に正八を追い回し、路地を曲がるや主水によって脇腹を真一文字にズバッ。そのままガクンと座って果てる、一連の殺陣が見事だ。

主水のギックリ腰から始まるエピソードゆえ、鉄が中村家にやってきて、その無頼漢ぶりをせんりつに見せつけながら按摩の腕を披露。山﨑努と藤田まことのコントが繰り広げられる。

「あれがおめえの女房か。いやぁ、いい体してんなぁ。あんなのに攻められたら俺だってギックリ腰になっちまう」

りつと初対面のごとき鉄だが、『必殺仕置人』でも中村家に来ており、「女房無用」でも（おそらくアドリブで）りつのことに言及していたが……まぁ、このあたり、当時の一話完結の連続テレビ時代劇において細かい矛盾は気にしないが吉。

頼み人が死んでのイレギュラーな仕置だが、仕置料を返そうとした鉄に対して「取っておけ」——すべてをお見通し、虎に笑顔が浮かぶ唯一の回となった。

ラストは、ギックリ腰のりつを連れて主水が玄庵のもとへ。ユーモラスな下ネタと主水のアップで終わるが、本作のエンディングには2種類が存在し、主水のアップから主題歌「あかね雲」が流れて各シーンのストップモーションが流れるバージョンと、そこに芥川隆行の『仕置人』エンディングナレーションが重なるバージョンがある。13話目というワンクール終了の締めくくりか、尺が足りないことでの応急処置だろうか。

必殺シリーズにおいて、盗賊と手術と監禁をモチーフにしたエピソードには『必殺仕事人Ⅳ』第28話「順之助20歳の誕生日に誘拐される」がある。受験生の仕事人・西順之助がさらわれ、盗賊の手術を強要される話であり、順之助を演じたひかる一平の誕生日、5月22日に放映された。

そちらで盗賊の頭にキャスティングされたのは「助人無用」で源六を演じた志賀勝。『新仕置人』から7年が過ぎ、ワルのキャリアも上がったことがよくわかる。後年はコワモテを生かしたユーモラスな役も多かった志賀だが、『難波金融伝 ミナミの帝王 劇場版ＰＡＲＴⅣ 借金極道』は絶品だ。

主な登場人物

寺岡玄庵
上原謙

近所でも評判の蘭方医。中村家のかかりつけ医でもあったが、舟渡の銀蔵一味に押し込まれ、やむなく「休診」の札を掲げることに。妻の志津、息子の小太郎を人質に取られて、重傷を負った銀蔵の手術を行う。

上原謙は戦前から活躍した松竹の二枚目スター。佐分利信、佐野周二とともに「松竹三羽烏」と呼ばれ、田中絹代と共演したメロドラマ『愛染かつら』が1938年の大ヒット作となる。戦後はフリー俳優の嚆矢となり、成瀬巳喜男監督の『めし』ほか多くの文芸作に出演。加山雄三の父親としても知られる。

おしん
左時枝

西洋医術の実験のため、玄庵に亭主の体を切り刻まれて殺されたと思い込んでいる大工の女房。出てくるなり包丁を手に突っ走る。亡き夫は膈《かく》の病（ガン）であり、誤解が解けた直後に銀蔵一味の手で始末されてしまう。

左時枝は1958年に映画『荷車の歌』で子役デビューし、テレビを中心に薄幸オーラを振りまく。必殺シリーズ最後の出演作は『必殺仕事人V　風雲竜虎編』第5話「一夫多妻家族悲しき暴走」、火車だん吉と夫婦役であった。火曜サスペンス劇場「刑事鬼貫八郎」シリーズでは妻の鬼貫良子を演じている。

舟渡の銀蔵
江幡高志

凶悪な盗賊の頭。主水との斬り合いで深手を負って廃屋に潜み、配下の喜三郎、弥平とともに玄庵の屋敷に押し込む。

江幡高志は俳優座養成所出身、日本を代表する〝ミスター小悪党〟として無数のテレビ時代劇に出演。仲間に裏切られ、「どうしてなんだ……どうして俺まで撃たなきゃなんねぇんだよ」と哀しみの音楽とともに息絶えた『必殺からくり人　血風編』第3話「怒りが火を吹く紅い銃口」のように、途中で始末される役も多い。『必殺商売人』第18話「殺られた主水は夢ん中」に出演した悪役俳優五人衆のうち、シリーズ最多出演を誇る（合計23本）。

寺岡志津
ひろみどり

息子の小太郎とともに人質となる玄庵の妻。気丈な様子を絶やさず、玄庵に〝逃げろ〟と目で合図されながらそれを拒否して屋敷に残った。

ひろみどりは東映ニューフェイス第12期生としてデビュー。本名の山田みどりで活動したのち、1972年の『女番長ゲリラ』から現在の芸名とする。京都を拠点に娘役から老女まで長年、数多くの時代劇に出演した。

◆　◆　◆

銀蔵の手下のうち兄貴分の喜三郎役は浜田晃、文学座を経てガタイのいい悪役として活動する。長身に低い声、『踊る大捜査線』では現場たたき上げの島津捜査一課長を演じた。俳優の浜田学は息子。

飢えた獣のような弥平を演じた堀勝之祐は、劇団造形などの舞台で活動し、テレビ草創期より洋画の吹替声優としても地位を固める。商家の主人を演じた藤川準は大映京都出身、俳優業のかたわら製作会社テレムービーの代表を務めた。次男の町田敏行は松竹のキャメラマンとして必殺シリーズ以前の京都映画で活躍。実相寺昭雄の『風』や五社英雄の『新三匹の侍』などでワイドレンズのトリッキーなカメラワークを披露した。商家の女房役の小林加奈枝も大映京都のベテランであり、老婆役はお手のもの。『愛のコリーダ』では古参芸者の菊竜として藤竜也と交わった。

寅の会の揚句

小石川蘭方医者の玄庵かな

照明の中島利男のインタビューは『秘録必殺シリーズの舞台裏』に収録されている。

シナリオと本編の違い／ロケ地／そのほか

かなりシナリオに忠実な作りだが、4月22日の放映ということで〝春〟を感じさせようとオープンセットのナイトシーンには桜の木が用意され、終盤の鉄と虎が会う川辺のシーンでも花びらのアップが導入となった。主水の夜回りシーンに同行する下っ引き（大迫ひでき）は現場で追加された役どころ。

鉄と女がじゃれ合っているところに正八がやってくるシーンは『新仕置人』らしいアドリブ満載のノリノリシーンだが、この異様にキャラの立った水商売風の女性はノンクレジット。耳栓のくだりはシナリオに指定されている。

寺岡家のシーン、シナリオでは玄庵と息子のやり取りに竹とんぼが二度登場するが、本編からはカットされている。巳代松がおしんを連れて玄庵の家に行く前段、いくつかの医者を回って断られるシーンは現場で追加されたもの。

玄庵がせめて家族だけは逃がそうと、妻の志津とアイコンタクトを取り、志津が拒否するシーンもシナリオになく、銀蔵一味とのスリルを演出が引き立てる。強い意志を感じさせる志津役、ひろみどりのアップも効いている。

広沢池がロケ地に選ばれた鉄と虎のシーン以外は、すべて京都映画のオープンセットとスタジオで撮影されたエピソードである。

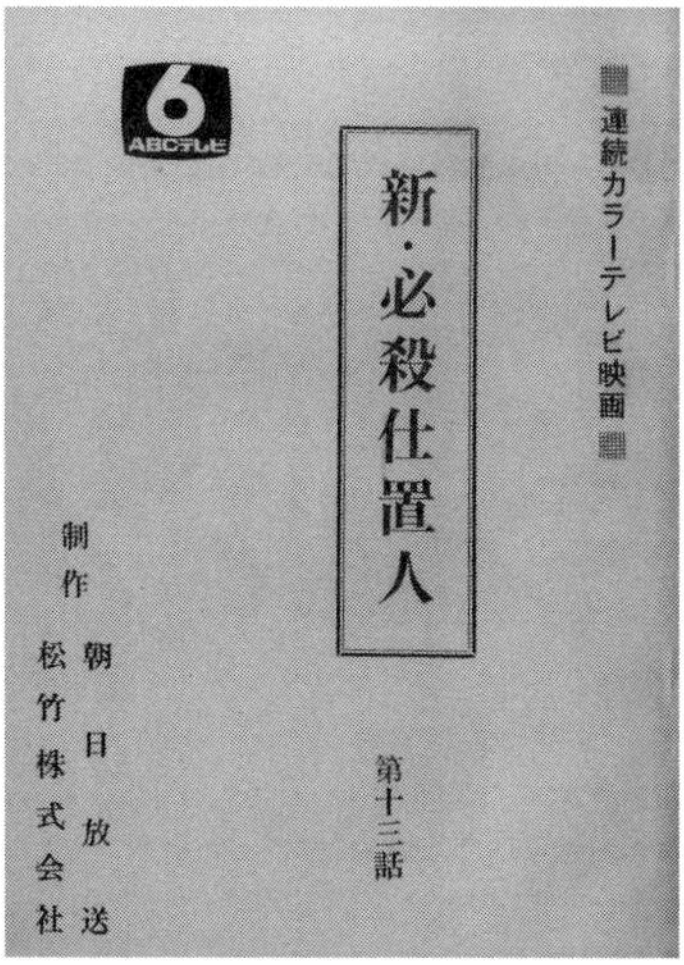

次回予告

逃げ出そうにも逃げられぬ、千姫御殿のからくり。まるで、神隠しにでもあったように消えていく奈落の底。見果てぬは、夢と知る。次回『新必殺仕置人』ご期待ください。

【キャスト】中村主水：藤田まこと／巳代松：中村嘉律雄／正八：火野正平／おてい：中尾ミエ／死神：河原崎建三／おしん：左時枝／舟渡の銀蔵：江幡高志／喜三郎：浜田晃／弥平：堀勝之祐／志津：ひろみどり／元締虎：藤村富美男（元阪神タイガース）／吉蔵：北村光生／同心：柳原久仁夫、浜田雄史／小太郎：瀬賀敏之／商家の主人：藤川準／商家の女房：小林加奈枝／患者：伊波一夫／職人：松尾勝人／下っ引：大迫ひでき／闇の俳諧師：瀬下和久、藤沢薫、原聖四郎、堀北幸夫、沖時男／寺岡玄庵：上原謙／せん：菅井きん／りつ：白木万理／念仏の鉄：山崎努

【スタッフ】制作：山内久司、仲川利久、桜井洋三／脚本：中村勝行／音楽：平尾昌晃／編曲：竜崎孝路／撮影：石原興／製作主任：渡辺寿男／美術：川村鬼世志／照明：中島利男／録音：二見貞行／調音：本田文人／編集：園井弘一／助監督：松永彦一／装飾：玉井憲一／記録：杉山栄理子／進行：黒田満重／特技：宍戸大全／装置：新映美術工芸／床山・結髪：八木かつら／衣裳：松竹衣裳／小道具：高津商会／現像：東洋現像所／製作補：佐生哲雄／殺陣：美山晋八、布目真爾／題字：糸見溪南／ナレーター：芥川隆行／主題歌：「あかね雲」（作詞：片桐和子／作曲：平尾昌晃／編曲：竜崎孝路／唄：川田ともこ／東芝レコード）／製作協力：京都映画株式会社／監督：渡邊祐介／制作：朝日放送、松竹株式会社

男狩無用

第14話

脚本：安倍徹郎
監督：渡邊祐介

二度とは戻れぬ悦楽の大名屋敷、深く掘られた穴蔵の底には男たちの屍が折り重ねられていた。

姫の狂気ほとばしる、必殺シリーズ有数のエロティック回。対面座位で情を交わしながら鉄が首の骨をへし折る仕置にド肝を抜かれる。

日活ロマンポルノで活躍した渡辺とく子が戸田家の息女・小夜に扮し、アイラインばっちりのピュアな眼差しが止まらぬ男漁りの性欲に影を落とす。まばゆいばかりの光に包まれたセックスシーンから始まり、近習《きんじゅう》の高津新三郎と侍女の志乃がその脇に仕える。

シナリオのト書きに「その光景は、むしろ残忍で冷酷な〝儀式〟に近い」とあるように、能面のように無表情な新三郎と、あえぎ声に耐えている様子がありありと伝わる志乃の対比もおぞましい。

肌をさらして悶《もだ》える渡辺とく子だけでなく、ただ座っているだけという志乃役の戸部夕子も京都映画の照明テクニックによって美しき存在感を示す。

音楽も『必殺仕置人』のギターの音色が全編に流れ、異色編であることを誇示。珍しく死神が殺しの依頼を受けるシーンは、漆黒《しっこく》に逆光の世界を作り、石原興の撮影は折々に様式美を差し込んでいく。

念仏の鉄がたっぷり男ぶりを振りまくエピソードであり、夜伽《よとぎ》の相手として指名してきた小夜はもちろん、クールな小《こ》柄《づか》投げの名手である志乃までもその色気でモノにしてしまう。速攻で情事に持ち込み、寝ているすきに寅の会へと駆け込むあたり、さすがの色悪だ。

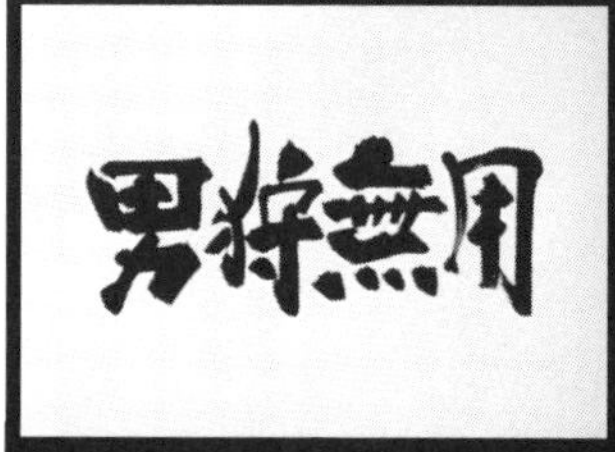

放映日◉ 1977年4月29日
視聴率◉ 9.9%（関東）
19.9%（関西）

あらすじ

〝千姫御殿〟と噂される美濃大垣藩戸田家の下屋敷、今宵も姫君の小夜と情を交わした町人が始末されてしまう。近習の高津新三郎と侍女の志乃が、姫の狂気の共犯者。床板を外した穴蔵には死体が散乱していた。

主水は行方不明になった大工の弥吉を捜してほしいと、女房のかねに頼まれる。しかし、相手は大名。町方には手出しができない。金欠の鉄は正八やおていを巻き込み、縁日であんまの術を宣伝していたが、その様子を小夜が見つめる。志乃が長屋に赴いて他言無用の文を渡し、鉄は戸田家の屋敷へ。小夜の夜伽を務めて、極楽の大名暮らしを送ることになる。

奉行所に頼んでも無駄と知ったかねは、弥吉の兄貴分である芳三とともに寅の会に小夜の仕置を依頼する。

さて、寅の日。あわてた鉄は、小夜に宿下がりを願って町へ出る。お目付け役の志乃を口説き、さっそくモノにした鉄は、そのまま句会へと向かうが間に合わず——。

「いや、俺は本気だよ」と志乃を抱きながらの甘い言葉も「裏切無用」の「ごめんよぉ」に匹敵する心のなさ。女優陣だけでなく山﨑努もたっぷり肌をさらし、情事の説得力を欠かさない。

寅の会に出席できず、とうとう始末されたかと仕置人一同アジトで噂したらば、階段より舞い降りて鉄参上。「ハイ、みなさま長らくお待たせいたしました。江戸一番の人気男、念仏の鉄と申します。巷々に女あり、鳴呼念仏の鉄、華の鉄」という名セリフ、さすがとしか言いようがない。

新三郎役の森下哲夫は本作に三度ゲスト出演しているが、「目つきの変な男」として小夜に寄り添う本作の新三郎役のインパクトは強い。その神経質そうな細い顔つきが、いかんなく発揮されている。かつて小夜と愛し合ったせいで主君に局部を斬られ、志乃いわく「男であって男でない」存在に。フィルムを反転させて、股間に刀が近づく生々しい惨劇を表現する。殺人マシーンとして壊れた姫に仕え、代わりの男たちとの夜伽に立ち会う。小夜が愛した、ただひとりの男として無限地獄を生きる。

仕置のため、戸田家に潜入する主水、巳代松、正八。おていが門番と酒を酌み交わして注意を逸らすが、ここの中尾ミエが逸品。ほんとコミカルでリアルな酔っ払いぶりでチャーミング。

三島ゆり子演じる中村りつの妹、妙心尼も『暗闇仕留人』以来ひさしぶりの出演。相変わらず男を引っぱり込んで「なりませぬ」とエロス編に華を添える。

女の情念を得意とした安倍徹郎のシナリオは、三悪人それぞれに狂気の事情を持たせ、鉄に骨抜きの志乃に至っては同情すら感じさせる。しかし、それらのバックボーンと関係なく仕置シーンには景気よく殺しのテーマソングが流れ、志乃と新三郎はあっさり殺されてしまう。その非情の展開。

情交中に首を折られ、安らかに眠っているような死に顔を見せる小夜――奔放に生きて逝った姫君に比べて、なんと従者の哀れなことよ。最後まで夜伽の側に並んで寄り添うよう、仕置シーンのシチュエーションごとシナリオから変更した渡邊祐介の演出が冴える。

御殿の外には春の桜が咲き誇っており、そんな桜越しの遊廓で「男狩無用」は終わりを迎える。「女、嫌いになる」と呟いていた鉄が、そのまま女郎屋ののれんをくぐって。

人間そんなに変われるもんじゃない。巷々に女あり、これぞ「必ず女で命を落とす」と言われた鉄っつぁんの真骨頂だ。

セリフ選抜 **「巷々に女あり。鳴呼、念仏の鉄、華の鉄」**（鉄）

主な登場人物

小夜
渡辺とく子

美濃大垣藩十万石の大名、戸田采女正氏共の息女。下谷金杉の下屋敷に男を引き入れては始末させる狂気の姫君。もとは近習の高津新三郎と愛し合っていたが、氏共が新三郎の局部を成敗し、肉体的に引き裂かれてしまう。最後は念仏の鉄とまぐわいながら首の骨を折られて死んでいく。

渡辺とく子は文学座の出身、1972年にATGの映画『讃歌』で主人公の春琴を演じる。谷崎潤一郎の『春琴抄』を原作に大胆なヌードを披露。76年に渡辺督子から渡辺外久子と名を変えて日活ロマンポルノ『女教師　童貞狩り』に主演する。

その後、渡辺とく子として数多くのロマンポルノに出演。『新必殺仕事人』第7話「主水女の気持ちわかります」では取り込み詐欺にあい、ふたたび女郎となる扇職人の女房おもんを演じている。

志乃
戸部夕子

小夜に仕える侍女。小柄投げを得意とする。夜な夜な行われる姫の狂宴に耐えていたが、鉄の男ぶりに惹かれてあっという間に肌を許してしまう。最後は巳代松との長距離戦に。

戸部夕子は宝塚歌劇団に入団して泉桜子を名乗ったのち、改名してテレビに活動の場を移す。1970年に東映の映画『㊙女子大寮』に主演し、日活の『不良少女魔子』でもズベ公のひとりに。刑事ドラマや時代劇へのゲスト出演も多い。

妙心尼
三島ゆり子

中村りつの妹であり、主水の義妹にあたる浄心寺の庵主。『暗闇仕留人』に続いて、まさかの再登場。相変わらず男を引っぱり込んでは「なりませぬ」を連呼して「進歩の跡がまるでない」と主水を呆れさせた。

三島ゆり子のプロフィールはP23を参照。『必殺仕事人』には上総屋のおしまとしてレギュラー出演、またも欲求不満のキャラクターで人気を集めた。

◆　◆　◆

高津新三郎役の森下哲夫は、第6話「偽善無用」に続いての出演。プロフィールはP226を参照。渡邊祐介監督からの指名だろうか、生きる人形となろうとも小夜を愛し、愛され続ける武士を演じた。ファーストシーンの無表情からインパクトを与える。

行方不明の亭主を探すよう主水にかけあい、せんりつにいらぬ疑念を抱かせる女房かねを演じたのは志乃原良子。必殺シリーズの常連として『新仕置人』には三度ゲスト出演するが、「男狩無用」「抜穴無用」「宣伝無用」とすべて夫を亡くしてしまう悲劇の役どころとなった。

かねの亭主、小夜の寵愛を受けたのち殺される大工の弥吉に島米八。町方じゃ頼りにならないと、かねを連れて寅の会に依頼する大工の芳三に田畑猛雄。それぞれ準レギュラーのようなキャスト二度目の出演。

戸田家の門番二人組、彦七役の壬生新太郎と彦六役の、みの和田良太（蓑和田良太）は東映京都からの出張組。みの和田はもともと松竹京都の大部屋俳優であり、『必殺仕置屋稼業』第1話「一筆啓上地獄が見えた」では殺しのシーンにユーモラスな味つけをする船頭を演じた。

妙心尼に「なりませぬ」とすがりつかれるも振りほどく定吉を演じたのは美鷹健児。プロフィールはP242を参照。『必殺からくり人』第1話「鼠小僧に死化粧をどうぞ」で花火を口に入れられて爆死する第一人者もこの人だ。

小夜の父、戸田氏共はベテランの北原将光。珍しく刀を抜いて、新三郎に斬りつける激しい感情を披露した。

寅の会の揚句

姫小松十万石の散る日かな

「女狩無用」は渡邊祐介による『新必殺仕置人』最後の監督作となった。続いて『必殺商売人』に参加。

シナリオと本編の違い／ロケ地／そのほか

美濃大垣藩下屋敷は相国寺、尼寺の門は西寿寺、縁日は今宮神社、鉄が志乃を口説く路地は金戒光明寺ほか各地でロケが行われている。

とくに戸田家下屋敷の広さと美濃大垣藩十万石の権勢を表すため、表門から裏門、廊下、また廊下と鉄がめぐるシーンは日暮れ前に撮影されており、青みがかった美しき耽美がこの先の情事と悲劇を期待させてくれる。

殺しのシーンより前は、概してシナリオどおり。「ハイ、みなさま長らくお待たせいたしました。江戸一番の人気男、念仏の鉄と申します。巷々に女あり、嗚呼念仏の鉄、華の鉄」は、シナリオでは「へへへ。みなさん。おひさしぶりですねえ」と至極あっさりしたもので、山﨑努のアドリブだろうか。

鉄を逃してしまった志乃が折檻を受けるシーン、シナリオでは途中で床板が外され、新三郎が刀の柄に手をかけたところで鉄の帰還が報告される。

志乃が小夜の秘められた過去を語る場所は、本編では自室だが台本上は板敷の間。鉄が途中で床板を外して、死体の山を把握している流れであった。門番は彦七ひとりから彦六と彦七の二人組に変更されている。

殺しのシチュエーションはシナリオと大きく異なり、まず主水、巳代松、正八が屋敷の地下道に潜入するシーンから存在しない。シナリオでは河原に幔幕を張って夜桜見物をする小夜姫一行を仕置人が襲撃する。巳代松は曲がり大筒（曲射砲）を用意するが、提灯の火が引火して巳代松のいない間に暴発。その破片を背中に受けて志乃は死亡し、混乱のなか「小夜！　小夜様！」と叫ぶ新三郎を主水が始末する。鉄は小夜を駕籠に押し込んで仕置し、そのまま咲き誇る桜のなか消えてゆく描写で終わっていた。

かなり大仕掛けな展開だが、すべて屋敷内でのコンパクトな仕置に変更され、志乃の小柄投げや小夜との情事の最中に首の骨をへし折るシーンが新たに誕生。「死人が騒いでいる」という鉄のセリフも見事だ。

次回予告

巳代松の殺しを見ていた足抜け女郎、当代一の女形菊之丞を殺してくれと巳代松に迫る。息を引き取るいまわの際、自嘲の笑みを浮かべて語る、女の過去。次回『新必殺仕置人』ご期待ください。

【キャスト】 中村主水：藤田まこと／巳代松：中村嘉律雄／正八：火野正平／おてい：中尾ミエ／死神：河原崎建三／小夜：渡辺とく子／志乃：戸部夕子／新三郎：森下哲夫／かね：志乃原良子／元締虎：藤村富美男（元阪神タイガース）／弥吉：島米八／吉蔵：北村光生／芳三：田畑猛雄／彦七：壬生新太郎／彦六：みの和田良太／定吉：美鷹健児／戸田：北原将光／腰元：斎藤のり子、山崎すみえ／闇の俳諧師：瀬下和久、藤沢薫、原聖四郎、堀北幸夫、沖時男／妙心尼：三島ゆり子／せん：菅井きん／りつ：白木万理／念仏の鉄：山﨑努

【スタッフ】 制作：山内久司、仲川利久、桜井洋三／脚本：安倍徹郎／音楽：平尾昌晃／編曲：竜崎孝路／撮影：石原興／製作主任：渡辺寿男／美術：川村鬼世志／照明：中島利男／録音：木村清治郎／調音：本田文人／編集：園井弘一／助監督：高坂光幸／装飾：玉井憲一／記録：杉山栄理子／進行：黒田満重／特技：宍戸大全／装置：新映美術工芸／床山・結髪：八木かつら／衣裳：松竹衣裳／小道具：高津商会／現像：東洋現像所／製作補：佐生哲雄／殺陣：美山晋八、布目真爾／題字：糸見溪南／ナレーター：芥川隆行／主題歌：「あかね雲」（作詞：片桐和子／作曲：平尾昌晃／編曲：竜崎孝路／唄：川田ともこ／東芝レコード）／製作協力：京都映画株式会社／監督：渡邊祐介／制作：朝日放送、松竹株式会社

密告無用

第15話

脚本：中村勝行
監督：大熊邦也

仕置を見られた巳代松、足抜け女郎に脅されて女形殺しを頼まれるが、哀しい過去が。

巳代松を脅す女郎、おくめとの交流が描かれる話かと思いきや、中盤であっさり殺されて、いまわの際に過去が明かされる。そこから仕置にいたるまでに女形の阪東菊之丞、岡っ引きの伊蔵、女郎屋の叶屋唐兵衛がコンビを組んだ悪行――商家の御内儀を菊之丞との不義密通で女郎に叩き落とし、むりやり離縁させた旦那からも大金をむしり取るビジネススタイルが裏取りされる。

殺しを目撃されてしまい、怯える巳代松。寅の会の掟によって死神に処刑される妄想まで見てしまう。鉄に事情を話し、江戸を捨てる覚悟をした屋台での会話。鉄が必殺史上に残る名言を口にする。

「俺が仕置をやってるのはよぉ、銭のためとか人情のためとか、悪い野郎を裁くとか、そんな安もんの絵草紙に出てくるようなもんじゃねえんだよ。そんなことで人間が殺せるかい。バカバカしい。殺しは殺しだ。このくせはなかなかやめられねえぞ。なぁ、松」

「密告無用」といえば、なによりこのシーンだろう。『必殺シリーズ秘史　50年目の告白録』のインタビューで山﨑努は、このセリフがシナリオになく、現場で考えたものだと振り返ったが、実際にシナリオを確認しても見当たらず、たしかに山﨑の証言どおりであった。

だんだん仕置人五人組のノリとアドリブ合戦が加速していく『新仕置人』だが、

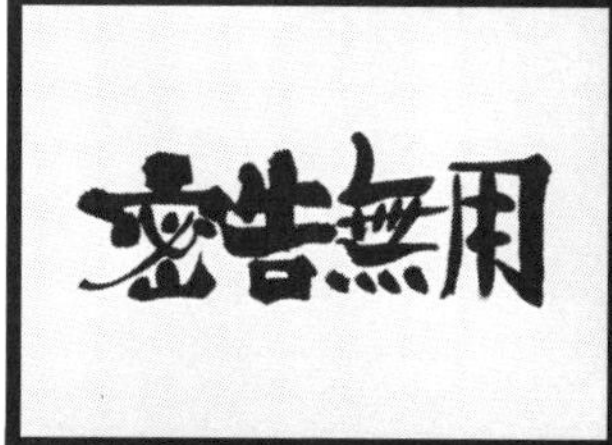

放映日◉1977年5月6日
視聴率◉10.6%（関東）
21.1%（関西）

あらすじ

巳代松が仕置の現場を見られてしまう。その女、足抜け女郎のおくめは巳代松に人気女形の阪東菊之丞の殺しを依頼する。巳代松とおくめが一緒にいるところを目撃した鉄は、うぶな松が女に入れあげているものと勘違い。いっぽう主水は下っ引きの亀吉と再会、剣術の稽古に出ていないことをせんに密告される。

女郎屋の叶屋唐兵衛のもとから逃げ出し、岡っ引きの伊蔵一味に追われるおくめは、ふたたび巳代松のもとを訪れ、「あと一日」と菊之丞殺しを催促。主水の調べで、おくめが呉服問屋の御内儀であった過去が発覚する。

追いつめられた巳代松は、おくめを始末しようと掘っ建て小屋に駆け込むが、入れ違いで刺されたあとであった。瀕死のおくめは、菊之丞、伊蔵、叶屋の策略によって女郎に身を落とされたことを語り、この世を去る。巳代松を頼み人として、寅の会に競りがかけられ、女を食い物にゆすりたかりを繰り返す悪党どもへの仕置が始まる。

前回の「巷々に女あり」に続いて、またも念仏の鉄の名言が飛び出しており、自由な現場で俳優たちが勢いづいていることがよくわかる。

アジトのシーンでは、正八も負けてない。主水をやりこめる鉄に対して「てやんでえ、この鉄！　たまには手はずどおりやれよ！」と反論し、鉄に二度も「あれ？」と言わせる。

ヤットウ（剣術）の稽古を縦軸にした主水のドラマも岡っ引きの伊蔵に対する「稽古の相手になってくれ」からの「冗談じゃねえぜ。おめえみてえな悪党は、それぐれえしか使い道がねえ」という殺し文句へと結実。最後の中村家コントまで筋が通っている。

巳代松と女郎をめぐる本筋のドラマは尻切れトンボで、ゲストの岡まゆみも本領発揮とは言い難い。悪事も定番のゆすりたかりだが、こうしたシナリオ面の弱さを出演者と現場がカバーする典型だ。

撮影用の改訂稿は、谷口完演じる唐兵衛が途中で唐五郎になっていたり、唐兵衛と伊蔵が混同されていたり、どうも荒っぽく執筆の混乱が見て取れる。時間に追われてシナリオの序盤・中盤・終盤を別々の脚本家が書いた例もあるというが、そんな疑念すら感じてしまう。

巳代松の菊之丞殺しは、おていを囮に正八とのコンビネーションでコミカルに描かれ、鉄の骨はずしは坊主頭を真俯瞰からのズームバックというトリッキーな構図でスタート。真上からのアングルで黒い着物の片肌脱いで、赤い襦袢を見せつける。

主水の早業《はやわざ》、抜き打ちざまの横一文字往復も見事。斬られるリアクションまで伊蔵を演じる石橋蓮司の卑俗な悪党ぶりと色気がまた魅せてくれる。

菊之丞役の阪東三津志郎は本職の俳優ではないので、関西なまりの棒読みセリフがやや厳しく、江戸の娘たちからアイドル人気を得る女形としては貫禄がありすぎるきらいがあるものの、商家の御内儀を口説くとき必ず踊りを披露するという芸達者ぶり。おていの帯を解くシーンのフルショットは、なにやらシュールな演劇のように思えてくる。

巳代松メイン回のはずが、あまり見せ場がないなと思ったら、ふたたびラストは屋台のシーン。鉄の悪行を戒めるかのような男気を見せて、ちびちび酒を食らう姿がしみじみとよい。

主な登場人物

亀吉
小松政夫

かつて主水の下にいた下っ引き。『必殺仕置屋稼業』に続いてまさかの再登場、十手を逆さにマイク代わりとして「チュチュンガチュン、チュチュンガチュン」と電線音頭ならぬ物干音頭を同心たちの前で披露する。昔とった杵柄で主水が剣術の稽古をサボっていることを、せんに密告した。

小松政夫はクレージーキャッツの植木等の付き人として『シャボン玉ホリデー』でデビュー。コメディアンとして人気を博し、『笑って！笑って！60分』『みごろ！食べごろ！笑いごろ！』では伊東四朗とのかけ合いが人気に。シリアスな役でのドラマ出演も多い。亀吉として必殺シリーズ三度目の登場はなかったが、立派な〝親分〟になっただろうか。

伊蔵
石橋蓮司

ゆすりたかりを得意とする岡っ引き。女形の阪東菊之丞、女郎屋の叶屋唐兵衛と組んでの逆美人局で商家の奥方たちを女郎に仕立てる。子分を何人も抱えて羽振りがよさそうだ。

子役出身の石橋蓮司は劇団現代人劇場、劇団第七病棟などでの演劇活動と並行して映画やテレビに出演。シャープな顔つきを持ち味に与力から遊び人まで必殺シリーズにおいてもワルを演じ続け、『暗闇仕留人』第15話「過去ありて候」ではチリチリパーマを生かした殺し屋の亥の吉、『必殺仕置屋稼業』第18話「一筆啓上不実が見えた」では香具師くずれの巳代吉として女を食い物にした。

深作欣二監督の映画『必殺4 恨みはらします』では開巻早々、奉行所での刃傷沙汰に及んで狂気の大暴れ。ひさしぶりのシリーズ復活となった『必殺仕事人2007』でも悪徳商人の加賀谷彦左衛門を演じた。

おくめ
岡まゆみ

巳代松の殺しを目撃した女郎。扇座の人気女形である菊之丞殺しを依頼し、その哀しい過去があらわとなる。

岡まゆみは1976年にTBSのポーラテレビ小説『絹の家』で主演デビュー、信州を舞台に製紙会社の女工をたくましく演じた。テレビ時代劇や2時間ドラマの出演も多いが、必殺シリーズへの出演は本作が唯一。劇団四季に所属し、五十嵐まゆみとして活動していた時期もある。

◆ ◆ ◆

女形の阪東菊之丞を演じた坂東三津志郎は、坂東流の家元という踊りの師匠。京都を中心に活動し、祇園に店をもっていた。伊蔵相手の「親分さん、いまさら脅かしっこはなしですよ。わたしも深みにハマっちまったんだ」という一連のセリフ回しのあやうさ、ギリギリ関西なまりがスリルを生む。京都映画の作品では丸山明宏主演の『雪乃丞変化』にも出演。

叶屋唐兵衛役は谷口完、得意の悪徳商人を余裕たっぷりに演じている。菊之丞にたぶらかされるもうひとりのご新造さん、おふさ役は明石螢子。菊之丞の踊りに見とれて、まんまとカモになる。

おふさの主人の高田屋には関西芸術座の寺下貞信、第4話「暴徒無用」に続いての出演となった。伊蔵に脅され、目こぼし料の五十両料とともに離縁状を書かされてしまう。

主水の上役同心である村上に出水憲司、剣術稽古をめぐって主水をどやしつけるが、相変わらず甲高い、張りのある声だ。

さらに上役の与力として玉生司郎がクレジットされているが、本編にも改訂稿にも与力の出番はなく、なんらかの追加シーンがカットされたか、あるいは次の第16話「逆怨無用」にも与力役で出ているので、そちらと混同したのかもしれない。

寅の会の揚句

扇座や冥土の花道菊之丞

製作補（アシスタントプロデューサー）の佐生哲雄は第15話を最後に映画部に転属となった。

シナリオと本編の違い／ロケ地／そのほか

決定稿のあとに改訂稿が存在し、シーン22と24が欠番に。殺しの理由を語る鉄のセリフがシナリオにないのは前述のとおり。ほかにも改訂稿を叩き台に現場でふくらまされたシーンが多いが、中村家コントは台本どおり。

まず主水と亀吉の再会は、シナリオではヤットウの稽古をめぐるものだが、亀吉が芸を披露するショータイムに変更された。亀吉が現在お世話になっている同心の田崎は、その後のシーンにも出てくる予定だったが役柄ごとなくなった。主水に剣術の稽古を催促する同心の名前は村上。

巳代松がおくめに仕置を目撃されてしまうシーン、シナリオでは相手が匕首を手に突っ走ってくる設定だったが、普通に待ち構えて二間の射程距離に入ってからの射殺となった。

死神を恐れるシーンは、長屋の土間に死神がうっそり立っているイメージから殺しの現場付近にある石仏の暗部より浮かぶかたちに変更された。

おくめが死んだあとの鉄と巳代松の屋台はもともとは居酒屋だ。シナリオでは「思えばかわいそうなことをしちまった。あの女、必死だったんだ。ああするより他に恨みをはらす手立てがなかったんだ」「仕方ねえさ。素性のわからねえ女から、いきなり殺しを頼まれたら、俺だって突っぱねるぜ」という会話から巳代松が五両を出して、頼み人となっていた。

地下蔵のアジトのシーン、ヤットウのくだりで正八が主水に味方して鉄が戸惑うオチはシナリオになく、現場で生まれたもの。「ヤットウヤットウって、やっと話がまとまったのに！」とキレる鉄も当然アドリブだろう。

殺しのシーンはシナリオに忠実で、主水の「おめえのような悪党は、それぐらいしか使い道がねえんだ」もホンどおり。伊蔵が咄嗟に身構え、主水が抜刀するくだりも同様だ。

シナリオのラストシーンは「屋台で酒を呑んでいる鉄。隣で巳代松が、ガツガツとむさぼるように飯を食っている」という二行のト書きでおしまい。

次回予告

近いうちに必ずお前を殺す——鉄のところに脅迫状が舞い込んだ。時を同じくして巳代松にも、そして主水にも。あのときの殺しを知っているやつがいる。いったい誰の口から漏れたのか？　次回『新必殺仕置人』ご期待ください。

【キャスト】中村主水：藤田まこと／巳代松：中村嘉葎雄／正八：火野正平／おてい：中尾ミエ／死神：河原崎建三／亀吉：小松政夫／伊蔵：石橋蓮司／おくめ：岡まゆみ／唐兵衛：谷口完／菊之丞：坂東三津志郎／（元締虎：藤村富美男（元阪神タイガース））／おふさ：明石螢子／高田屋：寺下貞信／師範：千葉敏郎／同心：出水憲司／与力：玉生司郎／吉蔵：北村光生／裏方：布目真爾／闇の俳諧師：藤沢薫、原聖四郎、堀北幸夫、沖時男、秋山勝俊／せん：菅井きん／りつ：白木万理／念仏の鉄：山崎努

【スタッフ】制作：山内久司、仲川利久、桜井洋三／脚本：中村勝行／音楽：平尾昌晃／編曲：竜崎孝路／撮影：石原興／製作主任：渡辺寿男／美術：川村鬼世志／照明：中島利男／録音：二見貞行／調音：本田文人／編集：園井弘一／助監督：高坂光幸／装飾：玉井憲一／記録：杉山栄理子／進行：黒田満重／特技：宍戸大全／装置：新映美術工芸／床山・結髪：八木かつら／衣裳：松竹衣裳／小道具：高津商会／現像：東洋現像所／製作補：佐生哲雄／殺陣：美山晋八、布目真爾／題字：糸見溪南／ナレーター：芥川隆行／主題歌：「あかね雲」（作詞：片桐和子／作曲：平尾昌晃／編曲：竜崎孝路／唄：川田ともこ／東芝レコード）／製作協力：京都映画株式会社／監督：大熊邦也／制作：朝日放送、松竹株式会社

※本編クレジットは「師範」を「指範」、キャスト欄のみ「布目真爾」を「布目眞爾」と表記

逆怨無用

第16話

脚本：村尾昭
監督：松野宏軌

かつて仕置した香具師の相模屋を二代目が継承。先代の恨みをはらすため、念仏の鉄の命を狙う！

放映日◉ 1977年5月13日
視聴率◉ 9.8%（関東）
17.4%（関西）

「仲良し五人組、解散！」という鉄のセリフだけで必殺シリーズ史上に残る一本。

追われ、吊るされ、刺され、生き埋めにされてしまう鉄の悪夢から始まり、それぞれに命を狙われる仕置人たちの恐怖が描かれる。

第10話「女房無用」で仕置された香具師の元締、相模屋惣五郎の跡を継いだ島蔵が鉄を狙い、主水を恨む惣五郎の弟・又七が江戸に戻って悪魔合体。カミソリと呼ばれる切れ者の島蔵にふさわしい南道郎の沈着冷静さと、いかにも粘着質な又七に扮した松山照夫の相模屋フォーメーションが確立された。「まさか、てめえ」という鉄の疑念に対して「そのまさかってやつだよ。やっと気づいたのかい」という島蔵の、最終回「解散無用」を思わせる余裕の復讐者ぶり。クライマックスの仕置シーンまで、村尾昭と松野宏軌の脚本・監督コンビが、その手腕をいかんなく発揮した。

さらにはアドリブ満載のレギュラー陣のチームワークが完成したかのようなエピソード。とくに山﨑努と中村嘉葎雄の鉄松コンビは、撮影後のプライベートを地で行く阿吽の呼吸を見せつける。「ボロ松！」「バカ松！」と好き勝手に言って、ときにボコられる鉄のかわいさよ。正八からは「そんなに人殺さないと気分が晴れないの？」と同情されるほど、スカッと仕置がしたい二人組。前話「密告無用」

あらすじ

みずからが殺される悪夢を見た鉄。長屋に戻ると「念仏の鉄、必ずお前を殺してやる」という脅迫状が届いていた。てっきり巳代松のいたずら返しかと思いきや、そうではないらしい。地下蔵のアジトで仲間に相談しても、埒が明かない。

観音長屋に大工の弥之吉が引っ越してくる。こいつが怪しいと当たりをつけた鉄、屋根裏で夜を明かし、布団をめくると弥之吉が殺されていた。どういうことだ。そして巳代松、主水のところにも脅迫状が届く。主水のものは筆跡が違うので、どうやら別口らしい。主水は鉄を番屋にしょっぴいて相談するが、そこに香具師の相模屋島蔵が身元引受人としてやってくる。

島蔵は自分が黒幕であることを明かす。先代の惣五郎を鉄に殺された復讐であり、主水への脅迫状も惣五郎の弟である島帰りの又七によるものと判明。しかし、なぜ仕置の詳細を知っているのか……。鉄は寅の会に裏切り者がいると踏む。

からの設定が引き継がれている。
「口ではでけえこと言ってるが、俺たちがつるんでる必要はねえ」という主水のセリフを後半でまんま真似してお返しする鉄もチャーミング。「いまのうちにシャバに名残を惜しんでおけ」という島蔵の言葉もあとで反芻《はんすう》してくれる。

寅の会に裏切り者がいる展開も、いつもの俳諧師たちではなく、芸者のおりんがまるでレギュラーのように登場するので意外性こそないが、阿片によって相模屋の言いなりという弱さを八木孝子が体現。「裏切り者は俺が始末した」という虎の宣言どおり、棺桶に突っ込まれて、川に流される最後も哀れをさそう。

クライマックスの殺しは「女房無用」に続いて、警護の固い相模屋にどう乗り込むか。「昼行灯の無駄めし食らい。俺にはヘマがいちばん似合いだ」と自嘲する主水が阿片の疑いで相模屋に手入れをし、そのすきに鉄と巳代松が潜入する。夜、ふたたび相模屋を訪ねる主水。縁側に腰をかけて待ちながらヒマそうに足を動かし、その土煙で軒下に潜む鉄と巳代松が迷惑がる……このユーモア!

あっさり手下を始末した主水は、廊下から島蔵と又七に昼間の詫びを入れながら挑発し、障子越しに又七を一突き。そのシルエット処理がまた、「これぞ必殺」という光と影のあざやかさ、おもしろさに満ちている。

廊下を舞台にした鉄と巳代松の連携プレーは、そのまま撮影の石原興と編集の園井弘一の連携となり、巧みなカット割りとテンポの松野演出を技術面から支えている。

板を外して島蔵を床下に引きずりこんで鉄が始末し、巳代松はその板から登場して手下ふたりを射殺。巳代松、手下、巳代松、手下と縦構図のリズミカルな切り返しから、最後はポーンと横位置のロングショット。大きく反転して倒れる子分役の丸尾好広は、その屈強さから相模屋の手入れでは島蔵に突っかかろうとする主水を腕一本で制していた。その頼もしさ、「京都映画のブルース・ウィリス」と例えたい。

最後のオチは、主水が島蔵からせしめた賄賂をめぐるもの。昼間から堀割に集まった主水、鉄、巳代松、正八、おていをカメラは正面からフルショットで捉え、正八の動きに合わせた絶妙なストップモーションで完。仲良し五人組にふさわしい、すばらしい止め画だ。

主な登場人物

相模屋島蔵

南道郎

鉄に仕置された相模屋惣五郎のあとを引き継いだ香具師の元締。仕置人たちを皆殺しにしようと狙う。かなりの修羅場をくぐってきたのか、冷静沈着なキャラクターであり、縁側の板の下から足首を掴まれて心底あわて、そのまま鉄に仕置された。

南道郎は軍国少年としての学徒出陣を経て戦後はお笑いの道に進み、1950年に「南道郎・国友昭二」を結成、東京を代表するコンビとなる。コンビ解消後は東宝の専属俳優として活動し、やがて軍人が当たり役に。『人間の條件 第三部』『独立愚連隊』『陸軍残虐物語』などに出演し、自衛隊友の会の発起人に。自伝のタイトルが『右向ケー左ッ』とは筋金入りだ。

又七

松山照夫

惣五郎の弟であり、みずからを島送りにした中村主水に恨み骨髄つけ狙う。もちろん後出しだが、兄が仕置されたときは島にいた設定。相模屋二代目の島蔵には一目も二目も置いており、口元に白いブツブツがある。主水の挑発に乗ってしまい障子越しに命を奪おうとして、串刺しにされた。

1955年に劇団中芸に参加した松山照夫は、八海事件をモデルにした『真昼の暗黒』で仲間を巻き添えに証言をでっち上げる真犯人を演じて注目される。その上目づかいのイヤらしさから、小悪役の仕事が次々と。中芸から三期会を経てフリーに。時代劇においてはやくざや商人の悪役が多いが、『助け人走る』第8話「女心大着服」では〝左の逆袈裟〟の使い手であるヒゲの浪人、大沢孫兵衛を不気味に演じた。

おりん

八木孝子

寅の会に所属する仕置人。島蔵の企みによって阿片中毒に陥り、虎を裏切って同業者たちの情報を漏らす。最後は粛清され、棺桶ごと川に流された。

八木孝子は東宝現代劇を経て、劇団新国劇に参加。1971年には『弥次喜多隠密道中』にレギュラー出演し、その和風の顔立ちからテレビ時代劇の薄幸ヒロインとしておなじみの存在となる。必殺シリーズにも多数出演し、『新仕置人』では第40話「愛情無用」で死神が愛した女、お徳を演じた。

◆◆◆

闇の俳諧師の一員、猪三郎役は堀北幸夫。おりんの密告によって仕置に失敗し、鉄の目の前で無残な死体となる。日活京都に野球選手として入社した堀北は、俳優に転じて斬られ役の三人衆にまで昇りつめる。戦後は大映京都で活躍し、倒産後は映像京都に所属。日本映画・テレビスクリプター協会の初代会長を務めた堀北昌子は姪にあたる。

主水の強引な相模屋ガサ入れを注意する与力役は玉生司郎。「はっきりした証拠もなしに、みだりに家宅を調べ、あまつさえ拷問にかけてでも自白させようなどと、権力を笠にきた横暴な振る舞い、不心得だ!」というセリフは、必殺シリーズに登場する全役人でも有数の人権派だ。

「鉄っつぁんのこと殺してやるぅ～」と迫る、馴染みの女郎役は三笠敬子。「貸借無用」に続き、また……というか、『新仕置人』で演じた役すべて女郎である。

観音長屋に引っ越してくる、気さくで怪しい大工の弥之吉は黛康太郎。京都映画とエクラン社の専属俳優を除くと『新仕置人』ゲスト最多出演者であり、ほぼ毎回の予告ナレーションもやっているのだから功労賞ものだ。

寅の会の揚句

両国は仕掛け花火か相模屋の二代目なる島蔵かな

編集の園井弘一は親戚の園井安子が下鴨の京都映画で編集をやっており、その縁で仕事を始める。

シナリオと本編の違い／ロケ地／そのほか

流れはシナリオどおりだが、これまで以上に地下蔵でのセリフが変更されており、俳優陣のアドリブもノッている。同心真木の初登場回、ト書きには「小肥りの薄毛」とあるが、三好正夫のビジュアルから普通の同僚に。

鉄のもとに届いた脅迫状、シナリオではその字を見た鉄が巳代松のいたずらではないことに気づく。本編では両者のやり取りとなり、「自慢じゃねえがな、おらぁこんなうめえ字書けねえよ」という巳代松らしい返しが出る。

往来で主水が鉄をしょっぴくシーン、シナリオでは両者が言い合いをする流れになっており、正八は「どう見たってあのやり取りは本物だ。あの二人、本当は腹ン中じゃ憎しみ合ってんじゃねえかな」とつぶやく。

相模屋への逆襲、シナリオでは寅の会ではなく仲間内で金を出し合って、自分たちでカタをつけようとするが、死神に監視されており「勝手な仕置は許さない」という流れに。競り落とした猪三郎、ト書きに「板前風の男」とある。

相模屋での仕置、シナリオの主水は障子越しではなく、島蔵、又七と対面し、「おめえ、ただの同心じゃねえなッ」「そのとおり。仕置人中村主水、死んでもらいましょう」と任侠映画のような啖呵を切って、又七をぶった斬る。そのまま手下も葬る展開は、同じ村尾脚本の『暗闇仕留人』第17話「仕上げて候」を彷彿させる。

縁側での巳代松と鉄の仕置は、シナリオと本編では順番が逆になっている。竹鉄砲の爆発音によって、出てきた手下を主水が始末するシーンもあり。島蔵は納戸に逃げ込み、その板戸を鉄の指がぶち破る設定になっていた。

ラストシーンの「八丁堀、銭出してもらおうか」など、シナリオに書かれていた鉄のセリフはすべて巳代松と正八に振り分けられている。本編の鉄は足袋を脱いで、つま先を掻いたり、足を動かしたりしているだけだ。ストップモーションになる直前、あごを上げるタイミングがすばらしい。

次回予告

愛と憎悪渦巻くこの世のしがらみ、あきらめて身をゆだねた心の愚かしさ。なぜあのとき、打ち明けてくれなかったのだろう。いま、断ち切って抜け出そうとする、若い二人。次回『新必殺仕置人』ご期待ください。

【キャスト】
中村主水：藤田まこと／巳代松：中村嘉葎雄／正八：火野正平／おてい：中尾ミエ／死神：河原崎建三／島蔵：南道郎／又七：松山照夫／おりん：八木孝子／同心真木：三好正夫／元締虎：藤村富美男（元阪神タイガース）／猪三郎：堀北幸夫／与力：玉生司郎／女郎：三笠敬子／吉蔵：北村光生／弥之吉：黛康太郎／子分：美樹博、丸尾好広、美鷹健児、扇田喜久一／闇の俳諧師：藤沢薫、原聖四郎、沖時男、秋山勝俊／せん：菅井きん／りつ：白木万理／念仏の鉄：山崎努

【スタッフ】
制作：山内久司、仲川利久、桜井洋三／脚本：村尾昭／音楽：平尾昌晃／編曲：竜崎孝路／撮影：石原興／製作主任：渡辺寿男／美術：川村鬼世志／照明：中島利男／録音：木村清治郎／調音：本田文人／編集：園井弘一／助監督：松永彦一／装飾：玉井憲一／記録：杉山栄理子／進行：黒田満重／特技：宍戸大全／装置：新映美術工芸／床山・結髪：八木かつら／衣裳：松竹衣裳／小道具：高津商会／現像：東洋現像所／殺陣：美山晋八、布目真爾／題字：糸見溪南／ナレーター：芥川隆行／主題歌：「あかね雲」（作詞：片桐和子／作曲：平尾昌晃／編曲：竜崎孝路／唄：川田ともこ／東芝レコード）／製作協力：京都映画株式会社／監督：松野宏軌／制作：朝日放送、松竹株式会社

※本編クレジットは「布目真爾」を「布目眞爾」と表記（20～37話も）

代役無用

第17話

脚本：保利吉紀
監督：高坂光幸

正八三部作の幕開け。幼馴染の友吉の祝言は偽りだった。どしゃ降りの雨に打たれ孤立無援の戦いが始まる。

火野正平と高坂光幸、若きレギュラー俳優と新鋭監督がコンビを組んだ一本であり、やがて「夢想無用」「愛情無用」とともに〝正八三部作〟として結実する。そのきっかけとなった情感たっぷりの傑作だ。脚本の保利吉紀も火野とは「かんのんホテル」の仲間であった。

商家の奉公人同士の祝言が、じつは主人と女中の愛人関係を継続させるための偽装、すなわち〝代役〟という市井の悲劇を丹念に捉える。「ごめんね、友さん」と、おいと（志摩みずえ）は謝るしかなく、友吉（桜木健一）もまた「こっちだって、銭で買われた婿さんよ」と、お互い田舎に暮らす弟妹たちのため、金と引き換えに心を売って、誇りを捨てて生きていた。

そこに介入するのが正八だ。友吉と再会したよろこびも束の間、夫婦の違和に気づく。どしゃぶりの雨のなか長屋の前でしゃがみ込む友吉、おいとに添われて出てくる甲州屋宗兵ヱ（高木均）……その一部始終を目撃した正八は裏稼業の立場も忘れて、甲州屋をボコボコにする。怒りと哀しみ、そして屈辱が相まって、さらに鉄の乱入という『新仕置人』らしいコミカルなハプニングも忘れない。

雨、雨、雨、とにかく涙のように雨が際立つ。雨上がりの濡れた地面を友吉とおいとが歩く、シルエットの俯瞰ショットは「代役無用」の象徴。長回しのまま

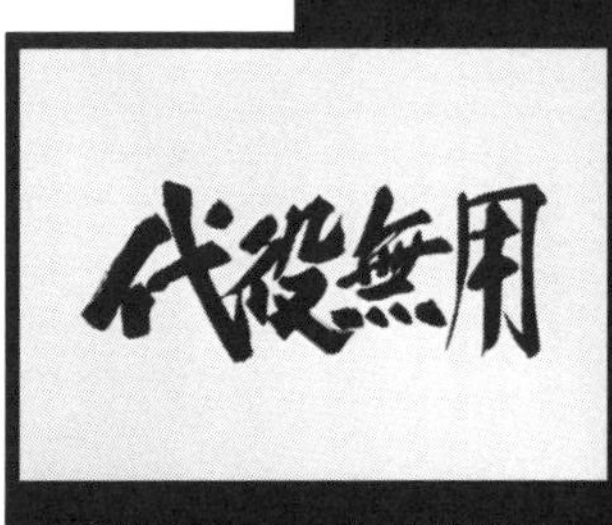

放映日◎ 1977年5月20日
視聴率◎ 10.7%（関東）
19.3%（関西）

あらすじ

正八は町で幼馴染の友吉と再会する。一緒に田舎から出てきた唯一の友達であり、いまは油問屋甲州屋の手代、なんと今夜が祝言だという。

夜、祝い酒を持って長屋を訪ねる正八だが、友吉の様子がおかしい。女房のおいとを置いて、そそくさと飲みに行った友吉は、正八を相手に泥酔してしまう。

そのころ長屋では、おいとが甲州屋の宗兵ヱに抱かれていた。二人は以前から愛人関係にあり、友吉との婚礼も偽装工作だったのだ。しかし、その不義が甲州屋先代の喜左ヱ門に知られてしまい、婿養子の宗兵ヱは殺し屋を雇って喜左ヱ門を亡き者にする。甲州屋を不審に思う正八だが、仲間たちにとっては他人事であり、だれも相手にしてくれない。

甲州屋の金に縛られて生きる友吉とおいとは、ひとつ屋根の下で結ばれ、再起を誓う。だが、その矢先、友吉まで殺し屋の手で始末されてしまい、おいとは絵草紙屋の戸を叩く——。

取り残されたおいとにズームインしてもその表情は見せず、フレームアウトのち、きらめく水たまりの反射がピンボケのまま広がり、雨音を先行させる。

このシーンは撮影所の駐車場（アスファルト）に水を撒き、大型のライトを逆から当てる——工藤栄一の影響下にある画作りだが、高坂は「やるなら徹底的にやれ！」という工藤イズムを継承した。友吉の帰りを待つおいとをポツンとシンボリックに映し、あるいは長屋の軒先に落ちる雨だれなど、逆光の過剰な画作りが細部にまで。全編ここまで光と影の表現を駆使した回は、必殺シリーズ全史においても珍しい。

映像に凝るいっぽう、俳優の力を信じた長回しを各所で披露する。友吉とおいとが愛憎の果てに結ばれるシーンでは、3分以上のワンカット撮影を敢行。

桜木健一と志摩みずえの動きに合わせ、おなじみ石原興のズームを駆使した超絶カメラワークが縦と横の構図を次々と構築していく。衝立《ついたて》を使った断絶も見事で、男女の芝居とフレームの相乗効果がすばらしい。

見つめ合うや差し込まれる音楽、「友さん！」というおいとの叫びでアップに切り替わるタイミング、結ばれた二人を（またも）ポツンと浮かび上がらせる俯瞰ショット、友吉が河原を駆け抜ける多幸感あふれつつ不吉なスローモーション、飛び立つ鳥のフィルム反転……もう演出の冴えが止まらない。

友吉は殺され、おいとは正八のもとへ。高坂発案の挿入歌、火野・桜木が歌う「想い出は風の中」とともに少年時代が映し出され、涙ながらに正八は匕首を研ぐ。仕置人に涙は似合わないが、まだガキで半人前の正八だからこそ。

そして絵草紙屋を飛び出し、正八が走る、走る。そう、正ちゃんといえば〝走り〟だ！ 殺し屋たちに追われ、戦う正八を荒々しいハンディカメラが追い続ける。

鉄、巳代松、主水の仕置には、闇に佇む正八の姿をインサート。工藤流のテクニックが、ここでも援用され、なにもできない正八の無力さが感情をゆさぶる。ふたたび「想い出は風の中」が流れるタイミングも抜群だ。

「友さん、さよなら」

おいとは新たな人生を歩むべく、小さな墓に向かい別れを告げる。

火野正平しかり、高坂光幸しかり、思い出深い回として真っ先に語られるのも納得の仕上がりであり、「友、ゆっくり寝ろや」というラストのセリフも泣かせてくれる渾身の傑作。もう一度書こう。傑作だ。

セリフ選抜 **「友さん！」**（おいと）

主な登場人物

友吉
桜木健一

油問屋甲州屋の手代。正八の幼馴染であり、おいとと偽りの祝言をあげたのち本当の夫婦になるが、殺し屋に始末されてしまう。

桜木健一は本名の宮士尚治として関西の子役として活躍。上京後の1969年、『柔道一直線』の主人公・一条直也に抜擢されて、桜木健一としてブレイク。同じくTBSと東映のテレビ映画『刑事くん』に主演し、その後はバイプレーヤーとなる。「代役無用」の河原から長屋まで走り、勢いよく障子を開けるシークエンスを『刑事くん』のオープニングと見比べてみよう。

おいと
志摩みずえ

甲州屋で働く女中であり、じつは主の宗兵ヱの妾。友吉とともに田舎の出であり、幼い妹や弟への仕送りと引き換えに体を許していた。友吉の死後、故郷に帰る。

雑誌モデル出身の志摩みずえは、1972年に女子体操を扱ったスポ根ドラマ『決めろ！フィニッシュ』で主人公の白鳥みゆきに抜擢される。テレビ時代劇のゲストも多く、必殺シリーズには『暗闇仕留人』第5話「追われて候」に初出演。白昼堂々大勢に撲殺されてしまう悲劇の娘に扮した。刑事ドラマ『特捜最前線』では神代警視正の長女の夏子を演じたが、第8話「愛と復讐の銃弾」を最後に芸能界を引退した。

甲州屋宗兵ヱ
高木均

甲州屋の当主にして婿養子。義父の喜左ヱ門に二重生活を知られてしまい、殺し屋にその始末を依頼する。逃げたおいとが連れ戻されたものだと思い込み、ホクホク顔で友吉の長屋に向かうが、そこが人生の最終地点となる。

ムーミンパパの声でもおなじみ高木均は文学座出身の演劇人であり、劇団雲を経て当時は演劇集団円で活動していた。必殺シリーズにおいては好色な商人が当たり役。その声、その顔、その巨体を生かしたキモさは抜群だ。刀で刺された瞬間、両手を上げる動きも得意技。「代役無用」においては、そのまま友吉に土下座するようなかたちで死んだ。

◆　◆　◆

甲州屋の先代、喜左ヱ門役の志摩靖彦は関西新劇人のベテランであり、「夢想無用」では舟宿の主人に。『必殺仕事人Ⅲ』第38話「淋しいのは主水だけじゃなかった」では黒幕の清水宗斉を演じた。

おうめ役は島村昌子。しっかり者の女房で宗兵ヱを尻に敷くが、おいととの関係には気がつかない。宗兵ヱも喜左ヱ門もこの世を去ったが、きっと気丈に油問屋を切り盛りしていくことだろう。

殺し屋のリーダー格、鋭い畳針を武器とする米八役の渡辺高光は、新東宝などで俳優として活動後アクション指導の殺陣師を兼任する。東京の時代劇や特撮に参加し、のちに大沢萬之介と改名して、萬屋錦之介版『鬼平犯科帳』などに出演した。

久六役の宍戸大全は必殺シリーズの「特技」を担当したスタントマンであり、当時は宍戸グループアクション研究所の代表。同郷である秋田生まれの高坂光幸のオファーにより殺し屋役で出演し、二階から一階への飛び降りを、さらっと二度やってのける。その後も宍戸は「濡衣無用」「愛情無用」と高坂回に出演しており、いずれも顔出しでの飛んだり跳ねたりを披露した。

おていを人質に取る源七役の吉田聖一は、必殺シリーズ初期からの常連俳優。細く鋭い顔立ちが特徴であり、『必殺仕掛人』第19話「理想に仕掛けろ」の浪士三村や第22話「大荷物小荷物仕掛の手伝い」の雇われ浪人のようにヒゲを生やしていたこともある。萩原健一主演の映画『股旅』では仁義を切られるも拒否する役どころ。

寅の会の揚句

油屋の正体見たり
宗兵ヱかな

音のプロフェッショナルとして調音の本田文人のもとにグリコ・森永事件の聞き込みが来たことも。

シナリオと本編の違い／ロケ地／そのほか

火野正平と桜木健一は当時、星野事務所に所属しており、子役時代から付き合いがあった。その関係性がシナリオに色濃く反映されている。

概してシナリオに忠実な映像化であり、鉄が「つまり、この、極度の緊張感による劣等感の刺激によって」と医学知識（？）を披露するシーンは、火野が山﨑努に〝感〟を多用してのアドリブを頼んだという。

宗兵ヱと主水、同じ婿養子というやり取りがシナリオには存在。

油が切れて部屋が暗くなる中村家コントは、せんの「同心たるもの、暗がりで目がきかなくてどうします！」というセリフをカットして、なんとも気まずいオチとなった。

地下蔵のシーン、巳代松だけが出ていく流れが「じゃあ、お開きにしますか」というおていのセリフとともに、それぞれが去っていく。残った鉄が「ぶっ殺してやろうか？」と正八に持ちかけるくだりも現場で生まれた。

宗兵ヱと話をつけた友吉。シナリオでは夜、勤めを終えて店を出るというあっさりした展開になっていた。実際の本編は、友吉が河原を駆けるスローモーション、長屋で待つおいと……多幸感あふれつつ不吉なカットバック編集から勢いよく戸を開ける動作を同ポジで重ねて、殺し屋に刺される衝撃を経て「おいと、好きだよ……」で友吉の顔にストップモーション。そのまま三段階で目のアップに。フィルム反転の鳥が飛び立つと同時に哀しみの音楽が流れるまで、一連の流れがすばらしい。

鉄の「今夜やる」からのウインクは、シナリオに指定あり。殺し屋はシナリオでは久六と源七のみで、あとから米八が追加された。鉄の板戸破り、米八の使う白いロープのような武器、おていが人質になるくだりはシナリオになく、主水の殺し文句も油をめぐるものから「友吉に線香あげさせてもらったぜ」に変更。

正八の最後のセリフは「とても仕置人にはなりきれねえ」から「友、ゆっくり寝ろや」となり、全体に友吉とおいとの悲劇が際立つように改訂された。

次回予告

惚れあっていた、二人。気遣って、心の甘え言葉には出さず、いつか深みにのめり込む。出来心許せても、許せぬはつけ込んでゆすりをかける悪いやつ。次回『新必殺仕置人』ご期待ください。

【キャスト】
中村主水：藤田まこと／巳代松：中村嘉葎雄／正八：火野正平／おてい：中尾ミエ／死神：河原崎建三／友吉：桜木健一／おいと：志摩みずえ／宗兵ヱ：高木均／元締虎：藤村富美男（元阪神タイガース）／喜左ヱ門：志摩靖彦／おうめ：島村昌子／同心真木：三好正夫／吉蔵：北村光生／源七：吉田聖一／久六：宍戸大全／米八：渡辺高光／闇の俳諧師：藤沢薫、原聖四郎、沖時男、秋山勝俊、伴勇太郎／せん：菅井きん／りつ：白木万理／念仏の鉄：山崎努

【スタッフ】
制作：山内久司、仲川利久、桜井洋三／脚本：保利吉紀／音楽：平尾昌晃／編曲：竜崎孝路／撮影：石原興／製作主任：渡辺寿男／美術：川村鬼世志／照明：中島利男／録音：二見貞行／調音：本田文人／編集：園井弘一／助監督：松永彦一／装飾：玉井憲一／記録：杉山栄理子／進行：佐々木一彦／特技：宍戸大全／装置：新映美術工芸／床山・結髪：八木かつら／衣裳：松竹衣裳／小道具：高津商会／現像：東洋現像所／殺陣：楠本栄一、布目真爾／題字：糸見溪南／ナレーター：芥川隆行／主題歌：「あかね雲」（作詞：片桐和子／作曲：平尾昌晃／編曲：竜崎孝路／唄：川田ともこ／東芝レコード）／製作協力：京都映画株式会社／監督：高坂光幸／制作：朝日放送、松竹株式会社

同情無用

第18話

年下の男に尽くす女、小さな罪がついに取り返しがつかぬ身の破滅に。ダニのような悪党どもがへばりつく！

脚本：中村勝行
監督：松野宏軌

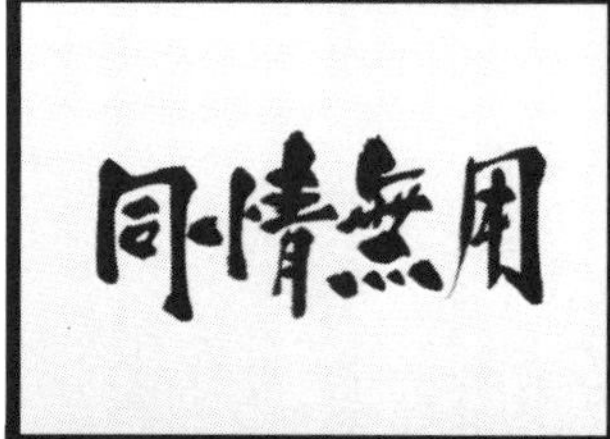

放映日◉ 1977年5月27日
視聴率◉ 11.9%（関東）
20.7%（関西）

貢ぐ女と貢がれる男——年増女のささいな横領が、やがて悪を巻き込み身の破滅へと発展する。

おようには池波志乃、礼二郎に佐藤仁哉を配し、色悪でおなじみのキャスティングから礼二郎が骨までしゃぶるワルかと思いきや、その上をゆく悪党三匹そろい踏み。北町奉行所同心の服部左内は、南町の中村主水とともに「昼行灯」と異名をとっている。商人から目こぼし料を受け取り、似た者同士として主水との付き合いもあった。

「あんたも変わったねえ」

という主水のセリフがあるように、元は真面目な同心だったことを思わせる服部をクレージーキャッツの犬塚弘が好演。主水同様、過去に挫折があったのだろうか……。仕置という裏稼業に手を染めた主水とは違い、私腹を肥やすため〝ダニみたいにへばりつく〟悪党となった。一歩間違えたら主水もそうなっていたことを感じさせる服部のキャラクター造形が秀逸だ。

クライマックスの仕置シーンでは主水の挑発によって襲いかかるも叶わず、「下手に刀抜かねえところも、てめえとは違うんだ」という言葉を受けて、切腹を覚悟——と見せかけて、主水の隙をつこうとした。服部の腹を刺し、横一文字に薙《な》ぐ主水を捉えたローアングルの殺陣が力強い。

服部配下の辰三は清水紘治。最終回「解

あらすじ

呉服問屋井筒屋の女中おようは主人の信用も厚く、帳簿の計算まで任されていた。お店《たな》に勤めて十年、いまだに独り身のおようには鋳掛屋の礼二郎という年下の恋人がおり、ときどき金を貢いでいた。

新しい商売道具を買うためと二両の工面を引き受けたおようは、魔が差して店の金に手をつけるが、それを番頭の嘉兵衛に目撃されてしまう。嘉兵衛は岡っ引きの辰三、北町奉行所同心の服部にそのことを告げて悪巧み。巳代松の顔なじみであり、二両を元手に遊び暮らしていた礼二郎は捕縛されて入牢し、おようは解き放ちのために三十両を横領して、服部に渡す。

しかし、それだけでは終わらなかった。今度は自身の目こぼし料として、さらに三十両を要求され、店に戻れば嘉兵衛に口止めとともに犯されてしまう。おようと礼二郎は再会し、お互いの行為を悔やんで再出発を誓う。別件で牢に入っていた鉄も牢屋敷の火事で解き放ちとなる——。

散無用」で同心の諸岡佐之助に扮して必殺シリーズ史上に名を刻んだ怪優が『新仕置人』に初登場、ワルとしての見せ場は少ないが、仕置される場所が番屋の屋根の上というのが珍しい。

　おようと礼二郎の情事をのぞいていた鉄は、出会茶屋に連れ込んだ娘の父親に踏み込まれて、牢屋敷に。あっという間に牢名主となり、囚人たちに全身を揉ませての極楽暮らしが笑わせる。さすが鉄っつぁん、たくましい。

　地下蔵のアジトに戻って、鉄いわく「やっぱりシャバはいいもんだなぁ」。「ああいうとこ入ると、ちょっとは考えるでしょ。ときどき行ってきな」という正八のツッコミはシナリオになく、もはや円熟のやり取りだ。

　かつて〝熟女〟といえば、池波志乃という時代があった。１９８３年公開の映画『丑三つの村』などでエロスを振りまくが、本作にハードなシーンは存在しない。テレビ時代劇においては『闇を斬れ』第12話「この世の見納め生き観音」で牢屋敷の改め婆に扮し、処刑前の男に慰みものとして差し出される役目と、そこに至るまでの凄絶な過去が紡がれた。

　本作のラストシーンは「代役無用」に続いて川のほとり。おようの死体が発見されて検分中、それを見た巳代松のやりきれぬロングショットで終わり。「同情無用」というサブタイトルは、だれを指すものなのか。


　年下男に貢ぐ女はフィクションの定型だが、１９７３年には滋賀銀行9億円横領事件が発覚して世間を騒がせた。当時42歳の女性行員が年下のタクシー運転手に9億円を貢いだという7年にわたる犯行、その金は競艇などのギャンブルで派手に使われた。

　10月21日に発覚した滋賀銀行の横領事件は、さっそく12月8日に『助け人走る』第8話「女心大着服」として時代劇化されており、必殺シリーズの時事ネタへの強さを見せつけた（ゲストは吉行和子と寺田農）。

　１９８１年には和久峻三の原作をもとに『滋賀銀行九億円横領事件　女の決算』という2時間ドラマがテレビ朝日の土曜ワイド劇場で放映された。女は大楠道代、男は火野正平であり、その人懐っこさや愛らしさで貢がれる側のリアリティを体現。正八も一歩間違えば、こうなっていたのでは……と思わせてくれる。

　実録犯罪ドラマの巨匠・千野皓司による傑作であり、『深川通り魔殺人事件』などとともに「実録・昭和の事件シリーズ」と題してDVD化されている。

主な登場人物

服部左内
犬塚弘

北町奉行所の定町廻り同心。主水同様に「昼行灯」と呼ばれるその裏の顔は、金を目当てに女をゆする悪党である。昔は真面目な同心だったようだが、なにがあったのか主水とは別の裏街道を歩む。

大ヒット曲「スーダラ節」をはじめ音楽、映画、テレビ、舞台とあらゆる活躍を見せたハナ肇とクレージーキャッツ。ベーシストの犬塚弘は、70年代に入るとコメディに限らず俳優としての活動が多くなる。『新必殺仕事人』第25話「主水猫を逮捕する」では南町奉行の日高に扮して、なんともイキな名裁きを見せた。

およう
池波志乃

呉服問屋井筒屋の女中であり、店の金に手をつけてまで愛する礼二郎に貢ぐ。やがて番頭の嘉兵エらの知るところとなり……。

池波志乃は俳優小劇場養成所を経て新国劇に入団。70年代半ばより映画やテレビで注目を集め、『昭和枯れすすき』の小料理屋に勤める主人公の恋人、『丑三つの村』の積極的な人妻など、わけありな女を得意とした。中尾彬とのおしどり夫婦ぶりも評判となった。

礼二郎
佐藤仁哉

巳代松と同業の鋳掛屋。おようから金を引き出しては享楽的に暮らしていたが、ずるずると怠惰な深みにハマり、抜けられなくなってしまう。

1975年に特撮ドラマ『コンドールマン』の三矢一心役として初主演を果たした佐藤仁哉は、現代劇・時代劇を問わず色悪を得意とした俳優。本作でも単なる被害者ではない小悪党を妙演。初主演映画『人間の骨』では大関優子がヒロインを務めた。

辰三
清水綋治

服部配下の岡っ引き。嘉兵エから耳寄りの話を持ちかけられるということは、以前からそれなりに「うめえ話」に目がないものと思われる。

清水綋治は京都の太秦出身、子役として撮影所に出入りしていた。上京後は俳優座養成所などを経て、劇団自由劇場の旗揚げメンバーに。黒テント劇団でアングラ活動をまっとうするかたわら、映像の世界でも存在感を示す。『新仕置人』には三度出演しているが、三番手の岡っ引き、奉行を人質に牢屋敷に立て籠もる囚人、外道仕置人と手を組む同心と、みるみるパワーアップ。

◆　◆　◆

番頭の嘉兵エを演じた高野真二、略歴はP122を参照。おようが使い込んだことにして最後の最後に帳簿に大穴を開けて、切り餅三つ（七十五両）を服部、辰三と山分けした。

井筒屋惣右エ門役の西川ヒノデは、西川ヒノデ・サクラで人気を博した関西のコメディアンにして映画俳優。おようへの「お前、好きな男はいないのかい?」という問いかけもそうだが、どぎつい関西なまりの商人役が多く、必殺シリーズが京都で撮影されていることを実感できる（いわゆる「松竹芸能」枠のキャスティング）。『必殺商売人』第10話「不況に新商売の倒産屋」では店が潰れて一家が路頭に迷い、万引きに手を出してしまう嶋田屋を演じた。

鉄が生卵を飲んでもう一回戦挑まんとする娘役は倉谷礼子。劇団京都ドラマ劇場で活動していた女優であり、必殺シリーズにもコンスタントに出演した。で、お楽しみのところに「コラー!」、おとっつぁんが怒鳴り込んできて鉄は牢屋にぶち込まれてしまう。おぼこ娘という話だったが、「いやもう、ガキのくせに達者で達者で」とは鉄っつぁんの供述。

寅の会の揚句

北町の服部左内露と消え

製作主任の渡辺寿男は山﨑努や市原悦子のインタビューでその名が出るほどの現場の責任者。

シナリオと本編の違い／ロケ地／そのほか

シナリオによると、おようは「化粧気もなく、地味な顔立ち」。服部にゆすられ、嘉兵衛に犯されたあと「風が吹いている。髪を振り乱し、憑かれたように小判を握りしめて突っ走るおよう」という、夜の町のシーンがあったが、本編ではカット。情念のシーンが消えて、哀れな被害者の側面が立っている。

嘉兵衛が去ったあとのくだりも「憎悪に燃える眼で、一枚一枚小判を拾い集める」というト書きで、完成した本編とは音楽ごと印象が異なる。

寅の会の競り、二十五両の声をかけた儒者の「相手が奉行所の役人なら、仕置の相場もこれくらいだろう」というセリフはシナリオにない。落札価格は二十両から十五両に下がり、相場語りが好きな儒者はムッとしたことだろう。

巳代松が礼二郎を探すシーン、シナリオでは囚人解き放ちから戻る鉄と山門でのやり取りがある。本編では神社の神輿置き場を訪れ、礼二郎とすれ違う。巳代松の仕置、シナリオではおていが嘉兵衛を誘惑して連れ出す。

主水による服部の仕置は本編より殺る気まんまん、「金はいらねえ」「？」「命がほしいんだ」と宣言し、「俺たちは似た者同士なんだ。見逃してくれッ！」という命乞いに対して「服部、俺とおめえの違いはな、これなんだ！」とスラリ刀を抜き、「同じワルでも俺は大悪党、人殺しが専門よ」と斬りつけていた。「いずれは、わが身か……」という最後のセリフはシナリオにない。

番屋の手配書には元作州松平藩士の楢井俊平、同じく京都映画で撮影されたテレビ時代劇『斬り抜ける』の主人公の似顔絵が貼られており、同作で元祖走り屋の弥吉を演じた火野正平がそこを見張っているのも一興。劇画タッチの俊平をセンターにして辰三と服部が会話をするマルチユニバースが成立した。

次回予告

命あとわずか、最後の仕事と思っていた仕置人弥八。町方の手に捕らえられ、自白を強いられる。いっぽう虎を実の父とも知らず育った娘おしんにも、手は伸びていた。いったい裏切り者はなにを狙っているのか。次回『新必殺仕置人』ご期待ください。

【キャスト】
中村主水：藤田まこと／巳代松：中村嘉律雄／正八：火野正平／おてい：中尾ミエ／死神：河原崎建三／およう：池波志乃／礼二郎：佐藤仁哉／辰三：清水綋治／元締虎：藤村富美男（元阪神タイガース）／嘉兵衛：高野真二／惣右衛門：西川ヒノデ／吉蔵：北村光生／娘の父親：日高久／娘：倉谷礼子／同心：宮川珠季／手代：松尾勝人／囚人：滝譲二、東悦次／茶屋の主人：伊波一夫／闇の俳諧師：藤沢薫、原聖四郎、沖時男、秋山勝俊、伴勇太郎／服部左内：犬塚弘／せん：菅井きんりつ：白木万理／念仏の鉄：山崎努

【スタッフ】
制作：山内久司、仲川利久、桜井洋三／脚本：中村勝行／音楽：平尾昌晃／編曲：竜崎孝路／撮影：石原興／製作主任：渡辺寿男／美術：川村鬼世志／照明：中島利男／録音：木村清治郎／調音：本田文人／編集：園井弘一／助監督：松永彦一／装飾：玉井憲一／記録：野口多喜子／進行：佐々木一彦／特技：宍戸大全／装置：新映美術工芸／床山・結髪：八木かつら／衣裳：松竹衣裳／小道具：高津商会／現像：東洋現像所／殺陣：楠本栄一、布目真爾／題字：糸見溪南／ナレーター：芥川隆行／主題歌：「あかね雲」（作詞：片桐和子／作曲：平尾昌晃／編曲：竜崎孝路／唄：川田ともこ／東芝レコード）／製作協力：京都映画株式会社／監督：松野宏軌／制作：朝日放送、松竹株式会社

元締無用

第19話

脚本：村尾昭
監督：工藤栄一

虎の元締に娘がいた——。育ての親である老仕置人の弥八は寅の会の抗争に巻き込まれてしまう。

放映日◉ 1977年6月3日
視聴率◉ 9.4%(関東)
17.6%(関西)

頑固な爺さんを演じさせたら絶品の花沢徳衛が「さそりの弥八」に扮して老仕置人の矜持を見せ、一人娘おしんとの情、そして虎との絆が描かれる。

本筋は寅の会の内紛、虎と猫の勘兵ヱ(川合伸旺)、仕置人同士の抗争が扱われた。この手のホンは任せろと東映任侠映画で鍛えた村尾昭が手腕を発揮、「仕置人の凄まじい生き様がそこにある」「おしんを見つめる虎、体中を切り刻むような悲しい思いを抑え、かける言葉もなく頷くと、断腸の思いを断ち切るように立ち上がる」など、シナリオのト書きにもその気迫がこもっている。

初の抗争劇に対し、第5話「王手無用」以来の登板となるエース監督の工藤栄一が光と影の画づくりを焼きつける。弥八が足抜けを頼む寅の会のシーンは「工藤が帰ってきた！」と言わんばかりのシルエットだ。

虎が瀕死の弥八を看取る場所は舟屋。水面のきらめきが木の床に反射し、弥八の葬儀には小雨はそぼ降る。虎を挑発する勘兵ヱ、そしてそれを見つめる鉄がフレームアウトするや、奥から僧侶を先頭にした葬列が動き始まる奥行きを生かした演出もたまらない。

雨上がりの路面を歩く鉄を俯瞰で捉え、大八車が行き去ったあとに死神が現れるワンカットも、まさに詩情の工藤節。ふたたび舟屋、虎が勘兵ヱの仕置を鉄に

あらすじ

老仕置人のさそりの弥八が、道海検校の殺しをしくじる。あと一歩というところで盗人騒ぎが発生、逃げ出して足に怪我を負う。鉄に治療してもらった弥八は、何者かが邪魔をしているという疑念を抱く。今回の仕置を最後に弥八は寅の会を抜け、足を洗うことを許されていたのだ。

そんな会話の最中、鉄の長屋に町方が押し入り、仕置人として弥八は捕縛されてしまう。騒然となる寅の会、猫の勘兵ヱが弥八を奉行所に売ったことを明かし、虎を試したのだという。勘兵ヱは主水に賄賂を渡して奉行所の様子を把握しており、虎の会の元締の座を狙っていた。

弥八が捕まったことにより、娘のおしんの縁談は破談となる。勘兵ヱ配下の伊之吉に「ある男のせい」だと吹き込まれたおしんは主水を襲い、勘兵ヱはおしんの実の父親が虎であることを知る。弥八は死神の手で大番屋から逃れ、道海の仕置に向かう。しかし、行く手には勘兵ヱ一味が潜んでいた。

依頼する。

各シーンにこだわりを示し、弥八の死と橋で待つおしんのカットバックはシナリオ上の指定以上に細かく、親子の別れを盛り上げる。あえて序盤に『必殺仕置人』の音楽をいくつか使い、殺しのテーマも主水の仕置の直後から流して既成のパターンを取っ払う。

「俺たちの手に染みついた血の色は、死ぬまで消えねえだろうからな」

弥八役の花沢徳衛、そのシワとダミ声が裏稼業の説得力を増す。死神の手で大番屋を抜け出した弥八は、おしんに詫びながらも仕置人であることは頑なに認めず、最後の仕置へ。勘兵ヱ一味に斬られながらも道海検校を始末する。

〝さそり〟という二つ名だが、弥八の武器は小さなカニに毒を塗って、相手を始末するもの。この技は『必殺仕掛人』第22話「大荷物小荷物仕掛の手伝い」に登場したカニの七兵衛の殺しが踏襲されており、七兵衛もまた老優の藤原釜足が演じたベテラン仕掛人というキャラクターであった。

ラストシーンの虎とおしん、言葉なく触れ合いもせぬ交流まで全編が工藤栄一の詩情に彩られたエピソードだが、『新仕置人』らしいノリも健在。鉄は「三頭筋と四頭筋の炎症による神経系統の圧迫感からくる鈍痛感だからよ」とアドリブをかまし、正八は仕置人にならんと鉄のボキボキを真似て、稽古に励み、勢い余ってボコボコにされる。包帯グルグル巻きの正八を連れて商家に治療代をもらいに行く巳代松の小芝居も楽しい。

セリフ選抜「わたしには、娘はいない」（虎）

猫の勘兵ヱの表稼業は指物師。戸格子や鉋《かんな》を活用した構図に工藤栄一のセンスが光る。配下の伊之吉は長ドスで主水を襲って返り討ち、東次郎はカンフーの猛攻で鉄を追いつめる（着物を脱ぐと、ブルース・リーを思わせるチャイナ服！）。仕置人同士の対決に合わせてオープンセットの通りを二つ、大がかりなレール移動で横断する広角ショットも活劇を盛り上げる。

撮影は藤原三郎に交代。石原興の弟分として助手を務め、1973年に京都映画の昼メロ『瀬戸の恋歌』で技師デビューしたのち必殺シリーズや歌舞伎座テレビで活躍、『宮本武蔵』第12話「一乗寺の決斗」では武蔵と吉岡一門の決闘をダイナミックに捉えて、柴田賞を受賞。かつて石原興が『必殺仕掛人』で受けたテレビ技術の賞であり、「望遠の石原、ワイドの藤原」として5・9ミリの広角レンズを使ったカメラワークを得意とした。『新仕置人』でも歌舞伎座テレビの『宮本武蔵』や『お耳役秘帳』ほどではないが、ワイドを駆使し、「元締無用」ファーストカットも忌中の商家をローアングルからの歪みで捉えている。

主な登場人物

さそりの弥八

花沢徳衛

寅の会に所属する老仕置人。カニを使った殺し技を使うが、寄る年波には勝てず、裏稼業からの引退を申し出る。しかし、最後の仕事と決めた道海検校の仕置に失敗し、猫の勘兵ヱの密告によって奉行所に捕えられる。

昭和を代表する頑固ジジイ俳優の一人である花沢徳衛は、戦前から東宝の映画で活動。戦後は独立プロの作品に参加し、東映の「警視庁物語」シリーズではベテランの林刑事に。おじいちゃん仕事の極地として2時間ドラマ『松本清張の「老春」』では性欲たっぷりの祖父を演じている。

猫の勘兵ヱ

川合伸旺

虎の元締の後釜を狙う、猫が二つ名の仕置人。表の稼業は箪笥《たんす》や長持などを作る指物師。

川合伸旺のプロフィールはP110参照。第32話「阿呆無用」で悪徳商人の阿波屋伊兵ヱとして再登場する。

おしん

三浦リカ

弥八の一人娘。父が仕置人として捕縛されたことで、三島屋の若旦那の清吉との縁組が破談となる。じつは虎の娘。

1976年に映画『サチコの幸』でサチコを演じた三浦リカは、姉の三浦真弓とともにテレビ時代劇の薄幸ヒロイン代表格。『水戸黄門』の最多ゲスト女優でもあるが、意外にも必殺シリーズへの出演は3本しかない。

道海

天王寺虎之助

弥八に仕置される好色検校。「情愛無用」の道玄と同じように屋敷内に大きな座敷牢があり、そこで女をなぐさみものにする。キツネ顔の用心棒を雇っているところも共通している。弥八の最後の仕置相手として、カニの毒が回って命を奪われた。

巨漢の大物坊主といえばこの人、天王寺虎之助は戦前から女剣劇の一座で活動し、戦後は松竹京都の専属俳優として映画界に移籍。1962年にフリーとなって各社の時代劇で丸い頭と丸い目を駆使した。「軍配無用」では冒頭で刺し殺される住職を演じており、「あぁ、あああああ!」と断末魔の叫びをあげた。

◆　◆　◆

勘兵ヱ配下の伊之吉は島米八、主水をなめてかかって返り討ちにあう。武器は長ドス。

鉄をボコボコに追い込む〝和製ブルース・リー〟の東次郎は暁新太郎、必殺シリーズにおいてはいちばん目立つ役だろうか。「シャーシャー」と不気味な声を発し、フラフラと動き、ジャンプ力も高い。

暁新太郎は流転の芸名の持ち主であり、大映京都時代に森下耕作としてデビューし、暁新二郎と改名したのち、ふたたび森下耕作に戻し、1971年の大映倒産後は暁新太郎として映像京都を中心に東映や松竹など各社のテレビ時代劇に出演した。

弥八のかかりつけ医の順庵を演じた市川男女之助は、天王寺虎之助ばりにクレジットが目立つ老優。1936年に歌舞伎役者の市川男女蔵として新興キネマの『五月晴一本槍』で主演デビュー。やがて脇に回り、戦後は松竹京都の専属から65年の撮影所閉鎖後にフリーとなった。

ゴロツキに襲われ、おしんに別れを告げる清吉役は柳川昌和。当時は関西芸術座の若手メンバーであり、のちに演出も手がける。1981年には平和プロダクションの映画『冬のリトルボーイ』に主演。広島を舞台に被爆二世の成長を描いた映画であり、監督の木之下晃明は『人間の骨』で劇場デビュー、俳優の津崎公平のメガホンネームである。

寅の会の揚句

※揚句は発表されず

鉄の履いている黒い股引は、この回まで。次の「善意無用」より生足に。

シナリオと本編の違い／ロケ地／そのほか

　尺オーバーの常習犯・工藤栄一らしく、撮影されながら丸ごとカットされたシーンが存在。弥八が鉄の治療を受ける前段、泥棒市で米を盗んだ孝行息子の与一（大迫ひでき）が捕縛され、母親のおしげ（八代郷子）が泣きすがり、近所のおかみさん（町田米子）が鉄に「なんとかしておやりよ」とせがむ、台本にして１ページ半以上のシーンがそれだ。

「あんたなんかね、死んだら地獄行きだよ」「そのとおり、俺の行き先は地獄さ。閻魔大王とよ、酒飲むのを楽しみにしてんだ」というやりとりのあと、足を引きずりながら弥八がやってくる。与一、おしげ、おかみさんともにエンディングにクレジットが残された。

　シナリオでは寅の会の各シーンに勘兵ヱ配下の伊之吉と東次郎が参加。さすがに不自然な設定だからか、本編では僧侶と儒者に役割が交代し、彼らが勘兵ヱ側に立って虎に反発した。

　大番屋での弥八の拷問、木を使った緊縛と蝋責めはシナリオにない。鉄や主水が弥八解き放ちを協議したあと、シナリオには虎の家のシーンが存在。質素な長屋でさんまを焼き、子供たちに竹とんぼを作り、その間にさんまが焦げてしまう……そんな虎の日常を鉄が目撃する描写があった。

　弥八が大番屋から逃げるくだり、シナリオ上では医者の順庵を気絶させて自分から脱出するが、本編では死神が主導している。仕置シーン、東次郎の空手はシナリオに指定されているが、カンフー着は現場のアイデア。鉄は勘兵ヱに片腕を斬り裂かれ、間一髪で逆転する流れになっていた。

　シナリオ全体に巳代松が銭にうるさいキャラとして描かれており、ラストシーンも「正八、今日は何の日だ？」「辰だよ、辰」「なに、まだ辰か……寅の日まであと十日、長げえなぁ……」というオチになっていた。おしんと虎、死神による言葉なき１分半は現場改訂によるもの。このラストに加えて、おしんと弥八の別れでは、中ノ島橋の上下が効果的にロケ地として使用された。

次回予告

人の道は善。情けや慈しみの心は見かけ倒しの口先三寸。だまされて、島帰りの木場人足。罪背負わされ裏街道、死に急ぐ。次回『新必殺仕置人』ご期待ください。

【キャスト】中村主水：藤田まこと／巳代松：中村嘉律雄／正八：火野正平／おてい：中尾ミエ／死神：河原崎建三／さそりの弥八：花沢徳衛／猫の勘兵ヱ：川合伸旺／おしん：三浦リカ／道海：天王寺虎之助／同心真木：三好正夫／おさと：三浦徳子／元締虎：藤村富美男（元阪神タイガース）／伊之吉：島米八／東次郎：暁新太郎／清吉：柳川昌和／惣右ヱ門：伊東亮英／吉蔵：北村光生／医者順庵：市川男女之助／おかみ：町田米子／おしげ：八代郷子／遊び人：美樹博、松尾勝人、広田和彦、扇田喜久一／与一：大迫ひでき／女：末永直美／闇の俳諧師：藤沢薫、原聖四郎、沖時男、秋山勝俊、伴勇太郎／せん：菅井きん／りつ：白木万理／念仏の鉄：山崎努

【スタッフ】制作：山内久司、仲川利久、桜井洋三／脚本：村尾昭／音楽：平尾昌晃／編曲：竜崎孝路／撮影：藤原三郎／製作主任：渡辺寿男／美術：川村鬼世志／照明：中島利男／録音：木村清治郎／調音：本田文人／編集：園井弘一／助監督：高坂光幸／装飾：玉井憲一／記録：野口多喜子／進行：佐々木一彦／特技：宍戸大全／装置：新映美術工芸／床山・結髪：八木かつら／衣裳：松竹衣裳／小道具：高津商会／現像：東洋現像所／殺陣：楠本栄一、布目真爾／題字：糸見溪南／ナレーター：芥川隆行／主題歌：「あかね雲」（作詞：片桐和子／作曲：平尾昌晃／編曲：竜崎孝路／唄：川田ともこ／東芝レコード）／製作協力：京都映画株式会社／監督：工藤栄一／制作：朝日放送、松竹株式会社

※本編クレジットは「川合伸旺」を「川合伸旺」と表記

善意無用

第20話

脚本：中村勝行
監督：大熊邦也

かつて〝軍鶏〟と呼ばれた島帰りの青年。まっとうな堅気を目指すが、だまされて戻り道を断たれ——。

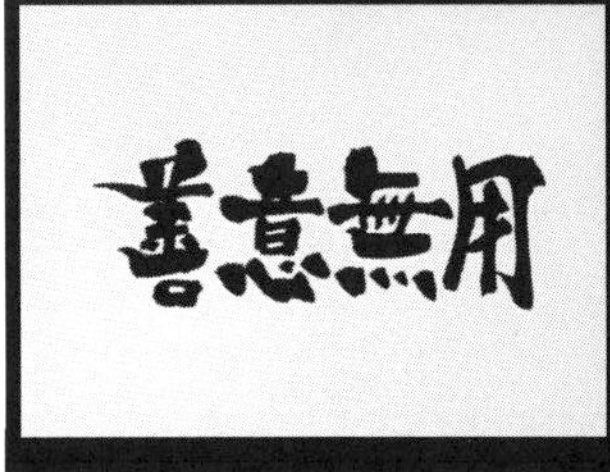

放映日◎ 1977年6月10日
視聴率◎ 11.1%(関東)
15.2%(関西)

善の道を説く、善良な材木商として評判の善兵ヱは木曽の山奥から裸一貫で木曽屋を立ち上げた。島帰りの男たちを一括で雇う立志伝中の人物で、夕方は菩薩堂で念仏を唱える日々。富も名誉も存分にあるが、まだ手に入れてないものは〝身分〟——苗字帯刀を許された町年寄、喜多村勘右ヱ門の家柄を欲し、息子の徳之助を婿養子に入れようとするが、まったく色よい返事をもらえない。

そして木場人足の清吉と喜多村家の娘お加代の、身分違いの触れ合いによって悲劇が生まれる。善悪どちらも似合う稲葉義男の苦労人の野望と、愚かな若者がよく似合う高峰圭二の偽善に満ちた親子ぶり、「善意無用」というサブタイトルは台本の時点で指定されている。

島帰りの清吉を同じ境遇から面倒を見ようとする鉄と巳代松、とくに巳代松の「銭貸してくれ」という出会い頭の挨拶を覚えていた清吉のバカ正直ぶり、人足仕事で手に入れた五十文で酒を酌み交わす。

「善意なんて信じられるかい。この世で信じられるものは、てめえと銭だけだ。とくに島者はな」

清吉を心配し、これまでの人生で染みついた、渡る世間は鬼ばかりを諭《さと》すが、木曽屋に心酔する清吉は「そんなもんかなぁ」と聞く耳を持たず、巳代松の善意は届かない。その後も松っつぁん、なん

あらすじ

軍鶏《シャモ》の清吉と呼ばれた遊び人が、五年の遠島を終えて江戸に戻ってきた。かつて町年寄の喜多村勘右ヱ門の娘お加代を暴漢から助け、相手に大怪我を追わせ、主水の手で島送りになったのだった。

木曽屋善兵ヱの木場で人足として働きはじめた清吉は、観音長屋で暮らすようになり、巳代松と親交を深める。お互い島帰り、一本気な清吉のことを心配する巳代松。清吉とお加代の付き合いは、勘右ヱ門の知るところとなり、金と引き換えに仲を断ち切られる。

町名主の名代を狙う木曽屋だが、誇り高き勘右ヱ門に婿入りを断られ、息子の徳之助と小頭の吉次郎は喜多村家に押し入り、勘右ヱ門を殺害。お加代を犯そうとした瞬間、酔った清吉が表門を叩く。やがて木曽屋の罠により、清吉は勘右ヱ門殺しの下手人として追われる身となってしまう。木曽屋の偽善を知った清吉は、お加代の制止を振りほどき、ふたたび〝軍鶏〟の血が騒ぎはじめる。

だかんだと善意の塊である。

しかし世知辛《せちがら》い江戸で、清吉が堅気として生きるのは難しかった。当時30歳でありながらピュアな青年に見える松山省二が島帰りの挫折を体現する。

あげく勘右ヱ門殺しの汚名を着せられ、お加代との再会で真相を知るや「ぶっ殺してやる！」。もう止まらない。

「軍鶏はな、死ぬまで戦わなくちゃ駄目なんだよ。途中で音を上げたら負けなんだ！」

裸足のまま清吉を追う、お加代。たちまち御用提灯に囲まれ、「清吉さん！」を10回も連呼するお加代の願い虚しく、軍鶏は散ってゆく。

本作最後の撮影となった石原興の望遠レンズによる圧縮が大捕物を盛り立げる。これまで照明部のチーフ助手を務めてきた林利夫が唯一の技師として参加。お加代役の森川千恵子が一人佇むシーンではロングショットの顔に影を落とし、正面のアップ、横顔と、それぞれライティングを変えながら薄幸美を作り上げる。そして石原と林は次作『新必殺からくり人』に回った。

クライマックスの仕置の舞台は、木曽屋が人足たちを集めて拝む菩薩堂。格子戸の隙間から木曽屋を狙う巳代松と正八のコンビネーションが見ものだが、もうひとつの見どころ——いや聞きどころは音のバランスだ。

セリフ、効果音、殺しのテーマ曲などすべての音のバランスを整える調音技師・本田文人のミキシング技術が光る。とくに常に流れているはずの「なんまいだ〜」という念仏の声がフェーダーで上げ下げしながら違和感なく、かつ効果的に殺しのメリハリを演出。

人足に化けた鉄の指ボキボキ、その手前でスッと念仏が消え、徳之助の骨を外したあとからフッと「なんまいだ〜」がふたたび聞こえて、巳代松の木曽屋狙撃へ。パニック状態の菩薩堂から人足が逃げ出すと止まったままの吉次郎が登場、すでに主水に刺されたあとという、流れるような連携もあざやかだ。シナリオでは巳代松→鉄→主水という順番で、木曽屋以外は菩薩堂の外での殺しだったが、ワンシチュエーションの流れに変更されている。

「善意無用」は朝日放送の大熊邦也最後の監督作であり、シリーズ第1弾『必殺仕掛人』から始まって計25話を演出。テレビディレクターとして、映画監督とは異なる娯楽性と実験精神を発揮した。その後は東京支社をベースに2時間ドラマなどのプロデューサーと監督を兼任して活躍する。

セリフ選抜「世間なんて信じられねえ。信じちゃいけねえ」（巳代松）

主な登場人物

軍鶏の清吉

松山省二

　その正義心と血の気の多さから島送りとなり、戻ったのち木曽屋の木場人足として更生を誓ったが、軍鶏は死ぬまで戦う気性であった。

　俳優の五代目河原崎國太郎の次男である松山省二は、兄の松山英太郎とともに子役として芸能界のキャリアを始める。『怪奇大作戦』の〝ノム〟こと野村洋などテレビドラマを中心に活動。必殺シリーズには『必殺仕掛人』第20話「ゆすりたかり殺される」で初登場、ゆすりたかりをしていた父を目の前で殺される若侍の一色太七郎を演じた。1979年に松山政路と改名した。

木曽屋善兵ヱ

稲葉義男

　島帰りの男たちを木場人足として雇う善意あふれる材木問屋だが、裏の顔は上昇志向バリバリ。町年寄という身分を狙う名誉欲の塊。毎日、菩薩堂でお経を唱えており、その場所で仕置される。

　稲葉義男は芸術小劇場を経て俳優座に所属。黒澤明監督の『七人の侍』では雇われ浪人のひとり、片山五郎兵衛を演じた。テレビ時代劇では善悪どちらも演じており、善兵ヱのような善人面した悪人もお手のもの。『翔べ！必殺うらごろし』第20話「水探しの占い棒が死体を見つけた！」では仏様と呼ばれる庄屋の仁右衛門に。おばさん（市原悦子）に「仏というのは死んだ人のことを言うんじゃないのかい」と聞かれながら刺され、「地獄に行きな！」からの「地獄に仏さ」と三段落ちがキマった。

お加代

森川千恵子

　町年寄の喜多村勘右ヱ門の娘。自分を助けてくれたがために遠島になった清吉と惚れ合うが、父親からも、木曽屋父子からも目をつけられ、身分違いの恋は哀しい結末に。「清吉さん！」を連呼して追いかけるが、御用提灯の群れに阻まれてしまい、軍鶏の大暴れと、その死を目撃してしまう。

　モデル活動を経て、真樹千恵子の芸名で女優デビューした直後の1971年に『仮面ライダー』の緑川ルリ子で特撮テレビ史に名を残す森川千恵子は、1977年に結婚して引退する。父は『帝銀事件』や『幕末暗殺史』を手がけた作家の森川哲郎。

◆◆◆

　木曽屋の徳之助役は高峰圭二、ほんにバカ息子の役がよく似合う。吉次郎役の浜伸二もコワモテで止まったままの死に顔が忠犬ハチ公の銅像のよう。

「三河以来代々続いた町名主、なによりも家柄家系を重んじます」と語る喜多村勘右ヱ門に永田光男。誇り高き性格が仇となって木曽屋を露骨に見下し、とうとう息子と小頭に殺されてしまう。清吉に金を渡して、お加代と手を切らせようとする際の態度もなかなかだ。実際に江戸の町年寄は樽屋・奈良屋・喜多村家という三家の世襲制であり、史実をもとにした役どころとなっている。

　中村家にやってくる甥の喜助役は大橋壮多。大野しげひさ、佐藤蛾次郎とともに、ちょこちょいトリオとして松竹の映画『とめてくれるなおっ母さん』に主演。その後は関西に戻って必殺シリーズにおいては「太った小悪党」の座を独占した。甲高いデブ声が特徴だが、本作ではほとんどセリフのないまま、ひたすらメシを食い続けるキャラクターとなった。

　同心村瀬を演じた浜田雄史は、「問答無用」「王手無用」「偽善無用」「休診無用」「善意無用」「訴訟無用」に出演しているが、すべて同心という徹底ぶり。役名こそ違えど準レギュラーのような扱いだ。

　回想シーンで清吉と喧嘩をするやくざは、布目真爾と諸木淳郎。その後、諸木は『必殺仕事人V激闘編』などで悪役として活躍。

寅の会の揚句

つばくらもこれが見納め
木曽屋かな

清吉の匕首を取り上げて刺し殺す同心はノンクレジットの東悦次、殺陣師としても活動。

シナリオと本編の違い／ロケ地／そのほか

清吉はシナリオでは22歳の設定。17歳のとき、人助けがもとで島流しに。松山省二の実年齢よりずいぶん若いが、それだけ人の善意を信じるキャラクターとして造形されている。清吉の〝青さ〟も22歳だと思えば納得だ。

霊岸島の御船手番所で島帰りの清吉を出迎える主水、本編では木曽屋を尊敬しているが、台本上は「虫の好かねえ野郎だ」「俺は善人面したやつぁ、大嫌《でえきれ》えなんだ」と最初から懐疑的。御船手番所は広沢池の東岸に船着き場や竹矢来の柵をセットして撮影されている。

シナリオでは序盤の絵草紙屋や地下蔵のアジトでおていが登場するが、中尾ミエの出演はなし。絵草紙屋のシーンは、必殺シリーズの大部屋俳優（美鷹健児、東悦次、広田和彦、平井靖）と火野正平の絡みに変更された。

絵草紙屋から長屋へと清吉を追いかけるお加代、シナリオでは木場のシーンから登場する。中村家のシーン、りつの従兄弟で信州から出てきた乾物商の喜助は、本編ではひたすらメシを食う無愛想なキャラクターに。

徳之助と吉次郎による喜多村勘右ヱ門殺し、シナリオでは木曽屋に内緒の独断であり、「家柄がなんだ！　家系がなんだい！　おとっつぁんは腕一本でこれだけの身代を築き上げたじゃないか。あんなやつにバカにされることはないんだ」と延々屈辱からの動機を語り、吉次郎も「旦那様、どうか若旦那の気持ちを察してやってください——あっしだって、はらわたが煮えくり返る思いだったんです！」と徳之助をフォロー。セリフだけ抜き出すと、親想いの息子と主人想いの小頭だが、1ページ以上のシーンごとカット。本編ではいささか唐突な勘右ヱ門殺しだが、本来この流れで木曽屋が揉み消しを図っている。

殺しのシーン、シナリオでは木曽屋が巳代松に撃たれたあと、パニックとなって徳之助と吉次郎は外に飛び出し、そこで鉄と主水に仕置される展開になっていた。主水は吉次郎に「死ねッ！」と宣言してぶった斬る。

次回予告

殺しても逃れ得ぬ定め。絶えずつきまとう影は、心の風。引き受けて、いまさらなにを迷うことがあろう。あとに戻れぬ裏街道。次回『新必殺仕置人』ご期待ください。

【キャスト】
中村主水：藤田まこと／巳代松：中村嘉葎雄／正八：火野正平／死神：河原崎建三／軍鶏の清吉：松山省二／木曽屋善兵ヱ：稲葉義男／お加代：森川千恵子／元締虎：藤村富美男（元阪神タイガース）／徳之助：高峰圭二／吉次郎：浜伸二／喜多村勘右ヱ門：永田光男／同心真木：三好正夫／喜助：大橋壮多／弥平：千葉保／与力：山口幸生／同心村瀬：浜田雄史／やくざ：布目真爾、諸木淳郎／闇の俳諧師：藤沢薫、原聖四郎、沖時男、秋山勝俊、伴勇太郎／せん：菅井きん／りつ：白木万理／念仏の鉄：山崎努

【スタッフ】
制作：山内久司、仲川利久、桜井洋三／脚本：中村勝行／音楽：平尾昌晃／編曲：竜崎孝路／撮影：石原興／製作主任：渡辺寿男／美術：川村鬼世志／照明：林利夫／録音：木村清治郎／調音：本田文人／編集：園井弘一／助監督：高坂光幸／装飾：玉井憲一／記録：野口多喜子／進行：佐々木一彦／特技：宍戸大全／装置：新映美術工芸／床山・結髪：八木かつら／衣裳：松竹衣裳／小道具：高津商会／現像：東洋現像所／殺陣：美山晋八、布目真爾／題字：糸見溪南／ナレーター：芥川隆行／主題歌：「あかね雲」（作詞：片桐和子／作曲：平尾昌晃／編曲：竜崎孝路／唄：川田ともこ／東芝レコード）／製作協力：京都映画株式会社／監督：大熊邦也／制作：朝日放送、松竹株式会社

※本編クレジットは「諸木淳郎」を「諸木敦郎」と表記

『新必殺仕置人』オープンセット写真集

『新必殺仕置人』の撮影は太秦の住宅街にある京都映画（現・松竹撮影所）を中心に行われた。当時のオープンセットの建物が発掘されたので、いくつかのスチールと組み合わせて掲載しよう。

オープンセットの町家はストーリーによって、のれんや看板を変えて使われる

鋳掛屋ゆえ町にいることが多い巳代松。鉄とのかけ合いも毎度のお楽しみ

土蔵の奥に商家という定番のアングル。第35話「奸計無用」で能登に旅立つ唐津屋からおていが財布をかすめ取った場所。第10話「女房無用」と第16話「逆怨無用」では相模屋に

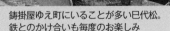

『新必殺仕置人』のスタートを祝しての決起集会が行われ、多くの関係者が集まった

第 11 話「助っ人無用」の集合写真。ゲストの嵐寛寿郎を真ん中にオープンセットで撮影された

『新必殺仕置人』現場スナップ集

京都映画株式

虎
56-59

COLUMN

1977年の『新必殺仕置人』、その思い出

坂井由人

仕置人復活という衝撃

中村主水シリーズ第5弾『新必殺仕置人』は、1977年の本放送を第1話から視聴。旧来の必殺シリーズの本放送は夜間22時からと昭和の少年にはやや遅めの時間帯ゆえ、全話を見られたものもあればそうでないものもあったが、『新仕置人』に関しては確実に意識的に全話を見ていた。

やはり大きな求心力は、寅の会という大設定の斬新さと、本作における主水チームの独特の魅力だろう（もちろん、ほかの歴代「必殺」の主人公たちに魅力がなかったわけでは決してないが）。さらに番組中盤からは「屋根の男」が、今週はどのように笑わ

坂井が主宰した「必殺」研究会・音羽屋による同人誌『殺した奴をまた殺す』第10号、『新必殺仕置人』の前半が特集された

せてくれるのかという興味が、視聴欲をさらに加速させた（笑）。

そもそも主水シリーズの前作『必殺仕業人』の最終回「あんたこの結果をどう思う」は、当家の家族旅行の旅先（どこへ行ったかは忘れた）の宿で見た記憶がある。仕業人チームが（そしてメインゲストの若侍・土屋小十郎が）、残酷で哀切な皮肉に翻弄されて迎えた結末は主水の戦歴における一つの頂点で、当時の自分も明確に言葉にはできないままに、主水の物語はここで終わったとなんとなく観測していたと思う。

その念は「からくり人」二部作（非主水シリーズ）の連続放映という現実によってさらに倍化した（もちろん当時は『必殺からくり人　血風編』登場の裏事情など知る由もなかった）。

だから主水シリーズの新作『新必殺仕置人』が77年初頭からスタート、しかもタイトルに「仕置人」を冠して、あの念仏の鉄も復活！　の情報を初めて知ったときには相応に驚いた。同時に「なんだ？錠は出ないで別の仲間か!?」とも軽く当惑したが、実際の放送が始まるとすぐに巳代松が大好きになった。このへんは大方の世代人と、共通の感慨だろう。

必殺シリーズ前期黄金期の絶頂

インターネットの常用など夢の時代に、正確に最初に『新仕置人』開始の情報を認めたのがどこかはもはや忘却の彼方だが、たしか『週刊TVガイド』（東京ニュース通信社）の「問答無用」の解説では「死んだはずの中村主水が生きていたという設定で始まる」という主旨の記述があり、「え!?」と軽く驚いた記憶がある。

『仕業人』最終回で小十郎との対決を経て去って行く主水の姿は、どこかアラン・ラッド主演の西部劇映画『シェーン』（53年）のラストも想起させるが、そのシェーンも実は、主人公はひそかに重傷を負っており、いずれ死が暗示されているという解釈がある。まさか『仕業人』最終回にもどこかそういう含みがあったのか？　とTVガイドの記事から、のちのちまで逆算的に考えたりもしたが、実際の『仕業人』主要スタッフの思惑はわからない。

生前、脚本を執筆された安倍徹郎先生にさりげなくこの件を伺った覚えもあるが、記憶にないとご返答くださったと思う。そして自分が「必殺」ファン活動としてスタッフの方々との接触の機会を得るようになった時点で『仕業人』最終回担当の渡邊祐介監督は、すでに鬼籍に入られていた。そもそも『TVガイド』の記者が勘違いした可能性もあるし、結局この話題は漠《ばく》とすべきかもしれないが。

いずれにしろ『仕業人』の続編としての新番組『新仕置人』の文芸は、剣之介とお歌の最期を語る主水の忸怩《じくじ》たる念を、だからなんだといわんばかりの表情で念仏の鉄が受け流す「問答無用」での一幕で、あまりも鮮やかにいったん決着。同話での上司・筑波への失望を経た復帰劇こそかなり苦いが、それでももう一度、念仏の鉄や新たな仲間と裏稼業を楽しんでいいと安堵した主水のきわめて幸福な時期を描くのが『新仕置人』というシリーズの真価であろう。そして結局は、その夢がバブルとしてはじけるのが最終回「解散無用」だと考える。

『新仕置人』の本放送はとても楽しかったが、かつての『仕置人』が内包していたバーバリックな魅力が減じた印象もあった。とはいえ単純に新旧仕置人のタイトルで双方を比較しても、あまり意味はない。いうまでもなく、主水サーガとしての両シリーズの間には『暗闇仕留人』『必殺仕置屋稼業』『必殺仕業人』の3作品が存在する。それらの積み重ねを吸収しながらも毎回の話がマンネリに陥らず、練度《れんど》を高めた新作が『新仕置人』なのである。

主水や鉄たちのチームという小さな集合体と、寅の会という大きな組織の関係性で常に視聴者を緊張させ、それと同時に、哀感も情感も笑いも痛快さもあまねく取り込んだ、多様なドラマや名場面の数々を視聴者に提示した『新仕置人』という番組は、まさに全「必殺シリーズ」でも唯一無二のオモチャ箱的なおもしろさだと思う。その具体性に関しては、キャスティングや脚本・演出ほかの側面も踏まえて、本書の各所に記載されていると思うが、いずれにしろ本作品をもって必殺シリーズの前期黄金期が絶頂を迎えたのは間違いないだろう。

テレビ番組情報誌の恩恵

個人的な見解では、黄金期主水シリーズで最も平均的に各話がおもしろいのは『仕留人』だと思うが、『新仕置人』も名編が多い。

「必殺」研究会・音羽屋の正会誌『殺した奴をまた殺す』の第10・11号で『新必殺仕置人』全41話を、前半と後半にわけて総力特集した（発行は第10号が1992年12月、第11号が1993年8月／総ページ数は第10号が78頁、第11号が154頁）。表紙はともに、漫画家のしばたひできが担当。自分も含めて編集スタッフの熱意と『新仕置人』への思い入れが結実した2冊で、当時の仲間たち、そして購読者の方々に厚く御礼。なかでもレイアウトや写植のほぼ全域を手がけた盟友・安藤幹夫には、いまでも心から感謝している。身内のものながら各話評もそれぞれに楽しいが、個人的にサイコーだと唸ったのは秋山哲茂の「誘拐無用」評。【坂井】

なお第19話「元締無用」は初見時、このサブタイトルから虎と猫の勘兵ヱの正面対決を期待していささか拍子抜けしたが、再放送で見直すとゲスト仕置人のさそりの弥八が、娘を安心させるためにあえて嘘をつく場面で感涙。評価が倍化した（しかしこれって『必殺必中仕事屋稼業』終盤で、心の隙からお春に重荷を押し付けた半兵衛へのアンチテーゼ……じゃないよね？）。

ちなみに本放送当時、筆者が毎週の『新仕置人』各話の情報をいち早く得るために活用したのが、やはり『週刊TVガイド』などの番組情報誌だった。当時それらは毎週木曜日に発売。毎号、その2日後の土曜日から翌金曜日までの番組の情報が載るので、たとえば77年の7月7日（木曜）の発売日に各誌を購読すると、翌8日の夜に放送の『新仕置人』第24話「誘拐無用」のオシリにつく次回予告よりひと足早く、第25話「濡衣無用」のあらすじが読めたのだ。ときにはあらすじ以上の情報（番組周辺の話題など）が載ることもあり、ネットがない時代にこの情報源はまことに貴重だった。

毎週の木曜日に『TVガイド』などからあれこれ今後の回の内容を想像、翌日にその週の本編をたっ

●COLUMN

ぷり楽しんだのち、次回の予告映像に接してさらに期待を高める。そしてまた一週間後に……このサイクルの繰り返しが、自分のような必殺ファンにとって至上の楽しみだった。

『TVガイド』などの情報誌はのちのち水曜日の刊行が基準になるが、それはともかく必殺ファンとしては『必殺剣劇人』（87年）を経て『必殺仕事人　激突！』（91〜92年）のころまでお世話になった。たぶん同じような日々を過ごしていた同世代のファンは、全国に多いだろう。

しかしながら『新仕置人』終了（えー！）の情報を最初に教えられたのも、やはり『TVガイド』か、その競合誌の番組情報誌だったはずで、もう正確なタイミングは覚えていないが、77年の半ばに、今年の終盤11月からまた次の必殺シリーズ（第11作『新必殺からくり人』のこと）が始まるとニュース記事で告知された記憶がある。

当然『新仕置人』はその前に終わるわけで、順当にガッカリしたが、すでに必殺シリーズも非主水ものを含めて10作目。こちらも馴染んできた各作品の主人公たちと、いつかは別れねばならない覚悟もさすがにできている。しかも『新仕置人』は（『血風編』誕生に至る混乱があったとはいえ）最終的に当時の時点で歴代最長の話数として優遇されたシリーズなのだから、ファンが不満を覚える余地もない。最終回までの展開を黙って見守る。

第40話「愛情無用」は、冷徹な殺人機械・死神の寅の会への離反と、純愛に殉じた彼の意外な最期を描く名編だった。それと同時に、最終回「解散無用」への助走となる最終二部作の前編だが、正直、初見の印象としては当惑めいた気分もあった。それはズバリ「『新仕置人』世界で、最強の男の最期がこれか⁉」というわかりやすい戸惑いだが、もちろん一方では正八と死神の友情という受け手の虚をつく趣向も含め、このエピソードの狙いも完成度も理解はできる。

主水サーガの決着点

とはいえ、こんなオフビートな（？）話が一本前にあったために胸中をかき乱され、最終回をどういう心構えで見るべきか気分が定まらないまま翌週の「解散無用」の本放送を迎えたような記憶もある。

実のところ当時の筆者には、実際の「解散無用」を見るまでは、いくら『新仕置人』でだいぶ敷居が低くなったとはいいながら、〈念仏の鉄という破格なほどマイペースで、そして超然としたキャラクター〉は、最終回のクライシスがどんなものになるにせよ、なんとか生きのびてどこかへ去って行くのではといった予見があったような気もするのだった。

だが実際の番組は物語の主軸を最終的に主水の視座に戻し、主水の視点から彼の周囲の全てがはぎ取られる決着を選択する。虎や巳代松はおろか、最強最長の相棒・念仏の鉄の終焉すら利用し、主水をふたたび裏稼業のなかに、ただひとり放り出す構図を語る（次作への布石の担保として生き延びた正八のみを別勘定に）。

いま一度『仕業人』最終回同様の寂寞《せきばく》のなかに主水は戻った。そこにあるのは長い楽しい夢から醒めて退屈な日常に戻る一人の男の茫洋とした姿だが、それでも最後に主水は笑う。

叩き抜かれても、あまりに多くのものを奪われても、そして目の前の日常の笑う事由がどれだけ矮小なものだったとしても、とにかくこの男はまだまだ人間らしく笑うのだ。これこそが自分が認めた、『仕業人』までの軌跡も踏まえた主水サーガの決着点としての『新必殺仕置人』最終回「解散無用」の真価なのだった。

以降の必殺シリーズもそれぞれに自分との距離感で好きだし、『江戸プロフェッショナル　必殺商売人』最終回でおせいに切ない嘘をつく主水も、『新必殺仕事人』第37話「主水娘と同居する」のラストでりつとせんの素直な優しさに隙を突かれる主水も、『必殺！Ⅲ　裏か表か』や『必殺仕事人ワイド　大老殺し』で仕事人としての己の立場を揺さぶられる主水もそれぞれ心に残るが、『新必殺仕置人』の、そして「解散無用」の主水がどうしても格別なこと。こればかりは仕方がないことなのである。

『新必殺仕置人』は全シリーズでも唯一無二のオモチャ箱的なおもしろさだった

質草無用

第21話

脚本：保利吉紀
監督：高坂光幸

おねこ、ちび、もの言わぬ姉弟が観音長屋に流れつく。その父親は、かつて巳代松が仕置した相手だった。

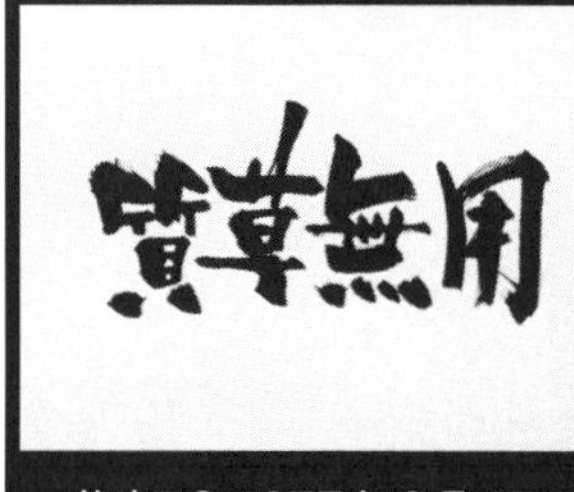

放映日◉ 1977年6月17日
視聴率◉ 6.8%(関東)
12.9%(関西)

巳代松と幼い姉弟の同居を描いた長屋もの。前回の「善意無用」に続いて、巳代松の無骨な人情がありったけ注がれ、中村嘉葎雄の市井に生きる男の魅力が発揮される。

まるで山本周五郎か川口松太郎の人情小説を思わせる展開で、前半は巳代松の長屋に転がり込んできた姉弟との交流が丁寧に紡がれる。悪人がまったく登場しない徹底ぶりだ。まるで化け猫映画のようなメイクと照明、お魚くわえたドラ猫のように登場した少女は〝おねこ〟と名付けられ、もの言わぬまま巳代松と一緒に過ごす。

おねこ役にオーディションで選ばれた野々山香代子の細い目とふっくらした頬、まさに猫のような存在感が言葉なく迫る。母の死を目の前にしても、じっと耐えて、ただ川を見つめる——。

この子にどんな過去があったのか、映像で語らずとも目が訴えるかのよう。母のおまん（丘夏子）もまた、大きな目で鉄を見つめて子探しを依頼し、その目を見開いたまま無念の死を遂げる。

そして巳代松に裏稼業の因果がめぐってくる。「殺された側にも家族がある」という観点から着想を得た保利吉紀のシナリオは、姉弟の父親がかつて巳代松に仕置された悪党であることを掘り起こす。それがもとで母親のおまんは女郎に身を落とし、二人は孤児となって家なく金なく盗みを繰り返す人生に。

「しょうがねえよな。めぐり合わせだもんな」

あらすじ

巳代松が焼いていた魚が、まるで猫のような少女に食べられる。彼女は泥棒市にやってきた幼い姉弟の姉——食べ物を盗んでは、腹をすかせた弟に与えていた。二人は巳代松の長屋に居つき、姉は〝おねこ〟、弟は〝ちび〟と名付けられる。もの言わず、どちらも心を閉ざしたかのような子供だ。

鉄は女郎のおまんから9歳の女の子と5歳の男の子、自分の子供を探してくれと頼まれる。長屋に戻ると、巳代松の側にそんな姉弟がいるではないか。鉄から話を聞いた巳代松は、おねことちびを連れて岡場所へ。しかし、おまんは一足違いで殺されてしまい、二人ともその亡骸を目撃してしまう。それでも、おねこは耐えてしゃべらない。

おまんは質屋のみな月と女衒の三次に騙され、死んだ亭主の偽証文で女郎に身を落としていた。さらにおまんの亭主、おねことちびの父親である甚八は、かつて巳代松の手で仕置した相手であることが判明する——。

正八の言葉も耳に入らず、巳代松は居酒屋へ。それまでの丹念な積み重ねがあればこそ、映像のカットバックと音楽、中村嘉葎雄の顔だけで語られる。「代役無用」に続いて保利脚本を得た高坂光幸の演出も、しっとり快調だ。張り板に着物を干す聞き込み中の描写など、細部も手抜かりない。

ここからは悪党のターン。「知らぬは女房ばかりなり」——質屋のみな月（今井健二）、女衒の三次（内田勝正）、仙吉（下元年世）は亭主を亡くした若後家をニセの借用証文で女郎に売り飛ばしていた。その手口がテンポよく明かされ、もう「今井健二だから」「内田勝正だから」という悪役キャリアの説得力であっさり仕置の的となる。

おまんはそのからくりを知って始末されたのだが、直接的な描写はない。巳代松が殺したおまんの亭主、松井田一家の甚八という地廻りの仕置シーンは第9話「悪縁無用」の音吉射殺を流用したもの。ここは新たな映像で見たいところだったが、スケジュールの余裕がなかったのだろうか。

巳代松の身銭に加え、おまんが姉弟のために貯めていた金を主水が提供し、寅の会へ。それまでシナリオに忠実な展開が、質屋一味の仕置で『新仕置人』らしい花が咲く。

ド派手なメイクを施した鉄が夜の盛り場を突っ走り、あっけに取られる三次を仕置。これはアメリカのロックバンドKISSのメイクを真似たものであり、『必殺シリーズ異聞』の高坂光幸インタビューによると「もちろん台本にはないですよ。これは山崎さん本人です」。山崎努も同書でそれを認め、「嘉葎雄ちゃんに歌舞伎の隈取《くまどり》について聞いた覚えがあるね」と語っている。

主水の殺しは店前での俯瞰ショット。最終回「解散無用」のプロトタイプともいうべき、屋内の光が路上に差し込んでコントラストを作り上げる。巳代松の仕置、「殺されたおまんの亭主よ」というセリフはシナリオからの指定だ。撃たれたあと、時間差で「おおぅ」と倒れる今井健二も見どころ。

そして巳代松と姉妹の別れ。里子としてもらわれて、新たな人生を歩む。最後まで、ひと言もしゃべらずに去ってゆくおねこ……。

「ひょっとしたら松っつぁんが父親を殺すの、どっかで見て」という正八の言葉が刺さる巳代松だが、いい意味での裏切りが人情劇のしめくくりとしてやってくる。おねこが初めて口を開くや、怒涛《どとう》のごとく言葉が押し寄せて、巳代松のもとへと走る——。

最後、ひとりぼっちの巳代松に言葉はない。中村嘉葎雄と高坂光幸が話し合い、あえてセリフをカットして、余韻を残した。

セリフ選抜　**「松おじちゃん！ わたしを忘れないで！ わたしを忘れないで！」**（おねこ）

主な登場人物

おねこ
野々山香代子

両親を亡くし、幼い弟とともに巳代松の長屋で暮らすことに。まるで猫のような存在で、もの言わぬまま目で語る。「なぜあのガキどもを追い出さなかった？」という主水の問いに「追い出しゃあ、俺の負けだ」と巳代松は答える。おねこの父親は、かつて己の手で仕置した松井田一家の地廻り甚八であった。

野々山香代子はオーディションによって選ばれ、本作に出演。そのほかの出演作は見当たらず。

みな月
今井健二

質屋。「知らぬは女房ばかりなり」と、余裕たっぷり堂々と偽証文を偽造し、亭主を失った女たちを女郎に落とす。

今井健二のプロフィールはP88を参照。90年代以降は北島三郎の座長公演で悪役を演じた。

三次
内田勝正

みな月と組んでいる女衒。おけら屋の女将に若後家を売り飛ばしている。

内田勝正は劇団四季を経て、三島由紀夫の浪曼劇場の結成に参加。やがて角ばった彫りの深いマスクを生かした悪役として、多くの作品に出演する。ターニングポイントとなったのは、『木枯し紋次郎』第11話「龍胆は夕映えに降った」。喜連川の八蔵を演じ、それを見た市川崑監督の指名により、第一部最終回の第18話「流れ舟は帰らず」では鬼の十兵衛として紋次郎と対決した。

必殺シリーズへの出演も多いが、『必殺仕置屋稼業』第21話「一筆啓上逆夢が見えた」では畳針を武器とする殺し屋の勘助を演じ、おでん屋の屋台で市松（沖雅也）に一瞬の隙を突かれた。

仙吉
下元年世

三次の手下。おけら屋に売るための若い後家さんを探すのに日々苦労しているようだ。

下元年世は関西の演劇人として劇団プロテメ・スタディや劇団ぼうふらに参加し、演出も手がける。必殺シリーズには初期から出演しており、女三人と外国人が標的という『必殺仕事人V 激闘編』第5話「りつの家出で泣いたのは主水」では、犬を連れた盲目の依頼人・宗兵衛に扮し、目の前で元女房を斬り捨てた主水に対し「お役人さま、ありがとうございました……」と礼を伝えた。弟の下元史朗も俳優であり、高橋伴明監督作品など数多くの映画に出演している。

◆◆◆

おねこの母親、女郎に身をやつしたおまんを演じたのは大映出身の丘夏子。行為の最中は心ここにあらずだが、片っ端から客に姉弟の行方を探してくれるよう頼み、鉄が一発で見つけ出す。映像京都に所属したキャリア末期の出演作であり、結婚したのち女優を引退した。

おねこの弟ちびには丸谷剛士。関西の子役として活動し、『瀬戸内少年野球団』ではガンチャ役に選ばれた。

古着屋役の松田明は関西芸術座のベテラン。とぼけた雰囲気が持ち味で、『必殺仕業人』第27話「あんたこの逆恨をどう思う」では牢同心として酷暑のなか将棋に興じた。おけら屋内儀の近江輝子は、得意のがめつさを女衒相手に発揮。みな月一味の新たな標的、おしの役の岡田恵子は70年代半ばに活動。亭主の松吉を亡くし、哀しみに暮れるなか毒牙にかかる。

おねこを引き取る里親役の和田かつらは大映末期の契約女優であり、その目立つ名前とともに松竹や東映のテレビ時代劇で長らく活躍した。「女房無用」では阿片中毒で死んでしまう政吉の女房役、「約束無用」では賭場の胴師として画面を引きしめる。

寅の会の掲句

証文のからくり見たりみな月かな

シナリオと本編の違い／ロケ地／そのほか

本文でも言及したように、ほぼシナリオに忠実な映像化。ファーストシーンの巳代松とおねこの出会いも魚をくわえ、投げるところまでト書きに細かく記されている。おねこは「絶世の美少女」とある。

絵草紙屋での正八と鉄のからみ、立ち小便をしようとし、縁台の絵草紙をぶちまけて寝転がる鉄は現場のアドリブ。「上品、中品、下品と女が変われば、息子もけっこう用を足すもんだ」「息子っていうとさ、松っつぁんに娘と息子ができちまったよ」というセリフは台本どおり。

地下蔵のシーン、本編では巳代松が仕置料を出し、主水がおまんの残した金を「ガキに渡してやってくれ」と差し出すが、シナリオの巳代松は持ち合わせがなく、主水がおまんの金を仕置料にしようとすると「冗談じゃねえよ」と反対し、姉弟のしあわせを願うセリフがあった。

「悪党でもガキは授かるんだ」という主水のセリフの流れもシナリオと本編では異なり、鉄の「とんだツケが回ってきたもんよ」は「厠の跳ねっ反りみたいなもんでな、高えお釣りがきたもんだ」へと変更された。

殺しのシーン、戻ってこない三次を質屋のみな月が疑うくだりはシナリオどおり、そこまで信頼関係は築かれていないないようだ。

巳代松と姉妹が別れる橋のシーン、シナリオでは「松おじちゃん！」と叫んでおねこが走り、巳代松にしがみつくが、本編は途中の顔でストップモーション。おねこのセリフのあと「忘れようッたッて、忘れやしねェ」と巳代松が抱き寄せ、おねことの出会いなどの回想が差し込まれる流れになっていた。

ロケ地の中ノ島橋は「元締無用」「善意無用」「質草無用」と3話連続で登場し、撮影所のある太秦からも近い嵐山の立地のよさがフル活用された。

長屋のラストシーン、「おねこ、おねこ、飯にしようか」という巳代松の問いかけに返事はなく「そうか、もう居ねえンだったな」というセリフで締めくくっていたが、すべてカットされた。最後のト書きは「また、コツコツと鍋の底を叩く」。

次回予告

人を陥れ、あげくは虫けらのように葬り去る。考えることといえば、決まってわが身の栄華。伊豆の金山深く隠された、口外はばかる陰謀。いま人知れず、旅に出る。次回『新必殺仕置人』ご期待ください。

【キャスト】中村主水：藤田まこと／巳代松：中村嘉律雄／正八：火野正平／死神：河原崎建三／質屋みな月：今井健二／おねこ：野々山香代子／三次：内田勝正／元締虎：藤村富美男（元阪神タイガース）／おまん：丘夏子／仙吉：下元年世／おねこの弟：丸谷剛士／古着屋親爺：松田明／おけら屋内儀：近江輝子／おしの：岡田恵子／与力：山口幸生／女郎：牧路子／おかみさん：木下サヨ子、佐名手ひさ子、小林加奈枝／吉蔵：北村光生／町の男：松尾勝人、伊波一夫、平井靖、広田和彦／里親：和田かつら／闇の俳諧師：藤沢薫、原聖四郎、沖時男、秋山勝俊、伴勇太郎／せん：菅井きん／りつ：白木万理／念仏の鉄：山崎努

【スタッフ】制作：山内久司、仲川利久、桜井洋三／脚本：保利吉紀／音楽：平尾昌晃／編曲：竜崎孝路／撮影：藤原三郎／製作主任：渡辺寿男／美術：川村鬼世志／照明：中島利男／録音：木村清治郎／調音：本田文人／編集：園井弘一／助監督：服部公男／装飾：玉井憲一／記録：野口多喜子／進行：佐々木一彦／特技：宍戸大全／装置：新映美術工芸／床山・結髪：八木かつら／衣裳：松竹衣裳／小道具：高津商会／現像：東洋現像所／殺陣：美山晋八、布目真爾／題字：糸見溪南／ナレーター：芥川隆行／主題歌：「あかね雲」（作詞：片桐和子／作曲：平尾昌晃／編曲：竜崎孝路／唄：川田ともこ／東芝レコード）／製作協力：京都映画株式会社／監督：高坂光幸／制作：朝日放送、松竹株式会社

※新レギュラー「屋根の男」を演じたマキの初登場回だがノンクレジット

奸計無用

第22話

脚本：松原佳成
監督：松野宏軌

偽小判騒動が巻き起こる寅の会。伊豆の山々月あわく、久方ぶりの出張仕置に一計が案じられる。

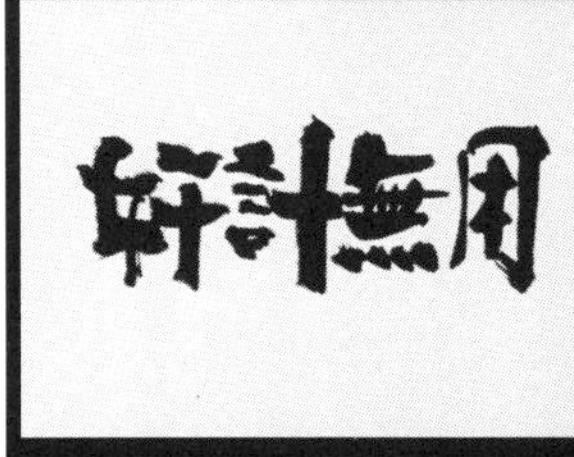

放映日◎ 1977年6月24日
視聴率◎ 10.8%（関東）
18.0%（関西）

またも巳代松がワケありの人物を長屋に泊める話だが、その娘おきみ（赤木美絵）との交流ではなく、偽小判騒動からの出張仕置がメインとなる旅情編。

白衣の単衣で棺桶に入っていたおきみの着物を買うため、正八が巳代松の鋳掛道具を質入れ→仕置料で請け出し→その小判が偽物と判明→質屋が主水に相談し、隙を見て主水がすり替える→中村家でも主水が隠していた仕置料でせんとりつが着物を購入→呉服屋の番頭の手に渡った偽小判を正八と主水がすり替え……と、スリルを上回るコミカルな描写が続く。

偽小判の出どころは松崎屋徳兵ヱ。寅の会に伊豆金山総支配の笹川伊織の仕置を依頼した人物であり、巳代松はおきみと、鉄、正八は単独で伊豆へと旅立つ。主水は敵を欺くために、せんりつとの温泉旅行というかたちだ。

疑り深い質屋を相手に「おっさん、ドス一本持ってこい！」とアドリブ快調の火野正平は、道中も「伊豆の土肥《とい》か。遠いなぁ」と呟き、金山に着くや「伊豆の山々月あわく」と『湯の町エレジー』をもじりながら探索に励む。古賀政男の作曲、近江俊郎の歌唱により大ヒットした1948年の流行歌であり、この歌は松原佳成のシナリオで指定されたもの。寅の会の挙句も「伊豆の山々〜」から始まる『湯の町エレジー』のパロディだ。

金山支配組頭の黒井伝蔵と吹所棟梁の金八は松崎屋と結託して悪事を働くだけ

あらすじ

巳代松は竹林近くの墓で、うめき声を聞く。墓を掘り返してみると、棺桶の中で若い娘が生きていた。その娘、おきみは伊豆の土肥に連れて行ってほしいと巳代松に頼む。

そのころ寅の会では伊豆金山総支配の笹川伊織が殺しの競りにかけられ、鉄が落札する。しかし、ひょんなことから受け取った小判が偽物であることが判明し、主水と正八は回収に奔走。依頼主は油問屋の松崎屋徳兵ヱ、報告を受けた虎は鉄に再調査を依頼する。

それぞれ土肥へと向かう仕置人たち。巳代松はおきみとともに金山吹所の職人頭を務める父の為吉と会う。おきみは松崎屋の女中として働き、偽小判作りの職人とともに毒ふぐで始末されそうになったことを告白。すべては松崎屋と金山組頭の黒井伝蔵、吹所棟梁の金八による奸計で、笹川伊織に罪を被せて亡き者にしようとしていたのだ。虎に判断を任されていた鉄たちは温泉地を舞台に一計を案じ、さっそく悪党どもを罠にかける。

でなく、総支配の笹川伊織の悪評を流す。笹川もまた彼らの不正に薄々気づきながら身動きが取れず、その苛立ちを配下や女中にぶつけていた。笹川伊織役の西山嘉孝は善悪どっちも似合うベテランであり、その不安げな顔によるキャスティングの妙が光る。
　小判が偽造品だとわかったあと、虎は鉄に後事を託す。
「この一件、松崎屋を信じて引き受けたが、もう一度調べ直してほしい」

鉄は「この始末は俺が任されてきたんだからよ」と、みずからの判断で頼み人に仕置をかけることにする。「だけど、おもしれえな。頼み人がてめえの出した身銭で反対に仕置される、なんてよ」という巳代松の言葉が本作の肝だ。

　松崎屋の天津敏、黒井の上野山功一、金八の唐沢民賢と、眼光の鋭い三悪人が揃っての密談も濃い顔を圧縮して一つの画面に収める。正八を殺し屋の一味と見破り、笹川殺しを確認させるために金八を走らせる。

　奸計には奸計を――。正八と主水は笹川を殺したように見せかけ（この偽装トリックの省エネぶりが出陣のテーマ曲と相まって見事）、その様子を見届けた金八は松崎屋に報告。上機嫌な三悪人への仕置が始まる。

　まず巳代松は湯桶《ゆとい》が組まれた橋で金八を射殺。撃たれた瞬間、激しく画面をゆらす金八のアップが効果を上げ、足場から落下するや湯けむりが覆う。

　金山総支配役宅に戻った黒井を、今度こそ主水が本当に仕置。先ほどの偽装と同じ死に場所という皮肉が効いており、振り下ろされた刀を受けながら、そのま相手の脇差を抜いて腹をえぐる早業が見ものだ。刀がぶつかる金属音とともに脇差を抜く一瞬のストップモーションが効果を上げている。

　鉄の殺しは宿の温泉が舞台。湯けむりを立て、板張りを濡らして光らせたセットも味わい深く、いい湯加減のまま松崎屋をあの世に送る。

　画面上での犠牲者が、金山から金を盗んだ疑いのある工夫たちの処刑シーンしかなく、偽小判騒動に偽りの仕置依頼と全編が〝まがいもの〟をめぐるコンゲームのような展開で、ほどよくぬるい旅ものにキャストの遊び心が横溢する。

「あの小判は本物そっくりにこしらえたはずだ」

　そう松崎屋が語るように、偽造品であることに寅の会も鉄たちも気づかず、見破ったのは質屋の親爺。正八とのユーモラスなかけ合いを見せながら「人を疑うのが商売」と語り、すべての糸口を見いだす役を日高久が軽妙に好演……シナリオにもエンドクレジットにも載っていないが、屋号は「益田屋」である。親爺の功績をここに称えよう。

セリフ選抜「偽りの仕置は許されない。その判断は任せる」（虎）

主な登場人物

松崎屋徳兵ェ
天津敏

油問屋の主。江戸だけでなく伊豆の土肥でも手広く商売を行う。寅の会に金山総支配・笹川伊織の殺しを依頼するが、その小判に偽物が混じっていたことから依頼の不備と己の悪だくみが露見してしまい、仕置の的となる。

『テレビが生んだ悪役スタア 天津敏』という単行本が没後に出るほど人気の天津敏は、鋭い眼光と立派な体躯を武器とした俳優。1953年、東宝ニューフェイスとして32歳で映画界に入り、60年代には『隠密剣士』の風魔小太郎や『仮面の忍者 赤影』の甲賀幻妖斎などテレビの悪役でブレイクする。必殺シリーズにおいては、意外と悪徳商人役が多い。

黒井伝蔵
上野山功一

伊豆金山の金山支配組頭。総支配である笹川の悪い噂をどんどん流し、みずからが斬り捨てた職人たちも総支配殿のせいにする。

上野山功一のプロフィールはP84も参照。本作においても当然のごとくモミアゲは太く、目と口をかっぴらいての死に様を見せた。

おきみ
赤木美絵

生き埋めにされていた松崎屋の女中。「ここは地獄の一丁目で二丁目がねぇところだ」と巳代松に助けられ、伊豆へと戻る。

赤木美絵は読売テレビの連続ドラマ『北都物語 絵梨子のとき』で二谷英明の娘役としてデビュー。1975年からおよそ3年という短い芸能生活のなか、必殺シリーズでは本作に続いて『新必殺からくり人』第6話「東海道五十三次殺し旅 日坂」にゲスト出演した。

笹川伊織
西山嘉孝

偽りの殺しの競りにかけられる金山総支配。黒井の罠にかかってストレス過多の日々を送る。なにもかも自分の思うようにいかず、女中に八つ当たりし、職人たちからの評判もすこぶる悪い。

西山嘉孝は郵便局員や満州の公務員を経て演劇の道へ。劇団新春座の旗揚げメンバーであり、その後は代表を務める。気弱そうな顔ながらテレビ時代劇では悪徳商人が多く、1973年にはNHKの連続ドラマ『けったいな人びと』の大旦那役でユーモラスな味を見せた。『暗闇仕留人』第1話「集まりて候」では利益供与の商人のため、いきなり駆け出して娘の帯を解こうとする家老の湯川を演じており、すこぶる怖い。

◆◆◆

おきみの父親、為吉を演じた柳川清は安定の職人ぶり。金八役の唐沢民賢は二度目の出演。カカカと笑いながら温泉地を歩いて巳代松に仕置される。

偽金を見抜くスペシャリスト、質屋の親爺役の日高久は松竹芸能の所属で必殺シリーズの常連。『新仕置人』には4回も登場しており、馬のような長い顔とダミ声でコミカルな芝居を披露した。『新必殺仕事人』第13話「主水体を大切にする」では被害者役として長屋暮らしの馬次郎を演じており、これが代表作だろうか。

気さくな人夫頭の吉田良全は、火野正平と同じ星野事務所の所属であり、そのわびしいビジュアルを武器に『麻雀放浪記』にはチン六として登場。どしゃ降りの雨をしのいで行われるチンチロリンの鉄火場ぶりを引き立て、ねじり鉢巻きを薄い頭から外して悔しがるさまの生々しさよ。

寅の会の揚句

伊豆の山々月淡く
金山支配笹川伊織

チーフ助監督の服部公男は、のちに同和教育映画の監督として前田吟主演の『燃える街』などを発表。

シナリオと本編の違い／ロケ地／そのほか

サブタイトルの「奸計無用」はシナリオの時点で指定されたもの。中尾ミエ欠場回であり、地下蔵のシーンで「おていは……」「風邪で寝込んでいるんだ」という鉄と正八のやりとりから始まるが本編ではカット、正八が鉄の席に座っており怒鳴られるという小ネタが挟まれる。

「この金は江戸には落とさん」という鉄の宣言はシナリオどおり、立ち去りながら口ずさむ「三島女郎衆はノーエ、三島女郎衆は……」は現場で足されたもの。三島の民謡「ノーエ節」である。

松崎屋の仕置料が偽小判だと判明し、虎が鉄に再調査を依頼するシーン。「気にいらん。あの男……今度の仕事、あんたの判断に任せる」から「この一件、松崎屋を信じて引き受けたが、もう一度調べ直してほしい、偽りの依頼は許されない。その判断は任せた」と、虎のセリフが長くなっている。場所は松崎屋の表から格子状の光が差す板張りの室内に変更されており、インパクトを残す。

もともと金を盗んだ疑いの工夫たちが斬り殺されるシーンは存在せず、セリフ内の毒ふぐで始末された職人しか犠牲者がいないストーリーであった。「誰彼かまわず斬りつけるんだ」と、金八が笹川伊織の悪行を吹聴するセリフもあり、笹川が女中を蹴飛ばすくだりはシナリオ上では刀まで抜いていた。

主水や鉄たちが泊まる温泉宿、看板のアップは「暴徒無用」に続いて『必殺仕掛人』第2話のフィルムを流用。「弘法霊泉湯之元」と書かれており、ほぼ同じ文言によるのれんが宿の外観用に新しく用意された。

主水の仕置シーン、黒井の「何者だ！」のあとシナリオには「お前たちが呼んだんじゃないか」という皮肉な返しあり。切腹への偽装はシナリオどおり。ラストは正八が乗っている馬の尻を主水が腹立ちまぎれに殴りつけ、正八が落馬するというハードなオチだったが（中村家コントにしては）比較的ほのぼのした旅情編に改訂された。

次回予告

奉行所に出入り御免の悪徳公事師、渡りに舟と乗るワルと持ちつ持たれつ仕組む罠。疑いもせず地獄道、はらす恨みは雨の中。次回『新必殺仕置人』ご期待ください。

【キャスト】 中村主水：藤田まこと／巳代松：中村嘉律雄／正八：火野正平／死神：河原崎建三／屋根の男：マキ／黒井伝蔵：上野山功一／おきみ：赤木美絵／元締虎：藤村富美男（元阪神タイガース）／笹川伊織：西山嘉孝／為吉：柳川清／金八：唐沢民賢／質屋の親爺：日高久／呉服屋番頭：重久剛一／吉蔵：北村光生／金工夫：荻原郁三／人夫頭：吉田良全／若い夫婦：中本雅年、竹中ひろ子／闇の俳諧師：藤沢薫、原聖四郎、沖時男、秋山勝俊、伴勇太郎／松崎屋徳兵ヱ：天津敏／せん：菅井きん／りつ：白木万理／念仏の鉄：山崎努

【スタッフ】 制作：山内久司、仲川利久、桜井洋三／脚本：松原佳成／音楽：平尾昌晃／編曲：竜崎孝路／撮影：藤原三郎／製作主任：渡辺寿男／美術：川村鬼世志／照明：中島利男／録音：木村清治郎／調音：本田文人／編集：園井弘一／助監督：服部公男／装飾：玉井憲一／記録：野口多喜子／進行：佐々木一彦／特技：宍戸大全／装置：新映美術工芸／床山・結髪：八木かつら／衣裳：松竹衣裳／小道具：高津商会／現像：東洋現像所／殺陣：美山晋八、布目真爾／題字：糸見溪南／ナレーター：芥川隆行／主題歌：「あかね雲」（作詞：片桐和子／作曲：平尾昌晃／編曲：竜崎孝路／唄：川田ともこ／東芝レコード）／製作協力：京都映画株式会社／監督：松野宏軌／制作：朝日放送、松竹株式会社

※本編クレジットは「重久剛一」を「重久剛」、「荻原郁三」を「萩原郁三」と表記

訴訟無用

第23話

脚本：松原佳成
監督：高坂光幸

公事師の巧みな悪行が、商家の婿養子の野望に火をつけた。知能犯の悪行を綴るピカレスク回。

江戸の弁護士である〝公事師《くじし》〟を悪役として、その巧みな知能犯ぶりを次々と見せつけるピカレスク回。そこに蝋燭問屋の身代《しんだい》を狙う婿養子が合流し、お互い信頼関係もなく己の利益を求めて行動する。おてい不在、鉄の出番も少なく、仕置人チームの描写よりも大小を問わぬ公事師たちの悪事が全編を貫いた。

『必殺シリーズ異聞　27人の回想録』の松原佳成インタビューによると、もっともシナリオ執筆に傾注したシリーズである『新必殺仕置人』のなかでも、いちばん思い入れのあるエピソードがこの「訴訟無用」であり、朝日放送の仲川利久プロデューサーからも高く評価されていたという。

「公事師という題材を見つけ出し、拡大解釈して組み立てた」と松原が語ったように、公事師と奉行所の関係などは現代風にアレンジされているが、辻屋の跡取りの与吉を監禁し、白昼堂々市中引き廻しの罪人とすり替えて磔の刑に処するトリックは、映像的な説得力もあって見事に成立している。ミステリに造詣の深い松原らしいシナリオだ。

奉行所出入りの公事師である長十郎を演じたのは城所英夫。インテリ然とした風体で平然と悪事を行い、大金を拾った巳代松までやりこめる。相棒の瓦版屋である伝次役の沼田曜一も持ち前の不気味さを発揮、与吉を始末するよう依頼した婿養子の仙蔵に扮する入川保則も負けてはいない。誠実そうな顔で妻と義父を信

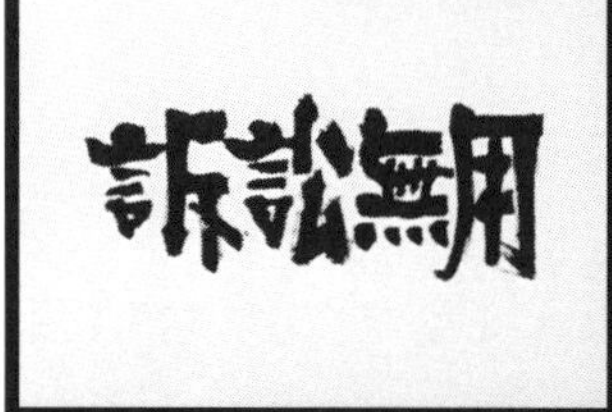

放映日◉ 1977年7月1日
視聴率◉ 8.6%(関東)
17.0%(関西)

あらすじ

蝋燭問屋辻屋の娘みよは月に一度の周期で万引きを繰り返していた。絵草紙屋でその様子を目にした瓦版屋の伝次は正八に伝えるが、あとで辻屋から相応の代金をもらっており、見逃しているという説明を受ける。

万引きの病を案じる父の善兵ヱ、弟の与吉は婿養子の仙蔵に感謝し、頼り切っていた。みよは自殺を図り、善兵ヱは仙蔵に中山道の宿場で小さな店を買ったので娘を落ち着かせてほしいと願い、店は与吉に継がせたいと語る。

伝次から公事師の長十郎を紹介された仙蔵。奉行所出入りの長十郎は、みよの万引きをまんまと揉み消す。その手腕に感嘆した仙蔵は、長十郎にもう一つ相談を持ちかける。それは辻屋の乗っ取りだった。

まず与吉を呼び出して監禁、市中引き廻しのあと磔の刑となる罪人とのすり替えを白昼堂々やってのける。仙蔵は与吉が処刑されたこと、それらが長十郎と伝次の仕業であることを善兵ヱに伝え、寅の日がやってくる。

○
有明屋仙蔵
公事師長十郎
善兵衛
みよ
与吉
伝次
猫八
丑松
しず

頼させ、己の欲と保身のために長十郎と伝次すら裏切る。

「これからも仲良く、末長〜いお付き合いをしていただきたいですな、辻屋さん」

「えぇ……」

したたかな腹の探り合い。長十郎と仙蔵の顔をカットバックで交互に映し、まるでワルの味比べのよう。何度か登場する奉行所前のシーンでは堀の下にカメラを置いたローアングル、またはローポジションを効果的に使用しており、定番ロケ地の大覚寺明智門をバックに高坂演出の才気を感じさせる。

与吉の処刑とそのからくり（の一部）を知らされた善兵ヱは「金のために罪のない人間を殺すなら、その恨み、金ではらしてやる」と寅の会に仕置を頼み、やがて正八によって真相を知らされるや、仙蔵の殺しを付け加える。

虎視眈々と辻屋の身代を狙っていたとはいえ、尽くす婿養子に甘えた善兵ヱの提案が悲劇の引き金になるのだから皮肉な展開である。無理な頼みと言いつつ、すでに中山道の宿場に店を買って退路を断たれれば、仙蔵も恨みに思うだろう。善兵ヱ役を演じた須藤健の善人顔も因果めいている。

高坂回らしく、雷雨の仕置シーンは「代役無用」に続いてどしゃ降りの過剰な画を作り上げ、傘に仕込んだ竹鉄砲ほか、ほぼシナリオのト書きに忠実な殺しを映像に落とし込む。

侍の三男坊という仙蔵の出自も殺しを盛り上げる。行灯の火を吹き消すや、部屋が真っ暗になり、雷光で障子の向こうに主水のシルエットが大きく近づく画が見事。土に刀を押し込まれ、一度は斬られて倒れた仙蔵がふたたび立ち上がるサプライズも加味されており、笠と合羽《かっぱ》で身を包んだ主水の姿も珍しい。

必殺シリーズの悪役として何度か登場してきた公事師だが、小説では澤田ふじ子の「公事宿事件書留帳」シリーズや佐藤雅美の直木賞受賞作『恵比寿屋喜兵衛手控え』があり、前者は『大江戸弁護人走る！』、『はんなり菊太郎　〜京・公事宿事件帳〜』など何度かドラマ化されている。

それにつけても、サングラスをかけた正八の尾行中にまで詐欺をやってのける公事師一味、「おもしろすぎる……」と正ちゃんが呟くのも納得だ。

セリフ選抜 **「じじいめ、やっぱり殺し屋のところに行きやがったな」**（仙蔵）

主な登場人物

辻屋仙蔵
入川保則

辻屋の入り婿であり、妻みよの病気を利用して身代を乗っ取ろうと企む。公事師の長十郎との出会いによって野望開眼。元は御家人の三男坊であり、ヤットウの腕前もなかなか。主水を相手に豪雨のなか粘りの斬り合いを見せた。

入川保則の略歴はP56を参照。相変わらず計算高い知的な悪役がよく似合う。晩年は末期がんを患い、遺作と決めた主演映画『ビター・コーヒーライフ』の完成を前に2011年12月24日に亡くなった。享年72。

長十郎
城所英夫

公事師として御定法の裏をかいた計算づくの悪事を繰り広げる。表看板は刀剣の鑑定師。奉行所の調書を密かに破り捨てたり、市中引き廻しの罪人をすり替えたり、かなり大胆なこともやってのける度胸の持ち主。

俳優座養成所2期生の城所英夫は、1961年にスタートしたTBSの人気ドラマ『七人の刑事』の中島刑事が当たり役に。いぶし銀の魅力を発揮した。長十郎のようにインテリ然とした悪役も多く、必殺シリーズでは『必殺仕掛人』第28話「地獄へ送れ狂った血」にて旗本の嶋田大学役として地獄送りとなり、堕胎医の日下玄朴を演じた『必殺仕事人』第48話「表技魔の鬼面割り」が最後の出演作となった。主水に刀を突きつけられて怯える様子が生々しい。

伝次
沼田曜一

瓦版屋。町を歩いてネタを仕入れは長十郎に知らせる悪いやつ。吉原通いが止まらない。

1947年に東横映画（現・東映）に入社、53年に新東宝に移籍し、怪優として存在感を示した沼田曜一は、中川信夫監督の『地獄』でメフィストフェレスともいうべき悪魔的な青年を演じるなど、若き日から悪役として名を馳せる。民話の語り部としても活動し、いくつもの著書を発表した。

◆ ◆ ◆

辻屋の娘であり、仙蔵の妻みよを演じた北川めぐみは俳優座養成所「花の15期生」出身。60年代半ばには日本電波映画の『柔』や『柔一筋』のヒロイン役で注目され、その後もテレビ時代劇のゲストとして東西で活躍した。

辻屋善兵衛役の須藤健は戦前から軽演劇の舞台を転々とし、戦後は東映の専属俳優として「警視庁物語」シリーズの渡辺刑事などで活動。温和な顔立ちからテレビ時代劇では商人役が多い。

公事師一味にやりこめられる商家の番頭役は北見唯一。関西芸術座のベテランであり、まんまるの顔を生かしたコミカルな役はお手のもの。悲劇の父親から古狸の家老まで役柄は広い。『必殺！Ⅲ裏か表か』では成田三樹夫演じる桝屋仙右衛門に仕える番頭として、忠義ぶりを見せた。

鉄の客として施術を受けたあと「息子さんは元気？」とアドリブかまされる石原須磨男は、必殺シリーズの撮影・監督を手がける石原興の実父。若き日には『幽霊花婿』などの映画に主演し、戦後は大映京都を経て映像京都に所属する。関西なまりの老爺役といえば、この人だ。

「王手無用」では将棋狂いの疋田兵庫と珍妙なやり取りを見せる老中間を演じ、「助人無用」の主水に声をかける客引き、「牢獄無用」の籠城事件の起きた牢へと向かう医者など、石原須磨男は新仕置人ワールドのあらゆるところに登場。『翔べ！必殺うらごろし』第5話「母を呼んで寺の鐘は泣いた」では職人として己が目にした恐怖を語って、鋳物師のもとを去った。

寅の会の揚句

長十郎伝次と死出の籤を引く

必殺シリーズに初登場した悪徳公事師は『必殺仕業人』第15話の早瀬源四郎。

シナリオと本編の違い／ロケ地／そのほか

概してシナリオどおりの映像化。サブタイトルの「訴訟無用」はシナリオの時点で指定されたもの。舞台となる蝋燭問屋は有明屋から辻屋に変更されている。店の看板は『必殺仕掛人』第3話「仕掛けられた仕掛人」に登場した辻屋と同じか、あるいはデザインを踏襲したものであり､書き文字を「蝋燭」から「辻屋」に。のれんは同じものが使われた。

また、みよが伝次に万引きの濡れ衣を着せられる小間物屋は看板に「豊島屋久兵衛」とあり､『必殺仕業人』第18話「あんたこの手口をどう思う」に登場した豊島屋のものが流用されている。

公事師長十郎が奉行所で調書を抜き出すシーン、シナリオでは最後に主水とのやり取りがあり、「バクチのような小さい事件にいつまでも関わっているようでは、とうてい出世は望めませんよ」とチクリ。辻屋の与吉が行方不明になり、主水が長十郎のもとを訪ねたあと、「あいつ、本当に昼行灯かな」と疑うセリフがあったがカット。長十郎の悪事を知らされた善兵衛の恨みのセリフを受けて仙蔵が「そうです。わたしも先ほどからそのことを考えておりました」と乗っかっていたが、このくだりも見当たらない。

正八のサングラスや鉄が「息子さんは元気？」と客に問いかけるセリフは当然シナリオになく、現場のノリによるもの。殺しのシーン、ほぼシナリオに忠実だが、斬られた仙蔵が起き上がって主水に襲いかかるサプライズが追加された。

ラストシーン、巳代松が伝次の仕置で拾った小判を奉行所に届けようとするシチュエーションは同じだが、「八丁堀も公事師長十郎といい勝負するぜ」と語り、うんざりして主水のあとに続く巳代松で終わりとなっていた。

初夏らしく巳代松の着物は白く短い半《はん》纏《てん》に代わり、ジーンズ地の短パンを着用。鉄の髪がやや伸びて、寅の会の競りでは寝ぐせのようなものがついている。

次回予告

畳表問屋備後屋の一人息子・正平が拐かされ、身代金を女房のお蝶に持ちたせるよう投げ文があった。主《あるじ》の甚兵衛はお蝶が畳奉行の娘であるのを利用し身代を築き上げたが、今になって邪魔な二人を殺害しようと企んだのである。次回『新必殺仕置人』ご期待ください。

【キャスト】 中村主水：藤田まこと／巳代松：中村嘉律雄／正八：火野正平／死神：河原崎建三／屋根の男：マキ／公事師長十郎：城所英夫／みよ：北川めぐみ／元締虎：藤村富美男（元阪神タイガース）／伝次：沼田曜一／善兵ヱ：須藤健／与吉：三木豊／猫八：田畑猛雄／丑松：美鷹健児／しず：尾崎弥枝／吉蔵：北村光生／同心：浜田雄史、鈴木義章／やくざ：黛康太郎、美樹博／番頭：北見唯一／遊び人：東悦次／鉄の客：石原須磨男／引廻し同心：松尾勝人／牢番：伊波一夫／闇の俳諧師：藤沢薫、原聖四郎、沖時男、伴勇太郎、秋山勝俊／辻屋仙蔵：入川保則／せん：菅井きん／りつ：白木万理／念仏の鉄：山崎努

【スタッフ】 制作：山内久司、仲川利久、桜井洋三／脚本：松原佳成／音楽：平尾昌晃／編曲：竜崎孝路／撮影：藤原三郎／製作主任：渡辺寿男／美術：川村鬼世志／照明：中島利男／録音：木村清治郎／調音：本田文人／編集：園井弘一／助監督：服部公男／装飾：玉井憲一／記録：野口多喜子／進行：佐々木一彦／特技：宍戸大全／装置：新映美術工芸／床山・結髪：八木かつら／衣裳：松竹衣裳／小道具：高津商会／現像：東洋現像所／殺陣：美山晋八、布目真爾／題字：糸見溪南／ナレーター：芥川隆行／主題歌：「あかね雲」（作詞：片桐和子／作曲：平尾昌晃／編曲：竜崎孝路／唄：川田ともこ／東芝レコード）／製作協力：京都映画株式会社／監督：高坂光幸／制作：朝日放送、松竹株式会社

誘拐無用

第24話

脚本:保利吉紀
監督:松野宏軌

正八と仲良しの正平が誘拐された。妾との新たな明日を目論む畳問屋は一石二鳥の鬼畜勝負に己を賭ける。

前回の「訴訟無用」に続いて、妻が邪魔になった夫の悪行エピソード。気弱な小市民をやらさせたらピカ一の小坂一也が、その不安そうな顔つきで誘拐事件の黒幕である備後屋甚兵衛を演じた。かなり短絡的な犯行だが、そこまで妾に夢中になっている様子もなく、ただ無表情な小坂の気味悪さが引き立つ。

依頼人となる義父の田原兵輔に扮した岩田直二もまた無表情。娘と孫を殺された悔しさを表出するシーンはなく、寅の会の競りのあと、一人で釣りをしているカットが挟まれる。それだけ。

そして山﨑努の出演シーンは前回以上に少なく、わざわざ「鉄の姿が見えねぇが、どうした?」と主水が正八に聞くほど。鉄と巳代松の長屋でのかけ合いがなく、さらに定番の中村家コントも通常のものではなく、主水と正八が誘拐事件に立ち向かう。『新仕置人』全41話のなかでも有数の地味な回である。

正平——さらわれた備後屋の息子の名は正八そっくり、というか火野正平そのままなので、同じ「正どん」として両者の交流が描かれ、正平は畳奉行の祖父と釣りを楽しんだ帰りに誘拐される。かんのんホテルで火野と知り合い、公私ともに仲良くなった脚本家の保利吉紀らしいネーミングだ。

しかし、正八メイン回として正平を助けるために奔走する展開でもなく、ガールフレンドのおしん(吉本真由美)を相手にアドリブ満載のプレイボーイぶりを

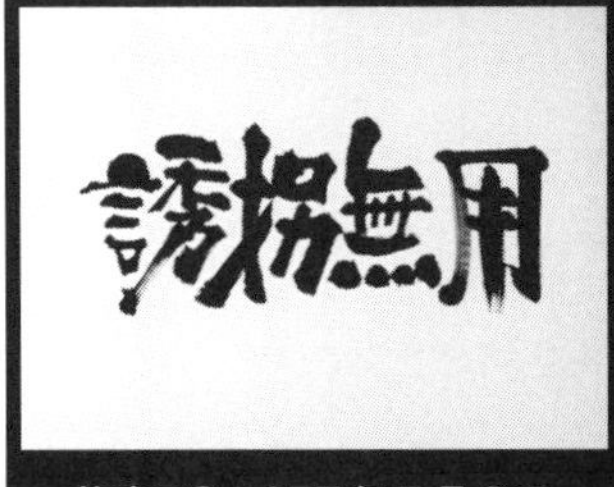

放映日◉ 1977年7月8日
視聴率◉ 9.7%(関東)
15.8%(関西)

あらすじ

妾との情事からの帰り道、畳表問屋の備後屋甚兵衛は喜三次と音吉というゴロツキに脅される。妻お蝶が畳奉行の田原兵輔の隠し子であり、その田原の後ろ盾で店を大きくしたこと、そして不貞を田原に黙っておく代わりの口止め料を出せ、と——。

だが、一枚上手《うわて》の備後屋は喜三次と音吉を抱き込み、息子の正平を誘拐させる。身代金二百両を手に入れるための芝居だと両者を丸め込み、お蝶や義父の田原には、素知らぬ顔で誠実に対応。しかし町方同心である主水の介入は、やんわりと断る。

じつは正平は、お蝶の連れ子だった。備後屋は妾のおえんと一緒になるため、お蝶と正平が疎ましくなっており、南町奉行所筆頭同心の秋月に大金を渡して仲間に引き入れる。主水たちの前で畳蔵に単身突入した秋月は、喜三次、音吉、お蝶、正平の全員を始末。すべてのからくりを知った田原は娘と孫の恨みをはらすため、寅の会に依頼。

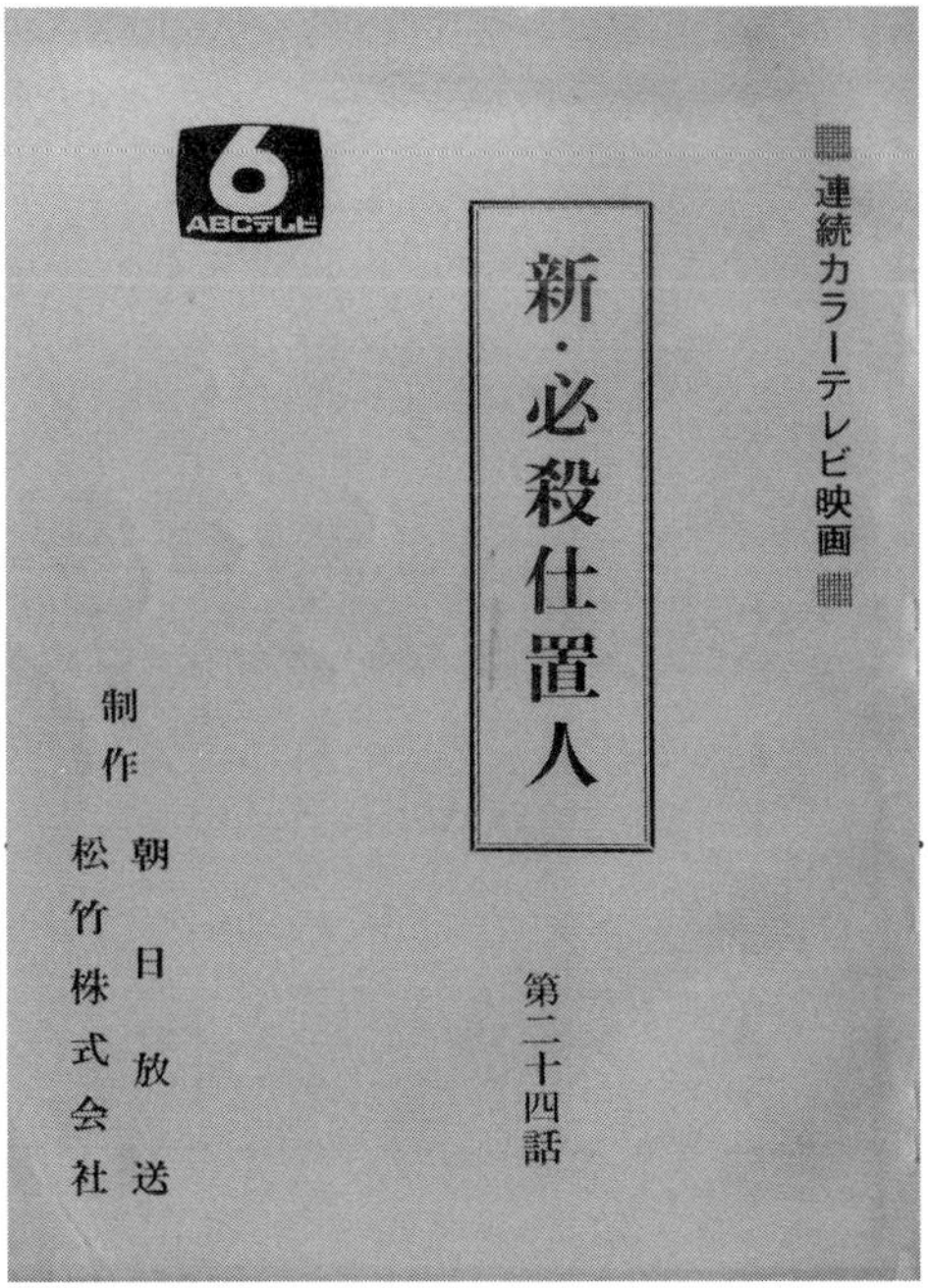

発揮し、正平が監禁されている古い畳蔵でも気づかずイチャイチャする始末。

誘拐現場を主水や捕り方が囲み、せんりつの差し入れコントのあと、事態は最悪の展開に。さらった側、さらわれた側、合計四人が筆頭同心の秋月に始末されてしまう（さすがに正平とお蝶の殺害シーンは省略）。

「なに言ってやがんでえ」とべらんめえ口調の秋月は須賀不二男、「貸借無用」における羅漢寺の政五郎に続いて二度目のゲスト出演。のちに『新必殺仕事人』に筆頭同心の内山としてレギュラー出演するが、ほとんど同じようなキャラクターでの極悪ぶり。備後屋が差し出した五十両を前に「相当やっけえな仕事らしいな」と察しのよさで鬼畜の所業をやってのける。

仕置の標的は備後屋と秋月のみ、主水メインのエピソードとして秋月との絡みもしっかりありながら、その仕置は鉄の手で。舟での芸者遊びに興じる秋月に正八の漕ぐ小舟で近づき、すれ違いざまに骨はずし。「イッ！」という言葉にならない断末魔と死に顔にベテラン悪役の技を見た。

その手前、妾宅で巳代松に撃たれた備後屋は、蚊帳に包まれて倒れ、まるでモスラのような最後を遂げる。誘拐犯の喜三次（小宮守）、音吉（波多野克也）の小悪党コンビも、連れ子の正平と備後屋に嫁いだお蝶（赤座美代子）も大きな見せ場のないまま殺され、全体として哀しみの雰囲気に包まれながら、さっぱり低温のエピソードだ。せっかく正八と正平という「正どん」を扱いながら、その設定が忘れ去られたかのような後半の展開もわびしい。

小坂一也と赤座美代子といえば、『必殺仕業人』第5話「あんたこの身代りどう思う」でも夫婦役を演じており、〝隠れ里〟と呼ばれる貧民窟に流れついてきたワケあり男女に。夫は無実の罪で処刑され、それを知らされた妻は主水に小判を投げつけ、井戸に身を投げる。

その恨みの顔——南オープンの廃屋群をバックに駆け抜けるハイスピード撮影のスローモーションは、日活ロマンポルノ『㊙女郎責め地獄』の横移動ショットを彷彿させる悲惨な美しさだ。

主な登場人物

備後屋甚兵衛
小坂一也

畳表問屋の主。畳奉行田原兵輔の隠し子であるお蝶を妻にめとったが、妾のおえんに夢中となり、ゴロツキ二人組に脅迫されたことをきっかけに狂言の誘拐事件を引き起こし、筆頭同心の秋月を抱き込んだ。屋号の「備後」は現在の広島県東部にあたり、いぐさ畳の産地であった。

「元祖和製プレスリー」と呼ばれたロカビリー歌手の小坂一也は、やがて松竹の映画俳優として活動。1961年、山田洋次監督のデビュー作『二階の他人』では主人公のサラリーマンを演じた。小市民の中年役は抜群で、伊丹十三の『「マルサの女」日記』によると、「ぼくはね、つまらない男をやると本当にいいんですよ」と伊丹に語ったという。建売住宅に放火してしまう定年間際のリストラ要員を演じた『集団左遷』など、その本領発揮だ。

お蝶
赤座美代子

備後屋の妻であり、連れ子の正平を誘拐されて、窮地に追い込まれる。畳奉行である父に頼ることもできず、母子とも犠牲になってしまう。

赤座美代子は俳優座養成所「花の15期生」を経て文学座へ。1968年に大映の映画『牡丹燈籠』でお露を演じて注目を集め、フリーとなってテレビでフル稼働。必殺シリーズのゲスト出演も多く、『必殺からくり人』第12話「鳩に豆鉄砲をどうぞ」では決定稿のシナリオが完成しないまま、役を引き受けた。

秋月
須賀不二男

南町奉行所の筆頭同心。備後屋に金を詰まれて拐かしの現場に踏み込み、喜三次、音吉、お蝶、正平と加害者被害者みな惨殺し、抜き身のまま外に出るや「ひと足おそかった」と言い放つ。

須賀不二男の略歴はP230を参照。のちの『新必殺仕事人』の筆頭同心内山を彷彿させる役柄で藤田まことと共演、舟遊びの最中に背骨を外されての「イッ!」という死に様もベテラン俳優の妙味である。

◆ ◆ ◆

一枚上手のワルに利用される喜三次役の小宮守は、劇団青俳を経て劇団椿組を設立するかたわら劇団四季などで活動。のちに小宮健吾、小宮健五と改名した。弟分の音吉を演じた波多野克也は関西の俳優。『必殺商売人』第5話「空桶で唄う女の怨みうた」では、若い男というちょい役に回った。

備後屋の愛人おえんには大映ニューフェイス出身の川崎あかね。東映京都や京都映画で活躍した川崎新太郎キャメラマンの実子である。色っぽい芸者などがハマり役だが、『助け人走る』第4話「島抜大海原」のおりょう役でトラウマ級のインパクトを与え、『必殺仕事人2010』にも姿を見せた。

正平を演じた多田和生は関西の子役として活動。『必殺仕業人』第10話「あんたこの宿命どう思う」では、やいとや又右衛門の少年時代を演じた。

正八の遊び相手のおしん役は吉本真由美。イチャイチャしてたら正平が拐かされている畳蔵に連れ込まれる。第27話「約束無用」にも登場するので、けっこう長続きした関係のようだ。

備後屋の職人として行方不明の正平を案じ、お蝶に寄り添う浅吉役は平井靖。その実直なたぬき顔で「奉行所に届け出たほうがよかありませんか」と提案し、甚兵衛に却下される。京都映画専属の平井は一貫してシリーズに出演し、『必殺シリーズ秘史』では50年にわたる大部屋俳優人生を振り返った。ノンクレジットだが「牢獄無用」のラストシーンなど、よく岡っ引き役に扮しており、自身がもっとも好きな役柄だったという。舟こぎの名手でもある。

寅の会の揚句

狂言にからくり見たり
備後屋かな

美術の川村鬼世志は1977年における「映画の日」の永年勤続厚労賞を受賞。当時69歳。

シナリオと本編の違い／ロケ地／そのほか

備後屋が喜三次と音吉に脅されるシーン、お蝶が「前の亭主に死なれた子連れの後家さん」であることがシナリオでは早々に明かされていた。本編では中盤の「たとえ血の繋がりはなくても、正平はわたしの子だ。妙な気兼ねをするんじゃない」というセリフで明かされるだけに、後味が悪い。

正平が祖父の田原兵輔のもとに駆けつけるシーン、本編では「おす」という挨拶で終わるが、シナリオではお互い弁当を持参して笑い合う。

本編をチェックしたところ、釣りをしている田原のもとに弁当がないことから、このシーンは撮影前に欠番となった可能性が高い。そのあとにも正平と田原のシーンがあるが、丸ごとカットされている。

観音長屋の屋根の男のシーン、シナリオのト書きには「釣り糸を垂れる真木」とあり、マキの本名の真木（勝宏）が役名になっている。三好正夫演じる同心真木が初出演した第16話「逆怨無用」、そして第19話「元締無用」の台本には「小肥りの薄毛」と書かれており、もしや真木役も当初はマキが想定されていたのかもしれない。

どちらも村尾昭の担当回だが、第19話は「そしてまたまた出ました小肥り薄毛の同心真木」と、気合の入った筆致となっている。

殺しのシーン、シナリオでは巳代松が備後屋を撃つのは路上。おえんが妾宅で料理を用意しながら嬉々として待っているシチュエーションであった。秋月殺しも正八が漕ぐ舟からの仕置ではなく、鉄が水中から出てくる。

ラストシーン、シナリオでは正八が正平とお蝶の墓参をすると、田原が真新しい卒塔婆の前で手を合わせており、「正どんのおじいちゃんか――」という呟きで終わり。正八メイン回らしく締めくくっていたが、現場改訂で死んだ秋月への香典をめぐる主水と同僚たちの奉行所コントに変更された。

次回予告

20年前、濡れ衣を着せられ江戸を追われた男。恨みいだいて、いま江戸に帰る。陥れた同心と妻は大名暮らし、人でにぎわう庚申の夜、因果めく闇と明かりの地獄道。次回『新必殺仕置人』ご期待ください。

【キャスト】中村主水：藤田まこと／巳代松：中村嘉律雄／正八：火野正平／死神：河原崎建三／屋根の男：マキ／喜三次：小宮守／おえん：川崎あかね／元締虎：藤村富美男（元阪神タイガース）／奉行田原：岩田直二／おしん：吉本真由美／正平：多田和生／音吉：波多野克也／吉蔵：北村光生／浅吉：平井靖／居酒屋の親爺：伊波一夫／番頭：松尾勝人／同心：加茂雅幹、丸尾好広、鈴木義章／闇の俳諧師：藤沢薫、原聖四郎、沖時男、伴勇太郎、秋山勝俊／備後屋：小坂一也／お蝶：赤座美代子／同心秋月：須賀不二男／せん：菅井きん／りつ：白木万理／念仏の鉄：山崎努

【スタッフ】制作：山内久司、仲川利久、桜井洋三／脚本：保利吉紀／音楽：平尾昌晃／編曲：竜崎孝路／撮影：藤原三郎／製作主任：渡辺寿男／美術：川村鬼世志／照明：中島利男／録音：木村清治郎／調音：本田文人／編集：園井弘一／助監督：服部公男／装飾：玉井憲一／記録：野口多喜子／進行：佐々木一彦／特技：宍戸大全／装置：新映美術工芸／床山・結髪：八木かつら／衣裳：松竹衣裳／小道具：高津商会／現像：東洋現像所／殺陣：美山晋八、布目真爾／題字：糸見溪南／ナレーター：芥川隆行／主題歌：「あかね雲」（作詞：片桐和子／作曲：平尾昌晃／編曲：竜崎孝路／唄：川田ともこ／東芝レコード）／製作協力：京都映画株式会社／監督：松野宏軌／制作：朝日放送、松竹株式会社

※本編クレジットは「備後屋」を「備前屋」と表記

濡衣無用

第25話

脚本：松田司
監督：高坂光幸

二十年前の札差一家毒殺事件。無実を訴える男が庚申の夜に戻ってきた。恨みの先は下谷御殿の三本杉と今淀君！

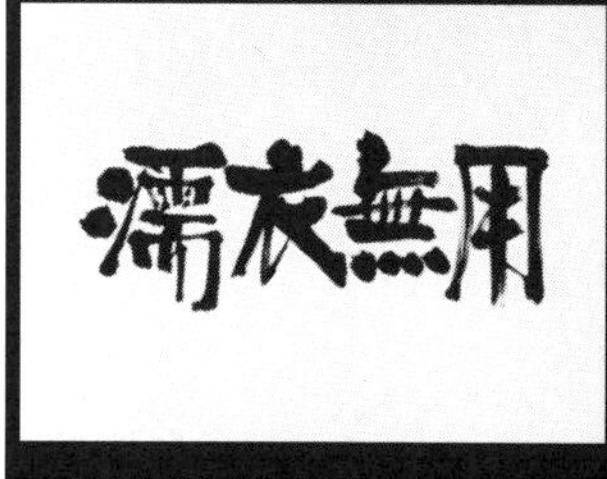

放映日◎1977年7月15日
視聴率◎10.3%(関東)
14.6%(関西)

おていが帰ってきた。いや、どこか旅に出ていたわけでもないのだが、第20話「善意無用」から登場していなかった仲間が戻り、ひさしぶりに仲良し五人組の連携による仕置が見られるのがうれしい。チャイナ服のおていは、カタコトの中国語で花火の手品を披露する。

今回の仕置の相手は、下谷御殿の三本杉という金貸し。「三本杉」という凝ったネーミングに神田隆という配役が大物ぶりを盛り上げる。今淀君と呼ばれる妻の秋野には必殺シリーズ悪女代表の弓恵子と、双方ともぬかりない。

冒頭、そして終盤の仕置は〝庚申《こうしん》〟の夜が舞台。その風習をナレーションで解説させる出だし、そしてストーリーとの融合は〝警動〟を扱った「裏切無用」を思わせる。どちらも高坂光幸演出回で熱量の高さも共通している。

「濡衣無用」というサブタイトルどおり、今回は冤罪を扱ったストーリー。札差の伊勢屋に毒まんじゅうを渡して一家を皆殺しにし、五千両を奪うという手口は、１９４８年1月に起きた「帝銀事件」をモチーフにしたものだ。

東京・豊島区の帝国銀行椎名町支店で青酸化合物による毒殺事件が発生し、合計12人が死亡、現金16万円と小切手が奪われた。画家の平沢貞通が逮捕されたが、冤罪説も根深い事件として関心を集め、１９６４年には日活が映画『帝銀事件 死刑囚』を公開。朝日放送の山内久司プロデューサーも帝銀事件に関心をも

あらすじ

人々がお祭り気分で夜明かしをする庚申の夜、観音長屋に記憶喪失の若い娘がやってきて、巳代松の前で倒れる。おきぬと名づけられたその娘は、巳代松と一緒に暮らすことに。

そのころ江戸に庚申の月三という男が舞い戻る。20年前、札差一家20人を毒殺して五千両を奪い、脱獄した極悪人だ。月三は寅の会に下谷御殿の三本杉殺しを依頼し、鉄が落札。かつて旅先で虎の命を助けたこともある月三は、あの毒殺事件が同心平田の仕業であり、女房のお秋と組んで自分に濡れ衣を着せたことを告白する。

奉行所を辞した平田は金貸しの三本杉となり、お秋は妻の秋野として采配を振るっていた。大物らしく用心棒も杖術《じょうじゅつ》の凄腕ぞろいで、警護は万全。そして正八の調べにより、おきぬが三本杉と秋野の娘であることが判明する。ふたたび庚申の夜、仕置人たちは「百芸の会」に集まる芸人に変装して三本杉の屋敷へ――。

ち、みずから松田司の名でシナリオ化を果たした。

己の無実を訴えて、江戸に舞い戻ってきた庚申の月三役は近藤宏。白髪に傷だらけの顔、川の杭にしがみつくという登場からショッキングだ。

「あっしに、話させてやって、おくんなせえ……」

積年の恨みを語る月三の背景には、八枚折りの大きな屏風があり、そのコントラストも効いている。まばゆい光で簡略化されたお白洲やピンク色の逆光を用いた拷問など、手短な回想も凝っている。

またも巳代松の長屋に娘が舞い込む展開はさておき、洗濯物を取り込む姿から正八が「おきぬ」と命名、「濡衣」の「衣」でもある。下谷御殿の長い石畳も過剰に濡れて輝き、その逆光が仕置後の脱走における影の交差として生かされる。おきぬが三本杉の娘だと巳代松が知らされない展開も残酷だ。

そして、また庚申の夜。人々が賑わう様子を望遠レンズで圧縮し、その中を巳代松が、鉄が、おていが、正八がゆく。主水だけ俯瞰のアングルというのも絶妙であり、出陣シーンが定番になる前だからこその盛り上がりを見せる。

上方落語（正八）、中国奇術（おてい+巳代松）、阿呆陀羅経（鉄）、それぞれ芸人に変装して下谷御殿に潜入する仕置人たち。庚申を迎えるたびに夜が恐ろしく、芸人を呼び集める三本杉、過去への怯えが命取りとなる。

正八が本職はだしの上方落語で「まんじゅうこわい」を披露するうち、彼の脳内に毒まんじゅうを伊勢屋一家に与えての地獄絵図がよみがえる。まんじゅうを食らう人々のアップと正八の口モグモグ、三本杉の扇プルプルが往復するカットバックも巧みで、犯人のみが知る状況へと視点をスライドさせていく。

三本杉を仕留め、脱兎のごとく走る巳代松、正八、おてい。ここからが望遠ショットを多用してきた「濡衣無用」の最高峰――逃げる三人、追う用心棒四人、その合間に主水が割って入って、またたく間に二人を斬殺。黒い杖を振り回す残る二人との激闘に深手を負いながら辛くも勝利する。

かぐや姫のように消えた、おきぬ――また一人になった巳代松で叙情的に終わらせると思いきや、顔面に大怪我を負った主水の中村家コントで完。これぞ山内イズムを感じさせる幕切れだ。

セリフ選抜「平田とお秋の野郎を、殺して、おくんなせえ……」（庚申の月三）

主な登場人物

平田・三本杉
神田隆

札差しの伊勢屋一家毒殺事件を引き起こした同心。月三に罪を被せ、その女房お秋を寝取る。そのとき奪った大金を元手に金貸しの三本杉として大成し、第二の人生を謳歌する。

『新仕置人』二度目の登場となる神田隆の略歴はP72参照。大物の悪役ばかりでなく、山内久司プロデュースの『女捜査官』第9話「愛欲の教授夫人と涙の老スリ」では足を洗った元スリの松五郎に扮して泣かせてくれる。

1986年7月3日、『必殺仕事人V 激闘編』第33話「主水、裏ワザで勝負する」の撮影後、狭心症の発作により京都駅で急死した。享年68。

お秋・秋野
弓恵子

月三の女房であり、平田と組んで亭主を罠にはめる。三本杉の妻となって秋野と改名し、下谷御殿の女宰領、今淀君と呼ばれる存在に。悪党ながら夫婦ともに行方不明となった娘の鶴子を案じ、庚申の夜は金泥《こんでい》写経に励んだ。

テレビ時代劇の悪女代表である弓恵子は、大映の女優としてキャリアを積んだのちテレビで活躍。『必殺商売人』第18話「殺られた主水は夢ん中」では唯一の女優として悪役五人衆に選ばれ、夢ん中で主水を刺殺した。

思わず「見事であったぞえ」と真似したくなるほど、大奥の大物も十八番。『必殺仕事人V 激闘編』第3話「大難関！大奥女ボス殺し」ではボスの阿茶局に扮し、主水に床下から暗殺された。

庚申の月三
近藤宏

月がきれいだからと見とれていたのが運の尽き。鎧櫃《よろいびつ》を背負った平田と出会ったことで冤罪を被せられ、無実の罪で追われ、川の流れのように江戸に戻ってきた男。

虎の命の恩人であり、三本杉と秋野の仕置を見届ける前に衰弱死してしまう。

近藤宏は1944年に東宝に入社、やがて「渡り鳥」シリーズや「流れ者」シリーズなど日活アクションの悪役として鳴らし、テレビにスライド。『新必殺仕事人』第35話「主水友情に涙する」では菅貫太郎と共演し、元盗賊同士の絆を見せた。そう、「いのちを売ってさらし首」の悪役コンビふたたび、必殺シリーズ屈指の友情回である。

◆　◆　◆

正八に「おきぬ」と名づけられた三本杉の娘、鶴子を演じたのは石川えり子。3歳のときから劇団若草の子役としてキャリアをスタートし、各局のドラマに出演した。「月の光と一緒にいなくなっちゃった。ひょっとしたら、かぐや姫じゃなかったのかな」とは、正八の言。

笠をかぶった老同心役の飯田覚三は明治生まれのベテランであり、1970年に関西に拠点を戻した。「宣伝無用」でも輪島塗に目をつける客として出演。与力役の玉生司郎は、また主水を叱責していた。

庚申の夜、巳代松の長屋にやってくる行かず後家のおもんを演じた佐名手ひさ子は関西芸術座の新劇女優。長屋のおかみさん役が多いが、「休診無用」で鉄といちゃいちゃするノンクレジットの商売女もこの人だろうか。

高坂光幸監督回というわけで、三本杉の用心棒の一人は宍戸大全。黒い杖を振るい、宙を舞って主水を追いつめる。もとは大阪の体育教師であり、大映に入社して『忍びの者』などのスタントマンを担当。大映、東映、松竹と各社をまたにかけて「特技」を担った。著書『㊙撮影うらばなし』には、必殺シリーズのエピソードも披露されている。

寅の会の揚句

**枯れ落ちる
下谷御殿の三本杉**

『新必殺仕置人』の撮影台本は1話ごとに赤、青、黄、緑などカラフルな表紙で印刷された。

シナリオと本編の違い／ロケ地／そのほか

シナリオのサブタイトルは「裁判無用」。庚申の月三の白髪はト書きに指定があり、一人称は「わっし」となっていた。

人々で賑わう庚申の夜、シナリオ中では主水が番屋の老番太と話すシーン、中村家のシーンがあったがどちらも欠番に。岡場所をめぐる前者の会話はナレーションで処理された。

記憶喪失の娘におきぬという名前をつけるシーン、正八が「あけみ、みどり、おせん……どうもぴったしこないな。おてい、こりゃ近くにつまらないのがいるし」と言った直後に、おていが登場する。

どこぞの藩の侍たちが三本杉を襲撃するシーン、シナリオでは火縄銃だが本編では槍に変更。鉄製の駕籠の堅牢さと用心棒の強さが、よりストレートに表現された。

月三の死に際しては、虎が「月三さん！」と二度感情をむき出しにしていたが、本編ではセリフなしで手をつなぎ、顔と顔との説得力に音楽が乗る。出陣前、鉄が女郎の背中に小判や銭を置くシーン、シナリオでは「これでおしまい」と一両を投げる描写となっていた。

正八が「まんじゅうこわい」を披露するシーンは、本作の見せ場のひとつだが、なんとシナリオでは落語家の役目であり、三本杉は偶然にも過去を思い出す展開。もとは正八と巳代松が花火の竹筒、おていが歌い手という設定で、鉄の阿呆陀羅経のみシナリオに忠実な映像化。

下谷御殿と呼ばれる三本杉邸のロケ地は、おなじみ相国寺大光明寺。主水と激闘を繰り広げる用心棒たちは「杖術の武芸者」とシナリオに指定あり。「主水、不意打ちで二人を斬って捨てる」というト書きも忠実に映像化されており、そこからの激闘はスタントマンの宍戸大全がキャスティングされたことで、異常に跳躍力のある杖術の使い手が主水に重傷を負わせた。

主水とせんりつのコントで終わるのは、シナリオどおり。全41話中、中村家で終わるエピソードは「女房無用」「善意無用」「誘拐無用」「濡衣無用」「幽霊無用」の計５本である。

次回予告

ひとり、またひとり――吸い込まれては消えていく月見屋敷のからくり。甘い言葉に誘われ、二度と帰らぬ力ない者たち。脅し、脅され、この恨み誰がはらす。次回『新必殺仕置人』ご期待ください。

【キャスト】中村主水：藤田まこと／巳代松：中村嘉律雄／正八：火野正平／おてい：中尾ミエ／死神：河原崎建三／屋根の男：マキ／同心平田・三本杉：神田隆／お秋・秋野：弓恵子／元締虎：藤村富美男（元阪神タイガース）／庚申の月三：近藤宏／おきぬ：石川えり子／与力：玉生司郎／老同心：飯田覚三／勘定方役人：入江慎也／おもん：佐名手ひさ子／女郎：三笠敬子、山上博子、和田かつら／番太：伊波一夫／用心棒：新郷隆、渡辺憲悟、丸尾好広、宍戸大全／役人：松尾勝人／門番：平井靖／改役：美鷹健児／用心棒：横堀秀勝／吉蔵：北村光生／闇の俳諧師：藤沢薫、原聖四郎、沖時男、伴勇太郎、秋山勝俊／備後屋：小坂一也／せん：菅井きん／りつ：白木万理／念仏の鉄：山崎努

【スタッフ】制作：山内久司、仲川利久、桜井洋三／脚本：松田司／音楽：平尾昌晃／編曲：竜崎孝路／撮影：藤原三郎／製作主任：渡辺寿男／美術：川村鬼世志／照明：中島利男／録音：木村清治郎／調音：本田文人／編集：園井弘一／助監督：服部公男／装飾：玉井憲一／記録：野口多喜子／進行：佐々木一彦／特技：宍戸大全／装置：新映美術工芸／床山・結髪：八木かつら／衣裳：松竹衣裳／小道具：高津商会／現像：東洋現像所／殺陣：美山晋八、布目真爾／題字：糸見溪南／ナレーター：芥川隆行／主題歌：「あかね雲」（作詞：片桐和子／作曲：平尾昌晃／編曲：竜崎孝路／唄：川田ともこ／東芝レコード）／製作協力：京都映画株式会社／監督：高坂光幸／制作：朝日放送、松竹株式会社

抜穴無用

第26話

脚本：松原佳成
嵯峨忍
監督：松野宏軌

月見屋敷に作られた秘密の抜け穴。おていも逃げ込んだ、その細い闇がやがて仕置の場所となる——。

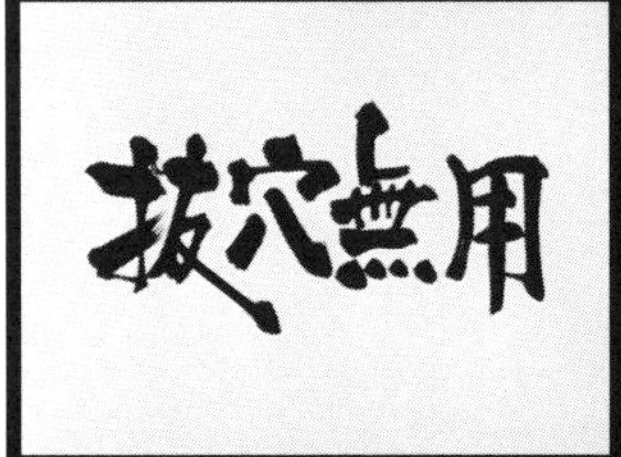

放映日◎1977年7月22日
視聴率◎9.2%（関東）
12.8%（関西）

坊主へのこだわりに満ちた一編である。まず仕置の相手が（総髪だが）月見坊主と呼ばれる狂歌師の月峰。その命を狙う仕置人が闇の俳諧師としてレギュラー出演していたヒゲ坊主、名を僧林と明かされる。月見屋敷に逃げ込むテキ屋は、花札の坊主当て賭博で荒稼ぎ。いささかこじつけだが、必殺シリーズ脇役大集合のごとき登場人物の多さで楽しませてくれる。

月峰一味の悪事は、屋敷から墓へと通じる抜け穴で小悪党を逃がし、通行料をせしめるもの。用人の尾関一心みずから町中でおていに声をかけるなど、やっていることはセコいが、尾関役の南原宏治の迫力で、体面を保つ。さらに僧林を返り討ちに。月峰は寅の会の存在を知って、取引を持ちかける。

「わたしがいま、生きたままの姿であなたの側にいる……驚いたんじゃないですか？」

月峰役の灰地順は、かつて寅の会にいて初代札詠みの喜平を演じた俳優であり、自害したはずの喜平が将軍家お抱えの狂歌師たる月峰として虎の前に現れたのかと錯覚させられるが、無論そのような連続性はない。しかし妙な大物ぶりで藤村富美男と居並ぶ、その存在感に驚かされる。

虎が子供たちに竹とんぼを作り、竹馬を直す——「元締無用」からカットされた日常が挟まれることもふくめて、金戒

あらすじ

将軍家お抱えの月見坊主、月峰の屋敷に抜け穴が作られ、スリやテキ屋の逃げ場所となっていた。それを作った三次は殺され、その父親もまた月峰の駕籠に直訴して用人の尾関に斬られてしまう。そして寅の会が開かれる。

母の薬代のため江戸に出稼ぎにきた大工の清次は、巳代松の仲間。金のない自分と世の中に怒る清次は、岡っ引き権太の手引きで月見屋敷で働くことに。寅の会で月峰殺しを落札した僧林が仕置に失敗、月峰は頼み人である三次の女房を脅して虎のもとに姿を現し、手出し無用の取引を迫る。

いつも下手人を取り逃がす、あの場所——月見屋敷が怪しいという話が奉行所の同心の間で高まり、清次が生贄に。賭場の手入れから月見屋敷に逃げ出した清次が捕縛されるが、同心が目を離した隙に権太に始末されてしまう。江戸に出てきた清次の女房さよの依頼で、ふたたび寅の会に月峰一味の仕置が舞い込む。

光明寺の石段を効果的に使った一連のシークエンスは日常のなかスリルがみなぎっている。

上方からやってきた大工の清次役は芦屋小雁。当時、藤田まことが設立した劇団新演技座に参加したメンバーの一人だ。持ち前の関西弁と庶民性、うっかり具合で一攫千金を狙って月峰一味に利用される。「なんで、なんでやねん」という断末魔に女房さよの顔がインサートされる松野演出が冴える。

抜け穴に通じる月見屋敷の東屋（庭にある小さな休憩所）は、撮影所のステージに組まれたもの。白昼の仕置はベタ明かりのセット感ありありで、いささか緩慢だが、仕込み十手を奪って闘っ引きを始末する主水という珍しい殺し技を見ることができる。

おていと正八が出口の石に腰かけて、抜け穴に逃げ込んだ月峰が出られないラストの仕置はカタルシス満点。巳代松が清次の仇討ちとばかり、鉛玉をぶち込む。闇に包まれた抜け穴のセットは東屋に比べて、さすがのクオリティだ。

本作の脚本でクレジットされている「嵯峨忍」は、これ一本っきりの存在。長らく正体不明だったが、スクリプターの野口多喜子の変名であることが『必殺シリーズ秘史』の同氏インタビューで推測され、その後『必殺シリーズ異聞』において共同脚本の松原佳成が成立の経緯を証言した。

工藤栄一組のホン直しに、助監督の高坂光幸とともに参加した野口は、朝日放送の仲川利久プロデューサーに自作のシナリオを提出し、映像化が実現。現場の自由なノリを象徴するエピソードだが、初期から必殺シリーズを支えた野口は『新仕置人』が最後の参加作となり、その後は映像京都と東映京都をベースに活動した。

「夏の着物ほしいなぁ」と、おていがつぶやくように、放映日は7月22日。抜け穴を利用するテキ屋コンビの衣裳も白い浴衣のような涼しげなもので、夏を感じさせてくれる。

おていの月見屋敷への潜入、寅の会に遅刻する鉄と正八のやり取りもアドリブ満載で楽しく、さりとて寅の会という組織の甘さ、のちの崩壊劇を予感させるエピソードとして見ることもできる。

主な登場人物

月峰
灰地順

将軍家お抱えの月見坊主。屋敷の地下に抜け穴を作って、私腹を肥やす。寅の会の仕置人に命を狙われていることを知り、白昼堂々虎に取り引きを迫る。

灰地順の略歴はP188を参照。札詠みから狂歌師という転身もふまえて喜平のその後かと錯覚させるが、そういうわけではなかった。

尾関一心
南原宏治

月峰の用人。僧林の襲撃を岡っ引きの権太とともに返り討ちにするなど、なかなかの使い手だ。町に出て、抜け穴の営業活動にも熱心。

1954年、東映ニューフェイスの一期生として本格デビューした南原宏治（当時・南原伸二）は、若手スターとして「警視庁物語」シリーズなどで活躍したのち、悪役まっしぐら。まるで劇画のような濃いキャラクターを多く演じており、セリフ回しも大仰だ。必殺シリーズ初のレギュラー殉職回となる『助け人走る』第24話「悲痛大解散」では北町奉行所の与力、鬼と呼ばれる黒田伝蔵として迫力を見せた。

清次
芦屋小雁

江戸に出稼ぎにやってきた大工。おいしい話に乗って月見屋敷に行ったはずが「なんでや、なんでやねん……」、あえなく命を奪われる。

喜劇俳優の芦屋小雁は、兄の芦屋雁之助とともに毎日放送の『番頭はんと丁稚どん』で人気を博す。日本屈指のフィルムコレクターとしての顔も持ち、SFやホラー映画のマニアであった。

◆◆◆

岡っ引きの権太役は俳優座養成所出身の剣持伴紀、誠実な青年から徐々に悪役へとスライドしていった。必殺シリーズには12本も出演しており、『新必殺仕事人』第16話「主水家で説教する」でも岡っ引きとして主水に刺し殺されているが、珍しく白髪まじりの老け役であった。

同心田渕を演じた西田良は、事件を追いながらコミカルな味を見せる。略歴はP118を参照。

『必殺商売人』第25話「毒を食わせて店食う女」では、主水推薦の料亭に行って腹をくだしてしまう同心、その名も西田をコミカルに演じて藤田まことと息の合ったところを見せた。汐路章、唐沢民賢と「アメーバ芸団どん」を結成し、東映太秦映画村でコントにも挑戦していた。

清次の女房さよには、常連の志乃原良子。亭主が刺されるや哀しみをキャッチして病床から起き出した。もっとも薄幸力が発揮された回である。

寅の会のレギュラー、今回初めて名が明らかとなる僧林を演じたのは、ヒゲにスキンヘッドの伴勇太郎。競りでは一両二分の安値で鉄に有無を言わさず月峰殺しを落札するが、むざむざ失敗して尾関に斬殺された。

僧林の相棒役はエクラン所属の鈴木義章。短髪のまま出演し、仕込み杖で月見屋敷へ潜入するも権太の仕込み十手で一突き。「妖刀無用」で池田左母次郎に処刑される囚人の金五郎や、ノンクレジット出演だが「宣伝無用」の冒頭で鉄にジャンピングパンチを食らわせ、そのあと叩きのめされる町人もこの人。

テキ屋役の松尾勝人は「坊主が屏風に上手に屏風の絵を描いた」と、あざやかな口跡で賭博を盛り上げる。ラストはエクラン社のメンバーが一網打尽の捕物シーン、フィルムを早回しにしてコミック調の描写となった。

「張らんか、張らんか。張りに来たんだろう、どんと張れ！」と博打場で清次を煽る客は山内八郎。ノンクレジットながら、ほぼ毎回出てくる必殺シリーズの名物おじいちゃんに長いセリフが。山内は92歳で亡くなるまで現役を続け、『映画人 八っちゃん』を自費出版したのち、『八っちゃんの撮影所人生』がフィルムアート社より刊行された。

寅の会の揚句

月峰の月見屋敷に黒雲や

冒頭で殺される三次は殺陣師の布目真爾、大映京都第2期フレッシュフェイス出身。

シナリオと本編の違い／ロケ地／そのほか

サブタイトルの「抜穴無用」はシナリオからの指定。月見屋敷は相国寺大光明寺の門や白塀、鐘楼などをフル活用。「濡衣無用」から連続してのロケーションとなった。

まずシナリオは冒頭の三次を殺すシーンが存在せず、老いた父親による直訴からスタート。墓へと通じる秘密の抜け穴の紹介を兼ねて現場改訂で追加された。

清次の名前の読み方、本編では「せいじ」だがシナリオは「きよじ」。清次が見下ろす商人の舟遊び、もとは月峰が狂歌を詠んでいる設定になっていた。

テキ屋の口上、シナリオでは「さぁさ、大きなオメメを開けて、よっく見てましたかな。さぁ、坊主はどれでしたかな……さ、張った、張った」とシンプルなもの。エクランの芸達者、松尾勝人の個性を生かした早口言葉に変更された。

僧林の仕込み槍、権太の仕込み十手はシナリオの指定。かっぱらいが逃げるシーン、用人の尾関が駕籠に乗せて手助けし、怪しく思ったせんりつが追跡、月見屋敷で見失って主水に訴える描写があった。権太が清次を呼び出すシーンは橋の上から木場に変更、清次が地道に働いている様子が足された。

女房のさよが病に臥せっていることを清次に伝える巳代松。「さよが！」に対する「さよかじゃねえよ、早く行ってやれよ。なにがさよかだよ」というツッコミはシナリオにない。中村嘉律雄のアドリブだろうか。

清次を刺す権太、道具は匕首から大工道具のノミに変更。シナリオの「これで、この屋敷の疑いは晴れた。お前に生きていられると、いつどこで口がすべるかも知れんからな」という権太のセリフはカット、さよの恨みのセリフが現場改訂で追加されている。

アジトのシーン、最後に「決まった……この仕事は白昼堂々とやってやる」と主水が語るがカット。ラストの一網打尽を目にした主水、「こいつはまるでゴキブリホイホイだ」も幻となった。

次回予告

受けた恩、義理に感じてかばう奴、めぐりめぐって仇となる。心むなしく裏切られ、渡る恨みの、三途の川。『新必殺仕置人』お楽しみください。

【キャスト】 中村主水：藤田まこと／巳代松：中村嘉律雄／正八：火野正平／おてい：中尾ミエ／死神：河原崎建三／屋根の男：マキ／月峰：灰地順／権太：剣持伴紀／同心田渕：西田良／さよ：志乃原良子／僧林：伴勇太郎／元締虎：藤村富美男（元阪神タイガース）／きく：西条真砂子／甚助：暁新太郎／老爺：市川男女之助／やり手婆さん：小林加奈枝／吉蔵：北村光生／留吉：大迫ひでき／女郎：倉谷礼子／同心：美樹博／掻っ払い：東悦次／僧林の仲間：鈴木義章／テキ屋：松尾勝人／三次：布目真爾／闇の俳諧師：藤沢薫、原聖四郎、沖時男、秋山勝俊／清次：芦屋小雁／尾関一心：南原宏治／せん：菅井きん／りつ：白木万理／念仏の鉄：山崎努

【スタッフ】 制作：山内久司、仲川利久、桜井洋三／脚本：松原佳成、嵯峨忍／音楽：平尾昌晃／編曲：竜崎孝路／撮影：藤原三郎／製作主任：渡辺寿男／美術：川村鬼世志／照明：中島利男／録音：木村清治郎／調音：本田文人／編集：園井弘一／助監督：服部公男／装飾：玉井憲一／記録：野口多喜子／進行：佐々木一彦／特技：宍戸大全／装置：新映美術工芸／床山・結髪：八木かつら／衣裳：松竹衣裳／小道具：高津商会／現像：東洋現像所／殺陣：美山晋八、布目真爾／題字：糸見溪南／ナレーター：芥川隆行／主題歌：「あかね雲」（作詞：片桐和子／作曲：平尾昌晃／編曲：竜崎孝路／唄：川田ともこ／東芝レコード）／製作協力：京都映画株式会社／監督：松野宏軌／制作：朝日放送、松竹株式会社

約束無用

第27話

脚本：野上龍雄
監督：工藤栄一

佐渡の流人仲間と再会する巳代松。しかし、その仙三は男も女も食い物にして生きてきたワルだった。

流人仲間で命の恩人の仙三、その再会と別れ。巳代松を主役にした人情話のなかでもいっとう悲惨な結末であり、苦悩の果て、みずからの手で仙三を仕置する。まるでアメリカン・ニューシネマのようだ。

人情家の巳代松のおせっかいが、なにも知らない仙三に邪険にされる様子からして、もう哀しい。二人のシーンを短編小説のように積み重ね、さらに仕置の相手が仙三だけというミニマムな異色作を野上龍雄が綴った。

「あのとき、おめえが体を張って止めてくれなきゃあ、俺も加助と同じように、いまごろは佐渡の土になってたんだ……」

愛する女郎のおとよから悪行を聞かされてもなお、仙三のことを信じようとする。主水に殴られ、鉄の指示にも従わない巳代松の一本気は、これぞ中村嘉葎雄の独壇場。だが一転、おとよの死が知らされるや、六文の銭だけを握りしめて、怒りとともに殺しへ向かう。

仙三役は綿引洪（のち綿引勝彦）。必殺シリーズにおいては女を地獄に落とす色悪がもっぱらであり、そのコワモテに似合わぬ役どころを託された。

「約束無用」においても巳代松との友情のなかで徐々に利己的な性格が垣間見えていく。めしを漁ったり、小銭を盗んだり、大きな悪事が直接描かれることはなく、きめ細やかな積み重ね。おとよを演じた服部妙子の告白も見る側の想像を引き立てる。

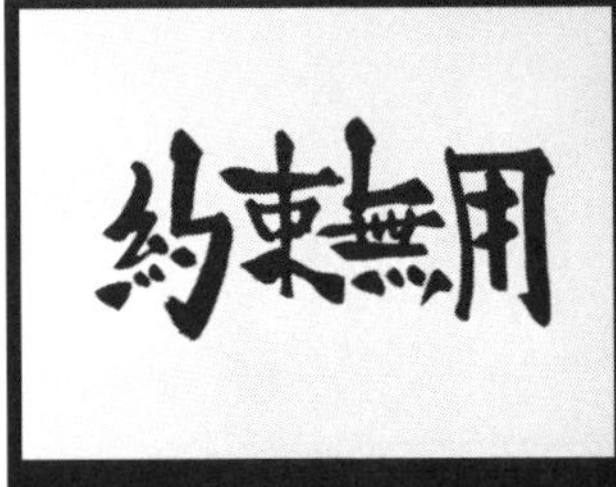

放映日◉ 1977年7月29日
視聴率◉ 8.0%（関東）
17.6%（関西）

あらすじ

「松！　巳代松じゃねえか！」――往来で声をかけてきたのは、佐渡の流人仲間の仙三だった。巳代松の命の恩人であり、かつて島抜けしようとした巳代松を止めた穴蔵師の仙三だ。再会をよろこび、酒を酌み交わすふたり。

巳代松は回向院裏の岡場所の女郎、おとよに惚れていた。病弱な身の上で、昔の男にだまされたという彼女のもとに通う。いっぽう寅の会では、仙三の殺しがわずか二分で競りにかけられ、芸者風の仕置人お梶が落札する。

鉄の話から仙三が殺しの的になったことを知った巳代松は、中村家の穴蔵作りを本人の知らぬ間に依頼。仙三を狙うお梶は、ボヤを起こして仙三を連れ出し、主水の手で斬り捨てられる。

仙三が殺される悪夢を見てしまう巳代松。うなされて起きると、おとよが昔の男――仙三との因縁を語り始まる。巳代松を呼び出す鉄、地下蔵では怒れる主水が待ち構えていた。そして、おとよの死が知らされる。

穴蔵師という特殊な職業や〝暗いところ〟を巧みにストーリーに組み込んだ野上龍雄のシナリオを工藤栄一が持ち前の空間造形力で演出。わずか二分という頼み料の寅の会は、いつものフラットな場ではなく光と影のコントラストを強めて俳諧師たちの顔を映さない。

続く鉄と巳代松のやり取りも、よしずと日陰のオープンセットを活用した得意の画作りで両者をシルエット処理。そのロングショットのなかスイカを地面で割って、食らう。仙三の仕置と知り、輪郭が浮き立つ巳代松の横顔アップ、口にくわえたまま赤いスイカが震えて目だけが逆光に輝かせる。

寅の会の仙三殺しを請け負ったお梶は、田口久美の鋭利なビジュアルと相まって三味線の糸を使った殺しがよく似合う。寅の会、賭場、そして穴蔵師として中村家に籠もった仙三を強引な手でおびき出すも、主水の手で返り討ちに。

巳代松に島抜けを持ちかけて、仙三のタレコミによって死んだ加助の女房が仕置人に……いささか唐突なお梶の因果話は、寅の会という設定のまどろっこしさを感じさせるが、巳代松も仙三に命を助けられたわけではなく、保身のために過ぎないという視点のスライドに島暮らしの現実が刺さる。

巳代松に金がないため、おとよにせびりに行き、あげく仕置人への依頼を知って殺す——皮肉にして短絡的な仙三の犯行は、すべて正八の言葉で語られ、巳代松の表情が受け止める。おとよは亡骸となって、ただ運ばれるのみ。

「仙三って野郎はな、てめえの得になることしかしねえ男だよ」

鉄が言い放ち、主水は巳代松を何度も殴りつける。同じ野上脚本の「裏切無用」を彷彿させるハードな展開から、ひとりぼっちの仕置へ。

江戸を発つ決意をした仙三に路銀の穴蔵代を渡すため、屋台で飲み、女郎屋をめぐる。行き着いた先は、荒れ寺の墓地。かつて自分が作った穴蔵に押し込められた仙蔵は、巳代松の手で死出の旅路へと送られる。

「仙三、これがおとよの願いなんだ。暗い中で、あの人のことを考えてやんな……」

語り終わるや、撃って、ひっくり返って、泣く巳代松。その後もロングショットで音楽も入れず最後まで押し通す工藤栄一の演出が、この上なく無常をさそう。もちろん直後に「約束無用」、サブタイトルが出る——。

セリフ選抜 **「おめえ一人を死なせやしねえ。俺だって、てめえの大事なものをこの中に閉じ込めるんだ。人間らしい、思い出ってやつをな」**（巳代松）

主な登場人物

仙三
綿引洪

佐渡の流人小屋の小頭であり、巳代松の命の恩人。稼業は穴蔵師。ようやく江戸に戻ってくるが、さっそく寅の会の競りにかけられる。男も女も別け隔てなく食い物にする悪いやつであることが徐々に判明、最後は自分の手で作った穴蔵に閉じ込められて、巳代松に仕置された。

綿引洪は劇団民藝で長らく活動。当時は凶悪な面構えを生かした悪役が多かったが、山田五十鈴ゲストの『必殺仕置屋稼業』第15話「一筆啓上欺瞞が見えた」の清元二代目佐一郎など、必殺シリーズでは色悪を得意とした。『新必殺仕事人』第1話「主水腹が出る」の升屋太兵衛も女を食い物に。その後、綿引勝彦と本名に戻し、恰幅がよくなると同時に『鬼平犯科帳』の五郎蔵や『天までとどけ』のお父さん（丸山雄平）といった役どころで人気を博した。

おとよ
服部妙子

巳代松のなじみの女郎。年季が明けたら一緒になろうと思っていたが、仙三との因縁が明らかになる。「みんな嘘だった」——聞くも涙、語るも涙、あげく仙三の手で殺されて無縁仏に葬られる。

文学座出身の服部妙子は、日本舞踊や三味線をたしなんで時代劇に数多くゲスト出演。『新必殺からくり人』第13話「東海道五十三次殺し旅　京都」では、みずからの目を潰して巡礼の旅に出る千代に扮し、最終回ながらゲストメインのエピソードとしてドラマを締めくくった。映像京都で『御家人斬九郎』などの撮影を手がける大映出身の矢田行男と結婚した。

お梶
田口久美

寅の会の仕置人であり、仙三の殺しを破格の安値で落札する。武器は三味線の糸、色香でまどわせて相手を絞め殺す。最後は主水の手で斬られるが、その意外な正体が明らかとなる。

70年代半ばに日活ロマンポルノ『東京エマニエル夫人』で一躍スターとなった田口久美は、アメリカ人の父と日本人の母の間に生まれた濃い顔立ち。その後は計5本のロマンポルノに出演し、東映では『東京ディープスロート夫人』の主人公となる。浅田奈々、渡辺とく子に続いてロマンポルノからのキャスティングとなったが、ヌードシーンはなし。

◆　◆　◆

おしん役で吉本真由美がふたたび登場、正八とともに巳代松の長屋に忍び込み口づけを交わすが、留守だと思った本人が在宅、「そんなのってないわぁ。知らない！」と、これが最後の出番となった。正八とは別れたのだろう。

開巻、いきなり巳代松に鍋修繕のケチをつけるおかみさん役は小柳圭子。「うるせえってなんだよ、客に向かって！」と巳代松相手に一歩も引かない。大映出身のベテラン女優であり、その庶民性を武器に『必殺商売人』では芸者置屋の女将お梶として準レギュラー出演し、第21話「暴走を操る悪の大暴走」では息子を殺されて依頼人に。『必殺仕舞人』では京山一座のおまつとして全国を旅して回り、続編の『新必殺仕舞人』にも続投した。

やり手婆さんを演じた三星東美は、２０００年代まで老婆役として現役を続けた。大島渚監督の『愛のコリーダ』『愛の亡霊』にも立て続けに出演、前者では吉田屋女中の千恵子、後者では定一の女房に扮した。かつては三星富美子という名で大映京都の専属女優であった。

寅の会の揚句

島抜けの穴蔵づくり仙三や

シナリオと本編の違い／ロケ地／そのほか

仙三、シナリオのト書きには「男前だが、どこか女性的な男だ」とある。寅の会の札詠みに仙三の姿がインサートされるのは、台本上の指定。ほとんどシナリオに忠実な作りであり、大半のシーンが京都映画のオープンセットとセットで撮影された。ゲストのクレジットも６人と全41話でもっとも少ない。

正八が巳代松の長屋に引っぱり込む町娘、台本上はお君だが、第24話「誘拐無用」と同じおしんに。同じ吉本真由美がキャスティングされたからか。

鉄と巳代松のシーン、スイカを地面に落として食べるのは現場で追加されたアイデア。ひさしぶりにおていが江戸に戻ってきたという設定、「珍しいな、お前。どこ行ってた？」「旅」という正八とのやり取りが本編にも残されているが、おていは前々回の「濡衣無用」から復活しており、もしやシナリオの遅れが設定の矛盾として残ったのだろうか。

寅の会には、また屏風が用意されたが「濡衣無用」とは異なる孔雀柄が、お梶の背景として目を引く。お梶の殺し道具、三味線の糸が「鋭い鞭のように主水の眼を襲う」とシナリオにあるが、バチに変更された。その一部始終を死神が見届ける設定だったが、主水の姿を見るわけにはいかないからか、途中で退出するような描写に。

巳代松が仙三を連れ出すシーン、荒れ寺の前の屋台と女郎屋は現場で追加されたもの。「俺はな、おめえと別れるのがさびしいんだよ」という巳代松のセリフが加えられ、一方的な友情からの決別が強調されている。

火縄代わりの線香、仕置のセリフもほぼシナリオどおり。仙三の絶叫や流血はカットされ、ロングショットの長回しで情感たっぷりの締めくくりとなった。

次回予告

なにもかも失い、生き長らえる人の呪われた魂。行きどころなく、さまよう。降りしきる蝉しぐれ、それは地獄の迎え唄。『新必殺仕置人』お楽しみください。

【キャスト】
中村主水：藤田まこと／巳代松：中村嘉葎雄／正八：火野正平／おてい：中尾ミエ／死神：河原崎建三／屋根の男：マキ／おしん：吉本真由美／おかみさん：小柳圭子／元締虎：藤村富美男（元阪神タイガース）／吉蔵：北村光生／女胴師：和田かつら／やり手婆さん：三星東美／闇の俳諧師：藤沢薫、原聖四郎、沖時男、秋山勝俊／仙三：綿引洪／とよ：服部妙子／お梶：田口久美／せん：菅井きん／りつ：白木万理／念仏の鉄：山崎努

【スタッフ】
制作：山内久司、仲川利久、桜井洋三／脚本：野上龍雄／音楽：平尾昌晃／編曲：竜崎孝路／撮影：藤原三郎／製作主任：渡辺寿男／美術：川村鬼世志／照明：中島利男／録音：木村清治郎／調音：本田文人／編集：園井弘一／助監督：服部公男／装飾：玉井憲一／記録：野口多喜子／進行：佐々木一彦／特技：宍戸大全／装置：新映美術工芸／床山・結髪：八木かつら／衣裳：松竹衣裳／小道具：高津商会／現像：東洋現像所／殺陣：美山晋八、布目真爾／題字：糸見溪南／ナレーター：芥川隆行／主題歌：「あかね雲」（作詞：片桐和子／作曲：平尾昌晃／編曲：竜崎孝路／唄：川田ともこ／東芝レコード）／製作協力：京都映画株式会社／監督：工藤栄一／制作：朝日放送、松竹株式会社

妖刀無用

第28話

脚本：和久田正明
監督：松野宏軌

聞こえるか、聞こえるであろう……。首斬り左母次郎がゆく死と生の地獄道、からめ取られた武家女の黒い涙。

夏らしく怪談映画めいた、血なまぐさい残酷譚。なにより大木実と緑魔子、ゲストの顔圧からして恐ろしい。俗に〝首斬り左母次郎〟と呼ばれる池田左母次郎の業の深さと三田村家用人の妻として理不尽にも夫を失い、義弟を失い、生き地獄が繰り返される登勢の被虐が交差する。私利私欲の悪人とは異なり、己の修羅を見つめて理《ことわり》の通じぬ左母次郎のおぞましさ。

これが必殺シリーズ一本目となる和久田正明のシナリオに、ほぼ忠実に映像化されており、松野宏軌がのっけから凝った怪奇演出を披露。左母次郎の悪夢から始まり、水中に赤と青の泡が広がり、画面の下から左母次郎がオーバーラップして登場。色とりどりの行灯に生首が合体し、すすり泣きと御詠歌が流れるなかを、斬って斬って斬りまくる。まさに極彩色の悪夢だ。

かつて松竹大船で『吸血髑髏船』を監督し、不本意な出来を余儀なくされた松野宏軌が、その怨念をはらすかのように手腕を発揮する。明らかに通常ローテ回とは異なる気合が入っており、藤原三郎の撮影も端正ときどき異端。得意のワイドレンズやロングショットで攻める。

処刑場のシーンでは、左母次郎の背後に太陽を据えて、不吉なハレーションを起こし、あるいはカメラを傾け、あるいは首が落ちる穴の底からのローアングルで見上げる。首斬りの効果音も太く響くように設計されている。

同じ京都映画でも『お耳役秘帳』や『日

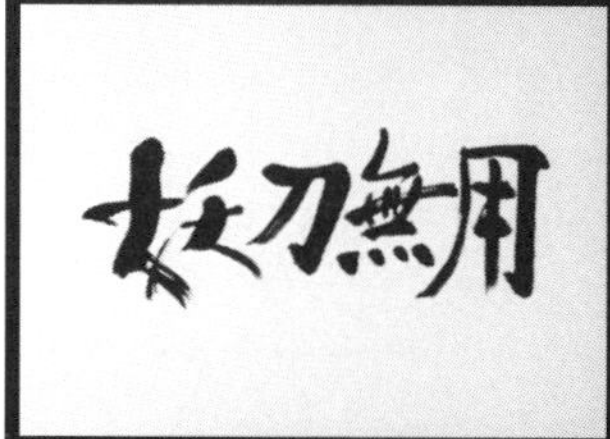

放映日◉ 1977年8月5日
視聴率◉ 11.5%（関東）
15.9%（関西）

あらすじ

〝首斬り左母次郎〟との異名をとる池田左母次郎は、罪人の処刑を引き受ける公儀御刀剣試御用役。新刀の試し斬りを依頼するため、旗本三田村家の用人である村瀬又十郎の妻・登勢が池田家を訪ねるが、左母次郎は無理やりその体を奪う。

刀剣愛好家である当主、三田村采正と折り合いの悪い又十郎は奸計によって試し斬りの餌食となり、登勢は左母次郎の前で泣き崩れる。一度は自害しようとした登勢だが、義弟の市之進とともに仇討ちを図るが果たせず、ふたたび犯されてしまう。

寅の会に左母次郎殺しを依頼する登勢。上方からやってきた清五郎、鉄に貸しのある仕置人が競り落とすが、これまた返り討ちに。登勢は左母次郎の手で酔漢の群れに放たれ、三度目の生き地獄を味あわされる。虎の指名で鉄に再依頼が舞い込み、刀の痛みをたっぷり味わってから地獄に落ちてもらおうと主水が立ち上がる。

本名作怪談劇場』といった歌舞伎座テレビの番組に近い陰鬱さ。なるほど和久田正明は前者のメインライターであり、藤原三郎は両作に参加している。『お耳役秘帳』第20話「伝馬町心中」の呪われたカメラワークなど「妖刀無用」への継承は明確だ。

登勢が三度も陥る生き地獄。緑魔子へのライティングが、恨みの眼差しをえぐり取る。あげく登勢の絶叫と輪姦のお祭り騒ぎを背に歩く左母次郎が呵々大笑。みずからも生き地獄にいる立場のまま悠然と去る。

そんな惨劇めぐりの合間には『新仕置人』らしいコミカルなシーンが挟まれており、そのクオリティは随一。ぞろぞろと付け馬（借金取り）に尾行される鉄、鉄が歩けば付け馬も歩き、止まれば止まり、座れば座り、走れば走る。絵草紙屋をぐるぐると回る念仏様御一行に思わず吹き出す。

「この野郎、バカ鉄！　どうしてくれるんだよ！」と、巳代松は鍋に穴を開けた鉄を追いかけ、中村家コントでは、せんの誕生日祝いに送った人形の首が落ち、左母次郎相手のスリに失敗したおていは、正八いわく「しょんべんチビって」フェードアウト。「極度の恐怖感と緊張感によって……」という鉄の講釈も最高だ。いちばん俳優陣が自由気ままに動けたという松野演出の功績が散りばめられており、役や作品を壊されるギリギリで食いとどめる。

「あの野郎に刀の痛みたっぷり味わってもらってから地獄に落ちてもらうんだ」

左母次郎の仕置は、殺る気まんまんの巳代松ではなく、主水が買って出る。仕置のテーマ曲は異例の低いボリュームから徐々に上がり、戸板越しの不意打ちで「苦しいか。簡単に死なねえように突いてやったんだ」と宣言。

最後は死者の呻きと左母次郎の独白を無視して、その素っ首を叩き落とす。刀を振るうコマ伸ばしと太い効果音が異形の残酷譚を締めくくる。

ラストシーンは尼となって村瀬家の供養をする登勢、その姿を巳代松が見送る。卒塔婆の命日は「八月二日」と記されており、もしやラストシーンは放映日の八月五日に合わせているのかと思うと、ゾッとする。

セリフ選抜　**「聞こえてるのは、おめえの体から流れる血の音だぜ」**（主水）

主な登場人物

池田左母次郎

大木実

公儀御刀剣試御用役。数多の罪人を葬り、〝首斬り左母次郎〟と恐れられている男。死者のすすり泣く声をよく聞く。「聞こえるか。聞こえるであろう……」と周囲に問いかけるが、本人にしか聞こえていないようだ。己の生き地獄と向き合い、さらには他人を巻き添えにする宿業の鬼。

大木実の略歴はＰ２５０を参照。やはり武士の役がよく似合うが、意外や必殺シリーズにゲスト出演した9本のうち、その手の役は3本と少ない。初登場の『暗闇仕留人』第10話「地獄にて候」では、まんまニセ座頭市の玄沢として仕込み杖を武器とした。

村瀬登勢

緑魔子

夫の村瀬又十郎を新刀試し斬りの犠牲で理不尽にも失う。義弟の市之進とともに池田左母次郎に仇討ちを挑むが、返り討ちとなり、さらなる地獄めぐりが……。

１９６４年、東映の『二匹の牝犬』で渡邊祐介監督に抜擢されて主演デビューした緑魔子は、東映の専属女優として風俗ものに出演したのち、大映や松竹など各社からオファーが相次ぎ、やがてアングラ演劇に傾向。石橋蓮司とともに劇団第七病棟を立ち上げた。

三田村采女

袋正

刀の虜となってしまった旗本。試し斬りで用人の村瀬又十郎を始末する。

袋正は俳優座に所属、その知的な顔立ちが時代劇においては悪へと転用される。『必殺仕事人』第71話「絞り技一揆助命脳天突き」では、須坂藩の江戸家老として舟遊びの最中、主水に脳天を突かれて絶命した。

◆◆◆

三田村家の中間として家臣以上に采女の信任を得ている久蔵役は不破潤。新春座の旗揚げメンバーであり、主君への取り入り方が絶妙な小悪党を演じた。

村瀬又十郎に扮した柳原久仁夫は、長い顔に誠実な役柄がよく似合う。弟の市之進には日本電波映画の子役出身の小林芳宏。本作ではあっという間に斬り死にだが、土俵の上で命乞いをする「軍配無用」では美青年による被虐の本領発揮となった。

試し斬りの犠牲となった村瀬又十郎の亡骸を前に「登勢殿、しっかり召されよ！　わしが悪いのじゃ。すべては、このわしが……」と、悔恨を叫ぶ西尾孫太夫には溝田繁。采女に刀の魅力を教えて、道を外させてしまった後悔を語る。こうした脇役の点描も登勢の地獄めぐりに厚みを与える。

上方からやってきた仕置人の清五郎役は山口幸生。かつて組んだことのある鉄に、しょんべん講釈中のそば屋で声をかける。本作の鉄は、ほとんどコメディリリーフ扱いだが「われには貸しがあったな」ということで左母次郎殺しを四両三分の安値で競り落とす。『新仕置人』では主水の上司役が定位置の山口だが、蛇と鶴を混ぜたような清五郎のアウトローぶりを醸し出すが、三人がかりの奇襲もまったく叶わず、左母次郎の強さを引き立てる。

清五郎の仲間の仕置人は佐助と彦三。佐助はエクランの横堀秀勝、彦三はノンクレジットだが、出陣寸前まで屋台で酒を飲むとは、いい度胸だ。

牢同心の朝倉役は山本一郎。お得意のコスい役だが、主水に一杯食わされてフレームアウト。質実剛健な武士がぴったりの丸尾好広は、検分与力として斬首に立ち会う。処刑後、ゆっくりと立ち上がる姿が貫禄十分。『斬り捨て御免！』第2シリーズ第14話「血染めの千両富」では、ニセ座頭市を演じている。

江戸時代の首斬り役といえば、山田浅右衛門が世襲制で実在。『日本怪談劇場』第8話「怪談首斬り浅右ェ門」や小池一夫＋小島剛夕の劇画『首斬り朝』などフィクションの主人公にもなっている。『必殺仕事人　激突！』には滝田栄演じる山田朝右衛門が登場し、見事な抜刀術で首斬りの暗殺テクニックを披露した。

寅の会の揚句

六代目首斬り左母次郎を試し斬り

『必殺仕業人』第２話「あんたこの仕業どう思う」では斬られた首が穴に落ちる様子をアナログで表現。

シナリオと本編の違い／ロケ地／そのほか

左母次郎相手のスリに失敗したおてい、シナリオでは正八いわく「小便もらしそうになるやらで」と未遂に終わっているが、本編では生理現象がそのまま起きてしまい、しばらく立ち直れないことが語られる。中尾ミエのスケジュールの都合だろうか、その後の地下蔵や仕置も出番があったが不在に。

中村家のせん誕生日コント、人形の首がもげるのはシナリオどおりだが、流れは大幅に改訂されており、もとのオチは「やはり母上もそう長くは……」とシニカルなもの。

左母次郎が登勢を酔漢の群れに放り込むシーン。本編も十分に際どいが、台本上では河原の小屋から乞食たちがハイエナのように出てくる設定で、左母次郎の生き地獄語りもかなり長い。さすが容赦なき和久田正明シナリオだ。

生首を模した巳代松の仕置は、現場のアイデア。仲間に変装した正八が左母次郎を名乗り、鉄が鎧兜に身を包むのはシナリオどおり。三田村采女の仕置後、その死体を抱きしめて号泣する西尾孫太夫の描写はカット。いくら狂った殿でも、質実剛健の教育方針でそうなったことを悔やむ展開になっていた。

主水と左母次郎の果たし合い。かの殺し文句「苦しいか。簡単に死なねえように突いてやったんだ」は、台本上は「勘弁してくれ。こうでもしねえと俺にゃ自信がねえンでな」である。

「聞こえるか。聞こえるであろう……」から「聞こえてるのは、おめえの体から流れる血の音だぜ」の原型はシナリオに存在するが、まだ勝負がつく前のセリフであり、左母次郎の突進によって、あわや主水の危機というところで鉄が登場。二人がかりで左母次郎の息の根を止める展開になっていた。現場改訂により主水が最強のキャラに。

登勢と巳代松のラストシーンは、ほぼシナリオのまま映像化されている。

次回予告

愛はかなく崩れ、涙さえ枯れ果てる。わたしはあの人のなにを信じたのだろう。できるなら忘れ去りたい、冷たく燃える、まやかしの炎。はらすべく雨音聞いて、あやまち背負い、生き続けるのも定め。せめて夏の嵐、通り過ぎる前に、この恨み唄。『新必殺仕置人』お楽しみください。

【キャスト】 中村主水：藤田まこと／巳代松：中村嘉律雄／正八：火野正平／おてい：中尾ミエ／死神：河原崎建三／池田左母次郎：大木実／登勢：緑魔子／三田村采女：袋正／屋根の男：マキ／元締虎：藤村富美男（元阪神タイガース）／久蔵：不破潤／村瀬市之進：小林芳宏／村瀬又十郎：柳原久仁夫／西尾孫太夫：溝田繁／清五郎：山口幸生／牢同心：山本一郎／吉蔵：北村光生／金五郎：鈴木義章／与力：丸尾好広／佐助：横堀秀勝／闇の俳諧師：藤沢薫、原聖四郎、沖時男、秋山勝俊、遠山欽／せん：菅井きん／りつ：白木万理／念仏の鉄：山崎努

【スタッフ】 制作：山内久司、仲川利久、桜井洋三／脚本：和久田正明／音楽：平尾昌晃／編曲：竜崎孝路／撮影：藤原三郎／製作主任：渡辺寿男／美術：川村鬼世志／照明：中島利男／録音：木村清治郎／調音：本田文人／編集：園井弘一／助監督：服部公男／装飾：玉井憲一／記録：野口多喜子／進行：佐々木一彦／特技：宍戸大全／装置：新映美術工芸／床山・結髪：八木かつら／衣裳：松竹衣裳／小道具：高津商会／現像：東洋現像所／殺陣：美山晋八、布目真爾／題字：糸見溪南／ナレーター：芥川隆行／主題歌：「あかね雲」（作詞：片桐和子／作曲：平尾昌晃／編曲：竜崎孝路／唄：川田ともこ／東芝レコード）／製作協力：京都映画株式会社／監督：松野宏軌／制作：朝日放送、松竹株式会社

良縁無用

第29話

脚本：松原佳成
監督：松野宏軌

念仏の鉄が恋をした。相手は呉服問屋の箱入り娘。しかし、幼い弟は尽くした男との隠し子であり……。

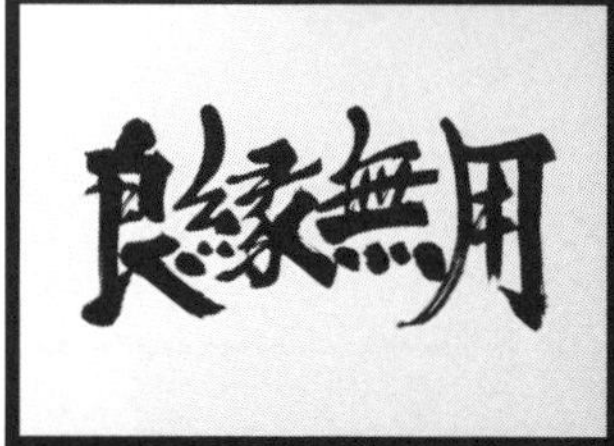

放映日◉ 1977年8月12日
視聴率◉ 9.5%（関東）
16.7%（関西）

ひさしぶりの鉄メイン回。恋する相手、唐津屋のお京とブランコぶ～らぶらの妄想に浸るが、実際のところ旗本の次男坊との間に五歳の息子がいる〝わけあり〟の箱入り娘であり、まったく進展なく終わる。「悪縁無用」の次は「良縁無用」と、ふたたび大関優子が縁にめぐまれない役でゲスト出演を果たした。

「おう、元締！　いや、虎！　てめえもだいぶヤキが回ったな！」

恋路の代わりに鉄の見せ場は虎への反逆。寅の会に舞い込んだお京殺しの依頼が、まったく筋違いだったことが判明し、恋の力で元締にマジギレ。これまで誰よりも虎を恐れ、忠誠を誓ってきただけに、なかなか強烈な罵倒だ。

たしかに、ここ数回の寅の会は依頼の裏取りが甘いことが目立ち、それゆえの爆発もあるだろうか。エピソードそのものも商家の娘を食い物にする武家親子という類型的なものであり、甘いといえば甘い。

ブランコの妄想とは別種の甘さが全編を覆っており、大関優子だけでなく横森久も二度目のゲスト。勘定奉行の稲葉典膳に続いて、勘定組頭の稲葉竜之助に扮しており、やっぱりイナバ――偶然とはいえ役職も似ている。

お京の父、唐津屋半兵ヱ役の浜田寅彦は、お珍しや被害者役。『必殺仕掛人』第1話「仕掛けて仕損じなし」の依頼人

あらすじ

江戸一番の呉服問屋、唐津屋の一人娘お京にぞっこんの鉄。しかし、お京は旗本八百石の次男坊である細井弥一郎と長らく恋仲であり、五歳になる弟の弥市はじつは弥一郎との間にできた子供であった。唐津屋は細井家への金銭的な援助も惜しまず、娘のしあわせを願って尽くしていた。

ある日、お京に言い寄っていた大店の跡継ぎ仙吉が弥一郎に斬られて死亡。寅の会の競りにおいてお京が標的となり、驚いた鉄は二両で落札する。弥一郎の父である細井忠興は己の出世のため勘定奉行所組頭の稲葉竜之助と組んで、弥一郎と奉行の娘の婚礼の準備をしており、お京が邪魔になったのだ。

そしてお京は弥一郎の二人目の子供を妊娠。父の唐津屋半兵ヱは、これを機に細井家との縁談を進めようとするが、忠興と弥一郎の双方から約束を反故にされ、稲葉の手で無礼討ちにされてしまう。お京の潔白が証明され、鉄は寅の会に怒鳴り込む。

として第一声を放ち、したたかな本性を最後に表出し、第33話「仕掛人掟に挑戦！」では善人面の裏切り者としてゲス笑い——その後も必殺シリーズにおいて慇懃無礼な悪徳商人を演じ続けてきたべ

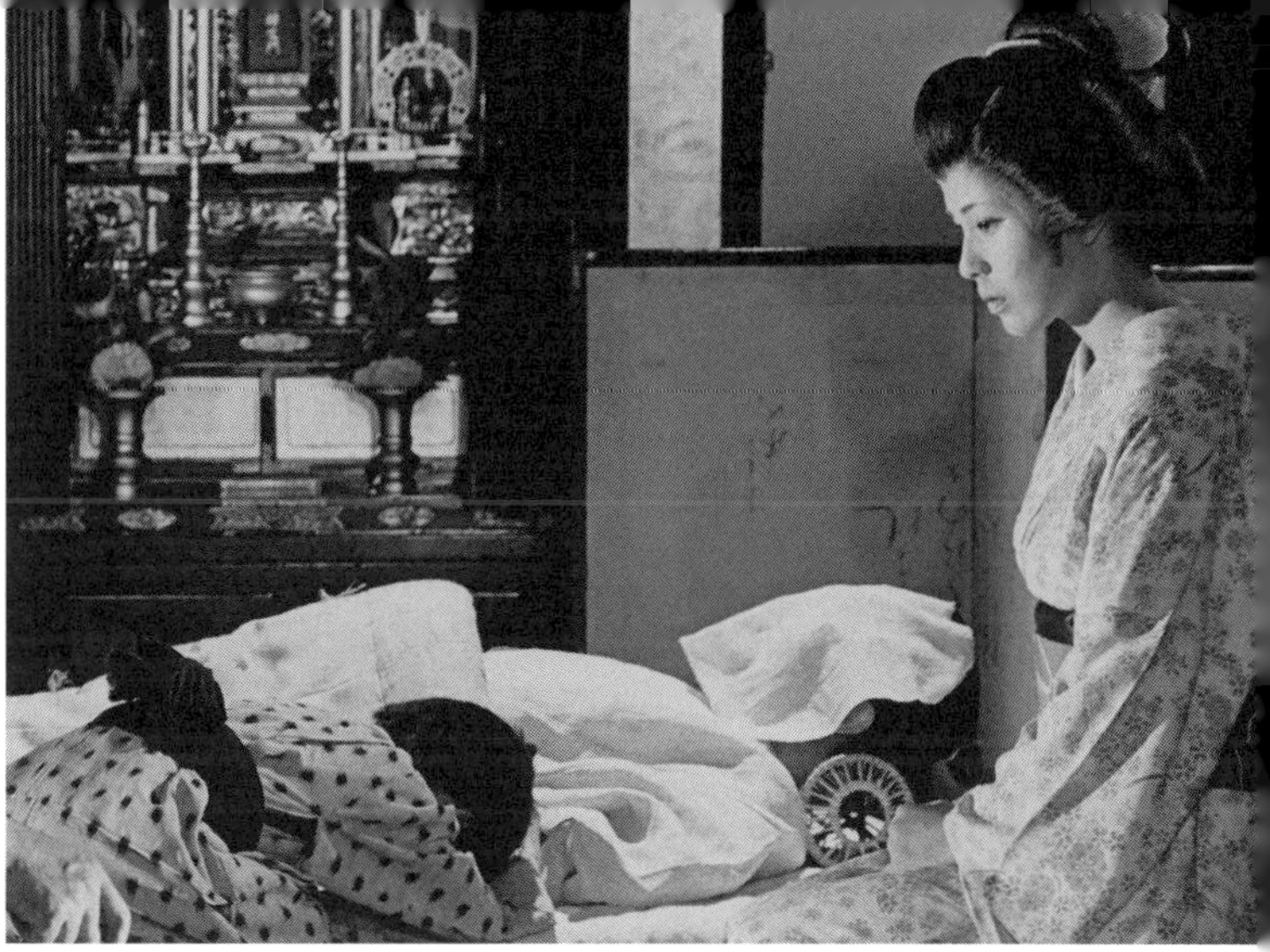

テランが娘を想い無礼討ちの憂き目に。

「それじゃあ遊びのつもりだったのね！」

父を殺され、ようやく細井弥一郎の欺瞞に向き合ったお京は、これまでの反動のごとく愛した相手を罵倒。ずいぶん貢いでもきた、己の浅はかさを憎むかのように女の情念が燃える。

弥一郎役の岡崎二朗の不良性感度の高い顔面に、よくぞ6年も期待を持ち続けたもの……という疑念も感じさせるが、それにしても妊婦の腹を容赦なく蹴る色悪を見せられれば、鉄の「ぶっ殺してやる」も納得だ。身分違いの悲劇が父と娘を踏みにじる。

仕置は、めでたい婚礼の夜。祝辞に乗じた主水の刺殺、花火に合わせた巳代松の射殺に続いて、鉄の骨はずしは通常より多め。首を折り、腕を折り、体を真っ二つにヘシ折ったあと、恒例のレントゲン映像が炸裂する。必殺シリーズ三度目の人体破壊であり、その後『必殺仕事人』第29話「新技腰骨はずし」からは畷左門の殺し技として定着した。

「弥市、お母さんの言うこと聞けないの！」

年の離れた弟と世間を欺いていたお京は、ついに真実とともに生きる。その姿を見届けて、鉄と正八のゆるい会話で終わり。自分を愛し、裏切った男の名前を引き継いだままの弥市が今後とも真幸《まさき》くあらばと願わざるを得ない。

泥棒市のシーンには、ジュディ・オングがカメオ出演。日傘を手に巳代松、正八にすれ違いざまニコニコと挨拶する。

そのころ京都映画では次作『新必殺からくり人』が同時並行で撮影されており、その第5話「東海道五十三次殺し旅　府中」には中村嘉葎雄と火野正平がノンクレジットで登場、巳代松と正八みたいな二人の追っかけっこが見られる。

ギリギリのスケジュールというのが必殺シリーズの相場だが、この相互出演によって1977年11月スタートの『新必殺からくり人』が初夏には撮影されていたことがわかる。

『新からくり人』は、蔵原惟繕に初登板の南野梅雄と『新仕置人』には不参加の監督が多くを任されており、現場を統括する製作主任も松竹たたき上げの渡辺寿男ではなくエクラン社出身の佐波正彦が務めている。

セリフ選抜

「あなたのような人でなしが父親だなんて言えませんからね、あまりにかわいそうで」（お京）

主な登場人物

細井弥一郎

岡崎二朗

旗本八百石細井家の次男坊。江戸一番の呉服問屋である唐津屋の一人娘お京と長らく深い仲であり、事あるごとに金を吸い上げる。兄は寝たきり、父は出世欲の塊という家族構成。

1964年に『狼と豚と人間』で本格デビューした岡崎二朗は、東映で活動したのち不良性感度を保ったまま日活に移籍。ニューアクション路線で弟キャラを積み重ねたのち、『夜の最前線　女狩り』で念願の初主演を果たす。日活がロマンポルノに転じてからは時代劇や刑事ドラマの悪役がメインに。90年代以降はヤクザVシネに多数出演してアウトローを貫き、亀田大毅主演の映画『ヒットマン明日への銃声』では原案と企画総指揮を務めている。

お京

大関優子

唐津屋の一人娘。鉄や仙吉に惚れられるが、細井弥一郎との祝言を夢見ており、五歳になる弟の弥市は、じつは弥一郎との間にできた息子であった。ふたたび弥一郎との子供を身ごもるが……。

大関優子の略歴はP238を参照。1980年に主演した映画『ザ・ウーマン』をきっかけに佳那晃子と改名するが、その名付け親は『子連れ狼』などを手がけた劇画原作者であり、『ザ・ウーマン』の企画に参加していた小池一夫であった。

唐津屋半兵ヱ

浜田寅彦

お京の父親。鉄の按摩を受けながら、複雑な思いをうちに秘める。娘のしあわせを願って細井家を支えるが、親子ともども食い物にされてしまう。

浜田寅彦の略歴はP138を参照。必殺シリーズ最後の出演作となった『必殺仕事人』第40話「昇り技字凧落し業」では池田屋太作なる高利貸しを演じた。用心棒は上田耕作に不破哲造。

細井忠興

小笠原良知

弥一郎の父親。唐津屋から吸い上げた金をもとに、勘定組頭の稲葉竜之助に取り入って上州高崎の代官の座を確約される。さらなる己の野望のため、弥一郎と勘定奉行の娘との縁談を進めていたが、めでたい婚礼の夜に親子ともども仕置される。

小笠原良知は、俳優座に所属。恰幅のよい悪役としてテレビ時代劇でも活躍。『必殺仕事人』第63話「誘い技死霊からくり岩石落し」では、幽霊宿の主にして元軽業師の重兵衛という珍しいタイプの外道に扮した。

◆　◆　◆

稲葉竜之助役の横森久は二度目、弥一郎に斬殺される仙吉役の大竹修造は三度目の『新仕置人』出演。2クール目を越えると、大関優子もふくめてメインゲストの再登場が目立ってくる。弥市役の瀬賀敏之も「休診無用」に続いての出番であり、関西で活躍していた子役だ。

花嫁の父となる勘定奉行を演じるのは、エクラン所属の伊波一夫。平べったい顔に大きな鼻、細い目が目立つ大部屋俳優だ。「誘拐無用」で主水が通う居酒屋の亭主役など、地に足のついた役が多い。幇間芸《ほうかんげい》もお手のもの、『必殺商売人』第5話「空桶で歌う女の怨みうた」では「演歌チャンチャカチャン」の歌手・平野雅昭とコンビを組んで、お座敷に参上して送別会を盛り上げた。セリフの多さは松尾勝人と双璧、藤田まことから「伊波さんの芝居はくさいからなぁ」と旅芝居出身のクセの強さをイジられるほどのバイプレヤー。

寅の会の揚句

呉服町唐津屋お京徒花や

シナリオと本編の違い／ロケ地／そのほか

サブタイトルの「良縁無用」はシナリオからの指定。決定稿のシーン1から4が後ろに回されるなど、かなり脚本と本編で順番が変更されている。1から4は「勘定奉行所組頭の稲葉が細井家に到着し、長男を看病する忠興に高崎代官への就任決定を伝え、弥一郎の婚礼について話す」という一連の場面。

実際の本編はシーン5の町中、巳代松と正八のやり取りから始まっている。シーン1から4はシーン12の細井家・廊下、忠興と弥一郎のシニカルなやり取りの前に配されており、よく見ると忠興の衣裳が異なっている。

鉄によるお京とのブランコ妄想シーン、シナリオのト書きでは「二つの雲がくっついて、鉄とお京の接吻の画になる」というもの。屋根の男の横に座るシチュエーションはシナリオどおりで、もう絵柄だけでおもしろい。

シナリオでは、おていも登場しており、正八とともに唐津屋を尾行。稲葉が唐津屋を無礼討ちにする様子も両者が目撃する設定になっていた。

鉄が虎に怒鳴り込むシーンの舞台は、池から室内に変更。格子状の光が交差する板張りの間であり、「奸計無用」と同じセットである。

弥市をめぐる中村家コントの隠し子騒動、せんりつが食べているものは、まんじゅうからスイカに変更。

シナリオの仕置シーンは弥一郎から始まっていたが、鉄の「ぶっ殺してやる」という怒りを反映してか、最後に回されている。

主水の殺し文句や鉄の人体二つ折りは現場の演出だが、花火を使った巳代松の仕置はシナリオどおり。稲葉が撃たれて駕籠の一行が驚くリアクションは、花火の音で気づかずそのまま行列が進むかたちに変更された。

細井家のロケ地は相国寺大光明寺、勘定奉行の屋敷は大覚寺大門。

弥一郎が居直り、妊娠中のお京が踏みにじられる場所は大覚寺の鐘楼で撮影が行われた。

次回予告

人の心は海のように流れては返り、いつも分かれ道、迷うだけ迷う。明日を探すとき、わたしはなにを選ぶだろう。残された道ひとつ、地獄道。『新必殺仕置人』お楽しみください。

【キャスト】中村主水：藤田まこと／巳代松：中村嘉葎雄／正八：火野正平／死神：河原崎建三／細井弥一郎：岡崎二朗／お京：大関優子／唐津屋平兵ヱ：浜田寅彦／稲葉竜之助：横森久／元締虎：藤村富美男（元阪神タイガース）／細井忠興：小笠原良知／屋根の男：マキ／仙吉：大竹修造／勘定奉行：伊波一夫／弥市：瀬賀敏之／吉蔵：北村光生／お万：山上博子／医者：乃木年雄／町の男：美鷹健児、平井靖、加藤正記／闇の俳諧師：藤沢薫、原聖四郎、沖時男、秋山勝俊、遠山欽／せん：菅井きん／りつ：白木万理／念仏の鉄：山崎努

【スタッフ】制作：山内久司、仲川利久、桜井洋三／脚本：松原佳成／音楽：平尾昌晃／編曲：竜崎孝路／撮影：藤原三郎／製作主任：渡辺寿男／美術：川村鬼世志／照明：中島利男／録音：木村清治郎／調音：本田文人／編集：園井弘一／助監督：服部公男／装飾：玉井憲一／記録：野口多喜子／進行：佐々木一彦／特技：宍戸大全／装置：新映美術工芸／床山・結髪：八木かつら／衣裳：松竹衣裳／小道具：高津商会／現像：東洋現像所／殺陣：美山晋八、布目真爾／題字：糸見溪南／ナレーター：芥川隆行／主題歌：「あかね雲」（作詞：片桐和子／作曲：平尾昌晃／編曲：竜崎孝路／唄：川田ともこ／東芝レコード）／製作協力：京都映画株式会社／監督：松野宏軌／制作：朝日放送、松竹株式会社

夢想無用

第30話

遊びだった女を愛し、仕置人の足を洗おうとする正八。甘い考えなど許されず、さらなる悲劇が襲う。

脚本：保利吉紀
監督：高坂光幸

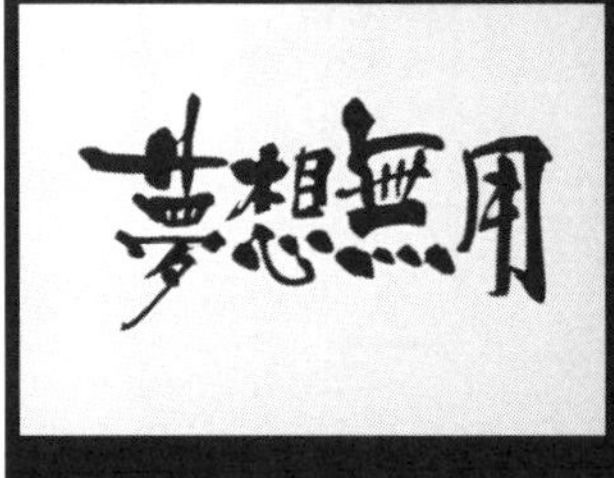

放映日◉ 1977年8月19日
視聴率◉ 9.9%（関東）
13.3%（関西）

海でたわむれる男女、正八とおたみの姿から始まる。青く暗い海をバックに、顔もよく見えないままふたりは口づけを交わす。お気楽な正ちゃんにとっては、それまでの女たち同様の遊び相手だったが、赤ちゃんを身ごもったことが発覚するや、最初は流産させるつもりが、徐々に気持ちが傾いてゆく。

「代役無用」に続く火野正平、保利吉紀、高坂光幸のトリオによる逸品。おたみのことで頭がいっぱい、しあわせとともに挿入歌「想い出は風の中」が流れて〝情〟があふれる。おたみを演じる津田京子の純な見た目も――あれほど浮き名を流してきた――正八の心を動かすのに十分だ。

あげく裏稼業からの足抜けを宣言する正八。「どうしても行くってんなら、女ひねり殺してやる」という鉄の言葉に本気で怒り、ブチ切れて立ち上がるも即ボッコボコに返り討ち。火野正平の青さ爆発、青春劇場だ。鉄、主水、巳代松それぞれの足抜けへの反応も、キャラクターの差がくっきり分かれる。

借金帳消しの大量毒殺事件を起こしたとはいえ、板前の仁吉と磯島道場の師弟など、本来大した仕置相手ではなかったであろう。どうにも裏稼業に身が入らない正八のヘマをきっかけに、おたみが殺されてしまう因果。まさに因果。正八が道場に潜入しなければ、見逃されていたであろう掛け違いが痛ましい。

あらすじ

正八は、おたみという舟宿の女中と深い仲になっていた。その奉公先、清舟の乗り合い舟で集団食中毒事件が発生し、十人もの客が殺される。おたみは板前の仁吉の不審な動きを見ていたが、亡くなった高利貸しからの借用証文を証拠に、同じく板前の文吉が捕縛され、打ち首となってしまう。

文吉の母は仁吉殺しを寅の会に依頼。清舟が潰れたことで、おたみは正八の絵草紙屋に転がり込み、妊娠が発覚する。やがて遊びが本気に――しあわせな明日を夢見る正八は裏稼業から足を洗おうとするが、鉄や主水は許さない。

いっぽう仁吉は磯島道場の無頼浪人と組んでおり、おたみの存在を不安に感じていた。気もそぞろな正八は仁吉を尾行して道場の博打場に潜入するが、逆に目をつけられてしまう。そして口封じのため、おたみが殺される。「俺が女ひねり殺してやる」。鉄の仕業だと誤解した正八は、匕首を手に長屋へと突っ走る――。

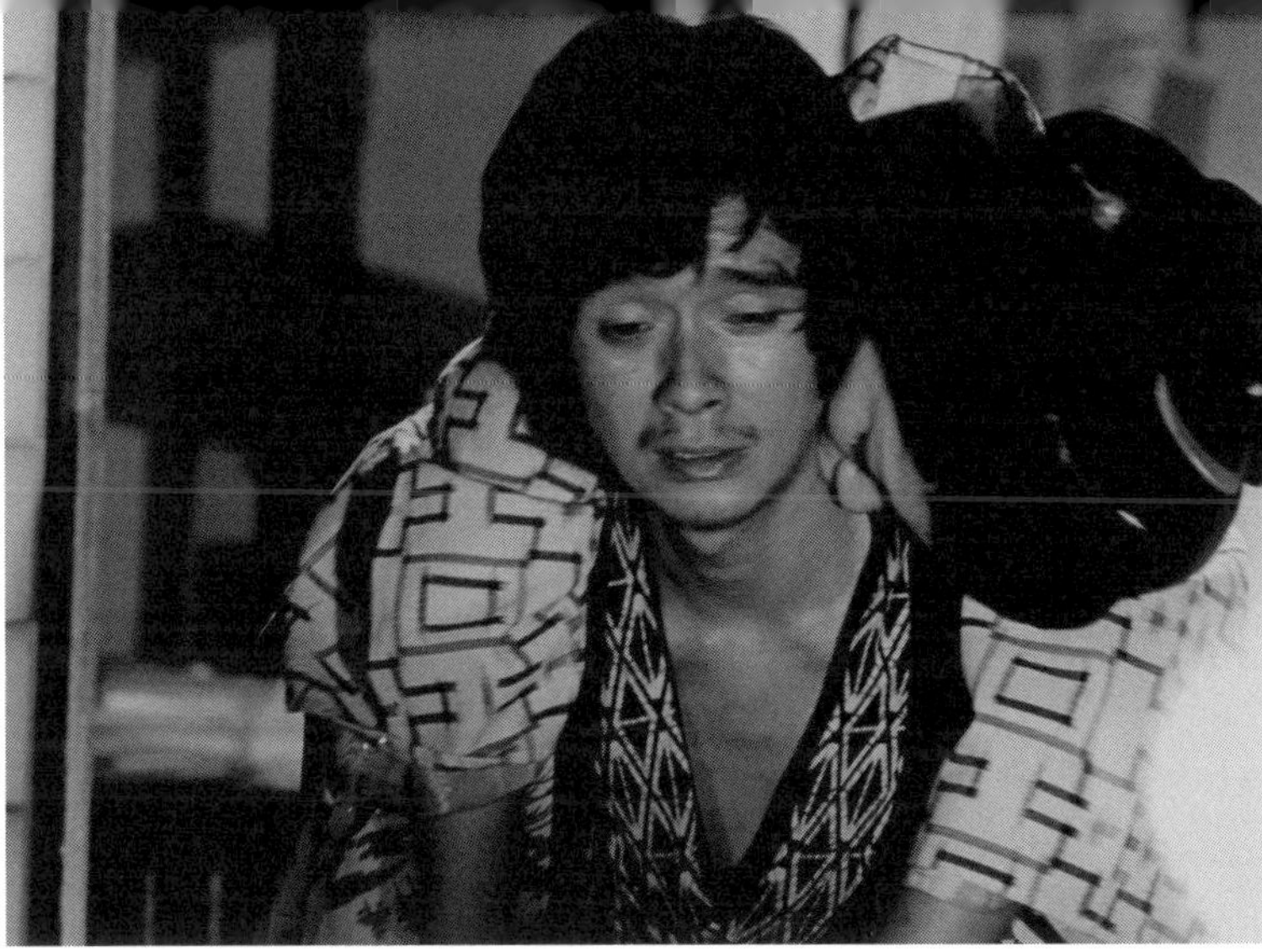

山育ちの丈夫な娘は、甲州の山奥暮らしを夢見ながら「海、海……」と手を伸ばし、正八の腕に抱かれて死んでゆく。お腹の子供を道連れに。

　背負う、寝る、抱く。二度と目を覚まさない母子と過ごす正八。奇をてらうことなく、それらの多くは正面から映し出される。従来の高坂演出に比べると、真っ向勝負のオーソドックスなアングル群は、おたみの生前から積み重ねられており、その愚直さもまた感情のゆさぶりに加担する。

「女ひねり殺してやる」という暴言を思い出し、正八は鉄の長屋へ。これまで以上の突っ走りを正面から捉え、障子を開けるや狂犬のごとく鉄に襲いかかり、巳代松に止められるまでの一連を荒々しいぶん回しのカメラが追う。「代役無用」の逃亡シーンに続いて正八と同化したかのような映像が、やがてワンカットのなか大人しく収束、ひらひらと赤い襦袢の鉄が匕首を突きつける。

「一度人を刺したら、もう足を洗おうなんて甘えことは言えねえぞ」

　仁吉役の倉石功は（やったことの規模に対して）どこまでも小悪党の風情だが、道場を博打場にして無頼渡世を送る磯島重兵衛と竜三九郎、五味龍太郎と下元年世の剛柔コンビが黒幕として個性を発揮する。必殺版ピラニア軍団のごとき下元年世は、高坂組の常連として「質草無用」に続いて軽さを体現。主水と鉄に挟まれて仕置されるとは、悪役冥利に尽きるだろう。

　姿を見せぬ鉄の「ボキボキボキ……」をきっかけに、音のする方向に向く磯島とともにカメラが回り込み、襖を開けるや、ぬっと奥から主水のシルエットが登場する不穏さ。

「誰だ……誰だ、貴様は……」と立ち上がる磯島に対して、意外な登場をする鉄も魅せてくれる。これぞ不意打ち。

　鉄と主水の華麗なる殺しの連携に対して、もちろん正八の仁吉殺しは泥くさいもの。スポーツの試合中継のように全身のぶつかり合いをひたすら映して、勝負が決まる。誰からの助けもなく、たったひとりで。

　海。またも海。ラストシーンは正八ひとりっきりで、青く暗い海へ。おたみは、もういない。裏稼業からも抜け出せない。仕置人として生きる覚悟が、ほとんど見えぬ正八の顔つきを感傷とともに映して夢想は終わった。

セリフ選抜「もう思い残すことなにもない……」（正八）

主な登場人物

おたみ
津田京子

正八の遊び相手であり、その子供を妊娠。山育ちゆえに海を愛し、正八を愛し、最初は堕ろそうとしていた赤ちゃんを産むことに決める。しかし舟宿の清舟で働いていたところ、板前仁吉の不審な行動を目にしていたことから、哀しい運命が待ち受ける。

劇団民藝所属の津田京子は『太陽にほえろ！』第65話「マカロニを殺したやつ」でメインゲストを務めるなど、多くのドラマに出演。映画『必殺仕掛人　梅安蟻地獄』では女郎のお仲を演じ、自殺した母の恨みを浪人の小杉十五郎に打ち明けた。

仁吉
倉石功

清舟の板前。料理に毒を仕込んでの大量殺人を敢行。ずいぶん博打の負けがかさんでおり、道場主の磯島重兵衛と手を組み、磯島が大金を借りていた高利貸しを始末したことで、みずからの借金もチャラとなる。

第16期ニューフェイスとして大映に入社した倉石功は、1965年から始まる『東京警備指令 ザ・ガードマン』で最年少の杉井隊員を演じて代表作とする。70年代以降は悪役が多くなり、必殺シリーズでは『必殺商売人』第16話「殺して怯えた三人の女」で殺しの対象となる色悪の喜三郎に。土曜ワイド劇場の『女教師コンクリート殺人事件』では犯人の体育教師を演じた。

文吉
小野川公三郎

清舟の板前。仁吉の罠によって手ひどい拷問を受けたのち、無実の罪で処刑されてしまう。おっかさんのことを心配しながら首と胴がバラバラに。

小野川公三郎は劇団NLTの研究生となり、大映と専属契約を結ぶ。1970年の『高校生番長　棒立てあそび』では主人公の堀田大作を演じ、篠田三郎、関根恵子（現・高橋恵子）、松坂慶子らとともに大映末期の青春スターとして活動した。テレビでは『トリプルファイター』で早瀬勇二を演じ、刑事ドラマへのゲスト出演も多数。『Gメン'75』には16回も登場している。

◆　◆　◆

磯島重兵衛役の五味龍太郎と竜三九郎役の下元年世は、安定の無頼コンビ。五味はいつも以上に太いモミアゲを装着し、無精髭を生やした下元は「だ〜ッ、蒸し返そうってんだ」とセリフ回しにも個性を出した。夏の暑さを表現するために袴から片足むき出しにして座ったりと、演出も細かい。

文吉をしばき上げる同心榊を演じたのは玉生司郎。片肌脱いでのハードな拷問で自白を強要し、「逆怨無用」の与力とは大違いの冤罪マシーンと化した。

船頭役は堀北幸夫、「今日のお客さんは日ごろの行いがいいと見えて、海も穏やかでさぁ」と笑いを取っていたら食中毒事件が発生。ドボンドボンと客が海に落ちていくさまを見ることになる。

倉石功、小野川公三郎、五味龍太郎、堀北幸夫、そして文吉の母を演じた近江輝子と東西の大映出身者が集結したエピソードとなっている。

MEMO

『新必殺仕置人』の後半、ノンクレジットのスタッフとしては監督助手の水野純一郎、沢田正、撮影助手の都築雅人、喜多野彰、照明助手の岸本幸雄、益田昌和、堀田昭夫、録音助手の川北武夫、田原重綱、スチールの牧野譲、装飾の関西美工、特機の久世商会が参加している。前半のスタッフ一覧は見当たらないが、撮影助手で藤井哲矢、照明助手で林利夫、録音助手で中路豊隆がそれぞれチーフとして現場を支えていた。原則として『新仕置人』は一班体制で撮影が行われた。

寅の会の揚句

船宿に地獄へ見たり　仁吉かな

海を愛したおたみはアイラインも真っ青で70年代のドラマだ。津田京子は生涯、劇団民藝に所属した。

シナリオと本編の違い／ロケ地／そのほか

決定稿のファーストシーン、「白砂青松が月明かりに映し出され、渚の音も静かに海はひっそりと眠っている」というト書きから始まる。夜の海のシーンだが、実際には昼間に撮影が行われ“つぶし”という現像処理で映像を暗くして夜のように見せかけている。実際の夜間と異なりライティングなしで背景のディテールを映し出すことができる。海のロケ地は、京丹後市の間人《たいざ》。

鉄とおたみ、絵草紙屋の前でやり取りするシーンあり（それによって仲間たちが地下蔵に入れない）。「あいつは見つかるまで探す娘だからさ、 地下でゆっくりできるよ」という正八のセリフがあり、おたみは少しピュアなキャラクターとして造形されている。来々軒はシナリオの指定。

そのあとのアジトのシーン。正八はおたみの子を堕ろさせる気でおり、「子を流すのか」という巳代松の問いに情のない返事をしている。

砂浜から海へ、そりで突っ込みシーン。シナリオでは「巳代松が作った車」とあり、場所も坂の上と河原になっていたが海に変更されている。

鉄の「女ひねり殺してやる」のあと、おたみが古着屋で赤ちゃんの服を買うシーンあり。地下蔵のやり取り、ほぼシナリオどおりだが、主水の「じゃあ、しょうがねえや。俺が殺してやる」というセリフは現場で追加された。

仁吉と組んでいる磯島重兵衛、武士の体面として道場を続けているという借金踏み倒しの動機が語られていた。道場の外観は大覚寺近くの私邸。

最後の殺し、シナリオでは正八が一直線に走り、そのまま仁吉の脇腹を深く刺すという任俠映画のような展開。そのあと、主水と鉄が磯島師弟を一瞬の間に始末していた。

ラストシーン、シナリオのト書きは「海に向かって立つ正八――」という１行のみであり、本編はよりエモーショナルなものとなっている。

次回予告

人と別れ、誰に話そう、問わず語りにこの恨み。いのち引き換え、闇を待つ。しじま引き裂く仕置旅。『新必殺仕置人』お楽しみください。

【キャスト】中村主水：藤田まこと／巳代松：中村嘉律雄／正八：火野正平／死神：河原崎建三／おたみ：津田京子／仁吉：倉石功／屋根の男：マキ／元締虎：藤村富美男（元阪神タイガース）／磯島重兵衛：五味龍太郎／文吉：小野川公三郎／竜三九郎：下元年世／善兵エ：志摩靖彦／おきぬ：三浦徳子／同心榊：玉生司郎／文吉の母：近江輝子／船頭：堀北幸夫／古着屋：伊波一夫／吉蔵：北村光生／闇の俳諧師：藤沢薫、原聖四郎、沖時男、秋山勝俊、遠山欽／せん：菅井きん／りつ：白木万理／念仏の鉄：山崎努

【スタッフ】制作：山内久司、仲川利久、桜井洋三／脚本：保利吉紀／音楽：平尾昌晃／編曲：竜崎孝路／撮影：藤原三郎／製作主任：渡辺寿男／美術：川村鬼世志／照明：中島利男／録音：木村清治郎／調音：本田文人／編集：園井弘一／助監督：服部公男／装飾：玉井憲一／記録：野口多喜子／進行：佐々木一彦／特技：宍戸大全／装置：新映美術工芸／床山・結髪：八木かつら／衣裳：松竹衣裳／小道具：高津商会／現像：東洋現像所／殺陣：美山晋八、布目真爾／題字：糸見溪南／ナレーター：芥川隆行／主題歌：「あかね雲」（作詞：片桐和子／作曲：平尾昌晃／編曲：竜崎孝路／唄：川田ともこ／東芝レコード）／製作協力：京都映画株式会社／監督：高坂光幸／制作：朝日放送、松竹株式会社

牢獄無用

第31話

脚本:松原佳成
監督:松野宏軌

伝馬町牢屋敷で籠城事件勃発!
町奉行を人質に囚人たちが蜂起し、
巳代松にも危機が及ぶ——。

放映日◉ 1977年8月26日
視聴率◉ 11.8%(関東)
20.1%(関西)

牢ジャックという松原佳成の奇想をもとにしたサスペンス編。松野宏軌の丹念な演出と平尾昌晃のスリリングな音楽が密室劇を盛り上げる。その前段、夏の怪談めいた主水と鳴海屋の娘とのやり取りも、竹矢来を境界に室内の暗さと外の明るさを対比させた画作りが光っており、回想の拷問シーンも得意のシルエット処理で中島利男のライティング術が駆使されている。

伝馬町の牢屋敷で町奉行を人質にした籠城事件に巳代松が巻き込まれ、牢の外では主水、正八、おていが対策を練る（かつて牢屋敷に左遷されていた主水のキャリアもしっかり反映）。鉄の出番はわずかだが、地下蔵で半裸のまま「ここは地下だからよ、湿気が多いんだよな」と笑わせてくれる。

仕置の対象、鳴海屋の船頭がしらだった常神の十郎太を探るために潜入した巳代松のメイン回だが、まず牢名主を中心とした古株の死刑囚と牢役人たちの癒着がユーモラスに描かれる。

牢番は気軽に出前の注文を取り、牢同心の佐々木は——坊主と梅の欠けた花札から鉤《かぎ》や匕首といった凶器まで——あらゆるものを売りつけて小遣いを稼ぐ。そうした腐敗が当たり前の日常として点描され（佐々木役の小瀬朗、牢番役の赤井圭昌の軽妙さも一役買っている）、やが

あらすじ

廻船問屋の鳴海屋が取り潰され、その娘が寅の会に仕置を依頼する。殺しの相手は同業者の渡海屋玄兵衛と鳴海屋の船頭がしらだった常神の十郎太、二人が結託して鳴海屋を無実の罪に陥れたのだ。

伝馬町の牢屋敷にいる十郎太を探るべく、巳代松が牢に潜入する。ところが南町奉行所に送られた十郎太ら船頭三人は奉行の堀田内膳正を人質にとって、牢屋敷へと戻ってくる。前代未聞の籠城事件、与力の高岡刑部による指揮のもと主水ら定町廻りの同心が集結する。しかし拷問蔵からの銃撃、食事への眠り薬混入と、あらゆる策は失敗。高岡が十郎太に情報を流してい。

そのころ渡海屋は、手下とともに次々と商家を襲って金品を強奪。牢屋敷に同心たちが集められ、江戸市中の警備が手薄になったことを見計らっての荒稼ぎだった。脱出用の船が到着しないことに苛立つ牢名主の蝮の三次は「人質を殺す」と宣言し、その一番手に巳代松が指名されてしまう。

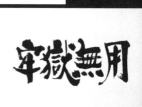

て籠城事件から均衡が崩れ、本当の無法地帯と化してしまう。

粗野だが気のいい牢名主のように見えた蝮の三次（大東梁佶）も本来は凶悪犯。ほっとけば処刑される身だ。人質事件に手を貸して、元の木阿弥に。十郎太を演じる清水綋治の不気味なリーダーシップに「おめえは、えれえやつだな」と感服しきり。とたんに悪の友情が築かれる。

与力の高岡刑部のもとに牢屋奉行の石出帯刀、同心の岡本や水上、そして主水らが集まる。格子に囲まれた狭い牢内から一変、フレーム上部を広げて空を強調したアングルなど奉行所一同の議論との対比があざやかだ。

牢破りを防ぐための頑丈な作りゆえ、天井裏や床下、隣の牢からの奇襲もできず……という作戦会議もサスペンスを盛り上げる。今井健二演じる高岡が黒幕なのは配役の時点で明白だが、どこまでも他人事で悠然とダメ出しをする様子がおかしい。かくして策は、ことごとく失敗に終わる。

第一の策――拷問蔵からの狙撃と地上の斬り込みは当然失敗に終わり、同心の水上が返り討ちで死亡。

第二の策――食事への眠り薬混入も見破られ、牢同心の佐々木が武士の意地を見せて死亡。

第三の策――牢を飛び出した囚人が、役人に協力を申し出。病弱な奉行の診察のため医者が牢に入る瞬間、囚人たちが十郎太一味に襲いかかるが失敗。

高岡と十郎太が内通していることを見破って主水に伝える巳代松だが、牢内でのセリフはわずか。反撃を企てる囚人に対しても「おらぁ命が惜しいよ。やだよ。おめえ、声がでけえよ」と、われ関せず。そんな巳代松が人質の犠牲者第一号に指名させる瞬間の「え、俺？」という表情が絶品だ。

さかのぼれば序盤の地下蔵、牢に入る役目を（これまた無言の）主水に指名されて「え、俺？」という同様のリアクション。左右をキョロキョロして、みずからを指差す。巳代松受難編として、中村嘉葎雄のリアクション芸が堪能できる。

やがて囚人解き放ち。町奉行を大八車に乗せて、囚人たちは船へと走る。渡海屋と十郎太の計略で全員が海の藻屑となる運命とも知らず、その前に主水に瞬殺される。『新仕置人』最多の六人斬りは、木場を舞台にあっという間のロングショットで処理されており、居合わせた渡海屋も「白い影が……囚人だ」と誤解するほどの早業。ほっかむりに着流しという主水の姿も珍しい。

巳代松の十郎太殺しは、船着き場の簡素なセットに波しぶきを立てて、必殺シリーズらしいコンパクトな舞台を光と影で構築。鉄の殺しは冒頭にも登場した鳴海屋の竹矢来を利用して、渡海屋の野望を骨ごと砕く。

主水は高岡の罪状を読み上げて夜の死刑宣告。余裕の挑発から三度も斬りつけ、「てめえは、汚ねえ！」と怒号が響く。

高岡の脇差を抜いて腹に突き刺したあと、主水が手を離す動きに「ブシュッ」と脇差ごと引き抜く効果音が入っているのはダビング時の単純ミス。たしかにロングショットゆえ気づくにくい（ただ続いてのラストシーンで脇差は高岡の腹に刺さったまま）。そのほかキャストのセリフ回しなど、いささか細部の粗い部分が目立つ回でもある。

主な登場人物

高岡刑部
今井健二

南町奉行所の筆頭与力。伝馬町牢屋敷における奉行人質事件の指揮をとり、牢屋奉行の石出帯刀や同心たちの策にダメ出しをしつつ、金目当ての黒幕として常神の十郎太に情報を流した。奉行とともに逃亡した囚人たちが皆殺しにされても「何者の仕業かな?」と動じず、主水の挑発にもスッと刀を抜くのみ。斬られて死ぬ間際に初めて大きな反応を示した。

今井健二、『新仕置人』三度目の登場。異様にダンディで落ち着いた悪党ぶり。略歴はP88を参照。

常神の十郎太
清水綋治

鳴海屋の船頭がしらとして、主《あるじ》に抜け荷の罪を被せる。渡海屋玄兵衛と組み、南町奉行の堀田内膳正を人質に牢屋敷に立て籠もり、脱出用の船を要求する。

清水綋治の略歴はP274を参照。冷静に、ときに激昂しながら与力や同心たちを煽る籠城犯ぶりが最高だ。

渡海屋玄兵衛
穂高稔

廻船問屋。牢屋敷の事件に奉行所がかかりっきりになっている間に両替商を次々と襲撃して金品を強奪する。最後は逃亡用の船に乗せた盗賊と囚人をまとめて海に沈めようとしていた。

穂高稔は劇団青俳出身、60年代半ばに東映のリアリズム時代劇で注目され、刑事ドラマタッチの『江戸犯罪帳 黒い爪』では主人公の同心六人衆に抜擢された。温和な顔立ちだが、70年以降はテレビの悪役も多数。

佐々木大伍
小瀬朗

牢名主の蝮の三次と持ちつ持たれつの蜜月関係にあったが、籠城事件によって崩壊し、最後は命を奪われる。金目当てで売っていた武器を取り返そうとして背中を刺され、そのままゴミでも捨てるかのように倒れるロングショットが哀しい。

小瀬朗は俳優座養成所を経て劇団四季に。松竹大船と専属契約を結び、1960年公開の『銀座のお兄ちゃん挑戦す』では小坂一也、三上真一郎とともに主演。くぼんだ目と小さな体躯のバイプレイヤーとして個性を発揮した。

◆◆◆

牢名主の三次役は大東梁佶、歌手を経て大東良の名で東映の専属俳優として活躍。佐々木にも十郎太にもへつらう、いかにも短慮で調子のいい罪人ぶりがプンプン漂っていた。

牢屋奉行の石出帯刀を演じたのは高野真二、いつもの悪役と異なり板挟みで苦悩する役どころ。南町奉行の堀田内膳正役は永野達雄。悪役も多いが、病弱な人質という役どころも説得力がある。

血気盛んな同心水上には三島猛。日本電波映画で活躍した石倉英彦の別名であり、ふたたび石倉名義で必殺シリーズの常連悪役に。本作でも殉職シーンに定番の苦悶の表情を見せた。

筆頭同心の岡本は関西芸術座の梶本潔、小さな目が特徴的。「親方さん、お使いは?」と三次に語りかける牢番役の赤井圭昌は、京都ドラマ劇場で活動した演劇人。ダウンタウンの浜田雅功に雰囲気が似ている。

冒頭に登場する鳴海屋の娘いくは、『新仕置人』常連の尾崎弥枝。涙ながらに父の恨みを主水に語り、いつの間にか消えた。

「囚人」として、まとめてエンディングにクレジットされている9人の俳優を役名とセットで記すと、籠城事件と無関係の銀八(黛康太郎)は巳代松に反撃を持ちかける役どころ。同じく九作(野崎善彦)は牢を抜け出して役人に協力を願い出る。鮫吉(東悦次)と岩平(美鷹健児)は十郎太の手下。三次と行動をともにしたのは毒蜘蛛の六助(出水憲司)、閻魔の与七(馬場勝義)、竜巻の五郎蔵(伝法三千雄)だ。

寅の会の揚句

渡海屋と共に船出の
波荒し

名画座ラピュタ阿佐ヶ谷の「必殺大上映」では『新仕置人』の大穴枠で「牢獄無用」が上映された。

シナリオと本編の違い／ロケ地／そのほか

牢内の攻防戦は、ほぼシナリオどおりだが、それ以外は改訂が目立つ回である。まずシナリオは寅の会からスタート、本編は鳴海屋のシーンからに変更。鳴海屋の娘いくと主水の会話、シナリオでは同心の水上も登場。いくに同情した水上は、鳴海屋取り潰しの裏にある陰謀を推察する。気がつくと娘が消えているオチは現場での改訂。もともと鳴海屋の冤罪→拷問は地下蔵での主水の説明セリフで処理されており、シナリオのト書きに「できれば映像で見せてほしい」とあるように本編では、いくの回想シーンとして拷問と十郎太の偽証が追加された。

シナリオでは町奉行が人質になるシーンにも水上が居合わせており、十郎太たちの釈放に反対だったと高岡刑部に食ってかかるくだりがあったが、カット。本編では真面目な若手同心ほどの扱いで殉職した。フルネームは水上要之介。巳代松が牢に入るきっかけ、本編では町中で主水と喧嘩になるコミカルなシーンだが、シナリオでは地下蔵でいきなり主水が巳代松を殴り、殴り返した巳代松に「よし、これでいい。松、お前、伝馬町の牢に入ってもらうぞ」と宣言。白昼堂々の改訂版のほうが野次馬もおり、視覚的な効果を優先している。また、牢屋敷の改番所で十郎太が渡海屋に「牢内の四人が話に乗ってきました」と伝えるシーンがあったが、本編では突発的な人質事件に牢名主たちが加担する流れに変更された。主水の六人斬りは、シナリオでは囚人に変装して「どうか、あっしも一緒に連れていっておくんなさい」というもの。

ラストシーンは巳代松の囚人服を着たせいで捕縛された正八と同心たちのコミカルなやり取りから、殺しの翌朝、高岡の死体を目の前にした主水の小芝居に変更された。牢屋敷の説明として『必殺仕業人』の俯瞰ショット（役人と囚人が多数）、南町奉行所の門には『必殺仕置屋稼業』のフィルムが流用されている。

次回予告

追われて生きる人の目に、あきらめた面影映る、ふたたび会うよろこび。まるで渦巻く海のように、こみ上げては返る、いつか引き潮。むなしく心残し、いま旅を急ぐ。『新必殺仕置人』お楽しみください。

【キャスト】 中村主水：藤田まこと／巳代松：中村嘉律雄／正八：火野正平／おてい：中尾ミエ／死神：河原崎建三／高岡刑部：今井健二／十郎太：清水綋治／渡海屋：穂高稔／同心佐々木：小瀬朗／元締虎：藤村富美男（元阪神タイガース）／三次：大東梁佶／石出帯刀：高野真二／堀田内膳正：永野達雄／屋根の男：マキ／同心水上：三島猛／同心岡本：梶本潔／分銅屋：藤尾純／いく：尾崎弥枝／吉蔵：北村光生／鳴海屋：伊波一夫／囚人：黛康太郎、野崎善彦、東悦次、美鷹健児、出水憲司、馬場勝義、伝法三千雄／医者：石原須磨男／牢番：赤井圭昌／同心：松尾勝人／闇の俳諧師：藤沢薫、原聖四郎、沖時男、秋山勝俊、遠山欽／せん：菅井きん／りつ：白木万理／念仏の鉄：山崎努

【スタッフ】 制作：山内久司、仲川利久、桜井洋三／脚本：松原佳成／音楽：平尾昌晃／編曲：竜崎孝路／撮影：藤原三郎／製作主任：渡辺寿男／美術：川村鬼世志／照明：中島利男／録音：木村清治郎／調音：本田文人／編集：園井弘一／助監督：服部公男／装飾：玉井憲一／記録：野口多喜子／進行：佐々木一彦／特技：宍戸大全／装置：新映美術工芸／床山・結髪：八木かつら／衣裳：松竹衣裳／小道具：高津商会／現像：東洋現像所／殺陣：美山晋八、布目真爾／題字：糸見溪南／ナレーター：芥川隆行／主題歌：「あかね雲」（作詞：片桐和子／作曲：平尾昌晃／編曲：竜崎孝路／唄：川田ともこ／東芝レコード）／製作協力：京都映画株式会社／監督：松野宏軌／制作：朝日放送、松竹株式会社

阿呆無用

第32話

脚本:村尾昭
監督:高坂光幸

あたし、あの色が憎い……。両親を失い、阿波から江戸に出たおみつは死んだはずの父と再会する。

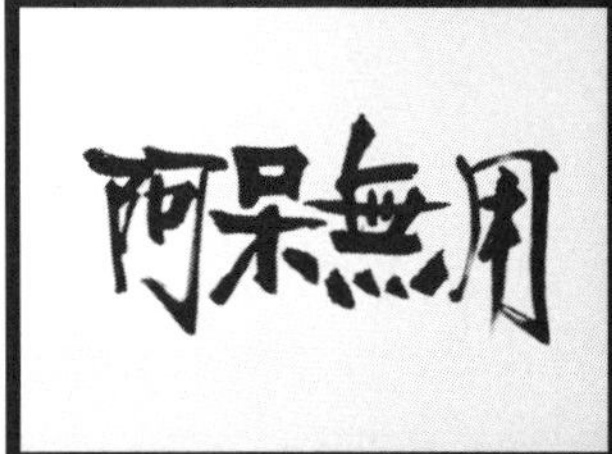

放映日◎ 1977年9月2日
視聴率◎ 10.8%(関東)
16.6%(関西)

踊る阿呆に見る阿呆——阿波おどりをモチーフに藤田まことらを連れての徳島ロケを敢行、京都映画たたき上げの高坂光幸が演出を託された。

「天保八年八月十四日」という字幕を青空に出しての開巻から踊り狂う人々を凝ったアングルで次々と活写し、夜の祭りでは大型のクレーンを用いた上下のダイナミックなカメラワークで群衆を捉え、そのまま悲劇へとスライドさせる。

地方ロケのイベント編ながら、村尾昭が正八メインの因果話を綴った。

「おみつのやつ、俺たちのことなにも言わずに死んでいったよ……」

なんといっても、おみつ役の小坂知子だ。殺されたはずの〝おとっちゃん〟との再会もつかの間、生き地獄を味わい命を絶つ娘のはかなさ、たくましさをパッチリした眼差しで体現。祭りの夜に義父の利助が脅される様子を目撃し、江戸で正八と出会い、悪党どもを見すえたまま舌を噛み切るまで、その目がすべてを物語る。

父母の死後、石もて追われたおみつは阿波から江戸へ。「それから三年」というナレーションを屋根の男が口にし、カメラが振り下ろされて泥棒市へ。ワンカットでその後の展開にスライドさせる高坂演出も絶好調だ。

まず、おていのスリを目にするおみつ。「ちょうだい!」と分け前を要求し、年

あらすじ

阿波徳島、夏祭りの夜に利助という男が殺された。御禁制の藍密売の濡れ衣で、阿波屋伊兵ヱの身代わりとなったのだ。娘のおみつは伊兵ヱに脅される義父の様子を見ており、病弱な女房おのぶは利助の無実を訴えるが、藍方奉行所の石神伝蔵によって揉み消されて急死。おみつは故郷を追われる。

それから3年、おみつは江戸の町でたくましく生きていた。仕置人を探す最中で正八と知り合い、情にほだされた正八は伊兵ヱ殺しを寅の会に依頼する。そして伊兵ヱが殺されたはずの利助と会っている現場を目撃する正八。おみつも利助と再会し、身代わりで別の男が顔を潰されたことを説明されるが、釈然としない。

地下蔵の密談を聞いてしまったおみつ、正八は仕置人の掟によっておみつを消すことを命令される。利助の長屋を訪れたおみつは伊兵ヱの登場によってすべてを知り、犯されたあげく舌を噛み切って自害してしまう。伊兵ヱを追い、仕置人たちは阿波へと向かう。

上の姐御相手に一歩も引かず、ビンタの応酬に勝利する。その後は正八や鉄に「あたし買わない？」と自分の体を十両で売ろうとし、あげく主水が袖の下を受け取る様子を目撃し、また分け前を要求する。

矢継ぎ早の仕置人メンバーとの交流が陽気な音楽とともにライブ感たっぷりの長回しで映され、その最中には鉄が正八の首を曲げ、巳代松の日銭を盗もうとして説教を食らう模様まで、もう自由でノリノリな雰囲気があふれ出す。

かくて、おみつのバイタリティがしっかり描かれたのち、川で藍染めの布を洗う職人たちを見て故郷を思い出し、正八の前で涙する。その姿に亡き妹の面影を見た正八は、おみつの知らぬ間に十両の金を工面する。

「代役無用」同様の依頼パターンだが、標的の阿波屋伊兵ヱが仕置人に狙われていることに勘づくスリルが発生。おみつと利助は再会。そして正八との親しさから地下蔵での仕置の密談を聞いてしまったおみつが容赦なき展開を呼び起こす。

「おとっちゃん、伊兵ヱとグルだって本当？」

義理の父に真相を求める娘。おみつを始末しようと尾行していた正八は、おみつが味わう地獄を目撃しつつも巳代松に止められて、なにもできない。鳴門の渦潮をインサートしながら悲劇を煽る。仕置人への依頼を伊兵ヱに責めさいなまれるおみつだが、実際の依頼人はすぐ横にいる正八という因果――。

こってり徳島弁の伊兵ヱに川合伸旺、身を持ち崩しながら若い女との江戸暮らしを送る利助を小島三児が妙演。どうにもいかがわしい〝おとっちゃん〟を信じる、信じようとするおみつが哀しい。

「しばらく会わねえうちに、めっきり女っぽくなりやがって」

鬼畜の本性をあらわにする利助のおぞましさが、それまでの飄々としたキャラクターと相まって絶望を深めていく。

そして、急きょのアクシデント。身の危険を感じた伊兵ヱは、祭りもあることだしと阿波へ旅立つ。

「奸計無用」以来の出張仕置となるが、次の寅の日までに間に合わないことは必定だ。『走れメロス』よろしく、巳代松が身代わりとして虎のもとへ。格子戸の光が交差する俯瞰の画も「奸計無用」と同じ手法だが、よりスリリング。正八メインに巳代松と鉄の絆、そして東海道五十三次の浮世絵に仕置人を重ね、「あかね雲」を流しての道中も抜群のテンポのよさだ。

阿波おどりの夜の仕置は、正八が鉄と主水をサポート。群衆にまぎれて殺す相手を指差し、踊り狂う鉄をハンディカメラが臨場感たっぷりに追う。鉄と伊兵ヱ、見知らぬ者同士だろうが慣れ親しむ祭りの熱狂が仕置を遂行させる。

ふたたびクレーンを使い、木戸に並ぶ提灯を通過しながら上昇するカメラワークも効果大。

昼間の阿波おどりは徳島ロケだが、ナイターは京都映画のオープンセットを使っており、まさにお祭り騒ぎのように大がかりな撮影が行われた。イベント編として文句なしの出来栄えだ。

セリフ選抜

「おとっちゃん、おとっちゃんでしょ!?」（おみつ）

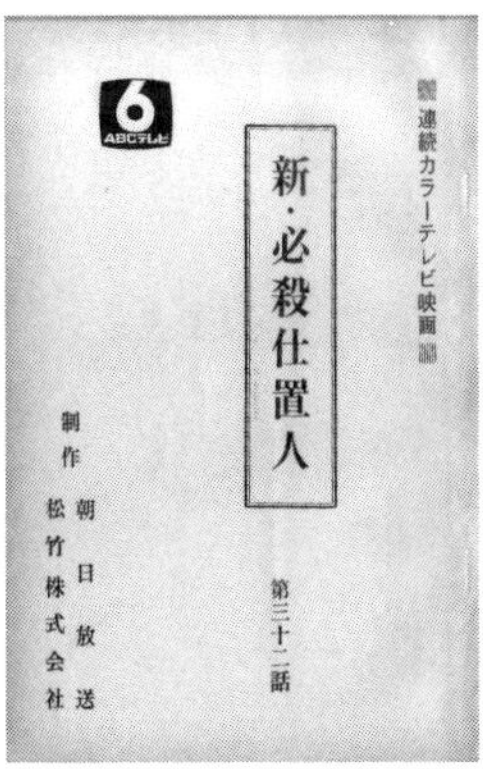

主な登場人物

阿波屋伊兵ヱ

川合伸旺

阿波徳島に居を構える藍玉問屋。通称「藍大尽」と呼ばれる。江戸での商いの最中、表の役人と裏の仕置人の双方から目をつけられていることに気づき、ちょうど祭りの時期だからと徳島に戻り、阿波おどりの最中に仕置された。

川合伸旺、二度目の『新仕置人』出演となりアクの強さ残す。略歴はP110を参照。

利助

小島三児

藍作農の小頭であったが、阿波屋の策略により抜け荷の罪を被せられ、顔を潰され自殺に見せかけて殺されてしまう。しかし、それもまた偽装の替玉殺人であり、江戸で若い女と暮らしながら阿波屋から小遣いをせしめていた。

コメディアンの小島三児は、東八郎、原田健二とトリオを組んでトリオスカイラインで人気者に。1971年の解散後は俳優として活動。「王手無用」の目明し金次と同一人物とは思えない、鬼畜のおとっちゃんを演じた。

おみつ

小坂知子

利助の義理の娘。父と母を相次いで亡くし、阿波を追われて江戸に出る。殺されたはずの利助と再会するが、それによって地獄の渦が開いてしまう。

「親切無用」に続いての出演となる小坂知子は、東京でデビューしたのち高校在学中に関西へ拠点を移す。1978年には『銭形平次』のレギュラーとなり、久永智子に改名。翌年には仁和令子とふたたび芸名を変更。それぞれの名で必殺シリーズに出演し、小娘から女郎まで存在感を示した。

◆　◆　◆

徳島藩藍方奉行所抜荷制道役の石神伝蔵役は木村元。祭りの最中、主水に仕置人を知っているかと聞かれ「いや、この阿波にはないな」と答えて、その正体を教えてもらう瞬間に殺された。

夢中で踊り、鉄の骨はずしを食らう番頭の源吉として唐沢民賢が三度目の出演。最終回「解散無用」が最後の一本だが、あまり目立たない役なので「阿呆無用」のほうがおいしい。

利助の女房おまさを演じたのは関西芸術座の小野朝美。利助の女であり、娘に会うや「お前、ちょっと髪結い行ってこいよ」と邪険にされるハスッパなおのぶも関西の新劇女優である宮本幸子がキャスティングされた。

昼間の阿波おどりのシーンは実際に徳島ロケが行われて地元の人たちが出演、藤田まことらの出番になると見物人が集まりすぎて2時間で撮影中止になったという。

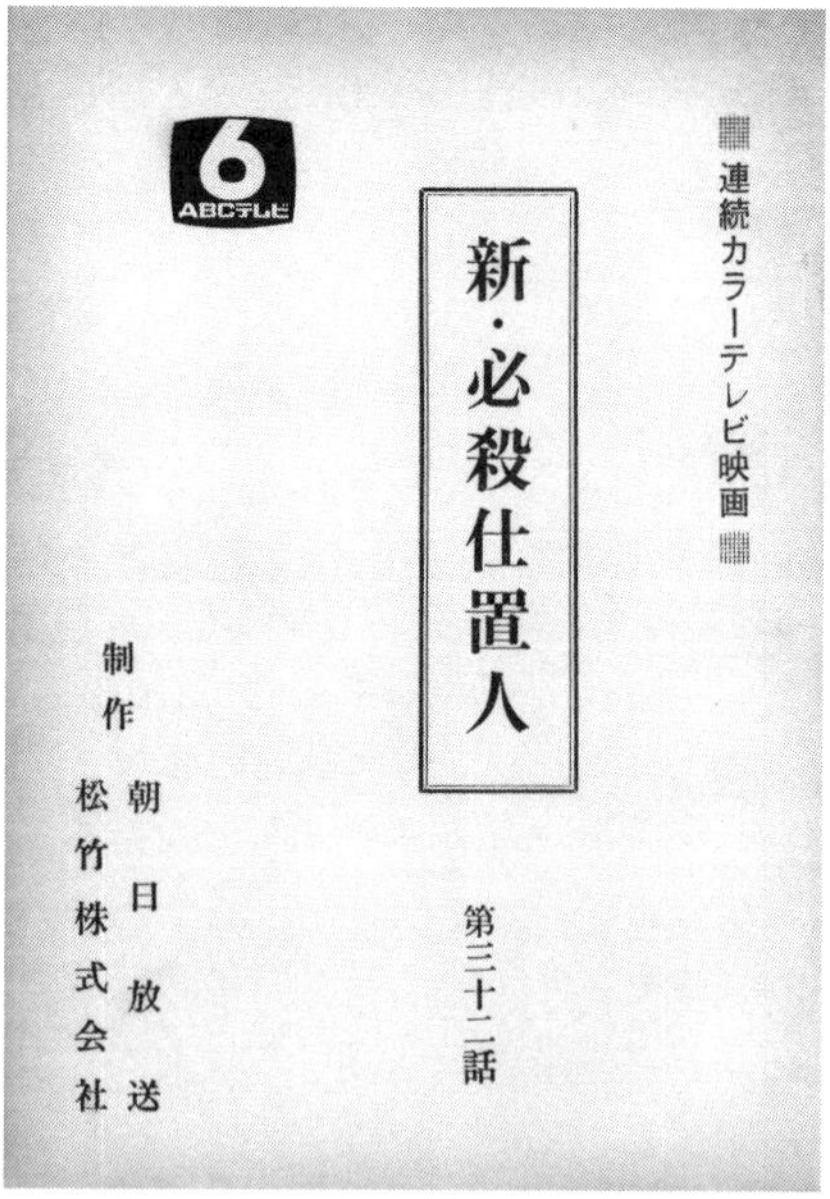

寅の会の揚句

船松町に
積もる恨みも三年越し
阿波屋伊兵ヱかな

脚本の村尾昭は昼間でも「かんのんホテル」の部屋を暗くして、わら半紙でシナリオを執筆していたという。

シナリオと本編の違い／ロケ地／そのほか

泥棒市にやってきたおみつは16歳という設定。屋根の男の「それから三年」はシナリオでは字幕扱いで「それから」が「そして」に。おていをビンタして打ち負かすくだり、シナリオでは「ほほう、いい根性してるじゃない」と、おていがそば屋に連れていこうとする流れになっていた。おみつ、正八、鉄のやり取りは当然現場でふくらまされた部分が多く、鉄による正八の首ひねりも同様。

鉄が屋根の上から巳代松の売り上げを盗もうとする手口はシナリオに指定なし。巳代松の説教に同意する町の人たち、さらに鉄の大暴れも現場のアドリブで、シナリオでは正八もその場におり、呆れた模様を見せていた。

仕置料の十両、シナリオでは正八が鉄、巳代松、主水、おていをそれぞれ説得して二両ずつ出させて、おみつの代わりに立て替える設定になっていたが、正八が自腹を切ることに。おていの「みんな、だらしないわけねえ。ナニワ節に弱いんだから」というセリフがあった。

おみつの「おとっちゃん」、シナリオでは「お父さん」。回想シーンでは父なし子としていじめられる様子や「お父さんが来るの、ほんとにお父さんが来るのッ！」と再婚をよろこび、駆け回るシーンがあったが、本編は肩車ではしゃぐ親子三人のショットのみとなった。

巳代松の利助殺し、消音銃という設定はシナリオに存在せず。仕置が終わり、江戸に戻った鉄が巳代松と再会するシーン、「鉄、俺をガーンとぶん殴ってくれ」という巳代松のセリフから、お互いを少しだけ疑っていたという1ページの熱いやり取りがあるが、すべてカットされた。「質草無用」のラストシーンを思わせる演出で、「松」と声をかけたあとは鉄と巳代松の表情のみに。

おみつや正八が藍染めの職人たちを眺める川は松尾橋近くの桂川。阿波おどりのシーンには、徳島城の広場や下乗橋が使用されている。撮影だけでなく、藤田まことや火野正平が実際の阿波おどりに参加して番組をアピールしており、テレビや新聞などに取り上げられた。

次回予告

なぜわたしは生きているのだろう。問うこともなく、いつか秋。心冷たくすきま風、回る風車ひとつ、ふたつ。あなたの死ぬのを見届ける。『新必殺仕置人』お楽しみください。

【キャスト】 中村主水：藤田まこと／巳代松：中村嘉律雄／正八：火野正平／おてい：中尾ミエ／死神：河原崎建三／伊兵ヱ：川合伸旺／利助：小島三児／元締虎：藤村富美男（元阪神タイガース）／おみつ：小坂知子／伝蔵：木村元／屋根の男：マキ／源吉：唐沢民賢／おまさ：小野朝美／おのぶ：宮本幸子／役人：松尾勝人／吉蔵：北村光生／闇の俳諧師：藤沢薫、原聖四郎、沖時男、秋山勝俊、遠山欽／せん：菅井きん／りつ：白木万理／念仏の鉄：山崎努

【スタッフ】 制作：山内久司、仲川利久、桜井洋三／脚本：村尾昭／音楽：平尾昌晃／編曲：竜崎孝路／撮影：藤原三郎／製作主任：渡辺寿男／美術：川村鬼世志／照明：中島利男／録音：木村清治郎／調音：本田文人／編集：園井弘一／助監督：服部公男／装飾：玉井憲一／記録：野口多喜子／進行：佐々木一彦／特技：宍戸大全／装置：新映美術工芸／床山・結髪：八木かつら／衣裳：松竹衣裳／小道具：高津商会／現像：東洋現像所／殺陣：美山晋八、布目真爾／題字：糸見溪南／ナレーター：芥川隆行／主題歌：「あかね雲」（作詞：片桐和子／作曲：平尾昌晃／編曲：竜崎孝路／唄：川田ともこ／東芝レコード）／協力：四国放送、徳島市／製作協力：京都映画株式会社／監督：高坂光幸／制作：朝日放送、松竹株式会社

幽霊無用

第33話

脚本：岡本克己
監督：高坂光幸

〝伊豆へ行こう……〟
将軍家御船蔵で起きる幽霊騒ぎ、貧乏武士がみずから堕ちた悪の道。

放映日◉ 1977年9月9日
視聴率◉ 10.5%(関東)
16.2%(関西)

自作自演の幽霊騒動を起こし、将軍家の御座船の金具をすり替えて私腹を肥やす三人組。『新必殺仕置人』のなかでもトップクラスの小悪党トリオが今回のターゲットだ。御家人の三男坊として生まれ、御船蔵番人を務める宇津木家の入り婿となった伊之助の鬱屈ぶりを森次晃嗣が担い、左右の鬢《びん》を跳ねさせて、すさんだキャラクターを見た目から落とし込む。

「お互い婿養子というのは、つらい立場ですな」と語る主水への共感もなく、全編ムスッと非道を重ねる伊之助。船奉行の五十嵐林右ヱ門（波田久夫）に飾り職人の文治（山本一郎）もセコい悪役としての説得力がビジュアル面にあふれる。

夫とともに風車の内職に励み、貧しい暮らしを支える宇津木家の娘お糸には松本留美。シリーズ第1弾『必殺仕掛人』では西村左内の妻お美代として、夫が殺し屋になったことも知らぬ〝良妻賢母〟の典型のような役を演じており、そんなキャリアの持ち主が夫殺しを依頼するのだからたまらない。

父を殺され、ひたすら能面のように風車を作りながら――。

内職の風車は、カラカラと室内でも回っており、まるで宇津木家にすきま風が吹いているかのよう。父の和市は将軍家の御座船を護る職の名誉にすがり、主水相手に少年時代の思い出を語る様子が切ない。それ以来、御座船は一度も使用

あらすじ

将軍家の御座船が保管されている御船蔵で幽霊騒ぎが起きる。蔵の中に忍び込んだ者たちは「伊豆へ行《ゆ》こう〜」という奇妙な声を耳にしており、正八もその恐怖の体験者となっていた。

幽霊探索方を命じされた主水は、御船蔵番人の宇津木和市と出会う。先代より船の護衛を任された宇津木家は名誉ある家柄だが貧しく、娘のお糸は婿養子の伊之助とともに内職で生計を立てていた。帰り道、主水は伊之助より一両の金を渡され、犯人を捕まえるよう頼まれる。

同じ婿養子という身の上に同情し、翌日その金を妻のお糸に返す主水だったが、お糸は金の出どころを不審に思う。何十年も出番のない御座船に使われている装飾の金がすり替えられていることを知った和市は調査を開始するが、すべては伊之助と御船奉行の五十嵐林右ヱ門、飾り職人の文治が仕組んだ悪事だった。和市は伊之助によって殺されてしまい、お糸が寅の会に仕置を依頼する。

されておらず、和市を演じる藤原釜足の老いた様子と重ねられる。

　伊之助も無用の長物である船の装飾品を家計の足しにしようと和市に提案しながら退けられたという過去が、悪の道へと堕ちるきっかけとして描かれており、船をバックにした光と影の問答が効果を上げる。

　本作の元ネタは、三代将軍徳川家光の時代に完成した巨船「安宅丸《あたけまる》」だ。ほとんど実用されないまま将軍家の威容を示すために使用。最終的には解体されたが、〝船霊が泣く〟たぐいの怪談がいくつも言い伝えられている。

　劇中の御座船はセットに組まれたが、いささかテレビ映画の限界を感じさせるもの。しかし御船蔵の入り口には大きな葵の御紋があしらわれ、和市と伊之助の問答においても後者の背景として活用された。

　脚本の岡本克己は必殺シリーズ初参加。60年代からテレビドラマで活躍した売れっ子であり、80年代以降は「牟田刑事官事件ファイル」シリーズや「浅見光彦ミステリー」シリーズなど2時間サスペンスを数多く手がけた。

　続いて必殺シリーズでは『必殺商売人』第6話「手折られ花は怨み花」を送り出し、伊豆から出てきた親子の行く末を描いた。わずか2本だが、こじんまりと悲惨な話に個性を見せている。

「あなたは殺されます」

　お糸は、伊之助に死を宣告。延々と語られる嘆きをよそに、伊之助は誰に頼んだのかとお糸に詰め寄る。高坂光幸お得意の奥行きを生かした長回しで夫婦の修羅場を映し出し、伊之助が立ち去るや、正八が踏み込む。このタイミングが、いささか早すぎるきらいはあるが、「頼んだ人の名前しゃべってたら命なかったぞ」と言いながら縛られたお糸を救う正八の情と非情が入り交じる。

　最後の仕置は松本留美の独壇場。内職に励むお糸のシルエットをバックに鉄の手がフレームインし、妻を殺すために戻ってきた伊之助の前に幽鬼のごとく現れる。手首を斬られる危機を経て、鉄の骨はずしが決まるや、風車に串を刺すお糸のアップが差し込まれる、鋭利な編集センスに驚嘆。

　お糸も死を選び、宇津木家の悲劇が幕を閉じたあと、同じく入り婿の先達たる中村家の幽霊コントで終了。わずか二両の仕置料、アジトにばら撒かれる文銭がわびしい。それでも、お糸にとっては血のにじむような金であり、のちの必殺シリーズにおいて一両以下の殺しは当たり前となる。

セリフ選抜

「わたしは父の言われるとおりにあなたと祝言しました。祝言の日に初めて会って、この人でよかったんだと思いました。あなたはわたしでは不足だったんでしょうか」（お糸）

主な登場人物

宇津木和市
藤原釜足

将軍家御座船を保管する御船蔵番の老人。かつて少年時代に見た御座船の威容を語り継ぐ。幽霊騒動に巻き込まれ、入り婿の伊之助によって始末されてしまう。

藤原釜足は軽演劇の役者を経て映画の道へ。戦前からP.C.Lあらため東宝をベースに活躍し、黒澤明監督作品の常連として『隠し砦の三悪人』では千秋実と農民コンビに。千秋の太平に藤原の又七という二人組は、のちに『スター・ウォーズ』のC-3POとR2-D2というコンビの元ネタとなった。その後は老優としての地位を固めた。

宇津木伊之助
森次晃嗣

御家人の三男坊に生まれ、宇津木家の婿養子に。すでに夫婦間には、すきま風。御座船の飾りを無用の長物と断じ、密かに差し替えては私腹を肥やす。

森次晃嗣の略歴はP118を参照。「もう内職なんてやめろ、大人しくしてりゃ一生食わせてやる。夫婦のようにはいかねえだろうが、死ぬまで飼ってやる」と言い放つ、伊之助の酷薄さを顕在化させた。

宇津木糸
松本留美

和市の娘であり、伊之助の妻。風車の内職に励み、悪の道へと堕ちた夫の仕置を寅の会に依頼する。「あなたを殺して、わたしも死にます」と宣言し、伊之助に命を狙われるが、みごと有言実行を果たした。

松本留美は劇団雲を経て演劇集団円で活動。テレビの出演作も多く、『必殺仕掛人』では殺し屋となる浪人・西村左内の妻お美代として、耐え忍ぶ姿はお手のもの。70年代以降は『愛の終着駅』など昼メロの常連となった。

五十嵐林右ヱ門
波田久夫

船奉行として幽霊騒動に乗じて悪事に加担する。

関西芸術座出身の波田久夫は、ギョロ目でダミ声の痩身というビジュアルを武器に必殺シリーズに何度も出演。悪役が多いが、『必殺仕置屋稼業』第19話「一筆啓上業苦が見えた」では、中村主水の剣の師匠として、門下生の木原兵三郎を奇襲するも返り討ちにあった。その名は田所隼人正。

◆◆◆

飾り職人の文治を演じた山本一郎は、毎度おなじみの小悪党ぶり。コンコンコンコンと表面を叩き、御座船の装飾品が本物であると証言するシーンのわざとらしさに悪のプロフェッショナル、仕事の流儀が伝わり感服つかまつる。

和市に頼まれて御座船の飾りを調べる職人には美鷹健児。誠実な仕事ぶりで「安もんにしてはいい細工だ」と偽物であることを見抜くが、奉行の五十嵐らの介入によって船から降ろされ、そのまま去った。船から去る際のジャンプに運動神経のよさを感じるのは、さすがエクラン剣技会の一員だ。

寅の会の揚句

幽霊の正体見たり娘婿

幽霊騒動の「伊豆へ行こう」は御座船に天城山の材木を用いたことが由来。史実の安宅丸建造地も伊豆。

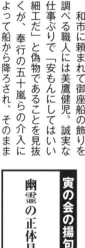

シナリオと本編の違い／ロケ地／そのほか

正八と若い娘が味わう幽霊騒ぎからラストの中村家コントまで、ほとんどシナリオに忠実な映像化だが、クライマックスの殺しは鉄が文治、巳代松が伊之助を仕置するという本編とは逆のパターンになっていた。

まず伊之助が文治に「斬ってくれ」と、お糸殺しを依頼。宇津木家でお糸を襲う文治だが、その正体は鉄であり、反撃されて骨はずしを食らう。

その後、巳代松が伊之助をあっさり仕置するが、その様子をお糸が目撃。鉄の指ボキボキを巳代松が制し、一度は家を出ようとした二人だが、やはり始末しようと座敷に戻り、そこで喉元を懐剣で突き刺したお糸の姿を見てしまう。

本編では文治の仕置は御船蔵、伊之助は障子一枚を隔ててお糸が内職をしている室内で鉄に仕置された。

外でのロケーションなし、すべて撮影所のオープンセットとステージに組まれたセットのみで撮影されたエピソードであり、ドラマ後半の予算調整も感じさせる。その代わり御船蔵のセットを建て、横たわった大きな樽の中で主水が小判を眺めたり、幽霊を目撃したという町人がさらされた場所に橋の欄干を用意するなど、〝いつもの江戸の町〟とは異なる工夫が凝らされた。

五十嵐林右ヱ門に波田久夫、文治に山本一郎と痩身の悪役がそろい踏み。「これは、あっしが考えたやつでね」と分け前の上乗せをねだる文治のしたたかさ、いちばん下っ端の飾り職人がその技術を生かして、悪の元凶となっている構図も珍しい。

伊之助と文治が去り、座敷に残った五十嵐をいきなり主水が殺す唐突な仕置スタートもパターン外しのおもしろさ。喉を斬り裂いたあと、切腹に見せかけて背中を踏みつけるさまもハードだ。

御船蔵に戻った文治の仕置は「地獄へ行こう」――巳代松が幽霊の真似をし、竹鉄砲の発射から着弾までをワンカットで見せる。このあたりのアクションへのこだわりは、回を重ねた現場の円熟味を感じさせる。

次回予告

人の生き死にはさまざま。なぜ死に急ぐ、誰に屈辱。心あれば流れ、流れては淀む水のように、いま人の道、獣道。『新必殺仕置人』お楽しみください

【キャスト】 中村主水：藤田まこと／巳代松：中村嘉律雄／正八：火野正平／おてい：中尾ミエ／死神：河原崎建三／伊之助：森次晃嗣／お糸：松本留美／船奉行林右ヱ門：波田久夫／文治：山本一郎／元締虎：藤村富美男（元阪神タイガース）／屋根の男：マキ／職人：美鷹健児／女：岡田恵子／吉蔵：北村光生／同心：松尾勝人、宮川珠季、広田和彦／闇の俳諧師：藤沢薫、原聖四郎、沖時男、秋山勝俊、遠山欽／和市：藤原釜足／せん：菅井きん／りつ：白木万理／念仏の鉄：山崎努

【スタッフ】 制作：山内久司、仲川利久、桜井洋三／脚本：岡本克己／音楽：平尾昌晃／編曲：竜崎孝路／撮影：藤原三郎／製作主任：渡辺寿男／美術：川村鬼世志／照明：中島利男／録音：木村清治郎／調音：本田文人／編集：園井弘一／助監督：服部公男／装飾：玉井憲一／記録：野口多喜子／進行：佐々木一彦／特技：宍戸大全／装置：新映美術工芸／床山・結髪：八木かつら／衣裳：松竹衣裳／小道具：高津商会／現像：東洋現像所／殺陣：美山晋八、布目真爾／題字：糸見溪南／ナレーター：芥川隆行／主題歌：「あかね雲」（作詞：片桐和子／作曲：平尾昌晃／編曲：竜崎孝路／唄：川田ともこ／東芝レコード）／製作協力：京都映画株式会社／監督：高坂光幸／制作：朝日放送、松竹株式会社

軍配無用

第34話

脚本：古市東洋司
監督：原田雄一

土俵の上で立行司が切腹！
相撲ブームにわく仕置人たちが
あくなき勧進元の非道をぶっ潰す。

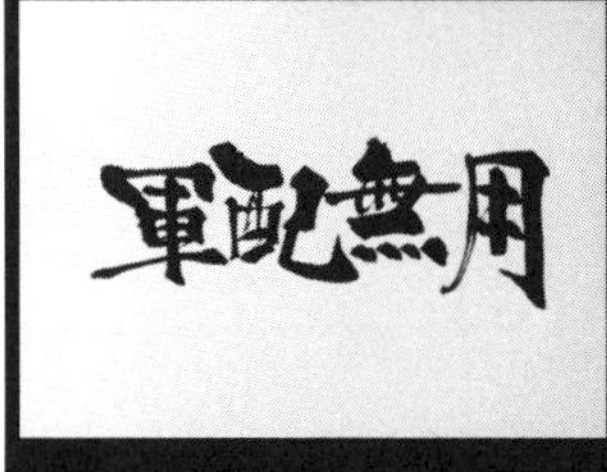

放映日◎1977年9月16日
視聴率◎10.3%（関東）
15.0%（関西）

大相撲秋場所のタイミングに合わせ、角界の意地と八百長疑惑を組み合わせた一本。人気力士の綱錦にあやかって正八はニセ手形で荒稼ぎ、鉄とおていは相撲賭博の胴元でひと儲けを狙う。

巳代松は島帰りの富吉（重久剛）を勧進元の奸計で失い、主水は正八とともに綱錦と刀《たち》の岩の大一番に忍び込んで立行司の日下清風による命を賭けた軍配を目の当たりにする。それぞれに見せ場があり、バラエティに富んだ構成だ。

勧進元である大開の一蔵に多々良純、番頭の源次に平泉征、旗本の飯塚典馬に中村孝雄。悪役のキャスティングも「余裕の大物」「冷静な腹心」「短慮な武士」と、しっかり色分けされている。

脚本の古市東洋司も監督の原田雄一も必殺シリーズ初参加であり、東映東京制作所たたき上げの原田は最終回の第41話「解散無用」を任されてその評価を高めて、レギュラー監督入りを果たす。時代劇・現代劇、京都・東京の各社を問わず活躍したテレビ職人として多くの作品を残した。

まずは「軍配無用」というタイトルどおり、相撲の勝敗を決する日下清風の矜持が見どころだ。『新仕置人』三度目の登場となる関西芸術座の岩田直二が、そのか細い体躯で綱錦に軍配を上げ、「待った」をかけた刀の岩の負けを説明する口跡のあざやかさよ。

あらすじ

春徳寺で行われた勧進相撲、木戸番の富吉は巳代松の流人仲間であり、再会をよろこび飲みに行く約束をする。しかしその夜、住職が殺され、勧進相撲の売上が奪われる。下手人に仕立てられた富吉は、番頭の源次に始末されて行方不明に……すべては勧進元を務める大開の一蔵の仕業であった。

一蔵は旗本の飯塚典馬と組んで、次の勧進相撲で刀の岩を勝たせようと暗躍する。そして綱錦と刀の岩の大一番。立合い直後に刀の岩から「待った」がかかるが、立行司の日下清風は綱錦の勝ちとする。

一蔵や飯塚の物言いがつくが、清風は己の軍配を曲げず、両者を諌めたのち土俵で切腹して果てる。清風の妻梶は一蔵らの仕置を寅の会に依頼するが、息子の追心は飯塚からの意趣返しにより土俵の上で辱めを受けることに。巳代松は富吉の知り合いの島帰りとして一蔵のもとを訪ね、次なる勧進相撲の木戸番を務めながらその悪事を探っていく。

「元来相撲は気を尊ぶべきもの。待ったで受けるのは、すでに気負け。土俵は力士にとっても行司にとっても戦場、みずから確証を持ってあげた軍配になんの心残りもありませぬ。重ねて申し上げます。ただいまの勝負、東方綱錦の勝ちにございます」

朗々と長セリフを謳いあげ、その模様をアップで映し続ける。土俵上の清風が腹かっさばくショッキングなズームインのあとは、正八、綱錦、主水、清風、刀の岩、正八、清風、主水、綱錦、清風、一蔵、源次→飯塚へのピン送りと怒涛の短さで、それぞれのアップがあらゆる角度より切り取られる。

原田雄一の東映仕込みによるカット割りの細かさから、照明技師の中島利男が怒ったというエピソードを、『必殺シリーズ秘史』でスクリプターの野口多喜子が語っているが、その面目躍如ともいうべきシーンだ。

その後、原田は京都映画スタッフとの協業によって凝った長回しも披露するようになるが、やはり「軍配無用」には初演出の意地がみなぎっている。東京の監督でありながらレギュラー入りした理由の一端を垣間見てしまう。

土俵の上では、綱錦が侍たちを押しのけて清風をかばい、力士の立場を捨てて髷を切り、その遺体を抱きかかえて日下家へと運ぶ。大前均がスキンヘッドの悪役ではなく、剛直な力士に扮しているのもキャスティングの妙だ。

清風の妻、梶を演じた藤山喜子が息子夫婦に行司の覚悟を言い聞かせるシーンの、凛とした佇まいも意地を感じさせる。相撲という男中心の世界で、しっかり女のドラマも築いているのがあざやか。

クライマックスでは鉄が屋根の上から、自作自演の赤い手形をばら撒き、その混乱に乗じて一蔵を仕置。顔を押さえつけられて朱で染まり、さらに白目をむいて絶命する多々良純のユーモラスさよ。富吉の仇を討つ巳代松、おていとの連携で飯塚を始末する主水の省エネ暗殺テクも堂に入っている。

勧進相撲の賭けに興じ、鉄に詰め寄り、そして刀の岩の道行きに群がる町の人々——画面を埋め尽くす大部屋俳優たちの勢いも楽しく、とくに鉄とのからみは殴ったり殴られたりの悪ノリが楽しい。どんどん画面が活気づく。

古市東洋司は、朝日放送の社員という立場で脚本家デビュー。その後は「荒馬《あらば》間《かん》」というペンネームを用いて『必殺からくり人　富嶽百景殺し旅』第12話「東海道金谷」、『翔べ！必殺うらごろし』第12話「木が人を引き寄せて昔を語る」を手がけ、朝日放送退社後は作家として『おじゃれ女八丈島』『わざくれ同心』などの時代小説を発表した。ペンネームの荒馬間は、アメリカのアラバマ州立大学を卒業したことが由来である。

セリフ選抜 **「軍配には程度とか程合などございません。あるのは、生か死か、どちらかです！」（日下清風）**

主な登場人物

大開の一蔵

多々良純

相撲の勧進元。興行を行った寺社のあがりを根こそぎ奪う荒っぽい手口を繰り返す。旗本の飯塚典馬と組んで、刀の岩で新たな儲けを狙う。

多々良純は新築地劇団、劇団民藝を経てフリーとなったのち、松竹、東宝、大映、独立プロを問わず個性を発揮し、1956年には『あなた買います』などの演技でブルーリボン賞助演男優賞を受賞。当然のようにテレビの出演作も多い。催眠体操の普及に務めた。『必殺必中仕置屋稼業』第5話「忍んで勝負」では牢名主のもぐらの留三に扮し、ガラス越しに真下から撮った花札勝負に命を賭けた。

日下清風

岩田直二

立行司としての意地と誇りを持ち、綱錦・刀の岩戦の軍配への異議申し立てに抗議して、土俵の上で切腹して果てた。息子の追心がお弓と祝言をあげる直前の出来事であった。

岩田直二の略歴はP218を参照。関西新劇人の代表格として『新仕置人』の出演作すべてにインパクトを残した。

綱錦

大前均

江戸で評判の人気力士。刀の岩との勝負に勝利するが、日下清風の最後の姿を目撃。「触るな！　立行司さんに触るな！」と旗本たちを押しのけ、勧進元の意向に逆らい、そのまま髷を切って清風の遺体を自宅まで送り届けた。

大前均の略歴はP76を参照。身長190センチ、体重115キロのガタイを武器に映画『必殺！ＴＨＥ ＨＩＳＳＡＴＳＵ』では六文銭一味の牛鬼を演じ、黒い御輿ごと突っ込んで仕事人を次々と始末した。

源次

平泉征

大開の一蔵の番頭。島帰りの男を木戸番に雇い、勧進相撲の売り上げを盗んで逃げたことにして始末する。旗本相手に叱りつけるほどの威厳がある。

平泉征は大映京都第4期フレッシュフェイス出身。大映倒産後は東京でテレビドラマを中心に活躍、もちろん悪役も多かった。1984年に平泉成と改名し、役柄の幅を広げる。『はみだし刑事情熱系』では〝杉さん〟ことベテランの杉浦刑事を長らく演じた。

◆◆◆

刀の岩を演じた団巌は東映東京の専属俳優であり、神輿に担がれる人のよさを体現。立ち会いにおいても綱錦相手に、すでに気負けの雰囲気を漂わせた。

飯塚典馬役の中村孝雄は俳優座養成所第11期出身、奸智に長けた悪役を得意としたが、意外と必殺シリーズの出演は少ない。おていを塀に押しつけて迫りながら「ほしいんだろ、手形が」「ほしいのは、てめえの命だ！」「んがッ！」――後ろから主水に刺され、振り返るや前からもグサリの二度刺し。さすがのリアクションだ。

清風の息子、追心を演じた小林芳宏は関西の人気子役として活躍し、整った顔立ちで好青年ゆえの悲劇と被虐を土俵に打ちつける。清風の死を粛然と受け止める妻の梶は藤山喜子、短い出番ながら矜持を見せる。夫の酒井哲とともに関西芸術座の創設メンバーであり、90代まで女優を続けた。

島帰りの富吉役は、必殺シリーズ常連の重久剛一。口ヒゲを生やし、いかにも気のよさそうな男として巳代松との再会をよろこび、飲みに行く約束をするが、その夜のうちに源次に始末される。

松尾勝人は得意の瓦版屋として、立板に水で清風切腹事件を報じる。屋根の男をネタに博打に興じる町人のうち、最若手は加藤正記。エクラン所属の俳優として、おだやかな顔立ちで長く活躍し、殺陣師を務めることもあった。

寅の会の揚句

軍配の要らぬ大開一蔵や

シナリオと本編の違い／ロケ地／そのほか

概してシナリオどおりの映像化。サブタイトルの前、源次に刺し殺される富吉のシーンは現場で追加されたもの。霧雨が降るなか傘越しのシルエットを使った俯瞰のワンショット処理が、いかにも必殺シリーズらしい。

大開の一蔵、本編では「たいかい」だがシナリオには「だいかい」というルビが振られている。日下追心はシナリオでは「ついしん」、本編では「ずいしん」と呼ばれている。

追心が飯塚や一蔵に追いつめられたあと、日下家の仏壇前でうなだれて、お弓が泣きじゃくり、お梶の目から怒りの涙が押し出される描写があったが、シーンごとカットされている。

綱錦が清風の遺体を運び込む日下家の玄関や仏壇は中村家のセットが流用されており、巧みなやりくりだ。

殺しのシーン、巳代松は天井裏ではなく床下に潜む設定となっていた。鉄が手形を屋根からばら撒くケレン味は、現場で加えられた演出だが、主水と鉄それぞれの殺し文句は、ほとんどシナリオのまま採用されている。

絵草紙屋の前で正八が子供たちの相撲の行司をしかけて、やめるラストシーンもおおよそシナリオどおりだが、清風が切腹する瞬間のインサートを追加。該当シーンの使い回しではなく、清風の横顔にズームインしてストップモーションという初出し映像であり、原田雄一のカット割りの細かさがよくわかる。

冒頭の勧進相撲が行われる春徳寺のロケ地は、相国寺大光明寺の大門。看板には「立行司　日下清風」「勧進元　大開之一藏」という名が勘亭流の書き文字で大きく記されており、その下の世話人には「玉井幸右衛門」「清水与三之助」と装飾部の玉井憲一、清水与三吉をもじった名前が載っている。

一蔵と飯塚の会話に出てくる十万石の大名は「奈多藩」。勧進相撲に立ち会う幕閣の面々も伊波一夫演じる老中の堀田正直だけでなく、側用人の佐竹義知、寺社奉行の朽木道規とセリフのない役まで細かく名前が記されている。

次回予告

傷ついた心抱いて消えてゆく、人の魂さまよう野辺に。追う者も追われる者もともに地獄、いま秋風のなか旅路を急ぐ。『新必殺仕置人』お楽しみください。

【キャスト】中村主水：藤田まこと／巳代松：中村嘉律雄／正八：火野正平／おてい：中尾ミエ／死神：河原崎建三／大開の一蔵：多々良純／日下清風：岩田直二／源次：平泉征／綱錦：大前均／日下追心：小林芳宏／飯塚典馬：中村孝雄／刀の岩：団巌／元締虎：藤村富美男（元阪神タイガース）／梶：藤山喜子／お弓：尾崎弥枝／富吉：重久剛一／浅井俊二郎：田中弘史／相馬：芦田鉄雄／住職：天王寺虎之助／神主：市川男女之助／屋根の男：マキ／吉蔵：北村光生／瓦版屋：松尾勝人／堀田正直：伊波一夫／役人：美樹博／闇の俳諧師：藤沢薫、原聖四郎、沖時男、遠山欽、堀北幸夫／せん：菅井きん／りつ：白木万理／念仏の鉄：山崎努

【スタッフ】制作：山内久司、仲川利久、桜井洋三／脚本：古市東洋司／音楽：平尾昌晃／編曲：竜崎孝路／撮影：藤原三郎／製作主任：渡辺寿男／美術：川村鬼世志／照明：中島利男／録音：木村清治郎／調音：本田文人／編集：園井弘一／助監督：服部公男／装飾：玉井憲一／記録：野口多喜子／進行：佐々木一彦／特技：宍戸大全／装置：新映美術工芸／床山・結髪：八木かつら／衣裳：松竹衣裳／小道具：高津商会／現像：東洋現像所／殺陣：美山晋八、布目真爾／題字：糸見溪南／ナレーター：芥川隆行／主題歌：「あかね雲」（作詞：片桐和子／作曲：平尾昌晃／編曲：竜崎孝路／唄：川田ともこ／東芝レコード）／製作協力：京都映画株式会社／監督：原田雄一／制作：朝日放送、松竹株式会社

※本編クレジットは「日下追心」を「日下迫心」、「重久剛一」を「重久剛」と表記

宣伝無用

第35話

脚本：村尾昭
監督：高坂光幸

どろぼうのおじちゃん！能登からやってきた少女と鉄の交流は、哀しき仕置旅に発展する。

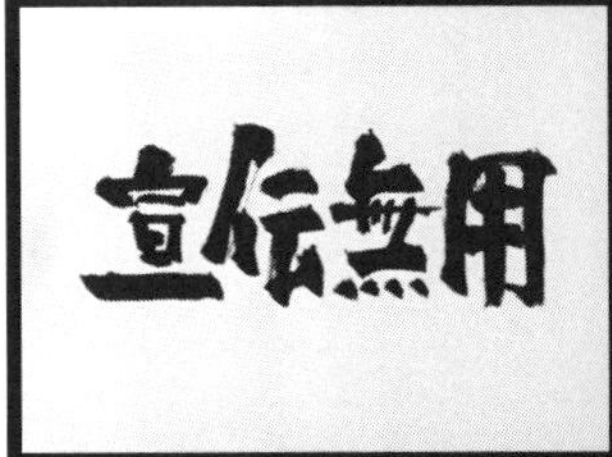

放映日◉ 1977年9月23日
視聴率◉ 10.0%（関東）
14.8%（関西）

第32話「阿呆無用」に続いての出張仕置編。村尾昭と高坂光幸の脚本・監督コンビも同じだが、舞台となる北陸の能登輪島ロケは行われておらず、おなじみ京都の各所と琵琶湖西岸での撮影が行われた。

浜田屋平蔵（小林尚臣）が売り込む輪島塗漆器各種、沈金彫へのズームインに「デデデデデ」と御陣乗太鼓の激しい音が重なり、地を這うようなカメラワークが浜で太鼓を打つ鬼面の男たちへと近づく。藤原三郎得意のワイドレンズが効果的に使われ、デーンとサブタイトルの「宣伝無用」が現れる。

ファーストシーンは、巳代松の鋳掛仕事を見つめる平蔵の娘おゆみ。巳代松から店番を頼まれ、やってきた鉄恒例の日銭拝借を「どろぼ〜！」と追いかける。またも町の人たちを巻き込んだ巳代松の公開説教に鉄のリアクションをワンカットで追い続けて笑わせてくれるが、そこから〝どろぼうのおじちゃん〟と少女の物語が始まる。

ひさしぶりの鉄メイン回というのもうれしいが、おゆみを演じる桑垣浩子のキュートな存在感が全編を支える。非情な鉄の心を動かし、依頼人にまでさせてしまうのだから。鉄の長屋にやってくるおゆみ、赤い襦袢の半裸姿にもう山﨑努の独壇場ともいえるユーモラスなアドリブが炸裂だ。

「あのねえ、おじちゃんはね、ほんとは

あらすじ

能登の輪島塗漆器を広めようと江戸にやってきた浜田屋平蔵は、娘のおゆみとともに兄の宇之吉の住む観音長屋を訪ねる。元塗師の宇之吉は博打狂いの遊び人だったが、平蔵は血の繋がらない兄を輪島に連れ戻し、一緒に浜田屋を盛り立てようと願っていた。

おゆみは〝どろぼうのおじちゃん〟こと鉄と仲良くなり、いっぽう沈金彫の輪島塗を目にした宇之吉は、唐木屋市兵衛と一計を案じる。白昼の大通りで平蔵は殺し屋の竹釘によって始末され、その死を嘆きながら宇之吉は輪島塗を宣伝。その効果で唐木屋に卸した漆器は飛ぶように売れ、能登の浜田屋まで買い付けに向かう。

平蔵殺しが外道仕置人——巳の会の伝八の仕業であることを遠くから目撃した鉄は、おていに唐木屋の財布をスらせ、その金を仕置料として寅の会の競りにかける。おゆみを連れて鉄は能登へと向かい、主水や巳代松もそれぞれ旅立つ。そんな鉄の命を伝八が狙っていた。

子供と遊ばないの。だからゆみちゃんが、あと10年ぐらい経って、このへんがプク〜とふくれてきたら、おじちゃんもっといっぱい遊んであげるからね。わかった? 約束する?」

——と、まぁ、よくよく聞いてみれば鉄らしく際どい発言も織り交ぜ、おゆみはおゆみで障子を突き破っての、あどけない再来など「質草無用」に続いて、子役相手の高坂演出が光る。

やがて血の繋がらぬ兄の宇之吉(有川博)と組んだ唐木屋市兵衛(伊沢一郎)の「どうやって派手に売るか」という悪巧みにより、平蔵は白昼堂々命を奪われる。父の亡骸を目の当たりにしたおゆみの「おとうちゃん、おとうちゃん……輪島に帰ろう。早く帰ろう」は、現場で追加された演出だ。

竹釘を使う巳《み》の会の仕置人、伝八を演じた徳田実(のち徳田興人)は着流しに地毛の長髪で登場。見るからに外道の説得力だ。平蔵親子を見送り、そばをすする鉄の視線の先で、ローアングルからの顔面アップと指の間からスッと出される竹釘は不気味そのもの——直後の悲劇を引き立てる。

鉄みずから唐木屋の床下に潜り込んで悪事を確認。恨みをはらしてやりたいが、頼み人が見つからない。「これじゃ話にならねえ」と全員集合のアジトから巳代松が去り、主水が去り、正八が去り、鉄一人ぼっちかと思いきや、おていに仕置料の捻出を依頼。スリの腕前が唐木屋相手に発揮される。

寅の会は、わずか3カットというコンパクトな描写。宇之吉のもとから逃げてきたおゆみを連れて、鉄は旅立ち、ふたたび浜辺の御陣乗太鼓が「デデデデ」と旅情を盛り上げる。

能登に帰っても義父の浜田屋弥左ヱ門(信欣三)や平蔵の妻おしず(志乃原良子)を相手に宇之吉のクズっぷりが炸裂。三度目の御陣乗太鼓が「カッ」と側面を打つアップから仕置のテーマ曲が流れる絶妙さ。「阿呆無用」に次ぎ、祭りと殺しの融合が〝ツブシ〟の青い浜辺を舞台に繰り広がられる。

「どろぼうのおじちゃん〜! どろぼうのおじちゃん〜!」

おゆみが連呼し走るなか、最後は仕置人同士の一騎打ち。鉄と伝八、お互いシルエットの横顔に一条の光が輪郭を浮かび上がらせて、真っ向からぶつかり合う——。

本作のエンディングには、協力として「輪島塗総本家濱田屋」と「輪島御陣乗太鼓保存会」がクレジットされている。じつは濱田屋は藤田まことの妻の実家であり、「宣伝無用」というサブタイトルは平蔵殺しを輪島塗の宣伝に利用するという悪事だけでなく、実在の濱田屋の宣伝も併せての意味合い。

その後、『必殺仕事人』第64話「崩し技真偽友禅染め落し」では能登ロケが行われており、スタッフ・キャストの慰安旅行を兼ねての出張撮影となった。

セリフ選抜 「頼み人は俺だ!」(鉄)

主な登場人物

浜田屋弥左ヱ門
信欣三

能登の輪島塗の商人。江戸に出た息子の平蔵が殺され、孫のおゆみが念仏の鉄とともに帰ってくる。唐木屋一味に脅されている最中、主水に「浜田屋さんのお店はここからどう行けばよろしいんですか?」と広い意味でのタイアップセリフで危機を救われた。沈金彫の漆器類は、藤田まことの妻の実家である輪島塗総本家濱田屋が用意したもの。

信欣三は左翼演劇人の一翼として新協劇団などで活動。戦後は俳優座を経て劇団民藝に参加し、映画やドラマにも多数出演。代表作の『帝銀事件　死刑囚』では平沢貞通役で無罪を訴えた。理不尽と無念の役柄がよく似合う。

宇之吉
有川博

浜田屋弥左ヱ門の義理の息子だが、江戸に出てゴロツキ同然の暮らしを送る。弟の平蔵の持参した沈金彫を見て、「こいつはすげえや」とワルの知恵が働きはじめる。もともとは能登で塗師の修行をしていた。

有川博は俳優座養成所、劇団雲から演劇集団円に参加した新劇俳優。テレビでは神経質そうな悪役を得意とし、『必殺商売人』では主水を怒鳴りつける与力の坂口という上司役でレギュラー出演を果たした。

唐木屋市兵衛
伊沢一郎

漆器などの工芸品を扱う江戸の問屋。平蔵を殺して涙の宣伝をするという手口で沈金彫を売りまくる。宇之吉とともに、能登に買い付けに向かう。

伊沢一郎は1930年に日活太秦に入社して青春スターとしてキャリアをスタート、数多くの映画に出演する。刑事ドラマ『特別機動捜査隊』ではベテランの関根刑事部長役を演じ、政財界の大物のような悪役も得意とした。東映のピラニア軍団で売り出した川谷拓三は甥にあたる。

◆◆◆

浜田屋平蔵役の小林尚臣は当時、俳優座に所属。善悪どっちもいける痩身の優男《やさおとこ》である。

娘のおゆみを演じた桑垣浩子は関西の子役として活動、『必殺仕置屋稼業』第20話「一筆啓上手練が見えた」では依頼人の少女に扮して、はるばる上州から江戸までやってきた。

寅の会と敵対する巳の会所属の伝八には徳田実。長髪の不気味な外道仕置人だ。のちに徳田興人と改名し、ふっくらスキンヘッドの僧侶や悪徳商人を十八番に。劇団四季出身であり、劇団スタジオ鏡を主催した。

平蔵の妻おしず役の志乃原良子は『新仕置人』の女性ゲスト最多出演者であり、またも若後家となってしまう役どころ。かつて宇之吉から好意を持たれていたが、それを宇之吉に脅しの材料として使われてしまう。

瓦版屋役の松尾勝人は、第34話「軍配無用」と同じ衣裳で出演しており、往来で平蔵が殺されるところに偶然出くわす。本編の描写だけではわかりづらいが、そのことによって能登から出てきた親子と輪島塗のネタが瓦版となり、唐木屋たちが大儲けする。

エンディングに「輪島御陣乗太鼓保存会」がクレジットされていることから太鼓を叩いているメンバーたちは実際の関係者だろう。なかなかの迫力だ。

寅の会の揚句

輪島塗りの朱よりも
赤き血の色か恨みは尽きぬ
唐木屋市兵衛

監督の高坂光幸は「輪島塗総本家濱田屋」のPR映画を演出した経験あり。

シナリオと本編の違い／ロケ地／そのほか

三度登場する琵琶湖ロケの御陣乗太鼓のうち、最初のサブタイトル前のシーンはシナリオには存在しない。シナリオには能登の鳳来山や千枚田、海が見下ろせる墓地など輪島ロケを前提としたシーンが多数あったが実現していない。

鉄の「おじちゃんはね、ほんとは子供と遊ばないの」の一連、シナリオでは「おじちゃんはな、色気のある女としか、まぁいいや、よし、じゃ馬になってやろう」と、背中におゆみを乗せて遊んでやる。平蔵が醤油を借りにやってくるくだりは、鉄のセリフにより宇之吉の無頼生活の証左となっていた。

巳の会の伝八、シナリオには「まむしの伝八」という二つ名がある。地下蔵で「鉄、おめえがそうムキになるとこ見ると、平蔵の恨みはらしてやりてえ、ただそれだけじゃねえだろ」という主水の問いかけ、本編では無言の鉄に対して「そうか……けじめだけはきっちりつけろ」と言って終わるが、シナリオでは「そのまむしの伝八とやらの殺しがどうにも気に入らねえ、違うか」「わかるか、八丁堀」という会話があり、それが前述の〝けじめ〟につながる。

寅の会のあとの地下蔵のシーン、シナリオでは五両という仕置料に対する文句が主水や巳代松から噴出する。全員仕置に参加せず、絵草紙屋から出ようとするが、そこに宇之吉のもとから逃げ出してきたおゆみが泣きながら鉄に抱きつき、一同ふたたび地下蔵に戻るという流れになっていた。

出張仕置の道中、シナリオでは正八とおていも参加。伝八の襲撃を防ぐため、途中からおていがおゆみを連れ、主水が鉄を捕縛して能登に入る流れになっていた。また、死神が鉄の旅路を監視しており、伝八との勝負がついたあと「大丈夫だ、急所を外れている」と鉄を抱え起こす描写があった。

次回予告

流れゆく年月、すべてを消し去るように、あなたは変わる。わたしも逆らわず、引き裂かれたもろさ。いまあの人の裏切り、胸に刻む。『新必殺仕置人』お楽しみください。

【キャスト】 中村主水：藤田まこと／巳代松：中村嘉葎雄／正八：火野正平／おてい：中尾ミエ／死神：河原崎建三／浜田屋弥左ェ門：信欣三／宇之吉：有川博／唐木屋市兵衛：伊沢一郎／元締虎：藤村富美男（元阪神タイガース）／浜田屋平蔵：小林尚臣／おゆみ：桑垣浩子／伝八：徳田実／おしず：志乃原良子／屋根の男：マキ／吉蔵：北村光生／菊屋主人：北見唯一／店の客：飯田覚三／職人：石原須磨男／瓦版屋：松尾勝人／闇の俳諧師：藤沢薫、原聖四郎、沖時男、遠山欽、堀北幸夫／せん：菅井きん／りつ：白木万理／念仏の鉄：山崎努

【スタッフ】 制作：山内久司、仲川利久、桜井洋三／脚本：村尾昭／音楽：平尾昌晃／編曲：竜崎孝路／撮影：藤原三郎／製作主任：渡辺寿男／美術：川村鬼世志／照明：中島利男／録音：木村清治郎／調音：本田文人／編集：園井弘一／助監督：服部公男／装飾：玉井憲一／記録：野口多喜子／進行：佐々木一彦／特技：宍戸大全／装置：新映美術工芸／床山・結髪：八木かつら／衣裳：松竹衣裳／小道具：高津商会／現像：東洋現像所／殺陣：美山晋八、布目真爾／題字：糸見溪南／ナレーター：芥川隆行／主題歌：「あかね雲」（作詞：片桐和子／作曲：平尾昌晃／編曲：竜崎孝路／唄：川田ともこ／東芝レコード）／協力：輪島塗総本家濱田屋、輪島御陣乗太鼓保存会／製作協力：京都映画株式会社／監督：高坂光幸／制作：朝日放送、松竹株式会社

自害無用

第36話

脚本：疋田哲夫
志村正浩
監督：工藤栄一

実の母とも知らず、奥方様を襲った弟は斬殺され、姉の恨みは仕置人狩りに利用される——。

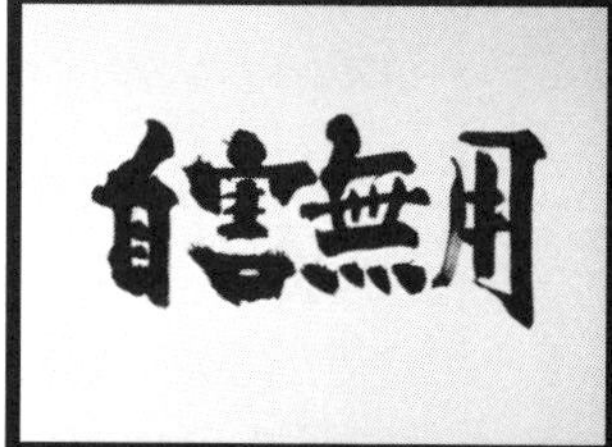

放映日◎ 1977年9月30日
視聴率◎ 13.0%（関東）
17.0%（関西）

仕置人を探索する南町奉行所筆頭与力・福原九一郎の執念、福原の妻の秘密、福原家で働く姉弟の悲劇を描いた要素たっぷりの一本だが、準備稿と決定稿ではシナリオの流れが大幅に異なる。もともとは中尾ミエ演じるおてい唯一のメイン回として、お糸・粂次《くめじ》姉弟との心温まる交流と、その恨みをはらすストーリーになっており、凄惨な血みどろ自害シーンまでが用意されていた。

五歳のころ、大火事で孤児となったおていの身の上が語られ、「お救い小屋でガツガツとおかゆを食べてからずっと、一人でしかごはん食べたことなかったんだよ」——お糸と粂次がいかに大切な存在かが語られる。

中尾ミエのスケジュールの都合だろうか、おていのメイン回が実現しなかったのは残念だ。おていが鉄、巳代松、正八のもとを順ぐりにめぐる序盤など、明確に今回は彼女の物語であることを示していた。

脚本は疋田哲夫と志村正浩の共同、両者とも必殺シリーズ初参加にして唯一の執筆作である。まず準備稿は関西の放送作家としてバラエティ番組の構成をメインとしていた疋田が単独で執筆、そのあと志村が監督の工藤栄一の要請によって直し要員として合流した。

東映京都出身の志村正浩は、助監督時代の習作シナリオが『無法の宿場』とし

あらすじ

寅の会を探る奉行所の手先が現れ、死神が始末する。そして目をつけられた闇の俳諧師も句会において死神の餌食となる。しばらくの休会を虎が宣言し、鉄は周囲を気にしながら長屋へと戻る。

南町奉行所筆頭与力の福原九一郎の屋敷で働くお糸と粂次の兄弟、二人は福原の妻・志乃が芸者時代に産んだ子であったが、そのことを知らずに奉公していた。粂次は遊廓に暮らす父・斎藤半蔵のもとを訪ねて、母の行方を訪ねるが無下に追い返される。斎藤は伝馬町の牢屋敷で主水の上司であったが、身をやつして遊廓の用心棒を務めていた。

粂次は福原と同心の鏡に丸め込まれ、奥方の不義密通を暴くための狂言として志乃に迫るが、その現場で鏡に斬り殺されてしまう。お糸は弟の恨みをはらすため志乃に襲いかかるも失敗し、鉄を通じて仕置人に殺しを依頼する。しかし、それらはすべて仕置人をおびき出すための福原の罠だった。

て映画化されるなど、早くからその才を認められていた。1973年に『恐怖女子高生　不良悶絶グループ』で監督デビューしたのちも脚本家をメインに活動を続ける。

70年代は東映のプログラムピクチャーで活躍するいっぽう、東映の先輩である工藤との縁で『おしどり右京捕物車』『痛快！河内山宗俊』『祭りばやしが聞こえる』『死人狩り』ほか、各社のドラマに「岩元南」名義で参加していた。

スケジュールの都合と準備稿をそのまま映像化することの困難だろうか、ホン直しの常習犯である工藤栄一の意向により、かなり別物のストーリーとなった。仕置人狩りというスリリングな題材に正八の「親子わたけ、馬たわけ」の話から始まって（親子と知らぬままの）近親相姦を扱ったのは準備稿どおりだが、どうも木に竹を継いだような矛盾点が見られるのも本作の特徴。

「その後、仕置人とかいう連中と当たりはついたか？」
「はい」
「で、誰に頼んだ？」
「それは……言えません。約束ですから」

殺された粂次の恨みをはらすため、お糸が鉄を通じて仕置人に志乃殺しを依頼するが、それを知った同心の鏡文十郎が追及しないなど、罠を張ったわりに詰めが甘く、みすみす仕置人の逆襲を許してしまう。

お糸役のテレサ野田は『必殺仕業人』第3話「あんたあの娘をどう思う」に続いて工藤組に出演。あれこれと要素の多い複雑な話ゆえ前回ほどの出番はないが、志乃役の荒砂ゆきとともに母子の哀しさを体現する。

福原を演じる新田昌玄の余裕ある夫ぶりと顔に似合わぬ卑劣な罠も、奉行所内における大胆不敵な主水の殺しというカタルシスを引き立てる。

同心の鏡文十郎を演じるのは大林丈史。これといって見せ場のない悪役が、いきなり仕置シーンで豹変するのも本作の衝撃ポイント。鉄の骨はずしを食らい片膝をつきながらも復活し、刀を抜いて「ぐえええええ！」と大暴れ。鉄を追い回し、巳代松の竹鉄砲でようやく仕留められるという不死身ぶりだ。

改訂稿には、岡っ引きの文助という鏡配下の悪役も存在している。これまた俳優のスケジュールの都合か、工藤栄一のアイデアか、最終的には鏡単独の無双ぶりに変更された。

恨みの仕置は遂行され、奉行所による仕置人狩りもいったん収束。寅の会の平穏も保たれたが、志乃は粂次の墓で自害し、残された手紙によってお糸はすべてを知る。主水は育ての父である斎藤半蔵のもとを訪れ粂次と志乃の死を伝えるが、無気力なまま。

ロングショットの多い本作だが、ラストも引き画で切なく幕を閉じる。やや迷走ぎみの仕上がりではあるが、半蔵役の汐路章と藤田まことのやり取りが全体のクオリティを底上げするかのよう。ときにはアンバランスさが魅力の工藤栄一らしい仕上がりになっている。

この斎藤半蔵——ドラマの要となり、ラストを締めくくる役も準備稿には存在せず、シナリオの修正によって生まれた役である。また、改訂稿の名字は「助川」となっており、現場で「斎藤」に変更されたが、エンドクレジットは助川半蔵のまま。完成までの二転三転ぶりが伝わるかのようだ。

セリフ選抜

「実の母と子を不義密通と図って死に追いやり、仕置人をおびき出そうという魂胆だろう。お望みどおり、仕置人がてめえの命をもらっていくぜ！」（主水）

主な登場人物

福原九一郎
新田昌玄

南町奉行所の筆頭与力。みずからの妻とその連れ子を利用した近親相姦的な罠を仕掛けて、仕置人をおびき出そうとする。仕事の鬼なのか、それとも秘めたる鬼畜の所業か……。

劇団民藝の新田昌玄は1966年に映画『処刑の島』に主演し、よく通る声と誠実な顔つきでテレビの悪役としても売れっ子に。『必殺仕掛人』第33話「仕掛人掟に挑戦！」でも与力の山根左馬之介を演じており、黒い羽織の役人がよく似合う。

福原志乃
荒砂ゆき

福原の妻。もとは芸者であり、幼い娘と息子を同心の斎藤半蔵に預けて育ててもらっていたが、やがてお糸も粂次も福原家で働くようになる。しかし、その関係性から仕組まれた罠によって悲劇の結末を迎えてしまう。

荒砂ゆきは俳優座養成所第9期生、劇団四季を経てフリーに。本名の田原久子から1970年に改名し、大映や松竹の映画でセクシーな役どころを演じる。日活ロマンポルノ『鍵』では観世栄夫と主演を務めた。悪女役として殺される際の表情はトラウマ級、必殺シリーズにおいては『必殺商売人』第20話「花嫁に迫る舅の横恋慕」が優勝か。

お糸
テレサ野田

福原家の女中。弟の粂次を斬殺され、志乃を襲うが失敗し、その仕置を鉄に依頼する。しかし、それは福原の仕組んだ仕置人狩りの撒き餌であった。

1971年、日活の映画『八月の濡れた砂』で鮮烈デビューを果たしたテレサ野田は、大きな目を持ち味に映画やテレビの売れっ子に。『必殺仕業人』第3話「あんたあの娘をどう思う」では愛犬を殺された恨みをはらす少女お市に。当時、製作補（アシスタントプロデューサー）を務めていた、松竹の佐生哲雄によるキャスティングであった。

◆◆◆

福原の腹心、同心の鏡文十郎役は大林丈史。「問答無用」の市郎太とは段違いのパワフルな武闘派同心を演じた。こいつがこんなに強いとは、鉄ならずともびっくりだろう。

志乃を実の母だとは知らず、福原家の中間として働く粂次役の藤江喜幸は売れっ子の子役出身。『柔道一直線』や『忍者キャプター』にレギュラー出演し、のちに伍代参平と改名。1982年には『大戦隊ゴーグルファイブ』でゴーグルイエローの黄島太を演じた。

お糸と粂次の育ての父親である斎藤半蔵には汐路章。東映での濃い悪役ぶりから一転、無気力な人生をその顔その背中で表した。工藤栄一の監督作を中心に、必殺シリーズでは意表を突く役が多いのがおもしろい。

仕置人狩りを福原に命じる与力神崎を演じた西山辰夫は、これまた上司が似合う人。『必殺仕置屋稼業』第8話「一筆啓上正体が見えた」では同じく与力の真部として、奉行所内で主水に偽装切腹をさせられる。奇しくも福原と似たような手口だ。

冒頭、死神に追われて川に逃げ込み、銛の餌食となる岡っ引き役は丸尾好広。水中に潜ったが、それでも死神の追及はかわせなかった。まるで魚のように川面に浮上。

続いて死神に粛清される闇の俳諧師の一員は遠山欽。それまでにない機敏さで前転して逃げようと試みるが、あえなく捕まって銛を打ち込まれ、レギュラーの座から降りた。

寅の会の揚句

※寅の会の競り行われず

準備稿では中盤で寅の会が開かれており、揚句は「南町筆頭与力の妻や志乃」。

シナリオと本編の違い／ロケ地／そのほか

「自害無用」というサブタイトルは、準備稿に指定あり。おていのメイン回として予定されており、準備稿と改訂稿で差があるのは本文で説明したとおりだが、ほかにもおていの見せ場は多い。

準備稿では、お糸が志乃の実子であることを福原から知らされたあと無残にも犯され、家に戻ったところを見計らって鏡に斬られ、そこに飛び込んできたおていが「オ、オ、オクガタサマハ、ワ、ワタシノ、オ、オカアサン……」というお糸のいまわの際の言葉を聞き、涙しながら叫ぶ。

そして、鏡に顔を見られてしまったおていは、死神の監視によって虎のところに連行される。「どうせわたしは親なしさ。死んでも泣く者はいやしない」と死を覚悟するが、鉄の介入によって助けられる流れになっていた。

志乃の死も準備稿ではお糸が殺される前段であり、夫の策謀を知って抗議の自害。奉行所の筆頭与力部屋にて短刀で両手を斬り、あふれ出る血を壁、襖、障子、あらゆるところに塗りたくる凄絶なものとなっていた。

主水が駆けつけるや「わたしは殺された」と言って、こと切れる。「明らかに自害なのに、どうして」と訝しむ主水、本来ここが「自害無用」の由来となっていた。

準備稿には福原の妾のお蘭という役が存在しており、彼女が志乃に代わって妻の座を狙い、仕置の対象となる。鏡は同心ではなく福原家の用人という設定。また、準備稿・改訂稿ともに粂次が兄、お糸が妹であり、キャスティングの影響もあってか本編は逆となった。

仕置シーンは御会式の夜という設定。巳代松が群衆にまぎれ、うちわ太鼓に仕込んだ竹鉄砲で鏡を始末。福原とお蘭は、八丁堀の自宅で主水と鉄によってそれぞれ仕置された。

準備稿には、鉄が〝立たない〟というコミカルな縦軸も用意されており、ひとりでめしを食うおていが玉子を立てるのに成功、そして女郎屋の鉄も〝立つ〟というオチであった。

次回予告

親と子の絆。近づけば近づくほど遠ざかるむなしさ繰り返し、傷つけて触れ合えぬまま別れた。なくして悔やむもの、なにもなく、命さえいとわず。それを人は、愛。『新必殺仕置人』お楽しみください。

【キャスト】 中村主水：藤田まこと／巳代松：中村嘉津雄／正八：火野正平／おてい：中尾ミエ／死神：河原崎建三／福原九一郎：新田昌玄／志乃：荒砂ゆき／お糸：テレサ野田／元締虎：藤村富美男（元阪神タイガース）／鏡文十郎：大林丈史／粂次：藤江喜幸／斎藤半蔵：汐路章／与力神崎：西山辰夫／女郎屋おかみ：小柳圭子／吉蔵：北村光生／屋根の男：マキ／同心：黛康太郎、宮川珠季／おれん：西田トキコ／長屋のおかみ：三星東美／岡っ引：丸尾好広／闇の俳諧師：藤沢薫、原聖四郎、沖時男、遠山欽、堀北幸夫／せん：菅井きん／りつ：白木万理／念仏の鉄：山崎努

【スタッフ】 制作：山内久司、仲川利久、桜井洋三／脚本：疋田哲夫・志村正浩／音楽：平尾昌晃／編曲：竜崎孝路／撮影：藤原三郎／製作主任：渡辺寿男／美術：川村鬼世志／照明：中島利男／録音：木村清治郎／調音：本田文人／編集：園井弘一／助監督：服部公男／装飾：玉井憲一／記録：野口多喜子／進行：佐々木一彦／特技：宍戸大全／装置：新映美術工芸／床山結髪：八木かつら／衣裳：松竹衣裳／小道具：高津商会／現像：東洋現像所／殺陣：美山晋八、布目真爾／題字：糸見溪南／ナレーター：芥川隆行／主題歌：「あかね雲」（作詞：片桐和子／作曲：平尾昌晃／編曲：竜崎孝路／唄：川田ともこ／東芝レコード）／製作協力：京都映画株式会社／監督：工藤栄一／制作：朝日放送、松竹株式会社

※本編クレジットは「斎藤半蔵」を「助川半蔵」と表記

生命無用

第37話

脚本：松原佳成
監督：高坂光幸

島帰りの父は、身を持ち崩したせがれを更生させようとするが親の心子知らず、命を売るはめに。

放映日◎1977年10月7日
視聴率◎13.1%(関東)
14.7%(関西)

「命売ります」大きな貼り紙を背中にくっつけて町をさまよう片腕の父。15年ぶりに再会した息子とようやく心を通じ合わせることができたのも束の間、その恨みをはらすため、あてもなくひたすら——。

そのショッキングな五文字、たちまち死神が紙を引っぺがし、虎のもとへ。寅の会が開かれず、通常の句会になるというイレギュラーな展開を踏まえて、鉄のもとに依頼が舞い込む。

仕置の相手は質屋の大黒屋七兵ヱ一味。〝質〟ゆえに〝七〟というユーモラスなネーミングもふくめて松原佳成が「訴訟無用」に続いて知能犯の悪行三昧《あくぎょうざんまい》を綴り、銀造（垂水悟郎）と銀平（高峰圭二）、吉野屋の喜左ヱ門（藤尾純）と双六（平野康）、二つの父子のすれ違いが描かれる。「お互い子のことでは苦労するね」と嘆く喜左ヱ門だが、果てはそれ以上の悲劇が待ち受ける。

高峰圭二、平野康、それぞれ『新仕置人』二度目の登場だが、『ウルトラマンA』の北斗星司を経て当時、無軌道な若者を演じさせたら天下一品の高峰は「善意無用」のドラ息子から被害者に。「貸借無用」で連続婦女暴行殺人犯に扮した平野も同じく命を奪われる。どちらも若さゆえの甘さが身の破滅につながり、ただ同情す

あらすじ

材木問屋吉野屋喜左ヱ門のドラ息子双六は、今夜も派手に飲み歩いていた。島帰りの銀造は、双六の遊興を親不孝だと注意し、取り巻きの銀平にからまれる。じつは銀平は銀造の息子であり、質屋の大黒屋七兵ヱの手下として働いていた。それを案じる銀造だが、荷崩れ事故の責任を取って15年の流刑となっていた身であり、親だと名乗ることはできなかった。

大黒屋の悪どい手口で死人をふくめて被害者続出、奉行所に苦情が舞い込むが法には触れておらず、口約束では証拠にならない。岡っ引きの熊吉と組んでいる大黒屋は、吉野屋の双六を標的に大もうけを企む。

巳代松との出会いもあって、銀平に正面から向き合うことに決めた銀造。親だと名乗っても心を開かない銀平に対し、銀造は己の右腕を斬り落とし、島帰りの入れ墨ごと葬る。父と子は和解を果たすが、狂言誘拐で双六が殺され、その下手人として捕縛された銀平は熊吉に始末されてしまう。

べき無垢《むく》な人物ではないのがミソだ。

それでも、わが子はかわいい。銀造役の垂水悟郎の無骨なキャラクターに一人称「わたし」の生真面目さ、吉野屋での人足頭時代に木場の荷崩れの責任を負って島流しという過去が「人殺しの子」として銀平の将来を狂わせてしまった。その悔恨と、それでも息子を更生させようとする親の心が痛ましい。

巳代松も巻き込んで、まるで学園ドラマのような展開だが、世相を反映してきた必殺シリーズも『必殺商売人』第21話「暴走を操る悪の大暴走」で暴走族ブームを扱っており、奇しくも不良たちのリーダーにして裏切り者の次郎を演じたのは高峰圭二、主水に斬り刻まれていた（監督は高坂光幸）。

「これでもう島帰りじゃねえぞ！」

腕を斬り落とすという衝撃の更生法で、銀造と銀平は和解を果たすが、おなじみ巳代松メインの人情回でもっともエクストリームな展開だろう。その唐突さから双六と銀平が殺されるまでの展開も待ったなし。仕置に向かって一直線、寅の会すら出てこないスピード感だ。

大黒屋の悪事を探るのは、主水と正八。その一端として、主水はせんから「今日ただいま限り、出ていってもらいます」と中村家コント史上有数の仕打ちにあい、正八をぶん殴る。どうも端々に極端なシーンが目立つ回である。

大黒屋七兵ヱを演じるのは、これも『新仕置人』再登場の天津敏。その貫禄に対してやっていることは証文偽造の詐欺横領とみみっちいが、質入れした女房を死なせ、吉野屋の息子に貸した百両を千八百両に書き換え、なんと最後は質草の鎧兜に身を包んで槍を手に主水に襲いかかる。

七兵ヱの腹心である番頭の九助は、鶴田忍。必殺シリーズにおいては『必殺仕業人』のレギュラー出戻り銀次でおなじみだが、本作ではとくに笑いの要素もなく主水とからみ、最後は鉄の骨はずしを食らう。

「へぇぇ！」「はぁぁぁ！」というリアクションでの絶命、まぬけな死に顔のほとりに〝質〟の看板が落下する。その絶妙な位置や芸の細かさも必殺シリーズの醍醐味だ。

巳代松の仕置では、竹鉄砲の弾がカメラ脇をすり抜け、これまでにない迫力とともに岡っ引きの熊吉を直撃。五味龍太郎による岡っ引きも珍しいが、黒いホクロを鼻の脇につけて準レギュラーのごとき悪役に変化をもたらす。

鉄の出番は少ないが、開巻早々正八とともに吉野屋の双六にたかり、タダ酒にありつくシーンのノリはさすが。「男は黙って芋焼酎！」とサッポロビールの三船敏郎の名文句までパロディにしてしまう。指のボキボキから背中、そして大黒屋の戸を叩く手――鉄の背後をワンカットで追う手持ちのカメラワークも出陣シーンの音楽と相まってお見事だ。

主な登場人物

大黒屋七兵ヱ
天津敏

質屋。証文を書き換えたり、質入れの代金を奪ったりと、シンプルな知能犯として荒稼ぎ。だが、証拠は掴ませない。最後は質草の鎧をまとって主水に立ち向かう。

天津敏の略歴はP302を参照。そのコワモテゆえ善人役もいい味。晩年の出演作である『必殺仕事人』第5話「三十両で命が買えるか?」では一本気な人足を演じ、娘のことを思いながら無実の罪で処刑された。スローモーションで抵抗しながらの「お咲!」という叫びが哀れをさそう。

銀造
垂水悟郎

島帰りの男。もとは吉野屋の人足頭として木場で働いており、死者まで出した荷崩れ事故の責任をとって流刑に。息子を改心させるため、みずからの腕を斬り落とし、最後は「命売ります」という紙を背中に貼って、仕置料を捻出する。本当に命が売られたのかどうかは不明。

劇団民藝出身の垂水悟郎は日活アクションの悪役を経て、テレビでは善悪どっちも無骨な存在感で演じた。『新三匹が斬る!』第20話「越後路は、水燃え人燃え怨み節」では草生水《くそうず》——石油の採掘に命を賭ける老人としてインパクトを残した。

銀平
高峰圭二

銀造の息子。グレて大黒屋の悪事に加担していたが、やがて父と和解する。

『ウルトラマンA』の北斗星司でおなじみ高峰圭二は、1960年に『竜巻小天狗』の主役に選出されるなど、関西の子役として活動。近藤正臣や桜木健一と同じ星野事務所に所属し、『刑事くん』のゲスト出演をきっかけに『ウルトラマンA』に抜擢される。必殺シリーズでは無軌道な若者役に磨《みが》きをかけており、『必殺商売人』第21話「暴走を操る悪の大暴走」では主水にズタズタに斬り刻まれた。

九助
鶴田忍

大黒屋の番頭。スリとしての腕前もかなりのもの。

「がんばります!」が合言葉、『必殺仕業人』の出戻り銀次としてレギュラー出演した鶴田忍は俳優座出身。中村敦夫や原田芳雄らとともに退団し、1971年には『スペクトルマン』の第48話「ボビーよ怪獣になるな!!」、第49話「悲しき天才怪獣ノーマン」で山本三吉を演じて、テレビ特撮史に名を残す。銀次のようにコミカルな役柄から嫌味な中年まで幅広く、松竹の「釣りバカ日誌」シリーズでは堀田常務を演じ、のちに社長に就任した。

◆◆◆

双六役の平野康は「貸借無用」に続いてのバカ息子役。大黒屋に偽装誘拐を持ちかけて本当に殺されてしまう。吉野屋喜左ヱ門役の藤尾純は「牢獄無用」に続いて6話ぶりの登場、子を思う父の苦悩を銀造と分かち合う。

岡っ引きの熊吉の五味龍太郎は『新仕置人』三度目の出演にして、これがフィナーレ。銀平とつるむ石松役の柳川昌和、勘太役の新郷隆、お店《たな》の着物を質入れする勝次役の島米八も回数こそ違えど再登場のメンバーだ。

女房を質に入れて、あげく死なせてしまう職人役の表淳夫は関西の新劇人であり、舞台の演出も担当。アニメ『じゃりン子チエ』では百合根のオッチャンの声を務めている。

銀平と所帯を持とうとする八重役は上田ひとみ。「親切無用」では勘定奉行に妾として差し出される人形のような娘を演じており、2本目でしっかり芝居場を与えられた。銀平を待ち続ける、はかなき立ち姿よ。

寅の会の揚句

※殺しに関する俳句はなし

シナリオと本編の違い／ロケ地／そのほか

概してシナリオどおりの映像化。「生命無用」というサブタイトル、将棋の駒をもとにした大黒屋の看板も松原佳成の指定によるもの。材木問屋の吉野屋喜左ヱ門は、シナリオでは秋田屋喜左衛門となっている。

中村家の反物騒動で主水にぶん殴られた正八、おていにせんりつの懐から一両抜き取ってほしいと頼み、おていが「コワイ……」とせんに恐れをなして断る大通りのシーンがあったが、中尾ミエの出演はなく、欠番となった。

大黒屋一味が双六に証文を書かせるシーンと銀平が八重の茶屋を訪ねるシーンの合間、銀造が巳代松の長屋にやってきて酒を酌み交わすシーンがあったが、本編ではカット。このやり取りがないことにより、銀造が銀平を連れて巳代松の長屋に入ってくるシーンがいささか唐突なものとなっている。

神社の境内で行われた寅の会の句会、シナリオでは「離れたところ——寅の会の連中が集まっている」というト書きのみで、吉蔵の「それではこれより本日の発句をお願いいたします」というセリフや句会の描写はない。

ロケ地は今宮神社の舞殿、八重が働く茶屋や銀造が「命売ります」の貼り紙とともにさまよう場所も今宮神社が使用された。

銀平と死神のくだり、シナリオでは「命を買うと言っている人がいる」と話しかけ、離れた鳥居のもとで虎が鳩に餌をやっている設定になっていた。

大黒屋一味の仕置、シナリオでは「奉行所の者だ」と戸を叩くのは鉄ではなく主水。

鎧兜に身を包んだ大黒屋はシナリオどおり。もともとは土蔵に立て籠もり、「出てこねえなら、火をかけるが、いいか」という主水の言葉によって扉を開いた大黒屋が槍で反撃、主水が真っ向から斬りかかるも鎧で弾き返されるという流れになっていた。

次回予告

華やかな現《うつつ》、覚めて夢。知っているのならその中で、なにを望むというのだろう、人の欲。怯えることなく傷つけて、やがて地獄。『新必殺仕置人』お楽しみください。

【キャスト】中村主水：藤田まこと／巳代松：中村嘉律雄／正八：火野正平／死神：河原崎建三／大黒屋七兵ヱ：天津敏／銀造：垂水悟郎／銀平：高峰圭二／双六：平野康／九助：鶴田忍／熊吉：五味龍太郎／吉野屋喜左ヱ門：藤尾純／屋根の男：マキ／元締虎：藤村富美男（元阪神タイガース）／勘太：新郷隆／石松：柳川昌和／勝次：島米八／八重：上田ひとみ／番頭：日高久／職人：表淳夫／大工：広田和彦／質草の女：小西由貴／老婆：小林加奈枝／同心：黛康太郎／吉蔵：北村光生／闇の俳諧師：藤沢薫、原聖四郎、沖時男、堀北幸夫／せん：菅井きん／りつ：白木万理／念仏の鉄：山崎努

【スタッフ】制作：山内久司、仲川利久、桜井洋三／脚本：松原佳成／音楽：平尾昌晃／編曲：竜崎孝路／撮影：藤原三郎／製作主任：渡辺寿男／美術：川村鬼世志／照明：中島利男／録音：木村清治郎／調音：本田文人／編集：園井弘一／助監督：服部公男／装飾：玉井憲一／記録：野口多喜子／進行：佐々木一彦／特技：宍戸大全／装置：新映美術工芸／床山・結髪：八木かつら／衣裳：松竹衣裳／小道具：高津商会／現像：東洋現像所／殺陣：美山晋八、布目真爾／題字：糸見溪南／ナレーター：芥川隆行／主題歌：「あかね雲」（作詞：片桐和子／作曲：平尾昌晃／編曲：竜崎孝路／唄：川田ともこ／東芝レコード）／製作協力：京都映画株式会社／監督：高坂光幸／制作：朝日放送、松竹株式会社

迷信無用

第38話

脚本:保利吉紀
監督:原田雄一

丙午の女という迷信に惑わされ心の均衡を崩してゆく未亡人。その裏には、からくりが……。

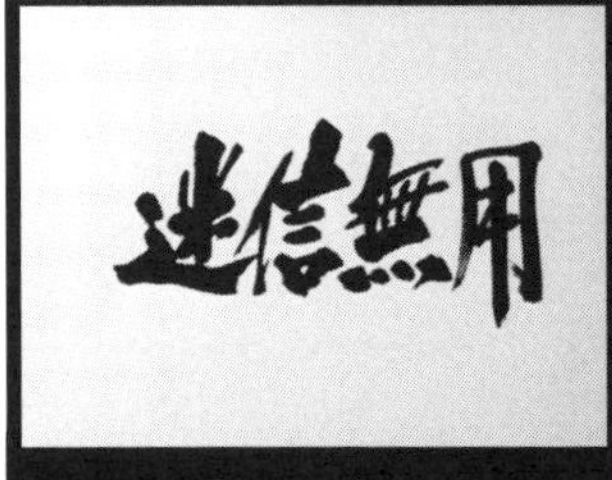

放映日◉ 1977年10月14日
視聴率◉ 11.2%(関東)
13.0%(関西)

季節外れの怪談話。おなじみ光と影の映像美がホラー演出に転用され、勝手にキイキイ軋んで動き出す井戸の釣瓶《つるべ》や忍び寄る足元へのライティングが雰囲気を高める。

「まったくさぁ、刃物ばっかりが人を殺すもんじゃないってよくわかったよ」と正八が語るように、いわゆる〝プロバビリティーの犯罪〟——蓋然性《がいぜんせい》に頼った悪事が材木問屋を舞台に遂行されていく。

ひさしぶりに〝巷々に女あり〟という鉄の魅力が詰まったエピソードであり、ふたたびシナリオにない逆立ちを披露。檜屋のおもんに声をかけ、酒を飲ませ、長屋に連れ込む様子は、色悪以外の何者でもない。その直前には飲み屋の小娘にちょっかい出してるのだから、まったくもう。

主水の出番は少ないが、死神に監視されている絵草紙屋で正八に一芝居打つシーンがユーモラス。寅の会の面々が主水の顔を知らないという設定の効果は、間もなく最終回の「解散無用」で大いに発揮されるが、ここでは死神の鉄への忠告が地下蔵での笑いに直結し、陰気なドラマの息抜きとなる。

みずからを〝丙午《ひのえうま》の女〟だと信じ込まされ、まるで夢遊病患者のように町をゆくおもん役は、鮎川いづみ。必殺シリーズの常連ゲスト女優だが、これまでにな

あらすじ

「わたしは呪われた女なのかしら」。材木問屋檜屋のおもんは、不慮の事故によって二人の夫を立て続けに亡くし、〝丙午の女〟という迷信によって精神を蝕まれていた。今夜もまた、悪夢にうなされ、目覚めると井戸の釣瓶が勝手に軋んで動き出す……。おもんと出会った鉄は、観音長屋に連れ込むが「わたしは火の女」と言われて手を出せず、困惑するばかり。

すべては先代の大旦那未亡人であるおかつと番頭の久蔵、手代の定吉による計略であり、瓦版屋まで抱き込んで、おもんを追い詰めていた。居場所もなく鉄の長屋へと戻るおもん。その行方を案じていた爺やの嘉吉は、おかつの仕置を寅の会に依頼するが、首吊りに見せかけて殺されてしまう。

ひさしぶりに檜屋に戻り、嘉吉の死を知ったおもん。おかつたちに〝丙午の女〟だと責められ、ふたたび錯乱してしまう。正八が三人組による店乗っ取りと夫殺しの悪事を聞き、仕置人たちが立ち上がる。

いキャラクターを演じている。

鉄についてフラフラと泥棒市を歩く姿は、見てはいけない危うさ満点だ。真正面から後退する手持ちカメラのゆれも効果を上げており、正八相手に「釣れるか釣れないかの瀬戸際だ」と語る鉄も、なかなかにゲスい。

「行きずりの男と女が一回こっきりで袂《たもと》をわかつ。俺はそういうことができる男なんだ。心配いらないよ」

鉄の口説き文句に対して、おもんは「わたしに触るとあなたは死ぬわ。わたしは火の女なの」と語り、男と女のやり取りに濃厚なエロスが漂う。行為こそないものの、笑い、泣き崩れるおもんの精神不安定ぶりすら色っぽく、ふたたび鉄のもとに現れて「抱いて」とせがむシーンも、その後のレギュラー入りを納得させるだけの存在感がある。

檜屋大旦那の未亡人おかつ（森秋子）と番頭の久蔵（島田順司）による二度の情事も、肌をさらすことなく淫靡な臭気を放つ。さも気弱そうな番頭が熟れた肉体に溺れながら「おめえという女に惚れた俺だ。とことん付き合うぜ」と語るのも、ただれた空気を匂わせる。

まるで日活ロマンポルノと実録犯罪ドラマをないまぜにしたような異端の空気が全編に醸造されており、爺やの嘉吉（海老江寛）を絞め殺すシーンも、バタバタと抵抗する両足がやがてぐったり動きを失うのがおぞましい。

悪夢にうなされるおもんのもとに登場するおかつは、二度とも真下からの照明で異貌と化し、森秋子本人の顔圧とともに恐怖を生む。また、嘉吉がおかつをおびやかすシーンの、風呂の戸越しの表情や目の向きも恨みがしたたる。

とくに嘉吉は悪事の証拠を掴んでおらず、ひたすら直感というか「偽善無用」のおちか婆さん状態だが、なんにせよ寅の会は依頼を引き受け、皮肉なことに命を奪われることで正しさが証明されてしまう。

〝丙午の女〟だと瓦版に書き立てられ、おもんが町をさまようシーンでは、ワイドレンズの横移動で縦のパース（遠近感）を強調しつつ、見た目どおりの歪んだ世界を作り出す。檜屋に戻っても、もう居場所はない。

中盤あたりから従来のシリーズの音楽を使う機会が増えた『新仕置人』だが、とくに「迷信無用」は『必殺仕業人』や『必殺からくり人』の哀しみの曲を流して、これまでとは異なる世界を形成する。

殺しのシーンも井戸の釣瓶や情事の布団を利用し、因果めいた仕置に。監督の原田雄一は『プレイガール』で凝った怪談ものを手がけており、『必殺商売人』第16話「殺して怯えた三人の女」では、中村勝行との共同脚本で商家が舞台の怪談ミステリを演出。80年代の2時間ドラマにおいても『大東京四谷怪談』『魔界番町皿屋敷』『宅配便で運ばれたヌードギャル』などを手がけている。

ラストシーンは、檜屋を立派に切り盛りしているおもんの後日談が正八によって語られ、興味なさげに聞いていた鉄が「もう一回コネつけてこよ」と踵《きびす》を返して走り出し、振り向きざまにストップモーション。

なんともいえず絶妙な顔、いつまでも女好きの鉄よ、永遠に。巧みなワンシーンワンカットが目立つエピソードの総決算ともいうべきショットである。

主な登場人物

おもん
鮎川いづみ

材木問屋檜屋の娘。亭主が立て続けに亡くなり、丙午の女だと噂されて追いつめられてゆく。鉄に声をかけられ、観音長屋まで足を運ぶが……。

鮎川いづみ（現・鮎川いずみ）の略歴はP84を参照。テレビ時代劇の悲劇のヒロインとして多くの出演作があるが、『必殺仕事人』で加代を演じていた時期に並行して京都映画で撮影された『斬り捨て御免！』第14話「江戸の怪盗流れ星」では、かわいそうな娘と見せかけて悪女という珍しい役どころを演じている。

久蔵
島田順司

檜屋の番頭。流言蜚語をもって、おもんを店から追い出そうとする。

関西芸術座、東京芸術座を経て、１９６５年に始まった『新選組血風録』の沖田総司役でブレイクした島田順司は、沖田を当たり役としたのち70年代からは例によって悪役仕事が多くなる。藤田まことの信頼を得て共演作が多くなり、『はぐれ刑事純情派』の川辺刑事課長が第二の当たり役に。メガネの迷推理を披露した。「おいおい、安さん。わたしの立場も考えてくれよ」と言いながらも安浦吉之助のよき上司として、はぐれ捜査を支えた。

おかつ
森秋子

おもんの亡き父の後添えであり、久蔵とは深い仲。檜屋の身代を狙って、番頭と手代を抱き込み、瓦版売りに〝丙午の女〟の悪評を広めさせる。

文学座の研究生を経て浪曼劇場で活躍した森秋子は、三島由紀夫没後の追悼公演『サロメ』で体を張って注目を集める。その後は悪女役が多くなるが、『特捜最前線』の傑作「手配１０７号・爪を上げる女！」では市井の主婦として息子とたわむれる穏やかな姿を見せた（が、そのあと悲惨な展開に）。

◆ ◆ ◆

手代の定吉役の石田信之は東宝の演劇部出身。１９７１年に特撮ドラマ『ミラーマン』の主人公・鏡京太郎に抜擢される。その後は甘いマスクゆえの悪役も多々。「迷信無用」は数合わせの悪役のような扱いで見せ場は少ないが、『必殺仕事人』第3話「仕事人危うし！あばくのは誰か？」では、色悪の与之介として田中真理と修羅場を繰り広げた。3話目にこれをもってくるのかというトリッキーな話でもある。

嘉吉役の海老江寛は幽霊の出ない因果話を、その信念と表情で煽る。先代から仕える忠実な爺やなのだが、明らかにおかしな演出が施されており、忍ばせていた〝毒〟をチラ見せして、乗っ取り一味に抹殺されてしまう。

おもんの二人目の夫として、出てくるなり材木の下敷きになる仙太郎を演じたのは水上保広。「現金無用」に続いて悲惨な死を遂げた。ノンクレジットだが、変死した最初の夫役は広田和彦。

飲み屋で鉄とイチャイチャしていた魚くさい小娘役の中塚和代は、関西の舞台で活動し、テレビ時代劇への出演も多数。その後も長く女優を続けた。当時は劇団ホリホックアカデミーに所属しており、１９７８年に関西俳優協議会の最優秀新人女優賞を受賞。ホリホックアカデミー児童劇団からは多くの子役が必殺シリーズに出演している。

鉄にボコボコにされる瓦版売り役は大橋壮多。「素直なお兄ちゃんだ、なっ」とフォローされたあと、また一発お見舞いされるのはシナリオになく、現場で足されたアイデアである。巨体をゆらしての派手なリアクションは、その後も仕事人シリーズの悪役として何度も披露されている。

寅の会の揚句

檜屋に揺らめく妖し火
おかつかな

シナリオと本編の違い／ロケ地／そのほか

概してシナリオどおりの映像化。後半はミニマムな話が目立つ『新仕置人』だが、その代表格のようなシチュエーションが構築されている。ほとんど京都映画のオープンセットとセット内での撮影だが、おもんがお参りして鉄に声をかけられる境内は敷地神社（通称・わら天神）が使用されている。

シナリオでは材木問屋の秋田屋が舞台だが、本編では檜屋に変更。

鉄がおもんと居酒屋で飲むシーン、本編では鉄が外を歩くおもんに声をかけて呼び込むが、シナリオではおもんが自分から店に入って酒を注文する流れになっていた。

鉄がおもんを長屋に連れ込むくだり、後半の笑ったり、泣いたりするおもんの描写はシナリオになく、現場で加えられたもの。おもんが鉄の長屋に戻り、「抱いて」とせがむシーンは「ごめんなさい。行くあてがないんです」と穏当なセリフから始まっており、エロティックな要素は存在しない。

また、檜屋を追い出されたあとも「鉄さん、助けて！」と長屋に駆け込んでおり、一貫して鉄はお嬢さん育ちのおもんに手厳しく当たっている。

嘉吉が寅の会への依頼を決意するシーンは、現場で追加されたもの。入浴中のおかつを嘉吉が動揺させるくだり、シナリオではより具体的な悪行が語られており、「いずれ天罰がくだるでしょう」とまで口にしている。

正八と屋根の男のやり取り、シナリオでは「寒いよ」「当たり前じゃ、何月だと思っとる」「十月の十四日」「あと一月で仕舞いだ、我慢しろ」「それまで保たない」と、放映日や来たる最終回を連想させる楽屋オチになっていた。

シナリオのラストシーンは、おもんが鉄の長屋で待っている設定。鉄は戸を開けるのを躊躇し、最後のト書きは「そこにいる女のためになにかしたことが面はゆいのだ」。昨今のドラマなら、翌週もおもんが登場しそうな結末である。

次回予告

約束していたふたり、知らぬ間に闇から闇へ。あの人は帰らない。忍び寄る影に怯えるわたし、為す術もなく汚されて、せめて誰かに恨みごと。『新必殺仕置人』お楽しみください。

【キャスト】
中村主水：藤田まこと／巳代松：中村嘉律雄／正八：火野正平／おてい：中尾ミエ／死神：河原崎建三／おもん：鮎川いづみ／久蔵：島田順司／おかつ：森秋子／元締虎：藤村富美男（元阪神タイガース）／定吉：石田信之／嘉吉：海老江寛／仙太郎：水上保広／小娘：中塚和代／瓦版売り：大橋壮多／吉蔵：北村光生／町の女：三星東美、倉谷礼子／闇の俳諧師：藤沢薫、原聖四郎、沖時男、堀北幸夫、秋山勝俊／せん：菅井きん／りつ：白木万理／念仏の鉄：山崎努

【スタッフ】
制作：山内久司、仲川利久、桜井洋三／脚本：保利吉紀／音楽：平尾昌晃／編曲：竜崎孝路／撮影：藤原三郎／製作主任：渡辺寿男／美術：川村鬼世志／照明：中島利男／録音：木村清治郎／調音：本田文人／編集：園井弘一／助監督：服部公男／装飾：玉井憲一／記録：野口多喜子／進行：佐々木一彦／特技：宍戸大全／装置：新映美術工芸／床山・結髪：八木かつら／衣裳：松竹衣裳／小道具：高津商会／現像：東洋現像所／殺陣：楠本栄一、布目真爾／題字：糸見溪南／ナレーター：芥川隆行／主題歌：「あかね雲」（作詞：片桐和子／作曲：平尾昌晃／編曲：竜崎孝路／唄：川田ともこ／東芝レコード）／製作協力：京都映画株式会社／監督：原田雄一／制作：朝日放送、松竹株式会社

流行無用

第39話

脚本：中村勝行
監督：工藤栄一

二代目藤五郎の座をめぐり殺しが発生。無実を叫ぶ弟子はむなしく刑場の露と消える。

寅の会の崩壊を描く最終二部作を前にした、最後の通常ローテ回。二代目藤五郎の座をめぐって飾り職人の間で殺しが起き、罪なき男に濡れ衣が着せられるシンプルな展開に工藤栄一らしい演出が張りめぐらされる。

　まず目につくのは、いつも以上に遮蔽物を手前に配したカメラアングルだ。格子越し、提灯越し、人物越し、いわゆる〝深ナメ〟の構図で画面をレイアウトし、市井の悪事を息苦しく遂行させていく。

　極めつけは、寅の会の競り。左右の俳諧師たちの間に大きな衝立を置いて境界を生じさせ、正面からの視線を断つ。これまでにない閉塞感と見たことのない俯瞰からの構図で右三人、左三人の競り合いを均等に切り返し（高所からのアングルで画面の下半分は衝立）、あげく虎のアップすら画面の右半分を衝立で覆って「この命、五両にて落札」。

　無実の罪に陥れられる定吉に大和田伸也、定吉と恋仲の藤五郎の一人娘おくみに村地弘美。定吉は主水のセリフで処刑されたことが明かされるなど、二人とも案外あっさりした描写で情念を発露するようなシーンは少ない。黒幕の宇之助を演じる森下哲夫も『新仕置人』三度目の

放映日◉ 1977年10月21日
視聴率◉ 9.0%(関東)
12.1%(関西)

あらすじ

名人と謳われる飾り職人、藤五郎のかんざしが江戸の娘たちの人気を呼んでいた。しかし病身の藤五郎は引退を決意し、二代目に一番弟子の清太郎を指名する。残る弟子の宇之助、定吉はそれぞれの思いを抱えながら働くが、藤五郎の一人娘おくみと恋仲の定吉は、おくみが清太郎の女房にさせられることを知って自暴自棄に。酔っ払って歩いていると、路地裏で清太郎が死んでいた。

　下手人は遊び人の源七、仕組んだのは宇之助——まがい物のかんざしを藤五郎作と偽って売っていた両人は、二代目の座を狙って清太郎を殺し、岡っ引きの久蔵を仲間に引き入れ、その罪を定吉にかぶせる。そして藤五郎の名指しによって宇之助が跡目を継ぐ。

　定吉と昔なじみの親友だった正八は主水に無罪を訴えるが、時すでに遅し。定吉は打ち首獄門になっていた。藤五郎も始末され、宇之助と久蔵の密談からすべてを知ったおくみは、かんざしを質入れして寅の会に仕置を依頼。

登場であり、「偽善無用」に続いての偽善者ぶりは目新しさに欠ける。

　その代わり存在感を示すのが、まず名人の藤五郎を演じた江幡高志。過剰な老けメイクに目の下の隈で引退を宣言し、定吉とおくみの仲を引き裂き、宇之助の意のままに操られる。病死に見せかけて始末されるシーンでは、真っ暗な障子の隙間から大きく暴れる足のみを映し出し、いかにも工藤節。

「うちのカカァ、また孕《はら》みやがってよう。銭がいるんだ。あ〜、疲れるなぁ」

　冤罪に加担する岡っ引き、マムシの久蔵を演じた八名信夫は登場するや鍋をつつきながらボヤき、こんなテンプレの悪党に子だくさんというバックグラウンドがあるのかと見る者に衝撃を与える。

　このセリフは中村勝行のシナリオになく、現場で足されたものだが、偽物のかんざしを売りさばく源七（大木正司）の仕置で、女房子供がいないことをさらっと鉄が確認するシーンと対《つい》をなす。出るたびアクの強さを発揮する久蔵、主水に刺し殺される際も、あの「カカァ」発言が尾を引いて後味が悪い。

　それぞれの仕置が終わるごとに、神社に佇むおくみの姿をインサート。頼み人を映す手法は『必殺仕業人』第3話「あんたあの娘をどう思う」で工藤栄一が試み、本作の第17話「代役無用」で高坂光幸が継承したが、それらに比べるとインパクトは薄い。おくみが従順で、恨みのコクに乏しいからだろうか。

　藤五郎亡きあとの、宇之助の自作自演への反応がその証左。シャリシャリと包丁を研いで自殺を図り、寸前で止めたおくみが宇之助に抱きつく。

　それまでも親の言いなりの人生だっただけに、このまま結ばれてしまうのかと思いきや、久蔵親分が登場。障子を隔てた先で「おめえ、芝居が上手くなったな」「声がでけえよ」という悪だくみが、まるごと筒抜けという全41話中もっとも間抜けな悪党ぶりを特筆しておきたい。「銭がねえんだ、ほしいんだよ」という久蔵の催促、裏目読みすればカカァ思いの焦燥が身の破滅を招く。

　すべてを知ったおくみ、その横顔が歩を進めるごとに逆光から順光となり、背景は明から暗に——絶望があらわとなり、女は自立を決意する。

　主水が正八に裏稼業の厳しさを叩き込むシーン、正八がおくみを探して町家を駆け抜けるシーン、ラストカットのおくみまで〝影〟を生かした工藤節は健在。来たる「愛情無用」「解散無用」の前座として、さっぱりした味わいだが、そういう回も連続シリーズには欠かせない。

主な登場人物

定吉
大和田伸也

飾り職人の藤五郎の弟子。二代目を継いだ兄弟子の清太郎が殺され、その下手人として無実の罪で処刑されてしまう。すべては、もう一人の弟子である宇之助の企みであった。

劇団四季出身の大和田伸也は、1972年にNHK朝の連続テレビ小説『藍より青く』で主人公の夫役に。78年からは『水戸黄門』の〝格さん〟こと渥美格之進を横内正に代わる二代目として引き継いだ。

おくみ
村地弘美

藤五郎の娘。定吉と恋仲だったが、二代目の清太郎と一緒になることを父から求められる。清太郎、藤五郎、定吉亡きあと、ひとり残された宇之吉の正体を知って寅の会に仕置を依頼する。

劇団若草の子役としてキャリアを始めた村地弘美は、龍角散・トローチのCMで女子高生のミチコさん、石立鉄男主演の『水もれ甲介』では妹の朝美役に。70年代いっぱい刑事ドラマや時代劇のゲストとしてフル稼働し、1981年に棋士の小林覚と結婚し、芸能界から引退した。

宇之助
森下哲夫

藤五郎作というかんざしを偽造し、その売り手である源七に清太郎殺しまで依頼。岡っ引きの久蔵を抱き込んだでっち上げで定吉を極門台に送り込み、みずからの手で藤五郎まで始末する。

森下哲夫は『新仕置人』三度目の悪役。『必殺渡し人』第10話「湯女風呂で渡します」では、渡辺篤史演じる大吉の幼馴染にして外道に扮した。

久蔵
八名信夫

岡っ引き。また女房が孕んでしまい、銭のために悪事を働く。番屋でも酒を飲むなど、あまり真面目なタイプではないが、仲間の源七の亡骸を見て、必死の聞き込みを開始する。

青汁のCM「まずい、もう一杯!」で名を馳せた八名信夫は、東映フライヤーズの野球選手から東映の専属俳優となり、ギャング映画などで活躍。テレビでも巨体を生かした悪役として活躍し、1983年に悪役商会を結成。必殺シリーズには「流行無用」で初参加、『必殺仕事人』第82話「激闘技地獄道暴れ斬り」では外道仕事人の木崎左源太を演じた。映画『みんなのいえ』では土建屋として江幡高志や松山照夫、井上昭文らが演じる職人を集めた。

◆◆◆

江幡高志が名人と謳われる飾り職人の藤五郎に。『新仕置人』二度目のゲスト出演。お得意の小悪党を演じた『必殺仕置屋稼業』第3話「一筆啓上紐が見えた」では印玄に屋根から突き落とされて、「止めて! やめて! 止めて!」と連呼しながら墜落死――そのインパクトから毎週恒例の死に様として引き継がれた。

偽物のかんざしを売りつける源七は大木正司。俳優座養成所出身、苦み走った顔で『独立愚連隊西へ』『ダイナマイトどんどん』など、岡本喜八監督作品の常連となる。

二代目を継いで間もなく殺される清太郎役の石沢健は、関西芸術座の若手として活動。

小間物問屋の主人に伊波一夫、番頭に松尾勝人、鉄っつぁん馴染みの女郎に三笠敬子、このあたりもう新仕置人劇団のようなキャスティングである。

寅の会の揚句

飾り職二代目藤五郎こと
宇之助闇に消え

シナリオと本編の違い／ロケ地／そのほか

サブタイトルは、シナリオでは「跡目無用」。カット、あるいは変更されたシーンは多く、まず盛り場で偽物のかんざしを売る源七に宇之助が売り上げを聞く描写あり。清太郎殺しを頼まれた源七が怖気づいて断ろうとするやり取りもあるが、本編では定吉の着物に清太郎の死体の血をつけ、それを宇之助に渡すことで下手人であることを暗示している。

「世の中不景気になったなぁ」など、久蔵のセリフはすべて現場で足されたもの。本編では全体に源七の存在感が薄くなっている。

殺しの濡れ衣も、シナリオでは〝定吉〟という刻印の入ったタガネが死体に刺さっているのを見つける定吉→慌てて引き抜いて、自分の部屋に隠す→それを久蔵が見つけるという流れになっており、そのタガネは定吉と巳代松のシーンでも伏線として強調されていた。

宇之助が狂言自殺を図ろうとし、おくみが止めてお互いの抱擁となり、久蔵がやってくるシーン。シナリオでは宇之助がおくみを無理やり犯し、そのまま久蔵が合流して真実を知るという定番の展開になっていた。

寅の会のあとの鉄と正八のやり取りは、地下蔵から長屋に変更。「戦が始まるぞー！」と屋根の男が飛び込んでくるシーンも当然シナリオになく、もともとはいつもの泥棒市で「天上天下唯我独尊」と口ずさむ設定だった。シナリオでは冒頭の小間物屋で売られているかんざしやおくみが質入れするかんざし（水晶玉がはめ込んである設定）をト書きで強調しているが、そうした説明をすっ飛ばす工藤栄一らしく、それらのアップは映されない。

おくみと定吉が行く末を案じるシーンのロケ地は、大覚寺の護摩堂。池の逆光を望遠レンズの圧縮で効果的に映し出す。立ち去る定吉、追うおくみのバックも同じく大覚寺の放生池堤。おくみと正八が話し合うシーンは聖天堂、仕置の合間におくみが佇む場所は大沢池、五社明神祠、心経宝塔と大覚寺の各所がまとめて活用されている。

次回予告

愛、そして別れ。人それぞれの生き方があるように、わたしはあの人を強く愛し、いま死んでいく。誰が唄い、誰が聴く、風に流れる想い唄。『新必殺仕置人』お楽しみください。

【キャスト】中村主水：藤田まこと／巳代松：中村嘉律雄／正八：火野正平／おてい：中尾ミエ／死神：河原崎建三／定吉：大和田伸也／おくみ：村地弘美／宇之助：森下哲夫／元締虎：藤村富美男（元阪神タイガース）／藤五郎：江幡高志／久蔵：八名信夫／源七：大木正司／同心高田：田畑猛雄／清太郎：石沢健／屋根の男：マキ／吉蔵：北村光生／女郎：三笠敬子／小間物屋主人：伊波一夫／小間物屋番頭：松尾勝人／闇の俳諧師：藤沢薫、原聖四郎、沖時男、堀北幸夫、秋山勝俊／せん：菅井きん／りつ：白木万理／念仏の鉄：山崎努

【スタッフ】制作：山内久司、仲川利久、桜井洋三／脚本：中村勝行／音楽：平尾昌晃／編曲：竜崎孝路／撮影：藤原三郎／製作主任：渡辺寿男／美術：川村鬼世志／照明：中島利男／録音：木村清治郎／調音：本田文人／編集：園井弘一／助監督：服部公男／装飾：玉井憲一／記録：野口多喜子／進行：佐々木一彦／特技：宍戸大全／装置：新映美術工芸／床山・結髪：八木かつら／衣裳：松竹衣裳／小道具：高津商会／現像：東洋現像所／殺陣：楠本栄一、布目真爾／題字：糸見溪南／ナレーター：芥川隆行／主題歌：「あかね雲」（作詞：片桐和子／作曲：平尾昌晃／編曲：竜崎孝路／唄：川田ともこ／東芝レコード）／製作協力：京都映画株式会社／監督：工藤栄一／制作：朝日放送、松竹株式会社

※本編クレジットは「田畑猛雄」を「田畑猛」と表記

愛情無用

第40話

脚本：野上龍雄
監督：高坂光幸

愛する女の仇を討ち、寅の会から姿を消した死神。正八と出会い、小屋に潜むが——。

放映日◉ 1977年10月28日
視聴率◉ 10.0%（関東）
13.6%（関西）

死神と正八の友情を軸にした、番外編にしてラス前回。人間らしい〝愛情〟を手に入れてしまった死神の退場が、寅の会最大の裂け目を生じさせる。

火野正平と高坂光幸による「正八三部作」の最後を飾るエピソードであり、おなじみ「想い出は風の中」を正八が口ずさみ、開始早々の絵草紙屋では新曲「海」までが流される。第1話「問答無用」で工藤栄一が付け加えた〝死神＝ギリヤーク人〟という設定を野上龍雄が返歌のごとく応用し、一編のドラマを構築。ギリヤークとはロシアの少数民族であり、死神が装着してきた遮光器や武器の銛は彼のルーツを示している。

正八と出会い、愛するお徳（八木孝子）の仇を討った死神は、寅の会を去り、仕置人からも奉行所からも追われる身となる。狭い小屋での、火野正平と河原崎建三の二人芝居がメインを占めており、陽気な正八と寡黙な（それでも普段の何十倍もしゃべる）死神のぎこちない交流が続く。

お徳との出会い。小さな舟で海を渡り、虎に拾われた過去——。

正八を追いかけるお仙（中川梨絵）のことを「お前、あの女を大事にしなければいけない」と語る死神は、もはやそれまでの非情の存在とは別人だが、これぞ愛を知ったということだ。人との出会いで、人は変わる。それを死神が物語る。

あらすじ

寅の会の競り、鉄を制して片目の長次が落札する。長次と配下の参次は、お徳に標的への色仕掛けを強要するが、愛する相手ができたというお徳は拒否。しあわせを掴もうと駆け出したお徳を、参次の投げた小刀が貫く。

その一部始終を目撃していた正八は、お徳の遺体が運ばれる様子を見て嗚咽していた黒い編笠の男——死神に〝あの女の知り合いなら江戸を離れたほうがいい〟という忠告をする。絵草紙屋に現れ、正八からお徳の最後の様子を聞いた死神は参次を討ち果たし、虎のもとから去る。

追われる死神を林の中の小屋に匿った正八は、その正体を知るが、すでに「二人の間」的な友情が育まれていた。死神の頼みを聞き、お徳の遺体を寺から引き取る正八。それにより巳代松に奉行所の目が向き、鉄や主水、さらには長次一味が動き出す。そして寅の会では死神が的となり、百両から十両という常識外れの引き下げで鉄が競り落とす。それを知った正八は——。

死神がお徳を愛したように、お徳もまた死神を愛し、それまで肉体を呈して利用されてきた長次一味からの足抜けを決意する。薄幸プロフェッショナルの八木孝子が短い出番かつ唐突な役どころをきっちり演じて即死。目を見開いた、お徳の無念の表情を正八が、そしてわれわれが目撃してしまう。

「今度こそ、わたしはしあわせになるんだ！」——そう叫んで、駆け出したお徳の背後から小刀がブスリ。このシーン、実際に凶器が飛んでくるわけではなく、八木孝子のリアクションに効果音を足しただけのシンプルなものだが、目にも止まらぬ早業として黒部進演じる参次の腕前が端的に伝わる。

死神と参次の一騎打ちは、セットに組まれた赤い鳥居と神社でのシンボリックなもの。小刀と銛の投げ合いに強烈な陰影が加担する。

長次の直談判により死神は寅の会の的となり、百両から十両という価格破壊で鉄が落札、死神を匿う正八は地下蔵に戻るや、そのことに勘づかれる。

主水に殴られ、巳代松にどやされ、鉄にボコボコにされる正八。このシーン、地下蔵の階段にいる主水と真ん中の机にいる鉄＋巳代松は別撮りであり、殴られる正八だけが左右を行き来しているが、巧みなパズルのごとき撮影と編集、そしてフレーム外のセリフの組み合わせによって違和感を与えない。

死神のいる小屋に向かって鉄チームと長次チームが激突——二連銃、鎖鎌、短槍という相手方の武器も不足なし。仕置人同士の戦いは、長次を演じる戸浦六宏の片目スナイパーぶりに「死神、逃げろ！」まで盛りだくさんだ。

いざ小屋に踏み込むや、正八のセンチメンタルな独壇場。あれだけ恐れていた反動か、半笑いで死神の最後を見やる鉄をはじめ仲間たちは早々に立ち去り（この温度差こそ当たり前だが絶妙）、ひたすら広い俯瞰ショットが死と生を見つめる。およそ2分、高坂演出らしい長回しが、ここでもまた駆使された。情感たっぷりだが、情に溺れないストイックさが哀しみを引き立てる。

「仲良くしろよ、離れるんじゃねえぞ……」

ふたたび挿入歌「海」が流れるなか、わらの舟が川に流され、青く暗い〝ツブシ〟の映像に波光がきらめく。「代役無用」と「夢想無用」の合わせ技のような正八の後ろ姿で「愛情無用」は締めくくられる。まだまだ青く、青くさく、それでこそ正ちゃんだ。

高坂光幸と火野正平、若きスタッフ・キャストのコラボレーションの幕は閉じ、「寅の会もタガがゆるんできやがった。このぶんじゃ長くねえな」という巳代松の予想どおり、次回あらゆる局面が崩壊を迎えることとなる。

セリフ選抜「正八、オマエ、イイヤツダ」（死神）

主な登場人物

長次
戸浦六宏

寅の会に所属する片目の仕置人。武器は火縄銃、表稼業は浄閑寺の寺男。「世の中、銭だ」という思想の持ち主であり、身内を殺して逃亡した死神の競りを虎に直談判する。最後は鉄チームとの私闘が繰り広げられた。

戸浦六宏は京大時代の同級生である大島渚の監督作『太陽の墓場』で1960年に映画デビュー。高校教師から俳優に転じ、大島率いる創造社に参加。そのインテリジェンスと冷たい目を武器に悪役としても頭角を現す。必殺シリーズの出演も多く、『暗闇仕留人』の最終回「別れにて候」では開国派の若年寄にして悪人という松平玄蕃頭に扮し、糸井貢（石坂浩二）の虚を突いて斬り捨てた。

参次
黒部進

長次配下の仕置人。お徳を始末し、死神と対決する。小刀投げの腕前は相当のものだが、死神の敵ではなかった。

黒部進は第3回オール東宝ニュータレントに合格し、東宝の専属俳優に。1966年に『ウルトラマン』の主人公であるハヤタ役に抜擢され、子供たちのヒーローに。70年代からは悪役が多くなり、いかつい顔としゃがれた声を持ち味とする。必殺シリーズには「愛情無用」を皮切りに15本に出演。2006年には『ウルトラマンメビウス&ウルトラ兄弟』で40年ぶりにハヤタを演じた。

お徳
八木孝子

死神が愛した女。参次の女として、その肉体で標的を油断させてきたが、死神と出会ったことで裏稼業から足を洗うことを決意する。シナリオには「どこか淋しい顔立ちの若い女」と書かれており、年齢は22歳。

八木孝子のプロフィールはP266参照。出たと思ったら殺されてしまうが、無念の死に顔を画面に焼きつける。必殺シリーズと同じ京都映画の作品では『日本名作怪談劇場』第3話「四谷怪談」でお岩さんを演じ、ありったけの情念を全編にぶつけた。監督は貞永方久、撮影は藤原三郎、歌舞伎座テレビ作品を象徴する一本であり、劇中の津軽三味線は山田五十鈴によるもの。

お仙
中川梨絵

正八にぞっこんの女。「あたしの正ちゃん」を追い回す。その様子を見た死神は、正八にあの女を大事にするよう諭し、やがて自身が体験した〝愛〟を語る。

子役を経て東宝の専属女優・中川さかゆとして活動した中川梨絵は、1971年に日活に入社し、ロマンポルノの売れっ子となり芸名も変更。『OL日記　牝猫の匂い』『恋人たちは濡れた』『㊙女郎責め地獄』などに主演し、ロマンポルノを代表する存在となる。74年以降はフリーとして各社で活躍。『必殺仕置屋稼業』第12話「一筆啓上魔性が見えた」では、タイトルのごとく魔性をふりまいて市松（沖雅也）に仕置される。

◆◆◆

目明し文蔵役の山本弘は関西芸術座に所属、いかつい顔で必殺シリーズの悪役常連となる。ノンクレジットだが、下っ引きには京都映画の平井靖。

長次配下の伊作は黛康太郎、又八は宍戸大全。どちらも短気な性格で「なにをもたもたしてるんだ、兄貴！」と参次の仇討ちを長次にせがむ。伊作の武器は鎖鎌、又八は短い槍。両者ともジャンプ力がある。

浄閑寺の住職・了然を演じた天王寺虎之助は、三度目の出演にして初の死なない役どころ。浄閑寺は吉原遊廓の近くに実在しており、通称「投げ込み寺」と呼ばれて、身寄りのない女郎が祀《まつ》られる場所であった。

寅の会の揚句

一人旅冥土へ急ぐ死神や

シナリオと本編の違い／ロケ地／そのほか

サブタイトルの「愛情無用」はシナリオに指定あり。「愛情」に「なさけ」というルビが振られている。長次の片目設定もシナリオどおり、かつて戸浦六宏は『青年同心隊』で同じく左目にアイパッチの加川隼人という役を演じていた。

長次一味の仲間割れを目撃する正八、シナリオでは「想い出は風の中」の１番を口ずさみながら川沿いを歩く。「怨みをこめた両眼をカッと見開いて絶命しているお徳」というト書きが忠実に映像化された。ロケ地は広沢池の東岸。

死神と参次の対決、シナリオでは「チョーン」と拍子木が鳴り、火の用心の声をバックに勝負がつく。鉄の「善根を施す日」の集会は現場のアイデア、ただしお仙とのやり取りで「善根を施す日」というセリフは指定されている。居酒屋の正八、シナリオでは「親を大事にしよう！　地球をきれいにしよう！　人間みな兄弟！　バンザーイ！」と、日本船舶振興会の笹川良一のような言葉を発し、つむじ風のようにお仙が飛び込んでくる。

小屋で正八が口ずさむ歌、シナリオでは「想い出は風の中」の２番の歌詞が指定されている。わらの舟を手に死神が過去を語るくだり、シナリオではざるを折り曲げて舟を作っていた。死神が虎に助けられる回想シーン、もともとは夜釣りの海という設定であり、投網に丸木舟が引っかかり、親方（20年前の虎）と船頭との間のやり取りがあった。

死神、みずからの正体を明かす前に自分と正八の腕をナイフで切り、お互いの血をすするという『仁義なき戦い』のようなシーンがあったがカット。

長次一味の武器、シナリオでは長次が鎖分銅、伊作が猟銃、又八が竹槍となっている。小屋の内部だけでなく周辺の林も撮影所に組まれたセットである。

死神の死体を目撃するくだり、シナリオでは泣きながら正八が出ていき、残った主水、鉄、巳代松が「なにはともあれ十両という金は入ったし」と、声をそろえて全員で明るく笑うオチになっていた。ラストに流れる曲は「想い出の風の中」から「海」に変更されている。

次回予告

この世の正義もあてにはならぬ。闇に裁いて仕置する。『新必殺仕置人』最終回、ご期待ください。
11月18日金曜夜10時から始まる『新必殺からくり人』、ご期待ください。

【キャスト】
中村主水：藤田まこと／巳代松：中村嘉葎雄／正八：火野正平／死神：河原崎建三／長次：戸浦六宏／お仙：中川梨絵／お徳：八木孝子／参次：黒部進／元締虎：藤村富美男（元阪神タイガース）／目明し文蔵：山本弘／伊作：黛康太郎／又八：宍戸大全／了然：天王寺虎之助／与力：山口幸生／屋根の男：マキ／吉蔵：北村光生／闇の俳諧師：藤沢薫、原聖四郎、沖時男、堀北幸夫、秋山勝俊／せん：菅井きん／りつ：白木万理／念仏の鉄：山崎努

【スタッフ】
制作：山内久司、仲川利久、桜井洋三／脚本：野上龍雄／音楽：平尾昌晃／編曲：竜崎孝路／撮影：藤原三郎／製作主任：渡辺寿男／美術：川村鬼世志／照明：中島利男／録音：木村清治郎／調音：本田文人／編集：園井弘一／助監督：服部公男／装飾：玉井憲一／記録：野口多喜子／進行：静川和夫／特技：宍戸大全／装置：新映美術工芸／床山・結髪：八木かつら／衣裳：松竹衣裳／小道具：高津商会／現像：東洋現像所／殺陣：楠本栄一、布目真爾／題字：糸見溪南／ナレーター：芥川隆行／主題歌：「あかね雲」（作詞：片桐和子／作曲：平尾昌晃／編曲：竜崎孝路／唄：川田ともこ／東芝レコード）／製作協力：京都映画株式会社／監督：高坂光幸／制作：朝日放送、松竹株式会社

解散無用

第41話

鉄の右手が焼かれ、巳代松は生きる屍に――三人目の仕置人として中村主水が外道の前に立ちはだかる。

脚本：村尾昭
監督：原田雄一

放映日◉ 1977年11月4日
視聴率◉ 13.0%（関東）
13.9%（関西）

中村主水、巳代松、正八、おてい、虎、念仏の鉄、それぞれの仕置人の決断を描いた最終回。

「解散無用」というサブタイトルどおり、寅の会は解散し、町方に捕縛された巳代松は拷問で植物人間、鉄は右手を焼かれてしまう。

　これまで寅の会の監視をかいくぐり、辰の会の設立を目論む辰蔵からも正体がわからぬ〝三人目の仕置人〟として闇のまた闇に潜んできた主水が、ついにその顔をさらして真正面から外道の集まる屋敷の戸を叩く。

　辰蔵に佐藤慶、同心の諸岡佐之助に清水紘治と卑劣な悪のコンビネーションも手強く、最終回にふさわしい。寅の会の札詠みとして虎に寄り添ってきた吉蔵の裏切りという衝撃も毎週放映の積み重ねあればこそ。北村光生の実直な顔と朗々とした声が、このような〝けじめ〟をつけるとは。

　ファーストカットの女形からラストカットの主水まで、真正面からのカメラアングルが多いのも「解散無用」の特徴だ。「外道は許さねえ」と虎が語り、正八が走り、主水が歩き（鉄や巳代松の止め画をインサート）、巳代松の頬に主水が触れ、大八車に乗せた巳代松とともに正八・おてい・主水が歩き、黒焦げの右手とともに鉄が辰蔵の前に現れる――これら珠玉のショットは、すべて奇をてらわずに真っ向から堂々と撮影されている。

あらすじ

芝居小屋で女形を仕置した巳代松は、その直後に同心の諸岡佐之助に捕縛されてしまう。仲間たちに衝撃が走り、おていが巳代松と深い仲であることが明るみとなる。虎は寅の会の解散を宣言、仕置人の辰蔵は辰の会の設立を図って鉄に接触する。虎は巳代松の釈放を求めて、ひとり大番屋に出向いて凄惨な拷問を目の当たりに。鉄は長屋に暮らす虎の意外な素顔を知る。

　すべては辰蔵と諸岡が仕組んだことであり、寅の会の札詠み吉蔵の裏切りによって虎は始末されてしまう。「外道を……頼む」。いまわの際の虎から依頼を受けた鉄は単身、辰蔵のもとに乗り込むが、罠にかかって右手を焼かれてしまう。

　鉄の右手は黒焦げ、巳代松は生きる屍――主水は正体の知られていない〝三人目の仕置人〟として、巳代松を解き放って正八とおていが大八車で運ぶ。辰蔵のもとにいる諸岡を呼び出す主水。そして最後の仕置が始まる。

その斬新さと実験精神ゆえ「邪道」との批判を受けてきた必殺シリーズ、かくも「解散無用」は思った以上にオーソドックスで腰を据えたアングルが目立つ。辰蔵が一味を引き連れて鉄をスカウトするシーンも石段で埋め尽くした引き画に絶妙なレイアウトで人物が配される。一貫して無駄なくシンプルな演出が、悲壮なストーリーを引き立ててゆく。

路地で子供たちと戯れていた虎が長屋に戻り、そのあとを鉄が追うシーンは手持ちのワンカットで室外から室内へカメラが潜入したり、屋根の男の意外な正体が明かされるシーンなど遊び心たっぷりの映像も健在だ。

もちろん光と影のライティングも深みを与える。虎がめった刺しにされる地下室の陰影に吉蔵の顔を映さないシルエット処理、主水が諸岡を呼び出して屋敷の外に出る俯瞰ショットは戸を開いて地面に放たれる光が途絶えたのち、両者がポツンと闇に浮かぶすばらしさ。

みずから正体を明かした主水は、諸岡をめった斬り。斬って、斬って、斬って、刺す。それぞれの怒りが一太刀ごとに込められているかのようだ。

「おめえが三人目の仕置人か!」

辰蔵の叫びを受けての切り返しでは、無言でカメラに斬りつけ、またたく間に配下の三人を始末する。主水は背中、相手もほぼシルエットという大胆なストイックさだ。

逃げる吉蔵を三位一体の仕置人が追う。おていが巳代松とともに竹鉄砲を構え、正八が押す大八車――ゆらぐカメラがオープンセットを駆け抜け、ライトのハレーションもなんのその、「二間」に追いつめて発射!

辰蔵の前には、幽鬼のごとく無表情の鉄が姿を現し、腹を刺されながらも骨はずしを決めて、いずこかへ。見届ける主水だが、決して追うことはない。やがて念仏の鉄は女郎屋で最後を迎え、花と散った。

巳代松はおていの押す大八車で旅立ち、中村主水は江戸で生き続ける。あの『必殺仕置人』第1話と同じように泥棒市の賑わいのなか袖の下をせがみ、名もなき庶民に一杯食わされてのユーモラスな顔がストップして「完」。

藤田まことで始まり、山﨑努で終わるキャストのエンドクレジットもこれが見納め。三人のプロデューサーを筆頭に脚本・村尾昭、監督・原田雄一、そのほかスタッフ渾身の最終回は、今なお伝説として語り継がれている。

セリフ選抜　**「そう……あんたの思ったとおりだよ、諸岡さん」**（主水）

主な登場人物

辰蔵

佐藤慶

寅の会所属の仕置人。元締の虎を始末し、辰の会の設立を目論む外道。同心の諸岡佐之助と組んで、札詠みの吉蔵を抱き込む。表稼業は石屋であり、配下に道八、弥之吉、義助がいる。

俳優座養成所4期生出身の佐藤慶は、1960年の『青春残酷物語』をはじめ大島渚監督作品の常連となり、悪役として映画やドラマで活躍する。NET（現・テレビ朝日）の『白い巨塔』で主人公の財前に。テレビの必殺シリーズでは『必殺仕掛人』第19話「理想に仕掛けろ」の清沢正堂、『必殺仕置屋稼業』第19話「一筆啓上業苦が見えた」の全覚に続いて、辰蔵という強烈な悪で『新必殺仕置人』の最終回に出演。

諸岡佐之助

清水紘治

辰蔵と手を組んだ南町奉行所の同心。巳代松を捕縛し、苛烈な拷問にかける。主水の不審な行動に「貴様、まさか……」と訝しむが、もう遅かった。

清水紘治の略歴は、P274を参照。必殺シリーズには8回出演している。

田村十三郎

山崎清三郎

冒頭、巳代松に仕置される女形の歌舞伎役者。「密告無用」の阪東菊之丞のように女を食い物にする色悪という裏設定があった。

山崎清三郎は1969年に前進座に入団。藤間流の藤間多寿に舞踊を学び、数多くの舞台に出演。女形を得意として『元禄忠臣蔵』では中臈お古宇、『奥州白石噺』では宮里、第七回青年歌舞伎祭の『お染久松色読販』では腰元お勝を演じた。

◆　◆　◆

辰蔵の配下、道八役は本作四度目の出演となる唐沢民賢。弥之吉役の高並功は東映京都で鶴田浩二に私淑、『仁義なき戦い　頂上作戦』では神戸の明石組にダイナマイトを放り込んだ。

義助役の東悦次は、必殺シリーズを支えたキツネ目の男。両手に包丁のようなものを持って刀を受け止め、全41話における主水最後の標的となった。筑波重四郎から義助まで斬った人数は59人。

鉄の最後の相手となった女郎役は、「裏切無用」にも登場した森みつる。同一人物という裏設定もないだろうが、馴染みの女をともにした蒲団で鉄は死を迎えた。右手を使わない鉄に気づかない女郎の、のんきさが切ない（そして異変を感じた直後の生々しいリアクション！）。

巳代松の解き放ちを主水に命じられる番屋の小者役は平井靖、「大きな声じゃ言えませんが、こんな酷い拷問を……もう死人同然ですよ」と諸岡への愚痴をつぶやきながら手鎖を外していく。

このシーン、藤田まことから「平井ちゃん、独り言のように言うのがええよ」というアドバイスがあったという。ほかにも主水と脇役のやり取りには、監督の演出や個々の演技だけでなく、このような主役からのサジェッションもあったのだろう。自分の意見を提案してシナリオもどんどん変えた藤田まことらしいエピソードだ。

屋根の男を出迎えにやってくる侍は、伊波一夫と美鷹健児。伊波は闇の俳諧師との二役、美鷹は口ヒゲをたたえての出演となった。猥雑な活気の泥棒市を藤原三郎のワイドレンズが、あまねく自在に映し出す。

主水が泥棒市をゆくラストシーン、袖の下を要求される古物商役はノンクレジットの広田和彦。「いいお天気ですな〜」と言いながら、ささやかな反骨精神を披露する。そして、してやられた主水のストップモーションで「完」。必殺シリーズ史上に残る最終回を主人公ともにしめくくった。

寅の会の揚句

※寅の会解散のため俳句はなし

シナリオと本編の違い／ロケ地／そのほか

サブタイトルの「解散無用」はシナリオで指定されたもの。同じ村尾昭脚本による『助け人走る』第24話「悲痛大解散」、初のレギュラー殉職回のセルフリメイクのような部分もある。概して決定稿に忠実な映像化となっているが、おていと虎をめぐる大きな改訂があり、ストーリー順に説明してこう。

まず冒頭に出てくる女形の役名を富十郎から田村十三郎に変更、シナリオでは舞台に上がる前に仕置されており、踊るシーンは存在しない。描かれていないが、いわゆる色悪の設定だ。

正八の突っ走りもシナリオになく、鉄が正八に巳代松捕縛を伝える流れになっていた。また、巳代松とおていがデキているることを主水だけはお見通しだったが、本編では「ちょっとも知らなかったな」ということに。

寅の会の解散宣言、シナリオでは辰蔵だけでなく道八と義助も参加。辰蔵が鉄をスカウトする場所は、神社の絵馬堂から石段に変更された。ロケ地は金戒光明寺。辰蔵の表稼業の石屋はシナリオどおり、殺しの道具は石ノミから匕首に変更された。

虎が暮らす長屋はト書きに「プーンとドブの臭気が鼻をつくようなゴミゴミした路地」とあり、オープンセットに水たまりを作って板で子供たちを遊ばせ、そこに太陽の反射が映されている。

おていと正八が巳代松を案じる石段のシーン、シナリオでは医者宅の前となっており、おていが「やっぱり、おめでただって」と巳代松の子を身籠ったことが明かされていた。赤ん坊の名は男の子なら巳代吉、巳代助を夢想。

虎が大番屋に出向いて諸岡に会うくだり、「なぜわたしの名をご存じで。わたしは虎でも、鋳掛屋の虎。巳代松の親代わりございます」というセリフは現場で追加されたもの。巳代松への拷問、逆さ吊りや木製の責め道具で胴体や頭を締めあげる手法もシナリオに指定はない。

地下蔵のアジト、ボコボコにされた正八の「鉄っつぁん、立派だよ」という皮肉なセリフ、シナリオではおていが恨みの眼差しで言っていた。

シナリオでは鉄が虎を殺す衝撃の展開！

吉蔵の裏切りにより、虎が辰蔵の配下にめった刺しにされ、鉄に最後の仕置を頼むシーン、シナリオでは鉄の手で虎が殺されるという衝撃の展開になっていた。

まず夜道で吉蔵が鉄を襲い、逆に締め上げられて虎の依頼であることを吐く。怒りに任せた鉄は、寺の本堂（いつもの句会の場所）に出向いて虎を仕置する。しかし、それが辰蔵一味の罠だったことに気づく鉄。

「虎ッ、あんた死ぬ気でッ！」という鉄に対して虎は「外道を、頼む」と最後の仕置を依頼、鉄の目から血のような涙が吹き出るというシチュエーションになっていた。

虎からの仕置料を前に地下蔵で話し合うシーン、ほぼシナリオどおりの会話だが、おていの「あたし、あきらめる。もうあきらめる！」のあと、正八が「バカ野郎ッ、生まれてくる赤ん坊のことも考えてやれよ」と涙ながらに怒り、鉄や主水もおていを励ます。

　そして「おめえほど世話の焼ける女はいねえな」と主水がおていを大番屋に入れて、拷問蔵の巳代松と再会させる。赤ん坊ができたことを明かすおてい。言葉を発せない巳代松もうれしそうに笑う。そこに諸岡がやってくるが、主水がいつもの昼行灯ぶりで事態をごまかしていた。

　鉄の右手が焼かれる様子を目撃した正八。地下蔵に戻って、ひとり殴り込みに行こうとして「てめえみてえなガキになにができる!」と主水に一喝されるやり取りはシナリオになく、主水に事態を報告するのみ。「鉄っつぁん、右手まっ黒焦げにされてよぅ。松っつぁん生ける屍だって」というセリフは、ほぼシナリオどおり。

主水が離縁を切り出すシーンも異なる!

　主水が道をゆくシーン、巳代松や鉄の凄惨な様子がストップモーションでインサートされる編集はシナリオに指定なく、現場で足されたもの。中村家で主水がせんりつに離縁を切り出すシーン、意志の強さを示したあとシナリオではせんが「ムコ殿、なんという頼もしい」と称賛し、忠臣蔵の大石内蔵助のような理由があることを推察し、表向きの離縁のあと戻ってくるようにと送り出す、ややコミカルなシークエンスが存在していた。

　巳代松を解き放つ主水、おていと正八が用意した大八車は現場改訂で足されたもの。吉蔵への仕置は、シナリオでは正八が巳代松の両手に竹鉄砲を握らせて撃つというもので、大八車とおていは存在しない。

　主水の仕置シーン、辰蔵の家の表土間でのやり取りから外に出る合間に「意識を取り戻す鉄、激痛に思わずうめく。右手を動かすことすらできない」というシーンが差し込まれていたがカット。

　主水の「そう……あんたの思ったとおりだよ、諸岡さん」は、シナリオでは「そのまさかですよ、諸岡さん」。諸岡の抜刀前に主水の居合が腹を貫き、そのまま表土間へと戻る設定であり、実際の殺陣のほうが派手になった。

　辰蔵の「おめえが三人目の仕置人か!」、主水が無言で道八、弥之吉、義助を始末する流れはシナリオどおり。

　黒焦げの右手で辰蔵を仕置する鉄、シナリオには「阿修羅のような形相」とある。辰蔵への仕置を見届ける主水は、現場改訂によるもの。盛り場へと向かい女郎屋での鉄の最後はシナリオどおりだが、女郎との点描が追加された。

　おていが大八車に巳代松を乗せて、正八と別れるシーンは北嵯峨農地を街道に見立てて撮影された(アスファルトの地面を大胆に活用)。シナリオに大八車は登場せず、おていのセリフは「あんた、どこでもいい。誰も知らない場所で、生まれてくる赤ん坊と一緒に暮らそうね!」。

　本編のラストシーンは泥棒市の主水だが、シナリオでは主水と正八が鉄の亡骸に重りを縛りつけて夜の川に沈める。その様子を見つめる二人、最後のト書きは「仕置人中村主水は生きている。一層強烈なしたたかなその顔——」。

【キャスト】
中村主水：藤田まこと／巳代松：中村嘉葎雄／正八：火野正平／おてい：中尾ミエ／辰蔵：佐藤慶／諸岡佐之助：清水紘治／田村十三郎：山崎清三郎／元締虎：藤村富美男（元阪神タイガース）／吉蔵：北村光生／道八：唐沢民賢／弥之吉：高並功／屋根の男：マキ／義助：東悦次／女郎：森みつる／小者：平井靖／侍：伊波一夫、美鷹健児／闇の俳諧師：藤沢薫、原聖四郎、沖時男、堀北幸夫、秋山勝俊／せん：菅井きん／りつ：白木万理／念仏の鉄：山崎努

【スタッフ】
制作：山内久司、仲川利久、桜井洋三／脚本：村尾昭／音楽：平尾昌晃／編曲：竜崎孝路／撮影：藤原三郎／製作主任：渡辺寿男／美術：川村鬼世志／照明：中島利男／録音：木村清治郎／調音：本田文人／編集：園井弘一／助監督：服部公男／装飾：玉井憲一／記録：野口多喜子／進行：静川和夫／特技：宍戸大全／装置：新映美術工芸／床山・結髪：八木かつら／衣裳：松竹衣裳／小道具：高津商会／現像：東洋現像所／殺陣：楠本栄一、布目真爾／題字：糸見溪南／ナレーター：芥川隆行／主題歌：「あかね雲」（作詞：片桐和子／作曲：平尾昌晃／編曲：竜崎孝路／唄：川田ともこ／東芝レコード）／製作協力：京都映画株式会社／監督：原田雄一／制作：朝日放送、松竹株式会社

●COLUMN

念仏の鉄、その魅力、その死――

餅草香

念仏の鉄にハマったのは高校一年生の夏休み、2019年のこと。再放送の仕事人シリーズはなんとなく見ていたが、トータルで45年も続く長寿番組とは知らず、初めて『新必殺仕置人』というタイトルを見たときは正直、仕事人のパクリかと思った。

そして、最初は中村主水しかわからず、鉄に「しばらくだったな、八丁堀」と言われてもなにがなんだかさっぱり……という感じで流し見していたのだが、あれこれシリーズのことを調べるうちに〝顔が濃いおじさん〟と思っていた鉄が俄然かわいく見えてきたのである。早いもので、気づけばもうファン歴5年目。

鉄の魅力といえば、やはりあの前向きな性格と芯の強さ。いつも元気でニコニコ笑顔で、やりたいままに過ごしている姿に憧れる。「密告無用」の「銭なんて天下の回りもんだ、いつかは回ってくるわい」というセリフは、楽観的な鉄の性格が出ていて大好きだ。

仕置も〝外道〟は許さないが、〝世のため人のため〟という気はさらさらなく、自分の趣味でやっているだけというところも芯の強さを感じて最高にかっこいい。当時のわたしは、〝自分〟というものを持っていて、自由気ままに過ごす鉄の姿に惹かれたのだと思う。

普段は享楽的な遊び人で、たまに元僧侶なのを忘れそうになる鉄だが、佐渡時代に見様見真似で骨つぎの技術を習得し、旧仕置人では縄抜けなどの小技も披露するなど、元僧侶だけあって実は器用で教養も高いというギャップにも惹かれた。佐渡での過酷な生活を経験していることから、なにがあっても大丈夫そうな頼れるところもたまらない。

そして、そんな仕置が趣味という危ない鉄でも失恋して落ち込んだり、意外とビビりだったり、子供に優しかったりと、人間味あふれる部分があるところを見ると、かわいい。

「偽善無用」でなぜか陰間《かげま》と飲んでいる鉄、「元締無用」で目に好物の落花生をくっつけて登場、「宣伝無用」のおゆみちゃんをかわいがる姿……好きなシーンは挙げていくとキリがない。屋根の上でせっせと作る「軍配無用」の手形も一枚ほしいし、旧仕置人だと〝念仏流秘伝味噌の寄せ鍋〟の味が気になる。

仲間にイタズラをしたり、からかったりする悪ガキみたいなところも憎めないし、たまに見せる何気ない優しさにもほっこりして癒やされる。よくコスプレ仕置が話題になるが、わたしは「濡衣無用」の花柄の羽織と帽子がかわいくて大好きだ。仕置シーンの痛快さはもちろん、骨はずしという技を使うわりにはスラッときれいでテラテラと光るあの手の迫力、楽しそうにギラギラと輝く目は、いつ見てもかっこいい。

このように鉄の魅力といえば、まず性格とかわいさなのだが、やはり主水との関係の深さもほっとけない。「王手無用」で後期必殺ではお馴染みとなる主水の一突きを「障子の間から刀突き出しただけじゃねぇか、あんなもんは馬鹿でもできる！」と一蹴し、ふぐ鍋の菜っ葉だけ残して去るうえに、仕置料を値切って代金まで払わせるなんて真似は鉄にしかできない。

そして、「裏切無用」の「こいつとは古い馴染みだ。殺るのは俺しかいねぇよ……」という鉄の言葉からは、二人の深い友情を感じてしびれさせられる。さすが佐渡時代からの付き合いというか、仕置のコンビネーションも最高で、やっぱり主水の一番の相棒は鉄じゃないかと思う。

最後に——鉄ファンとして避けては通れない、その死について。初めて「解散無用」を見たときは、そのあまりに壮絶な内容と鉄の死という事実に2週間ほど落ち込んでしまった。

巳代松の悲惨な姿、鉄の焼け焦げた右手と最後の仕置、仲間が去り、江戸に残ることとなった主水と正八。当然、念仏の鉄ファンとしては生きていてほしかったし、いつまでも〝仲良し五人組〟で楽しく過ごしていてほしかったわけだが、最後まで自分の生き方を貫き通した鉄の姿は最高にかっこよかった。

そして、鉄という最高の友を失いながらも、平然とした顔をしてふたたび日常を送っていかなければならない主水に、わたしは痛いほど共感することができた。正直いまだに鉄の死が受け止めきれず、『新仕置人』のラスト2本は避けてしまうことが多い。

だが、やはり鉄が仕置人という一種の悪人として生きてきたからには、みずから仕置してきた者たちと同じように、なんらかの報いを受けることは必然であったようにも思う。少なくともあの最終回があったからこそ、いまでも鉄が伝説として語られていることに間違いはない。

●COLUMN

生き続ける中村主水

池島勇三

テレビ時代劇の主人公のなかで最も金に細かく、女に弱く、袖の下は平気でもらう、嘘もつくし汚い手も使う、およそ〈ヒーロー〉とは程遠い中村主水という男に、なぜこんなにも夢中になったのだろうか。

1982年、小学6年生の秋に初めてリアルタイムで観た『仕事人大集合』では恥ずかしながら「もんど」が読めず、「しゅすい」と思い込み、ラストの長崎奉行所での「仲村主水は、わたしだ」というやり取りで、ようやく読み方が判った次第だ。やがて必殺シリーズのファンクラブに入り、大学時代には『必殺仕事人中村主水の秘密』という著書で学費を捻出した。

どこにでもいそうな風貌で「昼行燈」「種なしカボチャ」と蔑まれる下級役人ながら、裏では僅かな頼み料で悪を葬る。藤田まこと以外にこの役を体現できた俳優はいただろうか。いないと断言したい。

必殺シリーズの亜流番組は多く存在したものの、主水に匹敵するキャラクターは生まれなかったし、これからも生まれることはないだろう。それはひとえに俳優・藤田まことの魅力と演技の賜物《たまもの》だ。

思えば主水シリーズの番組タイトルは、そのまま裏稼業における中村主水の立ち位置をうまく表現していた。『仕置人』では「自分たちなりの正義で悪を懲らしめる」というエネルギッシュな姿勢がその容姿からも見て取れる。そして、数々の修羅場をくぐり抜け、仲間を失いながら復帰を繰り返してきた。念仏の鉄という最高の相棒を失って以降、裏稼業は生活の糧を得るための〝商売〟となり、やがて元締の鹿蔵にスカウトされ、完全に〝仕事〟となった。

「仕事人は正義の味方」と目を輝かせる西順之助に対して「仕事なんだ、俺たちがおまんま食っていくための」と諭した。以降、若い仲間たちを束ねる元締的存在になりながらも「俺が仕切っているわけじゃねえ」と語り、自ら新たな仲間をスカウトしたり、チームを

仕事人として、しぶとく裏稼業を続けた中村主水

率いたりはしなくなった。

1979年に始まった『必殺仕事人』の大ヒットによるパターン化・バラエティ化とともに、主水は〈足を洗ったものの、やむを得ない事情で復帰〉を繰り返し、言葉は悪いが〈惰性〉が感じられるようになった。しかし、そのおかげでシリーズが長きにわたって続いたのも事実だ。あるスペシャルで用心棒仕事を引き受けた際の「落ち目だねえ」と呟く姿は、じつに痛々しかった。

しかし、主水はしぶとく裏稼業を続けてきた。映画『必殺！　主水死す』では本当に死んだかどうか、不明で、11年後の『必殺仕事人2007』でしっかり生きていた。『必殺仕事人2009』では「殺しの腕なら俺が上だぜ」と呟いた。その後は西の方に転勤になったらしいが、まだ元気でやっていることだろう。

『必殺仕置屋稼業』最終回、一瞬想いが通じ合った髪結いのおこうは主水の腕の中で「中村はん、この稼業、やめたらあきまへんで……いつまでも続けとくんなはれや……」と言い残して息絶えた。誕生から50年が経った今も、おこうが遺した言葉を胸に主水が生き続け、きっとどこかで裏稼業を続けていることを願っている。

中村主水は生きている。そのしたたかな笑みとともに。

『新必殺仕置人』放映リスト

放映日（1977年）	話数	サブタイトル	脚本	監督	ゲスト
1月21日	1	問答無用	野上龍雄	工藤栄一	岸田森、二宮さよ子、大林丈史
1月28日	2	情愛無用	村尾昭	工藤栄一	山本麟一、関根世津子、井関一
2月4日	3	現金無用	村尾昭	松野宏軌	今井健二、本阿弥周子、川田ともこ
2月11日	4	暴徒無用	安倍徹郎	松野宏軌	遠藤太津朗、浅田奈々、岩田直二
2月18日	5	王手無用	安倍徹郎	工藤栄一	菅貫太郎、伊藤果、横山リエ
2月25日	6	偽善無用	中村勝行	大熊邦也	清川虹子、森下哲夫、吉本真由美
3月4日	7	貸借無用	大和屋竺	松野宏軌	草薙幸二郎、片桐夕子、須賀不二男
3月11日	8	裏切無用	野上龍雄	高坂光幸	名和宏、伊達三郎、亀石征一郎
3月18日	9	悪縁無用	保利吉紀	松野宏軌	大関優子、園田裕久、早川保
3月25日	10	女房無用	中村勝行	松野宏軌	常田富士男、神田隆、佐藤京一
4月8日	11	助人無用	中村勝行	大熊邦也	嵐寛寿郎、白川和子、田口計
4月15日	12	親切無用	松原佳成	高坂光幸	大木実、村田知榮子、横森久
4月22日	13	休診無用	中村勝行	渡邊祐介	上原謙、左時枝、江幡高志
4月29日	14	男狩無用	安倍徹郎	渡邊祐介	渡辺とく子、戸部夕子、森下哲夫
5月6日	15	密告無用	中村勝行	大熊邦也	小松政夫、石橋蓮司、岡まゆみ
5月13日	16	逆怨無用	村尾昭	松野宏軌	南道郎、松山照夫、八木孝子
5月20日	17	代役無用	保利吉紀	高坂光幸	桜木健一、志摩みずえ、高木均
5月27日	18	同情無用	中村勝行	松野宏軌	池波志乃、佐藤仁哉、犬塚弘
6月3日	19	元締無用	村尾昭	工藤栄一	花沢徳衛、川合伸旺、三浦リカ
6月10日	20	善意無用	中村勝行	大熊邦也	松山省二、稲葉義男、森川千恵子
6月17日	21	質草無用	保利吉紀	高坂光幸	今井健二、野々山香代子、内田勝正
6月24日	22	奸計無用	松原佳成	松野宏軌	天津敏、上野山功一、赤木美絵
7月1日	23	訴訟無用	松原佳成	高坂光幸	入川保則、城所英夫、北川めぐみ
7月8日	24	誘拐無用	保利吉紀	松野宏軌	小坂一也、赤座美代子、須賀不二男
7月15日	25	濡衣無用	松田司	高坂光幸	神田隆、弓恵子、近藤宏
7月22日	26	抜穴無用	松原佳成 嵯峨忍	松野宏軌	芦屋小雁、南原宏治、灰地順
7月29日	27	約束無用	野上龍雄	工藤栄一	綿引洪、服部妙子、田口久美
8月5日	28	妖刀無用	和久田正明	松野宏軌	大木実、緑魔子、袋正
8月12日	29	良縁無用	松原佳成	松野宏軌	岡崎二朗、大関優子、浜田寅彦
8月19日	30	夢想無用	保利吉紀	高坂光幸	津田京子、倉石功、五味龍太郎
8月26日	31	牢獄無用	松原佳成	松野宏軌	今井健二、清水紘治、穂高稔
9月2日	32	阿呆無用	村尾昭	高坂光幸	川合伸旺、小島三児、小坂知子
9月9日	33	幽霊無用	岡本克己	高坂光幸	藤原釜足、森次晃嗣、松本留美
9月16日	34	軍配無用	古市東洋司	原田雄一	多々良純、岩田直二、平泉征
9月23日	35	宣伝無用	村尾昭	高坂光幸	信欣三、有川博、伊沢一郎
9月30日	36	自害無用	疋田哲夫 志村正浩	工藤栄一	新田昌玄、荒砂ゆき、テレサ野田
10月7日	37	生命無用	松原佳成	高坂光幸	天津敏、垂水悟郎、高峰圭二
10月14日	38	迷信無用	保利吉紀	原田雄一	鮎川いづみ、島田順司、森秋子
10月21日	39	流行無用	中村勝行	工藤栄一	大和田伸也、村地弘美、森下哲夫
10月28日	40	愛情無用	野上龍雄	高坂光幸	戸浦六宏、中川梨絵、八木孝子
11月4日	41	解散無用	村尾昭	原田雄一	佐藤慶、清水紘治、山崎清三郎

（※ゲストはクレジット順ではなくトメを優先したケースもある）

『必殺仕置人』放映リスト					
放映日（1973年）	話数	サブタイトル	脚本	監督	ゲスト
4月21日	1	いのちを売って さらし首	野上龍雄	貞永方久	大滝秀治、今出川西紀、菅貫太郎
4月28日	2	牢屋でのこす 血のねがい	国弘威雄 貞永方久	貞永方久	原良子、松下達夫、宮口二朗
5月5日	3	はみだし者に 情なし	安倍徹郎	松本明	入川保則、常田富士男、茶川一郎
5月12日	4	人間のクズや お払い	野上龍雄	三隅研次	黒沢年男、林隆三、伊藤栄子
5月19日	5	仏の首に ナワかけろ	山田隆之	大熊邦也	山田吾一、藤田弓子、遠藤辰雄
5月26日	6	塀に書かれた 恨み文字	国弘威雄	松野宏軌	中尾彬、佐々木功、鈴木瑞穂
6月2日	7	閉じたまなこに 深い渕	山田隆之	工藤栄一	神田隆、亀石征一郎、柴田未保子
6月9日	8	力をかわす 露の草	猪又憲吾	松野宏軌	安田道代、柳生博、大前均
6月16日	9	利用する奴 される奴	安倍徹郎	松本明	津川雅彦、磯野洋子、日高澄子
6月23日	10	ぬの地ぬす人 ぬれば色	国弘威雄	松野宏軌	上野山功一、鮎川いづみ、北林早苗
6月30日	11	流刑のかげに 仕掛あり	浅間虹児	国原俊明	今井健二、穂積隆信、木村元
7月7日	12	女ひとりの 地獄旅	松田司	工藤栄一	前田吟、佐野厚子、長谷川弘
7月14日	13	悪いやつほど よく見える	浅間虹児	松野宏軌	林ゆたか、高樹蓉子、渥美国泰
7月21日	14	賭けた命の かわら版	三芳加也	工藤栄一	石山律、川合伸旺、松本朝夫
7月28日	15	夜がキバむく 一つ宿	浅間虹児	蔵原惟繕	殿山泰司、堺左千夫、大森義夫
8月4日	16	大悪党の ニセ涙	国弘威雄	工藤栄一	森次浩司、津坂浩史、西田良
8月11日	17	恋情すてて 死の願い	桜井康裕	長谷和夫	長谷川澄子、中田喜子、岩下浩
8月18日	18	備えはできた いざ仕置	勝目貴久	松野宏軌	中井啓輔、高森玄、田口計
8月25日	19	罪も憎んで 人憎む	国弘威雄	蔵原惟繕	川口恒、伊丹十三、加藤武
9月1日	20	狙う女を 暗が裂く	鈴木安	田中徳三	夏八木勲、真屋順子、沢村宗之助
9月8日	21	生木をさかれ 生地獄	鴨井達比古	長谷和夫	浜田寅彦、西沢利明、柴田侊彦
9月15日	22	楽あれば苦あり 親はなし	猪又憲吾	松本明	伊藤雄之助、朝丘雪路、白羽大介
9月22日	23	無理を通して 殺された	松田司	松野宏軌	村井国夫、野口ふみえ、有馬昌彦
9月29日	24	疑う愛に 迫る魔手	松川誠	長谷和夫	美川陽一郎、瞳順子、加藤和夫
10月6日	25	能なしカラス 爪をトグ	鴨井達比古	工藤栄一	島かおり、浅茅しのぶ、三木豊
10月13日	26	お江戸華町 未練なし	梅林貴久生	工藤栄一	山本麟一、長谷川弘、原田あけみ

（※ゲストはクレジット順ではなくトメを優先したケースもある）

放映期間	出演者
1972年9月2日～1973年4月14日	林与一、緒形拳、山村聡
1973年4月21日～1973年10月13日	山崎努、沖雅也、藤田まこと
1973年10月20日～1974年6月22日	田村高廣、中谷一郎、山村聡
1974年6月29日～1974年12月28日	石坂浩二、近藤洋介、藤田まこと
1975年1月4日～1975年6月27日	緒形拳、林隆三、草笛光子
1975年7月4日～1976年1月9日	沖雅也、新克利、藤田まこと
1976年1月16日～1976年7月23日	中村敦夫、大出俊、藤田まこと
1976年7月30日～1976年10月22日	緒形拳、森田健作、山田五十鈴
1976年10月29日～1977年1月14日	山崎努、浜畑賢吉、草笛光子
1977年1月21日～1977年11月4日	藤田まこと、中村嘉葎雄、山崎努
1977年11月18日～1978年2月10日	近藤正臣、ジュディ・オング、山田五十鈴
1978年2月17日～1978年8月18日	藤田まこと、梅宮辰夫、草笛光子
1978年8月25日～1978年11月24日	沖雅也、芦屋雁之助、山田五十鈴
1978年12月8日～1979年5月11日	中村敦夫、和田アキ子、市原悦子
1979年5月18日～1981年1月30日	藤田まこと、伊吹吾郎、三田村邦彦
1981年2月6日～1981年5月1日	京マチ子、本田博太郎、高橋悦史
1981年5月8日～1982年6月25日	藤田まこと、三田村邦彦、中条きよし
1982年7月2日～1982年9月24日	京マチ子、本田博太郎、高橋悦史
1982年10月8日～1983年7月1日	藤田まこと、三田村邦彦、中条きよし
1983年7月8日～1983年10月14日	中村雅俊、渡辺篤史、高峰三枝子
1983年10月21日～1984年8月24日	藤田まこと、三田村邦彦、中条きよし
1984年8月31日～1984年12月28日	京マチ子、小野寺昭、中条きよし
1985年1月11日～1985年7月26日	藤田まこと、京本政樹、村上弘明
1985年8月2日～1985年11月8日	津川雅彦、宅麻伸、萬田久子
1985年11月15日～1986年7月25日	藤田まこと、京本政樹、村上弘明
1986年8月7日～1986年10月31日	三田村邦彦、秋野暢子、西郷輝彦
1986年11月7日～1987年3月6日	藤田まこと、村上弘明、出門英
1987年3月13日～1987年7月31日	藤田まこと、村上弘明、三浦友和
1987年8月8日～1987年9月25日	近藤正臣、田中健、あおい輝彦
1991年10月8日～1992年3月24日	藤田まこと、中村橋之助、三田村邦彦
2009年1月9日～2009年6月26日	東山紀之、松岡昌宏、藤田まこと

制作：朝日放送、松竹
制作協力（製作協力）：京都映画株式会社　『必殺仕掛人』～『必殺仕事人　激突！』
制作：朝日放送、テレビ朝日、松竹
製作協力：松竹京都撮影所　『必殺仕事人 2009』

必殺シリーズ一覧

連続テレビシリーズのみ、
原則として当時の表記に準じる

No.	タイトル	話数
1	必殺仕掛人	全33話
2	必殺仕置人	全26話
3	助け人走る	全36話
4	暗闇仕留人	全27話
5	必殺必中仕事屋稼業	全26話
6	必殺仕置屋稼業	全28話
7	必殺仕業人	全28話
8	必殺からくり人	全13話
9	必殺からくり人 血風編	全11話
10	新必殺仕置人	全41話
11	新必殺からくり人	全13話
12	江戸プロフェッショナル 必殺商売人	全26話
13	必殺からくり人 富嶽百景殺し旅	全14話
14	翔べ！必殺うらごろし	全23話
15	必殺仕事人	全84話
16	必殺仕舞人	全13話
17	新必殺仕事人	全55話
18	新必殺仕舞人	全13話
19	必殺仕事人Ⅲ	全38話
20	必殺渡し人	全13話
21	必殺仕事人Ⅳ	全43話
22	必殺仕切人	全18話
23	必殺仕事人V	全26話
24	必殺橋掛人	全13話
25	必殺仕事人V 激闘編	全33話
26	必殺まっしぐら！	全12話
27	必殺仕事人V 旋風編	全14話
28	必殺仕事人V 風雲竜虎編	全19話
29	必殺剣劇人	全8話
30	必殺仕事人 激突！	全21話
31	必殺仕事人 2009	全22話

放映時間

毎週土曜日 22:00～ 『必殺仕掛人』～『必殺必中仕事屋稼業』第13話
毎週金曜日 22:00～ 『必殺必中仕事屋稼業』第14話～『必殺剣劇人』
毎週火曜日 21:00～ 『必殺仕事人 激突！』
毎週金曜日 21:00～ 『必殺仕事人 2009』

寄稿者プロフィール

高鳥都《たかとりみやこ》

1980年生まれ。2010年よりライターとしての活動をスタートし、雑誌を中心にルポやインタビューを発表。著書に『必殺シリーズ秘史 50年目の告白録』『必殺シリーズ異聞 27人の回想録』、編著に『別冊映画秘宝 90年代狂い咲きVシネマ地獄』があり、『漫画+映画!』『日本昭和トンデモVHS大全』ほか共著多数。

會川昇《あいかわしょう》

1965年東京生まれ。脚本家。生まれて初めてちゃんと観た必殺は、特撮ファンの友達の家で見せられた「鳩に豆鉄砲をどうぞ」だったので、そこで運命は決まっていた。非主水シリーズ推奨こそ必殺ファンという態度を崩さずに来たが、改めて「仕置人」を見直してその画期性にハマる。佐々木守が必殺に参加しなかった理由考察が死ぬまでの宿題。

秋田英夫《あきたひでお》

1968年大阪生まれ。ライター。必殺党。CD『必殺シリーズオリジナルサウンドトラック全集』(1)『必殺仕掛人』(9)『新必殺仕置人』構成・解説。『必殺仕事人2009公式ガイドブック』執筆。『東映スーパー戦隊大全』『ゴジラの超常識』など特撮作品を扱った書籍、雑誌、映像ソフト解説書、WEB記事などで取材・執筆を担当。

池島勇三《いけしまゆうぞう》

1970年鹿児島県生まれ。就職活動の武器として「最も好きで最も詳しいもの」を求め、大学院在学中の1994年に『必殺仕事人中村主水の秘密』を書き、データハウス社に持ち込み、運よく出版してもらう。熊本県内の民放テレビ局に勤務しながら、時代劇シナリオの投稿を続け、映像化を目指している。長男の誕生日は藤田まことの命日。

梶野秀介《かじのしゅうすけ》

1970年東京都生まれ。ライター・企画編集者。必殺党。『必殺シリーズ完全殺し屋名鑑』『完全闇知識』企画・編集、明治座『必殺仕事人』プログラム構成、『必殺DVDマガジン』『必殺仕事人2009公式ガイドブック』執筆など。DOGMASK《いぬかめん》名義で『ミクロマン』などの可動フィギュアキャラデザイン。御本尊は夢屋時次郎。

近藤ゆたか《こんどうゆたか》

1964年東京都墨田区玉の井生まれ。早大の特撮サークル『怪獣同盟』で二代目幹事長を務めていたところ、84年ゴジラの復活に乗り『ゴジラ宣言』(宝島編集部)で画業デビュー。以後、『空想科学読本』の挿画や漫画『大江戸超神秘帖 剛神』などを描きながら『蔵出し絶品TV時代劇』を編著し、『時代劇マガジン』などにも寄稿。

坂井由人《さかいよしと》

1960年埼玉県出身。ライター。サークル「必殺」研究会・音羽屋代表。今回はひさびさに『新必殺仕置人』について、拙い思いを語れました。場を設けてくださった高鳥さんと、かや書房の岩尾さんにあらためて感謝。新旧仕置人の魅力がたっぷりつまった本書を手にできるのを、読者の皆さんといっしょに楽しみにしております。

松田孝宏《まつだたかひろ》

1969年東京都生まれ。編集者兼ライター。必殺党。『B—CLUB』で「必殺番 松」を名乗り、休刊までに多くの関連記事を作成。『必殺シリーズ完全殺し屋名鑑』『必殺DVDマガジン』『必殺仕事人2009公式ガイドブック』などにも参加。初めて買ったビデオソフトは『必殺仕置人』第1話。好きな仕置人は死神。

餅草香《もちぐさかおる》

2003年生まれ。鉄ん家の畳になりたい大学生。必殺シリーズを中心に、70～80年代の映画、ドラマ、時代劇オタク。趣味は映画鑑賞、古本屋めぐり、聖地巡礼と御朱印集め、おいしいものを食べること。鉄グッズを自作しながら、仲間を求めて布教している。普段は「念仏の砂鉄」の名前で、主にSNSにて活動中。

山田誠二《やまだせいじ》

1963年生まれ。京都府在住。中学生時代から撮影所通いを始め、必殺シリーズにとどまらず東映、映像京都や大阪準キー局ら関係者と交流。必殺スタッフによる時代劇「京極夏彦・怪」シリーズの企画・脚本、必殺公式劇画『必殺仕置長屋』原作・脚本、さいとう・たかを劇画版『仕掛人藤枝梅安』脚本などを担当。映像作品も『くノ一必殺ロケ地旅』ほか多数。

高鳥都（たかとり・みやこ）

1980年生まれ。2010年よりライターとしての活動をスタートし、雑誌を中心にルポやインタビューを発表。著書に『必殺シリーズ秘史　50年目の告白録』『必殺シリーズ異聞　27人の回想録』、編著に『別冊映画秘宝　90年代狂い咲きVシネマ地獄』があり、『漫画＋映画！』『日本昭和トンデモＶＨＳ大全』ほか共著多数。

協力　朝日放送テレビ株式会社
株式会社 ABCフロンティア
松竹株式会社
石原興
高坂光幸
都築一興
皆元洋之助

編集協力　梶野秀介
岡本敦史
写真協力　牧野譲
資料協力　赤崎新吾
上田敦史
山科想四郎
小木真一郎

写真提供　ABCテレビ・松竹
（以下の写真を除く）
P032 上のスナップ
P160-161 の集合写真
P164 下のスナップ
P169 下のスナップ
P285 下の集合写真
P286 下のスナップ
P346 のスナップ

必殺仕置人大全

2023年10月4日　第1刷発行
2023年10月29日　第2刷発行

編著者　**高鳥都**

発行人　岩尾悟志
発行所　株式会社かや書房
〒162-0805
東京都新宿区矢来町113　神楽坂升本ビル3Ｆ
電話　03-5225-3732（営業部）

印刷・製本　中央精版印刷株式会社

ISBN978-4-910364-37-7 C0074